선의 역정

歷程

선(善)의 역정(歷程)

초판 1쇄　　인쇄 2017년 3월 17일
초판 1쇄　　발행 2017년 3월 21일
지 은 이　　양궈롱(楊國榮)
옮 긴 이　　김승일·이형준
발 행 인　　김승일
디 자 인　　조경미
펴 낸 곳　　경지출판사
출판등록　　제2015-000026호

판매 및 공급처　　도서출판 징검다리
주소 경기도 파주시 산남로 85-8
Tel : 031-957-3890~1 Fax : 031-957-3889 e-mail : zinggumdari@hanmail.net

ISBN 979-11-86819-42-5 03140

本書受到中華社會科學基金
（Chinese Fund for the Humanities and Social Sciences）資助

선의 역정 歷程

양귀롱(楊國榮)지음 / 김승일·이형준 옮김

경지출판사
Korea Wisdom China

Contents

제3장 발전 속의 전환

제4장 가치체계의 구축과 그 내재화

제5장 정통正統의 형성

제9장 근대에서의 유가적 가치체계의 역사적 운명

제10장 현대로의 이행

---

[1] 본문은 필자가 2011년 3월 "中國傳統公正觀"에 관한 학술토론회에서 발언한 기록이다.
[2] 본문은 저자가 2010년 3월 상해외국어대학에서의 강연한 내용에 대한 기록이다.
[3] 이 글은 2009년 12월 필자가 『中國哲學史』 교재 편찬 회의에서 발언한 기록으로,
　　『哲學分析』 2010년 창간호에 게재되었다.
[4] 이 글은 2011년 3월 필자가 상해중구국제공상학원上海中歐工商學院에서 강의한 내용이다.

서론

만약 중국의 전통문화를 끊임없이 이어진 역사의 길고 긴 강줄기로 보자면, 그 주류는 의심할 것도 없이 유학儒學이다. 여기서 문화를 우선 관념의 형태에 입각해 말한다면, 그 심층적 핵심은 가치관 속에서 구체적으로 나타난다는 것이다. 넓은 의미에서의 문화 창조는 언제나 가치관의 제약을 받았고, 문화 자체는 어떤 의미에서 가치이상의 대상화이자 그 다양한 전개로 이해할 수 있다. 중국 전통문화 주류로서의 유학도 마찬가지로 그 가치체계를 핵심으로 한다. 바로 가치관이 유교 문화의 역사적 특징을 뚜렷하게 나타내며, 유학의 중국 전통문화에 대한 영향은 상당한 정도로 그 가치체계를 통해 매개되어 왔다. 따라서 논리 관계를 중요시하여 가치체계라는 내재적 구조를 무시한다면, 유학에 대해서 적절한 역사적 위치를 설정하는 것은 무척이나 어렵다는 점을 명확히 드러내는 것이다.

지적할 필요가 있는 것은 문화체계의 핵심적 가치관 또는 가치 관념이 가치론 또는 가치철학과 내용상으로 완전히 합치하지는 않는다는 점이다. 가치론Axiology은 일반적인 가치문제를 대상으로 삼으며, 가치에 대한 철학이론에 관련된 것으로, 그것이 논하는 내용에는 가치실질 가치근거 가치형태 가치분류 가치평가 가치창조 등이 포괄된다.

상대적으로 독립적이며 성숙한 철학분과로서의 가치론은 대략 19세기 말에 출현했다.[1]

---

1) 가치론의 이론적 선구자는 독일 철학자 로체(R. H. Lotze 1817-1881)로, 그는 세계를 사실 보편규율 가치라는 세 개의 큰 영역으로 나누고, 아울러 가치를 목적으로 파악함으로써 현대 서구의 가치철학의 기본적 사유노선을 규정했다. 오스트리아 철학자 브렌타노(F. Brentano 1838-1917)와 그의 제자인 마이농(Meinong) 알란 펠스(Alan Fels)는 가치문제에 대해서 한층 체계적인 이론탐구를 해냈고, 신칸트주의자인 빈델반트(Windelband)와 리케르트(Rickert)의 경우 한발 더 나아가 가치를 철학의 중심문제로 끌어올렸다. 이후 현상학의 대표적 인물 중 하나인 셸러(Scheler)와 하트만(Hartmann) 또한 각자의 가치론을 제기하였다. 대륙철학과 서로 호응하면서, 영미철학자들도 19세기말 20세기 초에 가치론적 연구를 중시하기 시작했는데, 어번(Urban) 페리(Perry) 듀이(Dewey) 루이스(Lewis)등이 모두 일반 가치문제에 대해 논한 바 있다.

전통철학 가운데에서 가치론에 관한 사상으로 볼 수 있는 것이 하나도 없는

것은 아니지만, 전체적으로 말하자면, 가치문제에 대하여 체계적인 원리론元理論적 설명이 이루어진 것은 근래의 일이다. 전통적 문화사상의 유파로서의 유가에게는 물론 가치론적인 견해가 적지 않지만, 일반가치의 철학을 구축하려는 이론적 관심은 비교적 적게 드러냈고, 이런 방면에서의 탐구도 확실히 상대적으로 박약한 것 같다.

가치철학에 관한 원리론元理論적 연구와는 달리, 가치관Values은 일종의 규범적인 관점이다. 그것은 기존 사물에 대한 평가와 관련될 뿐만 아니라, 이상적 가치관계에 대한 설정을 포괄한다. 간단히 말하자면, 그것은 현실세계(이미 그러한 것)와 이상적 경지(마땅히 그래야만 하는 것)에서의 가치 함의에 대한 기본관념 및 총체적 규정에 관한 것이다. 펼쳐서 보자면, 가치관은 언제나 인간의 역사적 필요에 기반하여, 인간의 가치이상을 체현하고, 일반적인 가치척도와 평가준칙을 함축하고 있으며, 다양한 가치목표 및 가치지향을 형성하여, 구체적인 행위규범으로 외화(外化)되는 것이다. 가치에 대한 일반적인 학설로서의, 철학의 가치론은 흔히 가치관과 관련되기도 한다. 그러나 철학의 가치론이 주로 원리론元理論이라는 차원에서 가치관의 형성 작용 등을 논의하지만, 그 구체적인 내용을 규정하지는 않는다. 바꿔 말해서, 가치론은 일종의 관념현상에 대한 해석에 치중한다. 그에 비해, 가치관의 특징은 해석에 있는 것이 아니라, 주로 행위를 위한 일종의 내재적인 규제적 이념을 제공하는 데에 있다. 그것은 역사실천 사회생활과 보다 밀접한 관계를 가지고 있으며, 언제나 안정적인 사유의 패턴 경향 태도로서 광의의 문화 창조 과정을 제약하고 있는 것이다. 유학의 중국문화사에 있어서 주도적 작용은 무엇보다도 이런 측면에서 체현된다. 당연히 이상의 내용은 일종의 분석적인 정의이다. 현실적 형태를 가지고 말하자면, 가치철학은 가치관과 상호 침투하고 교착하는 일면을 지닌다. 이래서 유가의 가치관을 고찰하는 동시에 흔히 그 가치철학과 관련지어야만 하는 것이다.

그것이 내포하고 있는 바에 따르자면, 가치관은 일반적인 가치의식에 속한다. 이론적으로 볼 때, 가치의식은 두 가지 차원으로 나눌 수 있다. 첫째는 자발적인 의도

희망 동기 등으로 표현되며, 둘째는 자각적인 관념체계이다. 전자는 일상세계와 주로 관계되는 상식적인 특성을 띠며, 후자의 경우 자각적인 이성의 반성을 거침으로써 심오한 관념의 구조 또는 모형이 되는 것이다. 유학에 내포된 가치체계는 장기간의 문화적 진보 과정 속에서, 점차 일상에서의 문화심리 및 행위방식 가운데로 스며들었다. 그런데 일상의 심리란 차원에서, 유가적 가치관의 체현은 언제나 자연발생적인 특성을 띠고 있으며, 오직 유가사상에 관한 경전 문헌에서만 그 관념체계는 비로소 자각적이고 체계적인 논술을 갖게 되었다. 바로 이러한 사실에 근거해, 본서는 유가 문헌(유가의 경전 및 유학 계열의 사상가의 저작)을 주요 연구대상으로 삼는다. 동시에 유학의 핵심으로서, 유가의 가치관은 결코 하나의 폐쇄적이고 고립된 형태가 아니므로, 오직 그것을 전체 유학의 체계 가운데 놓아야만, 그 구체적인 함의를 드러낼 수 있는 것이다. 따라서 유가의 가치관을 고찰하면서, 우리는 언제나 유학의 다양한 측면의 내용과 관계하지 않을 수 없다.

인간의 존재 및 문화 창조는 유가의 근본적 관심사로, 유가의 가치관은 바로 그것들과 연관되는 일련의 관계에서 전개된다. 그것은 중점을 두는 바가 있을 뿐만 아니라, 다중적인 함의를 포함하며, 총체적으로는 하나의 상호 관련된 가치체계로 표현된다. 천인天人 관계에 대한 정의는 유가 가치체계의 논리적 출발점이라고 볼 수 있다. 중국철학에서의 천인관계는 천도관天道觀과 연관될 뿐만 아니라, 가치관과도 관계되고 있는데, 유가가 주목하는 초점은 흔히 후자를 지향한다. 가치관이란 측면에서 말하자면, 이른바 천天은 주로 광의의 자연nature과 관련된다. 천天은 대상으로서의 자연을 가리킬 뿐만 아니라, 주체(인간) 자신의 본연의 형태를 포함한다. "인위로 자연을 파괴하지 말라[無以人滅天]"(『장자莊子』)는 도가道家의 주장이 자연 상태를 이상화한 것을 뜻하는 것과는 달리, 유가는 자연을 초월할 것을 요구하면서, 인문적인 함의를 자연에 부여했다. 쉽게 알 수 있듯이 가치관으로서의 천인天人에 관한 논변은 우선 자연원칙을 인도人道의 원칙과 연계시키고 있는데, 유가(특히 원시유가)는 자연원칙을 완전히 등한시했던 적은 없지만, 인문적 가치에 대한 중시와 자연의 인문화에 대한 추구는 확실히 유가의 내재적 특성을 이루고 있다. 유가가 인仁을 귀히 여기고, 인륜을 중시했던 점 등은 인도원칙人道原則의 구체적인 전개로 볼 수 있다. 물론 유가에게서 인간화는 많은 경우에 있어서 주체 자신을 있는 그대로의 존재[自在]에서 스스로 행위하는 존재[自爲]로 나아가게 했고, 자연(대상으로서의 자연)과 인문人文의 통일성에 대한 강조는 유가(특히 정통 유가)가 외부에 있는 그대로 존재하는 대상[自在之物]을 나를 위한 대상으로 변화시키는 역사적 과정을 소홀히 하도록 하였다.

천인天人에 관한 논변에서 보다 확장된 의미가 바로 힘[力]과 운명[命]의 관계와 관련되는데, 힘[力]은 일반적으로는 주체의 창조적 역량을 가리키고, 운명[命]은 대체로 신비화된 외적인 필연必然을 뜻한다. 유가에게서, 주체 자신의 인문화(있는 그대로의 존재에서 스스로 행위하는 존재로 향하는 것)는 동시에 덕성德性을 완성하는 하나의 과정으로 표현되며, 완전한 덕성德性은 주로 자아의 노력에 달린 것이다. 유가는 도덕적인 잠재능력을 실현하는 주체의 능력에 대한 확신에 충만했는데, "인仁을 행하는 것은 자기에게 달려있다[爲仁由己]", "내가 인仁 하고자 한다면, 바로 인仁에 이르게 된다[我欲仁,斯仁至矣]" (공자) 등과 같은 말은 이 점을 분명히 한다. 그것은 한편으로는 주체적 자유를 추구하는 가치지향을 구체화한 것이다. 그런데 유가가 지향한 자유는 흔히 주로 도덕적 영역에 국한된다. 비도덕적 영역에서 인간의 자유는 언제나 천명天命에 의해 억제되는 것이다. 소아小我(개인)에 입각해 말하자면, 그의 생명과 존재, 궁달窮達과 귀천貴賤은 모두 자기가 주재할 수 있는 것이 아니다("삶과 죽음은 운명이고, 부귀는 하늘에 달려 있다[生死有命, 富貴在天]"). 대아大我(사회)에 입각해 말하자면, 인간은 진실로 도道를 펼칠 능력을 지니고 있지만, 도道(사회적 이상)를 궁극적으로 실현시킬 수 있는지는 외부의 천명天命에 달려 있다. "도道가 행해질 것인가도 명命에 있고, 도道가 버려질 것인가도 명命에 있다[道之將行也與, 命也. 道之將廢也與, 命也]." (孔子)라고 했듯이, 도덕 영역에서의 자유의 이상과 비도덕적 영역에서의 천명론의 경향은 병존하며, 이를 통해 '노력과 운명에 관한 논변[力命之辨]'에서의 이중적인 특성을 드러내는데, 이러한 이중성은 다시 지志(의지)와 지智(이성)의 관계에 있어 이성의 자각이 의지의 자율성을 초월하는 전통과 서로 엇갈린다.

도덕적 의미에 있어서의 자유는 오직 구체적인 행위를 통해서만 확증에 이를 수 있으며, 주체의 행위는 인륜에서 전개된다. 인간 간의 가장 일반적인 관계는 집단과 개체(자아) 사이에 있다. 천인 관계로부터 사람과 사람의 관계에 이르기까지 밀고 나가면, 바로 집단과 개인을 합리적으로 위치 설정하는 문제에 직면하게 될 것이다. 천인天人에 관한 논변에서 인문 가치를 긍정하고, 노력과 운명[力命]의 관계에서 "인仁을 행함은 자기에게 달려있음"을 인정함에 따라, 유가는 자아를 중요한 지위로 끌어올렸고, '성기成己' '위기爲己'에 관한 학설을 제기했다. 이른바 성기成己 위기爲己는 주로 주체의 자아실현을 가리키는데, 그 안에는 본질적으로 개체(자아)의 가치에 대한 중시가 함축되어 있다. 당연히 유가의 관점에서는, 개체는 언제나 사회 집단 속에서 생활하면서 보편적인 사회적 책임을 맡고 있는데, 성기成己 위기爲己는 마지막에는 늘 집단적 가치의 실현을 지향한다. 이른바 "자기를 수양하여 타인을 평안하게 한다[修己以安人]"는 말이 이미 이상과 같은 가치관계를 규정하고 있다. 여기서는 개체에 비해, 집단이 우선적인 지위를 지닌 것이다. 확실히 전체적으로 말하자면, 유가는 상당히 집단적 정체성을 강조하고 주체들 간의 상호 소통을 중시하며, 집단과 자기 사이에 있는 긴장을 화해시키고자 하는 것처럼 보인다. 이러한 가치노선은 자아중심주의에 대한 거부와 사회적 충돌에 대한 억제 등의 측면에서, 분명한 역사적 의의를 지니지만, 집단적 원칙의 부각은 동시에 전체론holism[2]으로 인도될 수 있는 계기를 포함하고 있기도 하다. 정통 유학에서의 '무아無我'의 학설 중에서, 이미 이러한 논리의 귀결을 어느 정도 볼 수 있다.

집단과 개인의 관계는 현실적인 차원에서 언제나 이해관계와 관련되고, 이익의 조화는 의리義利에 관한 논변을 그 이론적인 전제로 삼는다. 의로움[義]와 이익[利]의 관계에 있어, 유가는 무엇보다도 의로움을 본질적 가치를 지닌 것으로 강조하며, 이러한 가치는

---

2) [*역자주] 원문의 "정체주의整体主義"를 본 번역서에서는 '전체론holism'으로 번역했다. '전체주의'라고 번역한다면, 정치학적 용어로서의 'totalitarianism'으로 오해될 소지가 있기 때문이다. 저자가 여기서 말하는 "정체주의"란 Holism, 한국에서 '전체론'으로 통상 번역하는 용어다. 그것은 생명 현상의 전체성을 강조하고, 전체는 단순히 부분의 총합으로서는 설명할 수 없다는 이론으로, 전체는 부분에 선행하고 부분의 상호 관계에 의존하는 동시에 부분을 통제한다고 본다. 부분, 개체에 비해 집단 전체가 우선한다는 정도의 의미에서 저자는 "정체주의"란 어휘를 사용하고 있다.

결코 공리功利라는 토대 위에서는 구축될 수 없는 것이다. 오히려 공리에 따른 계산을 제거했을 때에만, 당위로서의 의로움을 정화시킬 수 있게 된다. 이 때문에 유가는 나아가 의로움을 무조건적인 절대적 명령으로 파악하며, 의로움을 행하는 것(당위로서의 법칙을 이행하는 것) 그 자체를 행위의 목적으로 여긴다. 이 때문에 주로 행위의 가치는 주로 의로움에 부합하는지에 달려 있으며, 행위의 결과와는 무관하다. "의로움을 으뜸으로 한다[義以爲上]"(공자), "행위는 결과를 필요로 하지 않으며, 오로지 올바름에 근거할 뿐이다[行不必果, 惟義所在]"(맹자) 등과 같은 말은 바로 위와 같은 가치에 대한 신념을 체현한 말이다. 물론 도의道義의 원칙의 지고함을 강조하는 것이 결코 사회생활에 있어서의 공리의 의의를 완전히 부정한다는 것을 의미하는 것은 아니므로, "백성들이 이익으로 삼는 것을 따라 이롭게 한다[因民之所利而利之]"(공자)라는 요구 뒤에는, 공리적인 가치에 대한 모종의 인정이 함축되어 있는 것이다. 그러나 유가의 견해에 따르면, 이익은 단지 일종의 수단으로서의 선善(다만 도구적 가치를 지니고 있는 것)이다. 바로 이 점이 공리에의 추구를 규범적 행위에 관한 일반적 원칙으로 삼을 수 없음을 규정하는 것이다. 이러한 관점은 명백히 일방적인 이익추구로 초래되는 부정적 결과에 주목한 것이지만, 유가가 이 때문에 "어찌 기어코 이익을 말하는가[何必曰利]"(맹자)라고 생각하는 것은 합리적인 공리功利 의식까지도 억제하는 경향을 어느 정도 함축하고 있는 것이다. 다른 측면에서 보자면, 이익은 우선 개인 또는 특수한 집단과 관계되고, 올바름은 개체의 특수한 이익을 초월한 보편적인 성격을 지닌다. 그것은 어떤 의미에서는 암묵적 형식으로 보편적인 공리公利를 체현한 것인데, 유가가 "이익을 보거든 올바름을 생각하라[見利思義]"(공자)라고 요구하면서, 올바름에 따라 이익을 제한하는 점은 단순한 개체의 이익을 초월해 인류의 이익을 긍정함을 의미하고 있다. 여기에는 도덕에 관한 역사적인 자각이 분명히 나타나지만, 보편적인 공리公利에 대한 강화는 또한 언제나 개체의 이익을 적절히 위치지우는 것을 어렵게 한다.

의로움은 인류로서의 본질의 체현으로, 흔히 이성에 관한 요청의 형식으로 출현하지만, 이익은 필요로 하는 만족을 그것의 실제적 내용으로 삼으며, 이러한 필요는 또한 언제나 감성적 욕구를 그 표현 형식으로 한다. 이 때문에 의리義利에 관한 논변은 항상 논리적으로 이욕理欲에 관한 논변으로 확장된다. 유가는 결코 무조건적으로 인간의 감성적인 욕구를 폄하하지 않았는데, 이로 인해 바로 감성적인 요구의 적절한 만족이 인간 자기 존재의 기본전제를 구성했다. 그러나 유가의 관점에서 볼 때, 감성적인 필요는 진정 인간의 존재와 상호 관계되는 것이지만, 그것은 결코 인간을 그 밖의 존재와 구분해내지 못하는데, 인간이 인간이 되는 본질적인 특징은 주로 인간으로서의 이성적인 요구에 달린 것이다. 이렇게 감성적 욕구에 비해, 이성의 요구는 더욱 중요한 의의를 지니는데, 후자는 그에 상응해 유가의 초점이 된다. "군자는 도道를 도모하지, 먹을 것을 도모하지는 않는다[君子謀道不謀食]"(공자)는 주장에서, 이미 이성의 우선적인 지위가 확인되는 것이다. 도道는 광의의 사회적 이상(도덕적 이상을 포괄한다)일 뿐인데, 도道에 대한 도모에서 체현되는 것, 즉 이성에 대한 추구는 감성적 욕구(먹을 것을 도모하는 것)와 이성적 요구(도道를 도모하는 것) 사이에서 주안점을 우선 후자에 두기 때문이다. 유가(특히 송명 신유학)가 즐겨 말했던 "공자孔子와 안연顏淵의 즐거움[孔顏樂處]"이란 위와 같은 가치 지향의 구체적인 전개라고 볼 수 있다. 그 기본정신은 바로 감성적 욕구를 초월함인데, 도道(이상)를 지향하는 과정 속에서 이성적 만족을 획득하는 것이다. 유가의 이욕理欲에 관한 논변은 이성적 정신 승화를 중요한 지위로 끌어올리는 동시에 이로부터 더 나아가 도덕주체로서의 인간의 내재적 가치를 드러냈다. 하지만, 유가의 이상과 같은 경지는 또한 동시에 이성과 욕구에 대한 모종의 긴장을 함축하고 있다.

공자와 안연의 즐거움에서, 이성은 감성의 밖에 있고, 심지어 감성보다 우선해 발전되며, '도道를 도모하고 먹을 것을 도모하지는 않는다'는 주장은 감성적 필요를 다소간 냉대하도록 하고 있다. 이런 관점은 분명 감성원칙과 이성원칙의 통일에 도달하지 못한 것이므로, 이성을 우선하는 논리가 확장되면, 대체로 본질이 존재를 압도하게 되는 것이다.

이성의 당위적 원칙인 의로움 그 자체를 어떻게 위치지울 것인가의 문제에 관련된 것은 무엇보다도 도덕원칙의 절대성과 상대성의 관계이다. 유가는 결코 도덕적 원칙에 관한 이론적 신축성을 부정하지는 않았다. 권변權變(임시변통)에 대한 긍정은 바로 이러한 점을 분명히 밝히고 있다. 권변權變 관념으로부터, 유가는 다시 신독愼獨에 관한 요구를 끌어냈고, 아울러 구체적인 경우에 관한 분석을 중시했다. 그러나 의로움의 보편적 제약성을 부각시키는 것과 관련짓자면, 유가는 또한 도덕적 원칙에 절대적인 성질을 부여하면서, "군자는 원칙으로 돌아갈 뿐이다[君子反經而已]"(맹자)라고 주장한다. 여기에는 물론 상황윤리와 이념윤리의 소통 및 도덕적 상대주의를 배제하려는 요구가 드러나 있지만, 도덕적 원칙의 지상적 성격에 대한 부각에는 독단론으로 이끄는 요소가 함축되어 있기도 하다. 맹자의 양묵楊墨(*양주와 묵자)에 대한 배척에서부터 동중서의 독존유술獨尊儒術에 이르기까지, 우리는 확실히 유학이 독단화 하는 역사적 경향을 목격할 수 있다. 유학의 발전과 변화에 따라, 이상과 같은 가치 경향은 점차 유가의 가치체계에 권위주의적 특성을 부여했다. 물론 권위주의의 이면에, 자연경제에 상응하는 "인격적 의존관계"로서의 종법제도 신분구조 등은 이러한 의존관계의 구체적인 표현형식으로 간주할 수 있으며, 권위주의의 원칙의 경우 가치관 위에 인격적 의존관계를 역사적 표식으로 낙인찍은 것이다.[3] 또 다른 의미에서, 도덕은 인간의 보편적인 본질을 체현할 뿐만 아니라, 인간의 구체적인 존재와 관련된다. 따라서 도덕적 원칙의 절대성이란 한 측면에서는 인간의 본질적인 역량을 부각시키며, 그것의 상대성은 인간의 구체적인 상황 안에서의 존재를 반영한다. 이처럼 유가가 도덕적 원칙의 절대성을 강조하는 경우, 권위주의적인 경향을 함축하고 있을 뿐만 아니라, 동시에 더 나아가서는 인간의 본질적인 역량을 긍정한 것이다.

　유가의 가치 추구는 최종적으로 이상적인 인격의 경지를 지향하는데, 바로 성인成

---

3) 마르크스Marx는 일찍이 인격적 의존관계를 인류 역사의 초기적 형태로 파악했다 : "인격적 의존관계(처음에는 완전히 자연발생적이다)는 최초의 사회적 형태로 이러한 형태 하에서, 인간의 생산능력은 단순히 협소한 범위와 고립된 지역 위에서 발전해 간다."(『맑스　엥겔스 전집』 46권(上), 인민출판사, 1979년, 104쪽) 이 단계는 대체로 전전前 자본주의 시기에 해당하는데, 그 시기에는 인간은 오히려 자연적으로 형성된 혈연관계 및 보편적인 예속관계의 속박을 받는다. 유가의 가치관은 기본적으로 이러한 역사 단계에 형성되었고, 이 때문에 그 제약을 받지 않을 수 없는 것이다.

人(인격의 완성)이 유가적 가치의 목표를 구성한다.[4] 천인天人에 관한 논변에서의 인문적인 요구(자연의 인문화)는 있는 그대로의 존재로서의 인간으로부터 스스로 행위 하는 존재로서의 인간으로 나아가는 것(타고난 나를 이상적인 나로 전환시키는 것)일 뿐이다. 따라서 집단과 자기의 관계에서의 집단에 대한 배려(안인安人)는 주체 인격의 경지를 고양(修己)시킨다는 점에 기초하며, 인간의 내재적 가치와 그 본질적인 역량은 오로지 인격의 완성을 거쳐야만 비로소 드러나고 확증될 수 있는 것이다. 또한 치평治平(治國平天下)를 위한 외왕外王의 이상도 마찬가지로 내성內聖(완전무결한 성품)을 그 전제로 한다. 요컨대 자연에의 초월로부터 인문 세계의 구축에 도달함이란, "한결같이 모두 수신을 근본으로 삼으며[壹是皆以修身爲本]"(『大學』), 사회적 이상과 삶의 이상을 인격적 경지 안에서 궁극적으로 통일하는 것이다. 유가의 이상적 인격은 전체적으로 보편적 인도仁道의 구체화로 표현되는데, 그것은 성誠(도덕적 의미에 있어 참됨)을 내재적인 특징으로 삼을 뿐만 아니라, 도덕 실천의 과정(선善의 추구로 체현되는 것)에서 외화(外化)되며, 동시에 심미적 활동 속에서 "예악禮樂으로 문채를 내는[文之以禮樂]" 것(인격의 아름다움을 형성하는 것)이기도 하다. 내재된 성품으로서, 그것은 인애仁愛의 감정을 내포할 뿐만 아니라 견고한 의지도 지녀야하는데, 이 두 가지는 언제나 자각적인 이성과 상호 융합되고 있다. 여기에서 진眞 선善 미美의 통일이 체현될 뿐만 아니라, 앎[知] 감정[情] 의지[意] 등 다방면에서의 발전이 내용이 된다. 물론 유가는 인격을 인도仁道 아래 포함시키고, 그것의 윤리적인 경향을 상당히 강화했던 듯하다. 왜냐하면 진眞과 미美는 어떤 의미에서는 선善에서 통일되고, 앎[知]·감정[情]·의지[意]의 경우 윤리적인 이성(실천이성)에 종속되기 때문이다. 동시에 내성內聖에 대한 부각은 인격의 다양화(인격의 완성[成人]은 흔히 성인聖人이 되는 것과 동일시된다)를 다소간 억제할 뿐만 아니라, 외왕外王의 이상에의 실현이 내재적인 제약을

---

4) 杜維命은 바로 인격의 완전함이 유가의 궁극적인 관심을 구성하고 있다고 생각했는데, 이러한 관점은 여기서 찾을 수 있을 듯하다. (Tu Wei-ming: Confucian Thought : Selfhood as Creative Transformation, State university of New York Press, 1985, P52)

받도록 만든다.

개괄하자면, 유학은 그 발전과 변화 과정 가운데, 점차 독특한 가치체계를 형성했다. 그것은 선善에 대한 추구를 주축으로 하며, 천인天人(*자연과 인간) 군기群己(*집단과 자기) 의리義利(*의로움과 이익) 이욕理欲(*이성과 욕구, 천리와 인욕) 경권經權(*원칙과 임기응변) 및 필연과 자유 등의 기본적 가치관계에서 구체적으로 전개되는데, 그 논리의 귀착점은 진眞·선善·미美를 통일한 이상적인 경지인 것이다. 이러한 체계에서는 주도적인 가치원칙과 경향이 있을 뿐만 아니라, 다중의 함의를 포함하기 때문에 매우 복잡한 특성을 드러낸다. 역사적으로 볼 때, 유가의 가치체계는 분명히 문화창조 과정 가운데의 기본적인 가치관계에 대한 자각적인 반성을 체현했고, 몇몇 측면에서는 사회의 존재와 발전에서의 내재적인 필요를 반영했다. 그 이론적인 내용이 다중성을 지니고 있는 것과 마찬가지로, 그 역사의식 또한 단지 한 측면만을 통해서 평가하기에는 매우 어렵다.

유가적 가치체계는 전통사회 구조 속에서 형성되었다. 근대에 들어서기 전까지는, 이런 역사적인 전제에는 전체적으로 근본적인 전환이 일어나지 않았다. 그에 상응해서 유가적 가치체계는 대체로 안정된 형태를 드러낸다. 그러나 사회구조가 상대적으로 평온했다 할지라도, 완전히 정체되어 변화되지 않았던 것은 아니다. 더욱이 일종의 관념체계로서의 유학과 그 밖의 사상적 유파는 언제나 상호작용하는 관계를 유지했다. 한대漢代에 비록 유술儒術만이 독존하였지만, 유학 내부에는 이미 제자諸子의 학설이 침투해 있었다. 이를테면 위진魏晉 시대에는 현학玄學이 성행했는데, 현학玄學은 어떤 의미에서는 바로 유가儒家에 도가道家를 흡수한 산물이었다. 또한 송명宋明시기의 경우 유학과 도교 불교가 서로 배척하면서도 다시 상호 융합하는 복잡한 국면이 출현했는데, 신유학의 이학理學은 바로 불교와 도교의 몇 가지 의리義理를 수용했던 것으로 간주된다. 여러 시기의 역사적인 변천 및 각종 사상 조류의 상호 격동은 유가적 가치체계 그 자체로 하여금 불가피하게 하나의 역사적 진보의 과정을 거치도록 하였다. 사실상 유가의 가치이상 가치목표 가치척도 가치지향 등은 앞뒤로 일관적인 역사적 연속성을 띠고 있었고, 동시에 그 주안점 구체적인 내용 등은 또한 역사적인 진화발전 가운데에서 부단히 전환 및 조정된 것이며, 유가의 가치관에 있어서의 전형적 사유 역시 바로 이상의 과정 가운데에서 점차로 형성되고 강화된 것이다. 어떤 의미에서는 유가적 가치체계는 곧 그 역사적인 진화와 발전의 과정 가운데에서 전개되었다고 말할 수 있는데, 만약 이러한 과정을 무시한다면, 그 풍부한 내용을 진정으로 파악하기가 매우 어렵다.

유학은 그 역사적 진보 속에서, 정통正統을 형성했을 뿐만 아니라 그 지맥支脈을 두었다. 일반적으로 논하자면, 독특한 가치체계로서의 유가적 가치관의 근본정신 및 주도적인 원칙은 주로 유학의 정통正統에서 체현된다. 더욱이 중국의 전통적 문화심리 및 행위방식 등에 대한 유가적 가치관의 규제적 이념 역시 대체로 정통유학을 거쳐서 전개되었다. 따라서 유가적 가치체계를 고찰할 때에 그 무게중심이 응당 정통유학에 놓여야 한다는 점은 분명하다. 물론 유학의 지맥支脈으로서의 비정통非正統 유학도 다른 측면에서 유가적 가치관에 중요한 내용을 제공했고, 때때로 유가적 가치체계의 전환에 영향을 주었다. 유가적 가치체계에 대한 역사적인 반성에 있어서, 비정통 유학 역시 무시할 수는 없는 것이다.

역사가 근대로 진입한 이후까지도, 유학의 문화적 영향력은 전혀 소실되지 않았지만, 그에 수반된 것은 불우한 역사적인 운명이었다. 전근대에서 벗어나고자 하는 역사적 요구는 전통의 비판자가 거듭 칼끝을 유가적 가치체계에 겨누도록 하였는데, 이러한 비판은 5·4운동 시기에는 심지어 상당히 격렬한 정도에 이르렀다. 그 내용에 있어, 근대의 유학 비판은 유학적 가치체계와 근대화 과정 간의 내재적인 긴장을 제시하는데 역점을 두었는데, 그것이 규탄하는 주요한 지점은 유학이 근대화에 적응하지 못하는 일면에 있었다. 전통적인 관념체계로서, 유가적 가치관은 전근대의 역사적 과정 속에서 형성되었고, 그것의 몇몇 구체적인 원칙과 근대화의 요구는 대체로 전혀 일치하지 않았다. 유학 비판자가 이러한 점에 주목한 것은, 확실히 역사적인 합리성을 지닌다. 그러나 유가적인 가치관을 전면적으로 공격하면서, 유학 비판자는 항상 유가적 가치관의 다중적인 함의를 무시했으며, 그것의 보편적인 문화적 의미에 거의 주목하지 않았다. 이런 단순 부정의 경향에는 근대화와 전통의 상호분리 가능성이 함축되어 있는데, 이는 또한 문화정체성의 위기 및 의미의 위기를 야기하기 쉬웠다.

　근대 유학비판의 사조와는 대조적으로, 현대 신유가는 유가적 전통이란 정체성에 중점을 두면서, 이를 통해 가치의 근거를 거듭 새롭게 획득함으로써, 문화정체성의 위기를 피하고자 모색했다. 물론 신유가의 유학으로의 회귀 역시 마찬가지로 근대화(현대화) 과정을 그 문화적 배경으로 하는데, 이 역사적인 전제가 또한 유학과 현대화의 관계를 신유가의 주요 관심사가 되도록 하였다. 신유가의 관점에 따르면, 전통적인 유학과 근대화(현대화) 과정은 공존할 수 없는 것이 결코 아니며, 유학의 오래된 내성內聖을 통해 새로운 외왕外王을 시작해낼 수 있다. 뿐만 아니라, 근대의 공업문명 자체가 날이 갈수록 자신의 폐단을 드러내고 있으니, 오직 유가적 가치 지향을 받아들여야만 근대화(현대화) 과정의 부정적 효과를 억제할 수 있다. 이렇게 현대 신유가에게서 유학은 곧 이중적인 의의를 드러낸다. 즉 유학은 현대화 과정과 일치하는(현대화에 적응하는) 측면을 내포할 뿐만 아니라, 현대화 과정을 인도하고 규제하는 작용을 한다는 것이다. 유학 비판자들이 유학을 단지 현대화 과정의 역사에서의 무거운 짐으로 이해하는 것에 비해, 현대 신유가는 확실히 유학의 긍정적 의의에 주목하였다. 그러나 유학의 규범성을 인정함으로써 신유학은 다시 더 나아가 유학을 본위로 삼을 것을 강조하면서 유가의 도통을 옹호하는 것을 최우선의 임무로 보았기에, 현대화라는 역사적인 주제를 약화시키지 않을 수 없었다. 알 수 있듯이 유가적 가치관을 통해 현대 문명의 부정적인 측면을 억제하자는 주장의 배후에는, 어떤 포스트모던 한 의식이 함축되어 있을 뿐만 아니라, 전근대적인 관념이 남아있는 것이기도 하다. 이 두 가지의 교차와 뒤섞임이 유학을 전환시키는 신유가의 내재적 특성을 이룬다.

　요컨대, 배척 부정과 동일시 부흥이란 양극의 대치가 근대에서의 유학의 희비극을 구성했으며, 양자의 대치는 언제나 근대화 방식에 대한 다른 선택을 수반하고 있다. 이상과 같은 대치를 어떻게 초월할 수 있는가? 이런 문제의 내용이란 유학의 현대적 의의를 어떻게 이해하고 정의하는가에 지나지 않는다. 근대에서의 유학의 역사적인 운명이 드러내듯이, 중국이 현대로 나아가는 과정에서, 유학 자체가 회피할 수 없는 하나의 전통을 이루며, 또한 오직 이러한 과정을 배경으로 삼아야만 유학의 현대적 의의를 진정으로 파악할 수 있다. 일종의 심각한 사회적 변혁으로서의 현대화는 반드시 가치관의 지지와 무관할 수 없다. 소위 관념의 전환이란 무엇보다도 가치 관념의 전환인 것이다. 현대화라는 역사적 필요에서 보자면, 유가의 몇몇 가치원칙 가치지향 등은 분명 현대로 나아감에 있어 장애가 될 수 있었지만, 이런 측면에서 근대의 유학비평가들은 전혀 이견이 없는 것은 아니다. 현대화 과정이 진전됨에 따라서 유가적 가치관에 서도 분명히 그에 상응하는 전환이 만들어져야 했는데, 이는 우선 현대화 과정이 만들어낼 수 있는 부정적인 효과를 억제하는 것으로 표현되었다.

그렇지만, 하나의 역사적 과정으로서의 현대화는 시초부터 이중성을 내포하고 있었다. 즉 현대화는 사회적 진화의 방향을 체현했을 뿐만 아니라, 일부 부정적인 결과를 감추고 있었다. 서구 공업사회 내에서는, 현대화 과정이 완성됨에 따라, 그 부정적인 효과도 갈수록 주목을 끄는 문제가 되었다. 도구적 이성의 팽창과 효율성 원칙의 강화는 언제나 일정 정도의 기술의 전제專制 및 존재 의미의 상실을 야기했다. 또한 공리원칙의 부각이 초래한 상품화는 주체의 내재적 가치가 도전 받도록 만들었다. 그리고 개체원칙의 보편적 인정과 관련된 권리의식과 경쟁 메커니즘은 흔히 인간 사이의 긴장을 격화시켰다. 또한 반反본질주의와 비이성주의식 논리적 파생물이 우선시 되면서, 날로 인간들을 소란스러운 감성세계로 밀어 넣었다. 게다가 자연에 대한 과도한 약탈과 점유는 날이 갈수록 심각해지는 자연과 인간의 불균형 및 생태위기 등을 유발하고 있다. 쉽게 알 수 있듯이 여기에는 본질적으로 형식적인 합리성(도구적 합리성)과 실질적인 불합리성(가치의 차원에서의 불합리성) 사이의 충돌이 함축되어 있고, 그것은 어떤 의미에서는 합리성의 위기로 나타난 것이다. 그러면 어떻게 현대화 과정 중의 합리성의 위기를 극복할 수 있는가? 바꿔 말해 어떻게 합리성을 재건할 것인가? 라는 문제는 이미 근대를 거쳐서 탈근대로 진입하고 있는 서구 산업사회가 직면하고 있는 중이다.[5] 가치관을 통해 볼 때,

---

5) 이 문제는 갈수록 당대의 사상가들의 관심사가 되고 있는데, 이를테면 하버마스Habermas의 사회적 이성의 조건 및 과정에 대한 분석은 어떤 의미에서는 합리성을 재건하려는 하나의 이론적인 자각으로 볼 수 있다.

합리성의 재건은 언제나 도구적 이성과 가치 이성 하늘과 인간 도의道義와 공리功利 이성과 욕구[理欲] 집단과 자기 등의 관계와 연관되는데, 그 심층적인 함의는 양자 사이의 긴장을 해소하는 데에 달려 있으며, 대치로부터 통일로 나아가도록 하는 것이다. 오직 가치관계를 새롭게 위치 지움으로서만, 합리성은 기술이라는 좁은 영역을 초월할 수 있고, 광의의 문화 창조 속에서 보편의 실현에 이를 수 있으며, 이를 통해 현대문명도 건전한 방향으로 나아가게 될 것이다.

개발도상국으로서의 중국은 현대로 나아가는 역사적인 과정 중에 놓여 있는데, 어떻게 현대화를 완성하는 것과 동시에 현대화의 부정적인 효과를 가능한 한 억제시킬 수 있겠는가? 이 문제는 실질적으로, 끊임없이 합리성을 재건해 나감으로써, 현대화 과정 가운데에서 출현할 수 있는 합리성의 위기를 어떻게 모면하는 지에 관련되어 있다. 이는 하나의 역사적 난제지만, 또한 회피할 수 없는 문제이기도 하다. 그 해결은 언제나 가치관이라는 규제적 이념과 분리될 수 없는데, 이러한 측면에서 유가적 가치체계는 확실히 중요한 전통적 자원을 제공한다. 더욱이 바로 이런 측면에서, 현대 신유가는 모종의 역사적인 자각을 표현해냈다. 만약 유학이 현대화 과정에 부응하지 못한다는 관념에 대한 지양과 전환이 주로 부정적 측면에서 유학과 현대화의 관계를 체현한 것이라면, 유학이 합리성을 재건하는 데에 있어 제공할 가치 창조는 주로 현대에서의 유가적 가치체계의 긍정적인 의의를 드러낼 것이다.

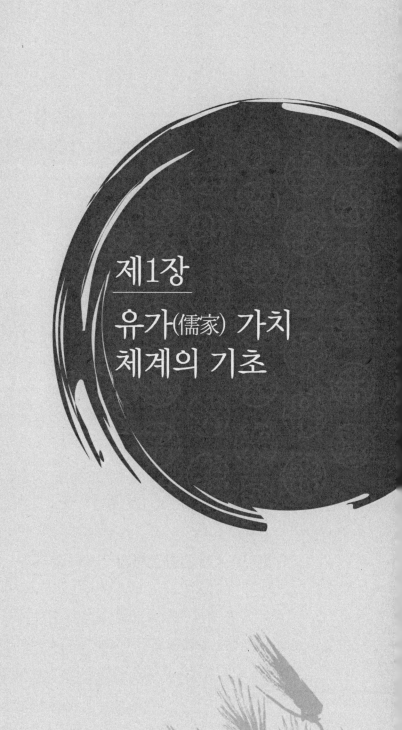

제1장

유가(儒家) 가치
체계의 기초

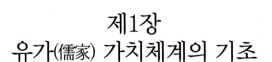

제1장
유가(儒家) 가치체계의 기초

유학은 공자에 의해 정초되었다. 우리들이 유가사상의 원천을 찾고자 할 때, 언제나 이 문화적 거인으로까지 거슬러 올라가지 않을 수가 없다. 유학의 창시자인 공자는 천도관天道觀, 인도관人道觀의 여러 방면에서 유가사상을 전개시켰을 뿐만 아니라, 유가적 가치체계의 토대를 다져놓았다. 천인天人관계로부터 사회적 인륜, 역명力命(*노력과 운명)의 해명으로부터 의리義理에 관한 분석, 인격적인 이상理想으로부터 인생의 경지에 이르기까지, 유가의 가치원칙이 이미 구체적이고 상세하게 공자의 유학사상 속에 포함되어 있는 것이다.

1. 천인天人에 관한 논변과 인도仁道 원칙

중국 철학 중의 천인에 관한 논변은 여러 가지 의미를 포함하고 있다. 그것은 천도관天道觀을 포함할 뿐만 아니라, 동시에 가치관과 관련되어 있기도 하다. 이후의 의미에서 보면, 하늘은 곧 넓은 의미에서의 자연 및 그 본연을 뜻하며, 인간은 무엇보다 주체적 창조활동(자연의 인문화 과정) 및 그 성과(여러 문명형태로 표현되는)를 가리킨다. "대상세계對象世界 및 인간 자신은 자연 상태를 초월해야만 하는가?", "인문세계는 무엇을 근본원칙으로 삼아야 하는가?", "자연의 인문화(人化)와 인간의 자연화는 어떻게 위치 지워야 하는가?" 등과 같은 문제는 주로 가치 영역을 지향하고 있다. 공자가 천인天人관계에 대한 가치의 내용을 자각적으로 반성했을 때, 인류는 일찍이 자연 상태에서 문명사회로 진입했고, 자연(天)과 사회(人)의 분야도 이미 하나의 유구한 역사적 진행을 거쳤다. 문명의 역사적 진보에 대하여, 공자는 분명 심각하게 느끼고 받아들였던 것이다. 그는 사람과 사람 사이의 사회적 연계라는 측면에서 다음과 같은 점을 지적했다. "새와 짐승과 더불어 살 수는 없으니, 내가 이 인간의 무리와 함께하지 않는다면 누구와 함께하겠는가?[鳥獸不可與同群, 吾非斯人之徒與而誰與?]"(『論語』「微子」, 이하에서는 편명만을 주석한다). "이 인간의 무리[斯人之徒]"란 곧 자연 상태를 초월하여 문명화된 인간을 말한 것이었다. 문명의 시대적 주체로서 인간은 자연 상태로 뒷걸음 칠 수 없고, 오로지 인문화라는 토대 위에서 서로 일종의 사회적 연대를 결성할 수 있다. 여기서 공자는 확고한 어투로 인문적 가치를 긍정했던 것이다.

문명의 성과는 물론 단순히 인문화 된 사회적 관계에서만 체현되는 것은 아니며, 그것은 보다 광범위한 역사적 내용을 가지고 있다. 어떤 의미에서, 은주殷周의 예제禮制는 문명진보의 증거라고 볼 수 있고, 예에 대한 공자의 고찰은 다소간 이러한 의의에 착안했던 것이다. 그는 일찍이 상당히 격앙되어 "찬란하구나, 문화여! 나는 주나라를 따르겠다.[郁郁乎文哉! 吾從周.]"(「팔일八佾」)라고 말했다. 여기에는 물론 옛 제도를 모종의 옛 제도를 회고하는 어떤 보수적인 심리적 태도가 나타나고는 있으나, 그 배후에는 오히려 보다 의미심장한 일종의 가치지향이 내포되어 있는 것이다. 주례周禮는 여기서 단지 일종의 지나간 과거의 자취일 뿐만 아니라, 그것은 동시에 일종의 넓은 의미의 문명의 상징이므로, "주나라를 따르겠다[從周]"는 말은 그에 상응하여 인류의 문화창조의 역사적 의의를 인정함을 의미하고 있기 때문이다. 공자가 중시한 "이하夷에 관한 논변"이 표현하는 것도 일종의 유사한 가치에 대한 추구이다. 하夏(*중화)가 이夷(*이민족)보다 높은 점은 주로 그 문명 정도가 후자보다 우월하다는 점에 있다. 바로 이와 동일한 전제에서 출발해, 공자는 관중管仲에 대해 다음과 같은 찬사를 덧붙였다. "만일 관중이 없었다면, 우리는 머리를 풀어헤치고, 옷깃을 왼쪽으로 하는 오랑캐의 풍습을 따랐을 것이다[微管仲 吾其被髮左衽矣]"(「헌문憲問」). 여기에서, 관중의 공적은 무엇보다도 문명의 후퇴("머리를 풀어헤치고 옷깃을 왼쪽으로 하는[被髮左衽]")를 막았다는 것으로 표현된다.

자연에서 보다 우월한 일종의 인문적 존재로서의 문명사회는 어떠한 토대 위에 구축되어야만 하는가? 공자는 인도仁道 원칙을 제시했다. 공자의 사상은 인仁을 핵심으로 하는데, 이는 이미 일종의 보편적 관점이었다. 일찍이 선진시기에, "인을 귀중히 하라[貴仁]"는 공자의 학설이 존재했다. 물론 '인仁'이라는 범주를 제기한 것이 공자가 처음은 아니었다. 『시경詩經』 「제풍齊風 노령盧令」에서 이미 '인仁'이란 글자가 나타났다. 즉, "사냥개의 방울 딸랑 거리는데 그 사람은 아름답고 인仁하네[盧令令 其人美且仁]"라는 것이다. 『상서尙書』 「금등金縢」에서도 '인仁'을 언급하기 시작했다. "나는 돌아가신 아버지에게 인仁하고 순종하였으며, 재능이 많고 기예가 많아, 귀신을 섬길 수 있었다[予仁若考, 能多才多藝, 能事鬼神]" 그러나 이상의 문헌에서 말하는 '인仁'은 단지 태도와 문채가 훌륭히 갖추어졌다는 뜻일 뿐, 가치 영역을 일이관지一以貫之하는 이상이나 관념을 표현한 것은 아니었다. 공자에게서, '인'은 처음으로 일종의 보편적인 가치원칙으로 제고되었다.

『논어論語』, 「안연顏淵」에는 공자의 '인'에 대한 정의를 다음처럼 기록하고 있다. "번지가 인을 묻자, 공자는 '사람을 사랑하는 것'이라고 말했다[樊遲問仁, 子曰, 愛人.]" 이것이 인仁에 관한 내용에서 가장 일반적인 규정이라고 볼 수 있다. '사람을 사랑함'으로 '인'을 정의함이 체현하는 것은 바로 일종의 소박한 인문 관념으로, 그것은 무엇보다도 인간이 천지만물 가운데서 최고의 지위임을 인정한다는 것을 의미하고 있다. 「향당鄕黨」에서도, 우리는 이와 같은 한 단락의 의미심장한 기록을 볼 수 있다. 한 때 마구간에 불이 나서 훼손되었는데, 공자는 조정에서 물러나올 때 이 일을 듣고는, 말 위에서 다급하게 "사람이 다쳤는가?[傷人乎]"라고 묻고는, 화재가 말을 해쳤는지("말에 대해서는 묻지 않았다[不問馬]")에 대해서는 전혀 묻지 않았다는 것이다. 여기서 표현되는 것은 일종의 인문적 관심으로, 그것은 다음과 같은 것을 의미하고 있다. 즉 소나 말과 비교해 말하자면, 인간이 보다 귀중하기 때문에 관심은 당연히 인간에게 두어야 한다는 것이다. 물론 이는 소나 말이 쓸모없는 대상임을 말하는 것은 아니라, 소나 말은 인간과 대비되는 자연적 존재로서, 단지 외재적 가치(도구 또는 수단으로 표현되는)만을 지닌다는 점을 표명한 것이다. 따라서 오직 인간만이 내재적 가치(자체가 곧 목적인)를 지닌다. 인간에 관해 묻지 "말에 대해서는 묻지 않는다"는 말의 이면에 함축된 것은 바로 인간이 곧 목적이라는 관념인 것이다.

  인간을 목적으로 관심의 대상으로 간주할 때, 근본적 요구란 바로 인간에 대한 존중이다. 공자는 다음과 같이 말했다.

  "오늘날의 효도는 부모를 잘 부양하는 것만을 일컫는다. 그러나 개와 말들까지도 모두 부양할 수 있는 것이니, 공경하지 않는다면 무엇으로 구별할 수 있겠는가?[今之孝者, 是謂能養. 至於犬馬, 皆能有養. 不敬, 何以別乎?]"
  (「위정爲政」)

  공경은 인격상의 존중이다. 만약 오직 살아감에 관해서만 관심(잘 부양함)을 기울이고, 인격상의 존중이 없다면, 인간을 동물(개와 말)로 끌어내리는 것을 의미한다. 목적으로서 인간은 단지 감성적 생명존재일 뿐만 아니라, 자연을 초월하는 사회적 본질(인문화 된 본질)을 지니고 있으며, 이러한 종류의 본질은 무엇보다도 인간과 인간의 상호 존중 속에서 표현되어 나온다. 인간에 대한 존중은 인간의 내재적 가치에 대한 인정으로, 혹자는 자연을 초월하는 인간의 본질적 특징에 대한 긍정이라고 말하는 것이다. 공자는 '경敬'을 통해서, 인간에 대한 관계와 대상에 대한 관계를 구별해내라고 요구한 점은 확실히 이 점에서 나타난다. 비록 여기에서는 주로 부모와 자식의 관계를 언급하고 있지만, 인격에 관한 존중을 통해, 도구와는 다른 인간의 인문적 본질을 두드러지게 드러냈으니, 그 의의는 명백히 부모와 자식의 범위를 훨씬 넘어서는 것이었다.

  사람을 사랑함, 인간에 대한 존중으로 표현되는 인도仁道 원칙은 효제孝悌를 기초로 한다. 즉 "효와 제가 인의 근본이다[孝弟也者, 其爲仁之本與!]"(「학이學而」)라는 것이다. '효孝'는 주로 부모 자식의 관계에서 체현되는 것이며, '제悌'는 곧 형제관계에서 전개되는 것이다. 일반적으로 말해, 부모와 자식의 관계 및 형제관계는 무엇보다도 혈연적 유대이기 때문에 자연적 성질을 띠고 있다. 그러나 이런 관계가 일단 효제孝悌의 형식으로 나타나면, 자연의 영역을 돌파하여 인문적 의미를 띠기 시작한다. 효제는 본질적으로 사회적 윤리의 관계의 일종이기 때문이다. 효제를 인의 근본으로 삼는 것에 내재된 함의는 바로 자연적 관계를 인문화 하는 것이며, 한편으로 그것은 인도仁道 원칙이 자연적 성질을 초월함을 강조하는 것이기도 하다. 공자와 그 제자들에 따르면, 일단 인간이 최초의 자연적 관계(혈연으로 연결된 부모자식, 형제관계)로부터 고양될 수 있으면(자연적 관계가 인문적 차원으로까지 나아가게 함), 인간이 인간이 되는 유적 본질이 확립될 수 있고, 인도仁道의 실현 역시 그에 상응해 내재적 보증을 지니게 된다.

  흔히 볼 수 있는 관점이, 곧 공자가 "사랑에는 차등이 있다[愛有差等]"고 주장했으며, '사랑에는 차등이 있다'는 것은 또한 인도仁道 원칙에 대한 제약을 이루고 있다고 생각하는 것이다. 이런 관점에 전혀 근거가 없는 것은 아니다. 왜냐하면 공자가 효제孝悌를 인仁의 근본이 된다고 했을 때, 확실히 부모와 자식, 형제에 관한 사랑이라는 일면이 부각되기 때문이다. 그러나 이를 통해 공자의 인도원칙이 지닌 보편성을 부정하는 것은 근거가 부족해 보인다. 앞에서 서술한 것처럼, 공자가 효제孝悌가 인仁의 근본이라고 강조했을 때, 그 진정한 목적은 협애한 혈연관계를 통해 인도원칙을 제한하는 것이 아니라, 원시적(최초의) 자연관계를 인문화 시키는 데에 있다. 본질에 입각해 말하자면, 인문화는 언제나 보편화를 의미하며, 그것이 체현하는 것은 바로 인간의 보편적 본질인 것이다. 사실상 공자에게서, 효제를 근본으로 하는 것과 인도원칙의 보편성에는 내재적 긴장이 전혀 존재하지 않으며, 전자가 바로 후자의 논리적 전제가 된다고 말하는 편이 낫다. 공자의 다음과 같은 논술 속에서, 우리는 이 점을 어렵지 않게 엿볼 수 있다.

  "동생과 자식이 되는 사람은 들어와서는 효도하고, 나가서는 웃어른께 공손하며, 행동을 신중하게 하고 믿음을 주며, 널리 사람들을 사랑하되 인한 사람을 가까이 해야만 한다[弟子入則孝, 出則弟, 謹而信 汎愛衆而親仁].」 (「학이學而」)

여기서 '효제孝悌'는 원시적인 자연관계의 인문화 된 형식으로서, 인류의 보편적 교제의 출발점이 된다. 따라서 부모와 자식, 형제에 관한 사랑에서부터 집단에 관한 사랑(널리 사람들을 사랑함)에 이르는 것은 논리에 부합하는 진행으로 나타나며, 인도원칙 자체는 이러한 과정 속에서 더 나아가 일종의 보편적 규범으로 승화된다. 이후 "내 노인을 섬겨서 다른 사람의 노인에게까지 미치며, 내 어린아이를 아껴서 다른 이의 아이에까지 미친다[老吾老以及人之老, 幼吾幼以及人之幼]"(『맹자孟子』, 「梁惠王上」)라는 맹자의 말이 체현하는 것도 대체로 동일한 사유노선을 체현한 것이다.

그것이 자연을 초월할 것을 요구한다는 점을 가지고 말한다면, 인도仁道 원칙은 확실히 하늘(자연)과 인간(인문)을 서로 구분하려는 경향을 나타낸다. 그러나 하늘과 인간의 구분이 결코 하늘과 인간의 단절을 의미하고 있는 것은 아니다. 공자에게서 "널리 사람들을 사랑함[汎愛衆]"을 내용으로 하는 인도人道 원칙이 자연의 영역을 극복한 것이지만, 시종일관 자연과의 연계를 단절하지는 않는다. 이 점은 삼년 상喪에 대한 공자의 설명에서 바로 엿볼 수 있다.

"군자가 상을 치룰 때에는, 맛있는 것을 먹어도 달지 않고, 음악을 들어도 즐겁지 않으며, 거처함에도 편안하지 않다. (…) 삼년 상이란 천하에 공통된 상례이다[夫君子之居喪, 食旨不甘, 聞樂不樂, 居處不安 (…) 夫三年之喪, 天下之通喪也]."(「양화陽貨」)

부모가 세상을 떠난 후, 자녀들은 흔히 먹고 마셔도 맛있는 것을 느끼지 못하고, 음악을 들어도 즐겁지 않으니, 이는 부모를 그리워하는 감정이 자연스럽게 드러난 것인데, 3년

상(喪)은 바로 이러한 자연적 심리적 감정에 근거한 것이다. 공자는 3년 상이 천지의 대의라고 생각했는데, 이는 물론 약간 진부함을 피할 수는 없는 것이지만, 공자가 복상服喪과 인간의 자연적 감정을 관련시킨 점에는 주목할 만한 가치가 있다. 공자에 따르면, 복상服喪은 효도의 형식 자체, 바로 인도仁道의 표현으로, 3년 상이 인간의 자연적 감정을 내재적 근거로 삼는다고 했을 때, 효제孝悌를 근본으로 하는 인도仁道 원칙도 역시 그에 상응해 인간의 심리적 감정이라는 자연적 요구에 부합하는 것이지, 일종의 인위적인 강제로 나타나는 것은 결코 아니다. 여기서 공자는 사실상 심리적 감정이라는 차원에서, 인도仁道 원칙과 자연 원칙을 소통시킨 것이다. "맛있는 것을 먹어도 달지 않고, 음악을 들어도 즐겁지 않다[食旨不甘, 聞樂不樂]"는 등의 형식으로 표현해 낸 심리 감정은 물론 완전히 자연적 본성 등과 같을 수는 없는데, 그것은 일정한 의미에서 이미 많건 적건 인문화 된 것이기 때문이다. 그러나 부정할 수 없는 것은, 그 가운데에는 확실히 천성天性(자연)에서 비롯된 어떤 성분이 포함되어 있다는 점이다. 사실상 감정 가운데 인문화 된 요소일지라도, 역시 언제나 일종의 자연(제2의 자연)적 방식으로 표현되어 나오는 것이다.

상술한 관점과 연관하자면, 공자는 자연을 초월할 것을 강조하면서도, "하늘을 본받으라[則天]"는 주장을 제기했다. 즉, "오직 하늘만이 위대한데, 요임금만이 그것을 본받았다[唯天爲大, 唯堯則之]."(「태백泰伯」)는 것이다. "하늘을 본 받는다"는 말은 자연에 순응한다는 뜻일 뿐이다. 물론 이는 결코 문명사회로부터 자연 상태로 회귀할 것을 요구하는 것이 아니라, 인문적 규범을 인간을 억압하는 율령으로 변질시켜서는 안 된다는 점을 뜻한다. 공자가 보기에, 자연을 초월하는 것이 결코 자연에 반하는 것으로 이해될 수는 없으며, 자연의 인문화는 자연을 올바른 방향으로 인도하고 승화시키는 것으로 간주해야만 합당하다. 『논어論語』 「선진先進」에는 다음과 같은 기록이 있다.

"자로, 증석, 염유, 공서화가 공자를 모시고 앉자, 공자가 말했다. '내가 너희들보다 조금 나이가 많다고 어렵게 여기지 말라. 너희들은 평상시에 나를 알아주지 못한다고 하는데, 만약 누군가가 너희들을 알아준다면 어떻게 하겠는가?' 자로가 곧바로 대답하였다. '천승의 제후국이 대국 사이에서 속박을 받고, 군대에 의해 위협을 받아 기근이 든다 할지라도, 제가 다스려서 3년이 된다면, 용맹하게 만들 수 있고, 또 올바름을 알도록 할 수 있습니다.' 공자가 빙그레 웃었다. '염구, 너는 어떻게 하겠느냐?'라고 묻자, '사방 60-70리, 혹은 50-60리 되는 땅을 제가 다스린다면, 3년이면, 백성들을 풍족하게 할 수 있습니다. 예악에 관한 것이라면, 군자를 기다리겠습니다'라고 대답했다. '적(*공서화)아, 너는 어찌 하겠느냐?'라고 묻자, '능하다고 말할 수 없으니, 배우고자 합니다. 종묘의 일이나 제후들이 회동할 경우, 현단복을 입고 장보관을 쓰고 작은 보조자가 되고 싶습니다'라고 말했다. '점아(*증석, 증자), 너는 어떠한가?'라고 묻자, 타던 비타 소리를 잦아들게 하더니, '텅'하니 비파를 놔두고 일어나서 대답했다. '세 사람이 품고 있는 것과는 다릅니다' 공자가 말했다. '어찌 꺼리는가? 각자 자신의 뜻을 말하는 것이니라.' 그러자 대답하길, '늦봄이 되면, 봄옷을 만들고 나서, 관을 쓴 어른 대여섯 명과 동자 예닐곱 명과 함께 기수에서 목욕하고 무우에서 바람 쐬고 노래하면서 돌아오겠습니다'고 하였다. 공자께서 감탄하며 말했다. '나는 증점(증석)과 함께 하겠다!'子路 曾晳 冉有 公西華侍坐. 子曰"以吾一日長乎爾, 毋吾以也. 居則曰'不吾知也!', 如或知爾則何以哉." 子路率爾而對曰, "千乘之國, 攝乎大國之間, 加之以師旅, 因之以饑饉, 由也爲之, 比及三年, 可使有勇, 且知方也." 夫子哂之. "求爾何如?" 對曰, "方六七十, 如五六十, 求也爲之, 比及三年, 可使足民. 如其禮樂, 以俟君子." "赤! 爾何如?" 對曰, "非曰能之 願學焉. 宗廟之事, 如會同, 端章甫, 願爲小相焉." "點爾何如?" 鼓瑟希, 鏗爾舍瑟而作, 對曰"異乎三子者之撰." 子曰"何傷乎? 亦各言其志也." 曰 "暮春者, 春服旣成, 冠者五六人, 童子六七人, 浴乎沂, 風乎舞雩, 詠而歸." 夫子喟 然歎曰"吾與點也!!"

자로, 염유, 공서화의 사회적 포부에 비해, 중점이 지향한 것은 일종의 자연적 경지라고 말할 수 있다. 이러한 경지는 물론 새나 짐승과 함께 무리를 이루는 것은 아니지만, "기수에서 목욕하고 무우에서 바람쐼"을 통해 도야되고 막힘없는 감정은 결국 인간과 자연의 연계를 체현한다. 그것은 자연을 인문화 하는 동시에 인간 자신 역시 자연화(則天)되어야 하며, 문명사회의 원칙이 자연과 단절되어서는 안 된다는 것을 의미하고 있다. "나는 중점과 함께 하겠다"라는 감탄이 함축하고 있는 것은 바로 이상과 같은 내용을 말해주는 것이다.

가치관이라는 각도에서 볼 때, 공자의 자연원칙에 대한 긍정은 경시할 수 없는 의의를 지닌다. 가치의 주체로서, 인간은 반드시 우선 자연으로부터 인문화(사회화)되는 하나의 과정을 거쳐야만 하는데, 오직 자연을 초월해야만, 인간은 비로소 내재적 가치(자신을 목적으로 만드는)를 획득할 수 있다. 그러나 다른 측면에서, 인문화의 결과로서의 사회준칙, 특히 그 중에서도 윤리준칙 역시 자연을 적대시해서는 안 되며, 반대로 그것은 점차 주체 속으로 내면화되면서, 주체의 제2의 천성(제2의 자연)이 될 필요가 있는데, 이것이 이른바 인간의 자연화 과정이다. 사회적 규범(인도仁道 원칙을 포함하는)이 만약 자연의 원칙에서 벗어난다면, 때로 허위적인 가식이 되거나, 때로 외재적인 강제로 변질되기 쉽다. 공자가 인도仁道 원칙을 제기하면서 자연의 원칙을 긍정하기도 한 점은, 확실히 자연의 인문화와 인간의 자연화가 서로 배척해서는 안 된다는 점을 주목했던 것이다.

물론 전체적으로 말해서 천인天人에 관한 논변에서 공자의 근본적 가치지향은 인문人文(인도仁道 원칙)을 부각시킨다. 공자에게서 자연원칙의 궁극적 의의는 바로 보다 원만하게 인도仁道 원칙을 실현시키는 것(그것이 인위적인 강제로 변질되는 것을 막는 것)에 달려 있기 때문이다. 바로 인도仁道 원칙이 전체적인 경향에서 유가적 가치체계의 기조를 결정한 것이며, 유가에게 그 밖의 학파와는 다른 특징을 부여했다고 말할 수 있다. 유가가 인도仁道 원칙을 중시했던 것에 비해, 이후에 일어난 도가가 부각한 것은 주로 자연의 원칙으로 그들은 인간의 자연 상태를 이상적인 경지로 여겨 "인간을 근거로 하늘을 훼손하지 말라[無以人滅天]"고 주장하면서, 문명(인문화 된 상태)으로부터 자연으로 회귀할 것을 요구했다. 이런 관점은 문명의 진보가 초래한 몇몇 부정적인 측면에 주목한 것이며, 문명사회의 규범과 준칙이 자연에 위배되어서는 안 된다는 점을 드러내고 있지만, 동시에 오히려 자연의 인문화 및 인간에 대한 존중이라는 문제를 소홀히 하지 않을 수 없었다. 도가道家가 자연원칙을 강화했던 것과는 다르게, 법가法家는 폭력원칙을 최고의 지위로 격상시키고, "오늘날에는 기력을 겨룬다[當今爭于氣力]"(韓非子)라고 강조했으며, 형법 등의 폭력적 수단을 인간 사이의 관계를 조절하는 유일한 준칙으로 삼았다. 도가의 자연원칙이 비인도적非人道的 특징을 표현해냈다면, 법가의 폭력원칙은 반인도적反人道的 성질을 지닌다. 이와 비교해, 공자에 의해 정초된 인도仁道 원칙은 비록 여전히 추상적 형식을 띠고는 있지만, 결국 원시 인문주의의 인도人道정신을 주로 체현한 것이다.

2. 자기에서 달린 인의 실천[爲仁由己]과 천명天命의 예정

하늘과 인간에 관한 논변은 내재적으로 노력[力]과 운명[命]의 관계와 연결되어 있다. 하늘의 초험화超驗化는 명命으로 표현되는데, 사실 '하늘[天]'과 '운명[命]'은 언제나 '천명天命'이라고 합칭된다. 유가가 말하는 명命 혹은 천명天命은 상당히 복잡한 개념이다. 만일 그 원시 종교적 정의를 제외한다면 그 함의는 대체로 '필연성'에 가깝지만, '천명'이라는 형태 아래에서, 필연성은 흔히 모종의 초자연적 색채를 부여받게 된다. '하늘[天]'에 상대되는 인간은 애초부터 주체의 역량이나 능동적 작용 등의 규정을 함축하고 있다. 이처럼 천인관계에 관한 고찰은 반드시 논리적으로 '노력과 운명에 관한 논변[力命之辨]'으로 인도되는 것이다.

'인간은 필연으로서의 명命을 파악하고 통제할 수 있는가?', '필연으로서의 명命은 주체의 선택을 위한 가능성을 제공하는가?', '주체의 권능에는 한계가 있는가?' 등과 같은 문제가 '노력과 운명에 관한 논변[力命之辨]'의 근본적인 내용을 구성하는 것이다. 명命에 대한 파악과 지배 및 주체의 선택은 흔히 이성과 의지의 관계에까지 관련되기 때문에, '노력과 운명에 관한 논변'은 동시에 지지志知에 관한 논변과 교차하기도 한다. 더 넓은 시야에서 보자면, 노력과 운명의 관계에 관한 탐구는 물론이고, 지지志知(의지와 이성)의 관계에 관한 분석도 결국은 모두 하나의 보다 근본적인 문제, 즉 인간의 자유를 가리킨다. 인류는 자연으로부터 분리되어 나온 뒤, 자유를 향한 고된 여정을 시작했는데, 이 과정은 또한 언제나 필연성의 제약 하에서 점차 실현된 것이다. '노력과 운명에 관한 논변'은 어떤 의미에서는 자유와 필연의 위와 같은 뒤얽힘을 반영하였다.

앞에서 서술한 것처럼, 천인관계에서 공자는 인도仁道라는 원칙을 문명사회의 근본적 가치 규범으로 삼았다. 그 내재적 함의에 관해 말하자면, 공자가 제시한 인도仁道의 원칙은 인간을 목적으로 볼 것을 요구할 뿐만 아니라, 인간이 인仁을 실천할 수 있는 능력을 지닌다는 점을 인정함을 의미하고 있다. 따라서 "인을 실천하는 것은 자기에게 달린 것이지 타인에게서 비롯되겠는가?[爲仁由己, 而由人乎哉]"(「안연顏淵」), "하루라도 그 힘을 인에 쓴 자가 있는가? 나는 힘이 부족한 자를 본 적이 없다[有能一日用其力于仁矣乎 ? 我未見力不足者.]"(「이인理仁」)라고 말한다. '인仁을 실천함'은 주로 도덕규범을 이행하는 것을 뜻하는데, 공자가 보기에 인간은 존중받고 사랑받아야 하는 대상일 뿐만 아니라 타인에게 인애仁愛를 주는 주체이다. 도덕적 주체로서, 인간은 자주적인 역량을 갖추고 있다. 인을 실천함(도덕적 행위)은 단순히 결정되어진 것이 결코 아니며, 주체 자신의 역량의 체현(자기에 달린 것)이기 때문이다.

자기에 달린 것[由己]과 타인에 달린 것[由人]의 구분은 어떤 의미에서는 외재적 강제와 내재적 자주의 대치로 나타나는데, '자기에 달림'으로 '남에게 달려 있음'을 부정하는 것은 주체를 외재적 강제로부터 벗어나게 함을 의미하며, 이러한 과정이 다시 의지의 작용과 서로 관련된다. 공자는 의지意志라는 속성을 매우 중시했다. 즉 "삼군에게서 장수를 빼앗을 수는 있어도, 필부에게 그 뜻을 빼앗을 수는 없다[三軍可奪帥也匹夫不可奪志也]"(「자한子罕」)는 것이다. "그 뜻을 빼앗을 수 없다"는 것은 주체의 존엄을 체현할 뿐만 아니라, 일종의 외재적 강제로 좌우할 수 없는 내재적 역량을 드러낸 것이기도 하다. 주체의 내재적 역량이 구체적으로 체현인 의지의 기능은 무엇보다도 도덕적 선택으로 전개된다. "내가 인을 하고자 한다면, 곧바로 인에 이르게 될 것이다[我欲仁, 斯仁至矣]"(「술이述而」) "하고자 함[欲]"이란 의향이니, 그것은 "자기에 달림[由己]"과 결합해, 바로 주체의 결정으로 나타난다. 여기서 주체의 선택("인하고자 함")이 곧 인仁이라는 도덕적 경지에 도달하는 전제를 이루는 것이다.

주체의 역량이란 물론 단순히 도덕적 선택과 도덕적 결정에서만 체현되는 것이 아니다. 인간과 도道의 관계를 논하면서, 공자는 "사람이 도를 넓힐 수 있지, 도가 사람을 넓힐 수 있는 것은 아니다.[人能弘道, 非道弘人]"(「위령공衛靈公」)라고 지적했다. 여기서의 '도道'란 일반적인 사회적 이상이나 원칙을 두루 가리킨다.[1] 인간은 사회적

---

1) 유가가 말하는 도道란 흔히 법칙 사회이상 도덕적 원칙 등의 다양한 함의를 포괄한다. 여기서의 도道와 「헌문憲問」에서 "도道가 행해질 것인가도 명命에 있고, 도道가 버려질 것인지도 명命에 있다[道之將行也與, 命也. 道之將廢也與, 命也].라고 말할 때의 '도'의 의미는 서로 비슷한데, 모두 사회적 이상 또는 정치적 원칙을 가리킨다.

이상을 제정할 수 있고, 자신의 노력을 통해 그것을 현실로 변화시킬 수 있으나, 사회적 이상이 아직 현실적인 형태를 얻지 못하였을 때에는, 결코 인간을 형상화하는 실제적 역량이 될 수 없다. 바로 이상의 관점에 근거해, 공자와 그의 문인들은 "사는 뜻이 넓고 굳세지 않을 수 없다. 책임은 무겁고 길은 멀기 때문이다[士不可以不弘毅, 任重而道遠]."(「태백泰伯」)라고 강조했다. 여기서 표현되는 것은 깊은 사명감이다. 그것은 광범위한 문화적 역사적 배경 위에서 주체의 역사적 책임을 드러낸다. 주체의 사회적 책임을 부각하는 배후에 함축된 것은 여전히 주체의 역량에 대한 보다 깊이 있는 인정이라는 것을 어렵지 않게 알 수 있다. 사실상, "책임은 무겁고 길은 멀다"는 사명감은 바로 "사람이 도를 넓힐 수 있다"는 역사적 자각을 전제로 하는 것이다.

바로 "사람이 도를 넓힐 수 있다"는 신념에 근거해 공자는 다급하게 열국列國을 이리저리 뛰어다니면서, 자기의 정치적 포부를 실현하기 위하여 거의 전 일생을 쉴틈 없이 노력했다. 비록 "주나라를 따르겠다"는 정치적 이상이 이미 시대에 뒤떨어졌기에, 애초부터 실현될 수 없으리라고 예정된 것임에도, "그 안 된다는 것을 알면서도 실천하려는[知其不可而爲之]"(「헌문憲問」) 넓고도 굳센 강인한 의지는 확실히 "책임은 무겁고 길은 먼" 역사적 사명을 몸소 힘써 실천하는 것이었을 뿐만 아니라, 비극성의 형식으로 주체의 역량에 대한 고도의 자신감을 드러냈던 것이다. 여러 번 좌절을 겪으며, 이상이 거의 파멸되는 상황 하에서도, 공자의 격언은 여전히 "하늘을 원망하지도 않고, 남을 탓하지도 않는다[不怨天, 不尤人]"(「憲問」)는 말이었다. 단적으로 말해서 외부적 역량이 아니라 주체 자신의 능동적 역할이 공자가 관심을 기울인 초점이 되는 것이다.

알 수 있듯이 공자의 이상과 같은 논술 및 실천적 추구 속에는 자유에 대한 낙관적 태도가 깊숙이 함축되어 있다. "인을 실천하는 것은 자기에게 달려 있다[爲仁由己]", "내가 인을 하고자 한다면, 바로 인에 이르게 된다[我欲仁, 斯仁至矣]" 등의 명제가 주로 인간의 도덕적 자유를 긍정한 것이라면, "인간이 도를 넓힐 수 있다[人能弘道]"는 단언은 문화적 창조라는 보다 넓은 의미에서 인간의 자유가 지닌 역량을 인정한 것이다. 문명의 가치를 긍정하는 사상가로서의 공자는 인류문화의 진보에 대해 언제나 환영하는 태도를 지니고 있었고, 이러한 진보는 동시에 인간의 자유로운 창조의 결과로 간주되었으며, 그에 따라 인간 자신의 가치에 관한 현실의 확증으로 이해되었다. 역사적으로 보자면, 자연에 대한 인간의 초월은 또한 인간적 자유의 부단한 실현과정으로 나타나는 것이기도 하다. 자연의 인문화와 인간의 자연화는 언제나 자유의 역사적 자취를 수반하고 있다. 어떤 의미에서 공자는 중국 역사상 이와 같은 문명의 진보과정에 대해 자각적으로 반성했던 최초의 철인이었다. 또한 도덕관계와 문화적 창조에 있어서 인간의 자유를 강조하고, 이로부터 나아가 인간의 주체성 및 내재적 가치를 부각시킨 점은 공자의 이론적 예지를 드러낸다.

자유라는 속성을 지닌 주체로서 인간의 자주적 능력 및 창조성은 도대체 무엇에 근거하는가? 비록 공자가 인간적 자유라는 본성에 대해 어떤 역사적인 자각을 표현해내긴 했지만, 이상의 문제를 해결할 때, 그 역사적 감각은 오히려 사변적인 경향으로 대체되기 시작했다. 공자에게서, 주체는 물론 내재적인 도덕적 역량을 지니지만, 이러한 역량 자체는 또한 일종의 초월적인 근거에서 비롯되는 것이었다. 송宋나라에서 환퇴桓魋가 공자를 해치려 할 때, 공자의 태도는 다음과 같았다. "하늘이 나에게 덕을 주었는데, 환퇴가 나를 어찌하겠는가?[天生德于予, 桓魋其如予何?]"(「술이述而」) 여기서는 하늘이 명命한 것이 주체의 도덕적 역량의 근거가 되며, 주체가 외부적 강제(폭력을 포함한) 하에서 동요하지 않을 수 있도록 해준다. 이상과 같은 관념이 비록 특수한 경우에서의 표현이긴 하지만, 그것은 명백히 보편적인 의의를 지니고 있다. 여기서 더 나아가면 문화적 창조와 존망 역시 궁극적으로는 하늘의 역량에 달려 있는 것이 된다. 따라서 공자는 "하늘이 이 문화를 없애려 했다면, 이후에 죽는 자들은 이 문화에 참여할 수 없었을 것이다. 하늘이 아직 이 문화를 없애려 하지 않으니, 광나라 사람들이 나를 어찌하겠는가?[天之將喪斯文也, 後死者不得與於斯文也. 天之未喪斯文也, 匡人其如予何]"(「자한子罕」)라고 말한다. 문화적 창조와 연속은 인간을 통하여 실현되지만, 문화를 창조하고 연속시키는 인간의 능동적 역할은 결국에는 다시 하늘에 근원한다. 따라서 일단 하늘을 최고의 근거로 삼는다면, 어떠한 역량도 문화적 창조와 연속을 막을 수 없는 것이다. 도덕적 역량과 문화적 창조의 근원으로서의 하늘이란 바로 천명天命일 뿐이며, 다시 말해 경험을 초월한 필연성이다. "하늘이 나에게 덕을 주었다"는 말은 '나'의 행위가 천명의 요구를 체현하는 것임을 뜻할 뿐이다. 또한 "하늘이 아직 이 문화를 없애려 하지 않는다"는 말은 '나'의 창조가 천명天命의 경향에 부합하는 것임을 표명한 것이다. 여기서 공자는 실제로 주체의 역량을 위한 하나의 형이상학적 근거를 규정했다. 문명의 진보과정을 인식하고 반성한 사상가로서의 공자는 인간의 능동적 역할을 드러냈지만, 그가 전혀 이해하지 못한 것은, 인간의 자유로운 창조의 원천은 바로 인간의 역사적 실천 과정 속에 존재한다는 사실이었다. 공자에게서 인간의 문화창조는 주로 "도를 넓힌다[弘道]"는 추상적 형식으로 전개되는데, 이처럼 더 나아가 인간이 도를 넓힐 수 있는 근원을 탐색할 때, 공자는 바로 시선을 초험적인 천명天命으로 던지지 않을 수 없었다.

주체 역량의 형이상학적 근거로서의 천명天命은 또한 주체 활동에 대한 제약이 되기도 한다. 왜냐하면 그것은 인간의 자유로운 창조에 하나의 한도를 규정해주기 때문이다. 인간은 물론 도를 넓힐 수 있는 능력을 갖추고 있지만, 도가 결국 실현될 수 있는지는 명命에 달린 것이다. 즉 "도가 행해지는 것도 명에 있고, 도가 없어지는 것도 명이다[道之將行也與 命也 道之將廢也與 命也]."(「憲問」) 이처럼 한편으로 인간은 자유롭게 도덕적 선택과 문화적 창조를 진행할 수 있고, 다른 한편으로는 이런 선택과 창조는 언제나 천명의 범위를 벗어날 수 없는데, 일단 천명을 거스르면 천명의 냉혹한 제재를 받아야 한다. 즉 "하늘에 죄를 짓는다면, 빌 곳이 없다[獲罪于天, 無所禱也]."(「팔일八佾」) 이론적으로 봤을 때, 자유는 결코 필연성의 지배를 벗어나서 하고자 하는 바를 행하는데 있지 않으며, 필연성에서 벗어난 '자유'란 헤겔Hegel이 말한 방종에 불과한 것이지, 진정한 자유는 아니다. 공자의 이상과 같은 관점은 다소 사변적 형식 아래에서 인간의 자유가 필연성을 무시할 수 없다는 점에 주목한 것이었다. 하지만, 공자는 도道의 성패가 궁극적으로 천명에 달려 있다고 여겼으니, 천명의 역할을 강화하는 경향을 지닌 것처럼 보인다. 천명天命에 비했을 때, 주체의 역량은 근본적으로 종속적 지위에 놓이기 때문이다. 천명에 대한 이상과 같은 강화는 내재적으로 명정론命定論으로 인도되는 계기를 함축한다. 사실상 공자가 "천명을 경외하라[畏天命]"고 요구하면서, 그것을 군자가 두려워해야만 하는 세 가지 중 첫 번째에 두었을 때, 분명 명정론命定論을 향한 일보를 내딛기 시작한 것이다. 왜냐하면 천명天命은 마치 인간을 압도하는 최고의 역량처럼 규정되며, 이에 대해 인간은 단지 경외할 뿐 항거할 수 없기 때문이다.

물론 천명天命의 지상성至上性이 결코 이성의 작용을 완전히 배척하는 것은 아니다. 바로 이런 사유노선에 근거해서 공자는 "천명을 경외하라[畏天命]"고 요구하는 동시에, "천명을 알라[知天命]"고 강조하기도 했다. 즉 "명을 알지 못한다면, 군자가 될 수 없다[不知命, 無以爲君子]."(「요왈堯曰」)는 것이다. "천명을 안다"는 것은 천명의 역량을 인식하고 나서 자각적으로 순종하는 것일 뿐이다. 천명에 대한 자각적인 순종은, 다른 측면에서 보자면, 주체적 의지의 역할에 대한 제약이 된다. 공자는 물론 의지의 기능을 중시했으며, "인을 실천하는 것은 나에게 달려 있다"는 등의 명제를 제기함으로써 이에 대해 설명하였지만, 전체적인 관념체계에서는 확실히 이성이 보다 중요한 지위를 차지하였다. 공자가 볼 때 의지의 작용이 만약 이성의 제약을 벗어나게 된다면, 대체로 천명에 대한 위반을 초래함으로서 맹목적 행동으로 휩쓸리게 된다. 자로子路가 "선생님께서 삼군을 지휘하신다면, 누구와 함께 하시겠습니까?[子行三軍, 則誰與?]"라고 묻자, 공자의 대답은 다음과 같았다. "맨손으로 호랑이를 때려잡고 맨발로 황하를 건너려 하면서, 죽더라도 후회하지 않는 사람과는 난 함께 하지 않을 것이다. 반드시 일에 임해서 두려워하고, 계획을 잘 세워 성사시키는 자여야 할 것이다[暴虎馮河, 死而無悔者, 吾不與也. 必也臨事而懼, 好謀而成者也]."(「述而」) 맨손으로 호랑이를 때려잡고, 배도 없이 강을 건너는 것은 용맹하다면 용맹한 것이지만, 오히려 의지의 맹목적 충동에 가깝기 때문에 명을 아는 지혜로운 행동이라고 말하기는 아주 어렵다는 것이다. 따라서 오직 명석한 이성적 사고가 있어야만 행위는 자각적 성격을 갖출 수 있는 것이다. 공자가 전자와 '함께 하지' 않고, 후자에 기우는 것이 표현하는 점은 바로 일종의 이성주의적 태도인 것이다. 하지만 공자는 이성에의 지향을 "명을 앎[知命]"과 관련시켰기에, 그 이성주의적 원칙이 명정론의 속박에서 벗어나는 것을 어렵게 만들었다.

인간의 자유라는 하나의 문제에서, 공자의 사유경향이 이중성을 지닌다는 점을 알 수 있다. 즉 문명을 숭상하고, 주체의 가치를 긍정하는 사상가로서의 공자는 도덕적 선택과 문화 창조 등의 측면에서의 주체의 자유의 능력에 대해 낙관적인 확신을 표출했지만, 여전히 사변적인 영향에서 완전히 벗어나지 못한 초기 인문주의자로서의 공자는 결코 주체 역량의 현실적 근원을 파악하지 못했으며, 이런 근원을 초경험적 영역으로 밀어붙임으로써 명정론命定論으로 나가게 된 것이다. 노력과 운명[力命]의 관계에 관한 이상과 같은 관점은 다시 의지와 이성의 관계라는 문제와 하나로 연관된다. 천명의 인력人力에 대한 지배는 동시에 의지에 대한 이성의 제약으로 나타난다. 따라서 천명에 대한 이성의 자각적 순종은 다소간 의지의 자주적 선택을 억제하는 것이다. 요컨대 인간은 자유의 존재지만, 인간의 자유는 언제나 천명을 형이상학적 근거로 하며 그 제약을 받는다. 공자의 이상과 같은 관점은 자신의 역량에 대한 인간의 긍정 및 자유에 대한 동경을 나타낼 뿐만 아니라, 자유의 실현이 여전히 아주 제한적이었던 당시의 역사적 상황을 반영했다. 그런데 유가적 가치체계의 발전이란 점에 입각하자면, 그것은 또한 유가의 "노력과 운명에 관한 논변[力命之辨]"이 분화되는 계기가 되었다.

3. 자기를 수양하여 타인을 평안하게 한다[修己以安人] : 자아실현과 그 논리의 귀결

천인관계론과 "노력과 운명에 관한 논변[力命之辨]"은 주로 주체(인간)와 외부 자연 및 외부 필연과의 관계로부터 유가의 가치이상과 가치추구를 드러냈던 것이다. 주체적인 존재로서의 인간은 곧 무리이면서 또한 개체이다. 인간은 통일된 전체(집단)로 표현될 뿐만 아니라, 자아(개체)를 그 존재형식으로 한다. 주체로서의 존재의 이러한 기본구조와 연관해서 무리(집단)와 자기(자아)의 관계라는 문제가 발생한다.

앞에서 서술한 것처럼 공자의 관점에 따르면, 인간은 일종의 문명화된 존재로서 언제나 사회 집단 가운데에서 존재한다. 따라서 "새와 짐승은 같은 무리로 어울릴 수 없으니, 내가 이 사람의 무리가 아니면 누구와 함께 살겠는가?[鳥獸不可與同群, 吾非斯人之徒與而誰與?]"(「미자微子」)라 한 것이다. "이 사람의 무리[斯人之徒]"란 바로 사회 집단을 가리킨다. 이처럼 '나'와 "이 사람의 무리"의 어울림은 바로 집단과 자기의 관계로 표현된다. 공자는 우선 자아를 상당히 중요한 지위로 끌어올리면서, 위기爲己에 관한 학설을 제기하였다.

> "고대의 학문은 자기를 위한 것[爲己]이었는데, 지금의 학문은 남을 위한
> 것[爲人]이다. [古之學者爲己, 今之學者爲人]. (「헌문憲問」)"

'고대[古]'는 공자의 마음속에 있는 이상理想의 형태를 상징하고 있고, '지금[今]'이란 당시의 현실을 나타낸다. "자기를 위함[爲己]"이란 자아의 완성을 뜻하며, "남을 위함[爲人]"이란 타인들에 영합해서 외적인 찬사와 영예를 얻는 것을 뜻한다. 여기서 공자는 고대에 근거하는 형식으로 개인의 자아실현이란 문제를 제기했던 것이다. 물론 공자가 말한 "자기를 위함[爲己]"이란 주로 도덕적인 자아 완성과 자아실현이지만, 여기에는 결국 자아는 그 자신만의 가치를 지닌다는 하나의 중요한 전제가 깔려 있다.

따라서 "자기를 위함[爲己]"이란 도덕적인 함양 속에서 이러한 가치를 실현하는 것일 뿐이다. 동시에 "자기를 위함[爲己]"을 통해 "남을 위하는 것[爲人]"을 부정하는 점은 평가의 기준을 타인으로부터 자기로 전환시킴을 의미하고 있는 것이기도 하다. 따라서 개체의 행위는 더 이상 타인들의 추세에 따라 바뀌지 않게 된다. 이런 측면에서, "자기를 위하라[爲己]"는 학설은 또한 주체 자신의 이상을 근거로 자기를 만들어내라는 요청을 포함하고 있다.[2]

자아의 완성과 자아실현을 목표로 삼음으로써, 도덕함양은 주로 자아의 노력과 연관되게 되었다. 공자는 주체의 역량에 대해 낙관적인 확신을 지니면서도 주체의 역량을 우선 도덕영역에서 드러냈다. 공자가 볼 때 도덕적 실천에서는 물론이고 덕성의 함양에 있어서도 자아는 모든 경우에 주도적인 작용을 하였다 주체가 인도仁道 규범을 따르는지, 인도仁道 원칙에 근거하여 자기를 만들어내는지는 모두 자주적인 선택 및 자기의 노력에 달려 있지, 외부의 힘에 좌우되는 것이 아니다. 바로 이런 의미에서 공자는 자신에게서 구할 것을 강조하고 타인에게서 구하는 것을 반대했다. 즉 "군자는 자기에게서 구하고, 소인은 남에게서 구한다[君子求諸己, 小人求諸人]."(「위령공衛靈公」)는 것이었다. "자기를 위함[爲己]"이 주로 도덕 함양이라는 목표에서 자아의 가치를 긍정한 것이라고 한다면, "자기에게서 구한다"는 말은 도덕의 실천 및 덕성의 배양의 방식에 있어 자아의 능력 및 가치를 긍정한 것으로, 양자는 서로 다른 측면에서 개체(자아)에 대한 중시를 표현한 것이다.

물론 도덕적 주체로서의 자아는 단순히 개체라는 방식으로 존재할 뿐만 아니라, 그것은 언제나 동시에 유적 본질을 체현하는데, 이는 자아가 개방적 성격을 지녀야만 하며 자아중심주의로 나아가서는 안 된다고 요구한다. 공자의 견해에 따르면, 자아의 완성(爲己)은 결코 배타적인 성질을 지니지 않으며, 반대로 인도人道의 원칙에 근거해,

---

2) 드베리(DeBarry)는 유가의 위기爲己의 학설이 "자아의 각성"과 "독립적인 판단" 등의 관념을 포함하고 있다고 생각했다. 일찍이 이러한 측면에 주목한 듯하지만, 그는 유가의 위기에 관한 사상을 개인주의와 관계시켰기 때문에 혼동을 유발하기 쉽다. (Individualism and holism : Studies in Confucians and Taoist Values. Ed by D. J. Munald, The University of Michigan, 1985, P334)

개체는 자아실현과 동시에 자아를 실현하고자 하는 타인의 바람을 존중해야만 하는 것이다. 충서忠恕에 관한 학설 속에서 상술한 원칙이 구체적으로 체현된다. '충忠'이란 곧 "자기가 서고 싶다면 남도 세워주고, 자신이 이르고자 한다면 남도 이르게 해준다[己欲立而立人 , 己欲達而達人]"(「옹야雍也」)는 것이고, '서恕'란 "자기가 원하지 않는 것을 다른 사람에게 행하지 않는다"(『論語』 「衛靈公」)고 한 것이다. 한편으로 자아는 전체 행위의 출발점이 된다. 왜냐하면 타인을 세워주는 것과 타인이 이르게 하는 것은 우선 자기를 세우는 것과 자기를 이르게 하는 것을 전제로 삼기 때문이다. 이 점에 입각해 말하자면, 충서忠恕는 분명 자아에 대한 긍정을 체현한다. 그러나 다른 한편으로, 주체는 또한 자기를 세우는 것과 자기를 이르게 하는 것에 그쳐서는 안 되며, 마땅히 자기로부터 미루어 타인에게까지 이르러야만 하고, 자기를 세우는 것과 자기를 이르게 하는 것으로부터 나아가서 타인을 세우고 타인을 이르게 하는 데까지 확장해가야만 한다. 따라서 타인을 이르게 해주는 것과 타인을 세워주는 것이 사실상 자기를 세우는 것과 자기를 이르게 하는 것의 내용이 된다고 말해도 무방하다. 바로 타인이 성취할 수 있게 하는 과정 속에서 자아의 덕성은 진일보한 완성에 이르기 때문이다. 나중에 『중용中庸』에서 말한 '성기成己'와 '성물成物'에서 구체화된 것이 동일한 원칙인데, 그것은 유가의 자아실현에 관한 논의의 매우 중요한 특징을 이루는 것이다.

자기를 세우는 것을 타인을 세워주는 것과 관계지우는 것은, 또한 개체의 자아실현이 한 개인의 영역을 초월해 집단적 정체성을 지향하도록 만드는 것임을 의미하고 있다. 실제로 공자에게서, 자아의 완성은 타인을 평안하게 하는 것과 본래부터 관련되어 있었다. 『논어論語』 「헌문憲問」에는 다음과 같이 기록되어 있다.

"자로가 군자에 관해서 묻자, 공자는 '자기를 수양해 공경한다'"라고 대답했다. 자로가 '이와 같을 뿐입니까?'라고 묻자, 공자는 '자기를 수양하여 타인을 평안하게 한다'라고 하였다. 자로가 '이와 같을 뿐입니까?'고 묻자, 공자는 '자기를 수양하여 백성을 평안하게 한다'라고 말했다[子路問君子. 子曰, 修己以敬. 曰,

如斯而已乎? 曰, 脩己以安人. 曰, 如斯而已乎? 曰, 脩己以安百姓]."

　"자기를 수양하는 것[修己]"은 도덕적인 자아 함양을 뜻한다. '타인을 평안하게 하는 것[安人]'과 '백성을 평안하게 하는 것[安百姓]'은 사회 전체의 안정과 질서를 뜻하는데, 이는 명백히 이미 단순한 도덕 관계를 넘어서서, 넓은 의미의 사회적 진보와 관련된다. 이처럼 우리가 어렵지 않게 알 수 있듯이, 도덕관계 상의 자아의 완성(爲己)은 최종적으로는 넓은 의미의 사회가치(집단의 안정)를 실현하기 위한 것이다. 공자의 이상과 같은 관점은 개체의 가치를 무시하는 극단적인 전체론holism과 다를 뿐만 아니라, 집단을 배척하는 극단적인 자아중심주의와도 다르게, 개체가치와 집단가치　자아실현과 사회 안정을 통일시킨 사유경향을 나타낸다.

　그런데 마땅히 지적해야만 할 점은 공자가 "타인을 평안하게 함[安人]"과 "백성을 평안하게 함[安百姓]"을 "자기에 대한 수양[修己]"의 귀결로 규정하는 동시에 또한 내재적으로 집단을 부각시키는 경향을 함축하고 있다는 사실이다. 따라서 "타인을 평안하게 하는 것[安人]"에 비할 때, 수기修己(자아실현)는 다소간 종속적인 위치에 놓이기 때문이다. "타인을 평안하게 하는[安人]" 과정에 종속되는 것으로서의 "자기 수양[修己]"의 내용은 대체로 독특한 개성을 배양하는데 있는 것이 아니라, 자아를 사회의 보편적인 규범에 합치시키는 것이다. 공자의 극기복례克己復禮(자기를 극복하고 예禮로 돌아감)에 관한 학설 가운데서 우리는 이런 점을 어렵지 않게 살펴볼 수 있다. 공자의 관점에 근거할 때, 자아를 함양하는 과정이란 인도仁道적 원칙에 따라 자기를 규율하는 과정일 따름이며, 인도仁道는 "사람을 사랑함"이라는 기본적인 정의를 제외하면 복례復禮(예의에 따름)와 연관된다. 따라서 "자기를 극복해 예를 회복하는 것이 인仁이다[克己復禮爲仁]."(『論語』 「顏淵」)이라고 했던 것이다. 넓은 의미에서, 예는 일종의 보편적인 사회 준칙이다. 이른바 '극기복례克己復禮'란 자아를 통제함으로써, 자아는 예가 규정하는 보편적인 양식을 따르게 하는 것이다. 일반적으로 개체는 자아를 실현하는 것과 동시에 항상 사회화되는 과정을 거쳐야만 하고, 개체의 사회화는 어떤 의미에서는 명확히 집단적 정체성(사회적 정체성)과 연관되므로, "예로 돌아가라[復禮]"는 요구가 이런 점을 언급하고 있음은 분명하다. 다만 공자는 극기복례를 두드러진 위치로 끌어올려서, "하루라도 자기를 극복해 예를 회복할 수 있다면, 천하는 인으로 돌아갈 것이다[一日克己復禮, 天下歸仁焉]."(「顔淵」)라고 생각했다. 이는 다소간 집단의 정체성을 통해 개성의 발전을 억제하는 것이다. 공자의 문하생인 증삼曾參은 일찍이 공자의 위와 같은 사상을 해명하였다. 『논어論語』 「학이學而」에서 이러한 한 단락을 기록해 둔 것을 볼 수 있다.

> "증자가 말했다. "나는 하루에 세 번 나 자신을 반성한다. 다른 사람을 위해 도모함에 충실하지 않았나? 친구와 교제함에 신뢰가 없지 않았는지? 배우고서 익혀 실천하지 않았는가?[曾子曰 "吾日三省吾身 : 爲人謀而不忠乎? 與朋友交而 不信乎? 傳不習乎?"]

여기서 반성하는 주체는 자아(나)이고, 반성의 내용은 자아 밖의 타인(다른 사회성원에 대해 맡고 있는 책임의 이행여부)인데, 개성의 함양은 근본적으로 타인에 대한 책임 안에 귀속된다.

공자 문하의 위와 같은 관점은 개체의 사회적 정체성(개체의 사회화) 및 개체의 사회적 책임에 주목했던 것으로, 분명 긍정적 의의를 지니고 있다. 실제로 후대 유가의 "천하의 근심에 앞서서 근심하고, 천하의 즐거움을 이후에 즐긴다"와 같은 전통은 바로 여기서 근원을 찾을 수 있는 것이다. 그러나 자아의 집단적 정체성 및 사회적 정체성을 강조함에 따라, 공자는 개체로서의 자아정체성을 약화시킬 수밖에 없었다. "절사絶四(*네 종류의 폐단을 근절함)"라는 공자의 학설을 통해서, 우리는 이런 경향을 더욱 더 분명하게 엿볼 수 있다. "절사絶四"란 "사견이 없었고, 기필(*꼭 이루어지기를 기약함)함이 없었고, 집착함이 없었고, 이기심이 없었다[毋意, 毋必, 毋固, 毋我]"(『論語』「子罕」)는 것이다. 여기에는 물론 주관적인 독단을 극복하려는 의도가 포함되어 있지만, "이기심이 없었다[毋我]"는 가치원칙은 자기를 극복하라[克己]는 요구와 결합하여 결국 개체의 집단에 대한 종속성을 과도하게 강화시킨다. 이러한 경향이 보다 발전하게 되면, 흔히 자아의 보편화(자아를 어떤 보편적인 규범의 화신으로 간주하는 것)를 초래하기 쉽다. 후대의 정통유학 특히 송명신유학(理學)에서 우리는 이런 점을 어렵지 않게 보게 된다.

물론 공자가 "자기를 내세우지 말라[毋我]"고 말한 것에는 또 다른 함의가 있다. 집단적 정체성을 중시하는 것과 연관해서, 공자는 사회 구성원 간의 교제에 대해 극히 자각적인 관심을 부여했다. 그래서 교제할 때, "자기를 내세우지 말라[毋我]"는 요구는 곧 "무리와 함께 하되 파벌을 만들지 않는다[群而不黨]"라는 원칙으로 구체화된다. 즉 "군자는 긍지를 지니되 다투지 않으며, 무리와 함께 하되 파벌을 만들지 않는다[君子矜而不爭, 群而不黨]"(「衛靈公」)라고 할 때, 이른바 "파벌을 만들지 않는다[不黨]"라는 말에서 강조하고 있는 것은 바로 주체간의 교제에서의 개방성이다. 공자의 견해에 따르면 주체 사이의 관계는 서로간의 부정(서로간의 싸움)과 분리를 초래해서는 안 되며, 교제를 통해서 보편적 소통에 이를 수 있어야 한다. 『논어論語』에서 우리는 종종 이러한 종류의 표현을 볼 수 있는데, 이를테면 "군자는 두루 어울리되 사사로이 편애하지 않는다[君子周而不比]"(「爲政」), "군자는 뛰어난 사람을 존중하되 보통사람들을 포용한다[君子尊賢而容衆]"(「子罕」)라고 하였다. 이러한 말들은 율령에 가까운 명제로 함축된 의미는 대체로 비슷한데, 그것이 중시하는 점은 교제에서 개인적이고 파벌적인 특성을 넘어서서, 주체 간의 상호 존중 상호신뢰의 관계를 구축하는 것이다. 위와 같은 관점에서 근거해, 『논어』에서는 예禮의 작용에 대해 "예의 운용은 조화를 귀하게 여긴다"(「學而」)라고 규정했다.[3] 예는 일종의 넓은 의미에서의 교제의 형식과 규범으로서, 그 원칙은 무엇보다도 조화[和]로 표현되는데, '조화[和]'라는 말은 소극적인 측면에서 보자면, 주로 주체 사이의 긴장과 충돌을 화해시키는 것으로, 바로 이런 의미에서 공자는 '무송無訟[소송을 없앰]'을 하나의 이상으로 보았다. 그러므로

---

3) 이 구절은 비록 공자의 학생인 유자有子가 한 말이지만, 표현하고 있는 것은 바로 공자 학파의 사상이다. 실제로 공자 본인이 더욱이 거듭 "군자는 화합하지만 획일화하지 않는다[君子和而不同]"라고 강조하고 있다.

"기필코 소송을 없도록 하겠다![必也使無訟乎!]"(「顔淵」)라고 말한 것이다. "소송을 없앤다는 것[無訟]"은 사람과 사람 사이의 분쟁을 없애는 것을 뜻한다. 적극적인 측면에서 말해보자면, '조화[和]'는 서로 간의 이해와 소통을 통해서 마음과 덕을 같게 하고, 힘을 합쳐 함께 일하는 것을 가리킨다.[4]

교제는 인간 존재의 기본적 형식으로서, 우선 자아 중심에 대한 초월로 표현된다. 어떤 의미에서 말하자면, '파벌[黨]', '편애함[比]' 등은 바로 자아중심의 확장으로 간주할 수 있다. 공자는 "무리와 함께 하되 파벌을 만들지 않는다[群而不黨]" "두루 어울리되 편애하지 않는다[周而不比]"는 것을 교제의 근본으로 요구하고 있으므로, 실제적으로 보다 깊은 차원에서 자아중심주의를 극복했던 것이다. 그러나 동시에 교제는 또한 사람과 사람 사이의 상호 소통을 목표로 삼으며, 상호간의 소통 가운데 주체 사이에서 나타나는 것은 서로를 목적으로 하고 서로를 존중하는 관계이므로, 주체의 내재적 가치는 결코 타인 속에 혹은 '무리지음[群]' 속에서 융해되지 않는다. "화합하지만 획일화하지 않는다[和而不同]"는 말은 어떤 의미에서는 바로 이러한 점을 구체화한 것이다. 바꿔 말하면 교제의 보편성과 공공성은 결코 개체성의 원칙에 대한 배척을 의미하지 않는다는 것이다. 이를 통해 보자면, 공자가 다소간 집단적 원칙을 강화하려는 경향을 드러냄에도 불구하고, 유학의 창시자로서 그의 집단과 개인의 관계에 대한 관점은 전체적으로는 여전히 비교적 이치에 합당하다.

---

4) 주체 간의 소통과 협조는 갈수록 당대 사상가들의 주목을 끌게 되었는데, 이를테면 하버마스의 의사소통 행위이론은 이 문제에 대해 상당한 체계와 심오한 분석을 제기했다. 하버마스가 언어의 중개작용을 부각시키고 있지만, 합리적 교제란 언제나 주체 간의 상호이해와 서로간의 소통을 가리킨다. (J. Habermas; The Theory of Communicative Action, Boston : Beacon Press 1984, PP. 94-101)

4. 의로움을 으뜸으로 여기는 것[義以爲上]과 공자와 안연의 즐거움[孔顔之樂]

　집단과 개인의 관계는 본질에 있어 단순히 추상적인 도덕적 의미만 지니는 것이 아니라, 그 관계는 동시에 구체적인 이익을 지향한다. 어떻게 보편적 규범을 통해 개체와 전체사이의 이익관계를 조화롭게 할 수 있는가? 이러한 문제는 유학 내에서는 바로 의리義利에 관한 논변으로 전개된다. 의로움[義]은 '마땅함[宜]'과 상통하고, '~해야만 한다'는 의미를 포함하며, 일반적인 도덕원칙(당위의 원칙)으로 확장된다. '리利'란 일반적으로는 이익利益과 효과[功效] 등을 가리킨다. 가치관이란 측면에서, 의리義利에 대한 논변은 우선 도의원칙道義原則과 공리원칙功利原則을 위치지우는 것과 관련된다. 대체적으로 말하면, 의로움은 어떤 의미에서는 이성의 요구를 구체화한 것이고, 이익[利]은 흔히 감성적 필요를 충족시키는 데에서 실현된다. 따라서 의로움과 이로움의 관계는 또한 천리와 인욕의 관계와 내재적으로 연관되는데, 바로 도덕의 내재적 가치　이익 가운데에서의 공사公私의 관계, 인간의 이성적 성격과 인류로서의 본질 등의 측면에 관한 규정을 통해서, 공자가 정초시킨 유가적 가치관은 보다 구체적인 함축을 얻게 된다.

　공자가 "인을 귀하게 여긴다[貴仁]"고 할 때, 인仁과 의로움은 다시 내재적인 관계를 맺게 된다. 인도仁道의 원칙을 중시하는 것에 상응해, 공자는 의로움을 중요한 지위로 끌어올렸다. 공자의 관점에 따를 때, 의로움은 도덕적 규범으로서 그 자체로 최고의 특성을 지니고 있기에, "군자는 의로움을 바탕으로 삼는다[君子義以爲質]"(「衛靈公」), "군자는 의로움을 으뜸으로 여긴다[君子義以爲上]"(「陽貨」)라고 했던 것이다. 여기에서 '바탕[質]' '으뜸[上]'이란 말은 일종의 내재적 가치를 가리킨다. 의로움은 그 자체의 내재적 가치를 지니고 있기 때문에, 도덕적 영역의 밖에서 의로움이 존재하는 이유가 되는 근거를 찾아야만 할 필요가 없다. 공자가 이해한 외부의 근거는 주로 이익[利]을 가리키는데, 의로움이 그 자체의 내재적인 가치를 지니고 있어서 외부에서 근거를 구할 필요가 없다고 한다면, 결론은 자연스럽게 이익을 명확히 알 필요가 없다는 것이 된다.

바로 공자가 "군자는 의로움을 명확히 알고, 소인은 이로움을 명확히 안다[君子喩於義, 小人喩於利]"(「里仁」)라고 단언했을 때, 부각되는 것이 또한 이러한 점이다. 그런데 주의해야만 하는 것은 다음의 내용에서 지적하고자 하는 것처럼, 공자가 "이익을 명확히 아는 것"을 소인의 특성으로 폄하했던 것은, 결코 이익을 절대적으로 배척함을 의미하고 있는 것이 아니며, 주로 이익을 의로움으로부터 제거해 나가는 데에 초점을 맞추고 있다는 사실이다. 바꿔 말하면, 공자가 강조하는 것이란 당위성의 원칙으로서 의로움은 일체의 외부 요인(이로움을 포괄하는)을 제거해야만 그 자체의 가치를 정화시킬 수 있다는 점이었다.

"의로움을 으뜸으로 본다[義以爲上]"는 관점에 근거해서, 공자는 행위의 가치는 주로 행위 자체에 달려 있으며, 행위의 결과와는 무관하다고 생각했다. 만약 행위 자체가 의로움에 합치한다면 행위를 통해 실제적인 공효功效나 이익을 달성시키지 못한다고 해도, 그것은 마찬가지로 선善한 가치를 지닐 수 있다는 것이다. 공자의 제자인 자로子路는 일찍이 도道를 행하는 것(도道를 추진하는 것)을 예로 들며, 이에 대해 다음과 같이 설명했다.

> "군자가 벼슬하는 것이란, 의로움을 행하기 위한 것이다. 도道가 행해지지 않으리라는 것은 이미 알고 있었다[君子之仕也, 行其義也. 道之不行, 已知之矣]."
> (「微子」)

이러한 관점은 공자의 사상을 해명한 것으로 간주할 수 있다. 공자 문하의 이해에 따를 때, 군자의 특성이란 '도道'가 실현될 수 없다는 것을 알면서도 오히려 변함없이 도道를 추진하기 위해 노력하는 것이다. 따라서 그들은 도道를 추진해가는 행위 자체를 '의로움'의 체현으로 간주한다. 일반적으로, 행위가 의로움에 부합한다는 것은 우선 행위 동기에서의 정당성을 가리킨다. 이처럼 행위 자체를 통해서 행위의 가치를 평가한다는 것은, 바로 이에 상응해 행위 동기를 통해서 행위를 평가함을 의미한다. 여기에서 공자와 그 문인들은 행위 자체와 행위 동기에 절대적인 가치를 부여하며, '의로움'(당위의 원칙)을 일종의 무조건적인 도덕적 명령으로 이해하고, 아울러 도덕규범을 이행하는 것("의로움을 행함") 자체를 행위의 목적으로 삼음으로써, 도덕적 평가를 행위의 결과와 무관한 과정으로 귀착시킨다. 이러한 관점은 "의로움을 으뜸으로 삼는다[義以爲上]"는 학설의 논리적 추론으로 간주할 수 있다. 의로움이 그 자체의 가치를 지니고 있으며 이로움[利](도덕 외적인 요소)의 개입을 필요로 하지 않는다면, 행위의 가치에 상응하는 것도 행위 자체에 달려 있으며, 행위가 산출한 결과와는 무관하기 때문이다.

공자 문하의 위와 같은 관점은, 어떤 의미에서 칸트Kant의 견해와 비슷하다. 칸트가 볼 때 진정한 도덕적 행위는 언제나 그 자체의 가치를 지닌다. 이러한 행위가 선善을 행한 것이 되는 이유는 그것이 공리적인 결과를 야기할 수 있다는 점에 달려 있는 것이 아니라, 주로 그것이 도덕적 명령의 요청에 부합하는지에 근거한다. 바꿔 말해 사람들이 단지 절대적인 명령의 요청을 근거로 어떤 행위를 수행하면서 이러한 행위가 실제적인 이익을 가져올지 전혀 고려하지 않을 때에만, 이 행위는 비로소 도덕(선善)의 성질을 지닐 수 있는 것이다. 공자는 "의로움을 행하는 것[行其義]"을 행위에서의 내재적인 이유로 삼으면서도 의로움을 행하는 것이 성공을 가져올지 고려하지 않았는데, 이는 칸트의 도덕철학과 어느 정도 상통하는 점이 있다. 칸트는 윤리학 상에 의무론적인 경향을 지니는데, 공자가 "의로움을 행하는 것[行其義]"을 가장 중요한 관심으로 여겼다고 할 때, 역시 유사한 특성을 드러내는 듯하다. 윤리학에서 볼 때, 도덕행위는 일종의 사회적 현상으로, 언제나 이중성을 지니고 있다. 왜냐하면 행위의 기원과 작용에서 볼 때, 도덕행위는 사회에서의 공리적인 관계를 기초로 하며, 도구적 성질(사람의 합리적인 필요를 만족시키고, 사람들 사이의 관계를 조절하며, 사회의 안정을 유지하는 수단)을 가지고 있지만, 동시에 인간의 존엄 인간의 이성을 체현하는 것으로서의 도덕은 그 내재적 가치를 지님은 물론이고 그에 상응해 공리功利와 도구적 성격을 초월하는 일면을 지니기 때문이다. 전자는 도덕의 현실적인 성격을 부여하며, 후자는 도덕의 숭고함을 구체적으로 드러낸다. 의무론이 도덕적 가치가 바로 도덕 자체에 있음을 강조하면서 부각시킨 것이 바로 도덕의 내재적 가치이다. 중국 사상사에 입각하자면, 공자의 의로움과 이익에 관한 논변[義利之辨]에 있어서의 공헌이란 무엇보다도 도덕행위를 일반적인 공리적 행위와 구별해 내고, 아울러 도덕행위를 고양시킴으로써 도덕의 숭고함(공리성을 초월함)이란 측면을, 강화된 형식으로 드러내 놓는다는 점에 있다. 공자의 의로움에 대한 위와 같은 강화와 고양은, 어떤 의미에서는 중국 문화에서의 도덕적인 자각을 드러냈고, 또한 인간이 목적이라는 인도원칙仁道原則이 구체적인 함의를 획득하게 하였다. 물론 공자가 이를 통해서 도덕적 현실의 공리적인 기초를 완전히 부정한 점은 의무론적인 가치관의 추상성을 드러낸 것이기도 하다. 공자가 의로움과 이익의 관계에서 드러내는 것과 감추는 것은 이후의 유가적 가치관을 위한 근본적 구조를 미리 확정한 것이었다. 즉 도덕의 내재적 가치에 대한 중시와 도덕의 공리적인 기초에 대한 무시는 유가를 기타 학파와 구별시키는 현저한 특성을 구성하며, 유가의 의리관義利觀의 합리성과 단면성 또한 여기에 내포되어 있다.

의로움에 관한 규정은 주로 도덕의 가치 토대와 연관되는데, 이 문제와 관련해 의로움과 이익에 관한 논변[義利之辨]은 어떻게 이익을 조절할 것인가라는 또 다른 문제에 다다른다. 앞서 언급한 것처럼, 군자는 이익에 밝지 않으며 주로 도덕원칙(의로움)을 확립하는 것을 강조하지 이로움에 의지하지는 않지만, 이것이 결코 이로움을 완전히 무시함을 의미하지는 않는다. 이익[利]이 도덕의 가치 토대임을 부정하는 것과 이익[利]을 절대적으로 배제하는 것은 결코 논리적으로 등가일 수 없다. 실제로 공자는 절대 공리를 완전히 거부해 버리지 않았다. 예를 들어 그가 위衛나라에 도착했을 때 그곳의 도덕적 풍조가 어떠한지에 대해서만 관심을 두지 않았다. 오히려 그 지역의 인구가 많음을 예찬하는 말을 하였다. 그의 제자들이 공자에게 "이미 백성들이 많다면, 또 무엇을 해야합니까?[旣庶矣, 又何加焉?]"라고 물었을 때, 공자는 곧바로 명확하게 "부유하게 해주어야 한다[富之]"(「子路」)라고 대답했던 것이다. "인구의 많음[庶]"과 "부유하게 함[富]"은 넓은 의미에서는 이익[利]의 범주에 속하는데, 위에서 표현된 바에 따르면, 분명 실제의 공리에 대해서 긍정하는 것이다. 공자에게서, 공리의 추구가 결코 절대적인 악이 아니었다는 점은, 사회적 범위에서 본다면 이상과 같으며, 개인에 입각해 말해도, 역시 이와 같으니 "부유하게 되는 것이 추구할 만한 것이라면, 채찍을 드는 직업일지라도 나는 할 것이다[富而可求也, 雖執鞭之士, 吾亦爲之]"(「述而」)라고 말했던 것이다. 이익을 입에 올리지 않고, 정당한 공리활동을 부정하여, 빈곤하고 비천한 처지에 이르는 것은 선택할 만한 것이 아닐 뿐만 아니라, 부정해야 할 가치지향인 것이다. 따라서 "국가에 도道가 유지되는데 가난하면서 지위가 낮다는 것은 수치스러운 것이다[邦有道, 貧且賤焉, 恥也]"(「태백泰伯」)라고 하였다. 바로 이상과 같은 관점에 근거해, 공자는 거듭 "백성들이 이롭게 여기는 것에 근거해 그들을 이롭게 해주라[因民之所利而利之]"(『論語』「堯曰」)라고 요청하였던 것이다.

물론 사회생활 속에서의 이익에 대한 긍정이란 의미가 무조건적으로 이익을 추구해도 좋음을 표명하는 것은 아니다. 그렇다면, 이익을 어떻게 적절히 조절해야 하는가? 이러한 문제에 관한 해결은 재차 의로움과 이익에 관계된다. 공자의 견해에 따르면, 의로움은 이익에 근거할 필요가 없다 할지라도, 이익에 대한 조절은 오히려 의로움에서 분리될 수 없다. 만약 의로움에 합치하지 않는다면, 이롭더라도 취할 만한 것이 아니므로 "의롭지 않다면 부유함과 귀함이란 내게 뜬구름과 같은 것이리라[不義而富且貴, 於我如浮雲]"(「述而」)고 했던 것이다. 만일 단지 이익 자체를 출발점으로 삼고, 의로움을 근거로 이익을 제약하지 않는다면, 대체로 좋지 못한 행위 결과를 야기할 것이다. 즉, "이익에 따라 행동하면, 원망이 많아진다.[放於利而行, 多怨.]"(「里仁」)는 것이다. '이익에 따라 행동함'이란 바로 맹목적으로 개인의 이익만을 추구하는 것을 가리키며, 이와 같은 행위의 결과는 보편적인 불만(원망이 많아짐)을 유발하니, 이는 명백히 이롭지 못한 결과이다. 바꿔 말해 이익을 행위의 최고 원칙으로 삼으면, 종종 애초의 바람의 반대(이롭지 못함)로 나아가게 될 수 있다. 바로 이런 의미에서 공자는 "작은 이익만을 보면, 큰 사업은 이루어지지 않는다[見小利, 則大事不成]"(「子路」)라고 생각했던 것이다. 오로지 의로움에 근거해 이익을 통제해야만 이러한 귀결을 피할 수 있다는 것이었다.

일반적으로 이익은 우선 개인 또는 특수한 집단과 연관되지만, 개인(혹은 특수한 집단)의 이익은 때때로 서로 일치하지 않는다. 이 때문에 만약 일방적으로 이익만을 행위의 유일한 원칙으로 삼는다면, 언제나 불가피하게 사회구성원의 이익관계에 있어서 충돌을 일으키게 된다. 이익에 비할 때 의로움은 개인의 특수한 이익을 초월하여 보편적인 특성을 갖추고 있다. 그것이 체현하는 것은 바로 보편적인 공동의 이익[公利]이다. 바로 이 때문에 특수한 이익관계에 대해 어떠한 조정 작용을 해낼 수 있다. 이처럼 의로움과 이익의 관계는 특정한 의미에서 특수의 이익(개인들의 이익)과 보편의 이익 간의 관계로 나타난다. 그리고 의로움[義]에 근거한 이익의 조절이란, 그에 맞추어 이로움[利]을 제거하기 위한 것이 아니라 보편적인 공동의 이익[公利]에 도달하는 것을 목적으로 한다. 따라서 공자가 "큰 사업이 이루어질 수 없다[大事不成]"는 공리적 시각에서, '작은 이익[小利]'에 대한 집착을 반대한 것은, 실제로 위와 같은 사유노선을 구체화하고 있는 것이다. 바로 의로움[義]이 보편적인 공동의 이익[公利]을 체현하는 것이기도 하므로, 공자는 거듭 "이익을 보면 올바름을 따져보라[見利思義]"(「헌문憲問」), "얻을 것을 보면 의로움을 따져보라[見得思義]"(「계씨季氏」)라고 요청하였다. 이러한 관점은 어떤 의미에서는 의로움(도덕원칙)이라는 가치를 공동의 이익과 관련시키는 것으로서, 칸트가 단지 당위의 원칙 자체로부터 도덕규범의 가치를 구하려던 것과는 다르다. 공자의 이상과 같은 관점은 의무론적인 경향에 대해서도, 다소간 제한을 둔 것으로, 그것은 공자의 의무론이 어떤 온화한 색채를 지니도록 하였다.

의로움을 통해 이로움을 통제해야 한다는 공자의 주장은 동시에 집단과 개인에 관한 논변[群己之辨]의 구체화이기도 한데, 의로움의 규범적인 기능에 대한 중시와 집단적 원칙에 대한 강조는 이론상으로는 서로 일치한다. 의로움이란 특정한 의미에서 바로 집단적 이익의 체현이기 때문이다. 이러한 관점은 도덕원칙(義)이 보편적인 전체의 이익을 옹호하는 작용을 한다는 점에 주목하며, 또한 이익을 추구를 위한 하나의 합리적인 제한을 규정함으로써 이익의 충돌이 격화되는 것을 방지한다. "의로움을 으뜸으로 여긴다[義以爲上]"라는 명제와 마찬가지로, "얻을 것을 보면 의로움을 따져보라[見得思義]"는 요구가 두드러지게 나타내는 것이 인간의 유적類的(사회적) 본질인데, 그것은 인간으로 하여금 개체의 이익을 위한 분쟁을 넘어서 진정으로 사회 전체의 이익의 중요한 의미를 의식하도록 만든다. 역사적으로 볼 때, 인간의 도덕적인 자각의 척도 중 하나는 단순한 개체 이익의 추구로부터 더 나아가 인류(사회 전체)의 이익을 인정하는 것으로, 이러한 인정은 실질적으로 사회 안정과 발전의 전제조건이 된다. 공자가 창시한 유학은 어떤 의미에서는 바로 이와 같은 자각을 반영했던 것이다.

그런데 공자는 의로움에 근거해 이익을 규율하는 것을 강조하는 것과 동시에 보편적인 전체의 이익(公利)을 부각시키는 하나의 경향을 암묵적으로 포함하고 있다. 따라서 "이익을 보면 올바름을 따져보라[見利思義]", "얻을 것을 보면 의로움을 따져보라[見得思義]"는 가치 원칙 가운데, 의로움이 대표하는 전체의 이익은 최고의 지위로 높여 지는 것 같다. 이러한 경향이 더욱 더 발전되게 된다면, 흔히 의로움을 통해 이익을 억제하기에 이르고, 또한 그에 상응해서 개체의 이익을 무시하게 되는데, 이후의 유가 사상, 특히 정통 유학에서 우리는 쉽사리 이러한 점을 엿볼 수 있다.

의로움은 전체의 이익에 대한 인정이자 인간의 유적 특징을 체현하는 것으로서 언제나 이성적 요청이란 형태로 나타난다. 반면 이익은 넓은 의미에서 필요에 대한 만족을 내용으로 하며, 이러한 필요는 우선 감성의 물질적인 필요로 나타난다. 이처럼 의로움[義]과 이로움[利]의 관계는 흔히 이성적 요구와 감성적 필요의 관계로까지 확장된다. 합리적인 이익을 용인한다는 점과 관련해 보자면, 공자가 감성의 물질적 필요를 간단히 배척했던 것은 아니다. 『논어』에 일찍이 기록된 대로, 공자는 평상시에 "밥으로 깨끗이 정제한 쌀을 싫어하지 않았고, 회로는 얇게 저민 것을 싫어하지 않았다[食不厭精, 膾不厭細]"(「鄕黨」) 먹는 것에서의 만족은 인간의 가장 근본적인 감성적 필요로, "밥으로 깨끗이 정제된 것을 싫어하지 않았다[食不厭精]"는 것은 공자가 이러한 필요를 긍정하고 있음을 표현한 것이다. 그러나 공자는 감성적 필요의 정당성을 의심하지 않았지만 이에 탐닉하는 것에는 반대하였다. 그가 보기에 합리적인 태도란 "욕망하되 탐닉하지는 않는[欲而不貪]"(「요왈堯曰」) 것이었다. 욕망함[欲]이 표현하는 바는 감성에서의 요구이며, 탐닉함[貪]이란 절제 없이 감성적인 욕망의 만족을 추구하는 것이다. 감성적인 욕망 자체는 심하게 비난할 만한 것이 아니지만, 일단 적절한 한도를 넘어서면 부정적 일면으로 뒤바뀌게 된다. 이러한 상황을 벗어나려면, 반드시 이성의 요구에 따라서 감성적인 욕망을 억제해야만 한다.

'의로움을 으뜸으로 여기는 것'을 긍정하는 것과 관련짓자면, 공자는 이성의 요구를 더욱 중시한 것이다. 공자가 볼 때, 감성적 욕구는 물론 무시되어야만 하는 것은 아니지만, 비교하자면 이성의 요구가 보다 중요한 의미를 지닌다. 따라서 인간은 우선 이성의 요구를 실현해야만 한다는 것이었다.

> "군자는 도를 도모하지 먹을 것을 도모하지는 않는다. (…) 군자는 도를
> 걱정하지 가난함을 걱정하지는 않는다[君子謀道不謀食. (…) 君子憂道不憂貧].”
> (「위령공衛靈公」)

여기서 도는 넓은 의미에서의 사회적 이상(도덕적 이상을 포괄하는)을 가리키는데, "도를 도모한다"는 것이 체현하는 바가 바로 이성의 추구이다. 감성적 욕구(먹을 것에 대한 도모)와 이성에 대한 추구(도를 도모하는 것) 양자 사이에서, 후자는 명백히 우선적인 지위를 지니고 있다. 물론 "먹을 것을 도모하지 않는다"는 말은, 감성적 욕구를 완전히 부정해 버림을 뜻하지는 않지만, 물질에 대한 필요를 이성에의 추구에 종속시키는 것이다. 일단 도에 뜻을 두게 된다면 어려운 생활환경에 처하게 되더라도, 정신적인 즐거움에 도달할 수 있어야 한다. 공자는 일찍이 다음과 같이 자신의 제자인 안회顔回를 칭찬했다.

> "현명하구나 안회여! 한 그릇의 밥과 한 바가지의 마실 것으로 누추한 거리에
> 사는구나. 사람들은 그런 걱정을 견디지 못하는데, 안회는 즐겨야 할 것을 바꾸지
> 않는다. 현명하구나, 안회여![賢哉回也! 一簞食, 一瓢飮, 在陋巷. 人不堪其憂,
> 回也不改其樂. 賢哉回也!]" (「옹야雍也」)

이러한 삶의 태도는 역시 공자 자신의 도덕적인 추구에서도 동일하게 나타났다.

> "거친 밥을 먹고 물을 마시며, 팔베개를 하고 잘지라도, 즐거움은 그 가운데에 있다. 의롭지 못하면서 부유하고 귀하게 되는 것은 내게 뜬구름과 같다[飯疏食飮水, 曲肱而枕之, 樂亦在其中矣. 不義而富且貴, 於我如浮雲]."
> (「술이述而」)

여기서 묘사하고 있는 즐거움은 후대의 유가(특히 송명 신유학)들이 언제나 언급했던 "공자와 안연의 즐거움[孔顏之樂]"으로, 그것의 핵심은 감성적 욕구를 초월하여 이상에 대한 추구 속에서 정신적인 만족에 도달하는 것이다. 공자와 안연의 이러한 경지는 정신적인 승화를 두드러진 지위로 높이고, 행복이 단지 감성적 욕망의 실현 정도에 달려 있는 것이 아님을 강조함으로서, 생물 일반과 다른 인간의 본질적 특징을 더욱 두드러지게 드러냈던 것이다. 이성이 감성을 초월하는 가운데 도덕주체로서의 인간의 내재적 가치도 더욱 구체적으로 나타나기에 이른다는 것이었다.

그러나 공자 학파의 이상과 같은 경지는 동시에 천리天理[理]와 인욕人欲[欲] 사이의 어떠한 긴장을 내포하고 있는 것이기도 하다는 점을 파악해야만 한다. "도를 도모하지 먹을 것을 도모하지는 않으며[謀道不謀食]" "빈곤을 편히 여기면서도 도를 즐긴다[安貧而樂道]"는 가치 지향 속에서, 인간의 감성적 필요는 부정되지 않는다 할지라도 일종의 종속적인 요인으로 이해된다. 따라서 이성은 감성의 외부에 존재하며 심지어는 감성보다 먼저 발전될 수 있어야 한다는 것이다. 이렇게 이성을 우선시하는 관점은 분명 존재와 본질 감성과 이성의 통일에 진실로 도달하지 못했으며, 그것은 이론적으로 인간의 이성적 본질을 통해 감성적 존재로서의 인간을 억제할 가능성을 감추고 있는 것이다.

5. "큰 덕에서 한도를 넘지는 않는다[大德不踰閑]" 말의 역사적인 함의

의로움과 이익의 관계[義利關係] 및 천리와 인욕의 관계[理欲關係]에 대한 공자의 분석은 전체적으로 의로움을 중시하는 가치지향을 표현했다. 이성화理性化 된 당위법칙으로서의, 의로움 자체는 절대성을 지니는가? 이러한 절대성은 변통 가능성을 거부하는가(그것은 이론적인 신축성을 지니고 있는가)? 도덕적 원칙과 구체적인 상황의 충돌을 어떻게 해결할 수 있는가? 이러한 문제들은 유학에서는 흔히 원칙[經]과 임기응변[權]의 관계로 전개되었다. "원칙[經]"에서 부각되는 바는 도덕원칙의 절대성이며, 임기응변[權變]은 상대성에 대한 수용을 내포하고 있다. "원칙[經]"을 제일원리로 파악할 때 흔히 독단론으로 흐르기 쉬운데, 이는 가치관에 있어서 권위주의로 나타난다. 한편 임기응변[權變]의 도입은 언제나 권위주의적 가치관에 대한 모종의 제한이 된다. 다른 측면에서 보자면, 도덕원칙의 절대성은 일정한 의미에서 인간의 보편적 본질을 드러내며, 도덕원칙의 상대성은 구체적인 상황 속에서의 인간의 존재를 반영하고 있다. 이 점에 입각하면, 원칙과 임기응변[經權]의 관계는 다시 더 나아가 인간 자신의 가치와 의의까지도 드러낸다.

의로움의 지고함을 긍정함에 따라, 공자는 우선 중점을 도덕원칙의 절대성에 두었다. 인도仁道에 근거해 말하자면, 주체는 반드시 무조건적으로 언제나 [인도仁道에] 순응해야만 하며, 잠시라도 위배해서는 안 된다.

> "군자는 식사하는 동안에도 인仁을 위배해서는 안 되며, 경황 중에도 반드시 인仁에 근거해야 하며, 위급한 상황에서도 반드시 인仁에 근거해야만 한다[君子無終食之間違仁, 造次必於是, 顚沛必於是]."(「이인里仁」)

도덕적인 주체로서의 인간은 어떠한 때와 장소에서든, 인도仁道를 준칙으로 삼아야만 한다. 공자는 [위 인용문에서] 두 개의 "반드시[必]"라는 글자를 사용해, 도덕원칙의 이런 절대성을 명확히 지적했다.

인도仁道의 외화外化는 곧 예禮로 표현된다. 인仁과 예禮는 내재와 외재로 구별되지만, 일반적인 도덕원칙으로서의 둘은 보편적이고 필연적인 것이라는 점에서 결코 다른 것일 수 없다. 안연顏淵이 어떠 해야만 인仁이라고 생각할 수 있는지 물었을 때에, 공자는 곧바로 단번에 네 가지 항목의 요구로 규정했다. "예禮가 아니면 보지 말며, 예가 아니면 듣지 말며, 예가 아니면 말하지 말고, 예가 아니면 행하지 말라[非禮勿視, 非禮勿聽, 非禮勿言, 非禮勿動]." (「안연顏淵」)는 것이다. 여기서 인간의 일체의 행동거지는 거의 전부 예禮의 구조 속에 들어간다. 다시 말하자면, 예禮는 도덕원칙으로 무조건적인 절대명령이 된다.

도덕원칙이 일단 무조건적이고 절대적인 형식을 부여받는다면, 동시에 구체적인 이익관계를 초월하는 성격을 지니게 된다. 『논어論語』에는 다음과 같이 기록되어 있다.

"자공子貢이 초하루 제사에서 사용하는 희생양을 없애려 하자, 공자가 말했다. "자공아, 너는 희생양을 아끼지만, 나는 예禮를 아낀다[子貢欲去告朔之餼羊. 子曰 "賜也, 爾愛其羊, 我愛其禮]." (「팔일八佾」)

자공은 초하루 제사 때에 양을 바치는 것이 아무래도 조금 아깝다고 여겼지만, 공자가 볼 때, 초하루 제사에서 양을 바치는 것은 본래 예禮에서 규정된 형식으로 그것은 예禮의 신성함을 체현하기 때문에, 양을 바치는 것이 손실을 가져온다 할지라도 절대 없앨 수는 없었다. 이런 고집스런 태도 속에서, 우리는 공자의 도덕원칙의 합리성에 대한 신념을 엿볼 수 있다. 그것은 실제적으로 도덕원칙과 구체적인 이익의 관계에서 도덕원칙의 지고함을 더욱 부각시켰던 것이라고 말해도 무방하다.

공자가 인仁과 예禮의 우위와 절대성을 강조하는 것은, 물론 단순히 당위의 원칙 자체에 대한 편애에서 나온 것은 아니다. 그것은 보다 심층적인 함의를 담고 있다. 도덕규범은 특정한 시기의 사회적 관계를 반영하는 것으로서, 언제나 한 측면에서는 인간의 유類적 본질(사회적 본질)을 체현한다. 이 때문에 도덕원칙에 대한 태도는 흔히 사회적 존재로서의 인간에 대한 관점을 반영하고 있다. 이런 각도에서 볼 때, 공자가 절대적인 형식을 도덕원칙에 부여함은 동시에 인간의 유적 본질에 관한 강화를 의미하고 있으며, 인간의 유적 본질에 대한 강화는 보다 넓은 의미에서는 유적 존재로서의 인간에 대한 존중까지도 함축하고 있는 것이다. 공자의 다음과 같은 논변을 통해서, 우리는 이런 점을 다소 엿볼 수 있다. "윗사람이 예禮를 좋아한다면, 백성들은 감히 공경하지 않을 수 없다[上好禮, 則民莫敢不敬]." (「자로子路」) '공경[敬]'은 인간에 대한 존중을 체현하는 것으로, 공자가 볼 때에 이러한 존중은 또한 도덕원칙의 보편적인 제약성을 긍정하는 것("예를 좋아함[好禮]")과 상호 연관된다.

　물론 공자가 도덕원칙을 무조건적인 절대명령으로 간주한 데에는, 동시에 또 다른 함의도 담겨 있다. 앞서 서술한 것처럼, 도덕원칙 자체는 특정한 시기의 사회적 관계의 반영인데, 일단 그것을 잠시도 분리할 수 없는 초역사적인 규율로 이해한다면, 때로 독단적인 성질을 지니게 될 수 있다. 사실, 당위의 원칙의 지고함을 강조할 때, 공자는 확실히 어떤 독단론적인 경향을 드러낸다. 이러한 점은 정명正名의 학설에서 어렵지 않게 엿볼 수 있다. 자로가 공자에게 정치를 할 때 무엇을 우선해야 하는지를 물었을 때, 곧바로 공자는 "반드시 이름을 바로 잡아야만 한다[必也正名乎]"고 분명하게 대답했다. 그에 이어지는 것은 다음과 같은 하나의 구체적인 해설이다. "이름이 바르게 되지 않으면 말이 순조롭지 못하며, 말이 순조롭지 못하면 일은 성취될 수 없다[名不正, 則言不順, 言不順, 則事不成]"(「子路」) '이름[名]'은 본래 일반적인 개념을 가리키는데, 파생되어 보편적인 원칙을 뜻한다. '이름을 바로잡는다[正名]'의 본래적 의미는 이름을 통해 실재를 바로잡는 것으로, 가치관이란 측면에서 말하자면, 사회현실을 정해진 가치 원칙에 합치시키는 것일 뿐이다. 이러한 관점은 물론 넓은 의미에서의 '명名'의 규범적 의미에 주목한 것이지만, 일반적인 원칙을 현실을 능가하는 종교적 신조[敎條]로 변질시킴으로써, 독단론의 표식을 세겨넣는다. 그것은 이후의 정통 유학 속에서 점차 권위주의적인 가치관으로 변해갔다.

　그러나 공자가 인仁과 예禮 등의 도덕적 규범의 절대성을 강조함으로써 어떤 독단론적인 경향을 드러내고 있음에도 불구하고, 유학의 창시자로서의 공자의 태도는 후대의 정통 유가의 그런 편협함과는 다른 것이다. 원칙을 통해 현실을 규정해야 함을 긍정하면서도, 공자는 운용과정에서의 원칙 자체의 이론적인 장력을 결코 완전히 부정하지 않았다. 공자는 일찍이 "베로 면류관을 만드는 것이 예禮다. 지금의 경우 생사를 사용하니, 검소한 것이다. 나는 많은 사람들[이 행하는 지금의 풍습]을 따르겠다[麻冕, 禮也. 今也純, 儉. 吾從衆]."(「자한子罕」)고 말했다. 전통적인 예禮에 근거하자면, 예관은 마땅히 베로 만들어야 하지만, 당시의 사람들은 절약이란 측면을 고려해 실로 만들기 시작했다. 이런 현상에 대해 공자는 정명正名이라는 원칙에 얽매이지 않고, "많은 사람들을 따르겠다[從衆]"는 융통성 있는 태도를 취했다. 이러한 선택이 밝혀주는 점은, 공자에게서, 예禮가 규정하고 있는 일반적인 요구는 절대 수정할 수 없는 것이 아니며, 구체적인 역사적 상황을 보고서 변통될 수 있다는 사실이다. 이러한 융통성은 처세의 원칙에서도 동일하게 나타난다. 공자는 말했다.

> "위태로운 나라에는 들어가지 않으며, 혼란스러운 나라에는 머무르지 않는다.
> 천하에 도道가 있다면 나지고, 도道가 없다면 은거해야 한다[危邦不入, 亂邦不居.
> 天下有道則見, 無道則隱]." (「태백泰伯」)

주체가 '천하의 모든 사람에게 선을 행해야[兼善天下]'(보편적인 사회적 책임을 이행하는 것) 하는지는 반드시 그 구체적인 사회적 상황을 보고서 결정해야 하는 것으로, 만약 사회가 이상의 실현을 위한 필요조건을 제공하지 않을 때라면, '천하의 모든 사람에게 선을 행한다[兼善天下]'는 원칙에 얽매여서는 안 되며, 융통성있는 임기응변 능력을 지녀야만 한다. 이 점은 군주와 신하의 관계를 처리하는 경우에 있어서도 역시 예외가 아니다. 즉 "대신大臣이라 말할 수 있는 경우, 도道에 근거해 군주를 섬기다가, 불가능하다면 그만둔다[所謂大臣者, 以道事君, 不可則止]."(「선진先進」) 예禮의 요구에 근거하자면, 신하는 군주를 섬김에 반드시 충성해야만 하지만, 공자의 견해에 따르면 충성의 원칙은 결코 한번 정해지면 불변하는 것이 아니다. 이런 원칙을 따를지의 여부는 놓여있는 특정한 정황에 근거해 결정되어야 한다. 일단 상황이 적합하지 않다면, 반드시 이런 원칙에 집착할 필요는 없다("불가능하다면 그만둔다[不可則止]").

공자의 이상과 같은 사상은 애초에 도덕원칙과 구체적인 상황을 연결 짓는 것으로, 이에 대해 공자는 한 가지 개관을 남겼다.

"군자는 천하에 대해서, 그래야만 하는 것도 없으며 그러지 말아야만 하는 것도 없다. 의로움에 근거해 행할 뿐이다[君子之於天下也, 無適也, 無莫也, 義之與比]." (「이인里仁」)

의로움은 본래 마땅히 그래야 하는 것[當然]을 가리키지만, "그래야만 하는 것이 없음[無適]"이나 "그러지 말아야만 하는 것이 없음[無莫]"이란 의미와 연관 짓자면, 동시에 적절함[適宜] 임시변통[權宜]이란 뜻을 지닌다. 천하에서의 각종 복잡한 대상과 관계에 직면해, 주체는 오직 어떤 행위 양식만을 따라야만 하는 것(無莫)도, 또한 어떤 행위양식을 절대적으로 배척해야만 하는 것(無莫)도 아니며, 구체적인 상황에 근거해 적합한 행위 방식을 선택해야만 한다. 공자의 이러한 관점은, 인간은 도덕적 주체로서 유類적인 보편 본질을 구체화하고 있을 뿐만 아니라, 특정한 관계 내의 구체적인 존재로 위치한다는 점에 주목한 것이었다. 도덕적 행위는 보편적 원칙의 인도를 필요로 하고, 또한 인간이 놓여 있는 특정한 상황을 고려해야만 한다. 이론적으로 볼 때, 도덕규범은 보편적인 규율로서 언제나 구체적인 실정을 초월하는 일면을 지닌다. 이런 보편성은 도덕의 내재적 가치와 존엄을 체현할 뿐만 아니라, 어떤 의미에서는 구체적인 운용에서의 곤란을 초래하기도 한다. 만약 도덕원칙이 구체적인 행위의 규범이 되도록 하려면, 반드시 일반적인 법칙과 특정한 경우를 결합시킴으로써, 구체적인 도덕적 요구로 전환시켜야 한다. 플라톤에서부터 칸트에 이르기까지 서양에서 이념적 윤리학이 중시했던 것은 주로 도덕적 법칙의 보편적인 제약성으로, 구체적인 도덕적 상황에 대한 분석에서는 소홀한 점이 있었다. 현대의 상황윤리학에 이르러서야 비로소 구체적인 도덕적 상황에 대한 분석을 중요한 지위로 끌어올리기 시작했다.[5] 비교하자면, 공자가 인仁과 예禮의 절대성을 강조하는 것과 함께 그래야만 하는 것도 그러지 말아야만 하는 것도 없다고 주장한 것은, 이미 이념 윤리와 상황 윤리의 관계를 언급한 것처럼 보인다. 그것은 윤리원칙에 있어서의 독단적인 관점을 제한하는 것임에 틀림없다. 그러나 공자가 도덕원칙의 융통성에 대해 용인하는 태도를 표하긴 했지만, 전체적인 경향으로 보자면, 공자의 초점은 여전히 원칙의 지고함이란 측면에 놓여있다. 공자의 제자인 자하子夏는 이 점을 해명하였다.

> "큰 덕에서 한도를 넘어서지 않는다면, 작은 덕에 대해서는 빼고 더해도
> 괜찮다[大德不踰閑, 小德出入可也]." (「자장子張」)

구체적인 경우에서의 임기응변은 본래 근본적인 원칙을 견지하는 것을 전제로 한다. 예를 들자면, 효도는 근본적인 윤리원칙인데, 어떤 조건 아래에서(이를테면 부모에게 과실이 있을 때)는 부모에게 간언할 수 없는 것은 아니며, 반드시 무조건적으로 순종해야 하는 것은 아니지만, 일단 이러한 간언이 부모의 의지와 충돌을 야기한다면(부모가 충고를 받아들이지 않을 경우), 오직 부모의 명에 순종해야만 한다. 『논어論語』에는 공자의 이러한 생각을 기록하고 있다. "부모를 섬길 때에는 간곡하게 간언해야 한다. 뜻이 받아들여지지 않더라도, 더욱 공경하며 거스르지 않으며, 힘들더라도 원망하지 않는다[事父母幾諫. 見志不從, 又敬不違, 勞而不怨]."(「里仁」) 여기에 함축된 한 가지 관념은, 바로 경經(도덕원칙의 절대성)과 권權(구체적인 상황 속에서의 도덕적 원칙의 변통)이란 두 가지 중에 전자가 더욱 근본적인 측면이라는 것이다.[6] 이러한 가치 지향은 이후의 유학에 무시할 수 없는 영향을 주었다.

---

5) 넓은 의미에서, 실용주의와 실존주의가 모두 상황윤리학의 사례에 해당될 수 있다. 그러나 좁은 의미의 상황 윤리학은 조셉 플레처(Joseph Fletcher)가 『상황윤리학境遇倫理學』에서 상세히 설명한 윤리사상을 가리킨다.

6) 홀과 에임즈는 공자가 의로움[義]과 구체적인 경우 특정한 배경의 연관성을 긍정하는 것에 주목했지만, 공자가 의로움에 절대적인 측면을 부여하는 것을 무시했고, 이 때문에 의로움이 일종의 보편적인 도덕원칙이 됨을 부정했다. (D. L. Hall and R. T. Ames : Thinking Through Confucius, State University of New York, 1987, PP100~105를 참고할 것) 이러한 관점은 공자의 전체적인 사상 경향과 상당히 차이가 있는 듯하다.

6. 가치 목표로서의 이상적인 인격

공자의 경권經權(*원칙과 임기응변)에 관한 학설은 보편적인 도덕원칙과 구체적인 도덕행위 사이에서 적절한 장력張力을 유지할 것을 요구하지만, 이러한 장력은 또한 특정한 상황 속에 존재하는 개체를 통해서 달성되는 것이다. 이처럼 개체의 인격은 공자의 가치체계 속에서 특수한 의미를 지닌다. 즉 완전한 인격을 육성해야만, 주체는 비로소 복잡한 사회생활 중의 가치원칙의 절대성과 상대성에 대한 합리적인 위치설정을 해낼 수 있기 때문이다. 보다 넓은 시야에서 보자면, 공자는 인도仁道를 가치체계의 기초로 여겼는데, 인도仁道는 인간을 목적으로 삼는 관념 속에 본래적으로 포함되어 있는 것으로, 이는 자아가 타인과 관계하는 가운데 표현될 뿐만 아니라 자아 자신에 대한 요구로 전개된다. 인간을 목적으로 삼는다는 것은 애초에 자아가 인격에 있어 이상적인 경지에 이르도록 의미하기 때문이다. 이를테면 공자가 "자기 수양[修己]" 및 "자기완성[成己]"을 강조했을 때의 그 심층의 목적 역시 여기에 있다. 바로 인간으로 완성됨(인격의 완전성)이 공자의 가치가 추구하는 것이라 말해도 좋다. 또한 바로 인격의 경지에서 내성內聖과 외왕外王의 가치이상은 구체적으로 실현되기 시작하는 것이며, 유가적 가치목표 역시 이를 통해 규정된다.

(1) 인도仁道에 포괄되어 있는 인격의 경지

공자에게서 인격에 관한 설정은 언제나 인학仁學과 관련되어 있다. 공자 사상의 핵심인 인仁은 인도人道의 원칙이자, 또한 이상적인 인격을 위한 다양한 내용을 제공하기 때문이다. 인仁에서의 근본적인 요구는 "사람을 사랑함[愛人]"인데, 이 요구는 이상적인 인격은 반드시 일종의 인애仁愛의 정신을 갖추어만 한다고 규정한다. 이상적인 특성으로서의 '애인愛人'은 일반적으로 단순히 타인에 대한 존중과 관심으로 나타날 뿐만 아니라, 타인과 함께 감정을 상호 소통하는 것, 다시 말해서 진실한 감정으로 타인을 대우하는 지에 달려 있다. 『논어論語』「양화陽貨」에서는 다음과 같이 말한다.

> "자장子張이 공자에게 인仁에 관해 묻자, 공자는 '천하에서 다섯 가지를 실천할 수 있다면 인仁이다'고 대답했다. '더 물어도 되겠습니까?'라고 하자, 말하길 '공손함 관대함 믿음 민첩함 은혜로움이다'라고 하였다[子張問仁於孔子, 孔子曰 "能行五者於天下, 爲仁矣." 請問之, 曰 "恭 寬 信 敏 惠]"

공손함 관대함 민첩함 은혜로움은 타인에 대한 존중 이해 및 돈독한 은혜를 체현한다. '믿음[信]'은 '성誠'과 통하니 주로 지극히 성실한(진실한) 감정의 일종이다. 여기서 완전무결한 인격(仁者)은 바로 타인에게 진실된 우애를 다하는 것으로 표현된다. 물론 타인과 감정을 소통한다는 것이 무분별하게 남에게 사랑을 배푸는 것을 의미하지는 않는다. 인자仁者(이상적인 인격)의 특징은 남을 사랑할 수도 있고 남을 싫어할 수도 있는 데에 있다. "오로지 인한 사람[仁者]만이 남을 사랑할 수 있고, 남을 싫어할 수 있다[惟仁者, 能好人, 能惡人.]"(「里仁」) '싫어함[惡]'이란 곧 혐오와 증오인데, 그 역시 마찬가지로 일종의 감정으로 나타난다. '아낌[愛]'(남을 좋아함[好人] 남을 사랑함[愛人])이 주로 긍정적인 측면에서 이상적인 인격이 지닌 감정의 내용을 나타내는 것과 마찬가지로, '싫어함[惡]'(덕성이 결여된 인간에 대한 혐오)은 부정적인 측면에서의 동일한 특성을 나타낸다.

인격의 구체화된 표현으로서의 인仁은 의지에 관한 규정까지도 포함하고 있다. 공자는 "인한 사람은 반드시 용기가 있다[仁者, 必有勇]"(「憲問」)고 말했다. '용기[勇]'란 곧 의지의 특성으로 간주할 수 있다. 의지는 우선 주체적으로 선택하는 능력을 지닌다. "내가 인하기를 바란다면, 당장 인仁에 이르른다[我欲仁, 斯仁至矣.]"(「憲問」)고 할 때에, '바람[欲]'은 주체의 의향으로 드러나는데, 여기서 인도仁道를 통해 자기를 규범할지의 여부는 바로 주체의 의지에 따른 선택에 달린 것이며, 일단 내가 인도人道의 원칙을 선택한다면('인하고자 함[欲仁]'), 구체적인 행위를 통해 이런 점을 체현하게 될 것이다. 주체적인 선택이란 의미를 제외하면, 의지는 거칠 것 없이 나아가는 견고하고 질긴 굳센 힘과 같은 것으로도 표현된다. 공자는 말했다.

"강하고 굳셈, 질박하고 어눌함이 인仁에 가깝다[剛毅木訥, 近仁]."
(「자로子路」)
"뜻있는 인재와 인한 사람은 삶을 구걸해 인仁을 해치지 않으며, 자신을 죽여서라도 인仁을 완성시킨다[志士仁人, 無求生以害仁, 有殺身以成仁]."
(「위령공衛靈公」)

인도仁道를 실현시키기 위해 생명을 바칠지라도 마다하지 않는다. 바로 이런 의지의 굳건함이 완전무결한 인격의 또 하나의 특성을 구성한다. 이상적인 인격에 대한 이런 관점은 노력[力]과 운명[命]의 관계에서 주체의 역량을 중시하는 가치지향과 일치하는데, 그것은 "강건히 스스로 힘쓰는[剛健自强]" 유가적 전통을 위한 역사적인 출발점을 제공했다.

물론, 지극히 참된 감정 굳세고 흔들림없는 의지는 이성의 밖에 동떨어져 있는 것이 아니다. 공자의 입장에서 인仁은 항상 '지성[知]'과 하나로 연관된다. 따라서 "알 수 없다면, 어찌 인仁이라 하겠는가?[未知, 焉得仁]"(「공야장公冶長」)라고 한 것이다. 우리가 '충서의 도리[忠恕之道]'에 대해 고찰해 본다면, 이 점을 보다 상세히 파악할 수 있을 것이다. '충忠'과 '서恕'는 공자가 인仁을 실천하는 방법(인도仁道를 널리 실천하는 비결이자 방법)으로 제기한 것으로, 양자의 근본적인 전제가 바로 인仁과 지성[知]의 통일인 것이다. 즉 한편으로 '자기가 서고 싶다면 남을 세워주고, 자기가 이르고 싶다면 남을 이르게 하는 것'(忠) 그리고 '자기가 원하지 않는 것을 남에게 베풀지 않는 것'(恕)은 타인에 대한 존중 동정과 우애를 표현하며, 또한 다른 한편으로 자기로부터 타인에게까지 미루어 확장해 가는 것은 동시에 이성적 추론 과정으로 전개되는 것이기도

하기 때문이다. 여기서 이성적인 인격 속의 감정적인 요소는 명확히 이성의 제약을 받게 된다.[7] 마찬가지로, 의지도 자각적인 이성으로부터 유리될 수 없는 것이다. "군자가 용기를 가졌으면서도 옳지 못하면 반란을 행하게 되며, 소인이 용기를 지니고서 의롭지 못하면 도적이 된다[君子有勇而無義爲亂, 小人有勇而無義爲盜]"(「陽貨」)고 말한다. 앞에서 서술한 것처럼, '용기[勇]'는 주로 의지로서의 특성을 체현하며, '의로움[義]'은 자각적인 인식 위에 구축된 일종의 이성적 규범으로 나타난다. 용기는 의지 역량의 표현으로 본래 미덕의 하나이지만, 만약 이성적 규범을 결핍할 경우 부정적인 요소(반란과 도적질로 이어지는 것)로 변질될 것이다. 바로 이런 관점에 입각해서, 공자는 거듭 "사士는 도道에 뜻을 두어야 한다[士志於道]"고 요구했는데, 즉 이성적인 원칙에 근거해서 주체의 의지를 통제하고 인도하는 것이다.

이상과 같은 고찰을 통해서 볼 수 있듯이 인도仁道라는 포괄적인 전제 하에, 공자는 이상적인 인격을 다양한 측면에서 규정했다. 즉 이상적인 인격은 인애仁愛의 감정을 갖추어야 하고 , 또한 굳세고 흔들림없는 의지를 지니는데, 이 두 가지는 다시 자각적인 이성과 융합된다. 따라서 완전무결한 인격은 인도人道 정신 아래에 포괄되고, 또한 지성[知] 정서[情] 의지[意]의 통일로 나타난다. 공자의 이상의 관점은 인격이 한 측면으로만 치우쳐서는 안 되고, 각각의 방면에서 비교적 전체적으로 발전을 이루어야만 한다는 점에 주목한 것인데, 이러한 관념은 원시유학의 순박하고 독실하며 심오한 성격을 드러낸다. 그러나 지성[知] 정서[情] 의지[意]라는 여러 요소 가운데, 공자는 지성을 더욱 강조했다. 그가 '앎[知]'을 인仁의 필수적인 조건으로 여긴 것("알 수 없다면, 어찌 인仁이라 하겠는가?[未知, 焉得仁?]"), 그리고 정서[情] 의지[意]를 자각적인 이성의 규제와 인도 아래에 둔 것 등은 모두 이 점을 체현한다. 인격의 요소인 지성[知]은 주로 윤리 이성 또는 실천 이성의 일종으로 이해되는 것으로, 인식론적 의미의 순수이성(이론이성)와는

---

7) 이 때문에 공자에게서의 심미적인 감정에 대한 중시는 이성의 요구를 초월해 있다는 홀과 애임즈의 관점에 우리는 동의하기 어렵다. (D. L. Hall and R. T. Ames, ibid, Chapter3을 참고할 것) 이런 관점은 공자의 사상에서 이성적 정신의 주도적 의의를 무시하는 것 같다.

구별된다. 지성[知]　정서[情]　의지[意]의 전체적인 발전을 긍정함과 함께 특별히 윤리적 이성 혹은 실천이성을 부각시킨다는 점이 공자의 인격 이론의 근본적 특질 가운데 하나라고 말할 수 있다. 그것은 이후의 유가의 이상적인 인격에 관한 학설에 깊은 영향을 미쳤다.

　주체의 내재적 속성으로서의 인격은 대체로 직간접적으로 주체의 행위를 제약하고 있다. 일반적으로　행위는 언제나 구체적인 환경 속에서 전개되므로, 행위가 관계하는 상황 역시 천차만별이다. 특정한 의미에서 말하자면, 각각의 특정한 행위는 모두 반복될 수 없다는 특성을 지니며, 이 점은 상황윤리학에서 이미 상세히 고찰했던 것이다. 어떻게 다양한 경우에서 행위는 내적인 통일성(일관성)을 유지할 수 있는가? 이 질문은 곧 행위자(주체) 자신의 품성과 관련된다. 행위에서의 개별성　다변성에 비해, 행위자(주체)의 인격은 언제나 내재적인 안정성과 항상성(연속적인 통일성)을 지닌다. 이처럼 인격은 행위를 통제하는 기능을 갖추고 있다. 즉 인격은 주체로 하여금 다양한 장면들 아래에서 도덕적인 지조[操守]를 유지할 수 있도록 하기 때문에, 행위의 우연성을 지양하고 도덕과 비도덕 사이에서 망설이고 동요하는 것을 방지하는 것이다. 유가의 인격 이론의 정초자인 공자는 분명 비교적 자각적으로 주체 인격의 위와 같은 기능을 의식하기 시작했다. 공자의 아래와 같은 논술을 통해 우리는 이 점을 어렵지 않게 파악할 수 있다. 그는 "진실로 인仁에 뜻을 두면, 악함이 없다[苟志於仁矣, 無惡也.]"(「이인里仁」)고 말했다. '인仁에 뜻을 둔다'는 말은 바로 인도仁道를 내용으로 하는 인격을 확립하는 것이다. 그리고 일단 이 점을 성취해 낸다면, 구체적인 행위 속에서 바로 부도덕한 경향을 벗어날 수 있다("악함이 없다[無惡]"). 그와 반대로 만약 이런 안정적인 인격을 결여한다면 일이관지一以貫之하면서 행위에서의 선함을 유지하기에 매우 어렵다. 즉, "인仁하지 못한 사람은 오랫동안 곤궁 속에서 살 수 없고, 오랫동안 즐거움 안에서 살 수도 없다[不仁者不可以久處約,　不可以長處樂]."(「里仁」) 공자의 이런 관점들은 실질적으로, 다양한 측면을 통해, 행위에 대한 인격의 통제력을 강조한 것이다.

　행위에 대한 인격의 제약은 행위를 통해서 인격이 외화되는 과정이기도 하다. 바꿔 말해서, 인격은 내재적 구조의 일종으로 나타날 뿐만 아니라, 그것이 외재적으로 드러나는 일면을 지닌다. 행위자로서의 주체는 언제나 복잡한 사회적 관계와 사회구조 속에서 일정한 위치를 차지하고 있는데, 이런 위치가 바로 사회적 역할이라 일컫는 것이다. 공자는 말했다.

> "군주는 군주다워야 하고, 신하는 신하다워야 하며, 아버지는 아버지다워야 하고, 자식은 자식다워야 한다[君君, 臣臣, 父父, 子子]." (「안연顔淵」)

군주 신하 아버지 자식은 모두 특정한 사회적 역할이다. 공자가 볼 때, 이상적인 인격은 인仁이라는 내제적 품성을 지녀야만 할 뿐만 아니라, 어떤 사회적 역할을 자각적으로 감당해낼 수 있어야만 한다. 한마디로, 선한 내적 덕성은 외적인 사회적 역할 속에서 구체적으로 체현되어야만 하는 것이다. 공자는 주체 인격의 외재적 표현을 매우 중시하였는데, 그의 제자인 증자는 이를 다음과 같이 설명하였다.

> "군자가 도道에서 귀중히 하는 바가 세 가지다. 몸가짐할 때에는 사나움과 태만함을 멀리한다. 안색을 바로할 때에는 신실함에 가깝게 한다. 말을 내뱉을 때에는 저속함과 두서없음을 멀리한다[君子所貴乎道者三. 動容貌, 斯遠暴慢矣. 正顔色, 斯近信矣. 出辭氣, 斯遠鄙倍矣]." (「泰伯」)

'몸가짐', '안색을 바로함', '말을 내뱉음'이란 사회적 교제(사회적 역할을 맡는 것)에서 주체의 외적인 행위 방식이다. 그런데 공자 학파의 관점에 근거하자면 이런 방식은 인격의 고상함(사나움과 태만함을 멀리하는 것 신실함에 가까운 것 저속함과 두서없음을 멀리하는 것)을 구체적으로 드러내는 것이기도 하다.

지성[知] 정서[情] 의지[意]가 하나로 합쳐진 내적 품성이란, 어떤 의미에선 내재적 '나'일 뿐이지만 사회적 역할은 외화된 '나'(구체적인 사회적 관계 속에서 드러나는 나)로 볼 수 있다. 공자는 인仁이라는 내적 품성을 군군君君　신신臣臣　부부父父　자자子子 등 사회적 역할에 대해 책임지는 과정과 연관지었는데, 실질적으로 이상적인 인격을 내재적 '나'와 외재적 '나' 사이의 통일로 이해함을 의미하는 것이다. 이런 관점은 현대 서양의 실존주의와 대조를 이루는 듯하다. 실존주의는 자아를 실체[本體]의 지위로까지 끌어올렸는데, 그들이 이해한 자아는 주로 내재적 '나'였다. 실존주의의 관점에 따르면, 진정한, 스스로 행위하는 존재로서의 '나'는 언제나 내재적 특성을 지닌다. 그들도 개체들 사이에는 '함께 존재함[共在]'이란 일면이 있다는 점을 주목하긴 했지만, 그들에게, 이런 '함께 존재함[共在]'이란 대체로 부정적인 의미를 지닌다. 일단 내재적 '나'가 구체적인 사회관계 속에서 외화되면, 본래의 상태를 상실한 채 일종의 타락한 '나'가 되기 때문이란 것이다. 이처럼 실존주의에서는, 내재적 '나'와 외재적 '나'(구체적인 사회관계 가운데의 '나')는 일종의 긴장　대립, 심지어 충돌의 관계 속에 놓여 있으며, 그에 상응해 주체의 인격에는 고독　불안　절망 등의 형식이 부여된다. 개체와 자아에 대한 실존주의의 이해에 비해, 내재적 '나'와 외재적 '나'의 통일을 특징으로 삼고 있는 유가의 이상적인 인격은 확실히 건전하고 현실적인 역량이 보다 많이 나타난다.

　　좀 더 넓은 시야에서 볼 때, 인격의 외화는 단순히 어떠한 사회적 역할을 자각하고 부담하는 것과 연관될 뿐만 아니라,　그것은 보다 심층적인 함의까지도 지닌다. 이는 구체적으로 일종의 역사적 사명감으로 나타난다. 공자가 볼 때, 사회적 역할을 감당하면서, 주체는 이런 과정에 넓은 의미에서의 역사 내용을 부여할 수 있다. 『논어論語』에는 다음과 같이 기록되어 있다.

　　"자로가 말했다. '선생님의 뜻하시는 바를 듣고 싶습니다.' 공자가 대답했다. '노인을 편안하게 해주고, 친구들에게 신의로 대하며, 젊은이를 감싸주고자 한다.'[子路曰 "願聞子之志." 子曰 "老者安之, 朋友信之, 少者懷之]." (「公冶長」)

이는 공자의 삶의 이상이지만, 그 가운데에는 또한 분명하게 앞세대를 계승해 후세대를 개척해가는 일종의 역사적인 사명감이 함축되어 있다. '노인을 편안하게 해준다'는 것은 이전 세대의 사업을 계승함을, '젊은이를 감싸주고자 한다'는 것은 후대를 위한 토대를 닦는다는 것을 의미하기 때문이다. 인격의 외화는 이런 깊은 역사적인 사명감과 결합하여 곧바로 "외왕外王"이라는 관념으로 일반화되기 시작했다.

이상적인 인격에 관한 규정으로서의 외왕外王은 여러 형태를 가질 수 있다. 군주의 경우에, 그것은 탁월하고 위대한 공로와 업적으로 표현된다. 이를테면 "위대하도다. 요堯의 군주됨이시여! (…) 탁월하고 위대하구나! 그 업적을 이루심이여[大哉, 堯之爲君也. (…) 巍巍乎! 其有成功也]."(「泰伯」)란 찬사는 그 예이다. 지사志士와 인인仁人의 경우, 위난危難의 시기에 사직을 안정시키는 중요한 임무를 기꺼이 떠맡는 것으로 표현된다. 예를들어 "[증자가 말했다] 육척의 홀로된 어린 군주를 맡길 만하고, 백리에 대한 [제후로서의] 명命을 맡길 만하며, (국가와 사직을 안정시키는) 막중한 임무에 임하여 따라잡을 수 없다라면, 군자다운 사람인가? 군자다운 사람이다[可以託六尺之孤, 可以寄百里之命, 臨大節而不可奪也. 君子人與? 君子人也]" 등과 같이 얘기된다.

외왕外王의 형태는 다양하지만, 공통점이 있는데, 바로 사회적 이상의 실현을 주체의 사명으로 삼고, 또한 자각적으로 그러한 역사 과정에 헌신한다는 점이다. 이처럼 외왕外王을 이상적인 인격으로 규정한다는 것은 이상적 인격에 넓은 의미에서의 실천적 성격을 부여함을 의미하는 것이기도 하다.

인격은 그 실질에 입각해 말하자면, 도덕적 이상의 체현일 뿐이다. 그러나 일반적인 도덕적 이상과는 달리, 인격에의 이상은 더 나아가 인격의 전범典範이 되어야만 구체적인 형태를 획득할 수 있다. 실제로도 인격 이상에 담긴 내용에 대한 공자의 설명은 언제나 인격의 전범에 대한 규정과 연관된다. 전체적으로 『논어論語』를 볼 때, 공자가 제기한 인격적인 전범은 크게 두 부류, 즉 성인聖人과 군자君子다. 「술이述而」편에는 공자가 이 둘을 구분한 내용을 담고 있다. 그는 "성인聖人을 내가 만날 수 없으니, 군자라도 만날 수 있다면 흡족하겠다[聖人, 吾不得而見之矣. 得見君子者, 斯可矣]."라고 하였다. 이러한 논법을 통해, 우리는 성인과 군자가 모두 이상적 인격의 구체적인 형태(공자에게서 성인

군자가 갖는 함의는 몇 가지 측면에서 뒤얽혀 중복된다)이지만, 다른 두 개의 계통에 속한다는 점을 알 수 있다. 이른바 성인聖人은 공자의 이해에 따르면, 곧 이상적인 인격의 완전무결한 화신으로, 그것은 인격에서의 최고의 경지이다. 논리상으로는 보통사람도 모두 성인이 될 수 있다. 하지만 실현 가능성을 가지고 말하자면, 성인은 또한 매우 도달하기 어려운 경지이기도 하다. 공자 본인도 감히 성인이라고 자부했던 적이 없었기에 "성聖과 인仁이라면 내가 어찌 감히 자처하겠는가?若聖與仁, 則吾豈敢?"(「述而」)라고 말했던 것이다. 즉 요순堯舜과 같은 현명한 군주라 할지라도 공자는 쉽게 '성聖'이라고 부르려 하지 않았다. 『논어論語』 「옹야雍也」편에서 다음과 같은 대화를 볼 수 있다.

"자공이 말했다. '만약 백성들에게 널리 은혜를 베풀어 구제할 수 있다면 어떻겠습니까? 인仁하다고 할만 합니까?' 공자가 말했다. '어찌 인仁에 그치는 일이겠는가! 틀림없이 성인일 것이다! 요순堯舜조차도 그런 일에 대해서는 어려워하셨다'子貢曰 "如有博施於民而能濟衆, 何如? 可謂仁乎?" 子曰 "何事於仁, 必也聖乎! 堯舜其猶病諸!"'

요순조차도 완전히 '성聖'에 완전히 도달할 수 없었으니, 일반인이라면 더욱 달성하기 어려운 것이다. 이렇게 성인은 실제로는 규제적 이념으로서의 의미를 지닌다. 왜냐하면 [성인은] 이상적인 인격의 완전무결한 화신이기에, 인간들이 부단히 그것을 지향하지만 또한 완전히 그에 도달하기는 매우 어렵기 때문이다.

공자의 성인에 대한 위와 같은 설정은 주목할 만한 가치가 있는 하나의 관점을 포함하고 있다. 즉 도덕이상의 추구는 본질적으로 끝없는 과정이기에, 사람들이 단번의 성공으로 어떤 종착지에 도달할 수는 없다는 것이다. 또한 성인은 규제적 이념으로, 인간을 위한 정신발전의 방향을 제시하고 인간이 처음부터 끝까지 이상의 고무를 받도록 함으로써, 세속적인 타락을 막고 끊임없이 정신적인 승화를 실현할 수 있게 하는 것이다. 성인에 비해, 군자君子는 이상적 인격의 현실적인 체현으로 간주할 수 있다. 군자는 물론 성인과 같이 완전무결하지는 않지만, 성인과 같이 달성하기 어렵지는 않으므로, 현실적인 삶에서의 전범典範처럼 나타나는 존재다.[8] 공자는 군자의 성품에 대해 묘사할 때, 언제는 현실의 일상과 연관 짓는데, 예컨대 "군자는 친척을 돈독히 한다[君子篤於親]"(「泰伯」), "군자는 걱정하지도 두려워하지도 않는다[君子不憂不懼]"(「顏淵」), "군자는 태연하지만 교만하지 않다[君子泰而不驕]"(「子路」), "군자는 화합하지 획일화하지는 않는다[君子和而不同]"(「子路」)는 것이다. 여기에는 어떠한 도달하기 어려운 점도 없으며, 모든 것이 평이하고 비근한 일이다. 만약 성인聖人과 같은 규제적 이념이 주체가 언제나 초월에의 요구(현실을 초월하는 '나')를 지니도록 하며, 이상에의 추구를 무한히 계속되는 과정으로 나타내는 것이라 말할 수 있다면, 군자라는 현실적인 전형典型은 삶을 위한 어떤 구체적인 규범(조작규범操作規範)을 제공함으로써, 인격에의 이상이 추상화 신비화되는 것을 방지한다. 두 요소의 통일이 유가의 인격에의 이상을 사변적인 구조와 다르게 만드는 것이다.

그런데 공자는 인격의 전범典範을 설정하는 가운데, 인격을 형식화하고 단일화 하는 경향을 지니고 있는 듯하다. 성인과 군자는 규제적 이념과 현실적인 준칙으로 구분되지만, 이는 단지 규범으로서의 기능상의 차이일 뿐, 양자는 그 내용에서 결코 본질적으로 다른 점이 없다. 모두 동일한 도덕이상을 체현하기 때문이다. 일반적으로, 인격은 언제나 개체를 책임자로 만든다. 사회의 구성원으로서, 개체는 물론 몇 가지 공통된 이상이라는 특징을 지녀야만 하지만, 동시에 개체는 다양하게 형성된 개성을 지닌다고 보아야만 한다. 만약 완전히 하나의 획일적인 인격 모델을 기준으로 사람들에게 요구한다면, 개체의 다양한 발전을 무시하기 마련이다. 공자는 성인과 군자를 보편적인 인격의 모델로 여기면서, 인격의 다양화라는 문제를 주목하지 못한 듯하다. 이러한 사유 경향은 이론적으로 "자신을 극복하여 예禮로 돌아간다[克己復禮]"(자아를 예禮가 요구하는

---

8) 쿠아(A. S. Cua)는 유가의 군자는 인간의 구체적인 행위를 위한 일종의 모방 모델을 제공한다고 생각했다. 이런 관점은 이미 인격의 전범으로서의 군자의 의의를 언급하고 있지만, 쿠아는 더 나아가 성인과 군자의 인격이 지닌 다른 의의를 구분해내지는 못했다. (Philosophy East and West, No. 1, 1992, P59. 참고할 것)

보편적인 양식 속에 집어넣는 것)는 입장과 일치하는데, 그것은 많든 적든 인격에 관한 이론이 어떤 부정적인 의미를 드러내도록 한다.

(2) 인성人性에 관한 규정과 성인成人의 도道

이상적 인격은 도덕적 이상의 체현으로서, 삶의 정신적 경지를 구성한다. 어떻게 해야만 이러한 이상적인 경지에 도달할 수 있는가? 이 문제는 바로 '성인의 도[成人之道]'라 일컫는 것과 관계된다.[9] 성인의 도는 또한 인격에의 이상[이란 문제]에서 구체적으로 파생되는 것이라고도 볼 수 있다. 유가에게서 이상적인 인격의 함양은 언제나 인성人性이라는 문제와 함께 관련되는데, 인성人性에 대한 상이한 관점은 흔히 '성인成人의 도道'(*인간 혹은 인격을 완성하는 방법)에 관한 상이한 이해를 야기하는데, 인성에 관한 이론은 또 다른 측면에서 인간의 본질에 대한 유가의 규정을 반영한다. 바로 인간의 잠재능력 및 현실적 본질을 출발점으로 삼는, 인격 완성[成人]의 과정은 나아가 진眞·선善·미美의 통일이란 가치이상을 드러내는 것이다.

공자는 『논어論語』에서 일찍이 "본성은 서로 가깝지만, 습관이 서로를 멀게 한다[性相近也, 習相遠也.]"(「양화陽貨」)는 유명한 명제를 제기했다. 이 명제를 사람들은 보통 단지 인성에 관한 이론이라는 시각에서 이해했지만, 실제로 그 명제의 진정한 함의는 '인격을 완성하는 방법[成人之道]'과 연관지었을 때에만 비로소 명백히 밝혀질 수 있다. '이상적 인격의 함양(成人)'이라는 시각에서 보자면, "본성은 서로 가깝다"는 말은 한명 한명의 인간은 모두 유사한 본질(性)을 지니기 때문에 모두가 이상적인 인격에 도달할 수 있는 가능성을 지니고 있음을 가리킨다. 한편 "습관이 서로를 멀게 한다"는 말의 의도는 인간이 이상적인 인격에 도달할 수 있는지는 결국 인간들의

---

9) '성인成人'은 명사이자 동사로 이중적인 의미를 지닌다. 명사로서의 성인成人은 곧 완전무결한 인격을 가리키며, 동사구로서의 성인成人은 이상적인 인격을 성취한다라는 의미를 담고 있다. 그런데 [여기서의] '성인成人의 도[成人之道]'에서의 성인은 주로 동사적인 의미와 관련된다.

여러 습관과 행동에 달려 있음을 지적하는 데 있다. 공자의 '성인의 도道[成人之道]'에 대한 설명은 주로 이 두 가지 측면을 중심에 두고 전개되는 것이다.

『논어論語』「술이述而」에서 이와 같은 한 단락의 논술을 볼 수 있다.

"공자가 말했다. '도道에 뜻을 두고, 덕德에 근거하고, 인仁에 의지하며, 예藝에서 노닐어야 한다.'[子曰 "志於道, 據於德, 依於仁, 游於藝]"

'도道에 뜻을 두라'는 말은, 여기에서, 이상적인 경지(이상적인 인격의 경지를 포괄한 것)에 대한 추구로 표현되는데, 덕德과 인仁에 관한 내용도 대체로 유사하다. 즉 덕德은 주체가 이미 갖추고 있는 잠재적 능력이며, 인仁은 이런 잠재능력의 구체적 내용이기 때문에, '덕에 근거하고, 인에 의거하라'는 말은 바로 주체가 이미 갖추고 있는 잠재능력을 성인成人(이상적인 인격에 도달하는 것)의 출발점으로 삼아야 함을 강조한 것이다. 또한 '예에서 노닐어야 한다'란 인격 완성[成人]의 외적인 계기 중 하나이다(상세한 내용은 이하의 내용을 참고). "도에 뜻을 두라"는 것을 "덕에 근거하고, 인에 의지하라"와 연관시키자면, 이런 관점은 "본성은 서로 가깝다"는 학설의 전개로 볼 수 있다. 앞서 서술한 것처럼, '본성은 서로 가깝다'는 명제는 서로 유사한 본질이 인격을 완성하기[成人] 위한 가능성을 제공하고 있음을 긍정했던 것이고, "덕에 근거하고, 인에 의지하라"는 주장 속에서, 이런 가능성은 더 나아가 잠재능력이란 형태로 인격을 완성하는[成人] 과정의 내재적인 근거를 구성한다.

이상적인 인격의 함양은 어떤 의미에서 자아의 실현으로 볼 수 있다. 즉 인격함양이란 목표는 자아를 이상적인 자아가 되도록 하는 데에 있고, 이 때문에 인격을 완성하는[成人] 과정은 대체로 주체가 이미 지니고 있는 잠재능력의 전개과정으로 나타나는 것이다. 현대의 인본주의 심리학 연구에 근거하자면, 인간은 생물로서의 기본적인 욕구 이외에도, 사랑·무리 짓기·자아실현 등의 사회적이고 정신적인 욕구를 갖고 있다. 이 점이 특정한 의미에서 자아의 완성에의 내재적인 근거가 된다. 주체의 내재근거로부터 완전히 벗어난 것이라면, 인격의 함양은 많든 적든 자기와 반대되는 성질을 지니게 되므로, 도덕적 이상은 주체에게서 진정으로 실현시키는 것은 매우 어려워진다. 공자는 "도에 뜻을 두라"(이상에의 추구)와 "덕에 근거하고, 인에 의지하라"를 상호 연관된 두 측면으로 파악한 점은 분명 상술한 관계에 주목하기 시작했던 것이다.

　'인격을 완성하는[成人] 과정에서 내재적 근거를 제거할 수 없음을 긍정한다는 것은 인격의 형상화가 단순히 외재적 주입의 과정일 수 없음을 의미하고 있다, 공자는 다음처럼 말했다.

> "앎이 그에 미치더라도, 인仁으로 지켜낼 수 없다면, 얻는다 할지라도 반드시
>
> 잃어버리게 된다[知及之, 仁不能守之, 雖得之, 必失之]." (「위령공衛靈公」)

　'앎이 그에 미친다는 것'은 다시 말하면, 이성적인 교육 등의 형태를 통해서 주체가 보편적인 도덕적 이상 또는 도덕적 요구에 대해서 이해하도록 하는 것이다. 그러나 단순히 이해했다는 것이 주체가 자각적으로 이러한 이상을 받아들였음을 밝혀 주지는 않는다. 오직 더 나아가 이성이 파악한 보편적 규범을 주체의 내재적인 덕성으로 전환시키고 또한 유지시킬 수 있어야만(인으로 지켜내는 것[仁守之]), 인격 구조는 안정성을 지닐 수 있게 된다(얻고서 잃지 않는 것[得而不失]). 인격의 조형은 물론 외재적인 교육(깨우친 주체가 보편적인 도덕규범 및 도덕적 이상을 이해하는 것)과 떨어질 수 없지만, 이런 과정은 단순한 수용으로 이해될 수 없으며, 차라리 [주체의 능동적인] 수락 과정이라고 말할 수 있다. 수용이 주로 주체에 대한 외부사회의 주입으로 나타나는 것과는 달리, 수락은 주체 자신의 내재적 욕구 및 잠재능력이 외부의 영향과 상호 작용하는 과정이다. 바로 수락이란 방식을 통해서 사회의 이상은 비로소 주체적 의식과 융합하면서 인격의 내재적 요소로 전환되는 것이다. "인으로 지키라[仁守之]"는 공자의 주장에서 이미 일정 정도 보이기 시작하지만, 이성적 교육은 주체의 습득과 상호 결합해야만 한다는 관점은 유가의 후대 학자들에게서 진일보한 해석을 획득하였다.

인격의 함양은 본래의 '나'로부터 이상적인 '나'로 발전함을 의미하기 때문에 그것은 언제나 본래의 '나'와 이상적인 '나' 사이의 관계를 포함한다. 인격의 함양은 반드시 주체의 잠재능력을 내재적 근거로 삼아야 한다는 입장과 상응하여, 이상적인 '나'로 발전하는 과정이란 본래의 '나'에 대한 부정일 수 없으며, 그것은 동시에 자아 자신의 잠재능력의 전개과정으로 나타난다. 바꿔 말하자면, 본래의 '나'와 이상적인 '나'의 사이에는 반드시 일종의 연속성이 존재하는 것이다. 이 사실이 인격의 형성 과정을 규정하므로, 주체의 잠재능력을 발휘시키는 긍정적 측면에 주목해야만 한다. 또한 바로 동일한 의미에서 공자는 "군자는 타인의 아름다움을 완성시킨다[君子成人之美]"(「顔淵」)고 강조다. 다시 말해, 주체의 선한 잠재능력("서로 가까운 본성[相近之性]")의 실현을 촉진시킬 것을 요구한 것이다. 이러한 관점이 "인격을 완성시키는[成人] 과정"(인격이 함양)을 자아(본래의 나)에 대한 간단한 부정이나 포기와는 다르게 만드는데, 그것은 실질적으로 본래의 '나'와 이상적 '나'의 연속성을 긍정함으로써 자아의 가치를 인정하는 것이다.

물론 보편적 잠재능력("서로 가까운 본성[相近之性]")은 인격을 완성하는[成人] 내재적 근거로서, 단지 이상적인 인격에 도달하기 위한 가능성만을 제공할 뿐이다. 잠재능력 그 자체는 현재 완성된 덕성은 아니기에, 내재적인 잠재능력이 현실적인 인격구조로 펼쳐지려면, 후천적으로 육성하는 공부를 거쳐야만 한다. 공자는 그림 그리기를 사례로, 이에 대해 간결하면서도 의미심장한 설명을 제시했다. "그림을 그리는 일은 흰 비단(바탕)을 마련한 다음이다[繪事後素.]"(「八佾」) 그림그리기는 일면 흰 바탕색이 필요하고, 다른 일면에서는 또한 다섯 가지 색채로 그려야 한다. 새하얀 바탕이 없다면 물론 그림을 완성하기 어렵지만, 다섯 가지 색채로 덧칠하지 못해도 한 폭의 그림을 완성할 수 없다. 그와 마찬가지로 인격의 형상화는 내재적인 잠재능력을 근거로 하면서도, 문채 내는[文飾](人文化) 과정이 없어서는 안 된다. 공자는 후천적인 환경 교육 습관과 행동의 기능을 매우 중시했고, 서로 가까운 본성이 다른 환경 습관과 행위의 작용 때문에 자주 다른 발전 경향을 초래할 것이라고 여겼다. "습관이 서로를 멀게 한다[習相遠]"는 말이 강조하는 바가 바로 이 점이다. 『논어論語』에서는 더욱이 다음처럼 기록되어 있다.

"공자가 말했다. 마을이 인仁해야 아름답다. [거주지를 선택할 때] 인仁한 장소에 머무르지 않는다면, 어찌 지혜롭다 하겠는가?[孔子曰, '里仁爲美. 擇不處仁, 焉得知?'"(「里仁」)

마을에 인후仁厚한 풍속이 있어야 비로소 이상적인 거주 장소가 된다. 공자는 사람들에게 인후한 마을을 선택해 거주할 것을 요구한 점이 체현하는 바란 바로 환경의 영향에 대한 중시이다. 환경을 제외한 광의의 "습관[習]"은 또한 주체의 실천(行)을 포함한다. 제자들과의 대화에서 공자는 언제나 반복적으로 "행行"을 언급했는데, 다음과 같은 것들이다.

  "군자는 말을 적게 하면서도 행동에서는 민첩하고자 한다[君子欲訥於言, 而敏於行]."(「里仁」)

  "옛 사람들이 말을 내뱉지 않은 것은 자신의 행동이 [말에] 미치지 못하는 것을 치욕스러워했기 때문이다[古者言之不出, 恥躬之不逮也]."(「里仁」)

  "실천하고도 여력이 있으면, 글을 배워야 한다[行有餘力, 則以學文]." (「學而」)

바로 서로 가까운 본성[相近之性]이 이상적인 인격의 내재근거를 구성하는 것과 마찬가지로, 환경의 제약과 주체의 실천을 내용으로 하는 여러 습관과 실천[習行]이 내재된 잠재능력의 전개를 위한 필수불가결한 조건을 제공하는 것이다.

'본성[性]'과 '습관[習]'의 통일이라는 '인격을 완성[成人]'의 과정은 구체적으로 어떠한 요소들을 포함하는가? 공자는 제자들의 질문에 대답할 때, 이에 대해서 다양한 설명을 제시했다. 『논어論語』에는 다음처럼 기록되어 있다.

"자로가 성인成人에 대해 물었다. 공자가 대답했다. '만약 장무중의 지성과, 공작의 탐욕하지 않음과, 변장자의 용기와, 염구의 기예에다가, 예악禮樂으로 문채를 낸다면, 또한 성인成人이 될 수 있을 것이다[子路問成人. 子曰 "若臧武仲之知, 公綽之不欲, 卞莊子之勇, 冉求之藝, 文之以禮樂, 亦可以爲成人矣]." (「헌문憲問」)

여기서의 '성인成人'은 명사로 해석되며, 완전무결한 인격을 가리키니, "성인成人이 됨[爲成人]"는 곧 안전무결한 인격을 이루는 것이다. 공자가 볼 때, 이상적인 인격에 도달하는 과정은 반드시 지성[知] 용기[勇] 기예[藝] 등의 요소를 포함한다. 이른바 지성[知]은 인식활동을 통해서 인간의 이성적 능력을 발전시키는 것을 지칭한다. 이에 관해서는, 공자의 제자인 자하子夏가 일찍이 "널리 배우되 뜻을 독실하게 하고, 절실히 물어 가까운 것에서 생각한다면, 인仁은 그 가운데에 있다[博學而篤志, 切問而近思, 仁在其中矣]" (「자장子張」) 고 해명한 바 있다. 물론 공자에게서의 '널리 배움[博學]'은 주로 사회적인 인륜관계에 대한 파악을 뜻한다. 다시 말해, "사람을 안다[知人]"라는 것이다. 인륜人倫을 세심히 살피며 자아를 반성하는 과정 속에서, 주체는 점차 자각적인 이성을 형성하며, 이러한 이성이 동시에 인덕仁德의 내재적 요소("인은 그 가운데에 있다")를 구성한다. '용기[勇]'라고 하는 것은 일종의 의지意志가 지닌 속성의 일종으로, 그것은 "뜻을 독실하게 함[篤志]"과 관련되어, 일반적으로 의지에 대한 연마를 가리킨다.

예禮는 본래 교제의 형식이고, '악樂'은 넓은 의미의 예술 활동인데, 예와 악을 병칭하면, 일반적으로 문화적인 교류와 관련된 예술적 심미적 활동을 가리킨다. 그래서 "예악으로 문채를 낸다"는 말은 심미적 활동을 통해서 인간의 정서를 도야한다는 의미를 함축한다. 공자는 '인격 완성[成人]' 과정에서의 심미적 활동의 영향을 매우 중시했다. 그는 일찍이 다음과 같이 말했다.

"시는 흥기시키고, 볼 수 있게 하고, 어울릴 수 있게 하며, 원망할 수 있게 해준다[詩可以興, 可以觀, 可以群, 可以怨]." (「陽貨」)

"흥기시킨다[興]"는 말은 주체의 정신(감정을 포함한다)이 감격하여 승화되는 것이다. 또한 "볼 수 있게 한다[觀]"는 말은 시인의 뜻을 파악하고 또한 이를 통해서 시인의 뜻과 어떠한 공감을 만드는 것이다. "어울릴 수 있게 한다[群]"를 공안국孔安國은 "함께 자리해 서로를 연마시키는 것"(유보남劉寶楠, 『논어집해論語集解』에서 인용) 이라 해석했는데, 한마디로 심미적 활동을 하면서 개인이 집단 속에서 서로 사상과 감정을 교류하는 과정을 일컫는다. "원망할 수 있게 해준다[怨]"는 것은 감정의 해소를 통해, 심리적인 균형을 유지시킴으로써 건전한 심리상태에 이르게 하는 것이다. 여기서 공자는 시에 대한 감상을 예로 들면서, 인격을 함양에서의 심미적 활동의 기능에 대해 구체적으로 설명했다. 즉 정신적 감동과 감정의 공감 소통 해소를 통해서 인간은 일종의 보다 높은 인격 경지로 고양될 수 있다는 것이다. 공자 본인이 일찍이 「소韶」라는 음악을 듣고서 "삼 개월 동안 고기 맛을 잊었다[三月不知肉味]"(「述而」)라고 했는데, 고기맛을 몰랐다는 것은 바로 음악적인 미적 체험이 인간의 타고난 정욕을 정화시키고, 아울러 정신이 초월에 이르도록 함을 뜻한다. 바로 이상과 같은 관점에 근거해, 공자는 "시를 통해 흥기하고, 예禮를 통해 자립하며, 음악[樂]을 통해 완성된다."(「泰伯」)고 주장했다.

요컨대, 공자의 이해에 따르면, '성인成人'(이상적인 인격의 성취)은 보편적인 인성人性이 제공하는 가능성을 내재적 근거로 삼아할 뿐만 아니라 습관과 실천 등의 후천적인 조건에서 떨어질 수 없으며, 두 요소의 통일은 다시 '널리 배움[博學]' '뜻을 독실히 함[篤志]' '예악으로 문채를 냄[文之以禮樂]' 등의 과정 속에서 구체적으로 전개된다. 그것은 특정한 의미에서 진眞·선善·미美가 서로 통일된 가치원칙을 구체적으로 드러낸다.

7. 유한성에 대한 초월 : 존재의 의미 및 그 밖의 것들

완전무결한 인격은 도덕적 이상을 체현하면서, 개체를 담당자로 삼는다. 즉 '성인成人'이란 어떤 의미에서 개체의 완성으로 나타난다. 인격의 담당자로서의 개체는 동시에 생명의 주체이기도 하다. 따라서 개체는 필연적으로 생명의 탄생으로부터 죽음에 이르는 하나의 과정을 거친다. 단적으로 말해, 개체의 존재는 언제나 유한하다. 개체적 존재의 이러한 유한성은 삶의 의미를 준엄한 문제로 만든다. 인간이 필연적으로 죽음을 향해 갈 수밖에 없다면, 인간이란 존재는 도대체 어떤 의미를 지니는가? 인간은 대체 유한함을 어떻게 초월할 수 있는가? 바로 이러한 존재의 의미에 대한 자각적인 관심이 유가의 가치관으로 하여금 이러한 형이상학적 차원에 궁극적인 관심을 기울이도록 고양시켰다.

공자는 인격의 완전무결함을 주체의 자기 가치에 대한 실현에의 구체적 체현이라 간주했는데, 성인成人으로의 과정은 바로 현실적 삶 속에서 펼쳐지는 것이다. 이렇게 이상에의 추구는 미래를 지향하지만, 그것은 결코 경험영역을 초월하는[超驗的] 성질을 지니고 있지 않다. 그래서 이상에 도달하는 방도는 늘상 현실의 사회생활 가운데 내재하는 것이다. 이런 사유 경향과 상응해, 공자는 바로 이 세계[此岸]의 일을 넘어서는 듯한 것에 대해 거의 흥미를 드러내지 않았다. 『논어論語』에서는 다음처럼 기록되어 있다.

> "계로季路가 귀신을 섬기는 것에 대해 묻자, 공자가 말했다. '사람도 섬기지 못하고 있는데, 어찌 귀신을 섬기겠는가?' [계로가] '감히 죽음에 대해 묻습니다'라고 하자, '삶도 모르는데, 어찌 죽음을 알겠는가?'라고 말했다[季路問事鬼神, 子曰 "未能事人, 焉能事鬼?" 曰 "敢問死", 曰 "未知生, 焉知死?"] (「선진先進」)

귀신은 피안세계의 대상이며, 죽음은 현실적 삶의 종결을 의미하는데, 이 둘에 비해, 인간과 그 현실의 존재(삶)가 더욱 중요한 의미를 지닌다는 것이다. 여기에서는 경험영역을 초월한 대상[超驗對象]에 관심을 두기보다는 인간에게 많은 관심을 쏟는 인도원칙仁道原則이 함축되어 있고, 또한 현실적 삶을 초자연적인 대상의 위에 놓는 이성주의적 정신이 표현되고 있다. 그리고 인도주의와 이성주의적 정신의 통일은 다시 종교적 미혹과 광기와는 다른 인문주의적인 가치지향을 구성하는데, 그것은 유학의 궁극적 관심이 애초부터 피안의 세계에의 추구로부터 멀리 떨어져 현실적인 삶에 근본을 두도록 하였다.[10]

그러나 인간들이 진지하게 현실적 삶에 직면할 때, 여전히 하나의 근본적 사실, 즉 개체적 존재의 우연성과 유한성을 직시하지 않을 수 없다. 특별한 존재인 개체가 세상에 나오는 것은 어떤 의미에서는 참으로 하이데거가 말한 것처럼 피투성被投性을 지닌다. 한편으로 그 존재는 주체 자신의 선택에 의해 출현하는 것이 아닐 뿐만 아니라, 종의 진화 과정 가운데의 불가피한 일부인 것도 아니기에, 어떤 우연성을 지니고 있기 때문이다. 다른 한편으로 생명의 주체인 개체의 존재는 반드시 그 종점을 갖고 있다. 죽음은 필연적인 귀결인 것이다. 이렇게 개인에 대해 말하자면, 삶은 진실로 현실적이지만, 동시에 우연적이고 유한하다. 그리고 바로 이것이 인생의 의미라는 문제를 돌출시킨다. 일종의 유한한 존재로서의 생명의 가치는 대체 어디에 있는가? 비록 공자가 결코 생명의 끝(죽음)을 논하는 데에 몰두하지는 않았지만, 인류의 삶을 자각적으로 반성했던 한 명의 사상가로서 공자는 언제나 엄숙하게 위와 같은 문제에 관심을 기울이고 사고해 왔다.

인생의 의미에 대한 고찰은 내재적으로 어떻게 유한성을 초월할 수 있는가라는 문제와 관련된다. 개체의 유한성이란 무엇보다 유류와 대조해 언급되는 것이지만, 유한성의 초월 역시 언제나 개체와 류類의 관계를 일컫는다. 개체적 존재의 찰나성과 대조되는 유류의 생명 본질은 연속적이고 그침 없는 역사의 기나긴 흐름으로 나타나는데, 그것은 언제나 특정한 개체를 초월해 생명을 이전과 이후를 계승시키는 가운데 무한히 뻗어나간다. 이처럼 개체적 존재의 유한성을 어떻게 초월할 것인가라는 질문은, 어떤 의미에서는,

---

10) 공자는 비록 경험을 초월한[超驗的] 형태를 명命개념에 부여했지만, 명命 자체는 많은 경우 일종의 형이상학적인 설정으로 표현될 뿐이며, 그 개념의 지적인 사변의 의미는 대체로 종교적 감정을 넘어서는 것이다.

어떻게 개체의 생명을 유類적 역사의 기나긴 흐름과 융합시킬 것인가 라는 말로 전환시킬 수 있다. 공자가 따라간 것은 기본적으로는 바로 이상과 같은 사유의 경로였다. 효孝에 대한 공자의 중시로부터, 서 우리는 어렵지 않게 이 점을 간파할 수 있다. 앞에서 서술한 것처럼, 공자는 효孝를 인仁의 근본으로 규정했고, 거듭 여러 각도에서 효孝의 중요성을 강조했다.

일종의 윤리적인 관계로서의 효孝는 주로 부모와 자식 사이에서 전개되는데, 부모와 자식 관계는 무엇보다도 혈연을 연결고리로 하는 생명의 연속으로 나타난다. 즉 이전 세대의 생명은 이후 세대 속에서 연장되는 것이다. 이처럼 각 개체는 생명의 흐름의 매개자가 된다. 한편으로 개체는 이전 세대의 생명을 계승하며, 다른 한편으로 개체 자신의 생명은 다시 이후 세대 속에서 연속될 수 있기 때문이다. 이렇게 전 세대와 후세대가 이어지는 가운데, 생명의 기나긴 흐름은 면면히 그치지 않으며, 개체는 그 흐름 사이에서 융합되면서 결국 유한성을 초월한다. 요컨대 혈연 심리적 감정 등의 형태를 투과하면, 우리는 "효孝"에서의 보다 심오한 존재론적 내용과 가치의의가 바로 생명의 연속임을 파악할 수 있다. 『시경詩經』에 "효자가 그치지 않으리니, 영원히 그대에게 좋은 것을 주리라[孝子不匱, 永錫爾類]"(「대아大雅 旣醉」)라 한 말에서부터, "죽음에 대해 삼가하고, 오래전 돌아가신 분을 추모한다면, 백성들의 덕德은 두터운 곳으로 돌아갈 것이다[愼終追遠, 民德歸厚矣]"(「學而」)는 공자의 말에 이르고, 다시 이후의 "불효에는 세 가지가 있는데, 후사가 없는 것이 가장 크다[不孝有三, 無後爲大]"(『맹자孟子』「이루상離婁上」)라는 맹자의 말에 이르기까지, 이 점을 체현하지 않는 것이 없다.

유類적 생명의 기나긴 흐름에 용해되어 들어감을 통해 유한성을 초월하고, 다시 더 나아가 생명의 연속성 속에서 개체의 존재가치를 찾아내는 것, 이것이 공자가 개체의 유한성과 인생의 의미 사이의 긴장 충돌을 해결했던 대체적인 사유의 경로이며, 그것이 동시에 이 문제에 관한 유가의 근본인 가치지향을 이룬다. 알 수 있듯이 이러한 사유 노선 및 지향은 종교적 관념과 명확한 차이가 있다. 일반적으로, 종교는 생명의 연속에 거의 관심을 두지 않는다(후대의 도교道教는 예외일 수 있다). 반대로 종교가 전체적으로 강조한 것은 생명의 소멸과 영혼의 연속이었다. 영혼과 육체를 대치시키면서 종교는 거의 언제나 전자를 통해 후자를 제어했다. 서양의 기독교에서부터 동양의 불교에 이르기까지 이와 다르지 않다. 이러한 관념은 현실적 삶을 직시하지 못할 뿐만 아니라, 논리적으로 생명 가치에 관한 허무주의적 태도를 야기할 수 있다. 예를 들어, 종교의 천국에 대한 추구에서, 우리는 이 점을 쉽게 엿볼 수 있다. 그에 비해, 효孝라는 형식으로 표현된, 공자의 생명의 연속성에 대한 중시는 의심할 바 없이 개체의 유한성의 지양이란 시각에서 인간 존재의 가치를 확인한다. 그것은 인간의 궁극적 의미를 초험적超驗的 천국으로부터 구체적인 역사적인 과정에로 돌려놓는다. 바로 생명이 전 세대와 후세대로 이어지는 가운데 면면히 연속됨을 긍정하는 점이 유가가 언제나 피안세계와는 상당한 거리를 두도록 하였다.

물론, 생명의 역사적인 연속은 단지 일종의 생물학적 의미에서의 연속이 아니다. 공자에게서 생명은 동시에(때로는 보다 중요하게) 일종의 넓은 의미의 문화적 생명력을 뜻하는데, 생명에서의 전 세대와 후세대의 연속은 그에 따라 인문적인 의미를 지닌다. 효도의 구체적인 내용을 언급할 때, 공자는 다음과 같이 지적한다.

> "삼 년 동안 아버지의 도道를 바꾸지 않아야, 효도라고 할 수 있다[三年無改 於父之道, 可謂孝矣]." 「學而」

여기서 '도道'란 바로 일종의 문화적 이상이라 볼 수 있는데, 아버지의 도道를 바꾸지 않는다는 것은 전 세대의 문화적 이상을 계승하는 것이다.

공자는 이를 통해 효孝를 규정함으로써, 생명 흐름의 역사적 연장을 동시에 문화적 생명에서의 전세대와 후세대의 계승으로 이해함을 의미하고 있다.[11] 공자의 관점에

---

11) 유가의 다른 경전인 『중용中庸』에서는 공자의 "효孝라는 것은 사람의 뜻을 잘 계승하고, 사람의 업적을 잘 따르는 것이다[夫孝者, 善繼人之志, 善述人之事者也]"라는 말을 인용하고 있다. 이 말은 반드시 공자의 입에서

따르면, 바로 문화에서 선대를 계승하고 후대를 깨우치는 과정에서 개체는 더 나아가
자신의 우연성과 유한성을 초월하며, 아울러 자신의 가치가 보다 깊이 있게 체현될 수
있도록 한다. 자로가 "선생님의 뜻하시는 바를 듣고 싶습니다[願聞子之志]"라고 물었을
때, 공자의 대답은 바로 "노인을 편안하게 해주고, 친구들에게 신의로 대하며, 젊은이를
감싸주고자 한다[老者安之, 朋友信之, 少者懷之]"(「공야장公冶長」)는 것이었다.
'노인[老者]'이 대표하는 것은 전세대이고, '젊은이[少者]'가 대표하는 것은 후세대이다.
이전 세대를 계승하여 앞길을 개척하는 문화적인 진전 속에서, 문화적 존재로서의
주체는 한편으로 전세대의 역사적 유산을 계승하며, 다른 한편으로 후세대를 위하여
새로운 문화적 성과를 물려준다. 그것은 세계 위를 덧없이 오가는 것이긴 하지만,
그로 인해 창조된 문화적 업적은 또한 문화적 생명이 연속됨에 따라 항구적인 의미를
획득하게 되는 것이다. "공자가 시냇가에서 말했다. '가는 것이 이 물과 같다!'[子在川上曰
'逝者如斯夫!']"(「子罕」)라는 말에는 어떤 비탄의 심경이 없다. 거꾸로 그가 표현한 것은
바로 인생에 대한 낙관적 태도이다. 인간이 창조한 문화가치는 소실되지 않으며, 그것은
역사의 긴 강줄기로 융합되어 들어가면서 무궁한 미래를 향해 나아갈 것이기 때문이다.
　　바로 이상과 같은 신념에 근거하여, 공자는 궁핍한 상황 속에서도 의연하게 달관을
유지할 수 있었다.

　　"공자께서 광 땅에서 곤란에 빠지자 말씀하셨다. '문왕께서 이미 돌아가셨으니,
　　그 문화가 여기 [내 몸에] 있지 않은가? 하늘이 이 문화를 없애려 하신다면, 후에
　　죽는 사람은 이 문화에 참여할 수 없을 것이다. 하늘이 이 문화를 없애려하지
　　않는데, 광 땅의 사람들이 나를 어찌하겠는가?'[文子畏於匡. 曰 "文王旣沒,
　　文不在玆乎? 天之將喪斯文也, 後死者不得與於斯文也. 天之未喪斯文也,
　　匡人其如予何?"(「子罕」)

나오지 않았을 수도 있지만, 동시에 또한 다른 측면에서 효孝를 넓은 의미에서 문화적인 지속(사람의 뜻을
계승하고, 사람의 업적을 따르는 것)으로 이해할 수 있음을 증명하는데, 이는 유가의 하나의 근본적 관념이다.

생명(문화적 생명을 포함해)의 긴 쇠사슬 중의 일부로서, 개체는 문화를 지속시킬 사명("하늘이 이 문화를 없애려하지 않는데"라는 말은 이러한 사명의 형이상학적인 설명일 뿐이다)을 담당하는데, '내'가 없다면 문화는 중간에 단절될 것이다("후에 죽는 사람은 이 문화에 참여할 수 없을 것이다"). 따라서 바로 이런 역사적 사명과 책임을 완성시키는 과정에서, 개체의 존재 의미는 체현될 수 있고 개체의 가치 또한 인정받을 수 있게 된다. "광 땅의 사람들이 나를 어찌하겠는가"라는 반문의 배후에 함축된 것이 바로 이런 자기 확신이다.

쉽게 간파할 수 있듯이 공자의 이해에 근거하자면, 개체의 유한성과 존재의미(삶의 의미) 사이의 긴장은 결국 생명의 긴 강줄기의 지속 속에서 화해되어야만 한다. 물론 이는 결코 개체가 죽음이라는 귀결을 피할 수 있음을 뜻하지는 않는다. 유한성의 초월이 지닌 진정한 함의란, 개체는 특수한 존재로서 필연적으로 죽음을 향해 나아갈 수밖에 없지만, 죽음이 결코 허무로 귀착됨을 의미하지는 않는다는 점에 있다. 생명의 긴 쇠사슬 가운데의 한 고리로서의 개체의 존재가치와 의미는 생명의 긴 강줄기의 연속을 따라서 장구하게 존재하며, 더 나아가 광대光大해지게 되는 것이다. 따라서 "이후의 세대는 두려워할 만하다. 앞으로 오게 될 사람들이 지금만 못할지 어찌 알겠는가?[後生可畏, 焉知來者之不如今也?]"(「자한子罕」)라고 말한 것이다. 이런 시각에서 보자면, 죽음 그 자체는 개체에게, 더 이상 사람들을 두려움에 떨게 하는 귀결이 아니므로, "아침에 도道를 들으면 저녁에 죽어도 좋다[朝聞道, 夕死可矣]"(「里仁」)라 말한 것이다. 이는 죽음에 대응하는 침착하고 통탈한 태도이다. 유가는 실존주의(하이데거Heidegger)에서처럼, 죽음을 진정한 '나'의 실현형식으로 보지 않았고, 또한 후대의 도교처럼 죽음을 두려워해 개체의 장수를 추구하지도 않았다. 이러한 건전한 인생관은 상당 부분 바로 공자의 위와 같은 관념에 기초하고 있다.

요컨대, 공자는 생명의 자연적 지속과 역사의 지속(문화적 지속)으로부터 유한함의 초월과 존재의 가치(삶의 가치)를 모색했는데, 유가가 애초에 피안세계에 대한 환상에서 벗어나, 현실적 삶 속에서 존재의 궁극적인 의미를 추구하고 실현하기 위해 노력하도록 만들었다. 이는 유한하면서도 유한함을 초월하고, 삶을 즐기며 죽음을 두려워하지 않는 삶의 태도로, 확실히 긍정적인 가치지향을 체현하고 있다. 그런데 여기서 지적해야만 할 것은 생명의 이어짐(주로 넓은 의미의 문화적 생명의 지속을 뜻한다)을 강조하면서도, 공자는 옛 것을 답습하는 어떤 경향을 드러내고도 있다는 점이다. 예를 들어 "삼 년 동안 아버지의 도道를 바꾸지 말라[三年無改於父之道]"는 요구 등에서, 문화의 계승이 최고의 지위로 끌어올려지는 듯한데, 공자 본인 역시 "술述하되 작作하지 않는다[述而不作]"는 것을 지향으로 삼았다. 앞서 서술한 것처럼 공자가 결코 문화적 창조의 의미를 부정했던 적은 없었지만, '술述(계승)'과 '작作(창조)' 사이에서 어떻게 적절한 장력張力을 유지할지는, 완전히 해결된 문제가 아니었던 것 같다.

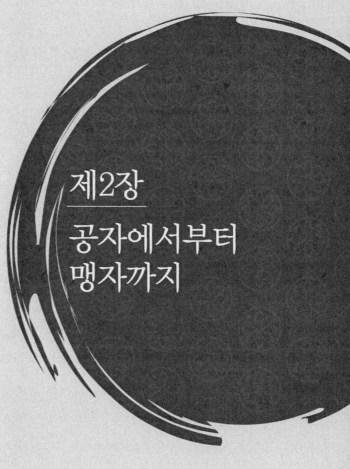

제2장
공자에서부터
맹자까지

제2장
공자에서부터 맹자까지

　　공자 이후 유가는 분화되기 시작했다. 한비韓非는 일찍이 유가가 8개로 나누어졌다는 학설을 주장했다. 이 8개의 학파는 자장子張·자사子思·안씨顏氏·맹씨孟氏·칠조씨漆雕氏·중량씨仲良氏·손씨孫氏·악정씨樂正氏로 각각 대표된다.(『한비자韓非子』「현학顯學」참고) 후세 사람의 고증에 근거하자면, 8개 학파로 분화되었다는 한비의 학설은 아주 확실한 것은 아니다. 그러나 유학의 여러 방향으로의 변화는 명확한 사실이다. 사상사적인 각도에서 볼 때, 실질적인 의미를 지닌 상이한 변화는 주로 맹자孟子와 순자荀子로 대표된다. 맹자와 순자는 위로 공자를 계승하면서, 공자에게서 시작된 유학사상을 각자 해명하고 확장시킴으로써, 유가적 가치체계가 여러 발전 형태를 취하도록 하였다.

　　맹자는 자사子思의 제자에게서 수학하였는데, 자사는 바로 공자의 손자로, 이러한 사승계열은 공자와 맹자가 애초부터 일종의 역사적 연관을 지니도록 했다. 그러나 맹자가 공자의 계승자로 간주됨과 함께 '아성亞聖'이라는 호칭을 얻은 것은 단순히 이런 사승관계에 근거한 것은 아니며, 거기에는 보다 내재적인 사상사적 원인이 있다. 앞에서 서술한대로, 공자의 가치체계는 인도仁道원칙과 이성理性원칙을 줄기로 하는데, 두 가지는 천인天人(*하늘과 인간) 역명力命(*노력과 운명) 군기群己(*집단과 개인) 의리義利(*의로움과 이익) 경권經權(*원칙과 임기응변)에 관한 논변 및 인격에의 이상 등의 학설에서 구체적으로 전개되었다. 이러한 근본구조는 맹자에게서 진일보된 전개에 이르렀으며, 점차 정형화 되어갔다. 물론 맹자는 유가의 가치체계를 심화하면서, 또한 몇 가지 측면에서는 그의 고유한 편향을 더욱 명백하게 드러냈다.

1. 인도仁道 원칙의 전개

맹자는 인간과 짐승의 구분을 중요한 위치로 끌어올려, 반복적으로 변별하고 분석했다. 이 문제에 관련된 바는 실질적으로 하늘과 인간에 관한 논변[天人之辨]일 뿐이다. 맹자에게 금수는 일종의 자연적인 존재로, 만약 어떤 사람이 자연적 상태로 되돌아간다면, 그는 금수와도 어떠한 구별도 없게 된다. 구체적으로 말해, 인간과 금수의 구분은 도대체 어디에서 체현되는가? 맹자는 우선 내재적 심리란 차원에서 규정했다. 맹자의 견해에 따르면, 보통 사람은 모두 보편적인 도덕 감정을 지니고 있다. 따라서 "측은하게 여기는 마음은 사람이면 모두 지니고 있다. 수치스러워하고 혐오하는 마음은 사람이면 모두 지니고 있다. 공경하게 여기는 마음은 사람이면 모두 지니고 있다. 옳고 그름을 가리는 마음은 사람이면 모두 지니고 있다[惻隱之心, 人皆有之. 羞惡之心, 人皆有之. 恭敬之心, 人皆有之. 是非之心, 人皆有之]."(『맹자孟子』「고자하告子下」, 이하에서는 단지 편명만을 주석으로 달도록 한다)라고 했던 것이다. 바로 이런 본래 선한 마음은 인간이 자연적 상태를 초월하도록 하며, 일종의 문명화(인문화)된 존재가 되도록 한다. 순舜이 세상을 '살아간' 방식을 언급하면서, 맹자는 일찍이 이 점에 대해 설명하였다.

"순舜이 깊은 산중에 거처할 때에 나무와 돌과 함께 거처하시며, 사슴과 멧돼지와 함께 노셔서, 산 속의 야인野人과 다를 바가 거의 없었다. 한 가지 훌륭한 말을 듣거나 하나의 훌륭한 행동을 보시게 되면, 마치 강하江河를 터놓은 듯, 세차게 응하시어 막을 수가 없었다[舜之居深山之中, 與木石居, 與鹿豕遊, 其所以異於深山之野人者幾希. 及其聞一善言, 見一善行, 若決江河,

沛然莫之能禦也].”(「진심상盡心上」)

여기서 “[다를 바가] 거의 없는” 본성[性]이란 바로 측은히 여기고, 수치스러워하고 혐오하는 등의 형태로 표현되어 나오는 심리적 도덕적 감정을 가리킨다. 그것의 존재는 인간이 자연적 환경 속에서 생활할지라도, 인간이 인간이게 하는 본질적인 규정을 의연히 지키도록 하며, 인류 사회 특유의 도덕적 현상(훌륭한 말과 훌륭한 행동[善言善行])에 대한 거대한 구심력을 만들어냈다.

맹자는 인간과 금수, 자연 상태와 인문화된 사회를 구별해 내면서, 자연의 상태를 초월해, “야인野人”과는 다른 문명(인문화) 차원으로 끌어올리는데, 이는 확실히 공자에 기초한 유가적 인문주의 경향을 체현한 것이다. 그런데 그는 인성人性으로부터 금수와 구분되는 인간의 본질에 관한 규정을 모색 했으니, 인도仁道원칙을 내재적 심리 감정과 연관 짓는 사유 노선을 표현했다. 사실상 맹자가 볼 때, 문명사회의 기본규범인 인도仁道 원칙은 바로 인간에 내재된 심리와 감정의 전개이다. “측은히 여기는 마음이 바로 인仁의 단서다[惻隱之心, 仁之端也]”(「공손추상公孫丑上」)라고 말할 수 있기 때문이다. 공자는 일찍이 부모를 그리워하는 감정을 효孝(인仁의 구체적 형태)의 근거로 여겼는데, 맹자의 위와 같은 관점은 이와 명백히 유사한 점이 있다. 그러나 공자가 감정과 효의 관계를 언급했을 때, 주로 감정의 자연스러운 표출을 중시했다면, 맹자가 말하는 “측은히 여기는 마음”, “수치스러워하고 혐오하는 마음” 등은 금수나 야인과는 다른 인간의 특수한 본질(‘성性’)로 간주되기 때문에 상당히 이성화(인문화)된 색채를 지니는데, 이에 입각하자면, 맹자는 인도와 자연의 구분을 보다 부각시켰던 것 같다.

물론 측은히 여기는 마음 등의 심리와 감정을 인도仁道의 내재적 근거로 삼는다는 것이 인도仁道를 단순히 주체의 의식의 차원에 국한시킴을 의미하는 것은 결코 아니다. 인문화(문명화)의 상징으로서의 인도仁道는 일종의 보편적인 사회적 준칙이 되어야만 한다. 바로 이러한 관점에 근거해, 맹자는 더 나아가 “차마 사람을 해치지 못하는 마음[不忍人之心]”(인심仁心)으로부터 “차마 사람을 해치지 못하는 정치[不忍人之政]”를 추론해냈던 것이다.

"사람은 모두 차마 사람을 해치지 못하는 마음을 가지고 있다. 선왕先王은 차마 사람을 해치지 못하는 마음을 가지고 사람을 해치지 않는 정치를 실행했다[人皆有不忍人之心. 先王有不忍人之心, 斯有不忍人之政矣]."
(「공손추상」)

"차마 사람을 해치지 못하는 정치"란 바로 '인정仁政'이라 일컫는 것으로, 맹자는 인정仁政의 내용에 대해 상당히 구체적으로 규정했는데, 개괄하자면, 그것은 대체로 두 가지 측면을 포괄한다. 첫째는 항산恒産을 통해서 백성을 제어하는 것으로, 다시 말해 소생산자가 일정한 토지를 보유하게 하고, "위로는 부모를 모실 만하고, 아래로는 처자를 부양할 만하며[仰足以事父母, 俯足以畜妻子]."(「양혜왕상梁惠王上」) 성인이 되면 쉽게 입을 것과 먹을 것을 풍족하게 할 수 있고, 흉년에도 굶주림과 추위를 피할 수 있도록 만드는 것이다. 둘째는 덕치德治를 실행하는 것으로, 다시 말해 교화教化 등의 방식을 통해서 인민을 위무하며, 폭력적인 방식을 가지고 인민을 굴복시키지 않는 것이다. 당시의 역사적인 조건을 통해 보자면, 맹자의 위와 같은 주장은 자연히 현실에 맞지 않는 부분을 지닐 수밖에 없다. 또한 그가 정전제井田制를 항산恒産을 통해 백성을 제어하는 형식으로 삼은 것 역시 역사 발전의 추세에 역행하는 것이었다. 그러나 맹자는 피통치자가 안정적으로 살면서 즐겁게 일하는 것을 자신의 정치적 이상으로 삼았고, 또한 이를 통해 인민의 희망과 어긋나는 폭정을 부정하여, 결국 일종의 인도人道 정신을 거듭 구체적으로 드러냈다. 그것은 실질적으로 "널리 민중을 사랑하라[汎愛衆]"는 관념을 사회적 정치적 영역 속에서 전개한 것으로 간주할 수 있다. 이처럼 공자의 인도仁道에서부터 맹자의 인정仁政에 이르기까지, 유가의 인문주의적 원칙은 심화되어가는 일련의 과정을 드러낸다. 즉 그것은 일반적인 윤리적 요구로부터 시작되어, 더 나아가 사회적 정치적 생활의 준칙으로 고양되었던 것이다.

맹자의 성선설("사람은 모두 차마 사람을 해치지 못하는 마음을 가지고 있다" 또는 "측은히 여기는 마음")과 인정仁政에 관한 학설은 각각 내재된 심리감정과 외재적 사회관계 위에서 공자가 정초한 인도仁道 원칙을 전개했고, 아울러 인도원칙이 보다 광범위한 의미와 보다 보편적인 규범적 기능을 획득하도록 하였다. 맹자에게서 유가의 근본적인 가치지향이 이미 진일보하여 정형화 되어 감을 알 수 있다. 후세에 공맹孔孟을 병칭하는 이유는 상당 부분 유학의 위와 같은 진화 과정에 근거한 것이다.

그러나 인도仁道 원칙을 강화하면서, 맹자는 또한 범 도덕주의적 경향을 드러내기도 한다. 맹자에 관점에 따르면, 인정仁政은 덕치德治의 형식으로서, "무력으로 인을 가장한 것[以力假仁]과 다르며, 두 가지의 구분이 이른바 왕패王霸(*왕자와 패자)에 관한 논변을 이루는 것이다. 따라서 "무력으로 인仁을 가장하는 자를 패霸라 하며, 덕德으로 인仁을 실천하는 자를 왕王이라 하는데, 왕은 반드시 대국을 지닐 필요가 없다. (…) 무력으로 사람을 복종시키는 경우, 마음으로 복종하는 것이 아니라 힘이 부족하기 때문이다. 덕德으로 사람을 복종시키는 경우, 마음속에서 기뻐하며 진심으로 복종한다[以力假仁者霸, 霸必有大國, 以德行仁者王, 王不待大. (…) 以力服人者, 非心服也, 力不瞻也. 以德服人者, 中心悅而誠服也]"(「공손추상公孫丑上」)라고 말했던 것이다. 무력으로 사람을 복종시킨다는 표현은 일종의 폭력 원칙으로, 맹자는 덕德에 근거해 무력을 부정했는데, 한편으로 인간에 대한 존중을 구체적으로 드러내고 있음에 틀림없지만, 그는 이로부터 다시 도덕적 교화 기능에 대해 부적절하게 과장하여, 인도仁道를 사회적 정치적 생활의 유일한 원칙으로 보았다.

"[하夏 은殷 주周] 삼대의 왕조가 천하를 얻은 것은 인仁 때문이고, 천하를 잃은 것은 인仁하지 않았기 때문이다. 국가가 쇠락하고 흥하며 존속하고 멸망하는 근거 또한 그러하다. 천자가 인仁하지 않으면, 사해를 보존할 수 없다[仁三代之得天下也以仁, 其失天下也以不仁. 國之所以廢興存亡者亦然. 天子不仁, 不保四海]."(「이루상離婁上」)

"성곽이 완전하지 않고 병사가 많지 않은 것이 국가의 재앙이 아니다. 전야가 개간되지 못하고, 재화가 축적되지 않은 것이 국가의 해로움이 아니다. 윗사람이 예가 없고, 아랫사람이 배움이 없으면, 반란을 일으키는 백성들이 나와서 얼마 지나지 않아 멸망하게 된다[城郭不完, 兵甲不多, 非國之災也. 田野不辟, 貨財不聚, 非國之害也. 上無禮, 下無學, 賊民興, 喪無日矣]."(「離婁上」)

"인한 사람은 천하에 적이 없다[仁人無敵於天下]."(「진심하盡心下」)

여기에서 도덕적 역량은 사회 각각의 차원으로 침투하며, 그것이 개인의 안위와 국가의 흥망을 결정하고 있다. 따라서 인도仁道의 대적할 수 없는 신과 같은 위력 앞에서, 일체의 물질적 요소는 모두 이처럼 보잘 것 없는 것으로 드러내며 거의 내버려 둔 채 거들떠보지 않아도 좋은 것이 된다. 여기에서 도덕은 다시 자신을 초월하여 초험적超驗的 역량으로 일반화된다. 이러한 범 도덕주의적 관점은 어떤 의미에서는 도덕 외적인 요소를 도덕화 시킬 뿐만 아니라, 동시에 경제 정치 등의 비도덕적 역량을 무시하는 경향을 함축하고 있는데, 그것은 유가적 인문주의를 다소간 일종의 온정적 색채로 물들이며, 그 역사적 깊이를 상대적으로 약화시킨다.

하늘과 인간에 관한 논변에 입각하자면, 인정仁政에 관한 학설 및 덕德·역력(王霸)에 관한 학설로부터 전개된 인도仁道 원칙은 주로 인문人文(문명)에 대한 중시와 추앙으로 체현되지만, 이것이 결코 하늘과 인간 사이의 대립을 의미하고 있는 것은 아니다. 맹자가 볼 때 하늘과 인간은 서로가 대립되는 것이 아니며, 양자는 내재적 관계를 맺고 있다.

"성誠은 하늘의 도道요, 성誠을 사유하는 것은 인간의 도道이다[誠者, 天之道也. 思誠者, 人之道也.]"(「離婁上」)

존재론에서 보자면 '성誠'의 기본적 함의는 참되고 헛됨이 없는 것(실재로 그러함[實然][12])이며, 윤리학으로 말하자면 '성誠'은 성실하여 거짓됨이 없는 것이다. 자연(하늘天)은 일종의 참된 존재(실재로 그러한 것)이며, 이러한 실재로 그러한 것으로서의 성誠은 동시에 당위로서의(인간의 도道) '성誠'을 구성하는 근거이기도 하다. 이렇게 실재로 그러함과 당위의 통일을 내용으로 삼아, 하늘과 인간도 합쳐서 하나가 되는 것이다. 맹자의 이상의 관점은 인도人道로서의 당위가 천도天道로서의 "실재로 그러함[實然]"을 초월하지만, 양자는 결코 서로 동 떨어져 있지 않기에, 당위는 언제나 '실재로 그러함'의 제약에서 완전히 벗어날 수는 없다는 점에 주목한 것이다.

그런데 맹자가 성誠을 천인합일의 매개로 여긴 점은 천도天道와 인도人道의 경계를 모호하게 만드는 또 다른 종류의 사유 경향도 내포하고 있는 것 같다. 실재로 그러한 것으로서의 성誠은 본래 당위의 원칙의 근거이지만, 일단 양자의 경계선이 모호해지게 되면, 실재로 그러한 것은 흔히 당위와 동일시 될 수 있고, 천도天道 역시 그에 상응하여 윤리화되기 쉽다. 실제로 맹자에게서 하늘과 인간의 합일은 흔히 범도덕주의적인 경향과 하나로 뒤얽힌다. 이를테면 그는 "마음을 다하는 사람은 그 본성을 알며, 본성을 아는 사람은 하늘을 안다[盡其心者, 知其性也. 知其性, 則知天矣]"(「진심상盡心上」)라고 하였다. 인간의 본성을 하늘과 인간을 결합하는 중간 고리로 보는 것은 분명 윤리적 규정을 하늘[天]에 부여함을 출발점으로 삼는 것으로, 그가 실제로 하늘을 인문화(윤리화)하는 전제 하에서 하늘과 인간의 통일을 구축한 것이라 말해도 무방하다. 이 점에 입각하자면, 맹자는 유가의 인도仁道 원칙을 강화하고, 이를 통해 범도덕주의로 나아가면서, 자연원칙을 약화시키는 측면이 있는 것으로 보인다.

---

12) 바로 이러한 의미에서, 후대의 왕부지王夫之는 '성誠'을 "실제로 있음[實有]"이라 정의했다. "성誠은 말하자면 그것이 실제로 있는 것이다[誠以言其實有矣]." (『장자정몽주張子正蒙注』 「태화太和」)

2. 노력과 운명의 내재적 긴장

맹자의 인도仁道 원칙에 대한 중시는 동시에 인간(주체)의 역량을 긍정함을 의미하고 있다. 왜냐하면 그가 천하의 융성과 쇠락은 인仁한 사람에게 달려 있다고 강조할 때, 실질적으로 한 측면에서는 주체의 역사적 역할이 부각되기 때문이다. 공자와 마찬가지로, 맹자도 처음부터 굉장히 강렬한 사명의식을 지녔다. 그는 제후들 사이에서 분주히 유세하면서, 인정仁政이라는 이상을 실현시키기 위해 있는 힘을 다했는데, 이러한 사회적 책임감은 바로 "나 말고 그 누가 담당하겠가?"라는 자기 확신에 근거한 것이었다.

"만약 [하늘이] 천하를 평치平治하고자 한다면, 현재의 세상에서 나 말고
그 누가 [그 일을] 담당하겠는가?[如欲平治天下, 當今之世, 舍我其誰也?]"
(「공손추상公孫丑上」)

이는 물론 단지 개인의 자만에 가득한 헛된 광기라기보다는, 깊은 역사적인 자각을 체현하는 것이라고 말할 수 있다. 즉 천하의 평치平治는 결코 주체 외부에서 전개되는 과정이 아니며, 그것은 궁극적으로 주체의 역할을 통해서 실현된다는 것이다. '나'라는 말은 바로 주체적 역량의 상징이라고 볼 수 있는 것이다. 인간에 의해 역사가 지배된다는 신념과 자아의 사명의식의 융합은 유가에게 천하를 자기 책임으로 여기는 전통을 형성시켰다.

또한 바로 이상과 같은 신념을 근거로 맹자는 [개인의] 몸을 천하 국가의 근본으로 여겼다. 즉 "천하의 근본은 국가에 있고, 국가의 근본은 가家에 있으며, 가家의 근본은 자신에게 있다[天下之本在國, 國之 本在家, 家之本在身]"(「離婁上」)는 것이다. 여기서 "[개인의] 몸[身]"은 결코 생물학적 개념이 아니라, 무엇보다 사회학적 의미를 지니고 있다. 가家 국國으로부터 전체 천하天下에 이르기까지 하나하나의 차원들이 서로 연관되는 사회적 구조를 형성하며, 이 구조의 최종적 담당자는 무수한 개체이다. 바꿔 말하면,

주체의 활동은 역사적 진행과정에 영향을 미칠 뿐만 아니라, 사회가 존재할 수 있게 하는 기초(근본)가 되는 것이다. 인간의 역할은 여기에서 확실히 유례없이 고양되기에 이름을 발견할 수 있다. 맹자의 이러한 사유 경향은 이후의 『대학大學』에서 보다 상세히 해명되며, 아울러 전체 유가 사상에 극히 심오한 영향을 주었다.

그러나 맹자가 볼 때, 인간이 역사적 과정에 참여할 뿐만 아니라 이러한 과정에 영향을 미친다해도, 인간의 역할은 동시에 주체가 지배할 수 없는 초월적인 역량에 의한 제약을 받는다. 천하를 평치平治하는 것은, 물론 '나'와 별개가 아니지만("나 말고 그 누가 담당하겠는가[舍我其誰]"), 이러한 과정의 완성은 오히려 "오 백년마다 반드시 왕자가 흥기함[五百年必有王者興]"을 전제하고 있는데(「公孫丑下」를 참고할 것), 이는 바로 일종의 숙명론적 성격을 띤 역사발전의 추세로, 그것은 어떤 의미에서는 초험적 주재자에 의한 안배로 표현되는 것이다. 물론 이러한 주재자는 결코 인격화된 신이 아니지만, 그것은 확실히 역사적 과정 밖에서 초연한 것이다. 순舜이 요堯의 지위를 계승하는 것에 관한 맹자의 한 단락의 논의에서, 우리는 어렵지 않게 이런 점을 볼 수 있다.

"만장이 '요堯가 천하를 순舜에게 주었다는데, 그랬습니까?'라고 묻자, 맹자는 '아니다. 천자는 천하를 다른 사람에게 줄 수 없다'고 대답했다. '그렇다면 순이 천하를 가진 것은 누가 준 것입니까'라 묻자, 맹자는 '하늘이 준 것이다'라 답했다. '하늘이 주었다는 것은 상세히 알려주면서 명령한 것입니까?'라 묻자, '아니다. 행동과 일로써 드러낸 것일 뿐이다'라고 대답했다[萬章曰 '堯以天下與舜, 有諸?' 孟子曰 '否. 天子不能以天下與人.' '然則舜有天下也, 孰與之?' 曰 '天與之.' '天與之者, 諄諄然命之乎?' 曰 '否. 天不言, 以行與事示之而已矣']." (「萬章上」)

사회 정치적인 권력의 이동은 인간의 활동을 통해 이루어지지만, 이러한 이동은 단순히 주체의 선택에서 비롯되지 않는다. 그 배후에는 또한 일종의 보다 근본적인 역량(하늘[天])이 있는데, 이런 역량은 진정 인격적인 형태를 갖춘 것이 아니지만("상세히 알려주면서 명령하는 것"이 아님), 오히려 인간의 역사적 활동을 좌우하고 있다. 초험적 '하늘[天]'의 배후에는 '백성[民]'의 마음이 지지하고 반대하는 바에 대한 관심이 함축되어 있지만, 여기에서 맹자는 명백히 초험적 '하늘[天]'에 의해 미리 결정된 것을 배제한 적은 없었다. 알 수 있듯이 여기에서의 하늘[天]이란 바로 공자가 '운명[命]'이라 일컬었던 것으로(공자에게서, 하늘과 운명은 본래 상통하고 있던 것이다), 그것은 실질적으로 일종의 형이상학화 된(신비화된) 필연성으로 나타나는데, "오 백년마다 반드시 왕자가 흥기한다[五百年必有王者興]"는 역사의 예정이란 이러한 형이상학적인 천명天命의 외화인 것이다. 맹자는 이를 인간의 역사적 활동 및 주체적 선택의 전제로 여기는데, 애초에 인간의 역할에서 어떤 한계를 규정하고 있음을 뜻한다.

천명天命의 이상과 같은 제약은 주체가 항거하기 어려운 것이다. 주체는 가家 국國 천하天下의 근본이 될 수 있지만, 천명 앞에서는 오히려 언제나 무능력해 보인다. 『孟子』에서 우리는 어찌할 수 없다는 식의 탄식을 여러 차례 볼 수 있다. 맹자는 인정仁政이라는 정치적 이상을 제기하면서, 이러한 이상의 실현을 주로 제후들에게 맡겼지만, 그 일생을 마치도록 그 지향은 한 번도 실현되지 못했으며, 이러한 비극적인 결과를 설명할 때 맹자는 그것을 언제나 운명[命] 또는 하늘[天]에 달린 것이라 말했다. 그는 일찍이 노魯나라 평공平公과 제齊나라 왕들을 만나 자신의 정치적 포부를 펼치기를 희망했었지만, 여러 가지 이유로 이루지 못하였다. 이에 대한 맹자의 해석은 다음과 같은 것이었다. "가는 것은 무엇인가가 가게 하는 것이고, 가지 않는 것도 무엇인가가 저지하는 것이다. 실행하는 것과 그만두는 것은 사람이 하도록 하는 것이 아니다. 내가 노나라 제후를 만나지 못하게 된 이유는 하늘 때문이다[行或使之, 止或尼之, 行止, 非人所能也. 吾之不遇魯侯, 天也]."(「梁惠王上」), "천리를 가서 [제나라] 왕을 만나고자 한 것은 내가 바랐던 것이나, 뜻이 맞지 않아서 떠나는 것이 어찌 내가 바랐던 것이겠는가? 나에게 부득이한 일이었다[千里而見王, 是予所欲也, 不遇故去, 豈予所欲哉? 予不得已也]."(「公孫丑上」) 노나라 제후와 제나라 왕을 가서 만났던 것은 정치적 이상을 실현하기 위해 이루어진 노력이라고 볼 수 있지만, 이런 노력의 성공여부는 오히려 전적으로 인간 외부의 역량(하늘)에 달려있기 때문에, 무정한 천명의 지배 하에서, 주체의 의향(바라는 바[所欲])은 반드시 희망대로 이루어지긴 어렵다는 것이다.

여기서 우리는 곧바로 노력[力](주체의 역할, 역량)과 운명[命](형이상의 천명天命) 사이의 긴장과 충돌을 목격한다. 한편으로 주체는 역사적 사명을 짊어지면서 역사의 진행과정에 참여하고 영향을 미칠 수 있어야만 하지만, 다른 한편으로는 주체의 선택과 주체의 역할은 또한 어디에서든 천명의 주재를 받으므로, 그 정치적 이상의 실현될 수 있는지는 완전히 외재적인 역량에 달려 있기 때문이다. 따라서 [위의 인용에서] "바라는 바[所欲]"와 "부득이함[不得已]"이 체현하는 점은 바로 이상과 같은 긴장과 충돌인 것이다. 어떻게 양자 사이의 긴장을 화해시킬 수 있는가? 다소간 이런 난제를 해결하려는 이론적 필요 때문에, 맹자는 "나에게 달려 있는 것[在我者]"과 "외부에 달려 있는 것[在外者]"을 구분하는 사유 노선을 제시하였다.

> "구하면 얻을 수 있고 버리면 잃으니, 이러한 구함은 얻으려함에 더해진다. 구하는 바가 나에게 달린 것이기 때문이다. 구함에 일정한 법도가 있고 얻을 수 있는 지는 명命에 달려 있으니, 이러한 구함은 얻으려 함에 더해지는 바가 없다. 구하는 바가 외부에 달린 것이기 때문이다[求則得之, 舍則失之, 是求有益於得也. 求在我者也. 求之有道, 得之有命, 是求無益於得也. 求在外者也]." (「盡心上」)

'구함[求]'은 주체의 자각적인 활동을 나타낸다. 일정한 범위 내에서("나에게 달린 것"의 영역), 이러한 활동은 주체 자신의 제한을 받고, 또한 예정된 목표를 달성할 수 있다. 반면에 이 범위를 넘어서면("외부에 달린 것"으로 나갈 때), 주체는 행위의 결과를 통제할 수 없으며, 일체를 단지 천명天命에 귀착시킬 수 있을 따름이다.

맹자가 "나에게 달려 있는 것"이라 말하는 것은 상당 부분 주체가 덕성을 함양하는 것과 연관되는데, 맹자가 볼 때, 주체가 끝내 도덕에 있어 이상적인 경지에 도달할 수 있는지의 여부란 결코 천명天命이 좌우할 수 있는 것이 아니며, 그것은 주로 주체 자신에 달려 있다.

"스스로를 해치는 자와는 함께 말할 수 없고, 스스로를 버리는 자와는 함께 일할 수 없다. 말할 때 예의를 비방하는 것을 '스스로 해친다'고 일컫는다. 나 자신이 인仁에 근거하고 의義를 따를 수 없다는 것을 '스스로를 버린다'고 일컫는다[自暴者, 不可與有言也. 自棄者, 不可與有爲也. 言非禮義, 謂之自暴也. 吾身不能居仁由義, 謂之自棄也]."(「離婁上」)

　'해치는 것[暴]'과 '버리는 것[棄]'은 도덕상 타락과 부패을 나타내는데, 이러한 부패는 완전히 주체 자신의 선택의 결과인 것이다. 따라서 맹자가 '해치는 것[暴]'과 '버리는 것[棄]' 앞에 "스스로[自]"라는 말을 덧붙임으로써 강조한 것이 바로 이 점이다. 거꾸로 만약 주체가 실제의 실천 속에서 도덕적 규범을 따를 수 있다면, 점차로 인仁한 성품에 도달할 수 있다. 즉 "힘써 서恕를 실천하면, 인을 구함은 이보다 가까울 수 없다[强恕而行, 求仁莫近焉]"(「盡心下」)고 하는 것이다. 여기서 인간은 어느 정도 자유로운 주체로 이해되는데, 이러한 자유는 단순히 의지의 자유로운 선택으로 나타날 뿐만 아니라(스스로 포기함[自暴] 또는 인仁을 구함[求仁]), 힘써 서恕를 실천하는 행위 과정 속에서 전개된다. 도덕적 자유에 대한 이상과 같은 긍정은 공자의 '인을 실천함은 나에게 달려있다'는 것과 같은 관점을 한발 더 나아가 해명한 것으로 볼 수 있다.

　"나에게 달려 있는 것[在我者]"과 대조되는 것은 "외부에 달려 있는 것[在外者]"이다. 넓은 의미에서 보자면 외부에 달려 있는 것이란 부귀와 장수 감성적 욕구에서부터 정치적 이상 역사적 과정 등등에까지 이르는, 도덕 외부의 각각의 영역을 일반적으로 가리키는데, 모두 정도는 다르지만 외부에 달려 있는 것의 영역에 속한다. 개인의 생명을 가지고 말하자면, 수명의 길고 짧음은 대체로 천명에 따라 결정되기에, 인간은 단지 기다릴 수 있을 뿐 바꿀 수는 없다. 즉 "요절하거나 장수하는 것에 대해 의심하지 말고 자신을 수양하여 기다리는 것이 명命을 세우는 것이다[夭壽不貳, 修身以俟之, 所以立命也]."(「盡心上」) 이와 관련하자면, 인간의 감성적 욕구란 비록 인간의 생명에 대한 본능("자연스러운 본성[自然之性]")이지만, 그것이 어느 정도에 이르기까지 충족될 수 있는지의 여부 역시 완전히 운명[命]에 달려있기에, "입이 맛에 대해서, 눈이 색깔에 대해서, 귀가 소리에 대해서, 코가 냄새에 대해서, 사지가 편안함에 대해 관계되는 것은 본성이지만, 운명[命]에 달려 있기에 군자는 본성이라고 말하지 않는다[口之於味也, 目之於色也, 耳之於聲也, 鼻之於臭也, 四肢之於安佚也, 性也, 有命焉. 君子不謂性也]."(「盡心下」)라고 한 것이다. 사회적 정치적 영역에서의 이상의 실현과 권력의 교체 등등에 관해서는 천명天命의 통제에서 완전히 벗어나는 것은 더욱 어려운데, 이 점은 앞서 인용한 내용에서 쉽사리 살펴볼 수 있었다.

물론, "외부에 달린 것"은 운명[命]에 제어 받는다는 것을 강조하는 것은 주체의 이런 영역에서의 역할을 완전히 배척함을 의미하고 있는 것이 결코 아니다. 맹자의 견해에 따르면, 주체는 천명天命의 보편적 역량을 의식한 다음에는, 바로 자각적으로 순종하여야만 한다.

> "명命이 아님이 없지만, 올바른 것에 순응해 받아들여야 한다. 이 때문에 명命을 아는 사람은 위태로운 담장 아래에는 서지 않는다. 도道를 다하고 죽는 것이 명命을 바르게 하는 것이다[莫非命也, 順受其正. 是故知命者, 不立乎巖牆之下. 盡其道而死者, 正命也]."(「盡心上」)

여기에서 천명天命의 주재와 자각적으로 천명에 순종하는 것은 동일한 과정의 두 측면으로 표현되는데, 이 과정은 또한 이성의 작용(명을 앎[知命])과 서로 연관된다. 공자가 정초한 이성원칙이 결코 부정되거나 포기된 것은 아니지만, 이러한 작용이 동시에 명命에 순종하는 과정 속에 포함됨을 볼 수 있는 것이다. 바꿔 말하자면, 유가의 이성주의가 이미 숙명론[命定論]과 하나로 뒤얽히기 시작했고, 양자의 위와 같은 융합은 이후의 정통 유학 내부에서 새롭게 발전되고, 아울러 정통 유학의 중요한 특징을 이루는 것이다.

맹자에 의한 '나에게 달린 것'과 '외부에 달린 것'에 대한 경계긋기는 노력과 운명의 충돌이 어떠한 화해에 도달하도록 만든 것 같다. "외부에 달린 것"은 물론 천명의 왕국의 것이기에, 인간은 그것에 저항할 수 없지만, 도덕적인 영역("나에게 달린 것")에서 인간은 오히려 주체적으로 선택하고 활동할 수 있으며, 도덕적인 영역이 인간의 자유로운 세계를 이루는 것이다. 어떤 의미에서 말하자면, 맹자는 다름 아닌 경계 긋기를 통해 인간의 자유를 위한 하나의 비교적 안정적인 토대를 모색하고자 했던 것이다. 그러나 맹자의 위와 같은 노력이 성공적인 시도였다고 보기는 매우 어렵다. 노력[力]과 운명[命]의 경계 긋기에서, 두 가지의 구별은 다른 계열 속에 배치되었고, 이는 실질적으로는 단지 문제를 전이시켰을 뿐이지, 문제를 해결한 것은 아니었다. 공자에게서 이미 처음으로 그 징후를 드러낸 노력과 운명 사이의 긴장은 결코 진정한 해결에 이르지 못한 채, 거꾸로 그것은 두 개의 계열의 대치로 진일보하였다. 다른 시각에서 보자면, 맹자가 인간의 자유를 주로 "나에게 달린 것[在我者]"과 연관시킨 것은 동시에 자유를 내재화함도 의미하고 있다. 따라서 "천하를 평치平治함에 나 말고 누가 맡겠는가?"에서부터 "나에게 달린 것"에 이르기까지, 우리들은 확실히 주체의 자유란 개인의 도덕적 실천과 심성의 함양을 향한 접근임을 파악할 수 있는데, 그것은 한 측면에서 유가적인 내성內聖으로의 향방을 드러낸 것이다.

3. 홀로 자기 몸을 선하게 하는 것[獨善其身]과 천하를 모두 선하게 하는 것[兼善天下]

앞에서 서술한 대로, 주체의 역사적 역할을 고찰할 때, 맹자는 일찍 '[개인의] 몸'을 가家 국國 천하天下의 근본으로 보았는데, 이는 자아의 역량을 인정함을 의미할 뿐만 아니라, 또한 그에 상응해 개체의 가치를 긍정한 것이다. 그러나 위 관계에서, 개체의 이런 가치는 가家 국國 천하天下에 대비해 말한 것이기 때문에 여전히 외재적인 성질을 띠고 있다. 맹자의 관점에 따르면, 외재적 가치를 제한다면, 주체에게는 또한 "자신에게 귀한 것"이 있다.

> "사람마다 자기에게 귀한 것이 있는데, 생각하지 않을 뿐이다[人人有貴於己
> 者, 弗思耳]." (「告子上」)

자연을 초월한 존재로서 개체마다 모두 자신의 내재적 가치를 지니고 있다. 그러나 이러한 내재적 가치는 사람들이 자각적으로 의식하게 되는 것은 결코 아니다. 왜냐하면 만약 "생각하지 않으면[弗思]", 흔히 그것의 존재를 무시하게 되기 때문이다. 맹자가 "생각하지 않음"에 대해 비평한 이면에는 실제적으로 주체의 내재적 가치를 중시하고자 하는 요구를 함축하고 있다는 점을 쉽게 알 수 있는 것이다.

자아의 가치를 긍정함은 주체가 일종의 자존적 의식을 지녀야만 함을 의미하고 있다. 자아와 타인의 관계를 가지고 말하자면, 만약 자기를 존중할 줄 모르는 경우 필연적으로 타인의 존중을 받기 어렵다.

> "사람이란 반드시 스스로를 업신여긴 다음에야 타인이 그를 업신여기게
> 된다[夫人必自侮, 然後人侮之]." (「離婁上」)

'스스로를 업신여김[自侮]'이란 곧 '스스로를 해치고[自暴]' '스스로를 버리는 것[自棄]'으로, 그에 관한 반정립이 자아의 완성인 것이다. 여기서 자아 완성과 주체의 존엄성의 유지는 동일한 과정의 두 가지 측면으로 나타난다. 여기에는 다음과 같은 관념이 함축되어 있다. 주체의 가치는 일종의 이미 완성된 자질이 결코 아니고, 그것은 무엇보다도 주체의 자아 완성 과정 속에서 형성되고 전개되는 것이며, 자아 완성은 동시에 자기 존중의 실현을 수반한다는 것이다. 공자의 '위기爲己'에 관한 학설에 비할 때, 맹자는 자아의 가치와 주체 자신의 역할 사이의 연관성을 상당히 주목했던 것 같다.

자아의 존엄성과 자아 완성의 통일은 주체가 도덕적 수양 과정에서 조금도 [외부에] 의존해서는 안 된다는 것을 의미하고 있다.

> "문왕文王에 의존하고서야 분발하는 자는 일반 백성이다. 재능이 출중한
> 사士라면 문왕이 없더라도 분발한다[待文王而後興者, 凡民也. 若夫豪傑之士,
> 雖無文王猶興]." (「盡心上」)

공자가 "인仁을 실천하는 것은 자기에게서 비롯된다[爲仁由己]"는 학설을 제기했을 때, '자기에게서 비롯됨'을 '타인에게서 비롯되는 것'보다 높은 경지로 여겼으니, 맹자의 의존하지 않는다는 학설은 명백히 이로부터 발원한 것이다. 공자와 마찬가지로 맹자가 말하는 '분발'은 주로 도덕상의 자아의 정립이며, 맹자가 볼 때 이러한 도덕적 정립은 주로 주체 자신의 노력에 달려 있지 외부 힘의 작용이 그렇게 하도록 만드는 것은 아니다. 주목할 만한 점은 맹자가 말하는 '의존함이 없다'는 것이 성인聖人(문왕)에 의존하지 않음을 포괄한다는 사실이다. 바꿔 말하자면, 성인聖人의 영향과 주체의 노력 두 가지 가운데, 중심은 후자로 이동하기 시작하는 것이다.

'의존함이 없음'에 관한 확장된 해석이란 곧 외재적 권세 및 지위에 굴복하지 않는 것이다. 맹자의 이해에 따르면, 사회적 신분과 도덕의 관계는 똑같이 동일시될 수는 없다. 사회적 신분에서, 인간과 인간의 사이에는 상하존비上下尊卑의 구분이 있지만,

도덕상에서 보자면 각 개인마다 모두 자아 완성에 도달할 수 있으니, 다시 말하자면 모두 그 자신만의 가치를 지니는 것이다. 단적으로 말하자면, 덕성과 사회계급 사이에는 결코 대응관계가 존재하지 않는다. 군신관계를 가지고 말하자면, 군주는 지위에 있어 분명 신하보다 높지만, 덕성德性에 있어서는 반드시 이와 같지 않을 수 있다. 이 때문에 진정 자아 완성에 이른 사람의 입장에서 보자면, 그는 근본적으로 군주의 앞에서도 지나치게 자신을 낮출 필요는 없는 것이다.

"지위에 근거하면 그대는 군주요, 나는 신하입니다. 어찌 감히 군주와 친구가 될 수 있겠습니까? 덕德에 근거하면 그대는 나를 섬기는 사람이니, 어찌 나와 더불어 친구가 될 수 있겠습니까?[以位, 則子, 君也. 我, 臣也. 何敢與君友也? 以德, 則子事我者也. 奚可以與我友?]"(「萬章下」)

"고대의 현명한 사士만 어찌 유독 그렇게 하지 않았겠는가? 그 도道를 즐기고 타인의 세력을 잊었다. 따라서 왕공王公이라도 존경을 바치고 예를 다하지 않는다면, 자주 그를 만날 수 없었다. 만나는 것도 자주할 수 없었는데, 하물며 그를 신하로 삼을 수 있었겠는가?[古之賢士何獨不然? 樂其道而忘人之勢. 故王公不致敬盡禮, 則不得亟見之. 見且由不得亟, 而況得而臣之乎?]"(「盡心上」)

지위와 덕성 세력과 도道의 구분 배후에는 인격의 독립성에 대한 긍정이 함축되어 있다는 점을 쉽게 알 수 있다. 내재적 가치를 지닌 주체로서의 자아는 인격에 있어 독립적이며, 외재적 권세와 지위는 결코 주체의 인격을 낮출 수 없기 때문이다. 이런 관점은 "의존하지 않고도 분발한다"는 논의의 논리적 귀결이며, 또한 공자가 긍정한 개체성의 원칙을 한 발 더 전개한 것이다. 따라서 공자의 '위기爲己', '유기由己'의 학설이 주로 도덕 함양의 목표와 방법에 있어 자아의 가치를 긍정했으며, 그에 상응해 개체성의 원칙을 위한 역사적 출발점을 제공했다고 말할 수 있다면, 맹자의 위의 논점은 주체의 인격은 외재적 세력이나 지위에서 독립되어야만 한다는 시각으로부터 개체원칙을 더욱 심화시키면서, 구체적인 내용을 획득하게 하였다. 맹자 이후부터, 자아 존중과 인격의 독립이라는 관념은 유가적 가치체계의 중요한 측면을 구성했는데, 중국인, 특히 중국 지식인에 대한 그 관념의 영향은 과소평가될 수 없다. "사士는 죽일 수는 있어도 모욕할 수는 없다[士可殺而不可辱]"라는 말은 한편으로 바로 이러한 전통을 반영했던 것이다.

집단과 개에 관한 논변[群己之辨]에서의 발전을 가지고 말하자면, 공자 이후의 묵자는 겸애兼愛의 원칙을 제기했다. 이는 인도人道 정신을 구체적으로 드러낸 것이고 또한 일종의 이타심에의 요구를 확산시켰는데, 그것은 또한 상동尚同에 관한 주장과 연관된다. 이른바 상동尚同이란 윗사람과 의견을 일치시키는 것이다. 즉 "윗사람이 옳다고 여기는 것에 대해 반드시 모두 그것을 옳다고 하며, 잘못이라는 것에 대해 반드시 모두가 잘못되었다고 한다[上之所是, 必皆是之, 所非, 必皆非之]"(『묵자墨子』 「尚同上」)는 것이다. 이런 관점은 물론 개체의 사회적 정체성에 주목하고 있지만, 개체의 자아정체성과 주체의 독립적 인격을 무시할 수밖에 없다. 왜냐하면 '윗사람과 함께하지 아래에서 무리 짓지 않는다[上同而不下比]'(「尚同上」)는 원칙 하에서는 개체의 가치는 통일된 의지 속에서 일정부분 파묻히게 되기 때문이다. 아마도 바로 이 때문에, 장자莊子는 묵자에 대해 "이를 근거로 스스로 실천한다면, 진실로 자기를 사랑하는 것이 아니다[以此自行, 固不愛己]"(『장자莊子』 「천하天下」)라고 비판했을 것이다. 묵가의 이상과 같은 경향에 대해, 맹자도 마찬가지의 부정적인 태도를 견지했다. 그의 묵가에 대한 비판은 물론 주로 친친親親의 원칙에서 출발하지만, 동시에 묵가가 개체성의 원칙을 약화시키는 것에 대한 불만을 드러내기도 하는데, "사람마다 자기에게 귀한 것을 지니고 있음"을 강조하고 아울러 주체의 인격에 있어서의 독립성을 긍정하는 것도 확실히 일정한 의미에서 묵가가 일방적으로 부각시킨 상동尚同이란 측면을 바로잡는 것이었다.

맹자의 시대에 묵가의 겸애兼愛·상동尚同의 학설 이외에도, 또한 양주楊朱의 위아론爲我論이 있었다. "양주는 자신을 위한다는 학설을 취해, 털 하나를 뽑으면 천하를 이롭더라도 행하지 않았다[楊子取爲我, 拔一毛而利天下, 不爲也]"(「盡心上」) 묵자와 양주가 두 가지 극단으로 나타나지만, 흔히 서로 전환될 수 있었기에, [맹자는] "묵자에서 떠나면 기필코 양주에게 귀착한다[逃墨必歸於楊]"(「盡心下」)고 하였다. 양주는 '자신을 위하라[爲我]'는 입장에 근거해 천하를 위하는 것을 거부했는데, 이론상으로는 개체원칙에 관한 일방적 과장으로 나타나며, 이로 인해 자아중심주의에 치우친다. 맹자는 묵자에서 떠나 기필코 양주에게 귀착한다고 여기면서, 이타심과 상동尙同에 대한 거부와 포기가 언제나 쉽게 다른 극단인 이기주의로 향한다는 점을 명확하게 통찰했다. 또한 바로 이런 이유로 맹자는 묵가를 반박하는 것과 동시에 양주를 반박하는 것을 자기의 임무로 삼았던 것이다.

양주를 반박하는 기본입장에서부터 출발해, 맹자는 자기와 타인의 소통을 중요한 지위로 끌어올렸다. 그가 볼 때 자아는 결코 폐쇄적 성질을 지니고 있지 않으며, 자아의 완성이 최종적 귀착점이 되어서도 안 된다.

"대인大人이라면 자기를 바르게 하고서 외물을 바로잡는다[有大人者, 正己而物正者也]."(「盡心上」)

"군자의 지킴이란 자신을 수양하면서도 천하를 다스리는 것이다[君子之守, 修其身而天下平]."(「盡心下」)

여기서 출발점은 자아의 완성(자기를 바르게 함, 자신을 수양함)이지만, 행위의 종점은 외물을 바로잡고 천하를 다스리는 것이다. 바꿔 말해 자아 가치의 실현은 바로 집단적 완성을 목표로 삼는다. 자기에서 출발하여 타인을 향하는 이러한 이행에서, 개체의 원칙은 집단의 원칙으로 전환되기 시작한다. 맹자의 이상과 같은 관점은 공자와 기본적으로 일맥상통하는데, 그는 자아중심주의를 배척하는 것과 동시에, 집단적 정체성을 두드러진 지위로 끌어올렸다.

집단적 정체성은 물론 단순히 자기와 타인의 위와 같은 소통에 있을 뿐만 아니라, 다양한 표현 형식을 지니고 있다. 사람과 사람 사이의 관계에 입각하자면, 그것이 내재적으로 지향하는 것은 바로 '화합[和]'으로, "천시天時는 땅이 주는 이로움만 못하고 땅의 이로움은 사람들의 화합만 못하다[天時不如地利, 地利不如人和]"(「公孫丑下」)라는 것이다. 『論語』에서 일찍이 "화합을 중시한다[和爲貴]"는 관점을 제시했지만, 그것에서 중시한 점은 주로 예禮의 조화를 이루는 기능에 있었다. 그러나 맹자는 나아가 역동적 작용이라는 시각에서, 화합[和]의 실현을 사회적 역량의 원천으로 파악했다. 왜냐하면 충돌을 화해시키고 적극적으로 협력함을 통해서만 사회는 하나의 강대한 역량을 결집시킬 수 있는데, 이러한 역량은 외재적인 천시天時나 땅의 이로움이 비할 수 없는 것이기 때문이다. 그리고 집단의 화합을 달성하려면, 반드시 백성과 함께 근심과 즐거움을 함께할 수 있어야만 한다.

> "고대인은 백성과 더불어 즐거움을 함께 했기에, 능히 즐길 수 있었다"[古之人與民偕樂, 故能樂也]."(「梁惠王上」)

> "백성이 즐기는 것을 즐거워하는 사람이라면 백성도 마찬가지로 그 사람의 즐거움을 즐거워한다. 백성들의 근심을 근심하는 사람이라면 백성도 마찬가지로 그 사람의 근심을 근심한다. 천하를 근거로 즐거워하고 천하를 근거로 근심하는 데에도 왕이 되지 못한 자는 없었다[樂民之樂者, 民亦樂其樂. 憂民之憂者, 民亦憂其憂. 樂以天下, 憂以天下, 然而不王者, 未之有也]."(「梁惠王下」)

이 말은 비록 직접 통치자를 겨냥해 말한 것이지만, 그것이 구체적으로 드러내는 것은 바로 일종의 보편적 원칙이다. 즉, 집단에 대한 배려가 개체의 행위의 출발점이 되어야만 한다는 것이다. 이후의 범중엄范仲淹이 "천하가 근심하기에 앞서서 근심하고, 천하가 즐거운 다음에 즐거워한다[先天下之憂而憂, 后天下之樂而樂]"라고 주장한 것은 바로 이러한 원칙에 대한 해명이라 볼 수 있다.

이쯤에 이르면, 우리는 맹자가 묵자를 반박함으로써 개체성의 원칙을 심화시키는 것과 동시에 다시 양주를 반박함으로써, 집단적 원칙을 고양시키는 것을 볼 수 있다. 그렇다면, 양주와 묵자는 맹자의 가치체계 가운데 대체 각각 어떤 위치를 차지하고 있는가? 독선獨善(홀로 선하게 함)과 겸선兼善(모두 선하게 함)의 관계에 대한 맹자의 논의 안에서, 우리는 이에 대한 하나의 총체적인 인식을 가질 수 있다.

> "고대인은 뜻을 얻으면, 은택을 백성에게 더했고, 뜻을 얻지 못하더라도
> 자신을 수양해 세상에 드러냈다. 곤궁한 경우 그 자신을 홀로 선하게 하고,
> 영달하면 천하를 모두 선하게 한다[古之人, 得志, 澤加於民. 不得志, 修身見於世.
> 窮則獨善其身, 達則兼善天下]." (「盡心上」)

"그 자신을 홀로 선하게 한다"라는 말은 주로 일종의 도덕적인 자아실현을 뜻하는데, 그 내용이란 의로움을 잃지 않는 것이다. 따라서 "곤궁한 경우 그 자신을 홀로 선하게 한다"는 말은 "곤궁하더라도 의로움을 잃지 않는다[窮不失義]"(「盡心上」)라고도 표현되는 의로움이 구체적으로 뜻하는 것은 보편적인 사회적 책임으로, "의로움을 잃지 않는다"는 것은 보편적인 사회적 책임을 실천한다는 것을 의미하고 있다. 여기서, 홀로 선하게 하는 과정은 이후의 도가道家가 속세를 떠나 은둔하는 것과는 완전히 다르다. 반대로 홀로 선하게 하는 행위 자체도 세상을 구원하는[淑世] 방법의 하나인데, "뜻을 얻지 못하더라도 자신을 수양해 세상에 드러냈다[不得志, 修身見於世]"는 말은 바로 이 점을 표현한 것이다. 이렇게 "그 자신을 홀로 선하게 하는 것[獨善其身]"과 "천하를 모두 선하게 한다[兼善天下]"는 것은 본질적으로 동일한 가치 지향을 구체적으로 드러낸 것이다. 즉 두 가지는 보편적인 사회적 책임("의로움을 잃지 않는 것[不失其義]")을 실천하는 것이란 점에서, 결코 다르지 않다. 쉽게 알 수 있듯이 세상을 구제하는 하나의 특별한 방법으로서의 '그 자신을 홀로 선하게 함[獨善其身]'이란 사실상 '천하를 모두 선하게

함[兼善天下]'에 종속된다. 따라서 도덕적인 자아실현("홀로 선하게 함[獨善]")은 집단을 온전하게 하는 수단일 뿐이다. 이런 측면에서 맹자는 "자기를 수양해 타인을 평안하게 한다[修己以安人]"는 공자의 전통을 계승하고 있을 뿐만 아니라, "그 자신을 홀로 선하게 함"과 "천하를 모두 선하게 함"을 "의로움을 잃지 않음" 안에서 통일함으로써, 유가의 사회적 원칙[群体原則]을 한층 더 강화시켰던 것이다.

4. 항심恒心의 근거와 오직 의로움에 근거함

맹자는 '의로움을 잃지 않음[不失其義]'를 '그 자신을 홀로 선하게 함'과 '천하를 모두 선하게 함'을 통일하는 기초로 삼았으니, 내재적으로 의로움에 대한 중시를 함축하고 있다. 의로움은 일반적인 당위의 원칙으로서, 그 내면화된 형태는 주체의 도덕적 의식으로 나타난다. 이런 의미에서 말하자면, '의로움을 잃지 않음'이란 안정적인 도덕의식을 확립하고 유지하는 것일 뿐인데, 이런 도덕의식을 맹자는 '항심恒心(일정한 마음)'이라 일컬었다. 항심恒心의 형성은 무엇을 전제로 하는가? 맹자는 이에 대해 다음과 같이 고찰했다.

"백성의 경우 항산(일정한 생업)이 없기 때문에 항심(일정한 마음)이 없게 된다. 만약 항심이 없다면, 제멋대로 나쁜 짓을 하지 않음이 없다. (…) 이 때문에 현명한 군주는 백성의 생업을 만들어주면서, 반드시 위로는 부모를 모실 만하고 아래로는 처자를 부양할 만하고, 풍년에는 종신토록 배부르고 흉년에는 죽음을 피할 수 있게 한다. 그런 다음에야 분발시켜 선으로 나가게 하므로, 백성이 따르기 쉬운 것이다[若民. 則無恒產, 因無恒心. 苟無恒心, 放辟, 邪侈, 無不爲已. (…) 是故明君制民之産, 必使仰足以事父母, 俯足以畜妻子, 樂歲終身飽, 凶年免於死亡. 然後驅而之善, 故民之從之也輕]."(「梁惠王上」)

백성의 생업을 만들어 주는 것은 맹자의 인정仁政에 관한 학설의 기본적인 내용 가운데 하나로, 인도仁道의 확장이자 전개인데, 그것은 동시에 도덕적인 의미를 부여받게 된다. 항산이 항심의 필요조건을 이루기 때문이다. 여기서, 맹자는 이미 도덕적 의식과 경제적 상황 사이의 관계에 주목하기 시작했다. 즉 항심은 언제나 항산을 토대로 이루어질 수 있는 것이다. 공자의 "의로움을 으뜸으로 여긴다[以義爲上]"는 명제에 비교했을 때, 맹자의 이상과 같은 관점은 확실히 도덕에서의 외재적 토대를 언급한 것이다.

그 심층적 내용을 말하자면, 항산과 항심에 포괄되는 것은 바로 인간의 욕구와 도덕적 요구 사이의 관계다. '백성의 생업을 만들어준다'는 말은 사람들이 일정한 생활필수품을 획득할 수 있도록 해줌으로써, 그리하여 기본적인 물질적 욕구를 충족시킬 수 있게 한다는("풍년에는 종신토록 배부르고 흉년에는 죽음을 피함") 의미일 뿐이며, 이런 점을 충족시킨 다음에야 도덕적 요구를 만들어낼 수 있는 것이다('선을 따르도록 만듦'). 이런 점에 관하여 맹자는 또 다른 곳에서 보다 명확하게 설명했는데, 이를테면 "성인聖人이 천하를 다스리는 것은 물과 불처럼 [흔하게] 콩과 곡식을 소유하도록 하는 것이다. 콩과 곡식이 물과 불과 같이 있다면 백성들이 어찌 인仁하지 않겠는가?[聖人治天下, 使有菽粟如水火. 菽粟如水火, 而民焉有不仁者乎?]" (「盡心上」)라고 하였다. 물과 불은 일상의 생활 가운데에서 언제나 쉽게 많이 얻을 수 있는 것이니, 만약 기본적인 욕구를 만족시키는 생활필수품("콩과 곡식")이 물과 불처럼 충분하다면, 사람들이 도덕규범을 준수하도록 요구하는 일은 비교적 쉬워질 수 있다는 것이다. 여기서 맹자는 실제로 인간의 감성적 욕구에 대해 비교적 관용적인 태도를 취하면서, 이러한 욕구의 만족을 일종의 합리적인 요구로 파악한다. 더욱 주목할 만한 가치가 있는 점은 맹자가 기본적인 감성적 욕구의 만족을 "인仁"의 전제로 생각했다는 점으로, 이는 곧 도덕을 기본적 욕구와 동떨어진 추상적인 규범으로 이해할 수 없음을 밝힌 것이다.

그러나 항산을 항심의 전제로 삼는 것이 인간과 인간 사이의 관계를 완전히 이익관계로 귀결시킴을 의미하고 있는 것은 결코 아니다. 만약 단순히 이익의 득실만을 고려한다면 사회구성원 사이의 긴장과 충돌을 피하기는 매우 어려워진다.

> "왕께서 '어떻게 내 나라를 이롭게 할 수 있는가?'라고 말씀하신다면, 대부는
> '어떻게 내 가문을 이롭게 할 수 있는가?'라고 할 것이고, 사士와 서민庶民은
> '어떻게 나를 이롭게 할 수 있는가?'라고 말하게 될 것이니, 윗사람과 아랫사람이
> 서로 이익을 다투면 국가는 위태로워집니다[王曰'何以利吾國?' 大夫曰
> '何以利吾家?' 士庶人曰 '何以利吾身?' 上下交征利而國危矣]." (「梁惠王上」)

인간의 존재는 물론 이익과 분리될 수 없고, 항심의 형성 역시 감성적 욕구의 만족을 완전히 제쳐놓을 수 없는 것이지만, 이익은 언제나 무엇보다도 특수한 집단 또는 개체와 관련되며 다른 집단과 개체의 이익관계는 늘상 결코 일치하지는 않으니, 이처럼 이익을 행위의 유일한 원칙으로 삼는다면("윗사람과 아랫사람이 서로 이익을 다툼"), 사회의 안정을 유지할 수 없고, 사회는 결국 충돌 속에서 멸망의 위기로 치닫게 될 것이다. 여기서 맹자가 이미 명료하게 파악했던 것은, 인간관계를 단순히 이익이라는 틀에 넣으면, 반드시 부정적인 사회적 결과를 초래할 것이라는 사실로, 바꿔 말하자면, 인간을 순전한 이익계산으로부터 벗어나게 해야만 하는 것이다.

실제로 '항산이 없으면 항심도 없다'는 맹자의 학설에는 이미 공리적 관계를 초월하라는 요구가 함축되어 있다. 항산은 물론 항심의 전제이지만, 항산 그 자체가 결코 목적은 아니며, 백성의 생업을 만들어주는 목적이란 백성이 항심을 갖도록 만들기 위한 것이기 때문이다. 도덕적 의식으로서 항심은 의로움(당위의 원칙)의 내면화에 다름 아니며, 의로움은 보편적인 규범으로서 언제나 일반적인 공동의 이익[公利]을 체현하기 때문에 특수한 이익관계를 조절할 수 있는 것이다. 양혜왕梁惠王이 맹자에게 "또한 내 나라에 이로움이 생기겠습니까?[亦將有以利吾國乎?]"라고 물었을 때의 맹자의 대답은 "왕은 어찌하여 기어코 이익을 말씀하십니까? 인의仁義가 있을 뿐입니다[王何必曰利? 亦有仁義而已矣]."(「梁惠王上」)였다. "인의仁義가 있을 뿐이다"라는 말은 바로 인의仁義를 이익을 조절하는 준칙으로 삼는다는 뜻이다. 맹자가 볼 때, 이익에 대한 의로움의 이런 규범적 기능은 주로 항심을 통해서 실현되는 것으로, 일단 보편적으로 항심을 확립한다면, "윗사람과 아랫사람이 서로 이익을 다투는" 사회적 충돌은 완화될 수 있다.

일종의 가치 원칙으로서의 "인의에 있을 뿐이다"라는 요청과 법가法家의 주장은 명백히 다르다. 맹자의 시대에 법가도 이미 흥기하였다. 의로움과 이로움의 관계에 있어, 법가의 기본적인 경향은 이익을 중시하고 의로움을 경시하는 것이었는데, 상앙商鞅은 "만약 백성을 이롭게 만들어주면, 예禮를 따르지 않을 것이다[苟可以利民,

不循其禮]"(『상군서商君書』「경법更法」)라고 생각했다. 여기서의 예禮란 정치적 제도를 가리키고, 또한 일반적인 도덕규범을 포괄하는 것이다. 법가는 변법變法이 과거 제도의 속박을 받아서는 안 된다고 생각했다. 이는 물론 역사적인 합리성을 지니고 있는 것이었지만, 이로 인해 공리功利와 도덕의 대립을 야기했고, 공리功利를 가지고 예의禮義를 배척하면서 역시 또 다른 극단으로 치달았다. 이익을 얻는다면 반드시 예禮를 준수할 필요가 없다는 원칙 하에서 공리는 유일한 추구 목표가 되며, 이를 통해 구성된 사회는 필연적으로 충돌과 대립이 만연하게 될 것이다. 실제로 법가적 가치원칙의 영향 하에 있던 진秦나라는 이상과 같은 특징을 명백히 드러내 보여주는데, 사람과 사람 사이의 관계는 심지어 상호감시와 고발에 이를 정도로까지 긴장되었다.(『사기史記』「상군열전商君列傳」 참고) 그에 비해, 맹자의 의로움을 근거로 이로움을 제한하라는 요구는 곧 당위의 원칙을 운용하여 이익관계에 대해 합리적 조정을 하는 것인데, 사회의 안정과 조화를 유지하는 도덕의 역할을 상당히 주목했던 것으로 보인다. 또 다른 측면에서 이익관계는 일종의 도구적 성질을 띠는데, 이익의 계산 하에서는 인간과 인간의 관계는 단순히 서로를 수단으로 삼는 관계일 뿐이지만, 의로움은 단순한 수단을 초월한다. 이에 입각하자면, 의로움을 근거로 이익을 통제하는 것은 동시에 인간관계에서의 도구성(수단성)을 지양함을 의미하고 있다.

그러나 이익을 중시하고 의로움을 경시하는 폐단을 바로잡으면서, 맹자는 의로움의 기능을 또한 과도하게 강화시켜서, 의로움에 합치하기만 한다면 행위의 결과를 고려할 필요는 없다고 생각했다.

"대인은 말에서 신용을 기필하지 않으며, 행동에 결과를 기필하지 않는다. 오직 의로움에 근거할 뿐이다[大人者, 言不必信, 行不必果, 惟義所在]."
(「離婁下」)

여기에는 이중적인 함의가 포함되어 있다. 첫째는 도덕원칙(의로움)은 최상의 속성을 지니고 있어서, 그것은 결코 도덕영역 밖의 경험적인 사실을 기초로 삼지 않는다는 것이다. 둘째는 주체의 언행에 대한 가치판단은 반드시 행위의 결과에 근거해야만 하는 것이 아니며, 오직 그 동기가 의로움에 부합하는지의 여부(오직 의로움 근거할 뿐이다[惟義所在])를 보아야 한다는 것이다. 이렇게 의로움 자체가 바로 목적이 되고, 주체의 행위란 그에 상응해 의로움을 위해 의로움을 실천하는 것으로 표현된다. 이런 측면에서 볼 때, 맹자는 공자에게서 비롯된 의무론적 경향을 넘어서지 않았을 뿐만 아니라, 한 층 더 뚜렷하게 하는 쪽으로 나아갔다.

의로움은 본질적으로 이성의 요구를 구체적으로 드러낸 것으로, "오직 의로움에 근거한다"는 주장에 상응해, 맹자는 '대체大體'를 기르는 것을 중요한 위치로 끌어올렸다.

> "육체에는 귀한 것과 천한 것이 있고, 작은 것과 큰 것이 있으니, 작은 것으로 큰 것을 해치지 말고, 천한 것으로 귀한 것을 해치지 말라. 그 작은 것을 기르는 경우 소인이 되고, 그 큰 것을 기르는 경우 대인이 된다[體有貴賤, 有小大. 無以小害大, 無以賤害貴. 養其小者爲小人, 養其大者爲大人]." (「告子上」)

'소체小體'라는 것은 바꿔 말하면 인간의 감각기관으로, 그와 연관된 것이 인간의 감성적 욕구다. 반면 대체大體는 마음의 기관으로, 그와 연관된 것은 이성의 욕구이다. 소체小體를 기르는 것은 주로 감성적 욕구의 충족으로 표현된다. 반면 대체大體를 기르는 것은 이성적 욕구의 만족을 내용으로 한다. 맹자는 소체를 천한 것으로 대체를 귀한 것으로 파악하고, 더욱이 소체로서 대체를 해치지 말고, 천한 것으로 귀한 것을 해치지 말라고 요구했으니, 명백히 이성적 욕구를 감상적 욕구의 위에 두었던 것이다. 일반적으로, 감성적 욕구는 흔히 자연적 특성을 지니고 있지만, 이성적 욕구는 인간이 인간이 되는 유적 본질을 상당히 구체적으로 드러내는 것이다. 이 점을 가지고 말하자면, 맹자가 그 대체를 기를 것을 중시한 점은, 확실히 인간으로 하여금 자연적 존재를 초월해 완전무결하게 유적 본질을 구현하도록 했다는 의의를 지니고 있지만, 이로 인해 소체小體(그것은 천한 것으로 간주된다)를 폄하했으니, 역시 감성적 욕구에 대해서는 합리적인 위치를 부여하지는 못한 것처럼 보인다. 이러한 편향은 맹자의 항산과 항심에 관한 학설 가운데에 이미 잠재된 형태로 존재하고 있다. 즉 한편으로 항심恒心(도덕적 의식)의 형성이 물론 기본적 욕구의 충족을 전제로 요구하지만, 다른 한편으로는 기본적 욕구의 만족은 또한 항심의 확립을 목표로 삼는다. 따라서 후자를 가지고 말하자면, 백성의 생업을 만들어주는 것과 기본적인 욕구의 만족은 사실상 단지 수단적인 의미를 가지고 있을 뿐이다. 이런 관점의 논리를 더 밀고 나가면, 아주 자연스럽게 "천한 것으로 귀한 것을 해치지 말라"는 결론을 도출할 수 있게 된다. 요컨대 맹자가 비록 인간의 감성적 욕구에 대해 단순하게 배척하는 태도를 취할 것을 요구하지는 않지만, 그는 귀한 것과 천한 것으로 대체大體와 소체小體를 구분함으로써 또한 결국 이성을 중시하고 욕구를 경시하는 가치지향을 지니고 있었으며, 이러한 지향은 동시에 오로지 의에 근거하라는 의리관義利觀이 갖는 논리를 확장한 것으로 볼 수도 있는 것이다.

5. '중심을 잡고 가늠함' 부터 '군자의 보편적 원칙의 회복' 까지

의로움은 당위의 원칙으로서 보편적 규범의 기능을 갖추고 있지만, 이러한 규범의 작용은 결코 획일적이고 불변하는 방식을 통해 실현되는 것이 아니다. 공자가 이미 이 점에 주목했고, 맹자는 이에 대해서 보다 명확한 설명을 제시했다.

> "중심을 쥐고 가늠함이 없다면 하나만을 고집하는 것과 같다. 하나만을 고집하는 것을 싫어하는 까닭은 는 도道를 해치기 때문이니, 하나를 들어 백 가지를 폐하는 것이다[執中無權, 猶執一也. 所惡執一者, 爲其賊道也, 舉一而廢百也]."(「盡心上」)

여기서 이미 명확하게 '권權'(*가늠, 임기응변)의 원칙이 제시되어 있다. '권權'의 본래 의미는 물건의 경중을 가늠하는 것인데[13], 일종의 행위원칙으로서의 그 함의란 융통성 있게 변통하는 것이다. '가늠함[權]'과 대조되는 것이 '하나만을 고집함[執一]'이다. '하나만을 고집한다[執一]'는 말은 어떤 규범을 고수하면서 변통을 모르는 것이다. 하나만을 고집함은 필연적으로 규범 일반의 경직화를 야기하고, 게다가 가지각색의 사회생활에 대응하는 것을 어렵게 만듦(하나를 들어 백가를 폐한다)으로써, 결국 규범 자체의 기능을 제한한다(도道를 해친다). 일반적으로, 원칙에 대한 융통성 있는 변통은 언제나 개체라는 특정한 존재와 관련되며, 나아가 최종적으로 구체적인 개체를 통해서 실현되는 것이기도 하다. '권權'을 통해 '하나만을 고집함'을 부정한다는 것은, 개체가 결코 일반적 원칙에 종속되지 않음을 의미하고 있는데, 그것은 내재적으로 개체의 존재가치에 대한 긍정을 포함하고 있다.

원칙의 융통성 있는 변통으로서의 '권權'이 지닌 근본적 요구는 여러 존재상황에 대해 구체적인 분석을 실행하는 것이다. 이 점에 관해, 맹자는 일찍이 사례를 들어 설명하였다.

---

13) '권權'의 본래 의미는 저울추이고, 동사로 사용될 때에는 물건을 저울질하여 그 경중을 아는 것을 지칭한다.

"남녀가 주고받을 때 직접 접촉하지 않는 것이 예법이다. 형수가 물에 빠졌을
때 손을 내밀어 끌어당기는 것은 권權이다[男女授受不親, 禮也. 嫂溺援之以手者,
權也]."(「離婁上」)

예禮에 관한 규정에 따르면, 남녀 사이에는 직접 주고받을 수 없지만, 몇몇 상황
아래에서는(이를테면 형수가 잘못해서 물에 빠진 경우), 예禮에 따른 이러한 제한을
받지 않을 수 있다는 것이다. 여기에서는, 처해있는 상황에 대한 구체적인 분석이
융통성 있게 원칙을 운용하는(권權) 전제가 된다. 이런 상황 분석을 근거로 삼는 '권權'을
'시時'(*시의적절함, 時中)라고도 일컫는다. 맹자가 볼 때, 공자는 바로 "성인 가운데
시의적절 했던 분[聖之時者]"이었기 때문에, "다스려지면 나아갔고, 혼란스러우면
물러났다[治則進, 亂則退]"는 백이伯夷와 같지 않았을 뿐만 아니라, "다스려져도 나아갔고,
혼란스러워도 나아갔다[治亦進, 亂亦退]"는 이윤伊尹과도 달랐음에도 불구하고, 구체적인
상황에 근거해 합당하게 행위 방식을 조절할 수 있었다는 것이다. 즉 "신속히 떠나야
할 만하면 신속히 떠나고, 오래 머무를 만하면 오래 머무르고, 은거할 만하면 은거하고,
벼슬할 만하면 벼슬하셨던 분이 공자다[可以速而速, 可以久而久, 可以處而處, 可以仕而仕,
孔子也]"(「萬章下」) '시時' 또는 시중時中이라는 개념은 후대의 유가 사상에서 중요한
위치를 차지하는데, '권權'과 마찬가지로 그것이 체현하는 점이란 바로 구체적인
존재상황에 대한 중시인 것이다.

주체가 직면하는 상황은 특수한 형태를 띨 뿐만 아니라, 대체로 내재적인 긴장과 충돌을
포함하고 있는데, 내재적 긴장과 충돌은 보다 깊은 차원에서 상황의 복잡성을 드러내며,
'권權'(*임기응변)과 "시時"(*시의적절함)가 한층 더 필수적인 행위의 일부분이 되게
하였다. 『孟子』에는 한 단락의 흥미진진하면서도 의미심장한 대화가 기록되어 있다.

"도응이 물었다. '순舜이 천자인데 고요皋陶가 사士가 되었는데, 고수瞽瞍가
사람을 죽였다면 [고요는] 어떻게 하겠습니까?' 맹자가 대답했다. '잡아들일

뿐이다.' '그러면 순이 금지시키지 않겠습니까?'라 묻자 맹자는 '순이라도 어떻게 그것을 막을 수 있겠는가? [법령을] 받는 것이기 때문이다.' '그렇다면 순은 어떻게 하겠습니까?'라고 묻자, 맹자가 말했다. '순은 천하[를 다스리는 지위를 버리는 것을 헌신짝 버리는 것처럼 여길 것이다. 몰래 [아버지인 고수를] 업고 도망쳐, 바닷가를 따라서 거처하면서 종신토록 흔쾌히 즐겁게 여기며 천하를 잊으시겠지[桃應問曰 '舜爲天子, 皐陶爲士, 瞽瞍殺人, 則如之何?' 孟子曰 '執之而已矣.' '然則舜不禁與?' 曰 '夫舜惡得而禁之? 夫有所受之也.' '然則舜如之何?' 曰 '舜視棄天下, 猶棄敝蹝也. 竊負而逃, 遵海濱而處, 終身訢然, 樂而忘天下'].'' (「盡心上」)

고수는 바로 순의 아버지로, 일국의 군주로서의 순은 부친이 법을 어겼을 때 사사로운 정에 얽매여 법을 어길 수 없지만, 사람의 아들로서의 순은 또한 부친이 잡혀가는 것에 대해 무심할 수도 없다. 여기에는 도덕과 법의 긴장이 존재할 뿐만 아니라, 서로 다른 도덕규범(넓은 의미에서 충忠과 효孝)의 충돌이 포함되어 있다. 이런 충돌을 어떻게 해결해야 하는가? "하나만을 고집하는 것[執一]"은 여기서 분명 문제해결에 전혀 도움이 되지 않으며, 출구는 오직 개체 자신의 저울질[權衡]과 선택일 수밖에 없다. 비록 위와 같은 상황이 가설로 제기된 것이고, 게다가 맹자가 "몰래 업고서 도망친다"는 것을 충돌을 해결하는 방법으로 여긴 것 역시 어떤 비극성을 띠는 것이지만, 이런 가설의 이면에 함축된 것은 상당히 현실적이면서도 엄숙한 하나의 문제다. 맹자는 실로 첨예한 형태로 개체 상황의 딜레마와 '권權'의 관계를 부각시켰고, 더욱이 선택(저울질[權衡])이 "하나만을 고집하는 것"일 수 없음을 강조하면서 개체의 존재가치의 독특성을 긍정했다고 말해도 좋다. 현대 서양에서 실존주의 또한 유사한 문제에 주목했는데, 일례로 사르트르Sartre가 묘사한 프랑스 청년의 처지는 내재적으로 충돌하는 딜레마 상황을 지니고 있다. 그 청년은 홀로 계신 어머니를 모시는 것과 민족을 위해 싸우는 두 가지 가운데 선택해야만 했기 때문이다(사르트르의 『실존주의는 휴머니즘이다』를 참고할 것). 이런 문제에 대한 실존주의의 관심은, 한편으로는 도덕 가운데에서의 선택은, 개체의 존재와 관련된, 하나의 보편적 가치문제라는 점을 밝혀준다.

그러나 실존주의가 딜레마 상황 속의 선택은 근거할 만한 전례도 없고 또한 준거할 일반원칙도 없는 것이라고 강조하는 것과 달리, "하나만을 고집해서는 안된다[不可執一]"는 맹자의 말은 주로 어떠한 보편규범에 구속되어서는 안 된다는 뜻이지만, 이런 규범을 완전히 배제하는 것은 아니다. 이 때문에 '하나만을 고집함'을 반대하는 것이 보편적 원칙이나 규범의 기능을 부정함을 뜻하고 있는 것은 결코 아니다. 차라리 그것은 어떤 의미에선 곧 보편적 규범의 기능이 보다 잘 구현될 수 있도록 하기 위한 것이라고 말하는 편이 낫다. '한쪽만 고집함[執一]'은 "도를 해치는 것[賊道]"이라고 비판한 것은 바로 이 점을 분명히 밝힌 것이다. 사실상 맹자는 "몰래 업고서 도망치는 것"을 도덕적 충돌을 해결하는 방식으로 삼았지만, 그와 동일하게 일반 규범의 제약을 구체적으로 드러낸다. 아버지를 없고 멀리 도망치는 것은 효孝를 행위의 최고 원칙으로 삼는다는 것을 의미하고 있기 때문이다. 맹자가 볼 때, 구체적인 상황 속에서의 주체의 선택은 "하나만을 고집해서는 안 되는 것"이지만, 융통성 있는 변통(權) 역시 반드시 몇 가지 보편적 원칙에 근거해야만 한다. 이를테면 형수가 물에 빠졌을 때라면 물론 "남녀는 주고받을 때 직접 접촉하지 않는다"는 예법의 제한을 받지 않아도 괜찮지만, 손을 내밀어 형수를 끌어내는 것은 또한 일반적인 인도仁道 원칙을 체현한 것이기도 하다. 따라서 "형수가 물에 빠졌을 때 끌어내지 않는 사람은 승냥이와 다를 바 없다[嫂溺不援, 是豺狼也]" (「離婁上」)고 말했던 것이다. 요컨대 특정 상황에 관한 구체적인 분석과 변통은 결코 보편적인 도덕준칙에서 완전히 벗어날 수 없는 것이다. 바로 이런 의미에서 맹자는 "군자는 보편원칙을 회복할 뿐이다[君子反經而已矣]", "배우는 자 역시 반드시 규구規矩에 근거해야만 한다[學者亦必以規矩]"(「告子上」)라고 거듭 강조했던 것이다. 현대 서양이 실존주의가 일방적으로 선택의 절대적인 주체성 유일성을 강조하는 것에 비해, 맹자가 임기응변[權]과 보편원칙[經]의 통일을 긍정한 것은 확실히 비교적 온전한 가치지향을 체현한 것이며, 그 점이 유가가 시종일관 상대주의적인 가치관을 수용하기 어렵도록 하였다.

물론 맹자에게서, '권權'과 '경經'은 서로 연관되는 것이긴 하지만, 본말의 구분이 있다. 즉, '권權'은 전체적으로는 '경經'에 종속되어 있는 듯하다. 앞에서 서술한대로, 맹자는 '하나만을 고집하는 것'에 반대했는데, '하나만을 고집함[執一]'이 "도道를 해치는 상황[賊道]"을 초래하기 때문이다. 바꿔 말하자면, '권權'은 거의 최고의 규범(도道)을 유지하는 수단으로 간주된다. "보편원칙을 회복할 뿐이다[反經而已]" "반드시 규구에 근거해야만 한다[必以規矩]"는 등의 요구는 바로 명백히 이러한 경향을 드러낸 것이다.[14] 맹자에게, '권權'의 기능은 주로 다양한 구체적 규범에 관한 적절한 조정을 통해 도道(최고의 규범)의 운용을 보다 완전하게 만드는 데에 있지, 결코 근본적으로 도道에서 이탈할 수 없는 것이다. 도道의 신성함에 대해, 맹자는 한결같이 확신하며 의심하지 않았다. "정치를 행함에 선왕의 도道를 따르지 않는다면 지혜롭다고 할 수 있겠는가?[爲政不因先王之道, 可謂智乎？]"(「離婁上」), "군주를 섬김에 의롭지 않고, 나아가고 물러남에 예禮가 없으며, 입만 열면 선왕의 도를 비난하는 것은 나라를 멸망시키려는 짓과 같다[事君無義, 進退無禮, 言則非先王之道者, 猶沓沓也]"(「離婁上」)와 같은 확신은 맹자 자신의 언행 속에서도 마찬가지로 체현되고 있다. 그는 "저는 요순의 도가 아니라면 감히 왕 앞에서 말하지 않겠습니다[我非堯舜之道, 不敢以陳於王前]"(「公孫丑下」)라 하였다. 여기서 도道는 최고의 위치로 격상되는데, 도道는 정치·도덕 등에서의 인간들의 실천을 위한, 초월할 수 없는 하나의 한계를 규정하고 있다. 쉽게 알 수 있듯이 도道에 대한 이상과 같은 이해는 이미 독단론으로 이끌리게 되는 계기를 내포하고 있는 것이다.

유가의 도道는 일단 독단화 되면, 유가 이외의 기타 학파와 학설에 대해서는 관용적 태도를 지니기 매우 어렵다. 맹자는 전국시대에 호변가로서의 명성을 얻었는데, 이러한

---

14) 아이반호가, 맹자에게서 규범으로서의 예禮는 완전히 변통에 달린 것일 수 있으며 결코 절대적인 의미가 아니라고 강조했을 때 이런 점은 무시한 것 같다. (P. J. Ivanhoe: "Thinking and Learning in Early Confucianism", Journal of Chinese Philosophy, No, 4, 1990)

논변은 어떤 의미에서는 도道를 수호한다는 성격을 지녔다. 맹자 본인은 이에 대해 말하는 데 주저한 적이 없었다.

"성왕이 나오지 않으니, 제후는 방자하고, 처사들은 멋대로 논하여, 양주와 묵적의 말을 천하를 가득채우고 있다. (…) 내가 이를 두려워하기에, 선왕의 도道를 보호하고 양주와 묵적을 막아서, 부정한 말을 추방하고 사특한 학설이 자리할 수 없게 하고자 한다[聖王不作, 諸侯放恣, 處士橫議, 楊朱墨翟之言盈天下. (…) 吾爲此懼, 閑先聖之道, 距楊墨, 放淫辭, 邪說者不得作]." (「등문공하滕文公下」)

"나는 또한 사람의 마음을 바로잡고, 사특한 학설을 종식시키고, 비뚤어진 행동을 막고, 부정한 말을 추방함으로써 세 성인聖人을 계승하고자 한다. 어찌 논변하는 것을 좋아하겠는가? 내 부득이하기 때문이다[我亦欲正人心, 息邪說, 距詖行, 放淫辭, 以承三聖者. 豈好辨哉? 予不得已也]." (「滕文公下」)

처사들이 멋대로 논하는 것은 백가쟁명의 역사적인 상황을 반영한 것인데, 맹자가 보기에 백가百家가 멋대로 논의하는 것들은 모두 부정한 말, 사특한 학설에 불과하다.

그들의 존재는 선왕의 도道에 대한 일종의 위협이 된다. 따라서 선왕의 도道를 수호해 유지하기 위해서는 사특한 학설을 종식시키고, 부정한 말을 추방시켜야 한다는 것이다. 여기에는 명백히 하나의 권위만을 유일한 기준으로 삼고자 하는 바람이다. 유가가 대표하는 선왕의 도道를 제외하면 백가百家의 말은 모두 배척되어야만 하는 것이기 때문이다. 맹자의 위와 같은 주장은 어느 정도는 도道의 독단화로부터 권위주의적인 가치관으로 나아가는 일보를 내딛는 것이었는데, 공자에 비해, 맹자는 이런 측면에서 훨씬 멀리 나아갔던 듯하다.

6. 내성內聖을 향해 나아감

'경經'(*보편원칙)과 '권權'(*임기응변)에 관한 적절한 위치 지움이 맹자의 기본적인 요구였는데, 두 요소의 구체적 조화는 개체의 행위과정 속에서 전개된다. 어떻게 개체가 일체의 특수한 상황 속에서도 하나의 원칙에 집착하지 않으면서도 보편원칙을 회복할 수 있도록 할 것인가? 공자와 마찬가지로 맹자는 무엇보다도 인격의 온전함이란 측면에서 이에 대해 고찰했다. 맹자가 볼 때, 행위의 선택은 언제나 행위자(주체)의 내재적 성품의 영향을 받는다. 바로 이 관점에 근거해, 맹자는 "사람의 마음을 바로잡는 것[正人心]"과 "사특한 학설을 종식시키고, 비뚤어진 행동을 막는 것[息邪說, 距詖行]"을 연관짓고, 이를 자신의 임무로 삼았다("나는 또한 사람의 마음을 바로 잡고자 한다[我亦欲正人心]"). '사람의 마음을 바로잡는다'는 말은 곧 인격의 문제와 관련된다. 물론 인격이 관계하는 바는 구체적인 행위뿐만이 아니며, 보다 깊은 차원에서, 그것은 동시에 넓은 의미에서의 가치추구를 체현한다.

(1) 인격의 의미와 그에 함축된 가치

완전무결한 자아는 어떠한 속성을 포함하는가? 공자는 인격을 이루는 각각의 요소를 인仁이라는 총괄적 범주 하에 포괄시켰고, 맹자는 그것을 인仁 · 의義 · 예禮 · 지智 등으로 구체적으로 규정해 확장하기 시작했다. 그것에 내재된 함의에 입각하자면, 인 · 의 · 예 · 지는 이중성을 지닌다. 그것은 행위의 규범으로 표현될 뿐만 아니라, 또한 주체의 내재적 속성이기도 한데, 두 가지는 다른 측면에서 동일한 도덕적 이상을 전개한 것이다. 내재적 속성으로서의 인 · 의 · 예 · 지는 각각 덕성의 다른 측면을 대표한다.

"측은히 여기는 마음은 인仁이고, 수치스러워하고 혐오하는 마음은 의義이고,

공경하는 마음은 예禮이며, 옳고 그름을 가리는 마음은 지智이다[惻隱之心, 仁也. 羞惡之心, 義也. 恭敬之心, 禮也. 是非之心, 智也].”(「告子上」)

'측은히 여기는 마음[惻隱之心]'은 일종의 동정심으로, 보편적인 인애仁愛의 정신이란 의미로 확장된다. 즉 "인한 사람은 사랑하는 대상을 근거로 사랑하지 않는 대상에 이르는 것이다[仁者以其所愛及其所不愛].”(「盡心下」) 사랑하는 대상에서 시작해서 사랑하지 않는 대상에까지 두루 이른다는 것은 다름아니라 친친親親(*친척을 친히 하는 것)에서 시작해 민중을 널리 사랑하는 것이다. '수치스러워하고 혐오하는 마음[羞惡之心]'이란 당위의 원칙(의로움)의 내화로서, 무엇보다도 일종의 도덕적 책임감으로 나타나는 것인데, 그것은 넓은 의미에서 도덕상의 자아의식(도덕규범에 부합하지 않는 일을 했다면, 이러한 의식적인 자책을 받게 될 것이다)을 가리킨다. '공경하는 마음[恭敬之心]'은 '사양하는 마음[辭讓之心]'이라고도 하는데, 예禮의 내재적 형식으로, 그것이 체현하는 바는 일종의 타인에 대한 존중이자 자기보다 남을 먼저 생각하는 가치 지향이다. '옳고 그름을 가리는 마음[是非之心]'은 이성적 판단능력인데, 그것은 주체에게 자각적인 속성을 부여한다. 알 수 있듯이 인仁 · 의義 · 예禮 · 지智 네 가지 중에서 기본적인 속성은 인仁과 지智인데, '수치스러워하고 혐오하는 마음'과 '공경하는 마음(사양하는 마음)'은 인仁과 지智의 융합으로 만들어진 구체적 형태일 뿐이다. 바로 이러한 의미에서, 맹자는 때로 직접적으로 인仁과 지智를 통해서 이상적인 인격을 규정했다. 즉 "인하면서 지혜로우시니, 선생(공자)께서는 이미 성인이십니다[仁且智, 夫子旣聖矣]"(「公孫丑上」)라고 말할 수 있는 것이다.

물론 인仁과 지智가 근간이 되는 위와 같은 4가지 속성이 이상적인 인격의 의미를 모두 포괄하고 있는 것은 아니다. 인애의 정신과 자각적인 이성 이외에도, 완전무결한 자아는 또한 '삶을 버리더라도 의로움를 취함[舍生取義]'에 있어 용감해야만 한다. 즉 "삶 또한 내가 원하는 것이고, 의로움 또한 내가 원하는 것이다. 두 가지 모두를 가질 수 없다면, 삶을 버리더라도 의로움을 취한다[生, 亦我所欲也, 義, 亦我所欲也, 二者不可得兼,

舍生而取義者也]"(「告子上」)는 것이다. '취함[取]'은 의지의 선택을 나타내는데, 여기서 숭고한 도덕적 행위('삶을 버리고 의로움을 취함')는 바로 주체(자아)의 의지적 선택에서 시작된다. 맹자는 의지라는 속성에 십분 주목하여 '호연지기浩然之氣'에 관한 학설을 제기했다.

> " '무엇을 호연지기라 하는지 감히 묻습니다'라고 묻자, 맹자가 대답했다. '말하기 어렵다. 그 기氣 됨이란 지극히 크고 지극히 강하여, 곧게 길러서 해치지 않는다면 천지 사이를 가득 채우게 된다' [敢問何謂浩然之氣? 曰 "難言也. 其爲氣也, 至大至剛, 以直養而無害, 則塞于天地之間]."(「公孫丑上」)

'호연지기'의 의미에 관해, 예로부터 다양한 학설이 분분했는데, "천지 사이를 가득 채운다"는 식의 묘사는 확실히 그것이 다소간 심오한 신비감을 띠도록 한다. 그러나 현묘하고 신비한 형태를 지나치면, '호연지기'라는 것은 주체 의지와 관련된 일종의 정신역량일 뿐이란 점을 어렵지 않게 파악할 수 있다. 물론 그것이 체현하는 바는 주로 의지에서의 선택 기능이 아니라, 의지의 굳세고 과감한 기개다. 맹자가 볼 때, 주체가 일단 이러한 일종의 의지 역량을 배양하면 하늘을 떠받치고 땅 위에 우뚝 선 대장부가 될 수 있다. "천지 사이를 가득 채운다"는 말은 바로 이 점을 암시하는 것이다. 맹자는 주체가 외재적 '지위[位]'나 '세력[勢]'에 동요되는 존재가 되어서는 안 되며, 자신의 인격의 독립성을 지켜내야만 한다고 거듭 강조했는데, 어떤 의미에서는, 인격의 독립성이란 바로 지극히 크고 지극히 강한 호연지기를 내재적 정신의 버팀목으로 삼는다는 것을 뜻한다. 거꾸로 말해, 호연지기란 학설은 또한 보다 깊은 차원에서는 인격에 있어 주체를 탁월하게 정립하려는 요구를 반영한 것이다.

인격의 내재적 규정으로서의 호연지기와 인仁 지智 등의 속성은 결코 서로 배척하는 것이 아니다. "그 기氣됨은 의로움과 도道에 짝하니, 이것이 없으면 쇠약해진다[其爲氣也, 配義與道. 無是, 餒也]"(「公孫丑上」) 의로움과 도道는 주로 보편적인 이성 규범을 나타내는데, "의로움과 도道에 짝한다"는 것은 의지 역량(지극히 크고 지극히 강한 기운)에 대한 이성적 규범의 침투와 영향을 뜻한다. 맹자는 거듭 "그 대체大體를 따르라[從其大體]"(「告子上」)고 요구했는데, 대체大體는 바로 "마음의 기관"으로, 이 원칙은 의지와 이성의 관계에서, '마음의 기관'이 의지를 제약하는 것으로 표현된다. 실제로 "삶을 버리고 의로움을 취하는" 선택 과정 가운데에서 바로 이 점을 볼 수 있다. '삶'과 '의로움' 사이의 선택('취함[取]')은 물론 의지의 기능('취함'이란 무엇보다도 의지의 결단이다)을 체현하는 것이지만, 의지의 이상과 같은 선택은 동시에 도덕가치에 대한 이성적 사고에 근거하기 때문이다. 이상적 인격에 대한 맹자의 설정은 기본적으로 공자의 이성주의적 경향을 답습한다는 점을 알 수 있다.

인·의·예·지 및 호연浩然한 의지 역량은 서로 다른 측면에서 이상적 인격의 내용을 보여주고 있다. 도덕적 이상의 구체화로서의 인격은 언제나 비교적 완전한 하나의 형상을 갖추고 있는데, 『맹자孟子』에서 우리는 이러한 인격 형상에 대한 묘사를 목격할 수 있다.

> "호생불해가 물었다. '악정자는 어떠한 사람입니까?' 맹자가 말했다. '선한 사람이고, 믿을 만한 사람이다.' '무엇을 선하다고 하며 무엇을 믿을 만하다고 합니까?' 맹자가 말했다. '바랄만한 것을 선한 것이라 한다. 자기에게 선을 갖춘 것을 믿을 만하다고 일컫는다. 그런 점이 가득해진 것을 아름다움[美]이라 말한다. 가득하면서도 빛나게 드러난 것을 크다[大]고 한다. 크면서도 [다른 존재를] 변화시키는 것을 성스럽다[聖]고 한다. 성스러워 그것을 측량할 수 없는 것을 신묘하다[神]고 일컫는다. 악정자는 2가지 덕목을 지니고 있지만 4가지 덕목에는 미치지 못한다[浩生不害問曰 '樂正子, 何人也?' 孟子曰 '善人也, 信人也.' '何謂善? 何謂信?' 曰 '可欲之謂善, 有諸己之謂信. 充實之謂美, 充實而有光輝之謂大, 大而化之之謂聖, 聖而不可知之之謂神. 樂正子, 二之中, 四之下也].'(「盡心下」)

여기서 중요한 점은 악정자란 인물에 대한 평가가 아니다. 그것의 진정한 의미는 다른 각도에서 이상적 인격을 규정했다는 점에 있다. '선함[善]'은 이상적 인격이 갖추고 있는 덕성으로 나타나는데, 그것은 언제나 사람들이 지향하고 또한 사람들의 바람에도 부합하는 것이다("바랄 만한 것을 선하다고 한다"). 그리고 '믿을만함[信]'은, 이런 덕성은 주체가 진정으로 갖춘 것이지, 외적으로 꾸며낸 것이 아님을 의미하는데("자기에게 선을 갖춘 것을 믿을 만하다고 일컫는다"), 그것이 체현하는 바는 참됨이란 속성이다. '아름다움[美]'은 완전함에의 요구로, 그것은 이상적 인격이 각각의 요소를 통일한 것이어야만 함을 제시한다("가득해진 것을 아름다움이라고 말한다"). '큼[大]'은 완전무결한 인격은 반드시 내용과 외형의 통일이어야만 함을 표명한다("가득하면서도 빛나게 드러난 것을 크다고 한다"). '성스러움[聖]'은 인격의 도덕적 감응력과 교화 작용을 부각시킨 것이다("크면서도 변화시키는 것을 성스럽다고 한다"). '신묘함[神]'은 인격의 이상과 같은 기능이 모르는 사이에 감화시키는(무형의) 형태로 전개됨을 표명한다("성스러워 그것을 측량할 수 없는 것을 신묘하다고 한다"). 총괄하자면 이상적인 인격은 일종의 선함 진실함(믿을 만함) 아름다움이 통일된 완전한 형태로 나타나는데, 이러한 인격은 동시에 무형의 도덕적 역량을 함축하고 있는 것이다.

완전무결한 인격의 형상은 일종의 전범으로서의 의의를 지닌다. 공자는 일찍이 인격의 전범을 군자와 성인이라는 두 범주로 구분하고, 성인을 일종의 규제적 이념으로 규정하면서, 설사 요堯 순舜이라 해도 이런 경지에는 완전히 이르지 못했다고 생각했다. 이런 측면에서 맹자의 관점은 공자와 차이가 있다. 맹자의 견해에 따르면, 성인聖人은 "인륜의 표준[人倫之至]"(「離婁上」)이지만, 희망할 수 있으나 도달할 수 없는 존재는 아니다. 역사적으로 볼 때, 요堯 순舜은 성인으로서 손색이 없을 뿐만 아니라, 백이伯夷 이윤伊尹 유하혜柳下惠 등과 같은 현인들도 모두 성인의 경지에 도달했으며, 공자는 바로 성인을 집대성한 인물인 것이다. (「萬章下」를 참고할 것) 그 현실적 형태를 말하자면, 성인과 군자는 규제적 이념과 조작규범으로 구분될 수 없을 뿐만 아니라, 일반인 위에 초연한 존재도 아니다.

"백성 가운데 성인도 역시 동류이다[聖人之於民, 亦同類也]." (「公孫丑上」)

"그러므로 동류라는 것은 서로 비슷한 점에 근거한 것이니, 어찌 인간에 대해서는 그것을 의심하겠는가? 성인과 나는 동류이다[故凡同類者, 擧相似也, 何獨至於人而疑之? 聖人與我同類者]." (「告子上」)

성인과 백성은 모두 한 종류에 속하니, 성인은 곧 보통 사람 가운데에서 생겨나는 것이지 초험적 존재가 아니다. 이처럼 존재적 의미에서 보자면, 성인과 보통 사람은 애초부터 내재적인 관련을 지닌다. 이런 관련이 동시에 이상과 현실이 소통할 수 있도록 하는 것이다. 이상적인 인격의 전범으로서의 성인은 우선 현실 사회 속 일원이며, 또한 그와 같을 때 현실적인 '나'와 이상적인 전범 사이에도 넘어설 수 없는 커다란 간격은 없기 때문이다.

바로 위와 같은 관점을 근거로, 맹자는 인간은 모두 요순堯舜이 될 수 있음을 긍정했다.

"조교가 물었다. '인간은 모두 요순이 될 수 있다니, 그럴 수 있습니까?' 맹자가 말했다. '그렇다'[曹交問曰 '人皆可以爲堯舜, 有諸?' 孟子曰 '然.'" (「告子下」)

여기서 구체적으로 드러나 바는 일종의 보편적인 도덕적 자기 확신이다. 성인과 같은 부류인 사회적 존재로서의 인간은 모두 이상적 인격의 경지에 도달할 수 있기 때문이다. 또한 이러한 낙관적 신념의 이면에는 일종의 도덕상의 평등이라는 관념이 함축되어 있다. 모두가 성인이 될 수 있다는 점에서, 인간과 인간의 사이에는 본질적인 차이는 사라지게 된다. 이런 관점은 공자에 대한 모종의 수정인 듯하다. 공자에게서 성인은 주로 일종의 규제적 이념으로 나타나므로, 성인은 일반인이 도달하기 매우 어려운 것이다. 공자 스스로 감히 성인을 자처했던 적이 없었으니, "만약 성聖과 인仁이라면 내가 어떻게 감당하겠는가?"(『論語』「述而」)라고 말했던 것이다. 요순堯舜이라 할지라도, 공자가 보기에는 역시 성聖이라는 경지에 완전히 도달하지 못했기에, "요순堯舜조차도 그런 일에 대해서는 어렵게 여기셨을 것이다![堯舜其猶病諸!]" (「雍也」) 라 하였다. 이처럼 성인은 희망할 수는 있지만 이룰 수 없는 어떤 초험적 성질을 지닌다. 그에 비해, 맹자의 위와 같은 확신은 이런 초험적 성격을 약화시켰다. 중국 역사에서, "인간은 모두 요순堯舜이 될 수 있다"는 관념은 점차 사람들에게 부단히 도덕적 승화를 이루도록 고무하는 내재적 동력이 되었고, 그 영향은 의심할 바 없이 심원한 것이었다. 그러나 도덕적 이상이 현실적 인륜에 뿌리박아야 함을 강조하면서, 맹자는 현실을 초월하려는 이상이 지닌 특성을 약화시킨 듯하다. 그가 성인과 백성은 동류라는 점으로부터 보통 사람도 모두 성인이 될 수 있다는 결론을 도출했을 때, 현실을 초월하는 숭고성에 비해, 이상적 인격과 현실적 인륜의 밀접함이 확실히 더욱 부각되는 것이다.

사람마다 모두 도달할 수 있는 경지로서의 이상적 인격은 주로 내성內聖이라는 특성으로 나타난다. 맹자가 보기에, 한 개인이 인격에 있어 승화에 이르렀는지의 여부에 대한 판단은 "마음에 간직한 것[存心]"을 근거로 한다.

> "군자가 사람들과 다른 것은 그 마음에 간직한 것이다[君子所以異於人者,
>
> 以 其存心也]."(「離婁下」)

"마음에 간직한 것"은 내재적인 덕성 또는 도덕적 의식의 함양일 뿐이다 여기서 내재적 덕성(내성內聖)이 이상적 인격(군자)의 근본적 특징을 형성시킨다. 맹자에게서 이상적인 인격의 화신으로서의 대장부에 관한 묘사 가운데에서 우리는 이 점을 보다 구체적으로 파악할 수 있다. "부귀로 방탕하게 할 수 없고, 빈천으로 흔들 수 없으며, 위무로 굴복시킬 수 없는, 이런 사람을 대장부라고 말한다[富貴不能淫, 貧賤不能移, 威武不能屈. 此之謂大丈夫]."(「滕文公下」) 내재적 정신 경지와 대조해서 언급되는 부귀 빈천 위무 등등은 근본적으로 외재적인 역량으로 표현되는데, 이상적 인격(대장부)의 숭고성은 바로 흔들림 없이 굳건한 절개를 지니면서, 외재적 역량에 의해 방탕해지고, 흔들리고, 굴복당하지 않는 데에 있다. 이러한 절개가 체현하는 것이 바로 내성內聖의 속성이다.

바로 이상과 같은 관점에 근거해서 맹자는 '현賢'과 '능能'을 구분했다.

"현인은 지위를 갖고, 능력있는 자는 직책을 가진다[賢者在位, 能者在職]."
(「公孫丑上」)

"현인을 존중하고 능력있는 자를 부려서, 뛰어난 인재가 지위를 지닌다면, 천하의 사士가 모두 기뻐하여 그 조정에 서기를 열망할 것이다[尊賢使能, 俊傑在位, 則天下之士皆悅而願立於其朝矣]."(「公孫丑上」)

'현賢'이란 주로 내재적인 도덕적 성격 또는 덕성이고, '능能'이란 세상을 다스리는 실제적인 재능을 가리키는데, 전자는 내성內聖에 속하고, 후자는 외왕外王에 속하는 것이다. 맹자는 현인을 존중하는 것과 능력있는 자를 부리는 것을 구분했는데, 다시 말해 실제에서 활용되는 기능을 현인에게서 분리해 낸 것은 일정정도 이상적 인격에서의 외왕外王(경세치용經世致用)의 규정을 무화시켰음을 의미하고 있다. 논리적으로 보자면, 이러한 경향과 맹자의 성선설 및 왕도관념은 내재적인 관계를 지니기도 한다. 맹자는 인도仁道로부터 왕도王道를 추론했는데, 왕도에서의 근본적 요구란 바로 "덕에 근거해 인仁을 실천함[以德行仁]"으로써 사람들이 "마음속으로 기뻐하여 진실로 복종하게[中心悅而誠服]" 만드는 것이었다. 그것은 전체적으로 내재적 도덕 역량에 치우친 것이며, 이를 이상적 인격 위에서 체현함이란 바로 내성內聖의 특성을 강화한 것이다. 공자가 내성內聖과 외왕外王을 동시에 긍정한 것에 비해, 맹자의 위와 같은 경향은 유가의 가치추구에서의 어떤 전환을 상징하고 있다.

(2) 성선性善이라는 설정 : 내적 잠재능력의 회복

인격의 이상理想에 관한 내용은 성인成人(이상적인 인격을 완성함)의 도道를 내재적으로 규정하고 있다. 내성內聖에 대한 맹자의 강조가 처음부터 그의 인격완성[成人]

과정에 대한 고찰을 규정했다.

　공자는 "본성은 서로 가깝지만, 습관이 서로를 멀게 한다[性相近, 習相遠]"는 학설을 제기했었는데, 완성된 인격은 서로 가까운(보편적인) 본성을 출발점으로 삼을 수밖에 없다고 생각했다. 그러나 본성의 구체적인 내용에 관해, 공자가 상세한 해명을 제시한 적은 없었다. 맹자는 이에 대해 비교적 많이 설명했다. 맹자의 견해에 따르면 인성人性이 보편적으로 서로 가까운 이유는 보통사람 모두가 선천적으로 선의 단서를 지니기 때문이다. 바로 이런 선의 단서가 이상적 인격을 향해 나아가기 위한 가능성을 제공하는 것이다.[15]

　　"측은히 여기는 마음은 인仁의 단서이고, 수치스러워하고 혐오하는 마음은 의義의 단서이고, 사양하는 마음은 예禮의 단서이고, 옳고 그름을 가리는 마음은 지智의 단서이다. 사람에게 이 네 가지 단서가 있음은 사람에게 사지가 있는 것과 같다. 이런 네 가지 단서를 지니고서도 스스로 할 수 없다고 말하는 사람은 스스로를 해치는 자이다[惻隱之心, 仁之端也. 羞惡之心, 義之端也. 辭讓之心, 禮之端也. 是非之心, 智之端也. 人之有是四端也, 猶其有四體也. 有是四端而自謂不能者, 自賊者也]."(「公孫丑上」)

　인 · 의 · 예 · 지가 이상적 인격에 관한 기본적 규정이고, 이렇게 규정된 것은 처음부터 맹아적인 형태(단서)로 개개의 주체 속에 존재하면서 주체의 자아실현의 내재적 근거를 이룬다. 그래서 '성인成人(이상적 인격의 완성)'이란 이러한 선천적인 잠재능력의 전개일 뿐이다. 만약 주체가 이 과정을 완성시키지 못한다면, 선천적인

---

15) 그레이엄은 고자와의 논변 및 몇몇 학생의 질문에 대한 대답을 제하면, 맹자가 인성이 근본적으로 선함을 긍정한 적이 없으며, 성선설은 이후, 특별히 이고李翶 및 송명이학宋明理學에 이르러서야 비로소 발전하기 시작했다고 생각한다. (A.C. Graham: Studies in Chinese Philosophy and Philosophical Literature, State University of New York Press, 1990, PP26-59) 이에 따르면 성선性善이란 맹자가 우연히 공식화한 것에 불과하다. 이런 관점은 맹자의 인성론과 그 전체적인 가치체계(특별히 이상적 인격에 관한 논의) 사이의 관계를 무시한 것이다. 사실상 아래의 내용에서 상세히 논하는 바와 같이, 맹자에게서 성선은 바로 그 가치목표를 실현에 있어 하나의 필수적인 전제였다.

잠재능력을 지닌 자아를 부정하는 것이다("스스로를 해침[自賊]"). 사람에게서 잠재능력은 흐르는 물의 원천과 같으니, "원천으로부터 콸콸 솟구쳐 밤낮을 그치지 않으니, 구덩이를 채우고 나아가 사해에 이른다. 근본을 지닌 자는 이와 같다. [공자께서] 이 때문에 물에 비유하신 것이다[原泉混混, 不舍晝夜. 盈科而後進, 放乎四海, 有本者如是, 是之取爾]"(「離婁下」)라고 말했던 것이다. 이와 동일하게 선천적인 선의 단서 역시 인격의 발전을 위한 고갈되지 않는 원천을 제공한다. 공자의 '본성의 서로 가까움'에서부터 맹자의 '본성은 선하다'에 이르면, 인성人性과 관련된 내재적 근거가 인격을 완성하는 과정에서 지니는 지위가 한층 부각되기에 이름을 알 수 있는 것이다.

선천적인 선의 단서를 근본으로 하는 하나의 과정으로서의 이상적 인격의 도야는 흔히 내재된 본성을 순리대로 인도하는 것으로 표현된다. 고자告子와의 논쟁 가운데, 맹자는 이에 관해 상세히 논했다.

> "고자가 말했다. '본성은 버드나무와 같고, 의로움은 나무그릇과 같다. 인성에 근거해 인의仁義를 이룬다는 것은 버드나무를 재료로 나무그릇을 만드는 것 같다.' 맹자가 말했다. '그대는 버드나무의 본성을 따를 수 있어 나무그릇을 만드는가? 버드나무를 훼손시킨 다음에 나무그릇을 만드는가? 만일 버드나무를 훼손시켜 나무그릇을 만든다면, 마찬가지로 사람을 훼손시켜 인의를 이루게 하는 것인가? 천하 사람들을 선동해 인의를 해치는 것은 그대의 말임에 틀림없다![告子曰 '性, 猶杞柳也, 義, 猶桮棬也. 以人性爲仁義, 猶以杞柳爲桮棬.' 孟子曰 '子能順杞柳之性而以爲桮棬乎? 將戕賊杞柳而後以爲桮棬也? 如將戕賊杞柳而以爲桮棬, 則亦將戕賊人以爲仁義與? 率天下之人而禍仁義者, 必子之言夫!]"(「告子上」)

'인의仁義를 이룬다'는 말은, 바로 인의의 성품을 배양하는 것(이상적 인격의 경지에 도달하는 것)이다. 고자의 관점에 근거하면, 인간의 본성은 선한 것도 아니고 선하지 않은 것도 아니다. 이 때문에 인의仁義와 같은 성품을 형성하는 것은 주로 후천적으로 가공해 만드는 바에 달려 있다. 반면 맹자는 고자의 이런 주장이 필연적으로 "인의를 이루는 것"을 인간의 본성을 부정하는 것(인간의 본성을 훼손시키는 것)과 동일하게 만들 것이라고 생각했다. 이론적으로 볼 때, 후천적인 가공에 대한 긍정을 단순히 인성을 훼손시키는 것으로 귀결시키는 것은 물론 합당하지는 않은데, 고자가 인격을 완성하는 후천적 기능에 치중한 것과 본성을 거스르는 것(스스로 본성을 해치는 것)은 직접적인 논리적 관련을 맺는 것이 아니기 때문이다. 이 점에 입각하면, 맹자의 비판은 다소간 일종의 선험론적인 편견인 것이다.

그러나 주목할 가치가 있는 점은, 맹자가 성선론이라는 전제로부터 출발해 인격 완성이 본성을 훼손하는 과정이 되어서 안 된다는 점을 강조한다는 사실인데, 이는 무엇보다도 인격 도야가 단순히 외재적인 강제 또는 일방적인 주입으로 이해되어서는 안 된다는 것을 의미하고 있다. 일반적으로, 도덕 함양은 물론 한 개체가 사회화 과정을 거칠 것을 요구하며, 이 과정은 보통 본연의 인성을 개조하는 것과 관련되지만, 동시에 그것은 결코 본성을 완전히 거스르는 것일 수도 없다. 사람의 본성은 어떤 의미에서는 인간의 욕구로 표현된다. 이를테면 "현실세계 안에 개인은 수많은 욕구를 지닌다", "그들의 욕구가 바로 그들의 본성이다." (『맑스 엥겔스 전집 3권』, 人民出版社, 1960년, 326 514쪽)라고 할 수 있다. 앞의 1장에서 언급했던 것처럼, 현대의 인본주의적 심리학 연구에 근거하자면, 인간은 기본적인 생리적 욕구 이외에도, 상호존중과 결사등의 고차원적인 욕구도 지니고 있다. 이상적인 정신적 경지를 추구하는 과정 속에서 욕구의 형태로 표현되어 나오는 인성이란, 곧 일종의 내재적인 출발점 또는 근거를 이룬다. 물론 이러한 출발점 또는 근거는 결코 고정되어 변화하지 않는 것이 아니다. 그것은 내면화된 보편규범 원칙 등과 상호융합된 다음에야, 일종의 새로운 근거로 부단히 고양될 수 있으며, 그에 상응해 인격 완성의 과정을 위한 하나의 새로운 출발점을 제공하는 것이다. 만약 이상과 같은 내재적 근거에서 완전히 벗어나거나 상충하고, 외부적인 강제만을 일방적으로 부각시킨다면, 인격을 완성하는[成人] 과정은 인성의 왜곡을 초래해 온전한 인격에 이르는 것은 매우 어려워진다. 맹자의 인성에 대한 이해가 어떤 선험적인 편향을 지니고 있다할지라도, 그가 '인성을 훼손시켜 인의를 이루는 것'에 반대한 점은 확실히 인격 함양 중의 내재적 근거의 작용을 드러내고 있다.

'인성을 훼손함'에 대한 맹자의 비판은 동시에 또 다른 함의를 포함하고 있다. 즉 이상적 인격에 이르는 과정은 결코 자아에의 부정을 특성으로 할 수 없으며, 차라리 그것은 주로 자아의 실현으로 표현된다는 것이다. 앞서 서술한 바와 같이, 맹자에게서 인격 완성[成人]의 내재적 근거는 선천적인 선의 단서 또는 잠재능력일 뿐이다. 자아가 타고난 존재에서 이상적 경지에 이르는 발전은 동시에 이 선의 단서 또는 잠재능력의 실현이므로, 타고난 '나'와 이상적인 '나'의 사이에 내적인 긴장이나 대립은 존재하지 않는다. 맹자의 이상과 같은 관점은 이후 점차 유학의 주류가 되었는데, 그것은 서양의 기독교적 관념과는 명백한 차이를 이룬다. 기독교의 교의에 따르자면, 인류의 조상은 금단의 사과를 훔쳐 먹고 원죄를 범했고, 이러한 원죄는 이후 그 후세대에게까지도 영향을 미친다. 그 교의는 한 개인이 세상에 나오게 되었을 때, 항상 일신의 죄업을 지니도록 한다. 이렇기에 자아는 애초에 죄지은 존재인 것이며, 그가 구원을 얻으려면, 반드시 타고난 '나'(원죄를 짊어진 나)를 부정해야만 하는 것이다. 예수는 신도들에게 이렇게 말했다. "만약 나를 따르고자 하는 사람이 있다면, 그가 우선 그 자신을 부정하도록 하라." (『기독교 인생관』, 三聯書店, 1989년, 64쪽) 여기서 타고난 '나'(원죄 지은 나)와 이상적인 '나'(구원 받은 나)는 서로 용납할 수 없는 관계로 표현된다. 이러한 관념은 인간의 생명가치에 대한 멸시로 흐를 수 있고, 또한 피안세계를 추구하는 초월적인 경향을 함축하고 있다. 그에 비해, 맹자는 성선설이라는 기초 위에서, 인격 완성 과정[成人過程]을 자아의 완성(자아의 잠재능력의 실현)으로 이해했는데, 주체의 존재가치와 현실적 삶의 의미를 상당히 긍정했던 것 같다.

'성인成人'(이상적 인격의 완성)을 내재적 근거의 전개로 규정하는 것이, 물론 후천적인 함양을 배척함을 의미하지는 않는다. 맹자는 일찍이 인의仁義 등의 선의 근거를 오곡의 씨앗에 비유했는데, 바로 씨앗이 숙성 과정을 거칠 필요가 있는 것과 마찬가지로, 내재된 선의 단서 또한 숙련될 필요가 있다고 생각했던 것이다.

"오곡은 씨앗 중에서도 튼실한 것이지만, 숙성되지 않으며 쭉정이 만도 못하다.
인仁이란 것 또한 그것을 숙련하는 데에 달려 있을 뿐이다[五穀者, 種之美者也,
苟爲不熟, 不如荑稗. 夫仁亦在乎熟之而已矣]." (「告子上」)

내재된 선의 단서의 성숙과정은 우선 이성적 자각으로 나타난다. 맹자는 "인의를
행함[行仁義]"과 "인의에 따른 실천[由仁義行]"을 구분했다. "인의를 행함"이란 행위가
인의仁義의 규범에 자연스럽게 합치하는 것으로, 이때 주체는 여전히 있는 그대로
존재하는[自在] 단계에 머무를 뿐이다. 반면 "인의에 따른 실천"이란 자각적으로 인의
규범을 준수하는 것으로 이때 주체는 스스로 행위하는 존재[自爲]로서의 상태에 놓인다.
말하자면 전자는 타고난 '나'에 상응하며, 후자는 이미 이상적 '나'로 고양된 것인데,
"인의를 행하는" 있는 그대로의 존재(타고난 나)로부터 "인의에 따라 실천하는" 스스로
행위 하는 존재(이상적 나)로의 전화轉化란 바로 "여러 사물의 이치에 밝고, 인륜을
통찰하는[明於庶物, 察於人倫]" 이성화 과정을 통해 실현되는 것이다. (「離婁下」를
참고할 것) 여기서 이성의 승화는 내재적인 잠재능력의 전개에서 전제될 뿐만 아니라,
잠재능력의 전개 과정의 구체적 내용이 된다.

맹자는 일찍이 호연지기를 이상적 인격 속으로 끌어들였는데, 인격에 관한 이런
재규정에 상응하여, 맹자는 '양기養氣'의 학설을 제시했다. '양기養氣'란 굳세고 의연하며
강인한 의지와 지조다. 맹자가 볼 때, 주체가 당당히 우뚝 서서 사회적 책임을 감당하려면,
반드시 그 마음과 의지를 고통스럽게 하는 과정을 거쳐야만 한다.

"그러므로 하늘이 장치 이 사람에게 큰 임무를 내리실 때에는, 반드시 먼저 그
마음과 의지를 고통스럽게 하고, 그 근육과 뼈를 수고롭게 하고, 그 몸과 피부를
굶주리게 하고, 그 몸을 궁핍하게 만들며, 행위는 그 의도한 결과에 어긋나서
혼란스럽게 하니, 마음을 동요시켜 성정을 굳건히 하도록, 감당할 수 없는 것을

더해주는 것이다[故天將降大任於是人也, 必先苦其心志, 勞其筋骨, 餓其體膚,

空乏其身, 行拂亂其所爲, 所以動心忍性, 曾益其所不能]."(「告子下」)

"하늘이 큰 임무를 내린다"라는 신비한 형태 이면에 함축된 바는 주체의
사명의식(사회적 책임을 감당하는 것)과 다른 것이 아니다. 이상적 인격은 집단에서
떨어져 홀로 사는 개체가 아니며, 언제나 사회 속에서 생활하면서 그에 걸 맞는
사회적 의무를 진다. 자아의 완성은 사회적 의무의 완수와 본질적으로 통일된
것으로(앞에서 서술한대로 이상적 인격의 전범은 내재적으로 "크면서도 [다른 존재를]
변화시키는[大而化之]" 역할을 맡는다), 이상과 같은 이중적 목표에 도달하려면 의지의
연마를 그칠 수 없는 것이다. 맹자의 이런 관점은, 굳세고 의연한 의지의 속성이 결코
자연적으로 이루어지는 것이 아니라, 오직 매우 혹독한 연마 및 역경의 세례를 거치고
나서야, 강인하며 스스로 강해지려 노력하는 인격에 진정으로 도달할 수 있다는 점에
주목한 것이다.

그러나 맹자가 인격완성[成人]이란 의미에서, 후천적인 이성의 자각 의지의 연마
등을 긍정했다고는 하지만, 그가 볼 때, 이러한 요소들은 선천적인 선의 단서를 전개의
조건으로 삼는 것일 뿐이며, 그 역할은 "확충하는 것[擴而充之]"에 불과하지, 인격에
새로운 내용을 주입하지는 않는다. 마찬가지로 환경의 영향도 물론 무시할 수 없는
것이지만(의지의 연마는 흔히 역경 속에서 전개된다), 이런 영향은 주로 내재적인 선의
단서의 전개를 촉진하거나 저지하는 것으로 나타날 뿐이니, 그 관계는 보리 씨앗에 대한
기후와 토지의 관계와 동일하다. 따라서 맹자는 "만약 모맥을 파종하고 씨앗을 덮었는데,
그 땅이 똑같고 심은 때도 똑같다면, 쑥쑥 싹이 나와서 일지가 되면 모두 익게 될 것이다.
익는 때가 다르다면 땅에 비옥함과 척박함이 다르고, 비와 이슬의 기름, 사람이 일한
바가 일정하지 않기 때문이다[今夫麰麥, 播種而耰之, 其地同, 樹之時又同, 浡然而生,
至於日至之時, 皆熟矣. 雖有不同, 則地有肥磽, 雨露之養, 人事之不齊也]"(「告子上」)라고
말했다. 바로 토지와 기후 등의 조건이 보리 씨앗에 새로운 본질을 더하지는 않음과

마찬가지로, 환경의 영향도 내재적 근거를 전환시키지 않는다. 이렇게 맹자에게서 성인成人으로의 과정은 어떤 폐쇄적인 성질을 지니고 있다. 따라서 이상적 인격은 언제나 선천적인 선의 단서를 넘어서지 않기 때문이다. 맹자의 다음과 같은 결론에서, 우리는 어렵지 않게 이런 점을 확인한다.

> "학문의 도道는 다른 것이 아니다. 흐트러진 마음을 구하는 것이다[學問之道, 無他, 求其放心而已矣]." (「告子上」)

배움과 인격완성[成人]은 동일한 과정의 두 측면이며, 이 하나의 과정은 전체적으로 선천적인 선의 단서에서 출발해서 다시 본성으로 회귀하는 것으로 나타난다("흐트러진 마음을 구하는 것").

공자와 비교했을 때, 내재 근거에 대한 맹자의 고찰은 명백히 보다 구체화되고 심화된 것이다. 유가적 인격이상론의 발전이란 측면에서, 맹자가 성선설의 토대 위에서, 제기한 이상과 같은 고찰은 확실히 무시할 수 없는 하나의 고리를 이루고 있다. 하지만 드러나는 것 속에는 동시에 감추어지는 것도 있다. 바로 성인成人의 과정 속에서 내재적 근거를 부각하고 강화함으로 인해, 맹자가 일정 정도 복성설復性說로 이끌리기 시작함으로써, 인격을 빚어내는 데에 있어, 후천적 학습이 지닌 역할을 상대적으로 약화시켰던 것이다.

제3장
발전 속의
전환

제3장
발전 속의 전환

선진시대 유학에서 또 다른 중요 인물이 순자이다. 맹자와 비슷하게 순자의 사상(가치관념을 포함한)은 다방면에서 공자가 개창한 유학전통에서 기원했는데, 아마 바로 이런 점 때문에 후세에는 언제나 공자·맹자·순자를 함께 논하였을 것이다. 그러나 이론상으로 대체로 하나의 원천에서 기원한 것임에도, 순자가 유학에 대해 규명한 바는 맹자와는 상당히 다르다. 어떤 의미에서 말하자면, 순자와 맹자는 모두 유학의 계승자일 뿐만 아니라, 각자 유학(유가적 가치관을 포함한)의 상이한 발전 방향을 대표한다.

1. 하늘과 인간의 관계 : 분리에서 상호작용으로

천인관계에 있어 순자는 "하늘과 인간의 분리를 규명한다[明於天人之分]"(『순자荀子』「천론天論」, 아래부터는 편명만을 밝힌다)는 유명한 명제를 제시하였다. 하늘[天]은 곧 자연이니, 하늘과 인간의 분리란 우선 인간이 자연 대상과는 다른 존재임을 가리킨다.

"물과 불은 기氣가 있지만 생명이 없고, 초목은 생명이 있지만 지각은 없고, 금수는 지각이 있지만 의리가 없다. 사람은 기氣, 생명, 지각이 있고, 게다가 의로움도 지니므로 천하에서 가장 귀하다[水火有氣而無生, 草木有生而無知,

禽獸有知而無義, 人有氣 有生 有知, 亦且有義, 故最爲天下貴也].”

(「왕제王制」)

기氣 생명 지각(지각능력으로, 이를테면 눈은 볼 수 있고, 귀는 들을 수 있는 것과 같은 종류이다)은 모두 일종의 자연에의 규정 또는 속성이며, 의로움은 자연을 초월하며 일종의 인문화된 관념(도덕적 의식)을 나타낸다. 순자의 관점에 따르면, 인간이 인간이 됨은 기氣 생명 등 자연적으로 타고나는 것에 달려 있는 것이 아니라, 자연이 부여한 것에 대한 인문화를 통해 자각적인 도덕의식(의로움)을 형성했는지에 달려 있는 것이다. 바로 이러한 인문화라는 관념이 인간이 자연적 대상과 달리 최고의 가치("천하에서 가장 귀하다[最爲天下貴]")를 지닐 수 있도록 만드는 것이다. 여기서 순자는 하늘과 인간의 구분을 통해 인간을 자연보다 높은 지위로 끌어올렸으며, 의로움을 인간적 가치를 확인하는 근거로 만들었다. 이러한 사유 노선이 대체로 공자 맹자을 계승하면서 체현한 것은 기본적으로는 유가적 전통이다.

그러나 의로움은 물론 인간을 자연대상과 구별하고 자연대상보다 높여주는 것이지만, 인간의 가치는 단순히 의로움에서만 체현되는 것만은 아니다. 순자에게, 하늘과 인간의 구분은 또 다른 함의를 지니는데, 바로 '하늘의 직분[天職]'과 '인간의 직분[人職]'의 구분이다. 하늘은 의지가 배어있지 않은 하나의 자연 과정으로, "하지 않아도 이루고 구하지 않아도 얻으니, 이를 하늘의 직분이라고 한다[不爲而成, 不求而得, 夫是之謂天職]"(「천론天論」)는 것이다. 이에 비해 인간은 자연을 다스리는 능력을 지녔으니, 그 역할은 천지를 다스리는 데에 있다.

"그러므로 천지는 군자를 낳고, 군자는 천지를 다스린다[故天地生君子!
君子理天地].”(「왕제王制」)

"하늘은 네 계절의 변화를 지니고 땅은 자원을 지니는데, 인간에게 다스림이 있으니, 이것을 능동적 참여[能參]라고 일컫는다[天有其時, 地有其財, 人有其治, 夫是之謂能參].”(「천론天論」)

'이리理'와 '치治'는 모두 자연에 대한 작용을 지칭한다. 천지의 활동을 다스림으로써, 자연은 그대로 존재하던 대상에서 나를 위한 존재(나를 위해 사용되는 대상)로 전환된다. 이를테면 “천지를 관할하여 만물을 부린다[天地官而萬物役矣]”(「天論」)고 하는데, 이 과정은 또한 이중적 의미에서 인간의 가치를 좀 더 구체적으로 드러내는 것이다. 한편으로, 외물이 결국 인간을 위해 이용되는 대상이라면 인간이 목적이란 것이고, 다른 한편으로 주체의 본질적 역량은 자연의 과정에 작용하는 가운데 외재적으로 드러나게 되기 때문이다. 바꿔 말해, 인간적 가치는 내재적 도덕의식(올바름)을 초월해서 외부적인 확증을 얻게 되는 것이다. 맹자가 단지 내재적 심성(선善의 단서)으로부터 인간과 금수의 차이점을 논하는 것에 비할 때, 순자의 인간적 가치에 대한 이상과 같은 긍정은 확실히 보다 깊은 역사의식 및 실제적 힘을 갖고 있다.

'인간이 천하에서 가장 귀함'에 대한 확인에는 인도人道 원칙에 대한 중시가 내재적으로 함축되어 있다. 순자에게 있어, 천도天道에 비해 인도人道가 보다 중요한 의미를 지니는데, 이러한 사유 경향은 명백히 공자 문하의 표식을 각인한 것이다. 그러나 공자가 인仁을 중심축으로 인도人道 원칙을 전개한 것과는 차이가 있다. 순자는 인도人道 원칙을 예禮와 관련시키는데 역점을 두었다. 유학의 변화를 통해 볼 때, 예禮는 본래 공자 사상 가운데 중요한 한 범주로, 공자는 심지어 “자기를 극복해 예禮로 돌아간다[克己復禮]”는 말로 인仁을 정의했지만, 인仁에 비해, 예禮는 주로 일종의 외재적 형식으로 나타나며, 인仁과 결합했을 때에만, 예禮는 비로소 현실적인 의미를 지니게 된다. 그래서 “사람이면서도 인仁하지 못하다면 예禮라도 무엇에 쓰겠는가?[人而不仁, 如禮何?]”(『논어論語』 「팔일八佾」)라고 말했던 것이다. 순자에게서, 예禮는 인仁에 부속되는 외재적 형식에서 인도人道의 최고준칙으로까지 격상된다.

"예禮라는 것은 인도人道의 표준이다[禮者, 人道之極也]." (「예론禮論」)

　　"그러므로 배움이란 예禮에 이르러 머무는 것이다. 이것을 도덕의 표준이라
　　말한다[故學至乎禮而止矣. 夫是之謂道德之極]." (「권학勸學」)

　　인仁이 주로 내재적 규범으로 표현되는 것과 달리, 예禮는 외재적 제약이란 측면에 보다
치우쳐 있다. 맹자가 '측은히 여기는 마음'(차마 사람을 해치지 못하는 마음)을 인仁의
출발점으로 삼은 것이 인도人道 원칙을 내재적 양심에의 호소라고 보았음을 의미하는
것이라면, 순자가 예禮를 인도人道의 표준으로 삼은 것은 인도人道 원칙을 주체에 대한
사회의 외재적 요구라고 이해한 것이다.
　　인도의 표준으로서의 예禮의 기능은 무엇보다 '다스림[治]'으로 표현된다. 즉
"천지天地는 삶의 시작이고, 예의禮義는 다스림의 시작이다[天地者, 生之始也. 禮義者,
治之始也]"(「王制」)란 것이다. 여기서 '다스림'은 내포한 의미가 비교적 넓다. 그것은
사회를 다스리고 천지天地를 질서지우는 것을 뜻할 뿐만 아니라, 개체에 대한 형상화를
뜻하기도 한다. 생명을 지닌 존재로서의 인간(개체)은 우선적으로 자연의 산물이다. 바꿔
말해, 인간의 생명은 자연에서 비롯된다("천지는 삶의 시작이다[天地者生之始]"). 그러나
인간이 생명을 지닌 자연 존재에서 사회화(인간화)된 주체가 되도록 하려면, 예禮에 따라
다시 주조하는 과정을 거쳐야만 한다("예의禮義는 다스림의 시작이다[禮義者,治之始]").
인간은 세계에 나올 때, 아무래도 많은 자연의 흔적을 지니고 있으며, 인간의
천성天性에도 늘 자연적 감정과 욕망이 존재하기 마련이다. 즉 "사람의 감정은 눈에서는
지극한 미색을 원하고, 귀에서는 지극한 소리를 원하고, 입에서는 지극한 맛을 원하고,
코에서는 지극한 향기를 원하며, 마음에서는 지극한 편함을 원한다. 이 다섯 가지 지극한
것이 인정人情이 결코 벗어날 수 없는 대상이다[夫人之情, 目欲綦色, 耳欲綦聲, 口欲綦味,
鼻欲綦臭, 心欲綦佚. 此五綦者, 人情之所必不免也.]." (「왕패王霸」) 만약 이런 식의 본성의
발전을 방임한다면, 인간은 금수(자연대상)와 구별되기 매우 어렵다. 오직 예禮에 따라

구속하고 다스릴 때에만, 인간은 진정 자연을 초월할 수 있다.

"혈기 의지 사려분별을 사용함에 예禮를 따르면 다스려져 능통할 수 있게 되지만, 예禮를 따르지 않으면 사리에 어긋나고 문란해져 안일하고 나태해지게 된다. 음식 의복 거처 머뭄과 움직임은 예를 따를 때 조화롭고 절도에 맞지만, 예를 따르지 않으면 곤경에 빠져 병폐가 생길 것이다. 용모 태도 나아가고 물러남 일을 추진함에 예를 따르면 우아해지지만, 예를 따르지 않는다면, 오만방자하고 편벽되게 되니, 범속하고 조야해진다[凡用血氣 志意 知慮, 由禮則治通, 不由禮則勃亂提僈. 食飲 衣服 居處 動靜, 由禮則和節, 不由禮則觸陷生疾. 容貌 態度 進退 趨行, 由禮則雅, 不由禮則夷固 僻違, 庸衆而野]."(「수신修身」)

"기氣를 다스리고, 마음을 함양하는 방법으로 예禮를 따르는 것만큼 빠른 길은 없다[凡治氣 養心之術, 莫徑由禮]."(「修身」)

'조야함[野]'과 '우아함[雅]'에 관한 구분은 바로 자연과 인문(하늘과 인간)의 구분의 구체적인 형태이다. 조야함에서 우아함으로 나아감은 자연적인 인간에서 사회적(인간화된) 인간으로 전환됨을 의미하는데, 이 전환을 근본적으로 보증하는 것이 규범짓고 간추리는 예禮이다. 여기서 예禮의 인도적 의의란 바로 인간을 자연 상태로부터 끌어올리는 데에 있다.

'다스림의 시작'으로서의 예의 기능은, 물론 단순히 개체의 자연적 본성을 바로잡고 다스리는 것에 국한되지 않는데, 좀 더 넓은 시각에서 볼 때, 예禮는 또한 사회적 관계를 조화롭게 하고, 사회적 충돌을 방지하거나 화해시키는 기능을 지닌다. 순자는 사람이 사람이 되는 이유가 구별에 있다고 생각했다. "사람이 사람이 되는 까닭은 무엇인가? 말하자면 그 구별이 있기 때문이다[人之所以爲人者何已也? 曰以其有辨也]"(「비상非相」) 여기서 인간은 동족[族類]으로서의 인간을 가리키며, '구별[辨]'이란 사회구성원 사이의 신분 구분을 가리킨다. 사회는 개체로 구성되지만, 개체는 언제나 다른 욕구와 이해관계를 지닌다. 만약 이런 욕구와 이익을 제한할 수 없다면(하나의 한계를 규정하는 것) 분쟁을 야기할 수밖에 없기 때문에, 예禮의 역할은 바로 한도와 경계를 나눔으로써 분쟁을 제거하는 데에 있는 것이다.

> "사람은 태어남에 욕망이 있다. 욕망하여 얻지 못하면 구하지 않을 수 없고, 구했더라도 한도와 경계가 없으면 분쟁이 없을 수 없다. 분쟁이 생기면 혼란스러워지고, 혼란스러워지면 궁핍해진다. 선왕先王은 혼란을 혐오했다. 따라서 예의禮義를 제정하여 구분짓고, 사람의 욕망을 길러주었고, 사람이 구하는 바를 제공했다[人生而有欲, 欲而不得, 則不能無求. 求而無度量分界, 則不能不爭. 爭則亂, 亂則窮. 先王惡其亂也, 故制禮義以分之, 以養人之欲, 給人之求]." (「예론禮論」)

분쟁과 혼란의 결과는 사회의 붕괴와 쇠락(궁핍)이며, 사회의 붕괴는 최종적으로 인류 자신의 멸망을 초래한다. 이런 측면에서 말하자면, 분쟁과 혼란은 또한 인간의 존재 가치에 대한 부정이라고 파악할 수 있는 것이다. 개체를 규범 짓거나 간추리는 것이 주로 자연(타고난 본성)에 관한 인문화라는 의미에서 인도人道의 원칙을 체현하는 것이라고 한다면, 한계와 경계를 획정함을 통해 사회의 충돌을 방지하는 것은 보다 넓은 사회적 역사적 차원에서 [인도원칙과] 동일한 가치지향을 나타내는 것이다.

물론 예禮를 통해 직분을 정한다는 것이 결코 개체의 사회적 지위가 고정불변임을 의미하지는 않는다. 예禮가 제정한 한도와 경계는 또한 일종의 준칙이 되는 것이기는 해도, 일단 예禮에 부합하기만 하면, 그에 상응하는 신분에 들어갈 수 있고, 만약 예禮에 부합하지 못한다면 마땅히 다른 신분에 편입되게 되는 것이다.

> "비록 왕 공 사대부의 자손이라도 예의禮義에 부합할 수 없다면 서인庶人으로

귀속된다. 설사 서인의 자손이라고 해도, 학문을 쌓고 품행을 바로잡아 예의禮義에 합치할 수 있다면 경 상 사대부에 귀속된다[雖王公士大夫之子孫也, 不能屬於禮義, 則歸之庶人. 雖庶人之子孫也, 積文學, 正身行, 能屬於禮義, 則歸之卿相士大夫].” (「王制」)

여기서 예禮를 지닌 사회구성원은 모두 동등하게 간주된다. 예禮는 바로 동일한 원칙에 근거해 사회구성원에 대해 경계를 규정하고 등급을 나누는 것이기 때문이다. 바꿔 말하자면, 예禮가 신분적 경계짓기를 포함하고 있지만, 그것은 동시에 일종의 객관적인 분배기준으로 나타나기도 하는 것이다. 여기에는 실질적으로 일종의 공정公正의 원칙이 내재적으로 함축되어 있다. 즉 예禮 앞에서는 각각의 사람은 평등한 것이다. 바로 이러한 원칙에 근거해 순자는 거듭 '공평公平' '공심公心' '공정公正'을 강조했다.

“그러므로 공평이란 직분을 저울질 하는 것이다[故公平者, 職之衡也].” (「王制」)

“인하고자 하는 마음으로 말하고, 배우려는 마음으로 듣고, 공정한 마음으로 구별해야 한다[以仁心說, 以學心聽, 以公心辨].” (「正名」)

“공정을 귀히 하며 야비한 싸움을 멸시한다[貴公正而賤鄙爭].” (「正名」)

여기서, 순자에게 예禮는 이중적인 성격을 지닌다. 즉 한편으로 예는 한도와 경계를 통해 사회적 긴장과 충돌을 화해시키는 것이며, 다른 한편으로 그것은 공정公正한 원칙으로 사회적 구분 짓기의 합리성을 보증하는 것이다.

앞서 서술한 것처럼, 공자는 인仁을 인도人道 원칙의 기본적 내용으로 삼았는데, 인仁은 주로 일종의 사랑에 대한 요구(사람을 사랑함, 널리 민중을 사랑함)를 체현한 것이었다.

한편 맹자는 '사람을 차마 해치지 못하는 마음[不忍人之心]'으로부터 '모진 마음이 없는 정치'(인정仁政)을 추출하였다. 그들 사이를 관통하는 것은 바로 넓은 의미의 범애汎愛의 관념이었다. 그들에 비해, 순자는 인도人道의 법칙으로서의 예禮를 공정公正에의 요구와 연관시킴으로써, 확실히 인도원칙이 새로운 내용을 지니도록 하였다. 인애仁愛가 내재적 심리 감정에 주로 치중하는 것(맹자의 인정仁政은 애초에 내재적 선의 단서를 투사하는 것으로 표현된다)과 달리, 공정公正에의 요구는 우선 외재적 사회관계와 관련된다. 인애仁愛가 내재적 차원에서 인간이 목적임을 부각시키는 것이라 한다면, 예禮가 체현하는 것은 공정에의 요구로 외재적 차원으로부터 인간의 가치를 보편적으로 긍정하는 것이다. 왜냐하면 공정하게 각각의 사회구성원을 대우한다는 전제에서는, 주체 모두가 존중되어야만 하기 때문이다. 두 가지는 실제적으로 다른 관점에서 유가의 인문주의적 원칙을 전개한다고 말해도 좋다.

신분적 구분과 공정이라는 이중적 성격을 부여 받고나서, 예禮는 바로 법과 연결되기 시작한다. 법의 근본적 특징은 사사로움을 이겨내는 것[勝私]이다. 따라서 "[자신을] 노하게 한다고 지나치게 빼앗지도 않고, 기쁘게 한다고 지나치게 주지도 않는 것은 법이 사사로움을 이기는 것이기 때문이다[怒不過奪, 喜不過予, 是法勝私也]"(「修身」)라고 말하는 것이다. 사사로움과 대립하는 것으로서의 법은 바로 정의正義의 상징이다. 바꿔 말하자면 법은 다른 측면에서 공정의 원칙을 체현하는 것이다. 바로 예와 법이 내재적으로 상통하는 점에 근간해, 순자는 규범과 조절이라는 예禮의 기능을 강조하면서, 법을 중요한 지위로 끌어올렸다.

"도가 법과 함께해야, 국가의 근본이 선다[道之與法也者, 國家之本作也]."
(「치사致仕」)

"법이란 다스림의 단서다[法者, 治之端也]."(「군도君道」)
"그러므로 배워야 할 것은 예법禮法이다[故學也者, 禮法也]."(「수신修身」)

예禮와 법法이 모두 중시되는 점이 순자 사상의 중요한 특징을 이루는 것이다.

물론, 예와 법의 상통이 양자가 전혀 차이가 없음을 뜻하지는 않는다. 그 본래의 의미에 따르면, 예禮는 주로 당위의 원칙(넓은 의미에서의 인륜원칙)이고, 법法은 강제성을 띤 사회규범이다. 순자에게서, 예와 법의 이상과 같은 구분은 운용범위에서의 차이로 구체적으로 나타난다. 이를테면 그는 "사士 이상의 지위라면 반드시 예禮와 악樂을 사용해 절제시키며, 많은 평민과 백성의 경우에는 반드시 법도와 정책을 통해 통제한다[由士以上則必以禮樂節之, 衆庶百姓則必以法數制之]"(「부국富國」)라고 말한다. 예禮는 단지 사士 이상의 사회구성원에게만 적용되며, 사회의 기타 구성원에 대해서는 법률을 통해 제약해야만 한다고 생각한 것인데, 이는 확실히 인도人道 원칙에 하나의 한계를 설정함을 의미하며, 그것은 예禮에 포함된 공정의 원칙과 요구에서 벗어나 있는 것처럼 보인다. 예와 법의 기능에 관한 이상과 같이 구분은 선진시대 사상가인 순자가 이미 세습적 신분 관념을 돌파하기 시작했지만(공정의 원칙을 언급했다), 여전히 근대적 인문주의식 정의 관념에까지는 도달할 수 없었다는 점을 밝혀준다. 그러나 다른 각도에서 보자면, 순자의 예와 법의 구분은 또한 다음과 같은 관념을 함축하고 있다. 즉 도덕규범의 기능이란 만능일 수 없고, 그것은 자체의 한계를 지닌다는 것이다. 순자가 강조한 예의 조절작용이 주로 사士 이상의 계층에 관한 것으로 나타난다는 점은, 도덕이 자신의 한계를 초월할 수는 없다는 사실을 어느 정도 인식시켜 주는 면이 있다. 앞서 서술한 것처럼, 맹자는 도덕규범의 보편성을 긍정하면서, 부적절할 정도로 도덕의 기능을 과장하고 강화하는 경향을 나타내기도 했는데, 이는 이후의 법가가 법을 인간 사이의 관계에서의 유일한 표준으로 삼은 것과 함께 다른 두 극단으로 치달았던 것처럼 보인다. 이런 역사적 전제에서 보자면, 순자가 예禮의 작용범위를 제한한 것은 분명 범 도덕주의적 경향에 대한 극복이라는 의의도 지닌다.

전체적인 추세를 가지고 말하자면, 공자로부터 맹자까지 유가의 인도人道원칙은 주로 내재된 인仁의 일반화로 나타난다. 반면 그에 비해, 순자는 예禮를 인도人道의 표준으로 삼았으니 인도원칙의 외재성을 보다 중시했던 것이다. "윗사람은 자신의 아랫사람을 아끼지 않는 바가 없지만, 예禮를 통해 통제한다.[上莫不致愛其下, 而制之以禮]"
(「왕패王霸」)라는 말에서 예禮는 곧 윗사람으로부터 아랫사람에게 이르는 배려(아낌)을
체현하는 것이자, 개체에 대한 사회적 구속으로도 표현되는데, 양자는 동일하게 외재적인
특성을 지닌다. 앞에서 논한 바처럼, 인도人道의 외화는 확실히 인도人道가 보다 깊은
역사적 함의와 실제적 힘을 지니도록 하는 것이지만, 동시에 외화란 타율화를 의미하는
것이기도 하다. 인仁에 비해, 예禮가 보다 타율적인 특성을 지님은 분명하다. 이러한
경향이 일보 더 발전되면, 흔히 인륜규범은 강제적 준칙으로 뒤바뀌기 쉽다. 양한兩漢
시대 이후로 정통 유학은 형식상 줄곧 맹자를 받들고 순자를 억압했지만, 순자의 이상과
같은 사유 경향은 오히려 한 측면에서는 실제로 그 이론을 선도한 요소였을 뿐만 아니라
정통유학의 가치체계 속에 깊숙이 배어들었다.

2. 천명을 제어하여 이용한다 : 자유 이상의 확장

인도人道 원칙에 관한 진일보한 규정은 바로 인간의 자유라는 문제와 관련되는데, 유가적 가치체계 안에서 자유에의 추구는 또한 '노력과 운명의 영역'에 연관된다. 공자에서부터 맹자까지, 운명[命] 또는 천명天命은 언제나 유가가 주목하는 중요한 지점으로, 순자 역시 이러한 전통에서 벗어날 수 없었다.

무엇이 운명인가? 순자는 우선 아래와 같이 정의했다.

"때 마침 마주친 것을 운명이라고 일컫는다[節遇謂之命]." (「정명正名」)

'때 마침 마주친 것[節遇]'이란 바로 주체의 상황 또는 처지를 뜻한다. 운명[命]을 현실 생활 속의 인간의 구체적 상황으로 규정한, 이런 식의 이해는 공자 맹자와는 꽤 다른 것처럼 보인다. 공자와 맹자에게서, 운명은 기본적으로 하나의 해석 범주인데, 그것이 나타내는 바란 인간(개인 또는 사회)을 결정짓는 역할을 하면서도 헤아릴 수 없는 힘이다. 공자는 "죽고 사는 것에는 운명이 있고, 부귀는 하늘에 달려 있다[死生有命, 富貴在天]"(『논어論語』「안연顏淵」)고 말했다. 사람의 장수와 요절은 현실적 상황이지만, 공자의 견해에 따르면 '운명[命]'이 바로 이런 상황의 결정자이다. 바꿔 말하자면, "운명"은 일종의 해석적 기능을 부여받게 되는 것이다. 운명이 일단 현실 상황을 좌우하는 일종의 지배적 힘이라고 규정된다면 바로 한 겹의 신비한 색채를 뒤집어쓰게 되는데, 공자와 맹자의 운명에 관한 논의는 확실히 사람들에게 일종의 신비감을 준다. 그에 비해, 순자는 운명을 '구체적인 상황(때 마침 마주친 것[節遇])'으로 정의하는데, 이는 운명을 형이상학적인 해석범주에서, 실제로 그러함(현실의 실정)에 관한 묘사로 환원시킨 것이다. 운명은 더 이상 개인 또는 사회를 지배하는 초험적인 역량이 아니며, 그것은 바로 현실 상황 그 자체인 것이다. 바로 이러한 전환을 통해, 순자는 어느 정도 운명이 지닌 현묘하고 신비한 색채를 제거했다.

운명의 구체적인 형태로서의 상황(때 마침 마주친 것)이란 언제나 자아를 넘어서서 작용하는 일면을 지닌다. 주체가 놓인 상황은 대체로 자아의 선택에서 비롯되는 것이 아니기 때문이다. 따라서 개체 역시 생활 속에서 조우하게 되는 일체의 것을 항상 완전하게 지배할 수 없는 것이다. 이런 사실에 대해서, 순자가 말하기를 꺼려한 적은 없다. 사회적 교제 관계를 분석하면서, 순자는 다음처럼 말했다.

"군자는 귀히 여길만한 것(도덕)을 행할 수 있어도, 사람들로 하여금 반드시 자신을 귀하게 여기도록 할 수는 없다[君子能爲可貴, 而不能使人必貴己]." (「非十二子」)

주체는 물론 자신의 수양을 통해서 도덕적 고상함을 성취할 수 있긴 하지만, 타인이 반드시 자기를 존중하도록 보증할 수는 없다. 후자는 일종의 서로 교제하는 경우로 이미 주체의 작용 범위에서 벗어나 있는 것이다. 마찬가지로 개체의 영욕은 몇몇 경우에는 자기의 행위가 야기한 것에서 비롯되지만, 다른 조건 하에서는 자아의 외부의 힘에 달려 있다.

"음란함에 허우적거리고 추악한 멋대로의 행동으로 직분을 위반하고 도리를 어지럽히며, 교만하고 잔혹하게 이익을 탐할 때, 치욕은 안으로부터 나오는 것이다. 이런 것을 의욕義辱이라 일컫는다. 욕먹고 모욕당하고 머리채를 잡히고 주먹질 당하고 곤장을 맞고 무릎을 베이고 목베이고 몸을 찢기고 포박당하고 재갈물릴 때, 치욕은 밖으로부터 이르는 것이다. 이런 것을 세욕埶辱이라 일컫는다[流淫汙僈, 犯分亂理, 驕暴貪利, 是辱之由中出者也, 夫是之謂義辱. 詈侮捽搏, 捶笞臏脚, 斬斷枯磔, 藉靡舌縛, 是辱之由外至者也, 夫是之謂埶辱]." (「正論」)

'의욕義辱'은 자신의 행위의 부당함(직분을 위반하고 도리를 어지럽힘)으로 인해 야기된 것이기에, 그것은 피할 수 있고 피해야만 하는 것이다. 반면 '세욕勢辱'은 외부적 상황이며, 이에 대해 주체는 결코 책임질 수도, 힘 쓸 수도 없는 것이다. 순자는 군자君子가 세욕勢辱을 겪을 수 있다고 생각했는데, 개체의 몇몇 상황은 자아가 통제하기 어려운 것임을 간파했던 것이다. 이런 분석은 '때마침 마주친 것[節遇]'(상황)으로서의 운명에 보다 구체적인 내용을 부여한다.

그러나 상황은 몇몇 측면에서 선택할 수 있는 것이 아니라는 점이 주체가 완전히 결정되어 있는 존재임을 의미하고 있는 것은 결코 아니다. 사람들이 자신을 귀히 여기게 될지, 내가 '세욕勢辱'을 당하게 될지와 같은 것은 진실로 완전히 자아에 달린 것은 아니지만, 삶의 의미에 관한 선택과 자아 가치의 실현에 있어, 주체는 여전히 외부적인 힘이 좌우할 수 없는 자주성을 지닌다. 그렇기에 "정신을 수양하고, 덕행을 독실히 하고, 사고를 분명히 하고, 현세에 태어났으나 고대를 지향함은 나에게 달린 것이다[若夫志意修, 德行厚, 知慮明, 生於今而志乎古, 則是其在我者也]"(「天論」)라고 말한 것이다. '나에게 달려 있다'는 것은 바로 주체적 결정에 따를 수 있다는 것으로, 그에 대응되는 것이 바로 실천과 관련된 인류의 영역인 것이다. 여기서 순자는 실제적으로 도덕영역에서 주체는 본질적으로 일종의 자유로운 존재임을 긍정하고 있다. 이러한 관점은 대체로 공자 이후 유학의 발전 경향을 계승한 것이다. 실제로 공자로부터 맹자까지, 도덕적 자유는 한결같이 유학의 중요한 주제였고, 도덕적 선택이나 도덕적 함양 등의 측면에서, 주체의 자주성에 대해, 공자와 맹자 역시 회의를 표한 적은 없었다. 물론 공자와 맹자에 비교하자면, 순자는 도덕적 자유에 대한 고찰에서 확실히 보다 구체적이고 명석하다.

"마음이란 형체의 군주이자 신명神明한 것의 주인이니, 명령을 내리지만 명령을 받지는 않는다. 스스로 금하고 스스로 시키고, 스스로 빼앗고 스스로 취하며, 스스로 행하고 스스로 그만둔다. 그러므로 입은 겁박해 침묵하게 할 수 있고, 형체도 겁박하여 굽히고 펴도록 할 수 있지만, 마음은 겁박해서 그 의도를 바꾸도록 할 수 없다[心者, 形之君也而神明之主也, 出令而無所受令. 自禁也, 自使也, 自奪也, 自取也, 自行也, 自止也. 故口可劫而使墨云, 形可劫而使詘申, 心不可劫而使易意].”(「解蔽」)

여기서의 ‘마음’은 일반적으로 주체의 의식을 가리킨다. 그것은 자각적 이성을 포괄할 뿐만 아니라, 그와 관련된 의지라는 속성까지도 동시에 가리킨다. 순자에게서, 주체 의식의 근본적 특징은 자유롭게 사유하고 선택할 수 있다는 점에 있다. 또한 사람의 신체는 속박당할 수는 있어도, 그 의지에 따른 자유로운 선택은 외부의 힘으로 바꾸기 어렵다. 일반적으로, 도덕적 행위의 전제는 바로 의지의 자유이다. 만약 주체가 자주적 선택의 능력이 결여 되어 있거나 또는 외부의 강제로 인해 자유롭게 결정할 수 없다면 그 행위에 대해 선악을 구분하는 것은 매우 어렵게 된다. 이런 점에 입각할 때, 도덕적 자유는 무엇보다도 의지 자유로 나타나는 것이다. 순자는 스스로 금하고 스스로 시키는 것을 주체 의식의 내재적 특징으로 생각했다는 점은 여기서 매우 명백해진다. 이런 관점은 동시에 예禮가 지닌 타율성을 약화시키는 측면이 있다. 외재적인 구속도 결국에는 내재적인 선택을 통해서 작용해야만 하기 때문이다. 이런 측면에서 순자는 ‘인仁을 실천함은 자기에게서 비롯된다[爲仁由己]’는 전통에서 벗어나지 않았을 뿐만 아니라, 그러한 전통을 한층 심화시켰던 것이다.

그렇다면 인간의 자유란 단순히 도덕적 영역에 국한되는 것인가? 이 문제의 해결은 ‘운명[命]’에 관한 보다 심층적인 규정과 관련된다. 순자에게서 ‘운명[命]’은 현실에서 마주치는 상황이라는 의미 이외에, 또 다른 하나의 함의를 지닌다. 순자의 「천론天論」 중 유명한 한 단락의 논의를 보아도 좋다.

“하늘을 크게 여겨 사모하는 것이 어찌 만물을 길러서 제어하는 것만 하겠는가! 하늘에 순응해 찬미하는 것이 어찌 천명을 제어해 사용하는 것만 하겠는가! 때를 바라고 기다리는 것이 어찌 때에 부응하여 그것을 부리는 것만 하겠는가! 만물에 따라서 그것을 풍부하게 하는 것이 어찌 능력을 발휘해 그것을 변화시키는 것만 하겠는가! 만물을 사모해 그것을 만물로 두는 것이 어찌 만물을 다스려 그것을 잃지 않도록 하는 것만 하겠는가! 만물이 생성하는 근거를 생각하는 것이 어찌 만물이 완성된 바를 지니는 것만 하겠는가![人天而思之, 孰與物畜而制之. 從天而頌之, 孰與制天命而用之. 望時而待之, 孰與應時而使之. 因物而多之, 孰與騁能而化之. 思物而物之, 孰與理物而勿失之也. 願於物之所以生, 孰與有物之所以成]."

이는 하늘과 인간에 관한 논변의 전개이자, 또한 노력과 운명의 관계에 대한 근본적 이해를 체현한 것이다. 쉽게 알 수 있듯이 여기서의 '운명[命]'은 바로 자연(하늘) 속에 존재하는 필연적인 경향일 뿐이다. 자연에 내재된 필연성으로서의 운명은 더 이상 형이상학적 성질을 띠지 않는다. 만약 상황('때 마침 마주친 것')이란 의미로 '운명[命]'을 규정하는 것이, 운명을 실제 그러한 것으로 환원시킴으로써, 그 초험적 색채를 약화시킨 것이라고 말할 수 있다면, 여기에서 순자는 '운명'을 필연으로 정의함으로써 한 발 더 나아가 그 신비한 형태를 벗겨냈던 것이다. 더 나아가 말하자면 운명을 필연으로 규정한 것은 보다 본질적인 가치 의의를 함축하고 있는 것이기도 하다. 왜냐하면 필연성으로서의 운명은 이미 더 이상 헤아릴 수 없는 신비한 힘이 아니기에, 그것은 인간에 의해 지배된 이후에는 인간에게 이용될 수 있기 때문이다. 그렇기에 필연으로서의 운명에 대한 인간의 통제는 본질적으로 자연 규율에 대한 파악과 지배이자, 더 나아가 자연을 정복하는 과정으로 전개된다. "천명을 제어해 사용한다", "능력을 발휘해 그것을 변화 시킨다" 등과 같은 말의 근본적 함의란 바로 인간이 자연에 작용할 수 있으며, 자연의 주인이 된다는 것을 뜻한다.

천명을 제어한다는 것이 물론 천명에 역행하는 것을 의미하지는 않는다. 만약 필연을 거역한다면 천명을 지배할 수 없을 뿐만 아니라 만물에 의해 제약을 받게 될 것이다. 즉 "행동이 이치에서 벗어나고서도 위태롭지 않았던 경우는 없었다. (…) 이것을 자기를 만물에 부림당하게 만드는 것이라고 일컫는다[行離理而不外危者, 無之有也. (⋯) 夫是之謂以己爲物役矣].”(「正名」)는 것이다. 순자의 견해에 따르면, 인간이 하늘에 작용하는 과정은, 결코 하늘과 인간을 서로 분리하는 것이 아니라, 반대로 “천명을 제어하여 사용하고”, “능력을 발휘해 변화시킴”으로써, 하늘과 인간이 상호작용 속에서 점차 내재적 통일성을 구축해가는 것이다. 바꿔 말하자면, 인간의 작용 자체는 곧 천인天人의 통일에서의 전제가 되며, 바로 이런 의미에서 순자는 “인간을 버려두고 하늘만 생각한다면, 만물의 실정을 잃어버린다”(「天論」)고 생각했던 것이다. 순자의 이상과 같은 사상은 실질적으로 합목적성과 합법칙성의 통일을 긍정한 것임을 알 수 있다. 즉 천명을 지배함으로써 자연에 작용하는 것은 인간의 목적(스스로 존재하는 사물을 나에게 이용되도록 만드는 것)을 체현할 뿐만 아니라, 필연적인 순리를 따르는 하나의 과정으로 나타나는데, 이 두 가지가 통일되는 과정 가운데, 주체는 점차 자신의 자유를 실현하는 것이다. 이러한 자유는 더 이상 개체의 도덕적 선택에서의 자주성에 불과한 것이 아니라, 보다 넓은 영역을 하나의 가리킨다. 즉 그것은 본질적으로 인류(동류로서의 주체)가 있는 그대로 존재하는 사물을 자신을 위한 사물로 변화시키는(자연을 정복하는 것) 역사적인 과정으로 전개되는 것이다.

공자와 맹자에 비교해, 순자의 자유에 대한 이해는 확실히 새로운 특성을 지니고 있다. 공자와 맹자(특별히 맹자)에게서 주체의 작용(노력)이 주로 인류의 영역에 국한된다면, 순자는 노력과 운명에 관한 논변 및 하늘과 인간에 관한 논변을 통일시키기 시작했으며, 아울러 그에 상응해 자유의 영역을 하늘과 인간의 상호관계로까지 확장시켰다. 바로 순자에게서, 자유는 보다 본질적인 역사적 함의를 획득하였고, 공자에서부터 맹자에게까지 이르는 내성內聖에의 경향을 상당 정도 초월했다. 그러나 또한 바로 이러한 초연함 때문에, 노력과 운명의 관계 및 주체 자유에 대한 순자의 관점은 결국 이후의 정통 유학에 의해 공인되기 어려웠다. 순자는 유우석劉禹錫 유종원柳宗元 및 왕부지王夫之에 대해 부인할 수 없는 영향을 미쳤지만, 진정으로 유학의 주류 속에 편입되지는 못하였다.

3. 각자 그에 합당한 바를 얻는 것[各得其宜]과 무리지어 살면서 하나로 조화됨[群居和一]

주체의 자유에 대한 순자의 고찰은 두 가지 차원과 관련된다. 즉 개체에 입각할 때, 그것은 주로 도덕적 선택의 자주성과 관련되며, 류類(동류로서의 주체)에 입각할 때, 그것은 천명을 제어해 이용하는 하나의 역사적 과정으로 전개된다. 자유의 이상과 같은 이중적 함의는 집단과 개인[群己]의 관계에 대한 규정과 내재적으로 연관된다.

자기를 수양하는 것[修己]을 중시한다는 점에서, 순자는 공자와 동일하다.

"군자의 학문이란, 그 자신을 아름답게 하는 것이다[君子之學也, 以美其身]."
(「勸學」)

공자나 맹자와 마찬가지로, 순자가 말하는 학문은 넓은 의미에서 상당부분 덕성의 배양과 연관되는데, "그 자신을 아름답게 한다는 것"은 그에 상응하는 도덕상의 자아실현을 가리킨다. 그러나 "사람마다 자기에게 귀한 것을 가지고 있다"는 맹자의 강조가 무엇보다 개체의 가치를 고유하게 타고난 것으로 본다면(개체의 가치를 선천적으로 갖추어진 것으로 여기는 것), 배움을 통해 그 자신을 아름답게 한다는 순자의 주장은 주체의 가치를 후천적 창조로 이해한다. 이 때문에 "공자 맹자 순자는 일맥상통하며, 한결같이 수신을 근본으로 한다"[16]는 말은 참으로 적확하지만, 그 전제에서는 오히려 내재적인 차이가 있다. 물론 이러한 차이는 수양이란 차원에서는 여전히 숨겨져 있어서 분명치 않다. 그 차이는 성인成人(인격을 완성함)에 관한 학설 속에서 진정으로 전개된다.

도덕에 있어서 자아의 완성 이외에도, 주체는 또 다른 가치를 지니고 있다. "사람에게는 삶보다 소중한 것이 없고, 안락보다 즐거운 것이 없다[故人莫貴乎生,

---

16) 李澤厚, 『中國古代思想史論』, 人民出版社, 1984, 3쪽.

莫樂乎安]"(「강국强國」)라고 할 때의 '삶'이란 생명을 지닌 존재로서의 인간을 뜻한다. 순자의 견해에 따르면 개체는 도덕적인 주체일 뿐만 아니라, 그와 동시에 생명을 지닌 존재다. 후자도 동일하게 그 내재적 가치를 지니고 있으니, "삶보다 소중한 것이 없다"는 말은 이 점을 확인하는 것에 지나지 않는다. 또한 바로 개체의 생명 가치에 대한 중시라는 한 가지 전제에서 출발해, 순자는 자신이 난세에 처하거나 폭군과 함께 해야 할 때, 근신하며 변화에 대응함에 탁월해야만 한다고 거듭 요구했다.

> "혼란한 때에 겁박당하고 포악한 국가에서 곤궁히 거처하여 피할 곳이 없다면, 곧 그 아름다움을 높이고 그 선을 드러내고, 그 악은 피하고 그 패단은 덮어두며, 그 장점을 말하되 그 단점을 거론하지 않는 것이 고유한 습속이다. 『詩』에서 '국가에 대명大命이 있어도 다른 사람들에게 알려서 그 자신을 헤쳐서는 안 되네'라 한 것은 이를 일컫는 것이다[迫脅於亂時, 窮居於暴國, 而無所避之, 則崇其美, 揚其善, 違其惡, 隱其敗, 言其所長, 不稱其所短, 以爲成俗. 『詩』曰 '國有大命, 不可以告人, 妨其躬身.' 此之謂也]."(「신도臣道」)

만약 환경의 특성을 살피지 않고 폭군의 뜻을 거스른다면 호랑이를 업신여기는 것과 같으니, "호랑이를 업신여기면 위태로워져 재앙이 그 몸에 닥칠 것이다[狎虎則危, 災及其身矣]"(「臣道」)라고 하였다. 여기서 개체가 지닌 생명은 상당히 중요한 지위로 끌어올려진다. 따라서 생명이란 가치를 유지하기 위해서 주체는 정치적 날카로움을 드러내지 않고, 유연하게 보전을 꾀해야만 한다. 이론적으로, 현실적 주체로서의 인간은 언제나 이성적 정신(광의의 이성)과 감성적 생명의 통일로 나타나는데, 전자는 인간의 보편적 본질을 드러내며, 후자는 인간의 구체적 존재를 나타낸다. 그런데 공자에서 맹자에게 이르기까지 윤리적 이성이 언제나 중시되었던 초점이었다. 따라서 보편적 본질에 비해, 개체의 존재는 대체로 종속적 지위에 놓였다. 이러한 사유경향은 인간에 대한 고찰에서 유가가 다소간 어떤 본질주의적 특성을 지니게 하였다. 그에 비해, 순자가 덕성의 완성과 생명적 존재라는 주체의 가치를 부각시킨 점은, 확실히 유가적 개체성의 원칙이 보다 넓은 함의를 획득하게 하였다.

그러나 순자가 개체의 생명 가치를 강조한 것은 또한 몇 가지 부정적인 의미를 함축하고 있다. 이를테면 앞서 말한 것처럼 "재앙이 그 몸에 닥치는 것"을 모면하기 위해, 주체는 폭군에 대해서조차 "그 아름다움을 높이고 그 선을 드러내고, 그 악은 피하고 그 폐단은 덮어둘"수도 있다. 이러한 주장대로라면, 주체의 존엄과 주체의 인격적인 독립성 등은 부차적인 지위에 머무르게 되는 듯하다. 생명존재를 지킬 수만 있다면, 생각을 굽혀 순종하더라도 크게 비난할 수 없기 때문이다. 실제로 순자에게서 우리는 언제나 "명령을 따라서 군주를 이롭게 하는 것을 '순종'이라고 일컫는다[從命而利君謂之順]"(「신도臣道」), "선을 지니고 남과 조화되는 것을 순종한다고 말한다[以善和人者謂之順]"(「수신修身」) 등과 같은 논의를 찾아낼 수 있다. 이러한 격언은 어떤 의미에서는 이미 향원鄉愿과 흡사한 것이다. 아마도 바로 이런 점 때문에, 근대에 담사동譚嗣同이 반복해서 "이천년 이래의 학문은 순자의 학문이며 모두 향원이었다."(『인학仁學』)이라고 비판했던 것이다. 맹자가 주체의 가치를 인격의 독립과 연관시키면서 우뚝 자립하여 권세에 굴복하지 말아야 함을 강조했던 것에 비해, 순자의 이상과 같은 사유 경향은 부족한 면이 있다.

유연하게 보존을 꾀함으로써, 생명을 유지한다는 것이 주로 소극적인 측면에서 입각한 말이었다. 그렇다면 재능은 어떻게 생명의 가치를 적극적으로 실현시킬 수 있는가? 이는 곧 '무리지음[群]'에 대한 관점과 관련된다. 순자는 다음과 같이 말했다.

"사람은 (…) 힘에서는 소만 못하고, 달리기는 말만 못한데, 소와 말을 이용하는 것은 어째서인가? 사람은 무리를 이루지만 저 동물들은 무리 짓지 못하기 때문이다[人(…) 力不若牛, 走不若馬, 而牛馬爲用, 何也? 日 人能群, 彼不能群也]."(「王制」)

"떨어져 살면서 상대하지 않으면 곤궁해지고 무리지어 살면서 분수가 없으면 다툼이 생긴다. (…) 환란을 구하고 재앙을 없애려 한다면, 분수를 밝혀서 무리 짓게 하는 방법만한 것이 없다[離居不相待則窮, 群居而無分則爭 (…) 救患除禍, 則莫若明分使群矣]." (「富國」)

개체로서의 인간이 타고난 몇몇 자질은 흔히 동물만 못하며("힘은 소만 못하고, 달리기는 말만 못하다"), 그 역량은 매우 제한적임에 틀림없다. 만약 서로가 분리된다면("떨어져 살면서 상대하지 않으면"), 형세상 필연적으로 생존하기 어렵다(곤궁해짐). 다만 일단 다른 개체들이 합쳐서 집단을 이루고 일정한 사회조직을 결성한다면, 자연을 지배하는("소와 말을 부리는 것") 힘을 갖출 수 있기 때문에 곤궁을 형통함으로 전환시킬 수 있다. 여기서 집단은 실질적으로 개체 존재의 근본적 전제가 된다. 따라서 바로 합쳐 무리지음을 통해서, 인간은 부단히 자연을 통제하고 정복할 수 있으며, 개체는 이런 과정 속에서 서로 협조하면서 집단의 일원이 되어 자신의 존재가치를 실현하게 되는 것이다. 주목할 만한 점은 각 개체의 ㄱ근본 조건으로서의 집단이 특정한 개체를 넘어서는 보편적인 의미를 획득하기 시작한다는 것이다. 즉 "사람의 삶이란 무리 짓지 않을 수 없다[人之生, 不能無群]." (「부국富國」) 이렇게 개체에서부터 집단으로 이르는 사유 경로는 공자 맹자의 유학전통과 명백히 합치하는 지점이다. 그러나 공자와 맹자가 이해한 집단은 상당히 인륜적인 색채를 띠고 있지만, 순자에게서 집단은 우선 자연에 대한 일종의 정복이자, 인간이 존재할 수 있게 하는 사회적 조직의 형태로 나타나는데, 후자의 내용이 확실히 보다 광범위한 것이다.

그렇다면, 사회조직의 형태로서의 무리지음, 그 자체는 또한 어떻게 구축되는 것인가? 순자는 "분수[分]"라는 범주를 이끌어냈다. "인간은 어째서 무리 지을 수 있는가? 분수 때문이다[人何以能群? 曰 '分'.]"(「王制」) '분수[分]'은 주로 일종의 신분적 직분으로 표현되는데, 구체적으로 말하자면, 우선 사회구성원을 구분해 여러 신분으로 배치하고, 여러 신분에 따라 상응하는 직분을 규정하는 것으로, 이러한 기초 위에서만 안정적인 사회조직이 구축될 수 있다. "분수를 밝혀서 무리를 이루게 한다"는 말은 바로 이러한 과정을 개괄한 것이다. 이에 따르면 집단은 주로 일종의 신분 구조로 표현되며, 군주는 이런 신분 구조의 상징이 된다. 즉 "군주란 잘 무리 짓게 해주는 사람이다[君者, 善群也.]"(「王制」) 순자의 이상과 같은 관점은 비록 사회조직의 형성이 언제나 사회구성원 사이의 지위와 역할에 있어서의 차이를 수반한다는 점에 주목한 것이지만, 집단을 신분적 구조로 이해한 점은 또한 집단을 초험화超驗化하는 경향을 내포하고 있는 듯하다. "군주란 잘 무리짓게 해주는 사람이다"라는 식의 판단에서, 군주는 일정정도 집단의 화신으로 간주되는데, 집단이 일단 군주와 합쳐서 하나가 되면 흔히 마르크스가 말한 "허구적인 총체"로 탈바꿈될 것이다. 이후의 정통 유학의 전체론holism은 바로 이상과 같은 경향의 진일보한 발전으로 나타난다.

분수를 통해서 무리로 합쳐지게 된다는 추론 가운데 집단과 개인의 관계를 해결하는 근본적 사유노선 또한 이미 점차 명백해진다. 그 본의에 따르면, '분수'란 언제나 개체의 차이를 확인함을 의미한다. 그런데 순자에게서, 이러한 차이는 집단과 개인의 장벽이 되지 않는다.

> "그러므로 선왕께서 이에 예의禮義를 제정해 직분을 나누어, 귀천의 등급과
> 장유의 차별, 지혜로운 자와 어리석은 자 능력있는 자와 능력 없는 자의 직분을
> 두도록 함으로써, 모든 경우에 사람마다 걸맞는 업무를 행하게 하여 각자
> 그에 합당한 바를 얻도록 하였다. 그런 다음에야 봉록의 많고 적음 두터움과
> 박함의 균형이 있게 되었으니, 이것이 무리지어 살면서 하나로 조화되는
> 도道이다[故先王案爲之制禮義以分之, 使有貴賤之等, 長幼之差, 知愚能不能之分,
> 皆使人載其事, 而各得其宜. 然後使穀祿多少厚薄之稱, 是夫群居和一之道也.]."
> (「榮辱」)

한마디로, 각 개체마다 모두 자기의 역할을 충분히 발휘하면서 각자의 존재가치("사람이

걸맞은 일을 행해 각자 그에 합당한 바를 얻는 것")를 실현해야만 하며, 개체가 "각자 그에 합당한 바를 얻는" 가운데, 전체 사회 집단 역시 안정된 질서를 구축하게 되는 것이다("무리지어 살면서 하나로 조화되는 것")이다. 이렇게 한편으로 개체의 존재는 집단의 구축을 전제로 하며, 다른 한편으로 합쳐서 무리짓는 것은 또한 개체가 각자 그에 합당한 바를 얻는 것을 전제로 하는데, 집단과 개인은 일종의 상호 협력의 관계로 표현된다. 순자가 이렇게 개체와 집단의 긴장과 대립을 화해시키면서 집단과 개인의 통일이라는 가치 지향을 강조하는 점은 확실히 유가적 전통의 적극적인 일면을 체현한 것이다.

그러나 만약 더 나아가 분석한다면, 개체와 집단이 이상과 같은 통일 속에서, 집단은 주로 일종의 신분적 구조(귀천의 등급)으로 이해되며 개체는 그에 상응해 귀천의 등급 속의 한 구성원으로 나타난다는 점을 어렵지 않게 발견할 수 있다. 바꿔 말하면, 개체는 기본적으로 신분 서열 속에서 위치지어지지만, 진정한 주체(독립된 인격으로서의 자아)의 형식으로 나타나지는 않는다. 즉 "사람마다 걸 맞는 업무를 행한다"라는 말에 초점은 바로 개체의 신분 구조 속에서의 구체적인 직능인 것이다. 이러한 관점은 실질적으로 외부적 사회신분 관계로부터 개체를 규정하는 것으로, 개체의 내재적인 개성에 대해 무시하는 측면이 있음을 부정할 수 없다. 이런 점은 순자의 또 다른 논의 속에서 보다 명확하게 나타난다. 이를테면 그는 "그러므로 천인, 만인의 실정은 한 사람의 실정과 같다[故千人萬人之情, 一人之是情也]"(「불구不苟」)라고 했다. 이에 입각하자면, 순자에게서는 집단적 원칙이 여전히 주도적 지위를 차지한다. 집단과 개인의 화합은 바로 집단원칙을 그 토대로 하는 것이다.

개체의 자아 완성과 생명가치에 대한 긍정에서부터 결국 집단적 정체성이란 근본으로 되돌아가기에 이르는, 유가적 사유양식은 확실히 순자를 깊이 제약하고 있다. 물론 공자와 맹자에 비교했을 때, 집단적 원칙은 이미 새로운 내용을 획득했다. 집단에 대한 중시는 우선 "천명을 통제하여 사용하라"는 요구와 관련을 맺는데, 합쳐서 무리지음은 자연을 통제함의 보증이 되며 인간적 존재의 전제를 구성한다. 이런 관점은 생산능력이 상당히 제한된 역사적인 조건 하에서 인간의 존재와 발전은 더욱 직접적으로 집단의 힘에 의존한다는 사실을 어느 정도 반영한 것이다. 이런 의미에서 볼 때, 순자는 합쳐서 무리지음을 중요한 지위로 끌어올렸고, 공자와 맹자의 역사적 시야에 대한 초월을 체현함에 틀림없다. 그러나 다른 측면에서 순자는 집단을 일종의 신분적 구조로 이해했고, 아울러 이로부터 출발해 개체를 규정함으로써 개체를 한층 더 신분적 서열 속에 종속시켰다. 이를 가지고 말하자면, 순자는 또한 공자 맹자와 비교해, 전체론적holistic 개체원칙에 보다 근접하는 듯하다. 요컨대 원시 유학의 주요 대표자로서의 공자 맹자 순자는 집단과 개인의 구별 상에서 서로 유사한 가치 지향을 표현해내고 있지만, 또한 내재적으로는 각자의 특성을 지니고 있다. 그것은 중국 문화에 대한 유학의 영향이 매우 복잡한 형태로 나타나게 하였다.

4. 의로움의 외부적 확증 및 그 도구화

공자에서부터 맹자에 이르기까지, 유가는 대체로 의로움을 중시하는 하나의
전통을 형성했는데, 이는 동일하게 순자를 제약하고 있다. 실제로 순자에게서
예禮와 의義는 언제나 함께 언급된다. 예禮가 반드시 준수되어야만 하는 것과
마찬가지로 의로움 역시 벗어나서는 안 된다. 따라서 "한 가지 의롭지 못한 일을
행하거나 한 명의 무고한 사람을 죽이면 천하를 얻을 수 있다 할지라도, 모두 행할 수
없다[行一不義,殺一不辜而得天下, 皆不爲也]"(「유효儒效」)는 것이다. 천하를 얻는다는
것은 넓은 의미에서 공리적 속성을 지닌 일이고, 천하를 얻으려고 의롭지 못한 일을
행하지 않는다는 것은 의로움의 내재적 가치를 긍정함을 의미한다. 이런 측면에서, 공자
맹자 순자에게는 확실히 앞뒤로 계승되는 부분이 있다.[17]

그러나 의로움에 대해 한발 더 나가 정의하면서, 순자는 공자 맹자와는 다른 사고
방향을 표현해냈다. 앞서 서술한 바대로, 공자는 의로움이 으뜸이라는 것을 강조하는 것과
동시에 의로움에 대해 어떠한 '정화淨化'를 수행했기 때문에, 의로움을 현실 토대에서
유리된 일종의 선험적 원칙이 되도록 만들었다. 그와 달리, 순자는 의로움의 외재적
토대에 대해 상당히 많은 고찰을 행했다. 순자의 이해에 근거하자면, 의로움은 결코
일종의 추상적인 선천원칙이 아니다. 예禮와 마찬가지로, 그것은 본질적으로 사회발전에
관한 역사적 요구에서 형성된 것이다.

> "사람은 태어나면서 욕망을 지니는데 욕망하는데도 얻지 못하면, 구하지
> 않을 수 없고, 구했더라도 한도와 경계가 없으면 다투지 않을 수 없다. 다투면
> 혼란스러워지고, 혼란스러우면 곤궁해진다. 선왕은 그 혼란을 싫어하였으므로,

---

17) 벤자민 슈월츠는 순자의 윤리학은 결코 공리주의에 속하지 않는다고 생각했는데(The World of Thought in
Ancient China, Harvard University, 1985, P300), 이런 관점은 분명 순자와 공자 맹자 사이의 이런 관련성을 주목한
것이다. 그러나 그는 순자가 도의道義에 대한 논의에서의 이를 초월하는 부분을 좀 더 분석하지는 못했던 것
같다. 이하의 내용을 참고하라.

예禮를 제정하여 분수를 정하여, 사람의 욕구를 채워주고 사람이 구하는 바를 제공해주었다[人生而有欲, 欲而不得, 則不能無求. 求而無度量分界, 則不能不爭. 爭則亂, 亂則窮. 先王惡其亂也, 故制禮義以分之, 以養人之欲, 給人之求]." (「예론禮論」)

"사람은 어째서 무리지을 수 있는가? 분수 때문이다. 분수는 어떻게 실행할 수 있는가? 의로움을 통해서다. 그러므로 의로움에 근거해 분수를 정하면 조화롭고, 조화로우면 하나되며, 하나되면 힘이 커지고, 힘이 커지면 강해지며, 강해지면 만물을 이기게 된다[人何以能群? 曰 '分' 分何以能行? 曰 '義.' 故義以分則和, 和則一, 一則多力, 多力則彊, 彊則勝物]." (「왕제王制」)

여기에서 의로움의 역할은 두 가지 측면으로 나타난다. 첫째로, 한도와 경계를 확정하고 합리적으로 물질과 재화를 분배함으로써, 분쟁을 없애고 방지하여 전체 사회의 안정을 보증하는 것이다. 둘째로, 사회적 신분구조 속에서 다양한 개체의 관계를 조절함으로써 사회집단의 응집력을 형성시켜서 자연을 통제하는 힘을 증강시키는 것이다. 분쟁을 제거할 뿐만 아니라 강해져서 만물을 이긴다는 것은 모두 넓은 의미의 공리적 요구로 나타난다. 순자는 두 가지를 의로움이 산출하는 사회적 전제로 삼았는데, 실제적으로 역사적 기원이라는 각도에서 도덕(의로움)이 사회적 공리의 토대임을 긍정했던 것이다. 여기서 의로움은 단순히 인간의 선천적 이성이나 양지에서 비롯되는 것이 더 이상 아니다. 그것은 무엇보다도 사회 발전의 역사적 산물로 나타난다. 바로 이러한 역사적 이해를 통해서 순자는 일정정도 의로움이 지닌 폐쇄성과 추상성을 지양했다.

이상과 같은 사유 노선을 따라서, 순자는 더 나아가 도덕원칙으로서의 의로움은 역사적 기원에 있어 넓은 의미에서의 공리적인 기초를 지니고 있을 뿐만 아니라 그 현실 형태 역시 실제적 공리로부터 단절된 것일 수 없음을 인식했다. 따라서 "그러므로 비용을 절약해 백성을 여유롭게 해줌을 안다면 반드시 인仁하고 성聖하며 덕행과

능력을 지녔다는 명성을 얻는 것은 물론이고 부의 막대함이 언덕과 산이 쌓인 것과 같을 것이다[故知節用裕民, 則必有仁聖賢良之名, 而且有富厚丘山之積矣]"(「부국富國」), "만 가지 변화를 다스리고 만물을 재물로 하고 만민을 다스려서 천하를 널리 이롭게 하는 것으로 인한 사람의 선함만 것이 있겠는가![治萬變, 材萬物, 養萬民, 兼制天下者, 爲莫若仁人之善也夫]"(「富國」), "그 도道를 닦고 그 의로움을 행하여, 천하가 함께 하는 이익을 흥기시키고 천하가 함께하는 해로움을 제거한다면, 천하가 귀의하게 될 것이다.[修其道, 行其義, 興天下同利, 除天下同害, 天下歸之]"(「왕패王霸」)등등의 말을 하였던 것이다. 여기서 비용을 절약하여 백성을 여유롭게 하고, 만물을 재화로 하고, 만민을 길러주고, 천하를 모두 이롭게 하는 등의 공리의 결과가 실제적으로는 의로움에 관한 일종의 현실적 확증이 된다. 바꿔 말하자면, 진정한 의로움은 결국 반드시 공리적인 효과와 연관되는 것이다. 맹자가 "오로지 의로움에 근거할 뿐이다"라고 강조한 것에 비해, 순자의 시야는 이미 의로움의 내재적 가치로부터 그 외재적인 가치로 이동하기 시작했고, 이러한 전환 가운데에서 의로움 자체는 보다 구체적인 내용을 획득하게 되었다.

의로움의 역사적 기원과 현실에서의 확증에 대한 고찰은, 다른 측면에서, 의로움의 외재적 토대(공리적 토대를 포괄하는)를 드러낸다. 그것은 공자　맹자의 도의론道義論(의무론)적 경향이 지닌 편향을 바로잡는 측면을 지님에 분명하다. 유가의 의로움과 이익에 관한 논변의 발전이란 점에 입각하자면, 순자의 이상과 같은 고찰의 의의 역시 무엇보다도 여기서 나타난다. 도의론은 이후의 유학에서 줄곧 주도적인 지위를 차지하고 있지만, 도의론을 억제하는 사상도 마찬가지로 면면히 끊어지지 않았는데, 이러한 이론의 연원 가운데 하나는 바로 순자에게로 소급된다.

의로움의 외재적 토대는 넓은 의미에서의 이익의 의로움에 대한 제약으로 나타나는데, 이는 단순히 의로움과 이익의 관계라는 한 측면에 지나지 않는다. 순자의 견해에 따르면, 의로움은 당위의 원칙인 동시에 이익관계를 조절하는 기능을 지니고 있다. 만약 의로움에 관한 규범에 벗어나 일방적으로 이익을 추구한다면 부정적인 결과를 초래하기 쉽다.

"구차하게 이익만을 바라는 이런 경우에는 반드시 해를 입게 된다[苟利之爲見, 若者必害]." (「禮論」)

"윗사람이 이익을 좋아하면 국가는 가난해진다[上好利則國貧]." (「富國」)

"이익이 의로움을 이기면 난세가 된다[利克義者爲亂世]." (「大略」)

　　한마디로 의로움을 젖혀두고 오직 이로움만을 추구한다면, 이익은 흔히 그것의 반대측면(해로움)으로 바뀌게 될 것이라는 것이다. 바로 이런 의미에서 순자는 "이익을 보존하려 의로움을 버리는 것이 극악무도함[保利棄義謂之至賊]"(「수신修身」)이라고 생각했다. 의로움을 통해 이익을 제한하려는 그의 요구에 입각하자면, 순자는 명백히 유가적 전통에서 벗어나지 않는다. 그러나 순자에게서 의로움을 통해 이로움을 제어함에서의 중점은 단순히 도덕원칙의 지고함을 강조하는 데에 있지 않다. 순자에게서, 의로움은 본질적으로 보다 근본적이고 항구적인 이익을 나타내는 것이고, 의로움을 통해 이익을 제어함은 의로움의 조절을 통해 근본적이고 항구적인 이익을 실현하는 것을 의미하고 있다. 이렇게 의로움을 통한 이익의 제어와 전적인 이익 추구의 대립은 동시에 근본적이고 항구적인 이익에 대한 중시와 일시적인 이익 추구의 구분으로 나타나는데, 군자와 소인의 구별도 우선 바로 여기에서 구체화된다. 즉 "군자는 그 영구적 원칙을 행하지만, 소인은 공리를 계산한다[君子道其常, 而小人計其功]."(「천론天論」)는 것이다.
　　순자는 의로움이 그 외재적인 공리적 토대를 지니고 있음을 지적하면서도, 의로움이 이익관계 및 공리활동에 대한 규범이자 조절임을 파악했고, 일정 정도 의로움과 이익을 통일하려는 가치지향을 표현해냈다. 공자가 의로움의 사회적 역사적 근원에서 벗어나 "의로움이 으뜸이다[義以爲上]"라고 강조한 것에 비해, 순자의 의리관義利觀은 확실히 보다 융통성있는 것으로 보인다. 그러나 이로부터 보다 심층적인 분석을 하자면, 순자에게서 의로움이 이익에 가까워질 때, 그 의미에는 전환이 이루어지기 시작한다. 구체적으로 이런 점을 파악하기 위해서, 우리는 순자의 아래와 같은 논의를 봐도 좋다.

　"의로움을 우선하고 이익을 뒤로 한다면 영예롭지만, 이익을 우선하고 의로움을 뒤로 한다면 욕되게 된다. 영예로운 자는 항상 형통하지만, 욕된 자는 항상 곤궁하다. 형통한 자는 언제나 다른 사람을 통제하지만, 곤궁한 자는 언제나 다른 사람에게 통제받게 된다[先義而後利者榮, 先利而後義者辱. 榮者常通, 辱者常窮. 通者常制人, 窮者常制於人]."(「榮辱」)

　"인의의 덕행이 언제나 편안할 수 있는 방법이다[仁義德行, 常安之術也]."
(「榮辱」)

　"몸가짐은 공경하고 마음은 진실되고 신의가 있고, 그 행동의 법도 예의에 부합하고 감정에서는 타인을 아끼면서 천하를 두루 돌아다닌다면, 비록 사방의 오랑캐 땅에서 곤경에 빠진다고 해도, 존귀하게 여지기 않는 사람이 없을 것이다[體恭敬而心忠信, 術禮義而情愛人. 橫行天下, 雖困四夷, 人莫不貴]."
(「修身」)

이런 식의 논의는 얼마든 열거할 수 있다. 도덕원칙으로서의 의로움은 여기서 실질적으로 일종의 수단이란 의미를 부여받고 있다. 의로움을 따르는 것은 절대명령에 무조건적으로 복종하는 것으로 나타나지 않으며 영예 형통함 편안함 귀함을 구하기 위한 것이다. 바꿔 말하자면, 의로움은 일정 정도 명리名利(영예와 형통함)를 획득하는 방법(術)이 된다. 앞의 내용에서 논한 바처럼, 도덕은 본질적으로 이중성을 지니고 있다. 그것은 공리적인 토대 및 외재적 가치(수단으로서의 선함)를 지니고 있고, 또한 공리를 초월하는 내재적 가치를 지니고 있다. 순자가 의로움이 결코 추상적인 법령이 아니라고 파악한 점은, 공자 맹자가 의로움이 공리성을 초월함을 과도하게 강조한 것에 비할 때, 확실히 과소평가할 수 없는 이론적 의의를 지닌다. 그러나 이에 따른 의로움의 도구화 역시 다른 극단으로 치닫는 것이다. 전체적으로 볼 때, 순자는 물론 의로움의 내재적 가치를 완전히 부인했던 적은 없었지만, 그에게서 도덕의 도구성이 결국 그 초월성을 압도하는 듯하다. 따라서 공자 맹자에 비해, 순자는 도덕의 초超-공리성과 숭고성을 약화시키지 않을 수 없었다. 순자의 저서를 읽을 때, 우리는 확실히 언제나 명료한 이성적 분석과 타산을 볼 수 있는데, 이를테면 "이익이 될만한 것을 보았을 때에는 반드시 앞뒤로 그 해로울 수 있는 점을 고려해야만 한다. 그리고 그것을 모두 저울질해보고 잘 헤아려야 한다[見其可利也, 則必前後慮其可害也者, 而兼權之, 孰計之.]"(「불구不苟」) 등과 같이 말했다. 하지만 [그의 저서에서] 도덕의 숭고한 힘 및 그 내재적 감응 및 고양 작용에 대해서는 비교적 적게 체험하게 된다. 순자의 학문이 유학의 정통이 될 수 없었던 것은 아마 위와 같은 가치 지향과 관계가 있을 것이다.

순자가 말하는 의로움이란 이치[理]일 뿐이니, 그는 "의로움이란 이치이다[義, 理也]"(「대략大略」)라고 규정했다. 이익은 감성적 필요의 만족을 가리키지만, 감성적 필요(물질적 필요)는 우선 감성적 욕망의 형태로 드러난다. 이렇게 의로움과 이익에 관한 논변은 바로 이성과 욕망[理欲]에 관한 논변과 내재적으로 관련된다. 순자의 견해에 따르면 사람은 욕망을 지니는 것은 인간의 본성에 근거한 것이며, 따라서 불가피한 현상이다. 즉 "욕망이 실현될 수 없는 것은 하늘에서 부여받은 것이기 때문이다[欲不待可得, 所受乎天也]"(「정명正名」), "요·순이라도 백성이 이익을 욕망하는 것을 없앨 수는 없다[雖堯舜不能去民之欲利]"(「大略」)는 것이다. 인간의 존재와 관련된 현상으로서의 인간의 욕망 자체는 결코 악한 것으로 주어진 것이 아니기 때문에 인위적으로 억압하거나 금지시켜서는 안 된다. "하늘이 기르게 한 바를 버리고, 하늘이 명한 정치를 거스르고, 하늘이 준 감정을 위배하고, 하늘이 생성시켜주는 공로를 망치는 것, 이를 대흉大凶이라고 일컫는다[棄其天養, 逆其天政, 背其天情, 以喪天功, 夫是之謂大凶]"(「천론天論」) 합리적인 방법은 적절히 인간의 감성적 필요를 충족시켜줌으로써 인간의 욕망에 순응하는 것이니, 바로 이런 관점에 근거해서 순자는 "인간의 욕망을 부양하고, 인간이 원하는 것을 제공하라[養人之欲, 給人之求]"(「예론禮論」)고 주장했다. 맹자의 과욕寡欲에 관한 학설과는 아주 다르게, 이런 관점은 인간의 감성적 필요와 욕망에 대해 비교적 거침없는 태도를 표현한다.

'인간의 욕망을 부양함'이 물론 인간의 욕망을 절제시키지 않아도 된다는 것을 의미하고 있는 것이 아니며, 욕망에 대한 절제는 바로 이치[理]의 기능을 체현한다. 따라서 욕망이 부정적 측면으로 전환될지의 여부는 주로 그것이 이치에 부합하는지에 달려 있다.

> "마음이 흡족해 하는 것이 이치에 부합한다면 욕망이 많다하더라도 어찌 다스림에 해가 되겠는가? (…) 마음이 흡족해 하는 것이 이치에 어긋난다면 욕망이 적다해도 어찌 혼란에 그치겠는가? [心之所可中理, 則欲雖多, 奚傷於治? (…) 心之所可失理, 則欲雖寡, 奚止於亂?]" (「正名」)

넓은 의미에서 보자면, 이치는 바로 보편적 규범이자, 또한 이런 규범의 내면화로, 규범의 내면화는 이성理性에의 요구(감성적 욕망과 대조되는 정신적 필요)로 구체적으로 나타난다. 따라서 이런 천리와 인욕[理欲]에 관한 논의는 동시에 두 종류의 필요(감성에서의 물질적 필요와 이성에서의 정신적 필요) 사이의 관계로 전개된다. 인간의 욕망을 억지로 거스를 수 없다는 점을 긍정하면서, 순자는 인간의 이성적 요구를 상당히 중요한 지위로 끌어올렸는데, 일단 이성적 정신이 승화될 수 있게 된다면 감성적 필요도 바로 그에 상응해 통제될 수 있다고 생각했다.

> "마음이 편안하고 즐겁다면, 보이는 것이 보통에 미치지 못해도 눈을 기를 수 있고, 소리가 보통에 미치지 못해도 귀를 기를 수 있으며, 거친 음식과 채소 국이라 하더라도 입을 길러주며, 거친 옷을 입고 성긴 짚신을 신었더라도 몸을 기를 수 있다[心平愉, 則色不及傭而可以養目, 聲不及傭而可以養耳, 蔬食菜羹而可以養口, 麤布之衣, 麤紃之履, 而可以養體]." (「정명正名」)

"마음이 편안하고 즐겁다"는 말은 정신의 충실함을 통해 영혼의 편안함과 만족에 이른 것을 가리킨다. 이성적 정신의 경지가 고양된 이후에, 감성적 추구는 한도를 지니게 되는 것이다. 그렇기에 거친 옷과 거친 음식이라도 인간의 욕망을 부양할 수 있는 것이다.

쉽게 알 수 있듯이 순자의 천리와 인욕[理欲]의 관계에 대한 이해는 내재적으로 "공자와 안연의 즐거움[孔顔之樂]"을 숭상하는 유학의 정신에 스며들었다. 순자가 이후의 정통유학처럼 인간의 감성적 욕망과 물질적 필요를 무시하지 않으면서 비교적 관용적인 원칙을 취하고는 있지만, 이성적 정신의 승화를 보다 주도적 지위에 두었음은 명백하다. '의로움과 이익에 관한 논변[義利之辨]'에서 이성적 계산(저울질하기)이 공자가 창조한 이성주의적 전통을 다소 변형시켰다고 말할 수 있다면, '천리와 인욕에 관한 논변[理欲之辨]'에 있어서 이상과 같은 사유 경향은 순자가 다시 유가적 이성주의의 본래적 형태에 근접하도록 하였다.

5. 가늠함을 통해 변화에 대응하는 것에서부터 도道에 근거해 인간을 통일하기까지

인간이 세상에 존재하면서 조우하게 되는 것은 아무래도 일반원칙으로 개괄하기 힘든 일면을 지닌다. 순자가 의로움에 모종의 도구적 의의를 부여했을 때, 이미 일반원칙의 상대성에 관한 확인을 내포하고 있었다. 특정한 존재로서 인간은 불가피하게 독자적으로 각종 사건에 대처하면서 그에 상응하는 책임을 떠맡아야 하는데, 이는 개체가 존재의 압력(생존의 가혹함을 감수해내는 것)을 받아들이도록 할 뿐만 아니라, 개체에게 존재의 가치를 부여한다. 만약 주체가 구체적인 상황 속에서 외부세계에 대면할 때 조금도 위축되지 않으면서 변화에 대응하는데 성공한다면, 한편으로 자신의 가치를 실현할 수 있다. 이러한 개체를 순자는 통사通士라고 불렀다.

> "외물이 이르면 대응하고 사건이 생기면 분별해낸다. 이와 같다면 통사通士라고
> 말할 수 있다[物至而應, 事起而辨, 若是則可謂通士矣]." (「불구不苟」)

외물에 대처함에 능숙한 것을 '통通(능통함)'으로 보는 것은 순자가 상황 속에서 구체적으로 임기응변하는 것[權變]을 중시했음을 나타낸다.

앞에서 서술한 것처럼, 현대 서양의 실존주의 역시 일찍이 개체의 존재상황을 중시하는 특성을 나타냈다. 그러나 실존주의에서, 개체의 실존은 주로 의지의 선택과 관련된다. 바꿔 말해, 상황에 대한 반응은 주로 주체의 의도가 지닌 기능으로 나타나는 듯하다. 이와 상이하게 순자는 상황에 대한 이성적 분석을 외물이 이르러 대응할 때의 전제라고 보았다. 이해利害 관계에 입각하자면, "이익이 될만한 것을 보았을 때에는 반드시 앞뒤로 그 해로울 수 있는 점을 고려해야만 한다. 그리고 그것을 모두 저울질해보고 잘 헤아려 봐야한다. 그런 다음에야 그 바라는 것과 꺼리는 것에서의 선택을 결정한다[見其可利也, 則必前後慮其可害也者, 而兼權之, 孰計之. 然後定其欲惡取舍]." (「不苟」)라는 것이다.

"취사取舍"는 특정한 상황 안에서 구체적인 이해관계에 따른 선택이고, "앞뒤로 고려한다" "모두 저울질함" "잘 헤아림"이란 이성적 분석인데, 여기서 상황 속에의 선택은 곧 주체의 이성적 고찰(모두 저울질함　잘 헤아림) 상에서 구축된다. 순자가 이해했던 '가늠함[權]'은 실제로는 이중적인 함의를 지님을 알 수 있는 것이다. 즉 우선 그것은 융통성 있게 임기응변하는 것('권변權變')을 뜻하며, 또한 이성에 의한 비교분석(저울질하는 것)을 뜻한다. 바로 이 둘의 통일이 개체의 실존방식(상황 속에서의 선택)에 관한 순자의 규정을 실존주의와는 완전히 달라지게 하였다.

　　순자는 부모와 자식의 관계를 사례로 들면서 이상과 같은 관점을 비교적 구체적으로 해명했다.

　　　"[부모의] 명을 따를 때 부친이 위험에 빠지고, 명을 어길 때 부친이 편안하다면,
　　효자는 명을 따르지 않아야 진실한 것이다. 명령을 따를 때 부친이 욕되고, 명을
　　따르지 않을 때 부친이 영예로워진다면, 효자는 명을 따르지 않아야 의롭다.
　　명을 따를 때 금수와 같아지고, 명을 따르지 않을 때 예의에 부합한다면, 효자는
　　명을 따르지 않아야 경건한 것이다[從命則親危, 不從命則親安, 孝子不從命乃衷.
　　從命則親辱, 不從命則親榮, 孝子不從命乃義. 從命則禽獸, 不從命則脩飾,
　　孝子不從命乃敬]." (「子道」)

　　효라는 도덕적 원칙에 근거하자면, 자녀는 부모에 순종해야만 한다. 그러나 몇몇 특정한 조건 하에서는 부모의 명에 순종하는 것이 때로 부모에게 불리한 결과를 초래하게 되고, 명을 따르지 않을 때 부모에 유익할 수 있다. 일단 자신이 이러한 상황에 놓인다면, 부모의 명에 순종하라는 일반적 규율에 구속될 필요는 없고 상황분석에 근거하여 도덕원칙에 대한 적절한 변통을 행해야만 한다.

　　상황에 대한 중시와 임기응변[權變]에 대한 용인은 무엇보다도 도덕원칙이 상대성이란 일면을 지님에 대한 인정을 의미하는데, 이런 측면에서 공자　맹자　순자는 확실히 서로

유사한 사유 경향을 드러내고 있다. 그러나 상황의 특정성은 또한 단순히 도덕원칙에 관한 변통에만 연관되는 것은 아니다. 앞서의 내용에서 언급했던 것처럼, 넓은 의미에서 보자면, 그것은 동시에 개체의 존재와 관련되는데, 이에 대해서, 순자는 공자 맹자에 비해, 보다 자각적인 관심을 두었다. 앞서 인용했던 내용을, 순자는 「대략大略」편 속에서도 지적했었다. "비간과 오자서는 충성스러웠지만 군주가 등용하지 않았고, 중니와 안연은 지혜로웠으나 속세에서 곤궁했다. 포악한 국가에서 겁박을 당하여 피할 곳이 없다면, 그 국가의 선을 높이고 아름다움을 드러내고 그 장점을 말하되, 그 폐단에 대해서는 말하지 않는다[比干 子胥忠而君不用, 仲尼 顔淵知而窮於世. 劫迫於暴國而無所辟之, 則崇其善, 揚其美, 言其所長, 而不稱其所短也.]" 유사한 논의를 또한 『순자荀子』의 그 밖의 관련 부분에서 찾을 수 있다. 일반적 도덕원칙에 근거하면 신하는 마땅히 군주를 충성으로 섬겨야하는데, 충성이란 군주의 합당하지 않은 점에 충심으로 간언함을 뜻한다. 그러나 몇몇 조건 하에서는(예를 들어 통치자가 폭군이라면), 신하와 자식으로 지켜야 할 일반적인 의로움을 이행할 필요는 없으며, 어떻게 해야 폭군과의 충돌을 피하고 자신이 포악한 국가에 살면서도 평안을 얻을 수 있는지를, 우선적으로 고려해야만 한다. 이런 관점이 설령 향원과 흡사한 일면을 띠는 것이라 할지라도, 다른 각도에서 보자면, 그 가운데에는 확실히 개체의 존재가치에 대한 존중이 함축되어 있기도 하다. 바로 이런 존중이 상황과 임기응변[權變]에 대한 순자의 고찰이 어떤 인문주의적 가치지향을 체현하게 하였고, 그것이 동시에 신분적 구조를 통해 개체를 규정하는 전체론holism으로의 경향을 다소간 희석시켰다.

물론 존재상황 속에서의 도덕원칙의 변통에 대한 순자의 긍정은 처음부터 이성주의적 정신이 깃든 것이었다("앞뒤로 고려해야 한다" "잘 헤아려야 한다" 등의 요구의 배후에서 바로 이 점을 어렵지 않게 보게 된다). 이러한 사유경향에 상응해 순자가 강조한 점은, 특정한 상황 속에서 융통성 있는 변화에 대한 대응은 일반적 규범에서 완전히 벗어날 수 없다는 것이다.

"근원에 근거하여 변화에 대응하기에, 굽힘도 합당함을 얻을 수 있다.

이런 다음에야 성인이다[宗原應變, 曲得其宜. 如是然後聖人也]."

(「비십이자非十二子」)

'근원에 근거하여 변화에 대응'한다는 말은 "의로움에 근거해 임기응변한다
"(「不苟」)는 의미일 뿐이다. 순자의 견해에 의거하면, 일반적 원칙이 구체적인 상황에서
합리적으로 변통된다고 볼 수 있을지라도, 이는 결코 원칙 그 자체를 무조건 부정함을
의미하지는 않는다. 도덕원칙은 물론 조정될 수 있지만, 그 가운데에는 항상 일이관지되는
안정된 측면이 있다. 원칙의 이런 안정적 측면이 상황분석과 변화에 대한 융통성 있는
대응에서의 근거가 된다. 만약 '가늠함[權]'을 말하면서 원칙의 일관성을 무시한다면,
변화에 대응하는 과정은 적절히 전개되기 어렵게 될 것이다.

"한 번 쇠하면 한 번 흥하지만 [그 변화를] 관통하는 것으로써 대응하니, 이치가

일관되면 혼란스러워지지 않는다. 관통하는 바를 알지 못한다면 변화에의

대응할 바를 알 수 없다[一廢一起, 應之以貫, 理貫不亂. 不知貫, 不知應變]."

(「天論」)

'관통하는 것[貫]'이란, 역사성(전후관계)과 유류적 포괄성이란 두 측면에서, 규범의
보편적인 제약 기능을 나타낸다. 상황은 물론 독특성을 지니지만, 동시에 언제나 어떤
보편적 제약을 지닌 규정과 관련되므로, 전혀 헤아릴 수 없는 우연한 현상일 수가 없다.

이 때문에 특정한 상황에 대한 대응은, 실존주의에서 이해하듯, 따를 만한 전제가 없고
의존할 만한 일반원칙도 없는 것은 아니다. "관통하는 것으로 대응한다"는 말이 강조하는
바는 보편적 규범이 변화에 대응하는 과정을 제약한다는 것이다. 순자의 이상과 같은
관점은 상대주의와는 다른 사유 노선을 나타내는데, 그것은 한편으로 유가의 이성주의적
전통을 강화했다.

순자의 "근원에 근거하여 변화에 대응한다" "관통하는 것으로써 대응한다"는 주장의 이면에는, 다음과 같은 관념이 함축되어 있음을 알 수 있다. 즉 일반적 규범 안에는 반드시 항구불변의 어떤 보편원칙이 포함되어 있으며, 특정한 상황 속에서의 변통變通이란 주로 규범에 관계되는 구체적인 요구이지 규범 속의 항구불변의 원칙은 아니라는 것이다. 바꿔 말하면 규범 속의 보편적 내용은 언제나 변하지 않는 성질을 지닌다는 것이다.

> "예가 어찌 지극한 것이 아니겠는가! 확립하고 높여서 법칙으로 삼는다면,
> 천하 누구도 더하거나 덜어낼 수 없을 것이다[禮豈不至矣哉! 立隆以爲極,
> 而天下莫之能損益也]."(「예론禮論」)

> "만세의 법칙으로 삼기에 충분한 것이 예禮이다[足以爲萬世則, 則是禮也]."
> (「禮論」)

여기서 예禮는 예에 관련된 일체의 세세한 목록까지를 광범위하게 가리키는 것이 아니라, 주로 그 속에 포함된 항구불변의 원칙을 가리킨다. 그것은 "도道의 대체[道之大體]"가 되며, '가능함[權]'과 대조되는 '보편원칙[經]'이 되는데, '근본에 근거해 변화에 대응함'은 그에 상응해 "보편원칙을 회복함[復經]"으로 표현된다. 즉, "다스림이란 보편원칙을 회복하는 것이다[治則復經]"(「解蔽」) 여기서 순자는 실제적으로 '가능함[權]'(일반적 규범에 대한 변통)에 대한 하나의 한계를 규정했다. 즉 그것은 언제나 규범 속에 있는 불변의 원칙을 초월하는 것을 어렵게 만드는데, '가능함[權]'에 대한 한정은 '보편원칙[經]'을 보다 주도적 측면으로 간주함을 의미하고 있다.

일반적 규범(경經) 가운데 가장 보편적인 차원이 되는 것이 다름 아닌 도道이다. "도道의 대체는 사라졌던 적이 없다[道之大體, 未嘗亡也][18]"(「天論」) 도道가 일단 항구불변의

---

18) [*역자주] 도道의 대체는 사라졌던 적이 없다.[道之大體, 未嘗亡也] : 「天論」원문을 보면, '도道'가 아니라 "관貫"으로 되어 있다. 주석가들은 대체로 두 가지 방식으로 번역한다. ① "[예禮를 근거로] 그 대절大節(대체)을

성질을 부여받는다면, 동시에 유일성을 획득한다. 그것은 구체적이고 다양한 상황을 초월해 만 가지 변화를 포괄하기 때문이다. 여기서 우리는 매우 자연스럽게 다음과 같은 단언을 보게 된다.

"천하에는 두 가지 도道가 없고, 성인聖人에게는 두 가지 마음이 없다[天下無二道, 聖人無兩心]."(「解蔽」)

"때에 따라 움직이고, 세상과 더불어 굽히고 일어서고, 천 가지 일을 하고 만 가지 변화가 있더라도 그 도道는 한결 같다[與時遷徙, 與世偃仰, 千擧萬變, 其道一也]." (「儒效」)

"도道는 사람을 통일하기에 충분한 것이다[道足以壹人而已矣]."(「王霸」)

"근본에 근거해 변화에 대응함" "관통하는 것으로써 대응함"에서 "다스림이란 보편원칙을 회복하는 것이다"에 이르기까지, '보편원칙[經]'은 결국 '가늠함[權]'을 압도한다. 하나이지 둘일 수 없다는 요청 이후, 순자는 이미 어렴풋이나마 최고의 권위를 유일한 기준으로 삼는 사상적 경향을 드러내기 시작했다. 이런 점은 전국시대 여러 학파에 대한 순자의 비판 중, 약간의 기록에서 암시된다. 순자는 일찍이 열두 명의 사상가를 비판하는 논의를 하면서 "지금 인한 사람이라면 무엇에 힘써야 하는가? 위로는 순과 우의 제도를 본받고, 아래로는 중니仲尼와 자궁子弓의 의로움을 본받음으로써, 열 두 명의 사상가들의 학설을 종식시키는데 힘써야 할 것이다[今夫仁人也, 將何務哉? 上則法舜禹之制, 下則法仲尼子弓之義, 以務息十二子之說]"(「非十二子」)라고 말했다. 이는 천하에는

관통하고[貫], 망한 나라는 없었다."는 식, ② '관貫'을 도道의 변치 않는 요소, 일관성이라 보고, '그 대체는 비록 쇠락하고 혼란한 세상에서도 사라진 적이 없다.'는 식의 의미로 해석하는 방식. 저자의 해석은 ②와 같은 식이다. 양국영은 원문의 "貫"을 '도道'로 잘못 기억하고 있는 것 같다.

두 가지 도道가 없다는 것에 관한 하나의 각주로 볼 수 있는데, 그 취지는 유가의 의로움을 근거로 여러 학파의 학설을 부정하는 것이다. 맹자가 양주와 묵적을 배척한 것에 비할 때, 순자가 열 두 명의 사상가에 대한 비판을 '도道를 통해 사람들을 통일하는 것'과 관련지은 점은 상당부분 통일된 이데올로기에 대한 요구를 드러내는 것으로 보인다. 이러한 요구는 물론 단순히 철학자의 바람에 불과한 것이 아니다. 그것은 어떤 의미에서는 대일통大一統을 향해 나가고 있는 시대적 특성을 반영하고 있다. 이론적으로 볼 때, "천하에는 두 가지 도道가 없고, 성인에게는 두 가지 마음이 없다[天下無二道, 聖人無兩心]"는 학설은 진한秦漢시대 이후의 유가적 가치체계가 권위주의적으로 변화되는 역사적 추세를 예고하는 것이기도 하다.

6. 온전하면서 순수한 것과 본성을 바꾸어 인위를 일으킴[化性起僞]

　도덕원칙의 절대성('경經')과 상대성('권權')에 관련된 것은 인격이 결여된 추상적 규범만이 아니다. 구체적인 상황 속에서 '외물이 이를 때 대응함[物至而應]'은 물론이고, 넓은 의미에서 '도道를 통해 사람을 통일함'도 최종적으로는 모두 주체로서의 인간이라는 근본으로 귀착된다. 그러나 스스로 행위하는 존재로서의 '나'라는 점에서, 순자는 공자 맹자와 동일한 가치에 대한 추구를 드러내지만, 인격에 관한 설정에서 드러나는 가치이상은 순자가 결코 공자 맹자(특별히 맹자)와 동일한 사유 노선을 완전히 답습하고 있지 않다는 점을 오히려 분명히 밝혀준다.

(1) 인격에서의 외왕外王으로의 규정

　주체는 인격에 있어서 어떤 경지에 도달해야만 하는가? 순자는 '온전하면서도 순수함'에 대한 요구를 제기했다. 즉 "군자는 온전치 못하고 순수하지 못한 것은 아름답다고 여기기에 부족하다는 점을 알아야 한다[君子知夫不全不粹之不足以爲美也]"(「勸學」) 내재적 성품에 입각했을 때, '온전하면서 순수하다'는 말은 바로 인격의 다방면으로의 발전을 뜻한다. 일종의 완전무결한 이상으로서의 인격은 무엇보다도 온전한 감정을 갖추고 있어야만 한다. 인성人性 속에는 본래 감정이 포함되어 있다. 즉 "감정이란 본성의 바탕이다[情者, 性之質也]"(「정명正名」) 그러나 본연의 감정은 여전히 순수함에의 요구에 부합하지 못하기에, 그것은 나아가 진실됨[誠]의 경지로까지 고양되어야만 한다. 즉, "군자가 마음을 수양함에 진실됨[誠]만한 것이 없다[君子養心莫善於誠]"(「불구不苟」) 진실 되게 변화된 이후에야, 감정은 비로소 진정한 미덕으로 전환될 수 있다. 만약 참된 감정이 결여된다면 인간과 인간 사이의 내재적 소통을 이루기 어려운데, 아버지와 자식 사이일지라도 역시 예외가 될 수 없다. 즉 "아버지와 자식은 친하지만, 진실 되지 못하다면 소원해 진다"(「不苟」)는 것이다. 여기서 감정의 진정성이 완전무결한 인격에 관한 내재적 규정이 된다.

이상적 인격의 또 다른 내재적 특징은 자주적 성격을 지닌다는 것으로, 이는 또한 의지의 기능으로 나타난다. 주체의 의지는 언제나 "스스로 금하고[自禁]" "스스로 부리고[自使]" "스스로 행하며[自行]" "스스로 그만둔다[自止]." 따라서 굳건하고 일정한 의지를 확립한다는 것은 무엇보다도 행위가 완전히 자주적 선택에서 비롯됨에 대한 보증을 의미하고 있다. 현실에서 처세할 때에, 개체는 생명적 존재를 유지하기 위해서 강하고 포악한 세력 앞에서 굽히고 보전을 꾀해도 좋지만, 이상적인 인격을 추구함에 있어, 개체는 "의지를 수양하여[志意修]" 탁월하게 자립할 수 있도록 노력해야만 한다. 일단 굳건하고 강인한 의지를 형성한다면, 위엄 있고 두려움 없는 역량을 획득할 수 있다. "천지 사이에서 우뚝 홀로서서 부러워하지 않는 것이 최고의 용기이다[傀然獨立天地之間而不畏, 是上勇也]"(「성악性惡」)라는 것이다. 이러한 인격에 대한 규정은 기존 질서에 대한 단순한 적응과 명백히 구별되는 것이다.

참된 감정과 굳세고 의연한 의지 이외에도, 이상적 인격은 또한 "대도大道에 동탈함[通乎大道]"을 그 특징으로 한다. 즉, "이른바 위대한 성인이란 앎이 대도大道에 통달하여, 변화에 대응하면서 막힘이 없고, 만물의 실정과 본성을 분별하는 사람이 다.[所謂大聖者, 知通乎大道, 應變而不窮, 辨乎萬物之情性者也]"(「애공哀公」) "대도에 통달함"이라는 전제 하에서 "변화에 대한 대응[應變]", "만물에 관한 분별[辨物]"을 체현하는 것이 '지성[智]'의 속성이다. 따라서 순자에게서, 감정과 의지에 비해, 지성은 보다 중요한 지위를 차지하며, 감정과 의지는 지성의 제약을 받게 되는 것이다. 우선, 감정은 반드시 예禮에 합치되어야만 하므로, "감정이 예禮를 편히 여긴다[情安禮]"(「수신修身」)라고 한다. 예禮는 주로 이성적 규범으로 나타나는데, 예禮에서 편안함이란 다시 말하면 이성의 요구에 합치하는 것이다. 마찬가지로 "의지"의 선택 또한 보편적인 도를 준칙으로 삼아야만 한다. 왜냐하면 "도道는 고금에 기준이 되는 저울이니, 도道에서 동떨어져서 마음대로 선택한다면, 화복이 의탁하는 바를 알지 못하는 것[道者, 古今之正權也.

離道而內自擇, 則不知禍福之所託]"(「正名」)이기 때문이다. 도道에 대한 인식은 이성의 기능을 구체화한 것으로, 도道를 자기 선택에서의 정확한 표준[正權]으로 삼는다는 것은 이성을 통해 의지를 규제하고 인도함을 의미하고 있다.

지성 감정 의지의 통일을 이상적 인격의 내재적 속성으로 여기는 것은 유가의 인격이론에서의 공통된 특징을 체현함을 알 수 있는데, 이런 측면에서 공자 맹자 순자는 확실히 일맥상통하며, 실질적 차이는 비교적 적다. 그러나 공자와 맹자가 이해한 지성 감정 의지의 통일은 주로 인덕仁德 위에 기초한 것이며, 따라서 지성 감정 의지를 내용으로 하는 속성은 근본적으로 일종의 내재적 덕성으로 표현된다. 이와 다르게, 순자는 인격의 내재적 속성을 법法이란 관념과 연계시키기 시작했다.

"군자는 빈궁하더라도 의지를 넓히며 인을 일으킨다. (…) 화난다고 지나치게 빼앗지 않고, 기쁘다고 지나치게 주지 않는 것은 법法으로 사사로움을 극복하는 것이다[君子貧窮而志廣, 隆仁也. (…) 怒不過奪, 喜不過予, 是法勝私也]."(「수신修身」)

"법을 좋아해 실천하는 것이 사士이다[好法而行, 士也]."(「修身」)

"법을 실천함이 지극히 굳건하고, 그 알게 된 것을 수양하고 바로잡기 좋아하여, 감정과 본성을 바로잡는다. (…) 이와 같으면 독실하고 심후한 군자라고 말할 수 있을 것이다[行法至堅, 好脩正其所聞, 以橋飾其情性. (…) 如是, 則可謂篤厚君子矣]."(「유효儒效」)

여기서의 '법法'의 함의는 비교적 광범위한데, 그것은 사회생활에서의 기본적 준칙을 가리킬 뿐만 아니라, 일반적인 법률 규범도 포괄한다. 이론적으로, 인仁(그리고 인仁과 관련된 도덕 규범)은 흔히 인간의 일상 속에서 체현되는 것이지만, 마땅히 준수해야만 하는 일종의 규제적 이념으로서의 인仁은 또한 일상에서의 행위를 초월한 의미를 지니고도 있다. 그런 본질에 따르면, 인仁을 사람 사이의 교제에서의 원칙으로 삼는 것은 곧 상당히 고차원적인 요구로, 그것은 현실적인 인륜관계를 [높은 수준으로까지] 격상시켜야 함을 의미하고 있다. 그에 비해, 법의 기능은 상당부분 현존하는 사회관계의 안정과 지속에 대한 보증으로 나타난다. 즉 일단 법이 파괴된다면, 사회는 바로 해체로 치닫게 될 것이다. 이에 입각하면, 법法은 가장 기본적인 행위 준칙으로 볼 수 있다. 만약 법을 준수해야 한다는 가장 중요한 전제를 버려두고, 단지 사람들에게 인덕仁德을 요구한다면, 도덕적 이상은 흔히 현실과 유리되기 쉬울 것이다. 실제로, 공자 맹자가 인덕仁德을 인격의 내재적 기초로 삼은 점은 물론 인격 이상의 숭고성을 부각시키지만, 동시에 이상적 인격을 현실적 기반에서 유리시켜 초험화로 나아가게 할 가능성도 함축하고 있다. 이후의 정통 유학에서 우리는 명확히 이 점을 볼 수 있다. 공자와 맹자의 이상과 같은 사유경향에 비해, 순자가 지성 감정 의지가 통일된 내재적 속성을 법의 실행이라는 관념과 연계시킨 점은 이상적 인격에 관한 현실적 전제를 상당히 주목했기 때문으로 보인다. 바꿔 말해서, 순자에게서는, 기본적 행위규범에 대한 준수가 내재적 덕성의 기초를 확립하는 것이 된다. 따라서 "화난다고 지나치게 빼앗지 않고, 기쁘다고 지나치게 주지 않는다"는 말은 단순히 추상적인 인덕仁德의 체현이 아니라, 우선 법에 근거해 사사로움을 극복하는 것으로 표현되는 것이다. 물론 이상적 인격(군자)에 현실적 규정을 부여하면서, 순자는 인격적 이상이 지닌 숭고성을 다소간 약화시키는 듯하다.

인격에 관한 현실 규정은, 또한 구체적으로 내재적 품성과 외재적 행위의 일치로 드러나기도 한다. 순자에게서 '온전하면서도 순수한' 인격은 지성 감정 의지의 다양한 발전 및 법의 실천이라는 관념으로 나타날 뿐만 아니라, 도덕적 이상을 몸소 체험하고 힘써 실천하는 데에 달려 있는 것이기도 하다. 따라서 그는 "군자는 온전치 못하고 순수하지 못한 것은 아름답다고 여기기에 부족하다는 점을 알아야 한다. 따라서 반복해 소리내 읽어서 꿰뚫고 사색함으로써 통달하여, 그에 합당한 사람이 되도록 처신한다[君子知夫不全不粹之不足以爲美也. 故誦數以貫之, 思索以通之,

爲其人以處之.]"(「권학勸學」), "의지를 독실히 하여 체화해야 군자다[篤志而體, 君子也]"(「修身」)라고 말했다. 한마디로, 내재적 품성은 외재적 행위를 통해서 드러날 수 있어야만 하는 것이다. 다른 측면에서 보자면, 인격의 작용 또한 주체의 행위에 대한 규범 안에서 체현되는 것이다.

> "삶에서 이를 따르고 죽음에서 이를 따르니, 이를 '덕으로 지키는 것'이라 일컫는다. 덕으로 지킬 수 있게 된 다음에야 안정시킬 수 있고, 안정시킬 수 있게 된 다음에야 대응할 수 있다. 안정시킬 수 있고 대응할 수 있는 것, 이것을 성인成人이라고 일컫는다[生乎由是, 死乎由是, 夫是之謂德操. 德操然後能定, 能定然後能應. 能定能應, 夫是之謂成人.]." (「勸學」)

'덕으로 지킴[德操]'이란 인격의 안정성을 체현한 것이다. 주체의 구체적인 상황 속에서의 행위('변화에 대한 대응[應變]')는 언제나 내재적 인격의 제약을 받아야만 하는데, 바로 인격에서의 지속적인 항구불변 함이야말로 행위에서의 일관성을 결정하며("삶에서 이를 따르고, 죽음에서 이를 따르는" 것), 인격의 항구불변 함과 행위의 일관성이 바로 완전무결한 인격(성인成人)의 특성을 이룬다. 공자는 행위에 대한 인격의 이러한 총괄 작용에 주목하기 시작했지만, 공자의 이러한 사상은 여전히 명확한 이론 형태를 갖추지는 못하였다. 순자는 "덕으로 지킴[德操]"으로써 "대응할 수 있음[能應]"을 성인成人(이상적 인격)의 속성이라 생각했으니, 분명 보다 자각적으로 위와 같은 관계를 의식했던 것인데, 인격에 대한 이러한 이해는 또한 다음과 같은 관념을 함축한다. 즉, 인격은 단순히 폐쇄적인 '나'에 불과한 것이 아니기에, 내재적 덕성은 외재적인 드러냄을 통해서 자신을 증명해야만 하며, 이러한 확인을 통해서만, 이상적인 인격은 진정한 사회적 가치를 획득할 수 있다는 것이다.

인격에 관한 외적 확인이 더 나아가 확장되면, 바로 논리적으로 넓은 의미에서의 외왕外王의 관념으로 발전된다. 순자의 이해에 비추어보면, 완전무결한 인격은 반드시 현실적인 사회적 기능을 수행하는데, 그 사회적 기능은 단순히 도덕적 이상을 몸소 체화하고 힘써 실천하여 외적으로 인격의 힘을 드러내는 데에 달린 것일 뿐만 아니라, 넓은 의미에서의 사회적 역사적 사명을 자각적으로 떠맡고 완성시키는 데에도 있는 것이다.

> "때에 맞추어 공을 세우는 교묘함이 [하늘이] 네 계절을 고하는 것과 같고, 정치를 공정히 하고 백성을 화합시킴에서의 탁월함은 억만의 대중이라도 한 사람처럼 결속시킨다. 이와 같다면 성인聖人이라고 일컬을 수 있다[要時立功之巧, 若詔四時, 平正和民之善, 億萬之衆而搏若一人. 如是, 則可謂聖人矣]." (「儒效」)

> "백리의 땅을 사용해, 천하를 통일하고 강포한 세력을 통제할 수 없다면, 대유大儒가 아니다[用百里之地, 而不能以調一天下, 制彊暴, 則非大儒也]." (「儒效」)

> "유자가 조정에 있으면 정치가 아름다워지고, 낮은 지위에 있으면 풍속이 아름다워진다[儒者在本朝則美政, 在下位則美俗]." (「儒效」)

유사한 논의는 『순자荀子』의 거의 모든 곳에서 발견할 수 있다. 여기서 묘사된 이상적 인격(성인聖人　대유大儒)은 단순히 자신을 반성해 내적으로 수양하거나 인덕仁德이 돈후하고 뛰어난 것이 아니다. 그들의 본질적 특징은 국가를 안정시키고 세상을 구제하며, 국가를 다스리고 천하를 평정하는 정치적 실천 속에서 더욱 잘 표현된다. 따라서 바로 외재적인 업적[事功]이 인격에 풍부한 형상을 부여하는 것이다. 순자 이전에, 유가의 창시자인 공자는 어떤 의미에서 이미 이상적 인격에 외왕外王이라는 규정을 부여했으니, 순자의 이상과 같은 사상은 공자의 인격 이론에의 진일보한 해명이라고 간주할 수 있다.

그러나 공자가 이해한 외왕外王은 형이상학적인 특성을 지니고 있을 뿐만 아니라, 주로 사회적 이상의 실현('도를 넓히는 것[弘道]')애 국한된다. 그에 비해, 순자에게서 외왕外王은 보다 넓은 함의를 획득했다. '하늘과 인간에 관한 논변[天人之辨]'에서 자연의 인문화를 주장하고, '노력과 운명에 관한 논변[力命之辨]'에서 천명을 통제하여 이용해야 함을 강조하는 점에 상응해, 순자는 이상적 인격에서의 외왕外王의 역할은 정치를 아름답게 하고 세상을 운영하는 과정 가운데에서 체현될 뿐만 아니라, 천지를 질서지우는 형태로도 전개된다고 여겼다.

"천지를 질서 지위서 만물을 재질에 따라 부리며, 큰 이치를 주재하여 우주를 다스린다. (…) 이를 대인大人이라고 일컫는다[經緯天地而材官萬物, 制割大理而宇宙裡(理)矣. (…) 夫是之謂大人]." (「解蔽」)

이렇게 완전무결한 인격은 바로 사회적 이상의 실현자에서 더 나아가 자연의 주인이 되니, 외왕 관념의 이상과 같은 확장은 동시에 인격의 형상을 한층 더 구체화한 것이기도 하다.

유가의 인격 이론의 변화를 가지고 말하자면, 공자는 이미 내성內聖과 외왕外王의 통일을 이상적인 인격의 기본적 모델로 삼기 시작했지만, 공자에게서 이러한 통일은 여전히 구체적인 규정에 이르지는 못했다. 게다가 전체적으로 보자면, 내성內聖이 보다 주도적인 지위를 차지하는 것으로 보인다. 공자 이후, 맹자는 공자의 내성內省관념에 대한 해명에 집중했고, 군자(이상적 인격)가 보통 사람과 다른 점은 주로 그 "마음을 보존함[存心]"(내재적 덕성)에 달려 있다고 생각했다. 이러한 관점은 인격의 내재적 가치를 부각시키는데, 그것은 이론적으로 이후의 이른바 "심성에 관한 학문"을 선도하게 된다. 맹자에 비해, 순자는 인격에서의 외왕外王이란 규정에 대해 주로 고찰하였는데, 세상을 경영하고 국가를 안정시키는 것과 천지를 질서지우는 것이라는 두 측면에서 유가적 가치 목표를 전개하였다. 후자는 인격의 내향화를 억제하면서, 또한 사공事功과 경세經世에 관한 가치지향을 위한 역사적 연원을 제공하였다.

(2) 성악性惡의 설정과 외재적인 사회적 제한

내재적 성품과 외왕의 기능의 통일이 이상적 인격의 경지를 구성한다. 이상은 언제나 현실을 초월하는 일면을 지니는데, 그와 마찬가지로, 이상적인 인격 역시 현재 존재하는 자아와 동일할 수 없다. 인격을 완성하는 방법[成人之道]에 대한 순자의 고찰은 논리상 이상적 인격과 현존하는 자아(타고난 자아)의 구분에서 시작한다.

순자의 관점에 따르면, 자아의 본연의 형태(원래의 형태)는 전혀 선善한 속성을 지니고 있지 않다. 오히려 자아는 애초부터 악한 본성을 부여받았다. 「성악性惡」편 서두에서 요점을 다음처럼 밝혔다.

"사람의 본성은 악하다. 선한 것은 인위이다[人之性惡, 其善者僞也]."

이어서 바로 다음과 같이 구체적으로 논증하고 있다.

"사람의 본성이란 태어나면서부터 이익을 좋아하는데, 이것을 따르기 때문에 쟁탈이 생기고 사양함이 사라진다. 태어나면서부터 질투하고 미워하니 이것을 따르기 때문에 잔인하고 포악함이 생겨나고, 충성과 신실함은 사라진다. 태어나면서부터 귀와 눈에서의 욕망이 있으니 아름다운 소리와 빛깔을 좋아하는데 이것을 따르기 때문에 방종하고 난잡함이 생기며 예의禮와 조리는 사라진다. (…) 이를 통해 보건대, 사람의 본성이 악하다는 점은 분명하다[羲今人之性, 生而有好利焉, 順是, 故爭奪生而辭讓亡焉. 生而有疾惡焉, 順是, 故殘賊生而忠信亡焉. 生而有耳目之欲, 有好聲色焉, 順是, 故淫亂生而禮義文理亡焉. (…) 用此觀之, 人之性惡明矣]."(「性惡」)

바로 이러한 악惡한 천성이 타고난 '나'와 이상적 '나'(이상적 인격)가 처음부터 긴장과 대립의 관계에 놓이도록 한다. 바꿔 말하자면, 타고난 '나'는 이상적인 나로 나아가기 위한 내재적 근거를 전혀 제공하지 못한다. 완성된 인격[成人]의 출발점에서 순자가 표현하는 바가 맹자의 사유 경향과는 완전히 다르다는 점을 알 수 있는 것이다.

어떻게 타고난 '나'와 이상적인 '나' 사이의 대립과 긴장을 화해시킬 수 있는가? 이 문제는 실질적으로 어떻게 타고난 '나'를 이상적인 '나'로 끌어올릴 수 있는가에 관한 것이다. 성악설 속에는 이상과 같은 문제를 해결하는 사유 노선이 함축되어 있는 듯하다. 타고난 나와 이상적인 나 사이의 긴장과 대치의 근원이 인간의 본성이 근본적으로 악하기 때문이라면, 양자의 대치를 초월하면서 아울러 타고난 '나'가 이상적인 '나'로 전환되도록 하는 근본적 출로는 바로 본성을 변화시킴[化性](타고난 본성을 개조하는 것)에 있는 것이다.

> "그러므로 성인은 본성을 변화시켜서 인위를 일으키니, 인위가 일어나면 예의禮義가 생겨난다[故聖人化性而起僞, 僞起而生禮義]." (「性惡」)

> "요堯 우禹 및 군자를 귀히 여기는 이유는 본성을 변화시킬 수 있고, 인위를 일으킬 수 있었기 때문이니, 인위가 일어나면 예의禮義가 생겨난다[凡貴堯禹君子者, 能化性, 能起僞, 僞起而生禮義]." (「性惡」)

'인위[僞]'란 바로 넓은 의미에서의 후천적 작용으로, 외재적 영향과 내재적 노력을 포괄한다. "본성을 변화시키고 인위를 일으킨다[化性起僞]"는 말은 다름 아닌 사회적 영향과 개체 자신의 작용을 통하여, 본래의 악한 본성을 다스림으로써, 예의禮義에 합치하도록 만드는 것인데, 예의는 바로 이상적 인격의 내재적 품성의 주요한 내용을 이룬다. 여기에는 덕성은 결코 선천적으로 부여받은 것이 아니라 후천적으로 본성을 변화시키는 과정에서 형성된다는 관념이 함축되어 있다. 따라서 타고난 '나'로부터 이상적인 '나'로 넘어가는 것이 동시에 덕성의 형성 과정으로 표현되는 것이다. 악을 인간의 선천적 본성이라고 여긴 점에 입각하자면, 순자는 완전히 선험론을 벗어나지 못한 것처럼 보인다. 그러나 그가 '본성을 변화시키고 인위를 일으킴'으로써 예의를 형성한다는 전제에 입각하자면, 순자는 확실히 선험론을 지양하려는 경향을 드러내고 있기도 하다. 바로 이 점이 타고난 '나'와 이상적인 '나'에 대한 순자의 구별이 무시할 수 없는 이론적 의의를 지니도록 한다.

　"본성을 변화시켜 인위를 일으킨다[化性起僞]"는 관점에서 출발함으로써, 순자는 보통 사람이라도 모두 능히 성인이 될 수 있다는 점(이상적인 인격을 달성하는 것)에 대해 확신에 가득 차 있었다. "길가의 사람도 우禹가 될 수 있다[塗之人可以爲禹]"(「性惡」)는 말은 바로 이 점을 표명한 것이다. 순자 이전의 맹자는 이미 인간은 모두 요堯 순舜이 될 수 있다는 학설을 제기했다. 이런 측면에서 맹자와 순자는 확실히 일맥상통하며 동일한 유학적 전통을 체현한다. 그러나 결론적으로 서로 유사하다 할지라도, 두 사람의 전제는 오히려 확연히 상반된다. 맹자의 견해에 따르면, 인간이 성인聖人이 될 수 있는 근거는 주로 인간이 모두 선한 단서를 지니고 있다는 점에 달려 있다. 바로 이런 선한 단서가 성인이 되기 위한 보편적 근거를 제공한다. 반면 맹자와 대조적으로, 순자는 인간의 본성은 본래 악하기 때문에, 성인이 될 수 있는 가능성은 결코 선천적으로 부여받은 것에 따라 결정되지 않으며, 주로 후천적으로 선을 쌓아가는 과정에 달려 있다고 생각했다.

　　"길가의 백성들도 선을 쌓아서 온전함을 다하면 성인이라고 부를 수 있다. 그것은 구하려 한 이후 얻게 되고, 실천한 뒤에야 이루고, 쌓은 다음에야 높아지며, 다한 다음에야 성인이 되므로, 성인이란 사람들이 [덕행을] 축적한 결과다[涂之人百姓, 積善而全盡, 謂之聖人. 彼求之而後得, 爲之而後成, 積之而後高, 盡之而後聖, 故聖人也者, 人之所積也]."(「유효儒效」)

　　"순과 우의 경우에도 태어나면서부터 갖추고 있던 것은 아니었다. 본래의 기질을 바꿈으로부터 시작해, 몸소 실천함에서 완성되니, 다할 것을 기다린

다음에야 완비되는 것이다[堯禹者, 非生而具者也. 夫起於變故, 成乎修爲,
待盡而後備者也].”(「영욕榮辱」)

선천적 근거는 여기서 완전히 '구함[求]', '실천[爲]'이란 구체적인 노력으로 완전히
대체된다. 이상적 인격은 결코 내재된 선한 단서의 전개로 귀결되지 않으며, 본질적으로
"몸소 실천하는[修爲]"는 과정의 산물로 나타나는 것이다[19] 맹자가 주로 내재적 근거에
따라 인격을 완성하는 과정 속에서의 주체의 작용을 부각했다고 말할 수 있다면, 순자의
경우는 주로 외재적 조건을 따라, 이 점을 강조했다. 따라서 맹자는 타고남과 현존이란
의미상에서 인간의 가치를 긍정했다면, 순자는 인간의 가치를 넓은 의미에서의 주체의
창조과정과 연계시켰던 것이다.
　인격의 조형에서 반드시 따라야 할 경로로서의, 선을 축적하는(본성을 변화시켜 인위를
일으키는) 과정은 우선 습관 및 교육과 관련된다.

　"요와 우가 될 수 도 있고, 걸과 도척이 될 수도 있으며, 공인이 될 수도, 농부나
　상인이 될 수도 있는 데, 습속의 축적을 어떻게 하느냐에 달린 것일 뿐이다[可
　以爲堯禹, 可以爲桀跖, 可以爲工匠, 可以爲農賈, 在注錯習俗之所積耳].”
　(「영욕榮辱」)

　"공인의 자식으로 아버지의 일을 이어가지 않음이 없고, 도성의 백성은 그
　복장을 관습에 따르니, 초나라에 거주해 초나라 사람이 되고, 월나라에 거주해

---

19) 아이반호는 원시유학을 두 가지 다른 측면으로 구분했다. 그에 따르면 공자와 순자는 숙련과정을 강조하고,
맹자의 경우에는 내재적인 선의 단서에 관한 반성에 주목했다는 것이다. (P.J. Ivanhoe: "Thinking and Learning in
Early Confucianism", Journal of Chinese Philosophy. No. 4, 1990을 참고할 것) 이런 관점은 순자가 공자의 "습관이
서로를 멀어지게 한다[習相遠]"는 학설을 해명했다는 점에 주목한 것이지만, 공자와 순자를 하나의 계통으로
생각하는 것은 적절치 못한 듯하다. 사실상 "숙련[修習]"의 전제로서의 성악설은 그 내용에서 공자의 "본성은
서로 비슷하다[性相近]"는 학설과는 다르다. 전체적으로 보자면, 순자가 전개한 것은 단지 공자 사상의 한 측면일
뿐이다.

월나라 사람이 되며, 하나라에 거주해 하나라 사람이 되는 것은 천성이 아니라, 쌓아온 습관에 순응한 게 그렇게 만든 것이다[工匠之子, 莫不繼事, 而都國之民安習其服, 居楚而楚, 居越而越, 居夏而夏, 是非天性也, 積靡使然也].”(「유효儒效」)

"오나라 월나라 및 오랑캐의 자식들도 태어나서는 똑같이 울지만 커서는 풍속을 달리하니, 교육이 그렇게 만든 것이다[干 越 夷 貉之子, 生而 同聲, 長 而異俗, 教使之然也].” (「권학勸學」)

습속과 교육은 개체 외부의 사회적 환경에 속한다. 실질적으로, 습속과 교육 등의 형태로 표현된 환경은 바로 유類(동류로서의 사회적 집단)의 문화발전의 역사적 산물로, 그것이 대표하는 것은 개체에 선행하며 또한 어떤 의미에서는 개체를 초월하는 유類의 힘이다. 순자는 자아의 후천적 발전 및 자아가 어떤 종류의 인격을 목표로 삼고자 하는지는 주로 습속과 교육에 달려 있다고 생각했는데, 개체를 형성하는데 있어서의, 동류同類가 발전시킨 문화역사적인 성과의 작용을 강조하였다. 개체와 사회의 관계에 입각하면, 인격의 배양과정은 동시에 자아(개체)의 사회화 과정이라고 볼 수 있다. 왜냐하면 이상적 인격에 관한 표준은 언제나 하나의 역사적 시기에서의 일정한 사회집단에 의해 결정되기 때문이다. 이상적인 '나'로의 발전은 사회가 요구하는 '나'가 되는 것일 따름이며, 이러한 과정은 흔히 주체에게 보편적 사회규범을 내면화시키는 것과 관련된다. 이런 각도에서 보자면, 인격의 배양은 확실히 개체에 대한 사회의 조형과 분리될 수 없는데, 순자가 습속 및 교육에 대한 안배를 인격 완성의 조건으로 삼았다는 점이 또한 여기에서도 명백히 드러난다. 맹자가 인격을 완성하는 과정에서의 개체에 내재된 잠재능력의 작용을 부각시키는데 중점을 두었다고 한다면[20], 순자는 외재적인

---

20) 맹자가 물론 환경의 영향을 완전히 부정했던 것은 아니지만, 상대적으로 그가 중시했던 점은 바로 주체의 내재적 잠재능력에 있었다.

사회발전의 역사적인 성과가 이상적 인격을 양성한다는 점을 주로 강조했다. 두 사람은 다른 시각에서, 인격을 완성하는[成 人] 과정에서의 중요한 계기를 탐구했던 것이다.

넓은 의미에서의 '습習'은 습속과 환경을 가리킬 뿐만 아니라 반복적 행위(주체의 실천)을 포함하는데, 이것이 "본성을 변화시켜 인위를 일으키는" 과정의 또 하나의 내용을 이룬다. 따라서 "사려가 쌓이고 능숙해진 이후에 완성된 것을 인위라고 일컫는다[慮積焉, 能習焉, 而後成謂之僞]"(「正名」)라고 말한 것이다. 사회가 습속과 교육 등의 경로를 통하여, 개체가 보편적 사회규범(禮義 등)을 이해하고 파악하도록 만드는 것이 결코 "본성을 변화시켜 인위를 일으키는" 과정의 종결을 뜻하는 것은 아니다. 한발 더 나아가 자각적인 실천과 반복적 행위를 통해서만 개체의 사회화 과정이 완성할 수 있기 때문에, 개체가 인격에 있어서 사회에서 요구하는 경지에 이를 수 있도록 해야 한다. 따라서 순자는 환경의 영향을 긍정하면서, 또한 주체의 반복적 실천을 상당히 중요한 위치로 격상시켰다.

　　　"실천하면 분명해지고, 분명하게 하면 성인이 된다. 성인이란, 인의에 근본을
　　　두고, 옳고 그름에서 합당하며, 언행이 일관되어 터럭만큼의 어긋남도 없으니,
　　　다른 방법이 있는 것이 아니라, 다만 실천할 뿐인 것이다[聖人也者, 本仁義, 當
　　　是非, 齊言行, 不失豪釐, 無他道焉, 已乎行之矣]."(「儒效」)

　　　"의지를 독실히 하여 체화해야 군자다[篤志而體, 君子也]."(「修身」)

'체화함[體]'이란 몸소 체험하고 힘써 실천하는 것이고, 군자와 성인은 모두 이상적 인격의 전형이다. 여기서 성인이 되는 것(이상적 인격에 도달하는 것)과 반복적 실천은 동일한 과정의 두 측면이 된다. 순자가 말한 실천이란 주로 도덕적 실천이다. 인격은 도덕적 이상의 구체적인 체현이며, 본질적으로 결코 추상적인 사변의 산물에 불과한 것이 아니다. 그 내재적 품성이든 아니면 이런 품성의 외재적 현시든, 모두 주체의

도덕적 실천에서 벗어나는 것이 아니다. 이른바 외재적 현시란 실천과정 속에서의 인격의 전개와 다른 것이 아니며, 사회적 규범 역시 장기적인 도덕적 실천 속에서만 점차 개체의 내재적인 품성으로 전환될 수 있다. 순자가 반복적 실천[習行]을 성인이 되는 조건으로 여긴 것은 바로 인격을 배양함에 있어 도덕적 실천의 역할을 긍정한 것이다. 사실상, 순자가 이상적 인격을 '세상을 구제하고 나라를 안정시키며', '천지를 질서지우는' '외왕外王'으로 규정했을 때, 인격을 넓은 의미에서의 실천과 관련시키기 시작한 것인데, 외왕을 중시함에서부터 반복적 실천을 강조함에까지 이르는 과정은 인격 이론의 논리적 전개라고 볼 수 있다. 이러한 사유의 여정은 맹자가 내성內聖을 중시하면서 심성의 함양을 부각시킨 것과 뚜렷한 대조를 이루는데, 외재적인 반복 실천과 내재적인 심성에 대한 상반된 초점에는 또한 유가적 가치추구가 발전해가는 상이한 경향이 함축되어 있다.

거시적인 문화 역사적 배경(환경)과 개체의 실천이란 토대('반복적 실천[習行]') 이외에도, 인격을 완성하는(인격의 형상화) 과정은 또한 일련의 구체적인 계기를 포함한다. 순자는 무엇보다도 의지의 연마를 이상적인 인격에 도달하기 위한 필요조건으로 보았는데, "의지를 독실하게 하여 체화하라[篤志而行]"는 요구에서, 확고부동한 지향志向은 '몸소 체험하고 힘써 실천함'(반복적 실천[習行])에서의 출발점이 된다. 또한 바로 이와 동일한 사유노선에 근간해, 순자는 거듭 "의지를 지극히 수양하라[志意致修]"(「榮辱」)고 주장했던 것이다. 의지 이외에도, 순자가 고찰한 상당 부분은 인간의 마음을 도야시키는 예술의 작용이었는데, 그 중에서도 음악이 또한 순자의 주요 관심사였다. 순자의 견해에 따르면, '본성을 변화시키고 인위를 일으키는' 과정 속에서, 음악은 하나의 중요한 차원을 구성한다. 왜냐하면 "대체로 음악은 인간에게 들어오는 바가 깊고, 인간을 변화시킴에 있어 재빠르다[夫聲樂之入人也深, 其化人也速]"(「악론樂論」) 고 말할 수 있기 때문이다. 그 밖의 예술형식(이를테면 조형예술)에 비해, 음악은 즉각 주체의 정신적 과정을 보다 잘 드러낼 수 있고, 또한 영혼을 뒤흔들고 공감을 불러일으키기에 쉽기 때문에, 내심이 깊이 감화될 때, 주체의 정신은 일종의 세례와 정화를 얻을 수 있다. 보다 넓은 시야에서 보자면,

음악은 심지어 풍속에 대한 변화라는 의의까지도 지닌다. 즉 "음악이란 성인이 즐기는 것으로, 민심을 선하게 할 수 있다. 사람을 감화시키는 바가 깊고, 풍속을 변화시키기에 용이하다[樂者, 聖人之所樂也, 而可以善民心, 其感人深, 其移風易俗]"(「樂論」) 라는 것이다. "풍속을 변화시킨다"는 말은 사회문화적인 분위기에 영향을 주거나 변화시키는 것인데, 이는 역으로 다시 개체의 내심의 세계를 한층 더 제약하게 될 것이다.

음악은 일종의 예술 형식으로서, 시간 속에서 전개되는 움직임과 조화로 표현된다. 이런 점에서, 순자는 다시 음악의 기능을 단합으로 개괄하면서, 그것을 예禮와 구분했다. 즉 "또한 음악에서 조화는 바꿀 수 없는 것이다. (…) 음악은 단합시키고, 예는 구분 짓는다[且樂也者, 和之不可變者也. (…) 樂合同, 禮別異]."(「樂論」) 예禮의 작용이란 한도와 경계를 규정하는 데에 있다. 다시 말해 인간을 다른 신분으로 구분하는 것이다. 반면 음악의 특성은 정치적인 신분의 경계를 초월하여 다른 신분의 사회구성원이 서로의 감정을 상호소통하도록 함으로써, 사회에서의 화목과 친밀 조화와 공경 화목과 순응을 달성하는 데에 있다. 따라서 순자는 "그러므로 종묘 안에서 음악을 군신상하가 함께 들으면 조화롭고 공경하지 않음이 없다. 규문 안에서 부자형제가 함께 들으면 화목하고 친밀하지 않음이 없다. 향리의 집안 어른을 모신 가운데에서 어른과 젊은이들이 함께 들으면 화목하여 순응하지 않음이 없다[故樂在宗廟之中, 君臣上下同聽之, 則莫不和敬. 閨門之內, 父子兄弟同聽之, 則莫不和親. 鄉里族長之中, 長少同聽之, 則莫不和順]." (「樂論」)라고 하였다. 여기서 음악은 도덕상에서의 일종의 응집 기능을 부여받는다. 왜냐하면 "화목하고 친밀히 함" "조화롭고 공경함" "화목하여 순응함"이란 말은 도덕적인 응집의 다양한 형태일 뿐이기 때문이다. 인격의 완성[成人]이란 각도에서 보자면, 순자의 이상과 같은 관점은, 감정의 소통과 융합을 촉진시키는 예술 형식으로서의 음악이, 자아의 폐쇄적인 심리상태를 극복하고, 개방적이며 건전한 인격을 함양시키는 데에 있어, 부지불식간에 감화하는 작용을 한다는 점에 일찍감치 주목했던 것이다.

알 수 있듯이 순자의 예술(음악)에 대한 고찰은 주로 사회 도덕적 기능에 초점을 맞추고 있다. 이 점은 순자의 아래와 같은 논의에서 보다 명석하게 표현된다.

"군자는 종과 북으로 사람들의 뜻을 인도하고, 거문고와 비파로 사람들의 마음을 즐겁게 한다. (…) 따라서 음악을 연주하면 뜻이 맑아지고, 예를 닦으면 행동이 완성되니, 이목이 총명해지고 혈기는 화평해지며, 풍속을 변화시켜 천하 모두를 평안하게 하니, 아름다움과 선함이 서로 즐겁게 만든다[君子以鐘鼓道志, 以琴瑟樂心. (…) 故樂行而志淸, 禮脩而行成, 耳目聰明, 血氣和平, 移風易俗, 天下皆寧, 美善相樂]."(「樂論」)

예술(음악)의 도야를 통해서, 주체의 내적 정신세계는 정화되고 고양되며, 감성(이목 혈기) 속에 이성이 스며들게 됨으로써 인격의 완전무결함에 이르게 되며, 개체의 인격의 완전무결함은 다시 사회적 도덕의 응집(천하가 평안한 것)을 촉진시키는 것이다. 한마디로, 선함(도덕)이 아름다움(예술)을 규정하고, 아름다움은 다시 선함을 촉진하므로, 아름다움와 선함의 상호작용은 인격을 끊임없이 하나의 새로운 차원으로 고양시키는 것이다.

물론, 순자에게서, 주체에 대한 예술(음악 등)적 도야는 언제나 이성의 규제를 받는다. 만약 이성에 따른 앎의 인도에서 벗어난다면, 흔히 '난亂'으로 이끌리게 될 것이다. (「악론樂論」을 참고할 것) 그와 마찬가지로 의지의 연마 역시 응당 이성의 제약을 받아들여야만 하는데, 바로 이런 의미에서, 순자는 언제나 "지려를 밝게 함[知慮明]"을 "의지를 수양하고 덕행을 두텁게 함[志意修 德行厚]"과 연관 지었다. 이런 측면에서, 순자는 유가적 이성주의에서 결코 벗어나지 않는다.

다중적인 계기로 구성되는 하나의 과정으로서의, 성인成人(이상적 인격에 도달함)은 결코 단번에 성취할 수 있는 것이 아니다. 앞서 서술한대로, 순자는 애초에 타고난 '나'로부터 이상적 '나'로의 발전을 "선행을 쌓음"과 하나로 연관 지었는데, '쌓음[積]'이 강조하는 바는 바로 과정으로, 개체에게서, 그것은 본질적으로 무한이라는 특성을 지닌다. 따라서 "의로움이란 사士가 되는 것에서 시작해서, 성인이 되는 것으로 끝난다. 참된 인식이 쌓이고 노력이 오래 계속되어야 해당될 수 있다. 배움은 죽음에 이르러서야 멈춘다[其義則始乎爲士. 終乎爲聖人. 眞積力久則入. 學至乎沒而後止也]"(「勸學」)라 한 것이다. 순자에게서 선함을 쌓는 것과 성인이 되는 것은 동시에 본성을 변화시키는 하나의 과정으로 전개되니, 바로 본래의 악한 본성을 개조하여 보편적 도덕이상에 부합하도록 만드는 것이다. 이것이 성인聖人이 됨은 출발점으로의 회귀로 귀결될 수 없으며, 새로운 인격 요소의 형성 과정으로 이해해야만 한다는 점을 규정한다.

> "오래도록 가되 그 처음으로 돌아가지 않아야 변화한다[長遷而不 反其初. 則化矣]."
> (「不苟」)

맹자의 "그 흐트러진 마음을 찾으라[求其放心]"는 학설과 비교하자면, 순자의 인격을 완성하는 과정에 대한 이상과 같은 이해는 확실히 새로운 사유노선을 체현했다. 그것은 이론적으로 이미 복성설復性說을 초월하기 시작했다.

그러나 순자는 인격의 완성을 그 처음으로 돌아감과 동일시하는 데에 반대하면서, 인격 완성 과정에서의 내재적 근거에 대해 경시한 측면이 있는 듯한데, 이러한 경향은 이론적으로는 그의 성악설에 깊숙이 뿌리를 박고 있는 것이기도 하다. 본래 악한 본성은 인격 완성 과정을 위한 내재적 근거를 제공할 수 없기 때문이다. 순자는 이 때문에 유類의 문화 역사적 성과(환경) 및 인격을 완성하는 과정에서의 도덕적 실천의 작용을 강조하는데, 확실히 드넓은 역사적 시야를 체현하면서, 그에 상응해 유학의 성인成人에 관한 학설이 깊은 역사적 내용을 획득하게 하였다. 즉, 인격 이론에서의 이러한 역사적 내용은 하늘과 인간[天人] 노력과 운명[力命] 집단과 개인[群己] 의로움과 이익[義利]에 관한 여러 논변 속의 근본적 가치관념에 대한 진일보된 전개로 간주할 수 있으며, 그것은 이후 유학의 변천에 무시할 수 없는 영향을 초래했다. 그러나 인격의 함양에서의 내재적 근거에서 벗어나, 개체에 대한 사회의 조형을 강조한 점은 흔히 인격 완성 과정을 외재적 주입으로 이해되기 쉬웠고, 어떤 강제적인 성격을 띄도록 하기도 했다. 실제로 순자에게서, 개체에 대한 사회의 조형은 흔히 "본성에 반하고 감정에 거스르는"(「性惡」)

과정으로 간주되었는데, 예의禮義에 따른 교화는 언제나 "법을 일으켜 바로잡아서 다스리고, 무거운 형벌로 금하는"(「性惡」) 등의 도덕을 넘어선 수단과 하나로 뒤얽힌다. 따라서 외재적 강제에 비해서 도덕 교육에서의 자발성의 원칙 및 인격 함양에서의 주체의 능동적인 작용은 약화되지 않을 수 없었다.

성악설을 인격을 완성하는 이론의 논리적 기점으로 삼는 것은 동시에 인격의 함양을 자아부정의 과정으로 이해함을 의미하고 있는 것이기도 하다. 왜냐하면 타고난 '나'(악한 천성을 지니고 있는 나)와 이상적인 '나'는 애초에 일종의 긴장과 대치 관계 속에 놓여 있고, 이상적인 '나'를 향해 발전해 나감은 언제나 타고난 '나'에 대한 부정을 수반할 수밖에 없기 때문이다. 사실, 이상적인 '나'와 타고난 '나'는 단순히 단절적 부정적 관계로 나타날 수 없으며, 양자는 또한 내재적 연속성을 지니기도 한다. 바꿔 말해서, 이상적인 '나'는 타고난 '나'에 대한 초월일 뿐만 아니라, 또한 어떤 의미에서는 타고난 '나'의 내재적 잠재능력의 전개로 볼 수도 있다. 이 점을 맹자는 일찍이 주목했던 것이다. 순자가 본성을 변화시킴으로써 타고난 '나'를 부정하길 요구하는 점은, 이상적 인격이 다소 자신과 소외된 성질을 띠도록 한다. 이런 측면에서 순자는 서양 기독교의 원죄설과 어느 정도 유사한 이론적 경향을 드러내는 듯한데,[21] 그것은 자아는 현실에 존재하는 가운데 동일하게 연속됨을 강조하는 유학적 전통을 벗어난 것이다. 순자가 인격 이론 가운데 설정한 가치목표가 유학의 정통이 되지 못했던 이유는, 성악설이 함축한 이상과 같은 경향과 무관치 않을 것이다.

---

21) 여기서의 서로 유사함이란 단순히 양자가 모두 타고난 '나'를 부정한다는 점만을 가지고 말한 것이란 점을 지적해 두어야만 하겠다.

제4장
가치체계의 구축과
그 내재화

제4장
가치체계의 구축과 그 내재화

　공자가 정초한 유가의 가치체계는, 맹자와 순자에게서 더욱 성숙한 형태로 변화하기 시작했다. 그러나 맹자와 순자가 결코 유학의 종결은 아니었다. 유학의 그 이외의 경전 속에서, 유가적 가치관은 진일보된 해명을 얻었다. 원시유학을 가지고 말하자면,『논어論語』『맹자孟子』『순자荀子』이외에도, 『역전易傳』[22] 『중용中庸』『대학大學』은 확실히 가장 중요한 문헌이다. 주희가 편찬한 사서四書 중에서『중용』과 『대학』은 둘을 차지한다. 만약 『역전』과 『중용』, 『대학』을 무시한다면 유가적 가치체계의 근본적 구조와 맥락을 완전히 파악하기 매우 어렵다. 총체적으로 보자면, 『역전』『중용』『대학』은 유사한 유학전통을 드러낼 뿐만 아니라, 별도로 형이상학적 본체와 가치근거, '높은 지혜를 다함[極高明]'과 '중용을 따름[道中庸]' 그리고 '지극한 선에 머무름[至於至善]'과 개체 본위 등의 각각의 측면에서 유학의 내용을 심화시킴으로써, 유학(유학의 가치체계를 포괄함)이 한층 더 완비되고 정형화되도록 하였다.

---

22) 『역易』은 경전과 주석으로 나뉘며, 양자는 관련성을 지니지만, 내용은 상당히 다르다.
　　본장에서 말하는 『역』이란 주로 『역전易傳』을 지칭한다.

1. 『역전易傳』 : 가치체계의 구축

『역전』 10편은 예전부터 공자가 지은 것이라고 말해왔지만, 후인의 고증에 근거하면 이런 학설은 신뢰할 수 없다. 현재 일반적으로, 『역전』은 한 사람의 손에서 만들어 진 것이 아니며, 또한 한 시기에 책으로 만들어진 것도 아니고 대체로 전국시대 중후기에 만들어진 것으로 인식된다. 그 내용 및 유학의 변천의 논리적 과정에 근거하면, 그 주요부분은 맹자와 순자 이후에 출현한 것 같다.[23] 『역전』이 공자가 지은 것이 아니라 할지라도, 초기 유학 경전으로서, 그것은 확실히 한편으로 유학적 가치체계를 전개한 것이다.

하늘과 인간의 관계는 유학이 관심을 둔 근본 문제의 하나로, 공자가 이래로, 유학은 바로 하늘과 인간에 대한 분별을 중시했다. 이런 측면에서 『역전』은 결코 유학의 전통과 동떨어진 것이 아니다. 『역전』의 관점에 비추어 보면, 하늘과 인간은 애초에 역사적 관련성을 가지고 있었다. 「서괘序卦」에는 이에 대한 하나의 전체적인 설명이 담겨 있다.

"천지가 있은 후 만물이 존재했고, 만물이 존재한 다음에 남녀가 있었다. 남녀가 있은 다음에 부부가 생겼고, 부부가 생긴 다음에야 부자가 있게 되었다. 부자가 있게 된 다음 군신관계가 생겼고, 군신의 관계가 생긴 다음에야 상하의 분별이 있게 되었다. 상하의 분별이 있게 된 연후에야 예의禮義가 다듬어졌다[有 天地然後有萬物, 有萬物然後有男女, 有男女然後有夫婦, 有夫婦然後有父子, 有父子然後有君臣, 有君臣然後有上下, 有上下然後禮義有所錯]."

한마디로, 예의禮義 등의 형식으로 표출되는 인문人文은 언제나 자연에서의 전제를

---

23) 곽말약郭沫若은 『역전』이 순자의 문인이 만든 것이라고 생각했다(곽말약의 저서, 『靑銅時代 周易之制之制作時代』를 참고할 것). 『역전』을 순자 후학의 작품으로 여기는 것은 전혀 확실하지 않지만, 『역전』은 순자 이후에 성립되었으니 터럭만큼도 근거가 없는 것은 아니다.

갖고 있다. 따라서 하늘과 인간은 단순히 단절되고 분리된 관계로 전개되지 않으며, 거꾸로, 양자는 무엇보다도 역사적 역속성을 띠고 있다. 하늘과 인간 사이의 역사적 관련은 마찬가지로 넓은 의미의 문화 창조 과정 속에서 구체화된다.

"옛날에 복희씨가 천하에 왕 노릇을 할 때, 위로 하늘에서 본뜰 것을 관찰하고, 아래로 땅에서 본받을 바를 관찰하였고, 날짐승과 들짐승의 문양과 토지의 합당함을 관찰하였으며, 가까이는 자신에게서 취하고 멀게는 외물에서 취하여, 이 때에 처음으로 팔괘를 만들었으니, 신명한 덕에 소통하고 만물의 실정과 흡사하도록 하였다. 노끈 매듭으로 기록하는 법을 고안하고 그물을 만들어서 사냥을 하고 물고기를 잡았는데, 이는 대체로 이離괘에서 취한 것이다. 복희씨가 죽고 신농씨가 나왔는데, 나무를 깎아 쟁기 날을 만들고, 나무를 구부려 쟁기 자루를 만들어 농기구의 이로움을 가르쳤으니, 익益괘에서 취한 것이다. (…) 그러므로 '역易'이란 상징이다. 상징이란 외물을 본뜬 것이다. '단彖'이란 한 괘의 재질이다. '효爻'란 천하의 움직임을 본뜬 것이다[古者包犧氏之王天下也, 仰則觀象於天, 俯則觀法於地, 觀鳥獸之文, 與地之宜, 近取諸身, 遠取諸物, 於是始作八卦, 以通神明之德, 以類萬物之情. 作結繩而爲罔罟, 以佃以漁, 蓋取諸離. 包犧氏沒, 神農氏作, 斲木爲耜, 揉木爲耒, 耒耨之利, 以敎天下, 蓋取諸益. (…) 是故, 易者, 象也, 象也者像也. 象者, 材也, 爻也者, 效天下之動者也]." (『역易』「계사전하繫辭傳下」)

신농神農씨 다음이 황제皇帝 요堯 순舜 등인데 이들이 서로 이어가면서, 나무를 파내 배를 만들었고, 소를 부리고 말을 탔고, 나무를 깎아 화살을 만들었다. 그리고 동굴과 들에서 살던 것을 집을 짓고 거주하는 형태로 바꾸었고, 노끈에 매듭을 묶어 기록해 다스리던 것에서 글자를 사용하기에 이르렀다. 이러한 일체는 또한 모두 예외없이 괘卦에서 상징을 취한 것이다. 이는 문명의 기원에 대한 회고이자 또한 인간의 문화창조

과정에 대한 역사적 묘사이기도 한데, 양자의 공통 전제는 "만물의 실정과 흡사하도록 한다"는 것이었다. 즉 어로 사냥 농경에서부터 문자에 이르기까지, 생산도구에서부터 선박과 가옥에 이르기까지, 괘상卦象을 모방하지 않은 것이 없는데, 괘상卦象은 또한 위로 하늘을 관찰하고 아래로 땅을 살피는 과정에서 형성된 것이다. 『역경』에서의 각 괘卦의 의미에서는 이미 신비적인 색채가 제거되고 인문적 해석이 부여되었다. 따라서 길흉을 추측하던 괘상이 여기서는 하늘과 인간을 연결하는 매개가 되었다. "천지가 있은 후 만물이 존재했고, 만물이 존재한 다음에 남녀가 있었다"는 등의 말이 주로 하늘과 인간을 잇는 표층에서의 추론(존재의 의미에서의 추론)이라고 말할 수 있다면, 문명의 기원 및 문화 창조를 "만물의 실정에 흡사하도록 한다"는 것과 관련시킨 것은 더욱 더 내재적인 차원에서 하늘과 인간의 상호 관련성을 긍정한 것이다.

천인관계에 대한 『역전』의 이상과 같은 규정은 공자·맹자·순자와는 상이한 초점을 드러낸다. 공자·맹자·순자는 하늘과 인간에 관한 논변에서 물론 각자의 특성을 지니지만, 동시에 서로 유사한 경향을 드러냈다. 즉 하늘과 인간의 통일을 긍정하면서 또한 하늘과 인간의 구분을 통해서 인문적 가치를 부각시킨다는 점이다. 공자는 조수와는 함께 무리지어 살 수 없으며, "함께 더불어 사는 것"은 오직 문명화된 인간('이 사람의 무리[斯人之徒]')이어야 가능하다고 생각했다. 여기에는 자연(하늘)을 초월하고자 하는 요구가 내재적으로 함축되어 있는 것이다. 마찬가지로 맹자는 거듭 인간이 짐승과 다른 근본적 특징에 주목하였고, 순자는 보다 넓은 역사적 의미에서 하늘과 인간의 구분을 강조하였다. 그들이 이를 통해 하늘과 인간 사이의 관계를 부정하지는 않았지만, 무엇보다 인간의 문화 창조를 자연(하늘)에 대한 초월로 이해했다. 바꿔 말하자면, 그들은 인문人文을 자연에 대한 지양이자 전환으로 중시하면서, 자아의 인문화(공자 맹자)와 대상의 인문화(순자)가 지닌 의미를 드러냈으니, 본연의 '나'를 인문화 된 '나'로 변화시키거나 있는 그대로의 대상을 인문화 된 존재로 변화시키는 것은 언제나 하늘과 인간 사이의 어떤 불연속[間斷]을 의미하고 있다.[24] 그에 비했을 때, 『역전』의 시야는

---

24) 불연속[間斷]이 분리[隔絶]와 같지 않다는 점을 거듭 지적해 두어야만 하겠다.

하늘에 대한 인간의 초월에서 출발해, 문화 창조의 자연적 전제로 방향을 바꾸었는데, 하늘과 인간의 관계는 그에 상응해 역사적 불연속에서 역사적 연속으로 나타난다.

하늘로부터 인간에 이르는 추론은 물론 단순히 "만물의 실정과 흡사하도록 함"을 통해 인간의 문화 창조를 해석하기 위한 것만이 아니다. 그것은 보다 심오한 이론적 함의를 지니고 있다. 조금만 분석해 보면, 『역전』 속에 "하늘"이 사실상 이중적 함의를 지니고 있음을 파악할 수 있다. 즉 그것은 자연(천지만물) 뿐만이 아니라, 자연을 넘어서는 형이상학적인 도道를 동시에 가리킨다. "건도乾道의 변화가 성명性命을 각각 바르게 한다." (「계사전상繫辭傳上」)는 말은 바로 형이상학적인 천도天道가 만물을 총괄함을 지칭한다. 이렇게 하늘을 인간의 출발점으로 삼는 것은, 동시에 천도天道를 인도人道(가치원칙을 포괄하는)의 근본으로 삼는다는 것을 의미하고 있다. 인도人道의 근본으로서, 천도天道가 지닌 함의는 당연히 좁은 의미의 자연법칙을 넘어서 있는 것으로, 그것은 본질적으로 보편적인 우주법칙을 드러내는 것이다. 즉 "형이상의 것을 도道라고 말한다"(「繫辭傳上」)는 것은 바로 이 점을 밝힌 것이다. 또한 바로 인도人道는 보편적 우주법칙(형이상의 도道)를 근본으로 삼아야만 한다는 관점에서 출발했기에, 『역전』은 '천지와 그 덕을 함께함[天地合其德]'을 숭고한 도덕적 경지로 간주했다. 즉 "대인大人은 천지와 그 덕을 함께 한다[夫大人者與天地合其德]"(「건乾 문언전文言傳」)라고 했는데, '천지와 그 덕을 함께 한다'는 것은 도덕 규범과 행위가 보편적 우주법칙에 완전히 합일된 것일 뿐이다. '계선성선繼善成性'이란 학설 속에서 천도와 인도의 관계는 보다 높은 차원으로 개괄된다.

> "한번은 음이 되고 한번은 양이 되는 것을 도道라고 말하니, 그것을 이어가는 것이
> 선善며, 그것을 완성하는 것이 본성이다[一陰一陽之謂道, 繼之者善也, 成之者性也]".
> (「繫辭傳上」)

여기서, 천도天道는 인도人道의 역사적 전제가 될 뿐만이 아니라, 형이상학적인 근거로

표현된다. 그래서 인간의 가치창조는 천도의 연속("그것을 잇는 것이 선이다")으로 이해되며, 인격은 형이상학적인 도道가 개체 속에서 전개되는 것("그것을 완성하는 것이 본성이다")으로 간주된다. 이 때문에 넓은 의미의 문화 발전에서부터 개체의 형성에 이르기까지, 모든 것이 형이상학적인 도道에 정초되지 않음이 없다. 단적으로, 우주의 보편적 법칙으로서의 천도는 동시에 문화 창조 과정 중의 가치의 실체를 이루는 것이다. "그러므로 역易에는 태극이 있으니, 이것이 양의兩儀(*하늘과 땅)를 낳고, 양의가 지상四象(*4계절)을 낳으며, 사상이 팔괘八卦를 낳고, 팔괘가 길흉을 결정하며, 길흉은 대업을 낳는다[是故, 易有太極, 是生兩儀, 兩儀生四象, 四象生八卦, 八卦定吉凶, 吉凶生大業.]"(「繫辭傳上」)고 말한다. 이는 자연의 생성과 변화에 대한 은유이자, 또한 문화창조 과정의 상징인데, 우주의 궁극적 실체(태극太極)는 그에 상응해 자연의 진화과정에 나타날 뿐만 아니라, 인간 문화 속에서도 전개되는 것이다.

　하늘과 인간의 역사적 연속을 긍정하는 것에서 천도天道를 인도人道의 근본으로 삼는 것에 이르기까지가, 바로 『역전』의 '하늘과 인간에 관한 논변[天人之辨]'상의 기본적 사유 노선이며, 그 논리적 결과는 가치 실체의 구축이다. 공자 맹자 순자와 비해, 『역전』은 확실히 형이상학적 실체에 대해 보다 짙은 흥미를 나타냈고, 보다 자각적으로 탐구하였다. 그것은 가치원칙에 대해 사실에 입각해 논의된 해석과 규정에 대해 만족하지 않고, 항상 그 존재론적 근거로까지 거슬러 올라가고자 시도한 것처럼 보인다. 그 사유양식은 언제나 형이상학의 도道로부터 구체적인 원칙에 이르는 추론으로 나타나는데, "그러므로 하늘의 도를 밝히고, 백성의 연고를 살핀다[是以明於天之道, 而察於民之故]"(「繫辭傳上」), "천하의 움직임은 하나로 귀착된다[天下之動은 貞夫一者也]"(「繫辭傳下」), "도는 매우 커서 모든 사물을 폐하지 않는다[其道甚大, 百物不廢]"(「繫辭傳下」) 등과 같은 말은 그 예이다. 요컨대, 하나로서 다수를 총괄하는 실체가 『역전』이 한결같이 중시하는 지점이며, 가치체계 또한 바로 이런 형이상에 대한 관심을 통해 확립된다. 우선 오직 이러한 시각에서 『역전』을 고찰해야만, 그것이 유가적 가치관의 발전과정 속에서 합당한 지위를 갖추도록 할 수 있다.

『역전』에서 형이상의 실체는 물론 가치 영역 외부에 초연히 존재하는 것이 결코 아니며, 그것은 현실적인 가치원칙으로 다방면에 걸쳐 전개되며 또한 그 속에서 체현된다. 『역전』의 관점에 따르면, 천도天道는 우선 강건한 경향으로 표현되는데, 그 강건한 경향은 삶의 영역에서 자강불식自强不息이라는 정형화된 가치로 구체화된다.

　　"하늘의 운행은 강건하니, 군자는 스스로 강해지길 그치지 않는다
　　[天行健, 君子以自强不息]." (「乾　象傳」)

이렇게 강건하고 자강하는 가치 원칙은 위로는 공자 문하의 '홍도弘道'의 정신을 계승한 것이지만, 또한 보다 호방한 기상을 갖추고 있는데, 보편적 천도天道(우주법칙)를 근본으로 삼으면서, 그 자체의 내용 또한 고양시킨다. 즉 그것은 주체의 역사적 사명을 이미 초월해서 넓은 의미의 삶의 신념으로 확장되며, 그 삶의 신념은 이후의 역사적 발전 가운데 점차 유가적 가치체계의 중요한 원칙으로 변화되는 것이다.

'자강불식自强不息'이란 의식은 구체적으로 '천지를 질서지우고[經緯天地]', '국가를 안정시키고 세상을 경영하며[安邦經世]', '개체가 자립하는[個體自立]' 등의 측면으로 전개된다. 『역전』의 관점에 따르면, 인간은 주체로서, "천지의 도道를 헤아려 완성하고, 천지의 합당함을 보좌하는[財成天地之道,　輔相天地之宜]"(「태泰　상전象傳」) 역량을 갖추고 있는데, 여기서 '자강自强'은 자연을 정복하려는 노력 속에서 구체화된다. 이런 관점은 명백히 순자의 사상을 발휘한 것이다. 이런 측면에서 『역전』과 순자 사이에는 확실히 역사적 관련성이 존재하고 있다. 물론 "천지의 합당함을 보좌한다"는 것은 주로 일종의 유類로서의 역량으로 드러나는 것이지만, 인간은 단지 유類일 뿐만 아니라, 동시에 개체로서 존재한다. 개체인 점에 입각하자면, 자강自强은 무엇보다도 우뚝 자립하여 세속에 흔들리지 않는 것으로 표현된다.

　　"세속에 변치 않고, 명성을 이루고자 하지 않는다. 세상으로부터 은둔하되

근심하지 않고 남들에게 인정받지 못하여도 근심하지 않는다. 즐거운 세상이라면 행하고, 걱정스러운 세상이라면 떠나가니, 뜻이 확고해 뒤흔들 수 없다[不易乎世, 不成乎名. 遯世无悶, 不見是而无悶. 樂則行之, 憂則違之, 確乎其不可拔].”(「건乾 문언전文言傳」)

세속의 힘은 언제나 저항하기 매우 어려운 것인데, 세속과 충돌할 때에 의연하고 초연하게 꼿꼿이 서 있을 수 있으니, 세속에 휩쓸리지 않을 뿐만 아니라 이로 인해 의기소심해지지 않는다(근심하지 않는다). 이는 확실히 강건하고 자강하는 정신적 역량을 구현한 것이다. 중국 역사상 수많은 지사志士와 인인仁人이 갖가지 역경 속에서도 고상한 지조를 지킬 수 있었던 것은 유가의 이상과 같은 가치관의 심층적 영향과 전혀 무관한 것이 아니다.

'세속에 변치 않음'은 물론 여전히 하나의 소극적 선택에 지나지 않는다. 힘차게 자강함은 본질적으로 보다 적극적인 가치 지향을 드러낸다.

“군자는 과단성 있게 행동함으로써 덕을 기른다[君子以果行育德].”
(「몽蒙 상전象傳」)

“강건하게 움직이기 때문에 왕성하다[剛以動, 故壯].”
(「대장大壯 상전象傳」)

“강건하여 기쁘게 하며, 결단하여 조화롭게 한다[健而說, 決而和].”
(「쾌夬 단전彖傳」)

여기서 '강건'이라는 가치원칙은 적극적이고 진취적인 정신과 융합되기 시작하는데, 그것은 덕성이 조형되는 과정에서 구현될 뿐만 아니라 일반적인 문명의 진행과정으로 전개된다. 전체적인 서술이 상당히 추상적으로 보이긴 하지만, 그 중에서 세차게 높은 곳으로 향하며, 굳세게 성취하려는 정신적 경향을 명확히 볼 수 있다. 그리고 이러한 강건한 가치지향은 동시에 낙관적이고 융합적인 삶의 태도 속에 스며든다. 여성적인 것을 고수하고 고요함을 지향하고, 내향적이고 부드러우며 무위하는 『노자老子』와 같은 철리哲理와 비교할 때, 『역전』은 확실히 사람들이 보다 깊이 자신의 역량을 깨닫도록 할 뿐만 아니라, 주체가 건전한 삶의 신념을 확립하도록 고무하고 있다.

하늘의 운행은 강건하게 위로 향하는 경향으로 나타날 뿐만 아니라, 삶을 창조하길 그치지 않는 과정으로 전개된다.

"천지의 큰 덕을 생생이라 한다[天地之大德曰生]." (「繫辭傳下」)

"날로 새로워짐을 성덕盛德이라 하고, 낳고 낳는 것을 역易이라 한다
[日新之謂盛德, 生生之謂易]." (「繫辭傳下」)

"천지의 도道는 영원하여 그침이 없다[天地之道, 恆久而不已也]."
(「항恒· 단전象傳」)

『역전』을 전체적으로 보자면, 이러한 종류의 기술은 거의 어디서나 볼 수 있다.

만약 '강건'이 주로 창조적 역량과 우뚝 자립한 인격을 은유한 것이라고 말할 수 있다면, "낳고 낳음[生生]"과 "날로 새로워짐[日新]"은 일종의 흘러감에 그침없는 연속의 관념을 펼쳐 보인 것이다. 『역전』에서, 우주는 크게 변화하면서 흘러가는 과정이기에, 면면히 이어지는 우주의 흐름 속에서, 천지의 두 기운은 상호 작용하고, 강건함과 유연함은 서로 번갈아 변화하며, 음과 양은 교감하는데, 이를 통해 만물의 영원한 변화 생장과 변천을 형성시킨다. 또한 개체(소아小我)와 우주의 대아大我는 결코 서로 단절되지 않는다. 반대로 군자의 특성은 바로 우주의 큰 흐름에 순응할 수 있는지에 달려 있다. 즉, "군자는

소멸과 번식, 가득 참과 비워짐을 숭상하는데, 하늘의 운행이기 때문이다[君子尙消息盈虛, 天行也]"(「박췌剝 단전彖傳」) 그리고 개체가 일단 지속되어 끊임없는 우주의 흐름에 진정으로 융합된다면, 유한(생사生死)을 초월하여 영원한 존재의 의미를 실현할 수 있게 된다. 따라서 "대인이란 천지와 그 덕을 함께 하고, 해와 달과 그 밝음을 함께 하며, 네 계절과 그 질서를 함께 한다[夫大人者, 與天地合其德, 與日月合其明, 與四時合其序]"(「乾 文言傳」), "성인이 도道를 오래도록 지켜서 천하가 변화되고 완성된다[聖人久於其道, 而天下化成]"(「恒 象傳」)고 말한 것이다.

공자 이래로 유한을 초월하는 것이 바로 유가가 추구하는 가치 목표였다. 앞서 서술한 것처럼, 공자가 문화의 연속이란 차원에서 개체 존재의 영원한 의미를 추구함을 중시하였던 것에 비할 때, 『역전』은 형이상의 차원에서 유한을 초월하기 위한 하나의 존재론적 기초를 모색하고자 했다. 우주는 낳고 낳음이 그치지 않는 무궁한 과정으로서, 개체는 이 과정 속에 일부이므로, 개체의 창조가 우주의 흐름과 하나로 융합되었을 때, 개체는 비로소 하늘 땅과 더불어서 함께 유구할 수 있고, 해와 달과 함께 빛날 수 있기 때문에, 영원한 가치를 획득할 수 있다. 그침 없는 우주의 흐름이 실제적으로 유한을 초월해 있고, 영원으로 나아가게 하는 존재론적 근거임을 알 수 있다. 공자 맹자 순자와 비해, 『역전』의 이상과 같은 사유노선은 확실히 초월이라는 의미를 보다 많이 지니고 있지만, 이러한 초월은 또한 종교적 초월과는 다르다. 왜냐하면 그것은 최종적으로 낳고 낳음에 쉬지 않으며, 날마다 새로워지길 그치지 않는 자연적 과정에 뿌리를 두고 있으되 피안의 세계를 가리키지는 않기 때문이다. 이 점을 가지고 말하자면, 『역전』은 결코 유가의 인문주의적 전통에서 벗어나지 않는다.

낳고 낳음에 쉼이 없고 날마다 새로워지는 과정이란 주로 종적인 연속으로 나타나는데, 횡으로 보자면, 천지만물은 또한 상호 교감하는 관계로 드러난다. 『역전』은 천지天地의 어울림과 만물 사이의 감응을 극히 두드러진 지위로 고양시켰고, 아울러 상당히 중시하였다.

"천지가 어우러져 만물이 통한다[天地交, 而萬物通也]."(「태泰 단전彖傳」)

"천지가 어울리지 않으면 만물이 흥성할 수 없다[天地不交, 而萬物不興]."
(「귀매歸妹 단전象傳」)

"천지가 감응하여 만물이 변화하고 생장한다[天地感而萬物化生]."
(「함咸 단전象傳」)

이러한 말들에서 어울림과 감응은 곧 사물 사이의 상호작용과 상호소통을 뜻한다. 『역전』의 관점에 따르면, 우주만물이 변화하고 생장함을 그치지 않고, 연속해서 단절되지 않게 되는 그 근본적인 원인은 바로 대상들 사이에 이렇게 어울리고 감응하는 관계가 갖추어져 있기 때문이다. 이러한 연속이라는 관념이 바로 어울림과 감응이라는 관념과 하나로 융합됨으로써, 어울림과 감응은 연속의 내재적 근원이면서도 천도天道의 높이로까지 격상되었다.

인도人道는 천도天道의 연속이 되며, 그에 따라 천도의 제약을 받게 된다. 바로 천지만물의 보편적인 감응과 소통으로부터, 『역전』은 더 나아가 사람들 사이의 상호관계와 감응과 소통을 도출해낸다. 즉, "천지가 감응하여 만물이 변화하고 생장한다. 성인聖人이 인심에 감응하니 천하가 조화롭고 안정된다[天地感, 而萬物化生. 聖人感人心, 而天下和平]"(「함咸 단전象傳」) "오직 군자만이 천하의 뜻을 소통시킬 수 있다"(「동인同人 단전象傳」) 는 것이다. "인심에 감응한다" "천하의 뜻을 소통시킨다"는 말은 사람과 사람 사이의 상호 이해와 서로간의 소통을 통해서 동심同心 동덕同德에 이른다는 의미일 뿐이다. 일단 주체 사이에서 상호 소통에 이를 수 있다면, 자기중심성을 돌파해서 긴장과 대치를 해소시킴으로써 열린 마음가짐을 형성할 수 있다. "군자가 이로써 백성을 포용하고 무리를 기른다[君子以容民畜衆]"(『易』「師象」)는 말에서 강조한 것도 바로 이 점이다. 감응하고 소통함으로써 집단적 정체성에 이르는 것은 동시에 매우 현실적인 사회적 기능을 지닌 것이다. 즉 "두 사람이 마음을 같이하면, 그 날카로움은 쇠도 자른다[二人同心, 其利斷金]"(「繫辭傳下」), "타인과 함께 한다면, 만물은 반드시 그에게로 귀착된다."(「서괘전序卦傳」)이라 했으니, 이에 따르면, 『역전易傳』은 진실로 대립과 충돌에 충분히 주의했지만, 충돌과 대립은 결국 감응과 소통을 귀착점으로 하는 것이다. 따라서 "천지가 달라도 그 일은 같고, 남녀가 달라도 그 뜻은 통하며, 만물이 달라도 하는 일은 유사하다[天地睽, 而其事同也, 男女睽, 而其志通也, 萬物睽, 而其事類也.]"(「규睽 단전彖傳」)라 하였다. 이러한 논의 가운데에서, 우리는 자아의 폐쇄성을 초월해 집단의 조화를 중시하는 유가적 전통을 어렵지 않게 엿볼 수 있다. 그러나 공자 맹자 순자가 인도人道로부터 집단원칙을 전개하는 것을 중시했던 것과는 다르게, 『역전』에서는 인간 사이의 감응과 소통은 동시에 또한 존재론적인 전제를 부여받게 됨으로써 내재적으로 형이상학적인 성질을 지니게 되었다.

천지의 어울림과 만물 사이의 감응은 결코 하나의 무질서한 과정이 아니기에, 천지만 물의 보편적인 감응과 소통 속에서도 동시에 그 자체의 질서가 존재한다.

"하늘은 존귀하고 땅은 비천하니, 건 곤이 정해진다[天尊地卑, 乾坤定矣]."
(「繫辭傳上」)

그 본래 의미에 따르면, '존귀와 비천[尊卑]'은 다소간 가치론적 의미를 지니고 있기 때문에, 존귀함 비천함으로 천지의 순서를 규정하는 것은 확실히 우주에 대한 인문적인 관심을 체현한 것이다. 사실상 『역전』에서 하늘과 인간의 역사적 연속성을 강조하는 것은, 애초에 그것의 천도관이 순수한 자연철학과는 다르게 어떤 인문적 색채를 띠도록 만드는 것이다. "하늘의 운행은 강건하다"에서부터 "천지의 큰 덕을 생生이라고 한다"에 이르기까지, "천지가 감응하고 소통한다"에서부터 "하늘은 존귀하고 땅은 비천하다"에 이르기까지, 모두 일종의 가치의 투영으로 나타나지 않는 것이 없다. 인문적 가치는 일단 천도天道와 합일됨으로써 형이상화된 다음, 전환되어 나와 다시 사회질서의 존재론적 근거가 되는 것이다. 따라서 "하늘은 존귀하고 땅은 비천하니, 건 곤이 정해진다. 낮은 것과 높은 것이 진열되니 존귀한 것과 비천한 것이 자리를 잡는다[天尊地卑, 乾坤定矣.

卑高以陳, 貴賤位矣.]"(「繫辭傳上」)라고 하는 것이다. 유사한 논술로 다음과 같은 말들도 포함된다.

　　"숭고한 것은 하늘을 본받고, 비천한 것은 땅을 본받는다[崇效天, 卑法地]."
　　(「繫辭傳上」)

　　"위는 하늘이고 아래가 못인 것이 리履이니, 군자는 상하를 분별하여 백성의
　　뜻을 안정시킨다[上天下澤,　履, 君子以辨上下,　安民志]."(「리履　상전象傳」)

　　그리고 귀천을 구별하고 상하를 분별하는 현실적 목적이란 바로 "집단을 어지럽히지 않는[不亂群]"(「비否　상전象傳」)것이다.

　　질서에 대한 관심과 인간 사이의 소통이란 관념에 대한 긍정의 상호결합은, 『역전』에서의 강건　자강하는 가치지향을 니체가 예찬한 힘에의 의지Der Wille zur Macht나 진취적 정신과는 완전히 다른 것으로 만들었다. 우리가 니체의 다음과 같은 논의를 본다면, 어렵지 않게 이 점을 인식할 수 있을 것이다. "생명은 본질적으로 점유이자 상해, 자기와 다른 자나 약자에 대한 정복, 억압, 곤경의 경험이자, 자기 방식대로 기만하고 병탄하는 것이며 그렇지 않다면 적어도 이용하는 것이다."(『上帝死了－尼采文選(신은 죽었다－니체선집)』, 上海三聯書店, 1989, 303쪽) 여기서 니체는 물론 분투하는 진취적인 정신을 숭배하면서 생명의 힘의 외재적 현시를 강조했던 것이지만, 이러한 생명의 자강自强은 또한 인간 사이의 평형을 파괴하고 사회적 질서를 초월하는 것으로 편협하게 이해되었다. 바꿔 말해, 생명에의 충동은 어떠한 질서의 구속도 받지 않을 수 있다는 것이다. 이에 비해, 『역전』은 창조적 분투와 진취성을 안정적 사회질서와 관련시키고자 했다. "강건하면서도 위험에 빠지지 않는다[剛健而不陷]"(「수需　단전象傳」)는 말은 바로 이러한 경향을 드러내는데, 존귀함과 비천함을 정하고 상하를 분별하는 것이 사회 안정에 도달하기 위한 필수적 전제로 간주되는 것이다. 이러한 가지지향은 위로 공자

맹자 순자(특별히 순자)의 사유노선을 계승한 것으로 유가의 자강自强의 정신이 시종일관 '니체식' 의지주의와는 상당한 거리를 유지하도록 하였다.

물론 인간의 존비와 귀천을 천지의 대의로 이해한 점은 역시 시대적 낙인을 깊숙이 새긴 것이다. 그것은 이미 진한秦漢 이후의 대일통 제국의 삼엄한 신분제도를 어렴풋이 예시하는 것처럼 보이는데, 또한 이에 대해서는 "앞 시대를 뛰어넘는" 존재론적 논증이 만들어졌다. 『역전』의 위와 같은 관점으로부터, 우리는 이미 동중서의 유학체계의 몇 가지 단서를 엿볼 수 있는데, 사실상 『역전』에서의 천도天道로부터 인간 세상의 질서를 추론하고 해석해내는 사유 노선은 이후에 동중서가 뚜렷하게 계승한 것이었다. 우리가 한 발 더 나아가 "천하가 귀착하는 바는 같지만 길이 다르며, 하나로 합치하지만 백 가지로 근심할 뿐이니, 천하가 [그 밖에] 무엇을 바라며, 무엇을 근심하겠는가?[天下同歸而殊塗, 一致而百慮, 天下何思何慮?]"(「繫辭傳下」)와 같은 종류의 논의와 관련시키자면, 분명 유학이 이미 정통화正統化의 방향으로 발전하기 시작했다는 점을 어렵지 않게 엿볼 수 있는 것이다. 이데올로기의 통일화 및 정치적 신분질서가 점차 유가적 가치체계로 투영되고 있기 때문이다.

그러나 『역전』이 결국 이로부터 독단론으로 나아갔던 것은 아니다. 질서를 중시하는 동시에, 『역전』은 또한 "때[時]"를 상당히 중요한 위치로 끌어올렸다.

"천지의 차고 빔이란 때와 더불어 소멸하고 번식하는 것이다[天地盈虛, 與時消息]."(「풍豊 단전象傳」)

"곤도는 순조롭다. 하늘을 받들어 때 맞추어 움직인다[坤道其順乎! 承天而時行]."(「곤坤 문언전文言傳」)

여기에서의 '때[時]'는 단순히 시간의 흐름을 가리킬 뿐만 아니라, 그것은 넓은 의미에서의 시간과 관련되는 구체적인 조건을 뜻한다. 천지만물은 '낳고 낳으며 쉬지 않는[生生不息]'는 하나의 과정으로서의 시간의 흐름 속에서 전개되고, 또한 특정한 조건에 따라서 운행하고 변화한다. 천도의 이러한 본성은 동시에 인간의 행위방식까지도 결정한다. 『역전』은 '때에 순응함[隨時]'과 '때에 근거함[因時]'을 극히 중요한 위치로 끌어올렸다.

> "그러므로 힘쓰고 힘써서 때에 근거해 두려워하면, 비록 위태로울지라도 허물은 없다[故乾乾因時而惕, 雖危無咎矣]." (「乾 文言傳」)

> "하늘에 대응하여 때맞추어 행하니, 이 때문에 크게 형통하다[應乎天而時行, 是以元亨]." (「대유大有 단전象傳」)

유사한 논의는 또한 다음과 같다.

> "그쳐야 할 때에 그치고, 행해야 할 때에 행하여, 움직이고 멈춤이 합당한 때를 잃지 않으니, 그 도가 밝게 드러난다
> [時止則止, 時行則行, 動靜不失其時, 其道光明]." (「간艮 단전象傳」)

> "군자는 자신에게 기물을 보관하여 때를 기다려 움직이니, 어찌 불리함이 있겠는가?[君子藏器於身, 待時而動, 何不利之有?]" (「繫辭傳下」)

'때에 순응함[隨時]'과 '때에 근거함[因時]'이란 구체적인 시간 조건과 특정한 상황에 근거해서 융통성 있게 임기응변하는 것일 따름이다. 여기에서, 때에 근거해 변화하고, 때를 기다려 움직일 수 있는지의 여부가 주체 자신의 성패와 안위에 직접적으로 관련된다. 따라서 때에 순응하면 길하고, 때에 어긋나면 흉하므로, "때에 순응함[隨時]"이 곧 행위를 규범 짓는 기본원칙이 된다. "때에 순응하는 의리는 중대하다![隨時之義, 大矣哉!]"(「수隨

단전象傳」)라는 말은 바로 이 점을 얼마간 반영한 것이다. '때에 순응함[隨時]'과 '때에 근거함[因時]' 자체는 물론 결코 새로운 관념이 아니다. 『역전』이전에, 공자 맹자 순자가 모두 다른 정도로 이 점을 주목했다. 이를테면 공자 맹자 순자의 임기응변[權變]에 대한 학설 속에는 사실상 '때에 순응함'과 '때에 근거함'에 대한 요구가 내재적으로 포함되어 있다. 그러나 『역전』에서의 "때에 순응하는 의리" 속에서, 유가의 권변權變 사상은 확실히 진일보하여 전개되었고 보다 구체적인 내용을 획득하게 되었다. 더욱 중요한 점은 천도와의 소통을 통해서, '때에 근거함[因時]'이란 관념이 보편법칙의 높이로까지 고양되었을 뿐만 아니라, 동시에 형이상학적인 근거를 얻게 되었다는 것이다. 『역전』이 천도天道로부터 "때맞추어 행함"을 끌어낸 것은 바로 힘써 유가의 경권經權(원칙과 임기응변)의 학설을 위한 하나의 존재론적 기초를 제공하고자 했던 것이라 말해도 좋을 것이다.

요컨대, 하늘과 인간의 역사적 연속을 강조하는 것으로부터 더 나아가 유가적 형이상학을 구축하는 것이, 바로 『역전』의 근본적 논리 진행과정이다. 이러한 형이상학이 우주 자연에 대한 몇 가지 규정과 해석을 포함하고 있다 할지라도, 그것은 단순한 우주관 내지 자연철학에 불과한 것이 아니다. 앞의 내용에서 거듭 언급했던 것처럼, 우주적 경관에 대한 묘사에는 언제나 도처에 인문적 관심이 배어들어 있으며, 천도는 실질적으로 인도人道의 존재론적 근거를 이룬다. 따라서 『역전』의 형이상학은 어떤 의미에서는 가치 존재론의 형식을 획득하였다고 말해도 좋다. 근본적 가치원칙과 가치지향은 물론 유학이 전통에서 벗어나는 것이 아니지만, 이러한 원칙들은 동시에 형이상학적 차원으로까지 고양되었다. 바로 가치의 존재론이 『역전』의 주요한 이론적 공헌을 구성한다고 말할 수 있다. 그것은 유가적 가치체계를 우주관과 융합해 통일시킴으로써, 내재적인 논리의 힘을 지니게 하였기 때문이다. 그러나 천도天道를 인도의 근본으로 삼는 것은 결국 사변적인 성격을 띠게 되므로, 그것은 불가피하게 『역전』에서의 가치 존재론에 어떤 초험적인 색채를 부여했다.

2. 가치 실체의 이중적 내재화

『중용中庸』은 자사子思가 지은 것이라고 전해지지만[25], 최술崔述 이후 적지 않은 학자들이 이런 관점에 의문을 제기했다. 본서에서는 『중용』이 책으로 완성된 연대에 대해 상세히 고증을 행하지 않을 것이지만, 대체로 다음과 같은 관점을 채택하겠다. 즉, 현존하는 『중용』은 전국시대 후기의 유학 사상을 비교적 많이 반영했고[26], 일부 내용의 경우 진한秦漢 사이의 유학자들이 첨가한 것이란 입장이다(이를테면 "오늘날 천하의 수레는 양 바퀴 사이의 간격이 같고, 문서에 글자도 같고, 행동의 도덕적 기준도 같다[今天下, 車同軌, 書同文, 行同倫]" 등의 말은 명백히 진秦나라 이후의 유학자의 손에서 나온 것이다). 이에 근거해, 본서에서는 『중용』을 전국시대 후기에서 진한秦漢 사이의 작품이라 간주한다.[27]

이론적 맥락에서 보자면, 『중용』의 사상은 맹자와 비교적 가까워 보인다. 아마도 바로

---

25) 『사기史記』 「공자세가孔子世家」에는 자사子思가 "중용을 지었다[作中庸]"는 학설이 실려 있다.

26) 곽점초간郭店楚簡에서의 관련 내용을 『중용』에 관련된 사상과 비교해 보면, 『중용』이 책으로 만들어진 연대를 보다 구체적으로 파악할 수 있게 될 것이다. 곽점초간郭店楚簡 가운데 「성자명출性自命出」편과 『중용』의 사상 경향 상에 몇 가지 유사한 지점이 있지만, 내용을 보자면, 『중용』이 명백히 보다 체계적이고 성숙하다. 이를테면 「性自命出」에서는 "본성은 명命으로부터 나오고, 명은 하늘에서 내린다[性自命出, 命自天降]"는 말로 본성과 하늘의 관계를 표시했다. 그리고 "도란 여러 외물의 도이다. 모든 도는 심술을 위주로 한다[道者, 群物之道.凡道, 心術爲主]", "세계 안에서 그 본성은 동일한데, 그 마음을 사용함이 제각기 다른 것은 가르침이 그렇게 만든 것이다[四海之內其性一也. 其用心各異, 敎使然也]", "도를 알아 자기를 돌이키는 것이 자신을 수양하는 방식이다[聞道反己, 修身者也]" 등의 말은 본성[性] 도[道] 가르침[敎]의 관계를 표시한다. 관련된 내용이 『중용』에서는 간단 명료하게 개술되기 이른다. "하늘이 명한 것을 본성이라 하고, 본성을 따르는 것을 도라 하며, 도를 닦는 것을 가르침이라고 한다[天命之謂性, 率性之謂道, 修道之謂敎]"는 것이다. 『중용』이 하늘[天] 본성[性] 도道 가르침[敎] 등의 관계에 대해 설명한 것이 형식상으로 보다 간결할 뿐만 아니라, 그 논리적 관계에서도 보다 긴밀한 것처럼 보인다. 동시에 「性自命出」에서는 여전히 '믿음[信]'을 중요한 위상에 두고, '감정[情]'과 '말[言]'등을 언급할 때 모두 '믿음[信]'으로 그에 관한 규정으로 삼는다. '믿음'을 윤리적 속성 내지는 규범으로 삼는 관념은 대체로 공자에게서 기원한 것으로, 그에 비할 때, 『중용』에서는 '성실[誠]'에 보다 많이 주목한다. '성실'은 '믿음'과 관련되지만 '믿음'에 국한되는 것은 아니다. 따라서 철학적 범주로서 '성실'이 보다 풍부하고 깊은 의미를 담고 있다. 위로 원시유학의 '믿음'이란 개념을 계승하여 "성실[誠]"로 전개되고 해석되는 것은 분명 사상의 변화와 발전을 구체화한 것이다. 곽점초간의 성립 연대는 일반적으로 전국시대 중기 혹은 그 이전이라 생각되므로, 「性自命出」의 성립 연대도 마찬가지로 이 역사 시기에 속한다. 『중용』은 내용과 논리 상 「性自命出」 이후의 문헌으로서, 그 책이 완성된 시점은 「성자명출」이 만들어진 시기보다 당연히 늦어야만 할 듯하다.

27) 풍우란馮友蘭의 『中國哲學史新編』, 人民出版社, 1985년, 3권, 28장을 참조할 것.

이상과 같은 점 때문일 것인데, 후세에는 언제나 『중용』과 『맹자』를 하나의 계통으로 여겼다. 맹자와 마찬가지로, 『중용』역시 인성人性에 극히 관심을 둔다. 『중용』전체의 요지를 밝히는 첫머리의 한 구절은 다음과 같다.

> "하늘이 명한 것을 본성이라 하고, 본성을 따르는 것을 도라 하며, 도를 닦는 것을 가르침이라고 한다[天命之謂性, 率性之謂道, 修道之謂敎]." (『중용中庸』「제1장」)

여기서의 '명命'은 동사로 쓰이니, "천명天命"이란 바로 하늘이 부여한 것이란 뜻이다. 물론 맹자에 비해, 『중용』이 말하는 본성이 보다 광범위한 함의를 지니고 있는 것처럼 보인다. 왜냐하면 그 본성은 이미 개체의 덕성을 초월하여 위로는 보편적인 도道에까지 미치기 때문이다. 보편적인 도道와 관련된 이러한 '본성[性]'은 실제적으로 이미 일반적인 가치규정으로까지 끌어올려진 것이며, 『중용』에서 '본성'을 '하늘이 명한 것'으로 정의한 것은, 본성이 가치규정으로 격상된 것에 상응해, 가치 규정을 위한 하나의 형이상학적 실체를 뒷받침함을 의미하고 있다. 이런 측면에서, 『중용』은 맹자의 사유노선까지도 넘어서서 『역전易傳』과 유사한 경향을 드러내고 있는 듯한데, 풍우란馮友蘭은 "『중용』의 논지와 『역전』의 논지에는 동일한 지점이 매우 많다"(『三松堂全集5』「新原道」, 河南人民出版社, 1986년, 81쪽)고 말했다. 이 관점에 전혀 근거가 없지는 않다.

그러나 이로부터 "『중용』은 본래 『역易』을 부연한 책이다"(熊十力, 『原儒』下卷, 1쪽)라고 단언한다면, 『중용』의 논지와는 상당히 동떨어진 것처럼 보인다. 사실 『중용』과 『역전』이 유사한 전제를 가지고 있다고는 하지만, 양자의 입론의 무게중심은 의외로 상당히 다르다. 『역전』이 형이상학적 가치의 실체를 구축하는데 역점을 둔다면, 『중용』은 이런 가치의 실체를 일상적인 말과 행동 및 내재적인 심성과 융합시키고자 한다. 즉 전자가 추구한 것이 "천지의 도를 총괄하는[彌綸天地之道]"는 일종의 초경험적인 경지라면, 후자는 초경험적인 천도天道를 현실적 인류으로 전환시킬 것을 요구하여,

외재적인 실체로부터 내재적 심성으로 회귀한다.

"높은 지혜를 다하여, 중용을 따른다[極高明而道中庸]"(『중용』「제2장」)는 것이 『중용』의 주제라고 할 수 있다.[28] '중中'은 지나치지도 모자라지도 않는다는 뜻이고, "용庸은 평상平常을 뜻한다[庸, 平常也]."[29](朱熹, 『中庸章句』) '중용中庸'이라 병칭하면, 주로 지나치지도 모자라지도 않는 일상의 행동을 뜻한다.[30] '높은 지혜[高明]'는 일종의 최고의 도덕적 경지이고, '도道'는 인도하거나 따른다는 뜻이다. 따라서 "높은 지혜를 다하여, 중용을 따른다[極高明而道中庸]"라고 합쳐 말하는 것은 일상의 행동 가운데에서 숭고한 도덕적 경지에 이르는 것일 뿐이다. 여기에는 확실히 정신적 초월이 내포되어 있지만, 그것은 천도天道에서 출발한 외재적 진입경로와는 다르며, 일상의 언행의 내재적 승화에 뿌리 박고 있다.

『역전』에서, 도道는 우선 만물에 군림하는 초자연적 법칙으로 나타나는데, "형이상의 것을 도라 한다[形而上者謂之道]"는 말은 바로 이 점을 드러냈다. 그와 대조적으로, 『중용』에서 '도道'는 사람들에게 심오하고 무거운 느낌을 조금도 주지 않는다. 오히려 그것은 모든 면에서 평범하고 가까운 것처럼 보인다.

"도는 사람에게서 멀리 있지 않다. 사람이 도를 행하면서 사람을 멀리한다면 도라고 할 수 없다[道不遠人. 人之爲道而遠人, 不可以爲道]." (『中庸』「제13장」)

"군자의 도는 비유하자면, 먼 곳으로 가려면 반드시 가까운 데에서 시작 해야만하고, 높은 곳에 오르려면 반드시 낮은 곳에서부터 시작해야 하는 것과

---

28) 풍우란馮友蘭이 이에 대해 밝힌 점은 풍우란이 쓴 『中國哲學史新編』, 제3책, 119쪽을 참고할 것.

29) 『설문說文』에서는 '용庸'을 '용用'으로 해석했다. 여기서 '用'은 주로 '일용日用'을 뜻하는데, '평상平常'이란 의미로 확장되었다.

30) 사람들은 자주 유가의 중용과 아리스토텔레스의 중용을 뒤섞어 논하는데, 사실상 두 가지는 상통하는 점도 있지만, 초점은 또한 상당히 다르다. 아리스토텔레스의 중용은 두 극단 사이에서 중간을 취할 것을 강조하는데, 예를 들자면, 용기는 나약함과 무모함 사이의 중간이다. 그러나 『중용』에서 말하는 중용은 일상의 행동에 역점을 둔다. 상세한 내용은 이하의 글을 참고할 것.

같다[君子之道, 辟如行遠必自邇, 辟如登高必自卑]." (『中庸』「제15장」)

　　"군자의 도는 부부 관계에서 시작되지만, 그 지극함에 이르면 천지를 살피게
　　된다[君子之道, 造端乎夫婦, 及其至也, 察乎天地]." (『中庸』, 제12장)

　　요컨대, 도道 결코 가늠할 수 없는 것이 아니다. 그것은 바로 보통의 인륜관계(이를테면 부부관계)와 일상 행위 속에 내재하며, 아울러 바로 이러한 일상의 관계와 삶을 통해서 전개되어 나오는 것이다. 바로 이와 같기 때문에, "부부의 어리석음으로 알 수 있고[夫婦之愚, 可以與知焉]", "부부가 보잘 것 없어도 행할 수 있다[夫婦之不肖, 可以能行焉]"(『중용』「제12장」)라고 말한 것이다. 물론 이것이 도道를 일상의 구체적인 행위와 동일시하고, 그것의 보편적 제약 기능을 부인함을 의미하지는 않는다. "지극한 곳에 이르러 천지를 살핀다[及其至也, 察乎天地]"라는 말은 이미 도덕의 초연함을 암시한 것이다. 그러나 이러한 초연함이 결코 형이상의 형이하에 대한 통섭으로 나타나지 않으며, 가까운 곳에서 먼 곳으로, 낮은 곳에서 높은 곳으로 단계적으로 올라가는 것으로 펼쳐지는 것이다.
　　일상 행위의 주인공은 흔히 개체이니, '도는 인간에게서 멀리 있지 않다'는 말은 도道가 하나 하나의 개체와 모두 시시각각 관련되어 있음을 의미하고 있다. 한편으로 개체는 일상의 언행 중에서 도道에서 벗어날 수 없다. 따라서 "도라는 것에서 잠시도 떨어질 수 없다[道也者, 不可須臾離也]"(『중용』「제1장」)라고 말하는 것이다. 다른 한편으로 개체의 수신함양이 또한 도道를 실제적으로 체현시키는 것이기도 하다. "자신을 수양하여 도를 확립한다[修身則道立]"(『중용』「제2장」)고 말할 수 있기 때문이다. 그리고 개체의 수신은 또한 결코 일상의 활동과 동떨어진 기이한 행동이 아니며, 그것은 평범한 언행 속에서 전개되는 것이다. 바로 이런 의미에서 『중용』은 일상적 행위를 넘어선 괴이한 행동을 상당히 부당하게 여기니, 그 점은 공자의 입을 빌려 다음처럼 표현된다. "은밀한 이치를 구하고 괴이한 짓을 하는 것을 후세에 기록하는 자가 있을지라도, 나는 그런 짓을

하지 않는다[素隱行怪, 後世有述焉, 吾弗爲之矣]"(『중용』「제11장」) 여기에서 "중용을 따른다[道中庸]"는 기본적 가치지향은 확실히 보다 구체적으로 드러나기에 이른다.

간단히 말해, 『중용』에서 가치의 실체는 더 이상 경험을 초월한 형식을 지니고 있지 않다. 왜냐하면 『역전』에서의 형이상학적인 사유의 경향은 이미 '일용이 곧 도'라는 관념으로 대치되기 시작하기 때문이다. 『중용』이 『역전』과 다른 근본적인 점은 바로 가치 창조에서 일상행동의 의의를 유례없이 부각시켰다는 점에서 있다고 말할 수 있을 것이다. 『중용』이 결코 형이상학적인 실체를 방기한 것은 아니지만("하늘이 명한 것을 본성이라 말한다[天命之謂性]"), 도道와 일상 언행을 소통시킴으로써, 『중용』은 사실상 일상의 인륜관계 및 실천 활동을 가치의 현실적 원천으로 삼기 시작했다. 이 때문에 유한有限에의 지양은 더 이상 단순히 일상의 행동에서 벗어나 광대한 우주의 흐름에 용해되어 들어가는 것으로 나타나지 않으며, 진정한 초월은 바로 일상으로 나아가 일상을 초월하는 것이며 또한 일상 행동 속에서 생명이 영구적인 가치를 획득하도록 하는 것이다. 이것이 또한 "높은 지혜를 다하여, 중용을 따른다[極高明而道中庸]"는 말의 내재적 함의일 따름이다. 바로 『중용』 안에서 유가적 가치원칙은 비로소 보다 현실적인 속성을 지니게 되었으며, 정신적 경지의 승화가 "일상적 덕의 실천[庸德之行]"(『중용』「제13장」)이라는 세속적 참여의 관념과 상호 융합함으로써 "피안"에의 추구가 의탁할 수 있는 여지를 더욱 없애버렸다고 말해도 무방할 것이다.

그러나 일상의 행동은 일반적으로 말해 언제나 기존의 문화전통과 도덕관습 등에 의해 조절되며, 그에 따라, 동일한 양식의 반복과 순환으로 나타난다는 점에 주목해야 한다. 이런 반복적 성격은 물론 일상 세계의 상대적인 안정을 보증하며 또한 사람들에게 일종의 친근감 현실감을 제공함으로써, 인간의 세속적 참여의 의식을 강화시키긴 하지만, 그것은 동시에 인간의 창조성과 개성을 억제하기 쉽다. 일상 세계 속에서 인간의 행위는 흔히 고정된 양식으로 변화되며, 일상 언행에의 추구는 바로 대중화된, 무개성적인 평범한 행위이기에, 일단 일상적 규범을 넘어서면 "은밀한 이치를 구하고 괴이한 짓을 하는 것[素隱行怪]"이란 혐의를 받게 될 것이다. "일상적 덕의 실천[庸德之行]"을 강조하는 배후에는 다소간 일종의 동일화을 추구하고 차이를 억누르며 오직 안정만을 추구하는 가치 지향이 함축되어 있으며, 이러한 가치지향에 따른 규제와 인도 하에서는 창조적이고 독특한 개성을 지닌 인격을 형성하기 매우 어려울 것으로 보인다. 동시에 전통을 통해 조절되는 이미 정해진 양식으로서의, 일상 행동은 주로 과거를 향할 것이다. 이른바 일상의 언행이란 흔히 지나간 전통과 규범에서의 언행에 부합하는 것이기 때문이다. 바꿔 말해서 그것이 요구하는 것은 이미 정해진 행위방식 및 생활 질서를 돌파하기보다는 전통의 궤도로 회귀하는 것이다. 이로 인해 형성되는 것은 흔히 일종의 과거를 고정된 목적으로 삼는 가치 관념이며, 그것은 사람들이 기존의 상황에 만족하도록 하며, 새로운 세상을 향해 나아가는 것을 바라지 못하도록 만들기 쉽다. 사실상 『중용』은 '도道는 사람에게서 멀리 있지 않다'고 강조하고, 일상이 곧 도임을 강조하면서 명백히 이러한 경향을 드러내고 있다.

> "군자는 현재 위치에 따라서 행동하고, 그 이외의 것을 원하지 않는다. 현재 부유하고 지위가 높다면 부유함과 지위 높음에 맞게 행동한다. 현재 가난하고 지위가 낮다면, 가난함과 지위 낮음에 맞게 행동한다. 평소 오랑캐와 함께 한다면, 오랑캐에 맞게 행동한다. 현재 환란에 처해 있다면, 환란에 맞게 행동한다. 군자는 놓인 곳마다 스스로 만족하지 않음이 없다[君子素其位而行, 不愿乎其外. 素富貴, 行乎富貴. 素貧賤, 行乎貧賤. 素夷狄, 行乎夷狄. 素患難, 行乎患難. 君子無入而不自得焉]." (『중용』「제14장」)

'현재[素]'는 이전에 이미 이러했고, 지금 이후로도 여전히 이와 같다는 뜻이다. '그 이외의 것을 원하지 않는다'는 것은 단지 이미 정해진 생활양식 및 삶의 상황을 유지할 뿐이란 뜻이다. 여기서, 지나간 가치 지향에 안주하는 점은 실질적으로 어떤 숙명론적 성격을 띠고 있다. 이 점은 『중용』의 다음과 같은 단언에서 보다 분명히 파악할 수 있다. "따라서 군자는 편안한 곳에 자리해 명命을 기다리고, 소인은 위태로운 일을 하고서 요행을 바란다[故君子居易以俟命, 小人行險以徼倖]." (『중용』「제14장」) 『역전』에서의 강인하고 굳세게 스스로를 강하게 만들며 단호한 의지로 밀고 나가는 가치지향과 대조했을 때, 『중용』은 다소간 평범하고 보수적이어 보인다. 『역전』으로부터 『중용』에 이르면서, 넓고 크며, 창조적이고 진취적이며, 거리낌 없는 유학의 어떤 기상은, 소박하고 보수적이며 고지식한 관념으로 대체되기 시작하는 듯하다. 『중용』이 시종 "높은 지혜를 다함[極高明]"을 가치 목표로 간주하였음에도 불구하고, "중용을 따른다[道中庸]"는 것을 강조할 때에는 오히려 이런 목표가 점차 이미 정해진 양식에 제약 받는 일상 언행에 의해 가리워지도록 만드는 것이다.

"중용을 따른다"는 것과 관련되는, 『중용』의 또 다른 기본 관념은 '성실[誠]'이다.

> "성실은 하늘의 도이고, 성실하게 하는 것은 사람의 도이다[誠者, 天之道也.
> 誠之者, 人之道也]." (『중용』「제2장」)

여기서, '성실'은 존재론적 의미 상에서의 천도天道일 뿐만 아니라, 또한 윤리학적 가치관적 의미 상에서의 인도人道이다. 천도天道로서의 '성실'의 근본적 함의는 바로 실제로 그러함[實然]인데, 이후의 왕부지王夫之가 "성실함이란, 실재이며, 실제로 있고, 본래 있는 것이다[誠也者, 實也, 實有之, 固有之]"(『상서인의尙書引義』권3)라고 말한 것이 주로 이런 의미에서의 설명이다. 또한 인도人道로서의 '성실'은 당위를 가리키는데, 다시 말하면 주체가 마땅히 갖추어야만 할 내재적 속성을 뜻한다. 『중용』은 '성실[誠]'로부터 "성실하게 할 것[誠之]"을 주장하는데, 이는 단순히 천도天道로부터 인도人道에까지 이르는 탐색을 나타낼 뿐만 아니라, 그 심층적인 함의에 입각하면, 그것은 동시에 외재하는 실체의 내재화를 의미하고 있다. "중용을 따른다[道中庸]"는 말의 의미가 실체의 초험적 성격을 지양함(형이상학적 근거로부터 현실적 일용으로 나아가는 것)에 있다고 한다면, '성실[誠]'에서 말미암아 "성실하게 하는 것[誠之]"이란 한 발 더 나아가

내재적인 도덕적 실체를 구축하기를 요구하는 것이다.[31]

'성실[誠]'은 내재적 실체로서, 구체적으로는 곧 덕성德性으로 표현되는데, 그에 따라 내재적 실체의 확립은 존덕성尊德性을 기본 형식으로 삼는다.

『중용』에서 볼 때, 존덕성은 결코 하나의 추상적 과정이 아니며, 바로 '높은 지혜를 다함[極高明]'이 반드시 '중용을 따라야[道中庸]'만 하는 것과 마찬가지로, 존덕성 역시 도문학道問學에서 떨어질 수 없다. "그러므로 군자는 덕성을 중시하며, 앎의 추구에 따른다.[故君子尊德性而道問學.]"(『중용』「제27장」)는 것이다. 이른바 '도문학道問學'이란 학문과 사변을 행함으로써 이성적 자각에 이르는 것일 뿐이다. 공자 맹자 순자와 마찬가지로, 『중용』은 주체의 이성적 자각을 지극히 중요한 지위로 끌어올리고, 또한 이를 외재적인 천도로부터 내재적인 실체('성誠')로 나아가는 전제로 삼는다.

"선에 밝지 못하면 자신을 성실하게 하지 못한다. (…) 널리 배우고, 상세히 묻고, 신중히 생각하고, 명석하게 분별하고, 독실히 행해야 한다. 배우지 않을지언정 배워서 능통하지 못한다면 놓지 말고, 묻지 않을지언정 물어서 알지 못한다면 놓지 말고, 생각하지 않을지언정 생각해서 납득하지 못했다면 놓지 않고, 분별하지 않을지언정 분별하여 명석하지 않다면 놓지 않으며, 행동하지 않을지언정 행동하여 독실하지 못하다면 놓지 않는다. 다른 사람이 한번에 능히 할 수 있다면 자신은 백 번을 하고, 다른 사람이 10번해서 능히 할 수 있다면 자신은 천 번을 해야 한다. 만약 이러한 도리에 능숙해지면 우매하더라도 반드시 지혜로워지며, 유약하더라도 반드시 강해질 것이다[不明乎善, 不誠乎身矣.

(…) 博學之, 審問之, 愼思之, 明辨之, 篤行之. 有弗學, 學之弗能, 弗措也.

---

31) 맹자는 일찍이 "그러므로 성실은 하늘의 도이며, 성실을 생각하는 것은 인간의 도이다[是故誠者, 天之道也. 思誠者, 人之道也]"(「離婁上」)라는 명제를 제기했다. 이런 관점은 성실[誠]이라는 실체를 주목했던 것이다. 그러나 "성실을 생각함[思誠]"이란 성실을 체험하여 인식할 대상으로 여긴 것이며, "성실하게 하는 것[誠之]"은 외재하는 실체의 내재화에 역점을 두고 있어, 양자의 의미는 차이가 있는 것 같다. 『중용』이 맹자의 사상을 계승하는 것과 동시에, 새로운 해석을 제시했다고 말해도 무방하다.

有弗問, 問之弗知, 弗措也. 有弗思, 思之弗得, 弗措也.

有弗辨, 辨之弗明, 弗措也, 有弗行, 行之弗篤, 弗措也.

人一能之己百之, 人十能之己千之. 果能此道矣, 雖愚必明, 雖柔必强].”

(『중용』「제20장」)

앞서 서술한대로, '성실[誠]'은 천도天道로서, 실제로 그러함(본래 그러함)이라는 성질을 지니고 있으며, 바로 이성화의 과정을 통해서, 실제로 그러한(본래 그러한) 것으로서의 성실[誠]은 점차 내화되어 당위로서의 성실[誠]――정신의 경지――에 대한 자각적인 의식이 된다. 그리고 이러한 자각적 의식은 또한 내재적 실체로서 주체의 행위를 제약하는 것이다. 존덕성尊德性(성실이라는 실체의 확립)과 도문학道問學(이성적 자각) 사이에는 일종의 상호 영향의 관계가 존재하고 있다. 따라서 성실[誠]을 확립하는 것은 도문학道問學에서 벗어나는 것이 아니며, 실체가 일단 확립되면 또한 주체가 한결같이 명료한 지각 상태에 위치할 수 있음을 보증하게 된다. 따라서 전자는 바로 "밝음에서 말미암아 성실해짐[自明誠]"이라 일컫는 것이고, 후자는 "성실에서 말미암아 밝아짐[自誠明]"이라고 일컫는데, 양자는 본질적으로 또한 통일된 하나의 과정으로 전개된다. "성실하면 밝아지고, 밝아지면 성실해진다[誠則明矣, 明則誠矣]"(『중용』「제21장」)고 말할 수 있기 때문이다.

물론, 『중용』이 결코 내재적 실체의 역할을 단순히 "성실에서 말미암아 밝아짐"에 한정짓는 것은 아니다. 『중용』의 견해에 따르면, 주체가 만약 지극히 성실한 경지에 이르게 된다면, 천지의 화육化育을 돕는 힘을 갖출 수 있게 된다.

"오직 천하에서 지극히 성실한 사람만이 자신의 본성을 다할 수 있다. 자신의 본성을 다할 수 있으면 타인의 본성을 다할 수 있게 하며, 타인의 본성을 다할 수 있게 한다면, 만물의 본성을 다할 수 있게 할 수 있다. 만물의 본성을 다할 수 있게 한다면, 천지의 화육을 도울 수 있고, 천지의 화육을 도울 수 있다면, 천지와 더불어 참여할 수 있다[惟天下至誠, 爲能盡其性. 能盡其性, 則能盡人之性.

能盡人之性, 則能盡物之性. 能盡物之性, 則可以贊天地之化育.

可以贊天地之化育, 則可以與天地參矣]."(『중용』「제22장」)

여기에서는 내부로부터 외부로 방사되어 나가는 하나의 과정이 나타난다. 즉 지극히 성실한 실체를 확립한다는 것은 내재적 덕성의 완성인데('자신의 본성을 다하는 것'), 자기로부터 타인에게 이르고, 타인으로부터 한발 더 나아가 만물에까지 이르러, 최종적으로는 천지의 변화를 통제('천지의 화육에 참여함')하는 것을 의미한다. 요컨대, 내재적 실체가 도덕행위와 문화 창조의 근본적 출발점이 되는 것이다. 『중용』의 이상과 같은 관점은, 천도天道로부터 인도人道에로 이르는 『역전』의 추론과는 다르게, 그 초점을 도덕적 실체의 외재적 역할을 강화하는데 두고 있다. 맹자와 마찬가지로, 『중용』은 지극한 성실해야만 천지와 더불어 참여할 수 있다고 생각하고 있으니, 명백히 범도덕주의적 색채를 띠고 있다.

그러나 『중용』에서, 실체의 외부로의 방사는 동시에 자아의 중심성을 초월한다는 의미를 함유한 것이기도 하다. 사실 자기의 본성으로부터 타인의 본성에까지 이르는 것 자체가 자아와 타인(집단)을 소통시키는 경향을 드러내는데, 이것이 더 나아가 다시 자기를 완성하고 만물을 완성한다는 학설로 전개된 것이다.

"성실함이란 스스로 자신을 완성할 뿐 아니라, 외물을 완성해주는 근거이다.

자기를 완성하는 것은 인仁이요, 외물을 완성해주는 것은 지知이다. [그것은]

본성의 덕이자, 내외를 통합하는 도이다[誠者, 非自成己而已也. 所以成物也.

成己, 仁也. 成物, 知也. 性之德也, 合外內之道也]."(『중용』「제25장」)

'자기를 완성함[成己]'이란 바로 내재적인 덕성의 전개를 통해서 자아를 완전무결하게 하는 것이다. 여기서의 "외물[物]"의 함의는 비교적 광범위한데, 그것은 자아 이외의 타인을 가리킬 뿐만 아니라, 일반적으로 천지의 만물까지도 가리킨다. 따라서 외물을 완성해준다는 것은 천지의 화육을 돕는 것과 집단적 가치의 실현이라는 이중적 함의 모두를 포괄한다. 가치관에서 볼 때, 자기를 완성함으로써, 외물을 완성해주는 것은 개체의 완전성에서 집단 정체성에로 나아가는 것이며, 개체 자신은 이 과정 속에서 폐쇄적인 '나'로부터 개방적인 '나'를 향해 나아가는 것이다. 주목할 만한 가치가 있는 점은 『중용』이 특별히 자기 완성이 외물을 완성시켜주는 수단임을 강조하는 것, 다시 말해 집단적 실현을 보다 중요한 지위에 둔다는 사실이다. 여기에는 확실히 집단 원칙을 중시하는 유가적 전통이 배어 있는데, 다른 측면에서 보자면, 그것은 또한 실체의 외재적 현시가 동시에 집단적 원칙에 대한 긍정이라는 의미를 지니도록 한다.

도덕적 실체는 내면화된 이후, 흔히 도덕적 경지라는 의미를 지니게 된다. 성실은 내재적 실체이자, 동시에 일종의 도덕적 경지로 규정되는 것이다.

> "성실하다면, 힘쓰지 않고도 적합하고, 생각하지 않고도 체득하고, 거동이
> 도에 부합하게 되니, 성인이다[誠者不勉而中, 不思而得, 從容中道, 聖人也]."
> (『중용』 「제20장」)

"생각하지도 힘쓰지도 않음"은 결코 이성적 노력을 없앤다는 것이 아니라, 이성의 특성이 더욱 더 고양된 것을 뜻한다. 앞에서 서술한 것처럼, 『중용』에서는 "밝음에서 말미암아 성실해짐[自明誠]"을 강조하는데, 이는 주로 이성적 자각의 과정이며, 성실이라는 실체를 일단 구축하면, 이성의 규범('도道')은 주체의 내재된 의식과 융합되기 시작하고, 더 나아가 점차 주체의 덕성으로 변화하는데, 주체의 덕성으로 변화한다는 것은 어떤 의미에서 주체의 제2의 천성이 되는 것으로 볼 수 있다. 이렇게 "밝음에서 말미암아 성실해짐[自明誠]"이란 동시에 보편적 규범(道)을 천성으로 바꾸는 하나의 과정으로 간주할 수도 있다. 이른바 "오직 지극히 성실한 사람만이 자신의 본성을 다할 수 있다"는 말은 다소간 성실이라는 본체와 덕성(제2의 천성)의 이상과 같은 관계를 암시하기도 한다.

보편적 규범이 사람의 제2의 천성이 된다는 것은, 곧 도道(보편적 규범)가 주체의 심층 의식으로 진입하기 시작하고, 주체의 도덕행위는 그에 상응해 자연적 성질과 흡사한 점을 지니게 됨을 의미하는 것이다. 한편으로 그 행동거지가 도道에 부합하지 않음이 없는 것이지만("중도中道"), 다른 한편으로 이런 행위는 또한 이성의 강제로부터 비롯되는 것이 아니라, 완전히 내재적 실체에서 출발하는 것으로, 자연적인 도에의 부합이 인위적인 노력을 초월하기 때문이다. '힘쓰지 않고도 적합하고, 생각하지 않아도 체득한다'는 말은 바로 이와 같은 도덕적 경지인 것이다. 여기서 모든 것이 평범하고 예사로운 것처럼 보이지만, 또한 모든 것은 내재적으로 숭고한 의미를 지닌다. "높은 지혜를 다하여, 중용을 따른다[極高明而道中庸]"는 것은 성실이라는 내재적 실체와 융합되어 하나가 되기 시작하는 것이다.

『역전』에서 『중용』에 이르면서, 한편으로 '중용을 따르는[道中庸]'(일상 행동) 도덕적 경로는 점차 가치 실체의 초험적 성질을 지양했고, 다른 한편으로 지극히 성실한[至誠] 도덕적 경지(덕성德性)의 확정은 다시 가치 실체의 외재성으로 전환되었다. 전자는 '일용이 곧 도'라는 유가의 전통을 강화한 것이며, 후자는 맹자 이후를 계승하는 데에서 더 나아가, 유가의 심성지학心性之學의 기초를 정초한 것이다. 유가의 가치체계의 이후의 변화와 발전 가운데에서, 우리는 언제나 『중용』의 영향을 부단히 확인할 수 있다.

3. 지극한 선에 머묾과 수신을 근본으로 삼음

『중용』과 마찬가지로, 『대학大學』의 저자와 성서成書 연대에 대해서는, 예로부터 다른 해석이 상당히 많았다. 주희朱熹는 『대학』은 공자의 제자인 증삼曾參의 저작이라고 생각했지만, 이 학설은 실증할 근거가 부족한 듯하며, 송宋 이전의 전적에서 이런 관점을 나타냈던 적도 없었다. 곽말약郭沫若은 『대학』은 맹자의 제자인 악정씨樂正氏의 저작이라고 단정했지만(『십비판서十批判書』를 참조할 것), 그 근거 역시 전혀 충분하지 않다. 비교적 신뢰할 만한 논점은 『대학』은 결코 한 사람의 손에서 완성된 것이 아니며, 그 성서 연대는 대체로 전국시대 후기에서 진한秦漢 사이라는 것이다. 이 관점이 『대학』의 내용에 보다 부합하는듯 하므로, 본서에서는 이 학설을 취하겠다.

『대학』은 첫머리에서 바로 다음과 같이 지적한다.

"대학의 도道는 밝은 덕을 밝히고, 백성을 친히 하며, 지극한 선에 머무는 데에 있다[大學之道, 在明明德, 在親民, 在止於至善]."

이것이 바로 『대학』의 '삼강령三綱領'이라 일컫는 것이다. '밝은 덕을 밝힌다[明明德]'는 것은 곧 가치이성價值理性의 자각을 뜻하고, '백성을 친히 한다[親民]'는 말은 집단적 일체감을 나타내며, '지극한 선[至善]'이란 최고의 가치목표이니, '지극한 선에 머묾[止於至善]'은 바로 최고의 가치목표에 이르는 것을 뜻한다. 삼강령 중에서, 가장 중요한 것은 당연히 '지극한 선에 머묾[止於至善]'이다. 왜냐하면 개체의 이성적 자각('밝은 덕을 밝히는 것[明明德]')과 집단적 일체감('백성을 친히 함[親民]')은 궁극적으로 모두 '지극한 선[至善]'을 지향指向하기 때문이다. 앞서 서술한 대로, 『역전』의 논지는 형이상학적 가치 실체의 구축에 있고, 『중용』의 특성이 가치 실체를 일상 행동 및 주체 의식 속으로 내재화시키는데 있다. 『역전』과 『중용』에 비교했을 때, 『대학』의 사유노선에는 차이가 있는 것 같다. 그것이 역점을 두는 지점은 무엇보다도 지고한 가치목표를 확립함으로써, 주체의 실천을 위한 총체적인 가치의 발전방향을 제공하는 데에 있기 때문이다.

'지극한 선'이란 가치목표의 설정은 동서철학의 공통 특성이다. 고대 그리스의 플라톤은 이미 '지극한 선'의 개념을 제기했으며, 그것을 최고의 이데아로 규정했다. 플라톤의 관점에 따르면, 구체적으로 볼 수 있는 세계 이외에, 다시 하나의 이데아의 세계가 있는데, 이는 하나의 등급체계로 표현된다. 가장 낮은 등급은 구체적 사물의 이데아로, 이를테면 탁자 의자 사람 말 등의 이데아이다. 한 등급 높은 것이 수학 또는 과학 방면의 이데아이다. 그리고 가장 높은 등급의 이데아가 선善이다. 그러나 플라톤은 동시에 선善에 만물의 실체(본원)라는 의미를 부여함으로써, 선善이 세계만물을 산출하고 존재하게 하는 궁극적 원인이며, 구체적인 대상은 선의 이데아의 모방물이거나 그림자라고 생각했다. 이렇게 선은 가장 완전무결한 경지로서, 물론 주체가 추구하는 목표가 되지만, "존재를 넘어서 있는" 실체는 다시 주체가 도달하기 어려운 대상이 되는데, 이런 점은 플라톤의 선善이 사변적이고 추상적인 성질을 지니게 하였다.

플라톤이 지극한 선을 추상적인 이데아로 규정하는 것과 달리, 『대학』은 '지극한 선에 머무른다[止於至善]'는 전체적 강령(가치목표)를 제시한 이후에, 다시 '지극한 선[至善]'의 의미에 대해 구체적으로 규정했다. 앞서 서술한대로, 『대학』에서 '밝은 덕을 밝히는 것'과 '백성을 친히하는 것'은 궁극적으로는 모두 '지극한 선'을 향하는 것이다. 따라서 다른 각도에서 볼 때, 이 두 가지가 실질적으로 '지극한 선'의 내용이 되는 것이다. '밝은 덕을 밝힘'의 전개는 곧 "밝은 덕을 천하에 밝히는 것[明明德於天下]"(『대학』)으로 나타난다. '밝은 덕을 밝히는 것[明明德]'이란 개체의 도덕적 자각이고, '밝은 덕을 천하에 밝히는 것[明明德於天下]은 천하의 사람들이 모두 실천이성의 세례를 받아들이고, 자각적 도덕경지에 도달하도록 만드는 것이다. 즉 전자가 도덕추구의 출발점이라면, 후자는 그것이 추구한 바의 귀결인 것이다. '밝은 덕을 밝힘'에서부터 '밝은 덕을 천하에 밝히기'에 이르는 것은 도덕적 이상의 부단한 실현 과정이자, 또한 가치목표에 점차적으로 접근해 가는 과정이다.

'밝은 덕을 밝힘'이 '밝은 덕을 천하에 밝히기'로 확장되는 것에 상응해, '백성을 친히 함[親民]' 역시 더 나아가 "천하를 안정시키는 것[平天下]"(『대학』)으로 전개된다. '밝은 덕을 천하에 밝힌다'는 것이 도덕적 영역에서의 가치목표의 구체화라고 말할 수 있다면, '천하를 안정시키는 것[平天下]'은 보다 넓은 차원에서 이런 경향을 나타낸 것이다. 물론, 천하의 안녕('平天下')은 무엇보다도 사회정치적 이상이기 때문에, 그것은 애초부터 일종의 경세經世에 관한 관념을 내재적으로 함축하고 있다. 즉 "천하를 안정시킨다[平天下]"는 말은 경세치국經世治國을 통하여 사회적 안정과 조화를 성취하는 것이기 때문이다. 바로 이런 의미에서, 『대학』은 "천하를 안정시킴은 그 국가를 다스리는 데에 달려 있다[平天下在治其國]"고 강조한 것이다. '천하를 안정시키는 것[平天下]'을 사회정치적 이상으로 삼는 것은, 한편으로는 "지극한 선[至善]"이라는 가치목표에 비교적 현실적인 규정을 부여하는 것이고, 다른 한편으로는 유가의 경세經世 관념이 심층적인 가치근거를 획득하도록 하는 것이라고 파악할 수 있다.

'밝은 덕을 천하에 밝히는 것[明明德於天下]'과 '천하를 안정시키는 것[平天下]'은 다른 측면에서 지극한 선이라는 가치 목표를 전개함으로써, 그것이 초험적 이데아가 지닌 추상성을 피할 수 있게 하였고, 아울러 현실적인 규제적 이념으로서의 의의를 획득하게 하였다. 『대학』에서 볼 때, 일단 가치목표가 확립되면, 주체의 실천은 곧바로 일정한 방향을 지니게 된다.

> "대학의 도道는 밝은 덕을 밝히고, 백성을 친히 하며, 지극한 선에
> 머무는 데에 있다. 머무를 곳을 안 다음에야 일정할 수 있고, 일정해진
> 다음에야 고요해지며, 고요해진 연후에야 안정될 수 있고, 안정된
> 이후에야 숙고할 수 있으며, 숙고한 다음에야 얻을 수 있다. 만물에는
> 근본과 말단이 있고, 일에는 끝과 처음이 있으니, [일의] 선후를
> 안다면 도에 가깝게 된다[大學之道, 在明明德, 在親民, 在止於至善.
> 知止而後有定, 定而後能靜, 靜而後能安, 安而後能慮, 慮而後能得.

物有本末, 事有終始, 知所先後, 則近道矣]." (『대학大學』)

가치 목표로서 '지극한 선[至善]'은 지향성을 인도하는 역할을 한다. 주체의 가치목표가 아직 명확하지 않을 때, 그 실천은 흔히 왔다갔다하며 일정치 않아서 전일해지기 어렵다. 그래서 가치목표는 주체에게 하나의 총체적인 방향을 규정함으로써 각종의 외재하는 우연한 요소의 교란을 막고, 행위에 있어 안정되고 일정하여("일정해짐[有定]"), 침착하게 도에 부합할 수 있게 한다. 여기서, 가치목표는 단순히 주체의 의식 및 실천을 총괄하는 기능을 할 뿐만 아니라, 가치원칙의 관철과 구체화가 내재적 보증을 얻을 수 있도록 만든다. 바로 가치 목표의 인도와 통제를 통해, 가치원칙(일반적인 가치관념)은 구체적인 행위와 상호 융합하기 시작하며, 이에 따라 현실과의 괴리를 피할 수 있게 된다. 요컨대 '근본[本]'(일반원칙)이 '말단[末]'(구체적 행위)를 제약하고, '처음[始]'이 '끝[終]'을 향해 나가면서, 도道는 바로 이 하나의 과정 속에서 체현되는 것이다.

삼강령三綱領 이외에도, 『대학』에는 '팔조목八條目'이라는 것이 있는데, 그 내용에 따르면 팔조목은 둘로 나눌 수 있다. 앞의 네 가지 조목은 수修 제濟 치治 평平의 관계를 상세히 설명하는데 역점을 둔다.

"고대에 밝은 덕을 천하에 밝히고자 했던 사람은 먼저 그 국가를 다스렸고, 국가를 다스리고자 하는 사람은 먼저 그 가정을 바로 잡았으며, 가정을 바로 잡고자 하는 사람은 먼저 그 자신을 수양하였다. (…) 자신을 수양하고 나서야 가정이 바로 잡히고, 가정을 바로 잡히고 나서야 국가가 다스려지며, 국가가 다스려지고 나서야 천하가 안정된다[古之欲明明德於天下者, 先治其國, 欲治其國者, 先齊其家, 欲齊其家者, 先修其身 (…) 身修而后家齊 家齊而后國治 國治而后天下平]." (『대학』)

앞에서 서술한 것처럼, "밝은 덕을 천하에 밝히는 것"과 "천하를 안정시키는 것"은

"지극한 선"이라는 가치목표의 구체화이며, 『대학』에서 볼 때, 이런 목표에의 도달은 최종적으로는 다시 수신修身을 전제로 삼는데, 이른바 수신修身(자기를 수양하는 것)이란 개체의 자아 완성일 뿐이다. 여기서, 가치목표를 실현하는 과정 속에서, 개체의 역할은 전례없이 격상되기에 이르렀다. 그것이 전체적인 가치추구의 출발점이 되기 때문이다. 바로 이런 의미에서, 『대학』은 "천자로부터 서인에 이르기까지, 한결같이 수신을 근본으로 한다[自天子至於庶人, 壹是皆以修身爲本]"고 강조했던 것이다. 공자 이래로, 자아의 완성을 중시한 것이 바로 유가의 특성이 되었는데, 『대학』의 사상은 확실히 위와 같은 전통을 계승했다. 그러나 개체의 완성을 지극한 선에 이르는 근본적 보증으로 간주한 점은 『대학』에서의 발명이다. 그것은 가치목표의 실현이라는 시각에서 주체성의 원칙을 부각시킨다.

이렇게, 한편으로 '지극한 선'이란 가치목표는 총체적인 규제적 이념으로서 개체의 행위를 제약하고 있으며, 다른 한편으로 개체의 완성은 다시 가치목표를 실현하기 위해 필요한 전제가 되는데, 양자는 일종의 상호 작용하는 관계로 나타난다. 가치목표와 관련되는 하나의 과정으로서, 수신修身은 결코 치국평천하治國平天下의 경세經世 활동의 외부에 동떨어져 있는 것이 아니다. 개인은 가정 국가 천하에서 벗어나 존재할 수 없으며, 개인의 완성도 마찬가지로 가정 국가 천하 안에서의 구체적인 실천으로부터 벗어날 수는 없다. 『대학』은 '밝은 덕을 밝히는 것'을 '백성을 친히 함'과 연관 지음으로써, 처음부터 이 점을 표명했다.

물론 수신이 치국 평천하의 경세經世에의 과정 속에서 전개되는 것이긴 하지만, 개체가 처한 환경에서 마주치게 되는 각종의 관계 등등은 결국 또한 구체적인 특성을 지닌다. 이처럼 수신을 근본으로 한다는 것은 바로 개체의 독특한 상황을 중시할 것을 요구하는데, 이는 구체적으로 신독愼獨이라는 관념으로 전개된다.

"소인은 한적히 홀로 거처할 때, 선하지 못한 행동을 하여 이르지 않는 곳이 없다가, 군자를 본 다음에는 움츠러들어 그 선하지 못한 것을 숨기면서 선함을 드러낸다. 다른 사람이 나를 봄에, 폐부까지 보는 듯하다면 [몰래 선하지 않은 짓을 한들] 무슨 이익이 있겠는가. 이것을 마음 속의 성실이 밖으로 드러난다고 말한다. 따라서 군자는 반드시 그 홀로 있을 때 삼가는 것이다[小人閒居, 爲不善, 無所不至, 見君子而后厭然, 掩其不善, 而著其善, 人之視己, 如見其肺肝然, 則何益矣. 此謂誠於中, 形於外. 故君子必愼其獨也]."(『대학』)

'한거閒居'란 홀로 거처한다는 뜻으로(주희의 주석), 개체가 홀로 특정한 상황에 놓여 있을 때, 공중의 여론의 압력이 잠시 존재하지 않기 때문에 흔히 쉽게 도덕규범의 구속으로부터 쉽게 벗어나므로(선하지 않은 짓을 함), 홀로 거처하는 하나의 관문에서 잘 처신해야만, 비로소 다양한 상황 속에서 규범을 벗어나는 일을 피할 수 있다는 것이다. '신독愼獨'이란 자아를 직면하고 있을 때, 의연히 도덕적 지조를 지키는 것으로, 그것이 강조하는 것은 일종의 실제로 자신에게 갖추어진 내재적 품성이다. 『대학』은 수신을 신독愼獨과 연관 지음으로써, 실제적으로 보다 깊은 차원에서 개체의 중심적 의의를 부각시켰다.

천하를 안정시키고 다스리는 근본으로서, 개체 자신은 반드시 하나의 완성 과정을 거쳐야만 하는데, 『대학』의 팔조목八條目 중에서, 나중에 네 가지 조목은 바로 이 문제와 관련된다.

"그 자신을 수양하고자 하는 사람은 먼저 그 마음을 바르게 한다. 그 마음을 바르게 하고자 하는 사람은 먼저 그 뜻을 성실히 해야 한다. 그 뜻을 성실하게 하고자 하는 사람은 먼저 그 앎에 이르러야 한다. 앎에 이르는 것은 만물의 이치를 궁구함에 달려 있다[欲修其身者, 先正其心. 欲正其心者, 先誠其意. 欲誠其意者, 先致其知. 致知, 在格物]."(『대학』)

마음은 넓은 의미의 정신의 실체(주체의식) 뜻하고, '마음을 바로잡는다[正心]'는 것은 정신의 실체를 정화하여 보편적 사회규범에 부합하게 만드는 것을 뜻하며, '뜻을 성실하게 함[誠意]'이란 스스로를 기만하지 않는 것을 가리킨다. 즉, "그 뜻을 성실히 한다는 말은 스스로를 기만하지 않는 것이다[所謂誠其意者, 毋自欺也.]"(『대학』) 스스로를 기만하지 않는다는 것은 또렷한 자아의식을 유지하면서 참되게 자아를 대면함을 뜻한다. 결론적으로, '마음을 바로잡고 뜻을 성실히 한다[正心誠意]'는 것은 밝게 각성된 단정한 정신의 본체를 구축하는 것일 뿐이다. 여기서 이성은 명백히 주도적 지위를 차지하는데, 이 점은 『대학』에서의 보다 진전된 다음의 해석을 통해서 좀 더 분명하게 파악할 수 있다. "이른바 수신修身이 그 마음을 바르게 하는데 달려있다는 말은, 자신에게 화나게 하는 것이 있으면 그 올바름을 얻지 못하고, 두려워하는 것이 있으면 그 올바름을 얻지 못하고, 좋아하고 즐기는 것이 있으면 그 올바름을 얻지 못하며, 걱정하고 근심하는 것이 있으면 그 올바름을 얻지 못한다는 것이다. 마음을 두지 않으면, 보아도 보이지 않고 들어도 들리지 않으며, 먹어도 그 맛을 알지 못한다. [所謂修身在正其心者, 身有所忿懥, 則不得其正. 有所恐懼, 則不得其正. 有所好樂, 則不得其正. 有所憂患, 則不得其正. 心不在焉, 視而不見, 聽而不聞, 食而不知其味.]" 두려워하는 것, 화나게 하는 것 등등은 감정의 부류로 귀속시킬 수 있는 것이며, 좋아하고 즐기는 것은 일종의 욕망이고, 보고 듣는 것은 감성의 활동에 속한다. 감정 욕망 감성의 지각과 대조되는, 마음은 주로 이성의 기능으로 표현되며, 감정 욕망 감정의 지각에 대해 마음은 또한 지배적인 작용을 지닌다. 이에 입각하자면, '마음을 바르게 함[正心]'은 또한 정신의 실체(주체의식) 속에서 이성의 우선적 지위를 확립함을 의미하며, 이런 점은 '밝은 덕을 밝게 하라[明明德]'는 요구와 정확히 앞뒤로 이어지는 것이다.

'마음을 바르게 하고 뜻을 성실하게 함[正心誠意]'의 이상과 같은 내용은 그 자체가 반드시 '만물을 궁구해 앎에 이르는 것[格物致知]'을 전제로 삼아야만 한다고 규정한다. 이성의 주도적 지위의 확립은 언제나 이성화理性化란 인식과정에서 벗어날 수 없기 때문이다. '마음을 바르게 하고 뜻을 성실히 함'을 지향하는 하나의 과정으로서의 '만물을 궁구하여 앎에 이르름[格物致知]'은 당연히 무엇보다도 도덕적 인륜과 상호 연관된다.

도덕적 실천 속에서, 주체는 부단히 외재하는 도덕의 대상에 작용하며, 인륜관계 및 윤리도덕적 활동에 대한 반성을 통해서 주체는 점차로 도덕이성의 자각에 도달할 수 있는 것이다. 그러나 『대학』의 전체적인 논리구조에서 보자면, '만물을 궁구하여 앎에 이르름[格物致知]'은 다소 윤리화된 속성을 지니고 있는 것 같지만, "만물[物]"과 "앎[知]"은 결국 두 가지 외연의 극히 광범위한 범주이므로, 그것들 자체는 다양한 측면의 내용을 포함하고 있으며, 『대학』에서도 결코 그것을 단순히 도덕 윤리의 영역에 한정시키지 않았다. 『대학』에서, '만물을 궁구하고, 앎에 이르름[格物致知]'는 물론 윤리화 경향을 지니고 있지만, 동시에 또한 일정한 의미에서는 어떤 이론적인 장력張力을 함축하고 있기 때문에 이후의 유학을 위한 다양한 해석의 여지를 제공하였다고 말해도 무방하다.

　요약하자면, '지극한 선에 머무르는 것[止於至善]'과 '수신을 근본으로 삼는 것'은 『대학』의 두 가지 근본주제인데, 전자가 가치목표로서 주체에게 총체적으로 행위를 인도하는 방향을 제공한다면, 후자는 가치목표의 실현을 위한 기본적 출발점으로 제공함으로써, 『대학』이 현학적이고 추상적인 방향으로 휩쓸리지 않도록 하였다. 가치목표는 넓은 의미에서 도덕적 이상으로 볼 수 있는데, '지극한 선에 머무른다[止於至善]'는 가치목표는 유가의 가치추구가 한결같이 이성의 규제와 인도를 받도록 만들었다. 또한 수신修身은 지극한 선으로 나아가는 입각점으로서, 가치를 추구하는 가운데 개체의 중심적 성격을 부각시키는데, 수신을 근본으로 삼음은 주체적인 원칙의 고양을 의미하는 것이다. 물론 후자는 『대학』에서 또한 두 가지 측면으로 구체적으로 전개된다. 즉 그것은 '만물을 궁구하여, 앎에 이르고, 뜻을 성실히 하여, 마음을 바로잡는[格物致知誠意正心]' 내화 과정으로 나타나고, 또한 '가정을 가지런히 하고, 국가를 다스리고, 천하를 안정시키는[齊家治國平天下]' 외화 과정으로도 전개되는 것이다. 따라서 개체성의 원칙은 또한 집단적 원칙과 완전히 단절되지 않는다.

제5장

정통(正統)의 형성

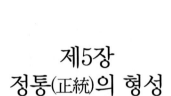

제5장
정통(正統)의 형성

　선진先秦시대의 종결에 따라, 유학의 발전은 한동안 하향세로 접어들었으니, 진秦이 여섯 국가를 통일한 이후, 유가적 가치체계는 전혀 수용되지 못하였다. "관리를 스승으로 삼고[以吏爲師]" "법을 가르침으로 삼는[以法爲敎]"(『한비자韓非子』, 「오두五蠹」) 국가 정책은 유학이 한껏 푸대접을 받게 하였을 뿐만 아니라, 존재의 위기에 직면하도록 만들었다. 한漢나라 초기에는 황노黃老의 학문이 국가를 다스렸고, 유가는 말한 것처럼 국가에 의해 공인된 유력한 학문이 될 수는 없었다. 그러나 한漢 제국이 대일통大一統의 구조가 점차 안정되어가면서, 유학 흥기의 역사적 기회가 마침내 도래했는데, 이론적으로 유학을 중흥하고, 유가적 가치체계가 보편적으로 인정받을 수 있게 만든 사상가가 바로 일대의 대유大儒인 동중서였다.[32] 유학의 독존獨尊을 배경으로 하여, 유가적 가치체계는 점차 정통의 형태를 얻게 되었는데, 그에 상응하는 것이 그 내용에서의 다양한 측면으로의 전환이었다.

---

32) 양한兩漢 시대의 유가의 인물이 당연히 단지 동중서 한 사람에 그치는 것은 아니다. 육가陸賈 가의賈誼 유향劉向 등을 모두 유가의 대표자로 볼 수 있으며, 이 이외에도 매우 많은 경학자들이 존재했다. 또한 유가의 문헌 또한 동중서의 저작에 국한되지는 않는다. 이를테면 『예기』 가운데 상당 부분과 『백호통의白虎通義』 등은 모두 한대漢代의 경전이다. 그러나 이론적으로 유가적 가치관에 대해 체계적으로 해명하고 확장시킨 것은 바로 동중서이다. 또한 바로 동중서야말로, "백가를 없애고 배척하며, 유가의 학술만을 높인다[罷黜百家, 獨尊儒術]"는 주장을 명확히 제기함으로써 유가의 정통으로서의 지위의 확립을 추진했다.

1. 초험超驗 형식 하의 인문人文으로의 추세

천인관계는 선진유학이 주목하였던 중심 문제의 하나로, 어떤 의미에서 유가적 가치체계는 바로 하늘과 인간에 관한 논변을 그 논리적 출발점으로 한다. 유학의 계승자로서 동중서도 마찬가지로 하늘과 인간의 사이를 명확히 하는 것을 극히 중요한 지위에 두었다. 한漢의 무제武帝를 위한 「거현량대책擧賢良對策」으로, 동중서는 세 편의 대책을 올렸는데, 내용에서 모두 천인관계를 언급한다. 역사학에서는 "천인삼책天人三策"이라 부르는데, 이는 또한 동중서의 전체 이론체계 속에서 체계적으로 전개되었다.

원시유학에서, 가치관으로서의 하늘과 인간에 관한 논변은, 무엇보다도 자연과 인문의 관계를 내용으로 한다. 또한 공자 맹자 및 『역전』 등에서 언제나 하늘에 형이상학적인 의미를 부여하긴 했지만, 가치관을 가지고 말하자면, 그것의 첫 번째 의미는 넓은 의미의 자연이다. 동중서가 말하는 하늘은 일부 경우에 여전히 자연이라는 의미를 지니고 있는데, "천지의 기운은 합하여 하나가 되고, 나뉘어 음陰 양陽이 되고, 네 계절로 갈라지고, 오행으로 배열된다[天地之氣, 合而爲一, 分爲陰陽, 判爲四時, 列爲五行.]"(『춘추번로春秋繁露』「오행상생五行相生」, 이하에서는 편명만을 주석한다)라고 말한 것이 그 사례다. 여기서의 '하늘[天]'은 바로 일반적인 자연을 가리키는 것으로, 동일한 의미에서, 동중서는 언제나 봄 여름 가을 겨울 천둥 바람 비 등등을 '하늘'의 범주 아래에 귀속시켰다. 그러나 '하늘'의 자연으로서의 의미를 유지하면서도, 동중서는 또한 초점을 유가의 '하늘'이 지닌 별도의 중첩된 함의 쪽으로 상당부분 전환시켰다. 우리는 동중서의 아래와 같은 논의를 잠시 살펴봐도 좋을 것이다.

"낳지만 사람이 되게 할 수 없으니, 사람이 되게 하는 것은 하늘이다. 사람이 사람이 되는 것은 하늘에 근본하니, 하늘은 또한 사람의 조상이다. 이것이 사람이 바로 위로 하늘과 유사한 근거이다[爲生不能爲人, 爲人者天也.

235

人之爲人本於天,[33] 天亦人之曾祖父也. 此人之所以乃上類天也].　(「爲人者天」)

　　여기서 하늘은 사실상 이미 인격화되어 일종의 조물주가 된다. 인격화된 존재로서 하늘은 동시에 초자연적 규정을 얻는다.

　　그래서 동중서에게서 하늘은 바로 이중적 함의를 지니게 된다. 즉 그것은 넓은 의미에서의 자연이며, 또한 일종의 초자연적 존재인데, 후자가 동중서의 이론의 전체 체계 내에서 또한 보다 주도적 지위를 차지한다. 유가의 발전은 여기서 역전되는 듯하다. 왜냐하면 선진유학에서 초자연적인 하늘로부터 자연의 하늘로 변화하는 추세와 대조했을 때, 동중서는 자연으로서의 하늘을 다시 초자연적인 하늘로 회귀시키기 때문이다. 이러한 과정에 함께 상응하여, 하늘과 인간에 관한 논변의 의미에서도 모종의 변화가 발생했다. 즉 자연과 인문의 관계는 신도神道(초자연)와 인도人道의 관계에 종속되기 시작했는데, 천인관계론의 가치론적 의미 위에 한 층의 신학적 형식이 덧씌워지기 때문이다.

　　초자연적인 존재로서, 하늘에는 최고의 속성이 부여되었다.

　　　"하늘이란 모든 신의 군주요, 왕자가 가장 존중하는 대상이다

　　　[天者, 百神之君也, 王者之所最尊也]."　(「郊義」)

　　　"하늘이란 만물의 선조이니, 만물 중에 하늘이 낳지 않은 것이 없다

　　　[天者萬物之祖, 萬物非天不生]."　(「順命」)

　　만물에서부터 모든 신에 이르기까지 모두 위로 하늘에 근거한다. 또한 하늘은 일체의 존재 위에 드높게 위치하면서 천국과 속세의 절대적인 주재자가 된다.[34] 언뜻 보기에는

---

33) 원래는 "人之人本於天"이라 되어 있으나 노문초盧文弨의 학설에 근거해 교정하였다.

34) 모트가 중국인은 우주의 궁극적인 원인이 있음을 부정했다고 단언했을 때, 동중서가 대표하는 유학의 방향은 무시한 듯하다. (F.W. Mote, Intellectual Foundations of China, New York, 1971, pp17-18)

하늘에 대한 위와 같은 규정은 확실히 신학적 잠꼬대에 가깝다. 그러나 이러한 신학의 언어의 이면에는 오히려 매우 이지적인 가치를 지닌 의도가 함축되어 있다. 왜냐하면 천도天道(神道)를 추앙하고 과장하는 것이 결코 단순히 하늘에 입각해 하늘을 논하는 것이 아니라, 그 내재적 취지는 바로 인도人道를 끌어내는데 있기 때문이다.

> "천도天道를 따르지 않는 것을 불의不義라고 말한다. 하늘과 인간의 구분을
> 살피고, 도道와 명命의 차이를 살펴야 예禮에 관한 학설을 알 수 있다[不順天道,
> 謂之不義,　察天人之分,　觀道命之異,　可以知禮之說矣]."(「天道施」)

'예禮'는 인도人道의 체현이고, "천도天道를 따른다"는 말은 천도天道를 근본으로 삼는 것을 가리키니, 여기서 천도天道는 이미 인도人道의 근거가 된다. 따라서 오직 천도天道에 부합해야만, 인도人道는 비로소 합리적인 사회규범이 될 수 있다('천도를 따르지 않는 것을 불의라고 말한다'). 동중서가 하늘을 초험화超驗化한 것은 바로 인도人道를 위해 하나의 형이상학적 실체를 구축하는 것을 목적으로 함을 어렵지 않게 엿볼 수 있는데, 이런 측면에서 동중서는 대체로 『역전』의 사유 노선을 따랐다.

그러나 『역전』이 주로 형이상학적인 도道를 우주의 법칙으로 이해했던 것과는 달리, 동중서는 초험화와 인격화를 하나로 융합함으로써 형이상학적 실체를 신학화 된 실체로 전환시켰다. 천도天道가 일단 신도神道의 형식을 얻게 되면, 곧 한발 더 나아가 일체에 군림하는 최고의 권위가 되며, 인도人道(가치체계를 포함한)는 최종적 근거를 얻게 된다.

> "천지는 만물의 근본이고, 선왕先王이 출생한 곳으로, 광대하고 끝이 없으며,
> 그 덕은 밝게 드러난다 (…) 군신君臣　부자父子　부부夫婦의 도리는 그것을
> 취하니, 이것이 대례大禮의 귀착점이다[天地者,　萬物之本,　先祖之所出也.
> 廣大無極,　其德昭明 (…) 君臣·父子·夫婦之道取之, 此大禮之終也]."
> (「관덕觀德」)

하늘로부터 인간에 이르는 이상과 같은 해석 속에서, 예禮가 체현하는 가치 기준에는 바로 신성한 후광이 덧씌워지게 된다.

천도天道의 신격화와 상응해, 가치 실체의 의미에서도 어떤 변화가 발생했다. 즉 그것은 더 이상 "한번은 음이 되고 한 번은 양이 되는 것을 도道라고 일컫는다[一陰一陽之謂道]"와 같은 류의 차가운 법칙이 아니라, 동시에 인정미로 충만한 것이었다.

> "하늘의 뜻을 파악해보면, 끝이 없는 인仁이다[察於天之意, 無窮極之仁也]."
> (「왕도통삼王道通三」)

인도仁道의 화신으로서의 하늘은 가치의 최고 근거를 구성하므로, "지금 선을 좋아하고 악을 싫어하며, 영예를 좋아하고 모욕을 꺼리는 것은 사람에게서 스스로 생길 수 있는 것이 아니니, 이는 하늘이 베풀어서 사람에게 존재하는 것이다[今善善惡惡, 好榮憎辱, 非人能自生, 此天施之在人者也]"(「죽림竹林」)라고 하며, 또한 사람에게 끝까지 관심을 베풀기에, "하늘은 인仁하다. 하늘은 만물을 덮어 기르고, 변화시켜서 낳게 하고 길러서 완성시킨다. 공로가 그치지 않고, 끝나면 다시 시작하니, 모든 행동이 사람을 돕는 것으로 귀착된다[天, 仁也. 天覆育萬物, 旣化而生之, 有養而成之, 事功無已, 終而複始, 凡擧歸之以奉人.]"(「王道通三」)라고 했던 것이다. 그리고 일단 사람이 이러한 배려를 느끼게 된다면, 사람은 동시에 정신 상의 의탁과 위안을 얻게 된다. 이 때문에 동중서에게서 위로 천도를 받드는 것은 곧 이중적 의미를 지니고 있다. 즉 그것은 가치의 실체에 부합함을 가리키며, 또한 정신상에서의 초월적인 안식처를 찾는다는 것을 의미하고 있다. 후자는 본질적으로 준準종교적인 성격을 띠고 있다. 이렇게 초험적인 준종교적인 경로는 『역전』에서의 사변적 이성과 다르며, 또한 맹자의 내성內聖으로의 경향 및 『대학』에서의 '마음을 바로 하고, 뜻을 성실히 하는[正心誠意]' 개체의 반성과도 구별된다. 그것은 어떤 의미에서는 외재적 초월이라는 특징을 띠고 있다. 물론, 이런 초험으로의 경로가 원시유학의 주류와는 동떨어져 있는 것이긴 하지만, 여전히 그 심층의 이론적 연원을 공유하고 있다. 사실상 공자　맹자에서 『역전』『중용』『대학』에 이르기까지, 유학은 시종일관 외재하는 천명을 완전히 포기한 적은 없었고, 동중서는 강화된 형식으로 이런 측면을 부각시켰던 것이다. 유학의 이후의 발전 속에서, 외재적으로 정신의 의탁과 영혼의 위안을 모색하는 초험적 경로는 다양한 형식으로 연속되었는데, 이학자들의 천리天理를 높이고 추구했던 것도 한 측면에서는 바로 이 점을 표현한다.

　단적으로 말해, 초험적인 경로는 가치지향이 다소간 어떤 종교적 흔적을 띠게 하였고, 유학이 유교儒教라고도 불리어지는 것은 이런 점과 전혀 무관하지 않을 듯하다. 그러나 그것이 유가적 가치체계에 대해 부정적인 의미만을 지니는 것은 아니다. 앞에서 서술한 것처럼, 공자　맹자에서부터 『대학』에 이르기까지, '마음을 바르게 하고 뜻을 성실히 하는 것[正心誠意]'을 내용으로 하는 내성으로의 경로는 점차 주도적 측면이 되었고, 내성으로 나아가는 길은 주체의 인격 완성 및 정신적 경지의 고양에 있어, 물론 극히 중요한 규제적 이념으로 작용했지만, 단순한 내재적 초월에 대한 강조는 흔히 주체가 자아에의 수렴으로 나아가게 만들며, 자아로의 과도한 수렴은 흔히 정신세계의 발전을 제약한다. 동시에 만약 내재적 심성을 완전히 만드는 것 이외에, 별도로 추구하여 의탁할 것이 없다면, 정신은 흔히 외롭고 쓸쓸한 상황에 빠지게 될 수 있고, 아울러 초월적인 위안이 결핍됨으로 인해 영혼의 불균형에 직면하기 쉽게 될 것이다. 공자가 "봉황이 날아 오지 않고, 황하에서는 그림이 나오지 않으니, 나도 이제 끝났구나[鳳鳥 不至,　河不出圖,　吾已矣夫]"(『論語』「子罕」)라고 탄식했을 때, 바로 정신 외부에 의탁할 곳을 상실한 이후에 황량하고 막막한 심리가 다소간 나타나는데, 후세의 사대부들이 뜻을 잃고 좌절한 이후에 언제나 불교에 귀의한 것은 유학 자체가 정신적 위안을 추구할 필요를 완전히 만족시켜주지 못했음을 보다 전형적으로 설명해준다. 이 이외에도 '일용이 곧 도道'라는 유학의 전통은 실로 현실을 중시하는 가치 지향을 제공했지만, 동시에 현실을 초월하는 창조적 충동을 일정 정도 억제하기도 했다. 만약 적절히 초험적인 경로를 끌어들인다면, 과거에 순응하는 가치 관념을 어느 정도 돌파할 수 있을 것이다. 이런 측면에서 보자면, 동중서가 초험적(신격화된) 천도天道를 궁극적인 가치 실체로 삼은 것은 확실히 유가적 가치체계의 내재된 약점을 지양하는데 도움이 된다.

물론, 동중서의 하늘과 인간에 관한 논변은 결국 유학의 전통 아래에서 형성된 것이고, 설사 어떤 준 종교적인 성격을 지닌다 할지라도, 전형적 의미에서의 종교(이를테면 서양의 기독교)와는 또한 중요한 차이를 갖고 있다. 서양의 기독교에서는 최고의 실체로서의 신神(상제上帝)는 우선 초인이다. 따라서 그 존재는 인격의 형태를 가지고 있지만, 사람을 포함한 일체의 존재 위에 군림한다. 그러나 동중서에게서, 하늘은 신격화된 초험적 존재이면서도, 인간과 같은 부류에 속한다.

> "유사함으로 합하면, 하늘과 인간은 하나다[以類合之, 天人一也]."
> (「음양의陰陽義」)

> "하늘의 도수度數의 미묘함을 궁구함에서는 인간 만한 존재가 없다. 하늘의 도수, 인간의 형체, 국가의 제도는 서로 유사하며 서로를 완성해준다[求天數之微, 莫若於人. (⋯) 天之數, 人之形, 官之制, 相參相得也]." (「관제상천官制象天」)

> "천지의 부절과 음양의 부본은 언제나 인간의 몸에 갖추어져 있으니, 몸은 하늘과 같고, 하늘의 도수는 인간의 몸과 서로 유사하므로, 하늘의 명과 인간의 신체는 서로 연관된다[天地之符, 陰陽之副, 常設於身, 身猶天也, 數與之相參, 故命與之相連也]." (「인부천수人副天數」)

인간의 동류同類로서의 하늘은 인간과 더 이상 서로 분리된 관계로 나타나지 않으며, 차라리 하늘은 일종의 내재적 속성을 공유한다고 말할 수 있다. 이렇게 신학적 색채를 띤 견강부회를 통해서, 우리는 곧바로 형이상과 형이하를 소통시키려는 의도를 보게 되는데, 바로 이것이 동중서의 하늘과 인간에 관한 논변의 또 하나의 중요한 측면을 구성하는 것이다.

하늘과 인간이 동류同類임을 전제하면서, 동중서는 나아가 그 목적론적 사상을 명백히 했다.

"천지가 만물을 낳는 것은 사람을 기르기 위해서이다. 따라서 먹기에 알맞은 것으로 인간의 신체를 기르게 하고, 위의를 갖출 수 있는 것으로 몸가짐과 복식으로 삼도록 하였으니, 예禮가 흥기하게 된 것이다[天地之生萬物也, 以養人. 故其可適者以養身體, 其可威者以爲容服, 禮之所爲興也]."(「복제상복制像」)

여기서의 핵심이 바로 인간을 목적으로 끌어올리는 것임을 어렵지 않게 알아차릴 수 있다. 만물의 존재는 단지 물질과 문화에 대한 인간의 필요를 만족시키기 위한 것에 불과하기 때문이다. 사람들은 흔히 거듭해서 동중서의 목적론적 관념의 조잡함과 황당함을 배척하고 비웃었지만, 그 가운데에 함축된 인간을 목적으로 하는 인문 관념을 항상 무시해왔다. 사실상 바로 이러한 인문 관념이 동중서의 하늘과 인간에 관한 논변을 일반적인 종교 신학과 다르게 만드는 것이다.

인간을 목적으로 하는 관념에 상응하여 동중서는 인간의 가치를 명확히 긍정하였다. 따라서 그는 "하늘·땅·음·양·목·화·토·금·수의 아홉에 인간을 더불어 열 가지로, 하늘의 도수가 완전해진다. (…) 완전한 것 이외의 것을 '만물'이라 일컬으니, 만물에는 귀한 단서도 투여되지만 [그 귀한 단서가] 그 중심에 존재하지는 않는다. 이를 통해 인간이 만물 위에 초연히 있음을 볼 수 있으니, 천하에서 가장 귀한 존재가 된다. 인간은 아래로 만물을 키우고, 위로는 천지에 참여한다[天·地·陰·陽·木·火·土·金·水, 九, 與人而十者, 天之數畢也. (…) 畢之外謂之物, 物者投所貴之端, 而不在其中. 以此見人之超然萬物之上, 而最爲天下貴也. 人, 下長萬物, 上參天地.]"(「천지음양天地陰陽」)라고 하였다. 솔직히 말해 여기에는 여전히 신비하고 억지스런 비교가 있지만, 그 신비한 형식을 제하면 상당히 현실적인 비종교적 내용을 볼 수 있다. 즉 인간은 자연적 존재와는 다르며, 인간은 만물보다 높은 가치를 지닌다는 것이다. 논증의 방식은 다르지만, 인간을 천하에서 가장 귀한 것으로 긍정한다는 점에서는, 동중서는 공자 맹자 순자에서 『역전』『중용』『대학』에 이르는 유학적 전통으로부터 전혀 유리된 것이 아니다.

　동중서의 천인관계론을 종합해 보자면, 천인감응설天人感應說을 포괄하여, 인간이 목적이며 인간이 천하에서 가장 귀한 존재라는 인문적 관념이 처음부터 끝까지 일이관지一以貫之하고 있다. 재이災異와 견고譴告에 관한 학설은 동중서의 하늘과 인간에 관한 논변의 구체적인 전개인데, 동중서의 이해에 근거하자면, 재이와 견고는 무엇보다도 인간에 대한 하늘의 관심을 나타낸다.

> "재이災異의 뿌리는 모두 국가의 실정에서 비롯된다. 국가의 실정으로 맹아가 싹트며, 하늘은 재해를 주어서 그것을 질책하여 경고한다.
>
> 　질책하여 견고하는데도 변화되지 않으면, 괴이함을 드러내어서 놀라게 하며, 놀라게 하는데도 여전히 두려워할 줄 모르면, 급기야 재앙이 이른다. 이를 통해 하늘의 뜻은 인仁하여서 사람을 해치고자 하지 않음을 알 수 있다[凡災異之本, 盡生於國家之失. 國家之失乃始萌芽, 而天出災害以譴告之. 譴告之而不知變, 乃見怪異以驚駭之, 驚駭之尙不知畏恐, 其殃咎乃至. 以此見天意之仁而不欲害人也]."(「必仁且知」)

　통상적인 신학적 해석에 따르면, 재이災異는 언제나 하늘의 인간에 대한 처벌을 의미하고 있고, 이런 관계 안에서, 인간은 확실히 부정되는 대상이다. 반면 이와 대조적으로 동중서는 재이를 인애仁愛하는 마음의 체현으로 간주하며, 인간 또한 그에 상응해 긍정되는 대상으로 나타난다. 해석 유형의 이상과 같은 전환의 이면에는, 보다 깊은 관념의 전환이 함축되어 있다. 즉 인간이라는 존재가 하늘의 뜻의 내재적 근거를 이룬다는 것이다. '재이災異'라는 것은 무엇보다도 하늘이 인간을 두려움에 떨도록 하는 것이 아니라, 인간세계의 안정을 촉진시키는 것을 목적으로 한다. 바꿔 말하자면, 하늘의 위엄의 전시는 인문적 배려에 자리를 내어 준 것이다. 이렇게 형식상에서 볼 때, 하늘은 실로 주재자로 여겨지며 높은 곳에서 군림하지만, 내재적 관계를 가지고 말하자면, 인간이 실제 초점의 중심이 된다. 이러한 사유 경향은 서양 기독교가 하늘나라와 인간세계의 모든 현상을 모두 상제의 전지전능함의 현현으로 보면서, 일체가 상제를 귀착점으로 삼아야 함을 강조하는 것과는 의미가 상당히 다르다.

이로부터 진일보된 분석을 수행한다면, 동중서에게서 인간이 목적이라는 관념과 연관하자면, 하늘은 동시에 일종의 도구적 의미를 부여받음을 볼 수 있다. 넓은 의미에서 말하자면, 하늘은 언제나 사람이 선을 행할 것을 권하는 수단으로 간주된다. 일단 "하늘이 질책하는 것을 성찰하면[省天譴]" 인간으로 하여금 "내적으로 마음을 움직이고 외적으로는 실정에서 나타내며, 자신을 수양하고 성찰하여 선한 마음을 밝혀서 도道로 돌아가도록[內動於心誌, 外見於事情, 修身審己, 明善心以反道]"(「이단二端」) 할 수 있는 것이다. 좁은 의미에서, 하늘은 일종의 군주를 규범에 맞도록 하는 힘으로 나타난다. 이를테면 군주가 어리석다면, 하늘은 비정상적인 현상을 통해 각성시킬 것이다.

> "왕이 신하에게 예의 있는 태도가 없고, 공경하지 않는다면, 나무는 구부려
> 지지도 반듯해지지도 않으며 여름에는 폭풍이 잦아진다[王者與臣無禮貌,
> 不肅敬, 則木不曲直, 而夏多暴風]."(「오행오사五行五事」)

반대로 군주의 정치가 맑고 밝다면, 만물이 무럭무럭 자라도록 할 수 있을 것이다.

> "농사를 권하고 농번기를 빼앗지 않으며, 백성을 부릴 때, 한 해에 삼 일을 넘지
> 않으며, 십 분의 일의 세금을 행하고, 경학을 익힌 인재를 등용해야 한다. (…)
> 은혜가 초목에까지 미친다면 수목도 풍성하고 아름답게 되며, 자주색 풀이 생겨
> 난다[勸農事, 無奪民時, 使民, 歲不過三日, 行什一之稅, 進經術之士. (…)
> 恩及草木, 則樹木華美, 而朱草生]."(「오행역순五行逆順」)

쉽게 알 수 있듯이 하늘의 장려와 처벌 뒤에 내포된 것은 바로 인간의 의지이다. 외관에 있어, 하늘은 인간사를 지배하는 주재자로 드러나지만, 일단 이러한 표층의 형식을 걷어내면, 하늘은 인간의 의지를 실현하는 수단으로 환원 된다 이런 측면에서 동중서의 하늘은 실질적으로 묵자墨子의 '천지天志'에 가깝다. 묵자가 천지天志를 제후와 왕공을 제약하는 '규구規矩'로 보았던 것과 똑같이, 동중서의 하늘 역시 군주를 규범에 맞도록 하려는 정치적 의도를 위한 실현수단으로 빌린 것으로, 양자는 다른 측면에서 그 점을 분명히 밝힌 것이다. 군주의 권력이 최고인 역사적 조건 하에서는, 권력의 가장자리에 놓인 사상가는 항상 초험적으로 인격화된 힘을 빌려야만 비로소 현실 정치에 대한 간여를 실현시킬 수 있기 때문이다.

요컨대, 천인감응을 매개로, 인간은 이중적 의미에서 목적이 된다. 즉 첫째로 인간은 천하에서 가장 귀한 존재이기에, 하늘의 일체 행위는 최종적으로 모두 인간의 존재를 출발점으로 삼는다.

또한 둘째로 하늘의 전능함은 대부분 전혀 그 자체의 내재적 가치로 드러나지 않으며, 하늘의 가치는 오직 인간의 정치적 의도와 연관되었을 때에만 획득될 수 있다. 이러한 관계를 하늘은 인간을 목적으로 하고, 인간은 하늘은 수단으로 하는 것이라고 보다 간략히 개괄할 수 있다. 그래서 신학적 형식을 통해서, 우리는 상당히 현실적인 인도人道의 내용을 볼 수 있는데, 이는 종교의 인문 정신에 대한 압살이라기보다는 인문 정신이 신학을 빌려 긍정되는 것이라고 말할 수 있다. 바로 신학적 형식 하에서 인도人道의 내용을 주입시킨 점이 동중서의 하늘과 인간에 관한 논변이 은殷 주周의 옛 종교로의 복귀와는 달리, 상당 부분 원시유학의 인문주의의 연속으로 나타나게 한다. 이런 점을 가지고 말하자면, 총체적인 가치지향에 있어 동중서는 유가의 인도仁道 원칙에서 벗어났던 적이 전혀 없을 뿐만 아니라, 어떤 의미에서는 신학의 방식을 통해 인문정신을 한층 더 강화시킨 것이다.

천도天道의 신격화에서부터 하늘의 수단화의 이르기까지, 하늘과 인간에 관한 논변은 동중서에게서 다중적인 함축을 얻었다. 한편으로, 자연과 인문의 관계는 신도神道와 인도人道의 관계로 전환되며, 인도는 이를 통해 경험을 넘어서는 최고의 근거를 부여받게 되었다. 다른 한편으로는, 인간은 또한 하늘의 목적으로 규정되면서, 신학의 목적론은 세속의 인도人道 원칙에 배어들게 된다. 초험적 정신의 추구와 현실적인 인문 전통이 서로 뒤얽히면서, 유가적 가치체계는 상당히 복잡한 형태를 띠게 되었다.

2. 덕과 무력의 상호융합: 인도仁道 원칙과 폭력원칙의 소통

동중서에게서, 하늘과 인간에 관한 논변은 결국 인문적 정신의 구체화이며, 인문 정신 자체는 또한 보다 진전된 규정과 확장된 문제를 지니게 되었다. 넓은 의미에서 볼 때, 천인관계는 자연과 인문 또는 신도神道와 인도人道의 관계로 나타날 뿐만 아니라, 언제나 인문(또는 인도人道)적 내용 및 그것의 외재적 전개와 관련된다.

유가의 계승자로서 동중서는 무엇보다도 인문적 정신을 구체적으로 인도仁道 원칙으로 이해했는데, 인도원칙은 다양한 사회구성원 사이의 관계에서 체현되는 것이며, 아울러 박애를 그 주요한 내용으로 한다.

> "부모와 자식이 친하지 않다면, 사랑과 자애를 다하게 하며, 대신들이
> 조화롭지 못하다면, 예禮를 공경히 따르게 하며, 백성이 평안하지 않다면 효제에
> 힘쓰게 한다. (…) 그러므로 박애로 선도하고, 인仁으로 가르친다고 말하는
> 것이다[父子不親, 則致其愛慈, 大臣不和, 則敬順其禮, 百姓不安, 則力其孝弟.
> (…) 故曰, 先之以博愛, 敎以仁也]." (「위인자천爲人者天」)

여기서 박애를 내용으로 하는 인도仁道는 곧 긴장과 충돌을 화해시키도록 하며, 인간 관계의 근본적 원칙을 조절하는데, 이러한 사유 노선은 원시유학과 확실히 일맥상통한다. 그것이 분명히 밝히는 점은 일단 현실의 인류으로 돌아오면, 인문적 관념은 세속적 형식을 직접적으로 지니게 된다는 것이다.

그러나 천도天道(신도神道)가 지상화至上化 되는 것에 대응하여, 설사 인도仁道의 원칙이 상당히 현실적인 의미를 부여받게 된다고 할지라도, 그것의 근거는 역시 하늘로 거슬러 올라간다. 동중서의 이해에 따르면, 하늘은 인격화된 존재이면서, 또한 인도仁道 원칙의 화신化身이다. 즉, "하늘은 인仁하다. (…) 사람이 하늘에서 명命을 받았으니, 하늘에서 인仁을 취하여서 인仁한 것이다.[天, 仁也. (…)

人之受命於天也, 取仁於天而仁也.」(「王道通三」) 하늘의 인仁으로부터 인간의 인仁을 추론해 내는, 그 신학적 형식을 명백히 알 수 있지만, 이는 결코 신도神道를 가지고 인도人道를 융해함을 뜻하는 것이 아니며, 차라리 그것이야말로 인도人道를 천도天道의 높이로까지 끌어올리는 것이라고 말해야 한다. 바로 이런 의미에서, 동중서는 "성인의 도道는 하늘과 동일하다[聖人之道, 同諸天也]"(「기의基義」)라고 거듭 강조했던 것이다.

인도仁道 원칙은 하늘과 인간에 관한 논변이 함축한 인문정신으로 하여금 구체적인 규정을 획득하도록 하였을 뿐만 아니라 인간의 가치를 인정하기 위한 내재적 근거를 제공했다.

> "사람은 하늘에게서 명命을 받았기 때문에, 초연하게 기댈 곳이 있다. 만물은
> 결함이 있어, 인의를 행할 수가 없지만, 오로지 인간만이 홀로 인의를 행할 수
> 있으며, 만물은 결함이 있어 천지에 짝할 수 없지만, 오로지 인간만이 홀로 천지
> 짝하는 것이다[人受命乎天也, 故超然有以倚. 物疾莫能爲仁義, 唯人獨能爲仁義,
> 物疾莫能偶天地, 唯人獨能偶天地].」(「人副天數」)

천지 사이의 일체의 존재 중에, 오로지 인간만이 윤리화된 천도天道로부터 인도仁道를 끌어낼 수 있으며, 바로 이런 특징이 인간이 만물로부터 초연하게 하며, 천지에 참여하도록 만든다. 이렇게 인도仁道 원칙은 이중적인 의미에서 인간이 천하에서 가장 귀한 존재라는 확증이 된다. 즉 우선 인간을 인仁으로 대하는 것은 대상으로서의 인간(타인)에 대한 존중을 구체화화한 것이고, 이는 또한 인간의 가치를 긍정함을 전제로 하는 것이다. 동시에, "인의를 행하는[爲仁義]" 과정은 주체로서의 인간(자아)의 이성적 자각을 체현하는 것이자, 숭고한 도덕적 경지를 통해서 자연적 존재보다 높은 내재적 가치를 드러내는 것이다. 순자는 일찍이 사람이 기질[氣] 생명[生] 지각[知]을 지님은 물론 의로움[義]도 지닌다는 것을 가지고, 인간이 천하에서 가장 귀한 존재라는 것을 논증하였는데, 동중서의 위와 같은 사유 노선은 그 신학적인 전제를 제외하면, 기본적으로

동일한 경향을 체현한다.

　동중서가 항상 신학적인 언어를 가지고서 그 인문적 관념을 밝히고 있다 할지라도, 인도人道 원칙을 중시한다는 점에서는 명백히 위로 원시유학의 전통을 계승하는 것이기도 하다. 그러나 유가의 인도仁道 원칙을 해석하면서, 동중서는 결코 이 전통에 스스로를 구속시키지는 않았다. 그가 볼 때, 인도仁道 원칙을 활용하는 것만으로는 이상적인 사회형태에 결코 이를 수 없다. 세상을 다스리고 국가를 안정시키는 것이나 사회관계를 조절할 때에는, 인애仁愛로 선도하는 것 이외에도, 반드시 강제적 수단을 활용해야만 하는데, 그 강제수단이 이른바 '위威' 또는 '형刑'라는 것이다.

　　"국가가 국가가 되는 근거는 덕德이며, 군주가 군주일 수 있는 근거는
　　위威이다[國之所以爲國者德也, 君之所以爲君者威也]."(「보위권保位權」)

　　"천도의 큰 원칙은 음양에 있다. 양은 덕이 되고 음은 형이 되는데, 형은
　　죽임을 주관하고 덕은 삶을 주관한다[天道之大者在陰陽. 陽爲德, 陰爲刑,
　　刑主殺而德主生]."(『한서漢書』「동중서전董仲舒傳」)

　바로 음陰과 양陽이 천도天道와 일치하는 두 가지 측면인 것과 마찬가지로, 덕德과 형刑 역시 두 종류의 상호 보완적인 원칙으로 나타난다. 그 본래의 의미에 따르면, 형刑은 주로 일종의 폭력적 수단을 나타낸다. 따라서 음양陰陽을 가지고 형刑　덕德을 규정하는 것은 곧 폭력 원칙 역시도 천도의 구체화라고 봄으로써, 그것이 인도원칙과 마찬가지로 일종의 형이상학적 근거를 지닌다는 것을 의미하고 있다.

　동중서의 이상과 같은 관점은 원시유학(특별히 공자　맹자의 관점)과는 이미 명백한 차이를 지닌 것이다. 공자는 일찍이 다음과 같은 말을 제기했다.

　　"정치로써 인도하고 형벌로써 다스린다면, 백성이 형벌을 모면하고도 부끄러워하지

않는다. 덕으로써 인도하고 예로써 다스린다면, 부끄러워하면서 바로잡히게 될
것이다[道之以政, 齊之以刑, 民免而無恥. 道之以德, 齊之以禮, 有恥且格]."
(『論語』「爲政」)

덕德과 형刑은 여기서 서로 수용될 수 없는 관계로 나타나는 듯하다. 왜냐하면 덕으로써
인도한다면 형벌로 다스릴 수 없으며, 그 반대도 역시 마찬가지이기 때문이다. 그리고
"모면하고도 부끄러워하지 않는다"는 것과 "부끄러워하면서 바로잡히게 된다"는 것은 두
가지의 다른 결과를 대조해 드러내는데, 공자는 후자를 완전한 경지라고 생각했으니, 바로
폭력원칙을 통해 인도仁道 원칙을 제약하는 것을 반대함을 의미한다. 맹자는 폭력원칙에
대해 보다 단도직입적으로 비판했다. 그가 보기에, 폭력이 대표하는 것은 단지 패도霸道에
불과하며, 패도는 정의롭지 못하다. 오로지 덕을 통해 사람을 복종시킬 때에만 비로소
정의로운 왕도가 구현되는 것이다.

　　"무력으로 인仁을 위장하는 것이 패도이다[以力假仁者霸]."
　　(『孟子』「公孫丑上」)

　　"오패五霸는 삼왕三王에 대한 죄인이다[五霸者, 三王之罪人也]."
　　(『孟子』「告子下」)

사실상, "차마 사람을 해치지 못하는 마음[不忍人之心]"으로부터 "차마 사람을 해치지
않는 정치[不忍人之政]"에 이르는, 맹자의 전체적 사유 여정은 모두 폭력원칙에 대한
배척으로 나타난다. 그와 대조해 보면, 동중서는 음양陰陽의 통일로부터 형刑 덕德의
상호보완성을 논증하는데, 다시 말하면 폭력 수단의 필요성과 합리성을 명확히 긍정하는
것으로, 이는 공자 맹자의 사유 노선과는 이미 상당히 차이가 있다.
이상과 같은 차이를 형성시키는 이론적 원인 중의 하나는, 동중서의 사상 속에 이미

내재적으로 법가의 일부 관념이 배어 있기 때문이다. 유가가 인도仁道를 숭상하는 것과 대조해, 법가는 폭력원칙을 중요한 지위로까지 격상시켰다. 법가의 관점에 따르면, 민중은 단지 강제적인 방식을 통해 억압할 수 있을 뿐, 인의를 통해서 감화시킬 수 없다. 한비韓非는 바로 다음과 같이 생각했다.

> "저 엄한 형법이란 백성이 두려워하는 것이요, 무거운 징벌이란 백성이 싫어하는 것이다. 따라서 성인이란 그 두려워하는 것을 펼쳐서 그 사특함을 금지시키고, 그 싫어하는 바를 설치하여 그 간악함을 막는다. 이 때문에 국가는 평안해지고 흉폭하며 질서를 어지럽히는 무리는 않는다. 나는 이로써 인의仁義와 혜애惠愛를 사용하기엔 부족하며, 엄한 형법과 무거운 징벌로 국가를 다스릴 수 있다는 점을 분명히 하였다[夫嚴刑者, 民之所畏也. 重罰者, 民之所惡也. 故聖人陳其所畏以禁其邪, 設其所惡以防其姦. 是以國安而暴亂不起. 吾以是明仁義愛惠之不足用]."(『한비자韓非子』「간겁시신姦劫弑臣」)

간단히 말해서 사람과 사람 사이는 무엇보다도 일종의 적대관계인데, 이러한 관계는 상하上下(군신) 사이에 존재할 뿐만 아니라, 사회구성원 안에 보편적으로 펼쳐져 있다. 바로 이런 의미에서, 한비는 "오늘날에는 힘을 다툰다[當今爭於氣力]"(『韓非子』「五蠹」)고 강조했으니, 바꿔 말해 폭력원칙을 인간 관계를 조절하는 일반적 준칙으로 이해했던 것이다. 동중서는 물론 폭력을 유일한 원칙으로 귀결시키는 것을 결코 찬성하지 않았고, 반대로 일방적으로 폭력원칙을 강화하는 경향에 대해서도 거듭 비판하였다. 그러나 '위威'와 '형刑'의 합리성에 대해 긍정함에서, 분명 법가의 영향도 엿볼 수 있다. 바로 법가의 영향이 그로 하여금 공자 맹자의 유학 전통을 어느 정도 벗어나도록 만든 것이다.

'위威' '형刑'을 강조하는 것과 연관해, 동중서는 신분질서를 사회적 안정을 유지시키는 필요조건으로 보았다.

> "상하의 순서가 구별되지 않으면, 그 형세를 다스릴 수 없으므로, 매우

혼란스러워진다[上下之倫不別, 其勢不能相治, 故苦亂也]."(「작국爵國」)

　단적으로 말해, 오로지 개체를 신분 구조 속에서 편입시켜야만, 사회는 비로소 혼란으로부터 다스려지게 될 수 있다는 것이다. 사회 안정의 기초로서, 신분구조는 그에 따라 개체의 지위를 규정하는 기본적 형식이 된다. 즉 개체는 우선 신분질서 내의 일원으로서 존재하는 것이다. 이런 관점은 확실히 순자와 상통하는 지점이 있다. 그러나 순자가 역사적 논증에 역점을 두었던 것과 달리, 동중서는 신분제의 근거를 찾아 하늘로까지 거슬러 올라간다. 따라서 "왕도의 세가지 강령은 하늘에서 구할 수 있다[王道之三綱, 可求於天]"(「基義」)고 말했던 것이다. 이처럼 상하의 순서에 대한 구별은 곧 하늘과 인간에 관한 논변에서 파생된 것으로 나타나며, 인도人道와 천도天道는 다시 융합되어 하나가 된다.

　그러나 신분 관념 속에서, 하늘과 인간에 관한 논변이 함축하고 있는 인문人文이라는 의미 역시 굴절되고 변화되기 시작한다. 동중서의 견해에 따르면 신분구조는 우선 상하의 종속관계라는 양상을 띤다.

　　"군주는 양이고 신하는 음이며, 아버지는 양이고 자식은 음이며, 남편은 양이고 아내는 음이다. 음도陰道는 홀로 행할 수 없다. 그 시작에서는 홀로 일어날 수 없으며, 그 끝에서는 공을 구분할 수 없으니, 함께 해야 한다는 의미를 지닌다. 따라서 신하는 군주와 공을 함께 하며, 자식은 아비와 공을 함께 하며, 아내는 남편과 공을 함께 하며, 음은 양과 공을 함께하며, 땅은 하늘과 공을 함께 한다. 들어서 높여지는 것이 [다른 한편을] 억누르며 낮춘다[君爲陽, 臣爲陰, 父爲陽, 子爲陰, 夫爲陽, 妻爲陰. 陰道無所獨行. 其始也不得專起, 其終也不得分功, 有所兼之義. 是故臣兼功於君, 子兼功於父, 妻兼功於夫, 陰兼功於陽, 地兼功於天. 擧而上者, 抑而下也]."(「基義」)

이런 예속 관계 속에서, 종속된 한 쪽은 사실상 이미 자주성이 없다. 그는 단지 의존하는 자일 뿐, 결코 독립된 인격적 주체가 아니기 때문이다. '음도陰道는 홀로 행할 수 없다'는 말은 바로 보편적인 도道라는 높은 차원에서 이 점을 강조한 것이다. 앞서 서술한대로, 순자에게서 이미 우리는 인격의 존엄과 인격의 독립성을 무시하는 어떤 경향을 보았는데, 동중서는 이런 측면에서 더 멀리 나아간 듯하다. 주체가 일단 종속된 서열에 편입되어 독립적인 특성을 상실하게 되면, 자기 목적적인 규정은 그에 상응해 약화될 것이다. 동중서의 다음과 같은 논의 속에서, 우리는 이에 대해 보다 명석한 이해를 가질 수 있다.

"신하가 되어서는 항상 마음과 힘을 다하고 자신의 장단점을 드러내어, 군주가
그것을 알고 기물로 사용할 수 있게 해야하니, 땅이 그 실정을 다하는 것과 같다.
그러므로 그 형체가 합당한지 파악하고 재단할 수 있는 것이다[爲人臣常竭情悉力
而見其短長, 使主上得而器使之, 而猶地之竭竟其情也. 故其形宜可得而財也]."
(「이합근離合根」)

'기물[器]'은 도구란 뜻이니, '기물로 사용할 수 있게 한다[器使之]'는 것은 달리 말하면, 인간을 이용되는 도구로 간주하는 것이다. 여기서, 군신의 신분적 종속 관계는 바로 더 나아가 인간이 목적이라는 것의 안티테제로 이끌려지게 된다. 왜냐하면 신하의 가치는 바로 군주의 훌륭한 기물(좋은 도구)가 되는데에 있는 듯하기 때문이다. 이처럼 설령 인간과 만물의 관계에서 인간이 일반적으로 목적이라는 높이로까지 격상되었다 할지라도, 인간과 인간의 관계에서는, 종속된 신분인 주체는 목적에서 수단으로 전락하기에 이른다. 이는 확실히 다른 측면에서 인도仁道 원칙을 제약하는 것이다.

덕德과 형刑을 모두 수용하는 것이 동중서가 인도人道를 고찰한 기본적 사유 노선이 됨을 알 수 있는 것이다. 그것은 어떤 의미에서는 유가의 인仁을 중시하는 원칙과 법가의 폭력원칙을 뒤섞는 경향으로 나타나게 된다. 비록 동중서가 덕德과 형刑을 조화시킬 때, "형刑이란 덕을 보완하는 것이다[刑者德之輔]"(「天辨在人」) "덕이 중대하며 형은

사소하다[大德而小刑]" "덕을 먼저하고 형을 뒤로 한다[前德而後刑]"(「陽尊陰卑」)라고 거듭 강조하면서, 전체적으로는 여전히 유학을 본위本位로 삼았지만, 원시 유학의 형태와 대조하자면, 유학은 결국 그렇게 '순화純化'되지는 못했다. 동중서의 이상과 같은 사상은 순자에게서 일부 실마리를 볼 수 있고, 또한 한초漢初의 황노학의 일부 사상을 반영한 것이기도 하다. 백서帛書 『십육경十六經』 「성쟁姓爭」에서는 다음과 같은 논의를 볼 수 있다.

"하늘의 덕은 밝게 빛나지만 형벌이 아니면 행해지지 않고, 위엄 있는 하늘의 형刑은 덕이 아니면 반드시 넘어진다. 형과 덕은 서로를 기르며, 거스름과 순응함으로 완성된다. 형은 어둡고 덕은 밝으며, 형은 음이고 덕은 양이며, 형벌은 은미하고 덕은 확연하다[天德皇皇, 非刑不行, 繆(穆)繆(穆)天刑, 非德必頃(傾). 刑德相養, 逆順乃成. 刑晦而德明, 刑陰而德陽, 刑微而德章]."

이러한 관점은 사실상 동중서의 형刑 덕德을 모두 수용해야 한다는 논리의 이론적 선구가 되는데, 유가적 가치체계의 변화에서 보자면, '인仁을 귀중히 하는 것'과 '힘을 중시하는 것'에 대한 동중서의 이상과 같은 뒤섞음은 또한 특정한 가치 함의를 지닌다.

역사적으로 볼 때, 공자 맹자가 추앙한 인도仁道 원칙은 언제나 단지 일종의 가치 이상이었을 뿐, 현실적 사회준칙이 될 수는 없었다. 그에 반해, 진秦 제국의 건립에 따라, 법가의 폭력원칙은 한 차례 사회의 실제적 규범이 되었다. 한편 한초漢初에는 비록 황노학이 신봉되었지만, 폭력원칙의 역사적 그늘이 결코 완전히 소실된 것은 아니었다. 이런 배경 하에서, 동중서가 형刑과 덕德을 함께 수용한 것은, 공자 맹자의 비폭력 경향에서 벗어난 부분이 있지만, 동시에 내재적으로는 폭력원칙을 제약한다는 의미도 지녔다. 일례로 이른바 "덕이 중대하며 형은 사소하다[大德而小刑]" 는 등의 주장은, 바로 명백히 이런 의도를 표현한 것이었다. 공자 맹자가 인도仁道를 게시한 것이 상당부분 일종의 이상의 설정과 추구로 나타난다고 말할 수 있다면, 동중서의 경우 폭력원칙이 한 때 현실규범이 되었고 게다가 여전히 일방적으로 팽창할 가능성을 품고 있던 역사적 조건 하에서, 인도仁道를 통해서 그에 대한 현실적 억제를 만들어 낼 것을 요구했으니, 이런 측면에서, 양자의 가치지향은 확실히 다른 가운데에서도 동일한 점이 있다. 그러나 폭력원칙을 억제하면서, 형刑 덕德을 섞은 것은 바로 인도仁道 원칙 자체의 변형이라는 또 다른 의미를 지니는 것이기도 하다. 형과 덕이 서로 융합할 때, 폭력의 원칙은 곧바로 합리적 형식을 지니게 되지만, 인도仁道는 어떤 의미에서 폭력을 숨기는 것이 된다. 따라서 겉은 유가지만 안은 법가라는 말은 바로 인도仁道가 외재적인 형식으로 낮아진 정황을 다소간 반영한 것이었다. 이런 추세가 만약 진일보해 발전된다면, 인도원칙이 허위화 되도록 만들 것이다. 이런 측면을 가지고 말하자면, 동중서는 확실히 또한 유학에 관료화 또는 정통화 된 형태를 부여했다.

그 본래의 의미에 따르면, 형刑과 덕德은 모두 넓은 의미의 인도人道에 속하며,[35] 인도人道는 자연과 대립하는 것이다. 형刑 덕德에 대한 이중적 긍정은 다른 측면에서 인도人道에 관한 고찰을 전개했던 것이지만, 그것은 결코 자연의 원칙에 합당한 지위를 줄 수 없었다. 형 덕을 중시하면서, 동중서는 자연의 원칙을 확실히 무시했다. 유학의 계승자로서, 동중서는 인간과 금수의 구별을 더욱 강조하였다.

> "하늘이 사람에게 성명性命을 주어, 인의를 행하고 수치스러운 일을
> 부끄러워할 수 있게 하였기에, 날짐승 들짐승과 같지 않다[天之爲人性命, 使
> 行仁義而羞可恥, 非若鳥獸然]." (「竹林」)

바로 인간은 마땅히 금수를 초월해야만 한다는 관점에서 출발해, 동중서는 사람의 혈기血氣에 인仁이라는 속성을 부여한다. 그는 "인간의 혈기는 하늘의 뜻에 조화되니 인하다[人之血氣, 化天志而仁]"(「爲人者天」)라고 했다. '혈기血氣'는 자연이란 의미에서의

---

35) 인도人道는 인도仁道와 다른데, 전자가 인문人文과 상통하지만, 후자의 경우 그 함의가 협소하다.

하늘이라면, '하늘의 뜻[天志]'의 경우 신격화된 하늘인데, 여기서는 자연으로서의 하늘이 신격화된 하늘(윤리로서의 하늘)로 용해되며, 신도神道와 인도人道의 통일은 '형과 덕을 모두 수용하는' 입장과 결합되어, 자연의 원칙을 가치체계 밖으로 내쫓는 것이다. 이것이 하늘과 인간에 관한 논변이 일방적인 것이 되도록 하였으며, 또한 유가의 인도仁道 원칙에서의 진일보한 변형을 초래했다.

3. 권위주의 원칙의 확립

하늘과 인간에 관한 논변에 있어, 동중서는 유가를 본위로 삼았고, 또한 개방적인 마음가짐으로 각 학파에 대응했다. 이는 '법가를 끌어다 유가에 포함시키는 것[援法入儒]'에서 나타날 뿐만 아니라, 묵가 음양가 오행가 황노학 등 여러 학파에 대한 배척과 흡수에서도 구체화되었다. 정말로 적지 않은 논자들이 지적했던 것처럼, 동중서의 천도天道와 인도人道에 대한 고찰은 다방면으로 선진先秦시대에서 한초漢初에까지 이르는 각종 학파의 학설을 흡수함으로써, 일종의 겸용兼容의 정신을 드러내었다. 선진시대의 제자諸子들이 각기 하나의 깃발을 꽂고 서로를 배척하던 것과 비교하자면, 한대漢代의 사상가는 대체로 종합적인 경향과 소통에의 지향을 드러냈는데, 이는 한편으로는 '천하의 사람들이 일치하면서도 온갖 방식으로 사고하며, 다른 길로 가더라도 동일한 곳으로 귀착하는' 시대적 특성을 반영했던 것이다.

문화의 심층에서 보자면, 겸용兼容은 제자백가에 대응하는 구체적인 방식일 뿐만 아니라, 그것은 또한 보편적 의미를 지닌 가치지향으로 나타난다. 일반적 가치원칙으로서, 겸용兼容의 정신은 명백히 유가의 임기응변[權變] 관념과 내재적으로 일치하는 특성을 지닌다. 임기응변[權變]의 관념은 경직성을 배척하며, 한편에만 집착해 상대를 배제시키는 방식에 비해, 사상이 시종일관 개방적 성질을 유지하길 요구하며, 알맞게 조절함으로써, 그 체계가 이론적인 탄력을 지니도록 한다. 실제로 겸용兼容의 방식을 통해 백가百家를 다루면서, 동중서는 거듭해서 임기응변[權]의 원칙을 긍정했던 것이다.

> "『춘추』에는 원칙적인 예법과 상황에 따른 예법이 있다. (…) 원칙적인 일과 상황에 따라 대응할 일에 명확한 다음에, 경중의 차이를 안다면, 임기응변함에 적합하다고 할 수 있다[『春秋』有經禮, 有變禮. (…) 明乎經變之事, 然後知輕重之分, 可與適權矣]."(「玉英」)

선진先秦 유학에서 이미 임기응변[權變]에 관한 관념을 제기하였지만, 공자·맹자 순자에게서, 임기응변[權變]은 주로 구체적인 상황에 관한 분석과 관련되는데, 동중서는 임기응변을 개방적인 문화적 심리와 연관시킴으로써 그것을 개체의 임기응변 방식에서 일반적 겸용의 정신으로까지 고양시켰다.

유가의 임기응변[權變]은 처음부터 바로 '경經'(*보편 원칙)과 관련되며, 아울러 '경經'의 제약을 받는다. 동중서는 임기응변의 관념을 긍정하면서, 이상과 같은 같은 사유 노선을 계승하였다. 동중서가 볼 때, 각 학파의 학설에는 물론 받아들일 만한 부분이 있지만, 학설을 정립하는 근본은 경전經傳이었다. 따라서 "의로움은 경에서 나오니, 경과 전이 대원칙이다[夫義出於經, 經傳, 大本也.]"(「重政」)라고 하였던 것이다. 여기서의 '경전經傳'이란 바로 유가의 근본적 교의 및 이러한 교의를 상세히 설명하고 해석한 것이다. '천하의 사람들이 일치하면서도 온갖 방식으로 사고하며, 다른 길로 가더라도 동일한 곳으로 귀착하는' 시대적인 사조에 직면해서, 유학은 진실로 다양한 학설을 겸용兼容하고, 각 학파를 배척하고 흡수함을 통해 조절함으로써, 새로운 시대에 적응해야만 했다. 그리고 이러한 조절은 또한 반드시 유학의 원시형태에 대한 일부 일탈을 수반할 가능성이 있었지만, 이러한 일탈은 단지 근본원칙('경經')이 허용하는 범위 안으로 국한되었고, 이 영역을 넘어설 수는 없었다. 즉, "권權이 경經에 반하는 것일지라도, 반드시 그래도 괜찮은 영역에 머물러야만 한다[夫權雖反經, 亦必在可以然之域.]"(「玉英」) '경經'과 권權', 두 가지 사이에서, '경經'이 반드시 주도적인 쪽에 놓인다. 왜냐하면 '권權'과 관련되는 조절과 변통이란 부득이해서 행하는 것이기 때문이다. '경經'을 따르는 것에 비해, 임기응변[權變]은 흔히 심리상에서의 어떤 불균형을 수반한다.

> "이를테면 본성에 편안하고 마음을 평정하게 해주는 것이 경례經禮이다. 본성에 이르러서 편안치 못하고, 마음을 불편하게 하지만, 도에 있어서 바꿀 수 없는 것, 이것이 변례變禮이다[爲如安性平心者, 經禮也. 至有於性, 雖不安, 於心, 雖不平, 於道, 無以易之, 此變禮也].''(「玉英」)

마음에서 편안하지 않음은 '경經'에서 어긋나기 때문이고, '바꿀 수 없음'은 이와 같지 않다면 임기응변할 수 없음을 밝힌 것이다. 이러한 모순적 심리상태는 물론 임기응변[權變]의 필요성을 인정한 것이지만, 동시에 주로 '경經'에 대한 존숭을 드러내고 있다. 이는 이미 깊은 문화적 심리적 콤플렉스가 되는 듯하다.

'경經'의 지고함은 논리적으로 일원적인 가치지향을 함축하고 있는데, 순자에게서, 일통一統을 추구하는 경향은 그런 실마리를 막 드러냈던 것이고, 동중서는 이에 대해 진일보한 해석을 수행했다.

> "천하에는 두 가지 도道는 없다. 따라서 성인은 다르게 다스리더라도 이치는 동일하게 하였다[天下無二道, 故聖人異治同理也]."(「楚莊王」)

> "그러므로 항상 한결같아 사라지지 않는 것이 하늘의 도이다[故常一而不滅, 天之道]."(「天道無二」)

> "하나 되지 못하기 때문에, 우환이 생기는 것이다. 이 때문에 군자는 둘을 천시하고 하나를 귀하게 여긴다[不一者, 故患之所由生也. 是故君子賤二而貴一]."(「天道無二」)

'경례經禮'의 총괄 하에서, 임기응변[權變]의 관념은 결국 끝내 다원적 원칙으로 인도되지 못한다. 반대로 형이상화하는 과정을 거치면서, '경經'의 '권權'에 대한 제약은 항상 한결 같아 둘일 수 없는 형식을 얻게 된다. 동중서의 유학체계를 전체적으로 보자면, 하나를 귀히 하고 둘을 천시함이 확실히 그것의 중요한 가치원칙을 구성하는 것이다.

사회정치적 영역에서, 천도天道가 둘이 아니라는 원칙은 우선 왕권의 강화로 나타난다. 동중서의 견해에 따르면, 군주는 '하늘의 아들'로서, 바로 하늘의 인간세계에서의 화신化身이며, 군주는 하늘과 인간을 관통시켜, 만민을 지배하고, 사회를 유지하며,

인간세계의 근본이 된다.

> "왕은 인간의 시작이다[王者, 人之始也]." (「王道」)

> "군주는 으뜸이란 뜻이고, 군주는 근원이란 뜻이다[君者元也, 君者原也]."
> (「深察名號」)

여기서, 하나이되 둘이 아니라는 것이 아주 구체적인 내용을 얻게 되는데, 천도의 둘일 수 없음은 군권君權의 지고함의 직접적 근거가 되며, 그 권위를 하나로 하는 것이 자연스러운 결론인 것이다. "따라서 '하늘이 덮어주는 것에는 예외가 없고, 땅이 실어줌에는 모든 것을 포용한다. 바람은 명령을 행하면서 그 권위를 하나로 하고, 비는 은혜를 베풀면서 그 덕을 균등하게 한다'고 말하는데, 왕의 통치방법을 일컫는 것이다[故曰, 天覆無外, 地載兼愛, 風行令而一其威, 雨布施而均其德. 王術之謂也.]."(「深察名號」)라고 말하는 것이다. 실로 적지 않은 논자들이 제기한 것처럼, 이런 관점은 정치적으로 대일통大一統으로 나아가는 추세를 반영한 것이기 때문에, 다소간 역사적인 합리성을 지니지만, 그 중에는 또한 분명 전제주의적 경향이 함축되어 있기도 하다.

이데올로기상에서, 왕권 강화의 반영은 바로 모든 것을 황제가 결정해야 한다는 요구로 구체화된다. 앞에서 서술한 것처럼, 동중서가 제자백가의 학설에 대해 겸용兼容의 태도를 취하면서, 그 체계 속에서 확실히 각 학파의 관념을 수용했다할지라도, 이러한 겸용兼容이란 유학을 본위로 삼는 것이며, 아울러 최종적으로는 유학 속에 융해시키는 것이었다. 동중서에게서 '온갖 방식의 사고[百慮]' 자체는 결코 목적이 아니며, 그것이 추구하는 목표란 일치일 뿐이다. 또한 이에 따라 제자백가는 결코 그 자체로 독립적 가치를 지닌 것이 아니며, 오로지 유학을 통해서만 그 자체의 의의를 지니게 된다. 그래서 "백가를 없애고 배척하며, 유가의 학술만을 높인다[罷黜百家, 獨尊儒術]"는 것이 바로 논리적인 결론이 되는 것이다. "모든 것을 황제가 결정해야 한다는 것[定于一尊]"이 통일된 이데올로기를 목적으로 한다면, "유가의 학술만을 높인다[獨尊儒術]"는 것은 유가의 교의敎義를 통일의 기초로 삼는다는 것을 의미하고 있다. 이는 동중서의 다음과 같은 논의 속에서 보다 명확하게 표현된다.

"성인이 명한 것을 천하는 올바른 것으로 여긴다. 아침과 저녁을 바로잡고자 한다면, 북극성에 견주어야 하며, 의심스러움을 바로잡고자한다면 성인에 견주어야 한다[聖人之所命, 天下以爲正. 正朝夕者視北辰, 正嫌疑者視聖人]." (「深察名號」)

유학에서의 대의大義는 바로 성인聖人의 은미한 말에서 체현된다. 여기서 '성인이 명한 것'이란 가치판단에서의 최고준칙을 구성하는 것이다. 『춘추번로』를 펼쳐보면, 우리는 확실히 '경經'(성인의 말)을 통해 의심스러운 실제 사례를 바로잡는 것을 거듭 볼 수 있다. 그가 개창한 것은 일종의 경전의 학설을 삼가 지키는 경학의 전통이었다. 이후 『백호통의白虎通義』에서는 관방官方 철학의 형식으로 경전의 의미를 통일시키는, 이러한 전통의 진일보한 발전을 볼 수 있다. 사상통일에 대한 이상과 같은 추구는 확실히 한漢 민족의 문화심리의 형성에 보탬이 되었지만, 솔직히 말해, 그것은 확실히 사상과 학술의 발전을 질식시키는 작용을 야기하기도 하였다.

다른 측면에서 보자면, 성인의 말을 최고의 준칙으로 삼는 것은 동시에 독단적인 사유방식으로 나타나기도 한다. 동중서는 정치상에서 왕권으로의 일통과 이데올로기상에서 독존유술獨尊儒術은 최종적으로 모두 하나의 초험적超驗的 실체, 즉 형이상의 하늘을 지향한다. 바꿔 말하자면, 정치와 이데올로기에서의 일통一統은 바로 하늘을 최고의 근거로 삼았던 것이다.

"하늘의 변함없는 도에서 서로 대립하는 물은, 양쪽이 모두 흥기할 수 없다. 그러므로 하나라고 말한다. 하나이면서 둘이 아닌 것이 하늘의 운행이다[

天之常道, 相反之物也, 不得兩起, 故謂之一. 一而不二者, 天之行也].”
(「天道無二」)

마찬가지로, '경經'과 '권權'의 관계 역시 하늘에서 결정된다.

“이 때문에 하늘은 음을 권權으로 삼고, 양을 경으로 삼는다. 양은 남쪽에서
나오고, 음은 북쪽에서 나온다. 경은 융성할 때 쓰이고, 권은 말단에서 쓰인다.
이를 통해 하늘이 경을 드러내고 권을 숨기며, 덕을 우선하고 형을 뒤로
함을 나타내는 것이다[是故天以陰爲權, 以陽爲經. 陽出而南, 陰出而北.
經用於盛, 權用於末. 以此見天之顯經隱權, 前德而後刑也].”(「陽尊陰卑」)

여기서 중요한 것은 결코 그 중에 배어 있는 신학적 관념이 아니라, 그 추론
방식이다. 추론이 전개된다면 대략 다음과 같은 논리적 고리를 포함한다. 즉 먼저 어떤
제1원리(하늘)를 가설해 두고, 아울러 그것에 자족적 속성(그 자체가 곧 절대적 권위이자
외재적 근거를 필요로 하지 않는 것)을 부여한다. 그런 다음에 이러한 근거로부터 추론을
전개한다. 마지막에는 또한 이상과 같은 근거를 최고의 준칙으로 삼아서 결론의 합리성을
논증한다. 전체적인 사유 여정은 외재근거로부터 시작해서 다시 이 근거로 돌아가는
식으로 나타나는데, 간략히 말하자면, 그것은 처음부터 끝까지 권위의 영역을 벗어나지
않는 것이다. 이러한 추론방식은 오직 '경전[經]'을 따라야 한다는 경학 經學의 관념과
일치하며, 경학의 독단론과 신학의 독단론의 융합으로 나타나는 것이다.
　왕권의 강화에서부터 유학의 독존獨尊에 이르기까지, 다시 사유방식의 독단화에
이르기까지, 천도는 둘이 아니라는 원칙은 사회적 삶과 문화의 각 측면에서 전개된다.
총체적으로 말하자면, 이러한 가치지향은 명백히 권위주의적 성격을 띠고 있는데, 그
근본적 특징은 바로 일원론을 통해 다양성을 배척하는 것이고, 외재적 권위를 일체 가치의
궁극적인 근거로 삼는 것이다. 유가적 가치체계가 권위주의를 향해 이렇게 전환한 것은

이론적으로 내재된 논리를 지니며, 또한 역사적인 이유를 지니기도 한다. 이론적으로 볼 때, 그것은 원시유학에서의 "큰 덕은 한도를 넘어서지 않는다[大道不踰閑]"(공자), "군자는 보편원칙으로 돌아갈 뿐이다[君子反經而已]"(맹자), "도를 통해 인간을 하나되게 한다[以道壹人]"(순자) 등등의 관념의 편향적인 발전과 확장으로 나타나는데, 이러 극단적인 확장으로의 추세는 동시에 진한秦漢의 대일통大一統의 사회정치적 구조의 형성을 역사적인 전제로 하는 것이기도 하다. 물론 보다 깊은 차원에서, 그것은 또한 "인간의 인간에 대한 의존적 관계"를 형이상학화한 것으로 생각될 수도 있다. 하늘 경經 군주를 일체 가치의 근거로 삼는 것은 바로 인간이 현실 속에서 자주성을 결여하고 있다는 사실의 가치영역에서 표현이기 때문이다.

가치관에서의 동중서의 이와 같은 경향은, 내재적으로 이론적 긴장을 함축하고 있다. 한편으로, 크나큰 도량으로 제자백가를 수용함으로써, 겸용兼容의 정신을 표현하고 있고, 또 다른 한편으로는 황제를 통해 모든 것을 결정하는 권위주의를 최고의 가치원칙으로 삼고 있기 때문이다. 양자의 긴장을 어떻게 화해시킬 수 있는가? 관련된 동중서의 논의를 종합적으로 볼 때, 우리는 이 문제가 바로 두 극단을 상호 보충하는 방식을 통해서 해결된다는 점을 어렵지 않게 알 수 있다. 전체적인 가치지향을 가지고 말하자면, 권위주의는 확실히 최후의 귀결점이지만, 이러한 권위주의적 가치체계 자체는 다시 겸용兼容이라는 방식을 통해서 구축되는 것이다. 바로 임기응변[權變] 관념에서 파생된 것으로서의 겸용의 정신은 권위주의적 가치가 이론적 탄력성을 지니도록 만들며, 그에 상응해 때에 맞추어 변화에 대응하는 기제를 형성시키는 것이다. 이런 의미에서, 겸용의 정신을 동중서의 가치체계 구축에서의 내재적 고리로 간주할 수도 있겠다. 그래서 동중서에게서 겸용의 정신은 권위의 원칙과 서로 보충함으로써 충돌에서 협조로 나아가는 것이다.

내재하는 겸용정신과 외재하는 권위원칙의 상호 보충은 유가적 가치체계가 총체적으로 권위주의적 특징을 갖게 하기도 하며, 또한 항상 상당한 자기조절 기능을 가지도록 만들기도 하였다. 유학의 발전에서 보자면, 권위주의적 추세가 끊임없이 강화되긴 했지만, 그 내재적 겸용정신이 언제나 권위주의적 경향에 수반됨으로써, 다른 형태로 나타나게 하였다. 위진魏晉 시대에서 도가를 끌어다 유가에 포함시키고, 송명宋明 시대 이학理學에서 불교와 도교를 수용한 것 등등은 모두 유학의 겸용정신과 이론적 유연성을 분명히 드러낸다. 유학이 장기적으로 지속되고, 오래시간을 거치도록 쇠락하지 않으면서 게다가 중국문화의 주류가 될 수 있었던 까닭은 분명 이러한 겸용정신과 무관하지 않다. 넓은 의미에서의 가치관에서 보자면, 겸용兼容은 언제나 관용과 연관된다.

권위주의가 극단을 향해 나아가면서 자주 정치적 억압과 사상적 탄압을 야기하고, 사회적 저항과 충돌을 격화시켰지만, 겸용 정신이 함축한 관용의 요구는 다소간 어떤 완충적인 작용을 수행했고, 이질적인 사회역량과 학술사상의 존재와 발전을 위한 최소한의 공간을 제공했다. 바로 외재적 권위원칙과 내재적인 겸용정신이 서로를 보충함으로써, 유학은 문화의 다원적인 변화를 억제시키면서도, 또한 다원적인 문화가 완전히 정적과 침체로 치닫는 것을 피할 수 있도록 하였다. 그리고 이러한 가치양식의 형성에서, 동중서는 분명 독특한 역할을 하였다.

4. 고금古今에 관한 논변

한대漢代 사상가들은 "하늘과 인간의 관계를 궁구함[究天人之際]"을 중시하면서, 또한 "과거와 현재에서의 변화를 통찰할 것[通古今之變]"을 강조했다. 동중서의 가치체계도 마찬가지로 하늘과 인간 과거와 현재를 관통하는 광활한 목적을 체현했다. 그에게서, '하늘과 인간에 관한 논변[天人之辨]'과 '과거와 현재에 관한 논변[古今之辨]'은 내재적으로 통일성을 지닌 것이었다.

"하늘과 인간에 관한 징험은 과거와 현재에서의 도이다[天人之征, 古今之道
也]." (『漢書』 「董仲舒傳」)

그리고 그 가치를 구축하는 작업도 확실히 '과거와 현재에 관한 논변[古今之辨]'에서 구체적으로 전개된다.

유학의 변화를 가지고 말하자면, 선진시대 유가는 이미 다양한 측면에서 과거와 현재의 관계에 주목하였다. 공자는 "옛 것을 믿고 좋아한다[信而好古]"(『論語』「述而」)라고 스스로를 일컬었는데, 이른바 '고古'란 무엇보다도 주대周代의 예제禮制와 연관된다.

"주周나라는 [하夏 은殷] 2대의 왕조를 본보기로 삼았으니, 찬란하구나 문화여!
나는 주나라를 따르겠다[周監於二代, 郁郁乎文哉! 吾從周]." (『論語』「八佾」)

주나라는 과거의 시대를 대표하는데, 공자가 보기에, 바로 이 시대가 완전무결한 문화적 성과를 응축했으며, 이상적인 사회형태를 드러냈다. 여기에는 분명 사회문화적 이상에 대한 동경과 추구가 함축되어 있지만, 이러한 추구는 결코 미래에 대한 전망으로 나타나지는 않으며, 과거에 대한 회상과 그리움을 그 형태로 하는데, 이를 통해 형성된 것이 전통을 숭상하는 가치지향이다.

문화적 발전은 끊임없이 이어지는 하나의 과정으로, 매번 그것의 새로운 진보는 언제나 이전의 문화적 성과를 그 역사적 전제로 삼아야 하므로, 전통에 대한 허무주의적 태도는 반드시 문화 자체에 대한 허무주의적인 태도를 야기하게 될 것이다. 공자의 "옛 것을 믿고 좋아한다"는 말은 우선 문화의 역사적 연속에 대한 관심을 나타내며, "주나라를 2대의 왕조를 귀감으로 삼았다", "주나라를 따르겠다"는 등의 말이 강조하는 것은 바로 문화의 전후 계승이다. 실제로, 윤리규범인 '효孝'를 해석하면서, 공자는 이미 문화적 연속성에 대한 관심을 표명해 냈다. 문화의 변화와 발전에 있어서는, 오직 문화에서의 전후 계승을 통해서만, 비로소 각 시대가 도달하는 문화 역사적 성과가 부단히 누적되도록 할 수 있으며, 나아가 안정적 문화전통을 형성시킬 수 있다. 역사적으로 보자면, 유가가 중시한 문화적 연속성이란 가치지향은, 중화민족에게 유구하게 이어져 내려온 문화적 전통을 형성함에 있어, 확실히 부인할 수 없는 영향을 미쳤다.

　　그러나 문화의 역사적 연속성을 중시했기 때문에, 공자는 과거를 숭상하고 답습하는 어떤 경향성을 드러내기도 하였다. 공자가 "찬란하구나 문화여!"라고 찬탄하고, 아울러 "나는 주나라를 따르겠다"고 선언했을 때, 그는 물론 역사는 단절시킬 수 없는 것임에 주목했고, 지나간 문화적 성과를 존중해야만 한다는 점을 긍정했지만, 동시에 특정한 역사적 단계에 도달한 문화적 성과를 가장 완전무결한 문화형태로 간주했으니, 즉 지나간 문화적 형태를 이상화함으로써, 이상理想은 과거에 존재한다는 정형화된 사유를 형성시킨 것이다. 바로 이러한 사유 노선에 입각하여, 공자는 "만약 나를 등용하는 사람이 있다면, 나는 동쪽의 주나라로 만들 것이다![如有用我者, 吾其爲東周乎!]"(『論語』「陽貨」)라고 주장하였다. 여기에서 문화적 연속은 미래를 개창한다는 의미를 전혀 갖고 있지 않으며, 단지 이상화된 과거로의 회귀에 불과한 듯하다. 일반적으로 논하자면, 문화의 발전은 물론 누적을 전제로 하지만, 누적 그 자체는 창조와 별개일 수 없다. 공자 자신이 현실적 차원에서 '술述'(계승)과 '작作'(창조)의 통일을 구체적으로 드러내긴 했지만, 상대적으로 그는 문화적 연속을 중시하면서, '작作'(문화창조)에 대해서 이론적 차원에서 보다 적절한 위치를 부여하지는 못했던 것 같다.

물론 과거를 이상으로 삼는다는 것이 결코 완전히 과거를 답습한다는 것을 의미하지는 않는다.

> "은나라는 하나라의 예에 근거하였으니, 빼내고 더한 것을 알 수 있다. 주나라는 은나라의 예에 근거하였으니, 빼내고 더한 것을 알 수 있다. 누군가 주나라를 계승한다면, 백 세대가 지나더라도 알 수 있을 것이다[殷因於夏禮, 所損益, 可知也. 周因於殷禮, 所損益, 可知也. 其或繼周者, 雖百世可知也]."
> (『論語』「爲政」)

'빼내고 더함[損益]'이란 변혁한 점이 있음을 뜻하니, 문화에서의 전후 계승은 언제나 어떤 변천을 포함하고 있으며, 결코 단순히 되풀이되지 않는다. 이렇게 '빼내고 더하는' 원칙을 허용한 점은 문화전통에서의 자기조절을 위한 일정한 여지를 제공한 것이며, 또한 그에 상응해 유가의 전통을 숭상하는 가치지향이 어떤 이론적 유연성을 갖도록 만든 것이다. 그러나 전체적으로, 공자의 초점은 여전히 전통 자체의 연속에 있다. '빼내고 더한다[損益]'는 말은 주로 전통의 변화와 발전 과정 속에서의 부분적 조정으로 나타나지 근본적 전환은 아니다. 공자에게서, 여러 역사적 시기의 문화마다 변혁되는 것이 있지만, 그 주요 맥락은 오히려 전후 계승되며 처음부터 끝까지 변화되지 않는 것이다. 바로 이와 같기 때문에, "백 세대가 지나더라도 알 수 있다"고 말했던 것이다.

공자의 과거와 현재에 관한 논변에서의 이상과 같은 원칙은 맹자에 대해서도 명백한 영향을 미쳤다. 시대적 변천에 따라, 맹자는 이미 공자가 "주나라를 따르겠다" "동쪽의 주나라를 만들겠다"고 거듭 강조하는 것과는 다르게, 상당히 시세를 깊이 살핌으로써 현실을 받아들이며, 시대적 특성을 다소간 반영한 정치적 방안을 제기하였다. 그러나 여전히 이상理想은 과거에 있다는 정형화된 사유를 넘어서지는 못하였다.

> "오패五霸는 삼왕三王에게 죄인이다. 지금의 제후들은 오패五霸에게

죄인이다[五霸者, 三王之罪人也. 今之諸侯, 五霸之罪人也]." (『孟子』「告子下」)

단적으로 말해, 오직 삼왕三王의 치세만이 이상적 사회라는 것이다. 맹자가 정전제를 회복시키는 것을 인정仁政을 실현하는 방도로 삼은 것도 마찬가지로 이런 전통으로 회귀하는 사유 경향을 반영한 것이었다. 비록 앞서 서술한 것처럼, 그 정치적 방안의 구체적인 내용이 이미 새로운 생산양식을 반영하고 있기 때문에, 삼대三代를 숭상한다는 것은 '탁고개제托古改制'라는 의미를 띠는 듯하다. 다시 말해, 전통적 이상을 현실 정치 방안의 근거로 삼은 것이지만, 이러한 논증방식 자체가 곧 과거를 이상화하는 사고 양식을 반영한 것이다.

비교하자면, 순자가 공자의 '빼내고 더한다'는 논리를 보다 많이 발전시킨 것 같다. 과거와 현재의 관계에 있어, 순자는 역사에 대한 논의는 현실로부터 출발해야만 한다고 인식했다.

"현재에 위치해 멀고 오래된 것을 논한다[處於今而論久遠]." (『荀子』「解蔽」)

"현재에 위치한다"는 말은 문화발전의 현실적 성과를 가지고 옛 사람의 문화 창조를 판정함을 뜻하며, 또한 현실의 시대적 필요에 근거하여 옛 사람의 사상과 제도에 대해 선택하는 것이기도 하다. 바로 이 원칙에 근거하여 순자는 "현재를 통해서 옛 것을 유지한다[以今持古]"(『荀子』「儒效」), "옛 것을 잘 말할 수 있다면 반드시 현재에도 적절하다[善言古者, 必有節於今]"(『荀子』「性惡」)라고 거듭 강조했다. 전통을 단순히 참조물로 삼는 것에 비해, 순자의 이상과 같은 관점은 현실에 관한 고찰을 비교적 중요한 하나의 지위로까지 격상시킨 것이며, 그것은 무조건적으로 고대를 숭상하는 사유 노선을 바로잡는 점이 있다. 그러나 순자에게서, "현재를 통해서 옛 것을 유지한다"는 말은 주로 현실에서 출발해서 다양한 전통을 선택한다는 뜻이며, 선왕의 전통에서의 합리성에 대해서 순자는 전혀 회의를 드러내고 있지 않다. "도는 삼대를 넘지 않으며,

법은 후왕에 어긋나지 않는다[道不過三代, 法不二後王]"(『荀子』「王制」)라는 말처럼, 그 본질에 근거하자면, 이상理想은 여전히 과거에 있는 것이다. 바로 이러한 관점에 입각해서, 순자는 "선왕을 본받지 않는다면, 예의禮義가 아니다[不法先王, 不是禮義]"(『荀子』「非十二子」)라고 혜시惠施와 등석鄧析을 비판했던 것이다. 물론 순자는 또한 후왕後王을 본받을 것을 거듭 강조하긴 했지만, 그러한 입론의 취지는 결코 후왕을 통해 선왕을 부정하는(선왕의 전통을 초월하는 것) 데에 있는 것은 아니었다. 즉 그가 후왕을 준칙으로 세운 것은 후왕이 선왕의 문화적 업적을 구체적으로 드러냈기 때문이었다.

"성왕聖王의 자취를 보고자 한다면, 그 중의 찬연한 것 중에서 봐야 하니, 후왕이 그렇다[欲觀聖王之跡, 則於其粲然者矣, 後王是也]."(『荀子』「非相」)

여기에서, 선왕을 본받는 것과 후왕을 본받는 것에는 확실히 전혀 실질적인 구별이 없는데, 두 가지의 공통점은 바로 전통으로 거슬러 올라감에 있다. 사실상 순자가 "현재를 통해서 옛 것을 유지한다"고 강조했을 때, 그 출발점이란 물론 현재이지만, 향하는 대상은 결코 미래가 아니라 여전히 과거(古)였다.

선진시대 유가의 이상과 같은 관점이 동중서의 "과거와 현재에서의 변화를 통찰한다[通古今之變]"는 논리의 전제를 구성했다. 공자와 마찬가지로, 동중서도 결코 역사적 변화와 발전의 과정 속에서의 전후의 변천을 완전히 부정하지 않았다. 그가 보기에, 매번 새로운 왕조가 건립될 때마다, 모두 일련의 제도 개혁 활동이 진행되어야만 한다.

"왕자는 반드시 명을 받은 다음에 왕이 된다. 왕자는 반드시 역법을 바꾸고, 복식의 색깔을 바꾸고, 예악을 제정하여 천하를 통일한다. 성이 바뀌었음을 밝히고, 누군가를 계승한 것이 아니라 자신이 하늘에게서 명을 받았음을 알리기 위해서이다[王者必受命而後王. 王者必改正朔, 易服色, 制禮樂, 一統於天下. 所以明易姓, 非繼人[36], 通以己受之於天也]."(「三代改制質文」)

여기에서, 제도 개혁은 새로운 왕조의 합리성을 표명하는데 필요한 일부를 구성하며, 제도 개혁을 새로운 왕조의 합리성과 연관 지음으로써 제도 개혁 자체가 중요한 의의를 획득하도록 하였다. 제도 개혁에 대한 이상과 같은 긍정은 임기응변[權變]을 긍정하는 관념이 과거와 현재에 관한 논변 상에서 체현된 것으로 간주할 수 있는데, 그것은 전통 문화에 관한 조정이 어떤 근거를 어느 정도 획득할 수 있도록 만든다.

그러나 조금만 분석하면, 동중서가 새로운 왕은 반드시 제도를 개혁해야 한다고 말한 것은 주로 형식적 변혁에 국한된다는 점을 알 수 있다. 그는 결코 정치제도·사상관념 등의 문화적 심층의 내용을 건드리지 않았다. 이에 대해 동중서는 전혀 서슴지 않고 다음처럼 말했다.

"중요한 강령인 인륜·도리·정치·교화·습속·문장의 의미와 같은 것은 모두 이전과 같으니, 무엇을 고치겠는가? 그러므로 왕에게 제도를 고친다는 명칭은 있어도, 도를 바꾼 실정은 없었다[若夫大綱 人倫 道理 政治 教化 習俗 文義盡 如故, 亦何改哉? 故王者有改制之名, 無易道之實]."(「楚莊王」)

몇 가지 표면적 차원에서의 변이를 제외하면, 전통 문화 속의 근본적 측면은 모두 유지하고 보호해야만 한다(모두 이전과 같다). 그리고 제도를 고치되 도를 바꾸지는 않는다는 전제란 전통의 이상화이다. 동중서의 견해에 따르면, 전통적 정치·교화와 주요 강령이 되는 인륜 등을 고칠 필요가 없는 이유는 그것이 이미 지극히 선하고 지극히 아름다운 경지에 이르렀기 때문이다.

"오제와 삼왕이 천하를 다스릴 때에는, 군주와 백성의 마음을 나누지 않았고,

---

36) "人"은 본래 "仁"으로 되어 있었다. 능서凌曙의 학설을 따라 교정해 고쳤다.

십분의 일을 세금으로 하였다. 사랑으로 가르치고, 충심으로 일을 시켰고, 어른과 노인을 공경했고, 친척을 친히 하되 존귀한 자를 존중하였고, 백성의 농번기를 빼앗지 않고 백성을 사역시키는 것은 해마다 3일을 넘지 않았다. 민가에서는 사람들을 풍족하게 하여서, 원망하거나 분노하게 하는 우환과 강자 약자 사이의 배척도 없었으며, 비방하거나 질투하는 사람도 없었다. 백성은 덕을 수양하여 훌륭해졌다[五帝三王之治天下, 不敢有君民之心. 什一而稅. 教以愛, 使以忠, 敬長老, 親親而尊尊, 不奪民時, 使民不過歲三日. 民家給人足, 無怨望忿怒之患 強弱之難, 無讒賊妒疾之人. 民修德而美好."
(「王道」)

여기에서 물론 고대에 근거한다[托古]는 의미도 적지 않지만, 선왕의 다스림에 대한 예찬 속에는 이상은 지나간 고대(과거)에 있다는 유가적 사상이 명확히 스며들어 있는 것이기도 하다. 이러한 전통의 이상화로부터 전통을 따를 것("모두 이전과 같다[盡如故]")을 주장하는 추론 과정은 공자 맹자와 분명 일맥상통한다.

여기서 주목할 점은 동중서가 단지 일반적인 문화제도 상에서 선왕의 전통을 이상화시켰을 뿐만 아니라, 특별히 선왕의 도道가 지닌 신성성을 강조한다는 점이다. 즉 "제도를 고친다는 명칭은 있어도, 도를 바꾼 실정은 없었다[有改制之名, 無易道之實]"라는 논리적 단언에서, 이미 이런 뜻을 언급했던 것이다. 이는 결코 동중서가 우연한 표현법이 아니며, 이는 그가 반복적으로 논술하는 하나의 관점이다.

"선왕에 대해 고찰하지 않는다면 천하를 안정시킬 수 없다. 그렇다면 선왕이 남긴 도가 역시 천하에서의 규구規矩이자 육율六律이 될 뿐이다.
(…) 듣기에 천하에는 두 개의 도가 없으니, 성인은 다르게 다스려도 이치는 동일하다. 과거와 현재를 통달하여, 선현들은 그 법을 후세에 전하였다[不覽先王, 不能平天下. 然則先王之遺道, 亦天下之規矩六律已. (…)

所聞天下無二道, 故聖人異治同理也. 古今通達, 故先賢傳其法於後世也]."
(「楚莊王」)

"도라면 만세가 되어도 폐단이 없다. 폐단은 도에서 어긋난 것이다[道者萬世
亡弊, 弊者道之失也]."(『漢書』 「董仲舒傳」)

"도의 근본적 원천은 하늘에서 나오는데, 하늘은 불변하니, 도 역시 불변한다
[道之大原出於天, 天不變, 道亦不變]."(『漢書』 「董仲舒傳」)

'도道'는 전통 속에서의 근본적 원칙으로 이상적 문화형태의 핵심이 된다. 그리고 동중서에게서 도 자체는 또한 자족적 속성을 지니기 때문에 지극히 완전무결하다("만세가 되어도 폐단이 없다"). 역사의 변화에는 물론 과거와 현재의 차이가 있지만, 도는 오히려 처음부터 끝가지 한결 같으니, 바로 도道의 이러한 영구성과 지극히 선한 속성이 전통에 이상적인 특징을 부여하는 것이다. 이처럼, 전통으로의(선왕先王의 이상理想) 회귀는 단순히 지나간 고대로 돌아가는 것이 아니라 통일적 도道와 같아지는 것이다. 공자 맹자가 주로 전통으로의 가치지향을 정초했다고 말할 수 있다면, 동중서는 선왕의 전통에서의 도道를 격상시켜, 도道의 완전성과 영구성을 강조함으로써, 이러한 가치지향이 형이상의 근거를 지닐 수 있도록 하였다.

물론 도의 영구성을 부각한 것이 단지 고대를 숭상하는 가치원칙을 논증하기 위한 것은 아니다. 보다 넓은 문화 역사적 의미에서, 그것은 바로 현실의 사회정치적 질서를 위한 근거를 제공하는 데에 목적이 있다. 앞서 서술한 것처럼, 동중서가 새로운 왕은 반드시 제도를 개혁해야 함을 긍정한 것은, 주로 형식적 측면에서 새로운 왕조의 합리성을 인정한 것이었다. 그러나 선왕先王의 도가 지닌 완전성과 영구성으로부터 선왕의 전통이 지닌 완전무결함을 도출한 것은 보다 깊은 차원에서 현실 질서를 위한 논증을 만들어낸 것이었다. 왜냐하면 기성의 질서는 바로 전통의 연속이므로, [선왕의 전통과 현존

질서] 양자 사이에는 고금을 관통하는 도가 가로지르고 있기 때문이다. 따라서 전통의 완전무결성은 바로 현실의 합리성을 인증하는 것이다. 여기서 이상을 과거에 두는 것이 근거를 과거에 두는 것으로 보다 구체화되는데, 과거로부터 이상을 찾든, 과거로부터 근거를 찾든 간에, 체현되는 바는 모두 동일한 가치지향이다. 동중서가 전통에의 지향을 불변하는 도道와 관련짓는 것은 권위주의적 가치원칙을 과거와 현재에 관한 논변으로까지 확장시킨 것으로 간주할 수 있으며, 권위주의적 가치관과 마찬가지로, 이렇게 선왕의 도道에 동일시하려는 가치지향은 통일되고 안정적인 문화전통을 형성함에 있어, 확실히 부인할 수 없는 역사적 작용을 하였다. 대체로 한대漢代에 형태를 갖추게 된 중국 문화가 긴 세월을 거치면서도 쇠퇴하지 않았던 까닭은 전통을 중시하는 이러한 가치원칙과 분명히 무관계하지 않다. 그러나 전통에 대한 숭상은 결국 문화적 연속을 통해 문화적 창조를 일정 부분 억제했고, 전통의 계승을 근거로 전통에 대한 초월을 약화시켰다. 과거로 소급하는 정형화된 사유 아래에서, 유가는 줄곧 진정한 의미의 '발전'이란 관념을 형성시키지 못했고, 이에 따라 명확한 미래에의 의식을 결핍하였다. 이런 측면에서, 동중서가 강화시킨, '전통에 대해 엄수하고 과거로 향해가는' 가치원칙은 분명 부정적인 의의를 지닌다.

5. 의로움과 '나'의 합일 : 개체의 보편화

권위원칙과 "하늘을 받들고 고대를 본받는다[奉天法古]"(「楚莊王」)는 말이 총체적으로 추구하는 것은 일종의 일통一統의 양식으로, 사회구조 안에서 일통一統은 사회전체와 보다 긴밀히 관련된다. 이렇게 권위주의를 주도적 가치원칙으로 삼는 것은 바로 집단(전체)를 주요한 초점으로 삼는다는 것을 의미하고 있다.

집단과 상대되는 것이 자아(자기)이다. 동중서의 관점에 따르면, 나와 타인은 두 종류의 다른 존재이므로, 양자는 마땅히 구별해 다른 원칙으로 다루어어야만 한다.

> "『춘추』가 다스리는 대상은 타인과 나이다. 타인과 나를 다스리는 것은
> 인仁과 이로움이다. 인仁을 통해 타인을 편안하게 해주며, 의로움을 통해
> 나를 바로잡는다[『春秋』之所治, 人與我也. 所以治人與我者, 仁與義也.
> 以仁安人, 以義正我]."(「仁義法」)

일반적으로, 나와 타인의 구분은 항상 자아의식의 발생을 의미하는데, 이는 유類로서의 역사 발전 과정 속에서 구체화될 뿐 아니라, 개체의 발전 속에서도 나타난다. 그러나 동중서에게서, 타인과 나의 구분은 오히려 자아의 각성으로 나타나지는 않으며, 주로 공동체적 관심이라는 의미를 지닌다. 따라서 나와 상대되는 타인은 무엇보다도 집단이라는 개념이다. 공자는 일찍이 "자기를 수양하여 타인을 평안하게 한다[修己以安人]"라고 제기했는데, 동중서가 "인으로써 타인을 평안하게 한다[以仁安人]"고 말한 것은 대체로 동일한 사유 노선을 계승한 것이었다. 동중서가 보기에, 성인聖人은 보통 사람들보다 뛰어난 점은 바로 자각적인 공동체 의식을 지니고 있으며, 게다가 그것을 행동에 옮긴다는 데에 있다. 즉 "대체로 성인이라면, 천하의 환란을 없애는 것을 중시한다[蓋聖人者貴除天下之患. 貴除天下之患]"(「盟會要」)라는 것이다. 요컨대, 타인과 나의 분리는, 집단에 대한 자아의 독립과는 완전히 다르다. 거꾸로, 그것은

공동체에 대한 자각적인 관심의 전제가 된다.

　물론 집단에의 관심이 결코 자아의 완성을 배척하는 것은 아니다. "인으로써 타인을 평안하게 한다"는 말과 상응하는 것이 "의로움을 통해 나를 바로 잡는다"는 말이다. 이는 바로 자아의 인격 경지를 향상시킨다는 뜻을 포함한다. 그러나 자아의 완성을 "의로움을 통해 나를 바로 잡는다"로 이해하는 것은, 또한 자아의 형상화에 있어서 보편적 규범에 보다 많이 역점을 두고 있는 것처럼 보인다. 바꿔 말하자면, "나를 바로잡는다[正我]"라는 목표는 자아를 '의로움[義]' 속으로 집어넣는 데에 있다. 바로 이 전제에 토대해, 동중서는 나아가 다음처럼 강조하였다.

　　　"인이란 말은 타인에 관한 것이고, 의로움이란 말은 나에 관한 것이다
　　　　[仁之爲言人也,　義之爲言我也]." (「仁義法」)

　앞서 서술한 것처럼, 의로움은 주로 일종의 보편적 규범을 나타내는데, '나'를 '의로움'에 포개어 하나로 만드는 것은, 바로 자아를 보편적인 의로움의 인격화로 본다는 것을 의미하고 있다. 이 때문에, 자아는 더 이상 독특한 개성을 지닌 존재가 아니며, 실질적으로 '공동체[大我]'를 내면화하기 시작한다. 자아의 이런 보편화 속에서, 타인과 나의 구분 속에 함축된 공동체 의식은 진일보하여 전개된다.

　자아의 보편화는 불가피하게 내재적 충돌을 거쳐야만 한다. 그 본래 의미에 따르면, 자아의 보편화란 초자아(사회의 보편적 요구 및 규범)가 주체 안에서 지배적 지위에 놓이도록 하는 것이지만, 주체(자아)는 동시에 언제나 직간접적으로 본래의 '나'(자아 속의 개체로서의 규정)의 영향을 받게 되므로, 초자아와 본래의 '나'는 항상 일치하지 않는다. 이처럼 초자아의 주도적 지위를 확립하는 것은 언제나 본래의 '나'를 억제하는 것과 연관되기에, 동중서는 이를 "자신의 악을 스스로 다스림[自攻其惡]" 또는 "자책自責"이라 칭했다.

"자신의 악을 스스로 다스려야, 의로움을 온전히 하는 것 아니겠는가?
[自攻其惡, 非義之全與?]"(「仁義法」)

"자책하여 대비하는 것을 현명함이라고 일컫는다[自責以備謂之明]."
(「仁義法」)

윤리학이란 측면에서, 여기서는 개체의 사회화는 언제나 본연의 '나'에 대한 구속을 수반하고 있다는 점을 분명히 주목하고 있지만, '자신의 악을 스스로 다스리는 것'을 '의로움'의 전체 내용("의로움을 온전히 하는 것[義之全]")으로 귀결시키는 것은 명백히 과도한 자아에 대한 억압과 부정을 강조한 것이기도 하다. 원시유학에서의 '위아爲我(*자기를 위함)' '성아成我(*자기를 완성함)'라는 주장이 자아의 완성과 실현에 주로 초점을 맞추고 있는 것과 비교하자면, 동중서의 "자신의 악을 스스로 다스리라", "자책하여 대비한다"는 말은 자아의 내재적 가치를 다소 약화시키며, 이에 따라 자아에 관한 인정과 긍정을 소홀히 하는 것처럼 보인다. 이러한 주장은 동시에 "욕망을 막으라[防欲]"는 요구와 관련된다. 즉 "법도의 합당함을 바로잡고 상하의 순서를 구분함으로써 욕망을 막는다[正法度之宜, 別上下之序, 以防欲也.]"(『漢書』「董仲舒傳」)는 것이다. '스스로를 다스림[自攻]'과 '자책自責'이 '욕망을 막는 것'과 결합하면, 논리적으로 반드시 개체성에 대한 속박을 초래하게 될 것이다. 원시유학으로부터 동중서에 이르면서, 개체성의 원칙은 확실히 더욱 약화되었다.

자아의 보편화와 관련해, 동중서는 더 나아가 사람을 사랑하라는 요구를 제기했다. 즉, "인의 법칙은 사람을 사랑하는데에 있지, 나를 사랑하는데 있지 않다. 의로움의 법칙은 나를 바로잡는데 있지, 타인을 바로잡는데 있는 것이 아니다. 내가 스스로 바르지 못하다면, 타인을 바르게 할 수 있다 할지라도 의로움이라고 인정할 수 없다. 타인이 자신의 사랑을 얻지 못한다면, 스스로에 대한 사랑이 두텁더라도 인仁이라고 인정할 수 없다[仁之法在愛人, 不在愛我. 義之法在正我, 不在正人.

我不自正, 雖能正人, 弗予爲義. 人不被其愛, 雖厚自愛, 不予爲仁]"(「仁義法」) '타인을 평안하게 하는 것[安人]'에서 '타인을 사랑하는 것[愛人]'에 이르기까지는 집단적 원칙의 전개로 간주할 수 있으며, '타인과 나의 구분'을 '타인이 자신의 사랑을 받는 것'과 연관짓는 것은 집단적 원칙과 인도仁道 원칙의 결합을 구체화한 것이다. 양자의 이상과 같은 융합은 집단적 원칙이 내재적인 이론적 힘을 얻도록 만드는 것이면서도, 권위주의적 가치원칙에 대한 어떠한 제한을 의미하기도 한다. 앞서 서술한 것처럼, 권위원칙은 언제나 논리적으로 강압과 전횡을 야기한다. 왜냐하면 권위원칙은 본질적으로 일방적인 복종을 특징으로 하기 때문이다. 반면 그에 비해, 인仁으로써 타인을 사랑하는 것은 내재적으로 관용에의 요구를 포함하고 있다. 바로 여기서 출발해서, 동중서는 다음과 같이 지적했다.

> "군자는 인과 의로움에 관한 분별을 구하여, 타인과 나 사이를 다스린다. 그런 다음에야 내외의 구분을 분별하여 따를 것과 거스를 것을 드러낸다. 이 때문에 내부를 다스릴 때에는 이치로 돌아감으로써 자신을 바르게 하고, 예에 근거해 복을 북돋는다. 외부를 다스릴 때에는 은혜를 확장하여 널리 베풀고, 법제를 너그럽게 함으로써 대중을 포용한다[君子求仁義之別, 以紀人我之間, 然後辨乎內外之分, 而著於順逆之處也. 是故內治反理以正身, 據禮以勸福. 外治推恩以廣施, 寬制以容衆]."(「仁義法」)

여기서, '법제를 너그럽게 함으로써 대중을 포용한다'는 것은 바로 '인仁으로써 타인을 사랑함'의 확장으로 나타나는데, 그 의미는 이미 협소한 의미에서의 집단과 자기의 분별을 넘어선다. 앞의 내용에서 언급한 겸용의 정신이 주로 내재적인 조절 원칙으로 권위주의를 제약하는 계기를 구성한다면, '타인과 나의 구분' 및 '인仁으로써 타인을 사랑함'을 통해, '너그럽게 대중을 포용할 것'을 강조하는 것은 집단적 원칙과 인도仁道 원칙을 융합함으로써, 보다 광범위한 사회 역사적 차원에서 권위주의의 일방적 팽창을 억제하는 것이다.

집단적 원칙의 체현으로서, '의로움을 통해 나를 바로잡는 것'과 '인으로써 타인을 사랑하는 것'은 또 다른 중요한 의미를 지닌다. 좁은 의미에서 집단과 자기의 관계를 보자면, '의로움을 통해 나를 바로잡는 것'은 소아小我(*나)를 대아大我(*집단, 공동체)로 나아가게 하는 것을 목적으로 하는데, "의로움이란 말은 나에 관한 것이다[義之爲言我也]"라는 말은 바로 이상과 같은 경향을 이미 명백히 나타냈던 것이다. 즉 이 요구는 '인仁으로써 타인을 사랑하라'는 말과 결합하여, 바로 '고독한 한 사내[一夫之人]'에 대한 부정이 된다.

> "홀몸이라면 천자나 제후의 지위에 세운다 할지라도 고독한 한 사내일 뿐이니, 신하와 백성을 부릴 수 없다. 이와 같다면 망하게 하지 않아도 스스로 망한다[獨身者, 雖立天子諸侯之位, 一夫之人耳, 無臣民之用矣. 如此者, 莫之亡而自亡也]."(「仁義法」)

이는 단지 통치자에 대한 말이 아니니, 홀몸이라면 반드시 스스로 망하게 된다는 추론의 이면에는 동시에 자아의 폐쇄성을 초월하라는 보편적인 요구가 포함되어 있다. 그 요구는 자아 중심주의를 지양止揚한 선진 유학의 사유 노선을 계승한 것일 뿐만 아니라, 더욱 명료하게 만든 것이다. 자아 중심주의에 대한 부정에 상응하여, 동중서는 '조화[和]'를 주요한 지위로 격상시켰다. 이를테면 그는 "덕에서 조화보다 중대한 것은 없다[夫德莫大於和]"(「循天之道」), "천지의 도는 조화롭지 않음이 있더라도 반드시 조화로 돌아가서 공적을 이룬다[天地之道, 雖有不和者, 必歸之於和, 而所爲有功]"(「循天之道」)라고 하였다. 조화를 중시한다는 것은 물론 새로운 관념은 아닌데, 공자 맹자는 일찍이 이 원칙을 자세히 설명하였다. 그러나 동중서는 더 나아가 '조화'를 '인으로써 타인을 평안하게 한다'는 것과 연관시켜서, 집단에서의 교제라는 각도에서 이를 해명하는데 중점을 두었고, 아울러 그것을 "타인의 악을 질책하지 않는다[不攻人之惡]"는 말로 구체화하였다. 즉, "군자는 자신의 악을 질책하지 타인의 악을 질책하지는 않으니, 인仁의 너그러움이 아니겠는가?[君子攻其惡, 不攻人之惡, 非仁之寬與?]"[37](「仁義法」)라는 것이다. 이렇게 "조화"는 바로 대항과 충돌로부터 소통으로 나아감을 의미하고 있고, 바로 이러한 과정 속에서, 주체는 진일보하여 주체의 자아 정체성으로부터 집단적 정체성으로 이행하게 된다.

그러나 집단적 원칙을 강화함으로써, 동중서는 또 다른 극단으로 나아갔는데, 이는 "타인을 사랑하는 것[愛人]"과 "나를 사랑하는 것[愛我]"을 확연히 대립시키는 것으로 두드러지게 나타난다. "인의 법칙은 사람을 사랑하는데에 있지, 나를 사랑하는데 있지 않다[仁之法在愛人, 不在愛我]"는 단언에서, "타인을 사랑하는 것[愛人]"과 "나를 사랑하는 것[愛我]"은 서로 용납되지 않는 양 극단으로 규정되는 듯하다. 일반적으로 말해서, '나에 대한 사랑'은 언제나 자아에 긍정과 인정을 함축하고 있는데, '나에 대한 사랑'을 일방적으로 강조하는 것은 물론 쉽게 자기중심으로 흐를 수 있지만, 추상적으로 '타인에 대한 사랑'을 근거로 '나에 대한 사랑'을 배척하는 것 역시 흔히 자아에 대한 부정을 초래하게 될 것이다. 이러한 사유 경향은 분명 묵자와 상당히 상통하는 점이 있다. 묵자는 겸애兼愛를 최고원칙으로 삼았지만, 결과적으로는 오히려 이 때문에 자아의 가치에 대한 경시로 이글렀다. 장자莊子가 묵자를 "이런 원칙을 가지고 스스로 실천한다면, 진실로 자기를 사랑할 줄 모르는 것이다[以此自行, 固不愛己]"(『莊子』「天下」)라고 비판했을 때, 이미 이런 점을 주목했던 것이다. 동중서의 "나를 사랑하는데 있지 않다[不在愛我]"는 말은 묵자의 이와 같은 전철을 답습한 것처럼 보인다. 실제로, 동중서가 '의로움을 통해 나를 바로잡는다'는 주장을 제기했을 때, 이미 묵자를 계승하기 시작했던 것인데, 『묵자墨子』「천지하天志下」에서, 우리는 이미 아래와 같은 논의를 이미 볼 수 있다.

"의로움이란 바로잡음이다. 어떻게 의로움이 바로잡음이 되는지 아는가?

---

37) *역자 주석: 『춘추번로』「仁義法」 원문에는 "且論己見之, 而人不察, 不攻人之惡, 非仁之寬與?"라고 되어 있으며, "君子攻其惡"이라는 내용은 없다. 저자의 착오인 듯하다.

천하에 의로움이 있으면 다스려지고, 의로움이 없으면 혼란스러워지니, 나는
이를 통해 의로움이 바로잡음이라는 것을 안다[義者正也. 何以知義之爲正也 ? 天
下有義則治, 無義則亂, 我以此知義之爲正也]."

비록 묵자가 의로움을 단순히 '나를 바로잡는 것'이라고 규정하지 않았지만, '나를
바로잡는 것'은 묵자의 명제 안에 당연히 포함된 의미로 이해될 수 있으니, [장자가 비판한]
"진실로 자기를 사랑할 줄 모르는[固不愛己]" 가치지향은 바로 이런 점을 분명히 드러낸
것이었다. 동중서의 '의로움을 통해 나를 바로잡음'에서 '나를 사랑하는데 있지 않다'는
주장에 이르기까지의 동중서의 이론적 추세는, 어떤 의미에서는 유가와 묵가의 혼합으로
간주할 수 있으며, 또한 자아를 인도仁道의 범위 밖으로 배척한 것은 개체원칙을 무시하는
편향을 발전시킨 것이기도 하다.
　　앞의 내용에서 서술한 것처럼, 개체성의 원칙을 약화시키는 것은 자아의 보편화와
동일한 과정의 양면으로 나타난다. 그리고 동중서에게서 보편적인 대아大我는 무엇보다도
삼엄한 신분구조로 이해된다.

"천자는 하늘로부터 명命을 받고, 제후는 천자로부터 명을 받고, 자식은
부모로부터 명을 받고, 신하는 군주로부터 명을 받고, 아내는 남편으로부터 명을
받는다[天子受命於天, 諸侯受命於天子, 子受命於父, 臣妾受命於君, 妻受命
於夫]." (「順命」)

위로 하늘에 근거하는 신학적인 형식을 제쳐두고, 우리가 목도하는 것은 바로 사회적
집단에 대한 현실적인 규정이다. 여기서 개체는 예외 없이 엄격한 신분서열 속에 들어가게
된다. 왜냐하면 개체는 우선 신분구조 속의 한 구성원이지, 독립적 개성을 지닌 자아가
아니기 때문이다. 동중서 이전에, 순자가 이미 신분적 관계로부터 개체를 규정하기
시작했는데, 동중서는 명백히 이러한 사유 노선을 답습했다. 그런데 동중서가 "명을

받는다[受命]"는 것을 통해 상하 종속적인 관계를 해석한 점은 개체에 대한 신분서열의 속박이 숙명론적 성질을 띠게 하였다.

'의로움을 통해 나를 바로 잡는다'에서 신분관계에 의한 제약에까지 이르면서, 개체는 자아에 대한 부정(스스로를 다스림[自攻] 자책함[自責])으로부터 외재적인 속박으로 나아간다. 집단적 원칙이 끊임없이 강화됨에 따라서, 개체성의 원칙은 점점 더 냉대를 받게 되며, 이러한 과정 속에서 전체론holism이 정통正統 유가의 발전 경향이 되는 것 같다.

6. 도의道義와 공리功利의 딜레마

동중서는 타인과 나의 구분을 통해서 '의로움을 통해 나를 바로잡을 것'을 강조했는데, 내재적으로 의로움에 대한 중시를 함축하고 있다. 의로움은 무엇보다도 보편적 규범으로 나타나는데, '의로움을 통해 나를 바로 잡는다'는 말은 보편적 규범을 통해서 개체(나)를 제약함으로써 집단에서의 "조화"를 실현시키는 것일 뿐이다. 이런 사고 경향에 따라서, 동중서는 의로움을 상당히 중요한 지위로 격상시켰다. 강도왕江都王의 질문에 대한 답변 속에서, 우리는 다음과 같은 경전 해석을 볼 수 있다.

> "합당한 것에 맞도록 하되 이익을 도모하지 않으며, 그 도를 밝히되 성과를 헤아리지 않는다[正其誼不謀其利, 明其道不計其功]." (『漢書』「董仲舒傳」)

유사한 논의는 또한 『춘추번로春秋繁露』에서도 나오는데, "인한 사람이라면 그 도道를 바로잡으며, 이익을 도모하지 않으며, 그 이치를 다듬지 성과를 재촉하지 않는다[仁人者正其道不謀其利, 修其理不急其功]"(「對膠西王越大夫不得爲仁」)라는 것이다. 몇몇 논자들은 위 두 문단에서 논술된 함의가 상당히 다르다고 생각하고, 갖가지로 분석하기도 하였다. 실제로 양자는 물론 표현상에서 다른 점이 있지만, 체현하는 기본적 원칙은 전혀 다르지 않다. '합당함[誼]'은 '의로움[義]'을 뜻하며, 그것은 '이치[理]' '도道'와 마찬가지로 일반적으로 당위의 원칙을 가리킨다. 의로움과 이로움에 관한 논변이란 각도에서 보자면, 여기에는 대체로 이중적인 함의가 담겨 있다. 즉 첫째, 도덕상의 당위 원칙(의로움 이치 도道)은 그것의 내재적 가치를 지니며(자체가 곧 목적이다), 결코 공리功利를 기초로 하지 않는다. 둘째, 도덕적 판단(합당한 것에 부합하며 도를 밝히는지의 여부)은 외재적 결과(성과)를 근거로 삼을 필요가 없다.

이상과 같은 동중서의 관점은 의무론 및 동기주의의 뚜렷한 성질을 띠고 있는데, 『춘추번로』에서 동중서는 이에 대해 거듭 상세히 논하였다.

예를 들자면, "뜻이 사특하다면 악행이 이루어진 것을 기다리지 않으며, 악행을 주도한 자라면 죄는 특히 무겁다[志邪者不待成, 首惡者罪特重]"(「精華」)고 하였는데, 동기가 바르지 않다면("뜻이 사특하다면"), [사특함으로 인한] 어떠한 결과가 발생하지 않았더라도("악행이 이루어지는 것을 기다리지 않음"), 처벌 해야만 한다는 뜻이다. 또한 "근본이 반듯하다면 죄를 논할 때 가볍게 한다[本直者其論輕]"(「精華」)고 하였는데, 결과가 비록 좋지 않더라도 동기가 합당했다면(근본이 반듯하다면), 지나치게 추궁할 필요가 없다는 것이다. 여기서 도덕상의 선과 악은 단순히 동기가 의로움(당위의 원칙)에 부합하는지의 여부와 관련되며, 현실의 공리적 결과와는 완전히 무관하다. 이러한 관점은 물론 동중서가 창안한 견해가 아니라, 공자 맹자가 일찍이 선진시대에 그 기조基調을 확정했던 것이지만, "합당한 것에 맞도록 하되 이익을 도모하지 않으며, 그 도를 밝히되 성과를 헤아리지 않는다"라는 서술은 확실히 유가적 도의론道義論이 보다 명확한 형태를 지니게 한 것이며, 그것은 유학의 이후 발전에서도 극히 심원한 영향을 미쳤다.

그러나 '이익을 도모하지 않고', '성과를 헤아리지 않는다'는 것은 주로 도덕상의 당위원칙과 가치판단은 현실의 공리적 기초 위에 구축될 필요가 없다는 점을 뜻한다. 바꿔 말해, 그것은 도덕영역 중에서 공리적인 요소를 제거하는데 중점을 두고 있는 것이다. 그러나 이익을 배제함으로써, 의로움을 정화한다는 것이 일체의 영역에서 공리功利를 배제함을 의미하지는 않는다. '합당한 것에 맞도록 하고', '도를 밝힘'에는 물론 이익을 헤아리지 않을 수 있지만, 현실의 사회정치적 삶 속에서 공리의 역할을 완전히 무시할 수는 없다. 일단 국가를 다스리는 실천적 영역에 들어선다면, 성과를 헤아리는 것은 마땅히 고려해야만 하는 문제다.

"성과를 이룰 수 없다면, 어질다는 명성이 있다 해도, 상을 주지 않는다

[不能致功, 雖有賢名, 不予之賞]."(「考功名」)

'어짊[賢]'은 하나의 도덕적 개념으로 '어질다는 명성이 있다'는 것은 도덕적

의미에서의 가치판단으로 나타난다. 반면 '상賞'이란 정치상의 실제적 조치이다. 도덕적 판단(어질다는 명성이 있는 것)은 진실로 성과를 이루었는지의 여부에 의거할 필요가 없지만, 정치상의 상벌은 반드시 행위가 공리적인 결과를 가져오는지의 여부를 파악하고서야 결정된다. 여기서 도덕적 실천과 정치적 실천은 두 개의 다른 영역으로 구분되며, '성과를 헤아리지 않는 것'과 '성과에 따라서 상을 주는 것'이 각각 두 영역의 특징이 된다. 성과를 달성했는지의 여부가 상을 수여할지의 근거가 된다는 점에 입각하면, 분명 법가의 공리적 원칙과 상당히 상통하는 점이 있다. 따라서 여기서 우리는 유가와 법가의 어떤 혼합을 거듭 엿보게 되는 것이다.

정치적 실천은 도덕 외부의 구체적인 영역에 속할 뿐이므로, 거기서의 진일보한 전개는 일반적인 비도덕적 영역과 관련되는데, 정치에서의 공리적 원칙도 이에 따라 일반적인 비도덕적 영역으로까지 확장될 수 있다. 동중서의 다음과 같은 논의로부터, 우리는 바로 이러한 추론을 볼 수 있다.

"그러므로 성인이 천하를 위해 이로움을 일으키는 것은 봄 기운이 풀을 낳는 것과 같으니, 각기 그 타고난 바의 크고 작음에 따라서 그 [혜택의] 많고 적음을 헤아린다. 성인이 천하를 위해 해로움을 제거하는 것은 냇물이 바다로 흘러드는 것과 같다[故聖人之爲天下興利也, 其猶春氣之生草也, 各因其生小大而量其多少. 其爲天下除害也, 若川瀆之寫于海也]."(「考功名」)

"그러므로 남면하여 천하에 군주 노릇함에는 반드시 천하를 모두 이롭게 한다[故南面而君天下, 必以 兼利之]."(「諸侯」)

여기서 '천하'는 이미 좁은 의미의 사공事功의 영역을 넘어서 있고, '이로움' 또한 '성과[功]'에 비해 보다 광범위한 함의를 포함한다. '천하를 위해 이로움을 일으킨다', '천하를 모두 이롭게 한다' 등등의 요구가 함축한 것은 확실히 일종의 보편적인 공리功利 원칙이다. 그것은 도덕에서의 선악의 문제를 전혀 언급하고 있지는 않지만, 확실히 비도덕적 영역에서의 행위규범이 되기도 한다. 뿐만 아니라, 동중서에게서, 이러한 규범은 인의仁義와 똑같이 형이상의 근거도 지니고 있다. 즉 "하늘의 변치 않는 원칙은 사랑과 이로움을 의도하며, 키우고 기르는 것을 임무로 한다[天常以愛利爲意, 以養長爲事]"(「王道通三」)는 것이다. 단적으로 말해, '천하를 모두 이롭게 한다'는 것은 바로 하늘의 뜻의 체현이다. 이 때문에 '하늘과 인간에 관한 논변'과 '의로움과 이익에 관한 논변' 사이의 소통을 통해서, 공리의 원칙은 한층 더 격상되었다. 이러한 사유 노선은 묵가와 상당히 가깝다. 묵가는 모두 서로를 사랑할 것을 강조하고, 다시 서로를 이롭게 할 것을 주장하면서, 천지天志를 양자의 근원으로 삼았다.(『墨子』「天志上」을 참조할 것) 동중서는 '하늘의 변치 않는 원칙은 사랑과 이로움을 의도한다'고 함으로써 천하를 모두 이롭게 하라는 요구를 추출했고, 다른 한 측면에서는 유가와 묵가의 융합을 표현했다.[38]

이상의 고찰로부터, 동중서가 유가의 도의론道義論(의무론)을 해명하면서, 또한 법가와 묵가의 일부 관점을 융합해 들여오고, 공리의 원칙을 사람들이 주목할 만한 위치로까지 고양시킴으로써, 의무론과 목적론을 조화시키는 경향을 드러냈으며, 이를 통해 의로움과 이로움의 관계를 해결하고자 했다는 점을 알 수 있다. 그러나 이러한 사유노선에는 이론적으로 명백한 곤란이 존재하고 있다. 앞서 서술한 것처럼, 도덕(의로움)은 공리를 넘어서는 일면을 지닐 뿐만 아니라, 공리 밖으로 완전히 단절되어 있는 것도 아니다. 동중서가 '이익을 헤아리지 않음'을 도덕적 영역에서의 근본원칙으로 보면서, 비도덕적 영역에 공리원칙을 끌어 들였을 때, 그는 실제적으로 도덕의 이중성을 각각 다른 영역에 배치한 것으로, 결코 양자의 내재적 통일을 실현시킬 수는 없었다. 의로움과 이로움의 이러한 분리는 동시에 보다 깊은 차원에서도 가치관의 내재적 분리를 함축하고 있다. 즉 한편으로, 도덕에서의 완전함을 추구하는 것은 바로 일체의 공리적인 요소를 제거해야만

---

38) 「천용天容」편에서 동중서는 보다 명확하게 "두루 사랑하고 모두를 이롭게 함[汎愛兼利]"을 하늘의 도道로 파악했는데, 그 가운데에서 묵가의 영향을 보다 자세히 엿볼 수 있다.

하는 것이다.("합당한 것에 맞도록 하되 이익을 도모하지 않으며, 그 도를 밝히되 성과를 헤아리지 않는다") 또한 다른 한편으로, 일단 비도덕적 영역과 관계되면, 성과를 살펴야만 하고, 이익을 헤아리는 것을 원칙으로 삼아야만 하는 것이다. 이 때문에 도덕적 완전함이 주요한 목표가 되었을 때, 공리적 원칙은 필연적으로 폄하되고 억제되는데, 이후의 송명宋明 신유학에서, 우리는 이러한 추세의 발전을 볼 수 있다. 또한 반대로 시선을 일의 성취[事功]의 영역으로 전환했을 때, 이익을 헤아리고 비교하는 것이 무시할 수 없는 원칙이 되는데, 이후 다른 형태의 유가인 사공학파事功學派에게서, 우리는 이 점을 거듭 볼 수 있는 것이다. "이익을 헤아리지 않는 것"과 "성과를 살피는 것"의 이상과 같은 경계 긋기에서, 경세經世와 사공事功이라는 관념은 물론 어떠한 근거를 얻게 되지만, 도덕 자체는 오히려 점점 더 추상적으로 변화되었고, 그것은 의로움과 이익의 관계에서의 유가적 가치지향이 상당히 복잡한 특성을 지니도록 하였다.

"이익을 헤아리지 않는 것"은 주로 의로움에 관한 규정(도덕적 규범 및 도덕 판단의 근거)과 연관되며, "성과를 살피는 것"은 이익의 조절과 관련된다. "천하의 이로움을 일으킴"과 "천하를 모두 이롭게 함"이 체현하는 것이 주로 보편의 이익(집단의 이익)에 대한 중시이다.

이 목표를 실현시키려면 단지 자기의 이익에 주목해서는 안 되며 의로움을 통해 여러 이익을 조절해야만 하는데, 바로 이런 의미에서, 동중서는 "이익은 인간에게 사소하지만, 의로움은 인간에게 중대하다[利之於人小而義之於人大]"(「身之養重於義」)라고 생각했다. 또한 바로 이런 사유 원칙이 동중서의 '성과를 살피고 이로움을 일으킴'이 개체의 이익에 대한 무제한적인 추구와 다르도록 만들었고, 이런 측면에서 동중서는 의로움을 근거로 이익을 제한하는 유학의 전통에서 전혀 벗어나지 않았다. 의로움이라는 보편규범의 역할에 대한 긍정은 물론 의로움과 이익을 소통시키려는 하나의 경향을 나타내지만, 이러한 소통은 의로움이 이익을 일방적으로 제약함으로써 실현되는 것이다. 그것은 도덕규범(의로움) 및 도덕판단 자체의 현실적 기초를 해결하지 못했기 때문에 "이익을 헤아리지 않음"과 "성과를 살피고 이로움을 일으킴"의 통일에는 진정으로 도달할 수 없었다.

　보다 넓은 범위에서 보자면, "이익을 헤아리지 않는 것"과 '천하를 모두 이롭게 함'에 관한 이중적 긍정은 동시에 이성[理]과 욕망[欲]의 관계에 대한 동중서의 이해를 제약하고 있다. 동중서의 관점에 따르자면, 인간이라는 존재는 언제나 세 가지 측면과 연관된다. 즉 "하늘이 효제孝悌를 지니도록 낳았고, 땅이 의식衣食으로 길러주고, 사람은 예악禮樂을 통해 완성시킨다. 세 가지가 서로의 수족이 되고 합쳐서 일체가 되니, 하나라도 없어서는 안 된다[天生之以孝悌, 地養之以衣食, 人成之以禮樂. 三者相爲手足, 合以成體, 不可一無也]"(「立元神」)라고 했는데, '효제孝悌'가 체현하는 것은 이성의 요구이고, 의식衣食은 주로 감성적 필요(욕망)를 충족시키는 것이며, 예악은 이성과 욕망을 실현하는 방식인 것이다. 동중서는 세 가지가 조금이라도 결여되어서는 안 된다고 생각했으니, 명백히 이성과 욕망에 대해서 비교적 관용적이고 융통성 있는 태도를 취하고 있다. 이 점은 다음과 같은 논의 속에서 보다 명백하게 서술된다. 그는 "하늘이 사람을 낳음에, 사람에게 의로움과 이로움이 생기도록 하였다. 이로움으로 그 몸을 길러주고, 의로움으로 그 마음을 길렀다. 마음이 의로움을 얻지 못하면 즐거울 수 없고, 몸이 이익을 얻지 못하면 평안할 수 없다[天之生人也, 使人生義與利. 利以養其體, 義以養其心. 心不得義不能樂, 體不得利不能安]"(「身之養重於義」)라고 했다. 이에 따르면, '의로움과 이로움에 관한 논변[義利之辨]'과 '이성과 욕망에 관한 논변[理欲之辨]'은 곧 통일된 하나의 과정으로 전개되는데, 의로움은 사람의 이성적 특징을 부각시키며, 이로움은 감성적 존재로서의 인간에 관련되어 있다. 인간에 관한 이중적 규정으로서의, 이성적 요구와 감성적 필요는 모두 각자의 정해진 위치를 지니는 것이다.

　그러나 '몸을 기르는 것'과 '마음을 기르는 것'을 동시에 수용하는 것이 결코 양자를 동일시함을 의미하지는 않는다. 사람은 진실로 이성적 주체이면서 또한 감성적 존재지만, 동중서에게서, 이성은 보다 근본적인 규정이기 때문에, 의로움으로써 마음을 기르는 것이 보다 우선적인 지위를 차지한다.

"몸 중에서 마음보다 귀한 것이 없다. 그러므로 기르는 것 중에서 의로움보다 중요한 것이 없으니, 의로움이 사람을 낳고 기르는 것이 이로움보다 중대하다[體莫貴於心, 故養莫重於義, 義之養生人大於利]."(「身之養重於義」)

그래서 이성은 감성을 압도하기 시작하며 정신의 충실함이 주도적 측면이 된다. 이렇게 몸보다 마음을 중시하는 논의에서는, 사실상 이미 감성적 요구(욕망)를 억제하는 경향이 함축되어 있다. 바로 몸보다 마음을 중시하는 관점에 근거하여, 동중서는 "그 욕망을 통제해 예를 헤아리도록 하라[制其欲, 使之度禮]", "욕망을 절제해 도리에 맞게 행동하라[節欲順行]"(「天道施」)고 거듭 강조하였다. 이러한 관점은 의로움을 근거로 이로움을 통제하는 논리의 확장으로 볼 수 있는데, 그것은 이론적으로 감성적 욕망의 과도한 팽창이 쉽게 사회적 충돌을 야기하며, 파괴적 결과를 만드는 생각에서 나타난다. "사람마다 자기의 욕망을 따라서 뜻에 흡족하다고 끝없이 추구한다면 이는 인륜을 크게 어지럽히며 재화를 고갈시킨다[人人從其欲, 快其意, 以逐無窮, 是大亂人倫, 而靡斯財用也]"(「度制」)는 말은 바로 이 점을 밝힌 것이다. 이런 측면에서 동중서는 확실히 유가의 이성주의적 전통을 계승했다. 그런데 욕망의 절제[節欲]와 욕망의 통제[制欲]에서, 동중서는 다시 나아가 욕망을 막으라[防欲]라는 요구를 제기했다. 즉 "법도의 적합함에 맞추어, 상하의 순서를 구별함으로써, 욕망을 막는다"(『漢書』「董仲舒傳」)는 것이다. 욕망의 절제가 감성적 요구를 적당한 정도로 제한하는데 역점을 두는 것과는 달리, "욕망을 막는 것"은 욕망이 싹트지 않았을 때에 욕망을 통제하는 것을 의미하는데, 그것은 내재적으로 욕망에 대한 어떤 부정적 성향을 포함하고 있다. "욕망을 막으라"는 요구 하에서, "이로움으로 몸을 기른다"는 감성적 긍정도 그 본래의 함의를 잃어버리는 듯하다. 왜냐하면 그것은 어떤 의미에서는 일종의 형식적 승인에 불과하기 때문이다.

도덕('합당한 것에 맞도록 하되 이익을 도모하지 않는다')과 비도덕('성과를 살피고 상을 주는 것')의 구분에서, '마음을 기르는 것'과 '몸을 기르는 것'의 구분에까지 이르러, '의로움과 이로움에 관한 논변[義利之辨]'은 '이성과 욕망에 관한 논변[理欲之辨]'로 한발 더 전개되었다. 그러나 현실의 공리적 기초에서 벗어나, 의로움을 규정하는 추상적인 방향은 애초부터 도의론道義論이 주도적 측면이 되도록 하는데, 감성에 대한 승인을 허구화하는 것은 그런 논리의 결과였다. 선진시대의 유학과 마찬가지로, 동중서는 이성에 자족적 성질을 부여했다.

> "사람이 의로움을 지닌다면 가난할지라도 스스로 즐거울 수 있다[夫人 有義者, 雖貧能自樂也]."(「身之養重於義」)

이성적 정신이 일단 승화된다면(의로움을 지닌다면), 자아의 만족(즐거움)을 성취할 수 있다. 이런 관점에는 명백히 공자와 안연의 즐거움에 대한 예찬이 배어 있지만, 동중서에게서, 의로움을 통해 스스로 즐기는 경지에 도달하는 것은, 욕망의 절제나 욕망을 막는 것과 관련된다. 그것은 "공자와 안연의 즐거움"이 금욕주의적 가치지향과 하나로 뒤엉키도록 하였다.

7. 인하고 지혜로움[仁且智]으로부터 본성의 세 종류[性三品]에 이르기까지 : 인격의 이상적 전개

이성의 승화는 일종의 정신적 경지로서, 최종적으로는 주체의 인격으로 실현된다. 선진시대 유가와 마찬가지로, 동중서는 인격의 완성을 가치추구의 주된 목표로 보았고, 이에 대해 진지한 이론적 탐구를 수행했다.

공자에게서 시작된 인仁과 지智의 통일은 곧 유가적 인격 경지의 근본적 특징이 되었다. 이상적 인격에 대한 동중서의 설정은 이러한 사유 노선에서 전혀 벗어나지 않는다.

"인仁보다 가까운 것이 없고, 지智보다 급한 것은 없다[莫近於仁, 莫急於智]."
(「必仁且知」)

인격적 요소로서, 인仁은 우선 일종의 인애仁愛의 정신으로 나타난다. 즉 "인이란 간절히 타인을 사랑하며, 삼가며 온화하여 다투지 않는 것이다[仁者惻怛 愛人, 謹翕不爭]"(「必仁且知」) 이는 인도人道 원칙이 주체의 인격 속에 구체화된 것으로 간주할 수 있다. 인도人道 원칙이 일단 인격에 융합되면, 더이상 일종의 외재적인 형식에 불과한 것이 아니라, 그것은 동시에 내재적 정서라는 특징을 지니는데, 인간 교제에서 예의를 갖춰 양보하고 관대한 것('삼가며 온화하여 다투지 않는 것')은 바로 이러한 인애仁愛의 정서에서 나온다.

인仁은 내재적 속성일 뿐만 아니라, 상당히 높은 정신적 경지로, 선진시대 유가에 비해, 동중서는 후자에 대해 보다 많이 고찰하였다. 인을 구체적으로 정의하면서, 동중서는 다음과 같이 기술했다.

"좋아함 싫어함으로 인류을 돈독하게 하면, 해치고 미워하는 마음이 없고, 의심하고 꺼리려는 의도가 없고, 질투하는 기색이 없고, 감상에 젖어 근심할 만한 욕망이 없고, 위태로운 일이 없으며, 배척하고 어긋나는 행동도 없다. 그러므로 마음이 떳떳하고, 의도는 공정하고, 기색은 조화롭고, 욕망은 절제되고, 일은 평탄하고, 행동은 도에 합당하다. 그러므로 온화하고 편안하며 이치에 조화될 수 있어서 다투지 않는다. 이와 같아야 인仁이라고 말한다[好惡敦倫, 無傷惡之心, 無隱忌之志, 無嫉妒之氣, 無感愁之欲, 無險之事, 無鬪違之行. 故其心舒, 其志平, 其氣和, 其欲節, 其事易, 其行道, 故能平易和理而無爭也. 如此者謂之仁]." (「必仁且知」)

단적으로 말해, 인한 사람은 언제나 평탄하고 거리낌 없는 마음을 지니고 있어서 음험한 심리와 편협한 의도가 없다는 것이다. 따라서 세속적 계산을 넘어서 있고, 명리名利를 넘어서기 때문에, 그에게는 이해득실에 대한 걱정이 야기하는 마음의 분란도 전혀 없고, 전체적인 정신세계는 고상하고, 넉넉하며, 편안해 보인다. 이는 일종의 영혼의 정화 이후 성취한 초월적 경지이긴 하지만, 그것은 또한 구체적인 덕행과는 다른, 전체적인 정신적 풍모인데, 이후의 유가(특별히 송명 이학자)는 항상 그것을 '인자仁者의 기상'이라 칭했다. 인자의 경지에 대한 동중서의 이상과 같은 묘사는, 완전무결한 인격은 마땅히 높고도 넓으며 초탈한 전체적인 심리상태를 지녀야만 함을 간파한 것으로, 오직 이러해야만, 비로소 외부의 세속적 소란에 동요되지 않고, 한결같이 건전한 가치 추구를 지킬 수 있다는 것이다.

인격의 또 다른 규정이 지智이다. "무엇을 지智라 하는가? 먼저 말하고 나면, 나중에 합당한 것이다. 사람이 행위를 하고자 한다면, 모두 자신의 앎[智]을 통해 먼저 계획한 다음에야 행한다. 그 계획한 것이 맞아야 행한 바를 얻을 수 있고, 하는 일이 합당해야 그 행동이 완성된다[何謂之智? 先言而後當. 凡人欲舍行爲, 皆以其智先規而後爲之. 其規是者, 其所爲得, 其所事當, 其行遂]"(「必仁且知」) 여기서 '지智'는 무엇보다도 이성의 계획으로 표현되는데, 다시 말하면 행동 방안을 세움으로써 인간의 활동이 규범에 맞도록 하는 것이다. 동중서가 "지智보다 급한 것은 없다"고 강조한 것은 이성의 속성을 매우 중요한 지위로 격상시켰음을 의미하고 있다. 그것은 설령 동중서가 "하늘과 인간에 관한 논변"에서 어떤 신학적 경향을 드러냈다 할지라도, 결코 이로 인해 몽매주의로 치닫지 않았음을 분명하게 보여준다. 즉 유가적 이성주의의 전통이 그 가치체계에 깊숙이 배어들었던 것이다. 선진시대 유가와 마찬가지로, 동중서가 이해했던 지智는 일종의 기술技術적인 성격을 띤 기교에 불과한 것이 결코 아니다. 거꾸로 그는 지智를 일반적인 기교와는 구별 지으려 시도했다.

> "지혜롭지 못하면서도 총명해 말솜씨가 좋고 민첩한 것은 곧 길을 잃은 채
> 좋은 말을 탄 것이다. [不智而辨慧獧給, 則迷而乘良馬也]."(「必仁且知」)

"총명해 말솜씨가 좋고 민첩한 것"이란 일종의 기술적 성격의 기교인데, 그것과 대조되는 지智는 일종의 가치론적 의미를 지닌 이성의 지혜이다. 동중서의 견해에 따르면, 일단 지혜[智]의 제약에서 벗어난다면, 단순한 기술적인 기교는 곧 정확한 방향을 상실한채 잘못된 길로 들어서게 될 것이다. 여기에는 이미 가치판단을 하는 이성을 통해 기술적인 기교를 규율한다는 의미가 함축되어 있는데, 이는 윤리적 이성을 중시하는 유가의 전형화된 사유를 한발 더 발전시킨 것이다.

그러나 '반드시 인하면서 지혜로워야 한다'고 강조하면서, 동중서는 의지라는 속성에 대해서는 경시한 점이 있다. 동중서가 『춘추번로』에서도 거듭해서 '의지[志]'를 언급했고, 의지를 중시하라고 요구했지만, 그가 말했던 의지[志]란 주로 다음과 같은 함의를 포함했다. 첫째, 행위의 동기로, 앞에서 인용한 "뜻[志]이 사특하다면 악행이 이루어지는 것을 기다리지 않는다[志邪者不待成]"는 말은 바로 이런 의미에서 말한 것이다. 둘째, 일반적인 정신현상을 광범위하게 가리킨다. 이를테면 "의지가 바탕이 되며, 외물은 형식이 된다"(「玉杯」)는 말에서 외물[物]과 상반되는 것으로서의 의지[志]는 실제로는 대략 마음[心]에 해당된다. 이상의 두 가지 의미의 '의지[志]'는 공자가 "필부일지라도 의지를 빼앗을 수는 없다[匹夫不可奪志也]"라고 말한 의지와는 분명 상당히 다른 것을 의미한다.

선진시대 유학에 비교하자면, 동중서는 주체에서의 의지라는 속성에 대해 확실히 비교적 덜 주목하고 있다. 일반적으로, 의지라는 속성은 흔히 인격의 자주성 및 독립성과 관련되는데, "의지를 빼앗을 수는 없다"는 말은 곧 외재적인 강제에 의해서 자아의 선택을 바꾸지 못함을 의미하고 있다. 따라서 의지에 관한 무시는 흔히 인격의 독립성에 대한 약화를 야기하게 될 것이다. 이런 측면에서 동중서의 사유 경향은 명백히 그 권위주의적 가치원칙의 제약을 받게 된다. 왜냐하면 권위가 요구하는 것은 복종이지 자주적 선택이 아니기 때문이다. 인격 이상에 있어 권위 원칙의 침투는 이론적으로 아주 용이하게 숙명론에 길을 열어준다. 실제로 의지의 자주성을 무시하는 점과 관련해, 동중서는 확실히 운명[命]의 작용을 거듭 강조했다. 예를 들면 "하늘의 명의 성패를 성인이 안다해도 구제할 수 없는 것이 있으니, 운명 아니겠는가?[天命成敗, 聖人知之, 有所不能救, 命矣乎?]"(「隨本消息」), "이 때문에 왕이 된 사람은 위로 하늘의 뜻을 받드는데 삼가하며, 명命을 따른다[是故王者上謹於承天意, 以順命也]"(『漢書』「董仲舒傳」) 등과 같은 말이다. 여기에서 이성이라는 속성이 여전히 긍정되지만('성인이 안다'), 의지의 독립성은 오히려 '명을 따른다'는 논리 속에 용해되는 것이다.

인仁과 지智의 통일은 주로 인격에서의 내성內聖이라는 규정으로 나타난다. 바탕[質]과 외형[文]의 구분에서 보자면, 그것은 대체로 바탕[質]이라는 차원에 속하는데, 동중서에게서, 바탕이 물론 중요하긴 하지만, 외형[文] 역시 소홀히 할 수 없는 것이다. 그래서 그는 "바탕과 외형을 모두 갖춘 다음에야 예로 완성한다. 외형과 바탕 중 한쪽만 행하고, 나와 너의 명예를 지닐 수는 없다[質文兩備, 然後其禮成. 文質偏行, 不得有我爾之名]"(「玉杯」)고 했다. "외형[文]"은 외재적 형식으로, 인격에 관해 말할 때, 그것은 주로 사회적 교제의 과정 속에서 드러난다. 이를테면 "그러므로 군자는 의복이 합당하고 용모가 공손하니 눈에 즐겁고, 말이 조리 있고 응대가 공손하니 귀에 즐겁고, 인후함을 좋아하고 천박함을 싫어해 선한 사람에게 다가서고 편벽되고 비루한 사람을 멀리하니 마음에 즐겁다. 그러므로 '행동과 생각이 즐길 만하고, 풍모와 거동이 볼만하다.'고 한 것은 이를 말한 것이다[故君子衣服中而容貌恭, 則目說矣.

言理應對遜, 則耳說矣. 好仁厚而惡淺薄, 就善人而遠僻鄙, 則心說矣. 故曰 '行思可樂, 容止可觀.' 此之謂也.]"(「爲人者天」)라 했는데, "용모가 공손하다", "응대가 공손하다", "인후한 사람을 좋아한다" 등의 말은 실제로 일종의 문명적인 교제방식을 뜻한다. 이상적인 인격은 내면의 '나'와 외적으로 나타나는 '나'를 통일시켜야만 하며, 자아가 성취한 정신적 경지는 문명적인 교제방식을 통해서 외적으로 드러나야만 하는 것이다. 오로지 이래야만, 인격은 비로소 완전무결한 형상을 갖추게 되며, 내재적으로 감화시키는 힘('마음에 기쁨')을 만들 수 있다. 물론 인격의 외화外化가 단순히 문명적인 교제방식에만 국한되는 것은 아니며, 그것은 동시에 넓은 의미에서의 외왕外王이라는 기능으로 전개된다. 앞서 서술한 것처럼, 동중서는 성인은 마땅히 "천하를 위해 이로움을 일으키고", "천하를 모두 이롭게 해야"만 함을 강조했다. 성인은 이상적 인격의 최고의 체현이자 '천하를 위해 이로움을 일으키는' 존재이므로, 이미 인류의 영역을 넘어서서, 현실에서의 경세經世하는 능력으로 나타나는 것이다. 이런 측면에서, 동중서는 순자의 유학 전통을 계승한 것 같다.

인仁 지智와 외왕外王의 통일이 일종이 이상적 인격의 경지라면, 어떻게 현실에서의 자아로부터 이상적인 자아로 나아갈 수 있는가? 선진시대 유가와 마찬가지로, 동중서에게 이 문제에 관한 탐구는 무엇보다도 인성人性에 관한 이론과 하나로 관련되어 있다. 인성론은 언제나 현실적 주체가 갖추고 있는 본성에 대한 이해와 관련되는데, 그것은 다시 인격을 완성하는 방법[成人之道]에 대한 관점을 직접적으로 제약하는 것이다. 맹자가 사람의 본성은 본래 선하다고 주장하고, 순자가 인간의 본성은 본래 악하다고 주장한 것과 다르게, 동중서는 '본성[性]'이란 결코 선과 악이라는 두 가지 극단이 아니라 일종의 중간적 상태라고 인식했다. 즉, "본성으로 명명한 것은 최상의 상태도 최하의 상태도 아니며, 그 중간을 근거로 명명한 것이다[名性, 不以上, 不以下, 以其中名之.]"(「深察名號」) 이러한 본성은 저절로 드러나는 것으로 인위人爲를 가하지 않은, 본연의 천품이다. 태어남과 함께 갖추고 나오는 천품으로서의, 본성 자체는 또한 이중성을 지닌다. "하늘은 음과 양이 작용을 모두 지니니, 인간의 몸에도 마찬가지로 탐욕과 인仁이라는 본성을 모두 갖추고 있다[天兩有陰陽之施, 身亦兩有貪仁之性]"(「深察名號」)는 것이다. 여기서 말하는 탐욕과 인仁은 결코 이미 완성된 일종의 현실적 속성이 아니며, 인간의 본성 속에 내재된 다른 두 종류의 잠재력이나 가능성을 가리킨다. 그것은 인간의 다양한 발전 경향을 규정하며, 아울러 그에 따라 인격 함양에서의 출발점이 된다.

인성人性에 포함된 인仁이라는 잠재력은 자아가 인격에서 일종의 완전무결한 경지에 도달할 수 있는지를 결정하지만, 잠재력은 결국 현실에 따라 달라지므로, 선에의 잠재력을 현실로 전환시키려면, 반드시 후천적인 노력을 거쳐야만 한다. 즉 "하늘이 백성의 본성을 낳아서 선한 바탕을 지녔지만 선하지 못하므로, 이 때문에 그들을 위해 왕을 세워서 선하게 만드는 것은 하늘의 뜻이다.[天生民性有善質, 而未能善, 於是爲之立王以善之, 此天意也.]"(「深察名號」) 여기서는 인격을 완성하는 방법[成人之道]이 '하늘과 인간에 관한 논변'과 하나로 뒤얽혀 있지만, '하늘의 뜻[天意]'이라는 신학적 형식을 제외하면, 오히려 그 초점은 '선한 바탕'(잠재력)으로부터 선이라는 현실적 속성으로 넘어가는데 있음을 알 수 있다. 아래와 같은 진술에서, 동중서는 이에 대해 보다 구체적으로 논증했다.

"따라서 본성을 벼에 비유하며, 선을 쌀에 비유한다. 쌀은 벼에서 나오지만 벼가 온전히 쌀이 되지는 못한다. 선은 본성에서 나오지만, 본성이 온전히 선이 되지는 못한다. 선과 벼는 사람이 하늘을 계승해 밖에서 완성시키는 것이지, 하늘이 만드는 것 안에 속하지 않는다[故性比於禾, 善比於米. 米出禾中, 而禾未可全爲米也. 善出性中, 而性未可全爲善也. 善與米, 人 之所繼天而成於外, 非在天所爲之內也]."
(「深察名號」)

요컨대, 선천적인 잠재력은 오로지 후천적인 작용과 결합해야만, 비로소 선이라는 덕성으로 형성될 수 있고, 완전무결한 인격에 도달할 수 있는 것이다.

인仁이라는 바탕을 제외하면, 인성人性 가운데에는 또한 탐욕이라는 바탕이 내포되어 있다. 인仁을 일종의 긍정적인 본성의 잠재력(선으로의 주체의 인격발전을 규정하는 것)이라고 말할 수 있다면, 탐욕은 부정적인 잠재력(선으로 나아가는 것을 억제시키는 것)이다. 바로 인성 속에 포함된 부정적인 잠재력은 선이라는 덕성의 형성이 단지 주체 자신의 노력에 의존할 수 없도록 하며, 주체 외부의 힘을 보다 많이 빌려야만 하도록 한다. 이렇게 동중서에게서, 선한 바탕으로부터 선한 현실적 인격으로 넘어가는 것은 언제나 하나의 외재적인 작용의 과정으로 이해된다. "지금 만민의 본성은 외부의 교화를 마주한 다음에야 선할 수 있다[今萬民之性, 待外敎然後能善]"(「深察名號」) 라는 것이다. 선은 물론 쌀과 같은 것이지만, "하늘이 만드는 것에 속하지 않으며[非在天所爲之]"(선천적인 현실의 속성), "하늘을 계승해 완성하는[繼天而成]"것이다. 그러나 '하늘을 계승해 선을 완성하는 것'이 단지 고유한 잠재력의 전개로 나타나는 것만은 아니며, 그것은 언제나 외부의 '왕의 교화'와 분리될 수 없다.

"내부에 머무는 것을 하늘이라 말하며, 외부에 머무는 것을 왕의 교화라고 말한다. 왕의 교화가 본성의 외부에 존재하기에, 본성은 완성되지 않을 수 없다. 그러므로 본성에는 선한 바탕이 있다해도 [그것만으로는] 선이 되지는 못한다[止之內謂之天, 止之外謂之王敎. 王敎在性外, 而性不得不遂. 故曰性有善質, 而未能爲善也]."(「實性」)

여기서 외부에서의 교화는 실제로 인격을 완성하는(선을 완성하는) 결정적인 계기로까지 격상된다.

동중서는 보통 사람의 본성을 인격을 완성하는 출발점으로 삼고, 인격을 완성하는 과정은 본연의 선한 바탕을 잠재력으로 삼아야만 하고, 또한 '하늘은 계승해 본성을 완성시키는' 자각적인 노력이 없어서는 안된다는 것을 긍정함으로써, 내재적 근거와 후천적 작용을 통일하는 경향을 나타냈다. 동중서 이전에, 맹자는 성선설에서 출발해, 선천적 근거라는 계기를 부각시키는데 역점을 두었다. 맹자가 후천적인 공부를 완전히 배척했던 것은 아니지만, 본성이 본래 선하다는 선험적인 가설은 결국 '하늘을 계승해 선을 완성시키는' 일면을 약화시켰다. 또한 맹자와 대조적으로, 순자는 성악설을 전제로 삼고, 개체를 빚어냄에 있어 외부적 예법禮法의 작용에 주목하면서, 거꾸로 인격을 완성시키는 내재적 근거를 무시했다. 이런 측면에서 보자면, 동중서의 이상과 같은 관점은 명백히 맹자와 순자를 절충하고 두 사람의 폐단을 지양하려는 의도를 포함한 것이기도 하다. 그러나 전체적으로 말하자면, 동중서의 노력은 그리 성공적이지는 못했던 것 같다. 그는 물론 인격을 완성하는 내재적 근거를 주목했지만, 동시에 부적절하게 외재적 교화의 작용을 강조하기도 했다. "왕의 교화가 본성의 외부에 존재하기에, 본성은 완성되지 않을 수 없다"는 식의 논의에서, 인격을 완성하는 과정은 외부에서 항 방향적으로 주입되는 것으로 귀결되는 듯하다. 주체가 외부의 교화를 단지 수동적으로 수용하고 순종할 수 있을 뿐이라면("본성은 완성되지 않을 수 없다"), 이런 관점은 권위주의적 가치관이 인격 완성의 이론에까지 파생된 것으로 파악할 수 있고, 그것은 동시에 내재된 잠재력이 어떤 형식적인 장식으로 쉽게 변질되도록 한다. 이 때문에, 내재적 근거를 긍정하는 것과 외재적인 왕의 교화를 강화시키는 것 사이에는, 일종의 내적인 긴장이 형성된다. 또 다른 한편으로는, 동중서가 외재적 조건을 중요한 지위로 격상시켰지만, 선천적인 선한 바탕(인성 속의 인仁에 관한 규정)을 인격 완성의 출발점으로 삼은 점은, 또한 동중서가 복성설復性說의 구속에서 벗어나기 어렵게 만들었다. 동중서의 다음과 같은 논의 속에서, 어렵지 않게 이 점을 볼 수 있다.

> "인간은 하늘로부터 명命을 부여받아, 선을 좋아하고 악을 싫어하는 본성을 지니고 있으니, 기를 수 있지만 바꿀 수는 없고, 예비할 수는 있어도 없애지는 못한다[人受命於天, 有善善惡惡之性, 可養而不可改, 可豫而不可去]." (「玉杯」)

"바꿀 수 없고", "없애지 못한다"는 것은 바꿔 말해 인성이 고유한 내용을 지니고 있음을 강조한 것으로, 후천적 작용은 결코 선천적인 본성을 더하거나 덜어내도록 할 수 없는 것이다. 이처럼 "외부에서 교화시킨 다음에야 선할 수 있다[外敎然後能善]"는 학설에 근거하자면, 인격 함양은 본성을 완성시키는 하나의 과정이어야만 하며, '인성人性은 하늘로부터 명을 받은 것이어서' '바꿀 수 없다'는 논점에 따르면, 인격의 함양은 또한 본성으로 돌아가는[復性] 하나의 과정일 수밖에 없기에, 양자는 또 다른 내재적 긴장을 함축하고 있는 것이다.

이상과 같은 사실이 분명히 보여주는 점은, 동중서가 인격을 완성하는 방법에서의 맹자 순자의 결함을 극복하고자 시도했지만, 최종적으로는 오히려 양자를 동일한 체계 속에 공존시킴으로써, 심층에서의 이론적 충돌을 만들어냈다는 것이다. 이러한 충돌은 내재적 긴장으로 나타날 뿐만 아니라, 자주 외부에서의 대립으로도 전개되는데, 이는 소위 '용렬한 인간[斗筲]'과 '성인聖人'의 구분에서 집중적으로 반영되었다. 동중서의 관점에 따르면, '성인'과 '용렬한 인간'은 보통 사람과 다르다. 그 둘은 각기 선과 악의 양 극단을 대표한다.(「實性」편을 참조할 것) 논리적으로 말하자면, 용렬한 백성은 악의 화신으로서, 이미 성인이 될 수 있는 어떠한 가능성도 지니고 있지 못하므로, 그들에 대해서는 단지 외부의 형벌을 통해서 강제할 수 있을 뿐이다. 반면 성인聖人에게서는 선에의 잠재력이 이미 현실과 합치하여 하나가 되어 있다. 따라서 선은 이미 단순히 하나의 가능성이 아니라, 선이 애초부터 곧바로 현실에서의 인격으로 나타나기 때문에 어떠한 후천적 작용도 모두 쓸데없는 것이 된다. 이 때문에 내재적 근거와 외재적 작용에서의 긴장은 곧바로 두 종류의 인격 사이에서 대립으로 외화外化되는데, 그것은 어떤 측면에서 동중서가 개체의 자아 실현과 사회에 의한 [인격의] 조형 사이의 관계를 끝내 해결하지 못했음을 분명히 보여준다. 물론 가치추구에 입각하자면, '성인'과 '용렬한 인간'의 구분은, 다시 선과 악의 대립과 대조를 거쳐, 강화된 형식으로 이상적 경지의 완전무결함을 부각시킨다.

제6장

도가를 수용한
유가적 가치관의 함의

제6장
도가를 수용한 유가적 가치관의 함의

위진魏晉시대 현학玄學은 양한兩漢 시대의 경학을 대체하여 그 시대의 유력한 학파가 되었다. 사상적 형태로 보자면, 현학과 전통적 유학에는 확실히 명백한 차이가 존재하지만, 그 주류를 가지고 말하자면, 그것이 유학의 궤적과 완전히 별개라고 말하기는 매우 어렵다.

바로 정시지음正始之音[39]의 주도적 인물 중 하나가 하안何晏인데, 그의 주요 저작이 바로 『논어집주論語集注』였다. 또한 또 다른 현학의 주요인물인 왕필王弼은 비록 『노자老子』를 연구했지만, 동시에 『논어』와 『주역』 또한 극히 중시하였다.

그리고 현학을 결산한 인물인 곽상郭象의 경우, 『논어석의論語釋疑[40]라는 저술을 남겼다. 따라서 이러한 학술의 취지가 이미 한편으로 현학玄學과 전통 유학의 역사적 관계를 반영했던 것이다. 좀 더 깊이 있게 그 사상적 맥락을 고찰하면, 보다 상세히 양자의 내재적 계승을 파악할 수 있을 것이다. 탕용동湯用彤선생은 일찍이 "세상사람 대다수가 현학玄學을 노장老莊의 일부로 여기지만, 그 또한 유학의 변형임을 잊고 있다"(『湯用彤學術論文集』, 中華書局, 1983년, 264쪽)고 주장했는데, 이런 관점은 깊은

---

39) [*역자주] : 정시正始는 삼국 시대 위魏나라 제왕방齊王芳의 연호로, 이때부터 진작된 현담玄談의 사조를 칭하는 말이다.
40) [*역자주] : 아마 저자의 착오인 듯하다. 『論語釋疑』는 왕필王弼의 저작이며, 곽상郭象의 『논어』에 대한 주석은 『論語體略』이다.

식견이었다.[41] 물론 유학의 현학화玄學化에 따라, 유학 자체는 불가피하게 변형되었는데, 이러한 사상적 전환은 또한 유가에 의한 도가의 수용[援道入儒] 및 유가와 도가의 상호작용이라는 역사적 추세를 배경으로 하는 것이다.

1. 명교名敎와 자연自然 : 하늘과 인간 분별[天人之辨]의 역사적 연속

위진시대의 현학은 다중적多重的 문제와 관련된다. 가치관이란 측면에서, 현학의 주제는 대체로 명교名敎와 자연自然의 구별로 이해할 수 있다. '명교名敎'란 말은 무엇보다도 정통 유학이 긍정하는 사회규범 평가의 체계를 가리키는데, 일반적 사회질서 및 그에 상응하는 행위양식으로 의미가 파생된다. 또한 '자연自然'의 경우 다중적 함의를 지니는데, 그것은 도道와 일치하는 보편적 실체로 정의되며, 또한 인문人文과 대응하는(아직 인문화 되지 않은) 본연의 존재 또는 원래의 상태까지도 모두 가리킨다. 명교와 자연에서의 분별의 핵심은 인도人道(인문)원칙과 자연원칙의 관계인데, 어떤 의미에서 그것은 '하늘과 인간에 관한 논변'에의 역사적 연속이자 전개로 나타난다.

(1) 당위를 자연으로 바꿈

유가의 명교名敎는 일종의 가치체계로서, 그것이 한대漢代에 정통의 형식을 획득한 시기부터, 권위적인 성질을 지니게 되었다. 그리고 일정한 시기 동안, 그것은 인간 행위에 대한 확실한 실제적 구속력을 지녔고, 그에 따라 기존의 질서를

---

41) 牟宗三은 『才性与玄理』에서 위진시대의 현학을 단순히 "도가道家의 부흥"으로 보는 것은 단편적인 잘못을 피할 수 없다고 하였다. (牟宗三, 『才性与玄理』, 學生書局, 1974를 참조) 그에 비해 『中國哲學十九講』에서는 위진시대 현학의 주요 문제를 "공자와 노자를 회통시키는 것"이라 개괄했는데, 보다 합리적인 것 같다. (『中國哲學十九講』, 學生書局, 1989, 230쪽 참조)

유지시키는 모종의 기능을 표현해냈다. 그러나 명교名教의 권위화에 따라, 그 내재적 결함도 점차 드러나기 시작했다. 권위적 형식 하에서, 명교는 다소 어떤 강제적인 성질을 부여받았다. 명교에 대한 순종은 흔히 개체의 자발적 선택에서 비롯된 것이 아니라 유무형의 압력에 강요된 것이었다. 『태평경太平經』에서, 우리는 이러한 논의를 볼 수 있다. "천지는 [만물을] 생육시킴에 균등하니, 지위가 존귀하거나 비천하건 나이가 많건 적건, 균일하게 하여서 분쟁을 없애는 사람이라야 군주와 부모가 될 수 있다. 도道를 행하고 인仁을 덕으로 하는 사람이라면, 마땅히 이를 본받아야만 하늘의 뜻을 얻을 수 있으니, 스스로 경솔하고 함부로 행동해서는 안 된다. 하늘의 도가 본보기가 됨이 이와 같으니, 하물며 사람이야 더 말할 나위가 있겠는가? [天地施化得均, 尊卑大小皆如一, 乃無爭訟者, 故可爲人君父母也. 夫人爲道德仁者, 當法此, 乃得天意, 不可自輕易而妄行也. 天道爲法如 此, 而况人乎?]"(『太平經』 119卷) 『태평경』은 동한東漢 후기에 성립된 책으로, 원시 도교의 경전이지만, 동시에 하층 평민의 일부 사상을 반영했던 것이기도 했다.

　　명교는 신분관념을 포함하고 있다. 신분과 지위를 따르는 것이 명교의 근본적 요구인데, 『태평경』에서 보자면, 인위적으로 인간들이 신분과 지위에 굴종하도록 요구하는 것은 '하늘의 뜻[天意]'을 위반하는 것으로, 여기서의 하늘의 뜻이란 인간의 뜻을 다르게 서술한 것에 불과하다.[42] 신분과 지위가 하늘의 뜻에 부합하지 않는다고 비판하는 것은 실제로는 완곡하게 명교가 사람의 뜻에 어긋남에 대한 항의를 표명한 것이다.

　　또한 교조화 된 이후 명교는 흔히 일종의 허위적인 겉치레로 변질되기 쉬웠다. 유학의 창시자인 공자는 일찍이 '위기爲己'를 거듭 강조하면서 '위인爲人'을 반대했지만, 유학이 정통화 된 한대漢代에는 외부의 찬양에 영합하여 겉치레에 힘쓰는(위인爲人) 현상이 오히려 비일비재했으며, 점차 기승을 부렸다. 광무제光武帝는 명예와 지조를 근거로 인재를 등용하여, "덕행이 탁월하고, 절개가 깨끗한[德行高妙, 志節淸白]" 사람을

---

42) 다음과 같은 논의에서 이 점은 보다 명백히 표현된다. "인간이 싫어하는 것을 하늘 또한 싫어하며, 인간이 아끼는 것을 하늘 또한 아낀다.[人所惡, 天亦惡之也, 人所愛, 天亦愛之也]"(『太平經』 117卷)

사과四科에 채용된 인재 중 으뜸에 두었다. 이 때문에 명교는 나아가 공명功名을 쟁취하는 수단이 되었으며, "명성을 도둑질하고 기만으로 높은 지위를 차지하며[竊名僞服]", "혹독하게 캐물어 궁지에 빠트리기 잘하는[好爲苛難]" 위선적이고 기만적인 명사名士들이 시대 분위기에 편승해 나타났다.[43] 동한東漢시대 사상가 왕부王符는 일찍이 예리하게 이러한 현상을 폭로했다.

"지금 사람들은 말은 네모나나 행동은 둥글고 입은 바르고 마음은 사특하니, 행동과 말이 어긋나고 마음과 입은 어긋나 있다. 고대를 논하면 백이　숙제　굴원 안연을 예찬할 줄은 알지만, 지금에 대해 말하자면 반드시 관작과 직위를 쫓을 뿐이며,　속없는 말로는 덕의가 어진 것임을 알지만, 천거할 때에는 반드시 가문을 앞세운다[凡今之人, 言方行圓, 口正心邪, 行與言謬, 心與口違；論古則知稱夷　齊　原 顔, 言今則必官爵職位；虛談則知以德義爲賢, 貢薦則必閥閱爲前.]"(『潛夫論』「交際」)

이러한 비판은 단지 극소수의 사상가에게서 나타나는 것이 아니라, 한말漢末의 적지 않은 식견 있는 지식인들은 모두 유사한 관점을 가졌다. 이를테면, 건안칠자建安七子 중의 한 명인 서간徐幹은 일찍이 왕의 교화가 지닌 병폐를 통절痛切하게 지적하였다. "그 하는 짓을 살펴보면, 국사를 근심하고 백성의 어려움을 돌보고자 하지 않으며, 도를 찾고 덕을 논하면서도 단지 자기 이익만을 추구하고 사사로움만을 돌보며, 권세와 이익을 추구할 뿐이다. (…) 이와 같은 부류는 말로는 부끄러워하면서도 그것을 행함에는 수치스러워할줄 모른다. 아아! 왕의 교화가 지닌 병폐가 이 지경에까지 이르렀구나![詳察其爲也,　非欲憂 國恤民, 謀道講德也,　徒營己治私, 求勢逐利而已 (…) 若此之類,　言之猶可羞,　而行之者 不知恥,　嗟乎！王敎之敗,　乃至於斯乎!]"(『중론中論』「견교諫交」) 이러한 탄식으로부터 우리는 명교名敎가 허위화된 심각한 정도를 어렵지 않게 미루어볼 수 있다.

명교가 외적인 강제로 변질되고 그것이 점차 허위화됨에 따라, 그 자체가 이미 심각한

---

43) 방박龐朴의 『名敎与自然之辯的辯証進展』를 참조할 것. 『中國哲學』 1집에 실려 있음.

위기에 직면하게 되었음을 알 수 있다. 『태평경』의 신분과 지위에 대한 항의가 하층의 평민에게 명교가 이미 구속력을 잃기 시작했음을 의미하고 있다고 말할 수 있다면, 명교의 허위화와 도구화는 그것이 상층의 통치자에게서도 이미 내재적인 생명력을 상실했음을 밝혀주는 것이다. 동한東漢 말기 농민 봉기의 광풍, 그리고 무장을 통한 비판 방식은 명교名教에 치명타를 가했다. 그리고 인효仁孝를 묻지 않고 오로지 재능에 따라 천거했던 조조曹操의 인재 등용 원칙은 또 다른 측면에서 명교의 기초를 뒤흔들었다. 명교의 위기는 실질적으로 가치관의 위기였다. 정통화 된 유가적 가치체계의 몰락에 직면하여, 가치관을 재건이 위진魏晉 사상가들의 면전에 역사적인 문제로 놓이게 되었다. 명교와 자연의 분별은 바로 이상과 같은 역사적 배경 아래에서 전개되었다.

위진시대 현학玄學의 실질적 정초자는 왕필王弼이었다. 정시正始 현학의 정신적 영수인 왕필은 도가를 유가에 융합시킨 효시였지만, 유가의 정통으로서의 지위에 대해서는 회의를 표시하지 않았다. 하소何劭의 『왕필전王弼傳』에는 일찍이 왕필王弼과 배휘裴徽의 만남과 대화가 서술되어 있다.

"배휘는 왕필을 한번 보고 뛰어나다고 여겼다. 왕필에게 묻기를 '무無라는 것이 진정 만물이 의존하는 것이라면, 성인은 입에 올리려 하지 않음에도 노자는 그것을 언급하길 그치지 않는 까닭은 무엇입니까?'라고 하자, 왕필은 대답했다. '성인은 무無를 체현했지만, 무無는 또한 가르칠 수 없는 것이므로, 말하지 않았던 것이다. 노자가 유有만을 체현했기에, 항상 그 부족한 바를 언급하였다.[徽一見而異之, 問弼曰 "夫無者誠萬物之所資也, 然聖人莫肯致言, 而老子申之無已者何?" 弼曰 "聖人體無, 無又不可以訓, 故不說也. 老子是有者也, 故恒言無所不足]." (『魏志』「鍾會傳」주석에서 『王弼傳』을 인용)

여기서 '성인聖人'은 유학의 창시자인 공자를 뜻한다. 왕필이 보기에, 공자는 이미 진정한 본체를 파악하고 있지만, 노자는 여전히 외재적 현상에 머물고 있어, 비교하자면,

공자가 도달한 경지는 명백하게 노자보다 높다. "왕필과 하안의 옛 학설에서는 모두 노자가 성인에 미치지 못한다고 말하였다[王何舊說皆云老不及聖]"(周顒, 「重答張長史書」, 『弘明集』)"라는 주옹周顒과 같은 관점도 전혀 근거가 없는 것은 아니다. 물론 유학을 정통正統으로 삼는다는 것이 오로지 유학의 학술만을 숭상함을 의미하는 것은 결코 아니다. 실제로 위에서 인용한 왕필과 배휘의 대화 속에서 이미 도가道家의 학설에 대한 모종의 인정을 볼 수 있는 것이다.

일반적으로 왕필은 양한兩漢시대 경학經學을 부정한 사람으로 인식되는데, 이런 관점도 물론 틀린 것은 아니지만, 세상 사람들은 양한兩漢시대의 사상에 대한 왕필의 비판과 반성이 애초부터 경학經學의 영역을 넘어선다는 점을 동시에 주목하지는 못한 것으로 보인다. 사상적으로 예민한 청년 철학자로서의 왕필은 가치관의 중건이라는 시대적 문제에 대해 극히 자각적인 관심을 두었다. 바로 이런 관심에 근거해, 왕필은 양한兩漢 시대의 번잡한 철학을 일소하면서, 또한 정통화 된 명교에 대해 비판적인 성찰을 수행했다. 왕필의 관점에 따르면, 전통적인 명교는 흔히 외재적 규범에 치중했으니, 예禮에 관해 다음처럼 말했다. "예란 시작됨은 충신忠信의 돈독하지 않음에서 말미암으니, 간이簡易함을 관통해 펼쳐지지 못하고, 겉치레에서 온전한 갖춤을 요구하여, 자잘한 것으로 다투어 제약한다.[夫禮也, 所始首於忠信不篤, 通簡不陽[44], 責備於表, 机微爭制]"(『王弼集校釋』, 中華書局, 1980년, 94쪽. 이하에서 이 책을 인용할 때에는 『王弼集』이라 약칭하도록 한다) '겉치레에서 온전한 갖춤을 요구한다'는 말은 외재적 형식만을 일방적으로 추구한다는 뜻이다. '예禮'는 명교名敎를 집중적으로 체현한 것으로, 왕필은 예禮에 대한 이상과 같은 비평을 통해서 명교가 외재화로 치닫는 폐단을 명백히 언급했다. 왕필이 양한兩漢 시대의 명교라고 명시적으로 말한 것은 아니었지만, "겉치레에서 온전한 갖춤을 요구한다", "자잘한 것으로 다투어 제약한다"는 말은 양한兩漢, 특별히 동한東漢 이래의 명교名敎의 특징을 아주 적절히 지적했던 것이다.

외재화는 필연적으로 허위화로 나아가는 경향을 지니는데, 명교에 대해서 보다 깊이

---

44) "陽"은 『道德眞經集注雜說』에서는 "暢"으로 되어 있다.

있는 분석을 진행하면서, 왕필은 간결하지만 함축적인 말로 이 점을 지적하였다.

　　"인의仁義는 내면에서 발하는 것인데도, 그것을 행할 때 오히려 거짓될 수
　　있는데, 하물며 겉치레에 힘쓰고도 오래 유지될 수 있겠는가[夫仁義發於內,
　　爲之猶僞, 況務外飾而可久乎]" (『王弼集』, 94쪽)

　　인의仁義는 본래 보편적 규범의 내면화이기에, 인의를 행한다는 것은, 그에 따라
내면으로부터 외부로 나가는 과정으로 표현된다. 그러나 만약 인의를 준수하는 행동이
단순히 타인에게 보여주기 위한 것이라면("그것을 행할 때"), 그것은 허위화 되기 쉽다.
내재적인 인의仁義조차 이러하다면, 예禮 등의 형식으로 표현되는 규범이 일단 외재적인
겉치레로 변화된다면 "거짓[僞]"으로 귀착됨을 피할 수 없다. 왕필의 이상과 같은 비판은
확실히 상당히 깊이 있게 명교의 외재 화와 허위화 사이의 논리적 관계를 드러내 보인
것이다.

　　명교의 타락은 단순히 그 외재 화와 허위화에 달린 것일 뿐만 아니라, 그것이 점차
형태만 바뀐 공리화로 발전한다는 점에서 나타난다. 이에 관해서 왕필은 다음과 같이
논했다.

　　"도탑고 진실된 덕은 드러나지 않으며 명성과 품행의 아름다움은 드러나 예찬
　　받으니, 그 예찬되는 것을 수양해 명예를 바라고, 도라고 일컫는 것을 수양해 그로
　　인한 이익을 기대하게 된다. 명예를 바라고 이익을 기대함으로써 그런 행동에
　　힘쓴다면, 명성이 찬미될수록 진실은 피상적이 되고, 이익이 커지게 될수록 마음은
　　급박해질 뿐이다. 부모와 자식, 형제 사이에 진심어린 애정이 반듯함을 잃게 되면,
　　효도는 성실할 수 없고, 자애는 진실 될 수 없으니, 대체로 명성과 품행을 드러내고자
　　함이 초래한 결과다[夫敦朴之德不著, 而名行之美顯尙, 則修其所尙而望其譽,
　　修其所道而冀其利. 望譽冀利以勸其行, 名彌美而誠愈外, 利彌重而心愈競.

父子兄弟, 懷情失直, 孝不任誠, 慈不任實, 蓋顯名行之所招也." (『王弼集』199쪽)

유가는 도덕규범을 말하면서 본래 그것이 공리성을 넘어서는 측면을 강조했으나, 규범체계가 일단 명교가 되면, 명분[名] 자체가 추구해야 할 목표가 된다(명분을 세우면 명예가 따라온다). 이 때문에 도덕행위는 곧 점점 더 자기 부정적인 면으로 나아가게 된다. 명교에 부합하는 것은 더 이상 '도탑고 진실한 덕'의 자연스러운 체현일 수 없으며, 명예를 바라고 이익을 기대하는 하나의 과정으로 변화되기 때문이다. 이런 과정에 따라, 명교로서 체현되는 규범 또한 명성과 이익을 얻기 위한 도구로 변질된다. 즉 인의仁義를 따른다는 것은 인의를 '이용'하는 것이 되는 것이다. 그리고 인의를 도구로 삼는다면, 당연히 진정한 덕성을 형성시키기 어려워진다. 따라서 "그러므로 인仁한 덕성의 돈독함이란 인으로 할 수 있는 것을 이용하는 것이 아니며, 의로움을 행하는 것에서의 올바름이란 의로움을 통해 성취할 수 있는 것을 이용하는 것이 아니며, 예의를 통해 공경을 드러냄[禮敬]의 고결함이란 예禮로 다스릴 수 있는 것을 이용하는 것이 아니다[故仁德之厚, 非用仁之所能也, 行義之正, 非用義之所成也, 禮敬之清, 非用禮之所濟也]"(『王弼集』, 95쪽)라고 하였다. "인을 이용함[用仁]", "의로움을 이용함[用義]", "예를 이용함[用禮]"이란 확실히 명교의 공리화 도구화에 대해 핵심을 찌르는 폭로이다.

단적으로 말해, 정통 명교에 대한 왕필의 이상과 같은 비판은 확실히 선진시대 도가道家의 영향을 일부 수용한 것이다. 그러나 전체적으로 말하자면, 그것은 정확히 유가의 자아비판으로 간주해야만 할 듯하다. 이러한 근본 입장에 상응해, 왕필에게서, 명교의 폐단에 대한 폭로는 도가처럼 명교의 부정으로 발전되지(인仁을 없애고 의로움을 버리는 것[絶仁棄義]) 않으며, 그것은 곧 명교를 완전하게 만듦을 목적으로 하는데, 명교를 완전하게 한다는 것은 실질적으로 어떤 의미에서 유가적 가치관의 재건일 뿐이다.

현학玄學의 정초자인 왕필은 형이상학적 차원에서 명교의 타락의 근원을 보다 상세히 분석했다. 그의 관점에 따르면 명교의 갖가지 폐단을 야기하는 원인은 무엇보다도 실체의 타락에 있다. 명교의 외재화 허위화 및 도구화 등은, 근본적으로 말하자면, 모두 근본을 뇌두고 말단에서 구하는 것 또는 어미를 버리고 자식에게 나아가는 데에서 비롯된다. 명교의 타락이 근본을 뇌두고 어미를 버린 것에서 야기된 것이라고 한다면, 가치체계 재건에서의 주요한 전제는 바로 도덕적 실체의 재건일 것이다.

>   "어미를 지켜 그 자식을 보존하고, 근본을 숭상해 그 말단을 일으키면,
>   형체와 이름이 모두 갖추어져서 사특함이 일어나지 않고, 큰 업적이 하늘에
>   짝하면서도 헛된 화려함은 일어나지 않는다[守母以存其子, 崇本以擧其末,
>   則形名俱有而邪不生, 大美配天而華不作]." (『王弼集』, 95쪽)

바로 존재론에서 실체가 확립되면 작용이 드러나는 것과 같이, 가치관계상의 도덕적 실체가 확립되어야, 명교의 본래 의미 또한 회복될 수 있다.

『노자지략老子指略』에서, 왕필은 일찍이 "성인이 오교五敎을 행하면, 말하지 않고도 교화된다. (…) 오교五敎의 모체는 밝지도 어둡지도 않다[聖行五敎, 不言爲化(…)五敎之母, 不皦不昧]"(『王弼集』, 195쪽)라고 지적했다. "밝지도 어둡지도 않은" 것은 '도道'를 뜻하며, '오교五敎'는 오륜의 가르침이니, 즉 『맹자』「등문공상」에서 "부자 사이에는 친함이 있고, 군신 사이에는 의로움이 있고, 부부 사이에는 구분이 있고, 연장자와 연하자 사이에는 순서가 있고, 친구사이에는 믿음이 있다[父子有親, 君臣有義, 夫婦有別, 長幼有序, 朋友有信]"라고 말한 것이다. 언뜻 보기에, 도道를 근본으로 삼는 것은 『노자』에서의 사유노선과 비교적 유사한 듯하지만, 좀 더 분석한다면 양자의 내용이 상당히 다르다는 점을 발견할 수 있다. 즉 『노자』에서, 도道와 인의仁義 등의 유가적 규범은 근본적으로 대립하는 양극단에 놓이지만, 왕필이 '도道'를 오륜의 가르침의 모체로 삼은 것은 명교名敎를 위한 존재론적 근거를 제공함을 목적으로 한 것이다. 왕필은 『노자』를 이어받았다기보다는 『역전』의 경향에 보다 근접하는 듯하다. 즉 유가적 규범을 위한 하나의 형이상의 근거를 모색한다는 점에서, 왕필과 『역전』은 앞뒤로 계승되면서, 양자는 대체로 동일한 유학의 전통을 체현했던

것이다.[45]

　'도道'는 형이상의 실체로서, 존재론적 의미를 지닐 뿐만 아니라 가치론적인 의미도 지닌다. 그렇다면 도덕적 실체를 재건한다는 시각에서 보자면, 도道의 내용은 결국 무엇인가? 『논어석의論語釋疑』에서 왕필은 간단명료한 하나의 설명을 하고 있다.

> "그러므로 하늘을 본받아 교화를 완성시키니, 도道는 자연과 같다[故則天成化,
> 道同自然]."(『王弼集』, 626쪽)

　유사한 표현은 왕필의 저술 가운데에서도 적지 않게 열거할 수 있는데, 실제로 왕필에게서, 도道와 자연은 언제나 서로 대체되어 사용된다. 실체에 대한 이러한 규정은 사람들에게 거듭 『노자』를 상기시킨다. 자연을 도道의 높이로까지 격상시킨 점에 입각하자면, 확실히 양한兩漢 이래의 정통유학과 다르며 선진시대의 도가道家에 비교적 가깝기 때문이다. 그러나 '도道'와 인의仁義등의 규범의 대립이란 전제에서 출발하는 선진시대 도가는 자연을 근거로 당위(당위의 원칙)를 배척하는 쪽으로 기운다. 즉 『노자』에서는 "도는 높고 덕은 귀하니, 명하지 않아도 언제나 스스로 그러한 것이다[道之尊, 德之貴, 夫莫之命而常自然]"(51장)라고 하였다. '명命'은 동사로서, 당위의 원칙을 규범으로 부과한다는 의미를 담고 있는데, "명하지 않아도 언제나 스스로 그러하다"는 말은 자연自然을 당위에 대한 부정으로 간주함을 의미하고 있다. 도가의 이런 사유노선과 대조했을 때, 왕필에게서 자연을 실체로 삼는 것은, 자연을 통해 당위를 부정하는 것과는 완전히 다르다. 앞서 서술한 것처럼, 오륜에 관한 가르침 등의 당위원칙이 지닌 합리성에 대해서, 왕필은 터럭만큼의 회의도 표시하지 않았다. 이러한 원칙에 따라, '자연自然'이라는 것은 당위와 확연히 대립되는 다른 한 극단이 아니며,

---

45) 牟宗三은 왕필이 단지 "노자의 현리玄理에 근거해 역易을 논했기에, 공자 문하의 천도天道와 성리性理를 가지고 역을 논할 수 없었다"고 비판했는데, 왕필의 사상과 전통적 유학의 이러한 내재적 관계에 주목하지 못한 듯하다. (牟宗三, 『才性与玄理』, 103쪽을 참조할 것)

차라리 그 자체는 여전히 당위의 변화된 한 형태로, 근본적으로 보자면 도덕적 실체를 재건한 것, 즉 당위를 자연으로 변화시킨 것에 불과하다고 말할 수 있다. 즉 "하늘을 본받아 교화를 완성하니, 도는 자연과 같다"는 요구 속에서, 이미 상당히 간결하게 이런 함의를 명확히 지적하고 있는 것이다.

실체를 재건하는 구체적인 내용으로서, 당위를 자연으로 변화시킴의 근본적 함의는 바로 보편적 도덕 규범 내지는 원칙을 주체에게 내면화하고 그것을 주체의 심층적 의식과 하나로 융합시킴으로써 인간의 제2의 천성天性(자연自然)이 되게 하는 것이다. 일단 이 목표를 실현시킨다면, "행위는 때를 놓치지 않는[行不失時]" 경지에 이르게 된다. 즉 "덕德이 하늘에 대응한다면, 행위는 때를 놓치지 않는다[德應於天, 則行不失時]"(『王弼集』, 290쪽)는 것이다. "덕이 하늘에 대응한다"는 것은 곧 당위에 대한 준수와 자연에의 합치에서의 통일을 뜻하는데, 이러한 통일은 또한 덕성德性을 인간의 제2의 천성이 되도록 하는 것을 전제로 한다. 상술한 의미의 '자연自然'은 본능에서 비롯되는 자발성이라는 함의와는 상당히 다르다는 점을 어렵지 않게 알 수 있다. 왜냐하면 당위의 변화된 형태로서의 자연은 이미 덕행의 내재적 근원이 된 것이기 때문이다. 바로 이 점이, 자연이 동시에 실체로서의 의의를 지니도록 만드는 것이다.

당위를 자연으로 변화시킴으로써 도덕적 실체를 구축한다는 것이 물론 명교를 포기함을 의미하고 있는 것은 아니다. 그러나 명교가 외재적인 인위적 규범에 치중하는 것과 달리, [도덕적] 실체는 인간의 행위를 일일이 규정하는 것이 아니라 인간이 자연스럽게 보편적 도덕원칙에 합치하도록 만드는 것이다. 명분[名]을 가르침으로 삼는 것은 물론 인간이 당위에 밝도록 하지만, 인간이 당위를 반드시 준수하도록 만들지는 못하며, 진정으로 당위를 인정함을 반드시 보증할 수 있는 것도 아니다. 그와 반대로, 실체는 일단 확립되면, '일부러 하지 않아도 저절로 올바르도록' 할 수 있다.

"소박한 도가 드러나지 않고 바랄만한 미덕이 숨겨지지 않는다면, 명철한 지혜를 다해서 그것을 살피고 사려를 다하여 그것을 다스리고자 할지라도, 기교에서 생각이 정밀해질수록, 거짓은 더욱 다채로워지며, 기교를 운용함에 엄격해질수록 그것을 회피하는 일도 점점 부지런해진다. 그래서 지혜로운 자와 어리석은 자는 서로를 기만하고 육친(父·子·兄·弟·夫·婦)은 서로를 의심하여, 소박함은 사라지고 진실은 멀어지며, 일에서는 간사함이 생긴다. 근본을 버려두고 그 말단을 다스린다면, 명철한 지혜를 다할지라도 더욱 재난에 이르게 되는데, 하물며 술수가 이보다 못한 것임에야! 소박한 도에 머무른다면 일부러 하지 않아도 저절로 올바르게 된다[夫素樸之道不著, 而好欲之美不隱, 雖極聖明以察之, 竭智慮以攻之, 巧愈思精, 僞愈多變, 攻之彌甚, 避之彌勤. 則乃智愚相欺, 六親相疑, 樸散眞離, 事有其奸. 蓋捨本而攻末, 雖極聖智, 愈至斯災. 況術之下此者乎! 夫鎭之以素樸, 則無爲而自正]."

(『王弼集』, 198쪽)

이른바 '소박한 도'란 자연이라는 실체를 뜻하는데, 당위가 자연으로 바뀔 수 없다면, 흔히 간사함과 거짓, 날조와 기만을 피하기 어려우므로, 올바름을 구하는 방법은 오로지 소박한 도를 확립하는 데에 달려 있다는 것이다. 여기에서 명교가 소외되는 근원에 대한 진일보한 분석뿐만 아니라, 도덕적 실체에 대한 보다 구체적인 규정까지도 볼 수 있다.

가치관에서 보자면, 왕필이 "하늘을 본받아 교화를 완성시키니, 도는 자연과 같다."고 강조한 것은 다시 말하자면 당위를 자연으로 변화시킬 것을 요구한 것이며, 그 심층의 함의는 바로 자연원칙을 부각시키는 데에 있다. 유가는 선진시대 이래로 일종의 이성주의적 전통을 형성시켰다. 이 전통에 상응해, 자각적 원칙이 줄곧 중요한 지위로 격상되었는데, 원시 유가(공자 맹자 순자)가 결코 단순히 자각적 원칙만을 말했던 것은 아니지만, 전체적으로, 이성적 자각은 늘상 원시유가가 관심을 두었던 주요한 지점이었다. 서한西漢에 이르러 유학이 정통 화되면서, 자각적 원칙은 더 나아가 명분을 가르침으로 삼는 입장과 결합함으로써 강화되었다. 일반적으로, 선한 행위는 물론 자각적 속성을 지녀야만 하지만, 자각적 원칙은 무엇보다도 당위에 밝고 아울러 당위에 합치하는 데에 달려 있는데, 단순히 당위에 대한 밝음과 당위에의 합치를 추구하는 것은 흔히 당위의 원칙이 외재적인 형식이 되도록 만들 수 있고, 심지어는 '명분[名]'에 관한 물신 숭배를 야기할 수 있다. 동한東漢의 저급한 유명인사들 가운데에서 이러한 현상을 거듭 목격할 수 있다. 그들은 명교에 대해 언제나 아주 많이 알고 있었고, 외관상 그 행위는 명교에 합치하지 않은 적이 없었지만, 내재적 정신세계는 오히려 종종 상당히 음침하였다. 이는 명교에서의 소외이자 도덕에서의 소외이기도 했다. 이런 현상이 분명히 보여주는 것은 단순히 자각원칙을 말하는 것은 확실히 이론과 실천 모두에서 단편성만을 지니다는 점이다. 유가에 비해, 도가는 자연이라는 원칙을 보다 중시했는데, 『노자』에서는 일찌감치 "도는 자연을 본받는다[道法自然]"라는 관점(25장)을 제기했다. 도가에서 말하는 자연은, 진실로 인문人文(문명의 가치)를 무시하는 일면을 지닌다. "만물의 자연을 보좌하지 감히 작위하지 않는다[輔萬物之自然, 而不敢爲]"(『老子』), "사람을 근거로 하늘을 멸하지 않는다[無以人滅天]"(『莊子』)는 등의 말은 다소간 자연 상태를 이상화하는 경향을 드러내고 있다. 하지만 일종의 가치원칙으로서의 '도는 자연을 본받는다'는 관념은 동시에 인문적 규범은 일정 정도 자연을 벗어날 수 없으며, 덕성德性 역시 천성天性을 완전히 거스를 수 없음에 주목한 것이기도 하다. 단적으로 말해, 도가가 자연을 근거로 당위를 부정하는 점은 물론 편향적인 것이지만, 도가가 자연이라는 가치를 긍정하는 것에서 조금도 고려해 볼만한 점이 없지는 않다. 왕필이 당위를 자연으로 변화시킴으로써 도덕적 실체를 재건했던 것은, 실질적으로 도가가 당위를 배척하는 편향성을 지양하면서도, 다시 도가가 중시하는 자연 원칙을 수용하고, 아울러 그것을 유가의 전통적 가치 속으로 융합시키는 일이었다. 이렇게 자연과 당위를 통일시키는 사유 경향은 도덕에서의 소외를 극복하는 데에 있어, 확실히 경시할 수 없는 의의를 지닌다.

자연 원칙은 일반적인 사회생활 및 넓은 의미에서의 천인관계天人關係(인간과 자연의 관계)에서 체현되며, 또한 무위無爲에의 요구로 구체화된다. 그러나 왕필이 이해한 무위無爲란 결코 소극적으로 아무런 일도 하지 않는 것이 아니라, "하지 않으면서도 하지 않음이 없는 것[無爲而無不爲]", 다시 말해 인위적으로 대상에 간여하지 않고서도 성과를 이루는 것이다.

"자기를 버리고 대상에 맡긴다면 하지 않고서도 편안해진다[舍己任物, 則無爲而泰]."
（『王弼集』, 95쪽）

　　"[만물을] 무에 따라 이용하면, 그 모체를 얻게 되므로, 자신을 수고롭게
하지 않으면서도 대상은 다스려지지 않음이 없다[以無爲用, 則得其母, 故能己不
勞焉而物無不理]." （『王弼集』, 94쪽）

　'자기를 버리고 대상에 맡긴다'는 말은 군주가 남면南面하는 방법이자, 또한 천인관계를
다루는 일반적 원칙이다. 정치적 책략이란 측면에서 말하자면, 그 목적은 효과적으로
신하를 통제하는 데에 있고, 천인관계의 원칙으로서의 그것의 근본적 요구란 대상이
지닌 고유한 속성을 이용하여 상호 작용하도록 함으로써 주체의 목적을 달성하되, 주체
자신은 대상이 작용하는 과정에 전혀 참여하지 않는 것이다("자신을 수고롭게 하지
않는다"). 이는 헤겔이 말한 "이성의 간지"와 유사한 듯한데, 왕필의 다음과 같은 논의에서
이 함의는 보다 명백히 해명된다. 즉 그는 "만물은 자연을 본성으로 하므로, 그 자연의
본성에 근거해야지 억지로 행해서는 안 되며, 그 자연의 본성에 소통해야지 고집해서는
안 된다[萬物以自然爲性,故可因而不可爲也,可通而不可執也]", "성인은 자연의 본성에
통탈하여, 만물의 실정을 펼쳐주므로, 자연의 본성에 근거하되 억지로 하지 않으며,
자연의 본성을 따르지 베풀지는 않는다[聖人達自然之性, 暢萬物之情, 故　因而不爲,
順而不施]" （『王弼集』, 77쪽)라고 하였다. 그 논의에는 내재적으로 합법칙성의 관념이
배어들어가 있으며, 넓은 의미의 천인관계에서 보자면 이러한 "이성의 간계"라는 형태를
통해서 드러나는 자연의 원칙은 또한 하늘과 인간의 통일이라는 가치지향으로 펼쳐진다는
사실을 어렵지 않게 파악할 수 있다.
　자연과 당위를 융합시키는 왕필의 이론적 사유노선은 어떤 의미에서는 확실히 명교에의
소외를 극복하려는 역사적 필요에 부응한 것이었고, 그것은 또한 유가적 가치체계가
어떤 자기 조정에 이르도록 하였다. 그러나 당위의 자연으로의 변화와 자연에 순응하되

작위하지 말 것을 강조함으로써, 왕필은 이성의 역할에 대해 적절한 위상을 제시해내지 못했던 것 같다. "총명하기를 노력하지 않아도, 성과는 이루어진다"는 등의 견해에서, 이성의 역할은 약화되지 않을 수 없는데, "소박함은 간직해야 하지만, 비범한 지혜는 버려야 한다"(『王弼集』, 198쪽)는 종류의 논의와 연관시키면, 이 점을 보다 뚜렷하게 볼 수 있다. 이러한 현상은 왕필이 당위와 자연을 조화시켜야만 함을 인식했다 할지라도, 자연과 당위의 통일이라는 문제를 이론적으로 완전히 해결하지 못했다는 것을 분명히 밝혀준다.

(2) 자연에 대한 초월 : 정통 유학에서 벗어남

왕필은 당위를 자연으로 바꿈으로써 명교名敎의 활력을 거듭 새롭게 회복시키고자 하였지만, 자연에 대한 강조는 또한 논리적으로 당위를 초월하는 이론적인 계기를 함축하고 있었다. 혜강嵇康과 완적阮籍에게서, 이러한 초월은 가능성에서 현실로 전화轉化되었다.

혜강 완적은 왕필 하안과 동시대인이긴 하지만, 그들의 학술활동 기간은 오히려 왕필 하안보다도 길었고, 그 사상적 발전은 대체로 왕필 하안을 기점으로 삼았다.

혜강과 완적은 모두 '죽림칠현竹林七賢'의 중요 인물로, 두 사람의 학술적 주안점과 기질은 달랐지만, 사상적 경향은 근본적으로는 유사했다. 유협劉勰이 일찍이 "혜강은 자신의 마음을 근거로 삼아서 논의를 펼쳤고, 완적은 기질에 따라 시를 지었는데, 소리는 다르지만 울림에서 합치하며, 날개는 다르지만 함께 난다[嵇康師心以遣論, 阮籍使氣以命詩, 殊聲而合響, 異翮而同飛]"(『文心雕龍』 「才略」)라고 지적한 평가는 매우 적절하다. 정통 유학의 기준에 따르면, 혜강과 완적을 모두 유림儒林에 집어넣기에는 매우 어려울 듯하지만, 현학玄學의 변화 과정에서의 하나의 고리인 혜강과 완적은, 유학(유가적 가치관을 포괄하는)의 재건에 있어 의외로 경시할 수 없는 역할을 하였다.

왕필과 마찬가지로, 혜강과 완적은 현학의 시대적 주제에 대하여 매우 예민하게 파악하였는데, 완적은 「통로론通老論」에서 "성인은 하늘과 인간 사이의 이치에 밝고, 자연에서의 구분에 막힘이 없다[聖人明於天人之理, 達於自然之分]"라고 지적했다. "하늘과 인간 사이의 이치"라는 말로 언급한 것은 바로 자연과 명교名教에서의 분별이다. 왕필과 마찬가지로, 혜강과 완적은 자연을 본받을 것을 강조했다. 즉 "도란 자연을 본받아 변화된다[道者法自然而爲化]"(완적, 「通老論」), "천지는 자연에서 생겨나며, 만물은 천지에서 생겨난다. (…) 사람은 천지 사이에서 생겨나서, 자연의 형상을 체현했다. 몸이란 음과 양의 정묘한 기운이고, 본성이란 오행 중에 순정한 성질이고, 감정은 흩어지는 정기의 변화하는 욕망이고, 신神이란 천지을 제어하는 것이다[天地生於自然, 萬物生於天地 (…) 人生天地之中, 體自然之形. 身者, 陰陽之精氣也, 性者, 五行之正性也, 情者, 游魂之變欲也, 神者, 天地之所以馭者也]"(완적, 「달장론達莊論」)라는 것이다. 존재론에 입각하자면, 만물은 모두 자연히 태어난 것이며, 외재적인 추동력에 의한 것이 아니다. 또한 가치관에 입각하자면, 본성과 감정이 모두 자연에 부합함은 완전히 정당하다. 바로 자연에 대한 숭상으로부터 혜강은 "부류를 추론하여 만물을 구별하려, 마땅히 먼저 자연의 이치를 구해야만 한다[推類辨物, 當先求自然之理]"(「성무애악론聲無哀惡論」)고 인식하기도 하였다. 설사 혜강과 완적이 무위無爲를 근본으로 하는 사변적 전제를 배척했다 할지라도 자연원칙을 중시했다는 점에서는 확실히 현학玄學의 주선율主旋律을 체현한 것이다.

그러나 자연과 당위를 하나로 융합시켰던 왕필의 사유 경향과 달리, 혜강과 완적은 자연원칙을 새롭게 확장했다. 『난자연호학론難自然好學論』에서 혜강은 다음과 같이 쓰고 있다.

"육경은 [감정과 욕망을] 억제해 [선으로] 인도하는 것을 위주로 하지만, 인간의 본성은 욕망에 따르는 것을 기쁨으로 삼으니, 억제해 인도한다면 그 바람에 어긋나는 것이고, 욕망을 따르면 자연을 얻을 수 있다. 그렇다면

자연을 얻되 억제시켜 인도하는 육경을 따르지 않는다면, 본성의 근본이
온전해지니, 감정을 해치는 예법과 형률을 반드시 따르지 않아도 된다. 그러므로
인의는 인위를 다스리는데 힘쓰는 것이지 참됨을 배양하는 핵심적 방법이
아니며, 겸양을 앞세우는 것은 자연에서 나온 것이 아니다[六經以抑引爲主,
人性以從欲爲歡, 抑引則違其願, 從欲則得自然. 然則自然之得, 不由抑引之六經,
全性之本, 不須犯情之禮律. 故仁義務於理僞, 非養眞之要術, 廉讓先於爭奪,
非自然之所出也]."

여기서 "욕망을 따른다[從欲]"는 것은 결코 인욕을 멋대로 한다는 것이 아니라
내재적 의지의 바람에 부합함을 뜻한다. 혜강이 보기에, "그 바람에 어긋나는
것[違其願]"은 자연에 반하는 것이므로, 오로지 인간의 내재적 의지의 바람을 존중할
때에만 비로소 진정으로 자연의 원칙을 체현할 수 있다. 완적도 마찬가지로 이 점을
지적하여, "의지가 욕망의 순응을 얻을 수 있다면, 만물은 궁핍해짐이 없다[志得欲從,
物莫之窮]"(「대인선생전大人先生傳」)고 하였다. 이렇게 혜강과 완적에게서, 자연은
스스로의 바람과 소통되기 시작했다. 왕필은 주체의 감정의 존재를 결코 부인하지
않았고, "성인이 사람들보다 뛰어난 점은 신명神明이고, 사람들과 같은 점은 다섯 가지
감정이다[聖人茂於人者神明也, 同於人者五情也]"(하소何劭, 『왕필전王弼傳』에서
인용)라고 하였지만, 동시에 다시 "그 감정을 본성과 같도록 하라[性其情]"고
강조하면서, "그 감정을 본성과 같게 하지 못한다면 어떻게 올바름을 오래도록
행할 수 있겠는가? 이것이 감정을 올바르게 하는 것이다[不性其情, 焉能久行其正?
此是情之正也]"(『王弼集』631쪽)라고 말했던 것이다. 이른바 '그 감정을 본성과 같도록
하라[性其情]'는 것은 자연을 당위에 합치시키는 것일 따름이니, 다시 말하자면 인간의
의지와 욕망을 명교名教의 규범 아래에, '그 감정을 본성과 같도록 하라'는 요구 아래에
두는 것이니, 주체적 의지의 바람에 대한 규범이 명백하게 주체적 의지의 바람에 대한
존중을 압도했다. 왕필의 당위와 자연의 결합에 대한 요구가 자연 가운데에 당위를

주입함을 의미하고 있다고 말할 수 있다면, 혜강은 "욕망을 따르면 자연을 얻을 수 있다"고 강조했으니, 자연의 원칙을 자발성의 원칙으로 인도했던 것으로, 이는 유학의 전통과 명백하게 꽤나 다른 것이다.

당위를 자연으로 유입시키는 것은 근본적으로 말해, 명교를 보편적 도덕적 실체로 내화시키는 것을 목적으로 한다. 이 때문에 왕필이 또한 거듭 명교의 허위화를 비판한다고는 하지만, 결코 성인聖人의 오류에 관한 가르침[五教]를 폐기하자고 주장하는 것은 아니다. 그러나 자연이 주체의 내재적 의지의 바람과 상호 융합하여 당위를 벗어나게 되었을 때, 명교의 합리성에는 곧바로 문제가 발생한다. 사실, 혜강이 "자연을 얻되 억제시켜 인도하는 육경을 따르지 않는다면, 본성의 근본이 온전해지니 감정을 해치는 예법과 형률을 반드시 따르지 않아도 된다"고 단언하였을 때, 명교는 이미 주체에 대한 속박으로 이해되고 있는 것이다. 혜강과 완적의 저작에서, 우리는 거듭해서 이런 관점에 대한 설명을 볼 수 있다.

> "인간이 지조를 세운다는 것은 그물망을 던져서 세상을 덮어씌우는 것이다[夫人之立節也, 將舒網以籠世]."(阮籍, 「答伏義書」)

> "지인至人이 존재하지 않고, 대도大道가 점차 쇠락하자 비로소 글을 지어 그 뜻을 전달하기 시작했고, 여러 사물을 구별하여 부류를 나누었고, 인의를 세워서 그 마음을 구속했고, 명분을 제정해 그 외부를 통제했으며, 학문을 권장하고 문헌을 강의하고 연구해 그 가르침을 신묘한 것으로 삼았다[至人不存, 大道陵遲, 乃始作文墨, 以傳其意, 區別群物, 使有類族, 造立仁義, 以嬰其心, 制其名分, 以檢其外, 勸學講文, 以神其教]."(嵇康, 『難自然好學論』)

여기서 문제의 본질은 이미 명교가 자연에서 벗어나 허위화 되었다는 것이 아니라 명교 자체가 바로 자연의 부정이라는 데에 있다. 그것은 하나의 무형의 그물망과 같이,

내재적 인의仁義와 외재적 명분名分을 통해서 인간에 대해 이중적인 속박을 진행하는 것이기 때문이다. 왕필은 일찍이 명교가 공명功名을 쟁취하기 수단으로 변질되는 것을 비판하였는데, 혜강과 완적은 명교가 애초부터 일종의 억압적인 수단이라 인식했다. 모두 도구화를 규탄하였지만, 내재적 함의는 전혀 다른 것이다. 혜강과 완적은 명교를 소수 위선자의 의도적 조작이라 보았으니, 물론 아주 천박한 것이지만, 명교가 인성을 억압하는 것을 비판하면서 명교가 형성된 역사성에 어느 정도 주목하였고, 그에 따라 명교의 자연적 합리성에 대해 유력한 질의를 제기했다.

명교와 자연이 양립할 수 없는 것이고, 자연이 또한 인성에 부합하는 유일한 원칙인 만큼, 결론은 필연적으로 명교를 초월하는 것이었다.

> "으스댐을 마음에 담아두지 않으므로, 명교를 초월해 자연에 맡길 수 있는 것이다[矜尙不存乎心, 故能越名敎而任自然]."(嵇康, 『釋私論』)

당위(명교)를 자연으로 바꾸는 것으로부터 명교를 초월해 자연에 맡기는 것에 이르는, 현학의 발전은 명교를 완전하게 하는 것으로부터 명교를 배척하는 것으로 나아갔다. 혜강과 완적이 명교의 그물망을 찢어버리길 요구한 것은, 명교가 인성을 억압하는 것(속박의 도구가 되는 것)에 대한 항의이자, 또한 어느 정도는 주체적 의식(개체 의식)의 자각을 표현해낸 것인데, 이러한 관념은 당시에 실질적으로는 이단적인 성질을 지녔으며, 그것은 후세의 비非-정통이 되는 사상에 대해서도 무시할 수 없는 영향을 초래했다. 이런 측면에서 말하자면 명교를 초월하여 자연에 맡기라는 요구는 확실히 역사적 합리성을 지닌 것이다.

그러나 일종의 가치원칙으로서, 자연에 근거해 명교를 부정하는 것은 또한 그 자체로 편향성을 지닌 것이었다. 명교를 초월해 자연에 맡기라는 주장에 상응해, 혜강과 완적은 거듭해서 자연 상태에 대한 찬미와 숭상을 무심코 드러냈다.

"태고의 세상에서는 원시의 질박한 대도가 어그러짐이 없어서, 군주는 위에서 꾸며내는 것이 없었고, 백성들은 아래에서 다투지 않았다. 만물이 온전했고, 도리는 합당하여 스스로 만족하지 못함이 없었다. 배부르면 편안히 자고, 굶주리면 먹을 것을 구하여 만족하며 배를 두들기면서도 지극한 덕의 세상임을 알지 못하였다. 이와 같았으니 어찌 인의仁義의 단서와 예의와 법률의 문장을 알았겠는가?[鴻荒之世, 大朴未虧, 君無文於上, 民無競於下, 物全理順, 莫不自得. ■飽則安寢, 飢則求食, 怡然鼓腹, 不知爲至德之世也. 若此, 則安知仁義之端. 禮律之文?]"(『難自然好學論』)

이는 하나의 전前-문명의 시대로, 혜강의 견해에 따르면, 바로 이러한 태고의 시대에 자연원칙은 가장 훌륭하게 구체화될 수 있었다. "만물이 온전했고, 도리는 합당하여 스스로 만족하지 못함이 없었다"는 말은 바로 자연에 맡긴 한 폭의 경관인 것이다. 자연 상태의 이상화는 흔히 문명 가치에의 폄하를 수반하는데, 사실상 혜강은 "배부르면 편안히 자고, 굶주리면 먹을 것을 구함"을 "지극한 덕의 세상"으로 간주했다. 아울러 이를 통해 '인의'와 '예의와 법률'을 물리쳤을 때, 확실히 다소간 문명 가치를 경시하는 일종의 경향을 함축하고 있었다. 그는 사회의 변화와 발전을 수반하면서 전前-문명의 시대는 필연적으로 문명 시대로의 대체를 요구하게 되고, 문명사회는 언제나 내재적이고 외재적인 각종의 규범을 필요로 한다는 점을 보지는 못한 것 같다. 왜냐하면 '인의'와 '예의와 법률'이 변화하고 발전하여 명교名敎가 된 이후에, 물론 인간을 속박하고 억압하는 일면이 있지만, 일정한 역사적인 조건 하에서, 그것은 또한 사회 안정을 유지하는 역할을 지니기 때문이다. 또한 역사적인 진보는 흔히 바로 이러한 일종의 이율배반 속에서 실현되는 것이다. 혜강과 완적이 도덕관계에서 자연원칙을 중시하여, 자연 상태의 이상화로 이끈 것은 이러한 발전에 대한 의식을 결여한 듯하다.

보다 넓은 가치 차원의 측면에서 볼 때, 혜강과 완적은 자연 상태를 찬미하면서, '인의'와 '예의와 법률'을 폄하하고 억눌렀는데, 동시에 하늘과 인간의 분리를 내재적으로 내포한 것이기도 하다. "명교를 초월하여 자연에 맡긴다"는 주장 속에서, 하늘(자연)과 인간(명교)는 사실상 대립하는 양극단으로 이해된다. 명교는 인간이 만들어낸 당위의 원칙이고, 당위가 자연에서 벗어난다면, 물론 경직된 교조로 변질되고 아울러 허위화와 공리화로 나아가기 마련이지만, 만약 당위를 내팽겨치고 자연에 맡긴다면 마찬가지로 각종의 병폐가 출현하게 될 것이다. 혜강이 거듭 "감정은 멋대로 할 수 없는 것이고, 욕망은 다해서는 안 된다[情不可恣, 欲不可極]"(『성무애악론聲無哀惡論』) 강조했다 할지라도, '자연에 맡긴다'는 주장은 확실히 방종으로 치달을 가능성을 함축하고 있었다. 현학玄學의 말류末流 가운데에서 우리는 이 점을 간파할 수 있다. 『진서晉書』 「악광전樂廣傳」에는 다음과 같은 내용이 기재되어 있다.

"이 때에 왕징과 호무보지 등은 모두 방종히 본성에 맡기는 것을 통달함으로 여기고 때로는 나체에까지 이르렀다[是時王澄　胡毋輔之等, 皆亦任放爲達, 或至裸體者]."

이러한 류의 세속에 전혀 구애받지 않는 지식인은 당시에는 극소수가 아니었고, 이러한 종류의 거침없는 기풍의 형성은 자연에 맡길 것을 일면적으로 강조한 것과 전혀 관련이 없다고 할 수는 없을 듯한데, 그것은 한 측면에서, 하늘(자연)과 인간(당위)의 분리가 종종 일종의 부정적인 가치의 유도방향을 이룰 수 있음을 드러낸다.

왕필이 당위를 자연으로 바꾼 것은 본질적으로 유가적 전통에 대한 동일시를 체현한 것이고, 혜강과 완적이 명교를 초월해 자연에 맡긴 것은 이미 유가적 전통을 돌파한 것이다. 역사적으로 볼 때, 명교가 일찍이 관방官方의 형식을 획득했던 시대에, 혜강과 완적이 그에 대해 도전한 점은 확실히 일종의 이론적인 용기를 상당히 드러냈던 것이다. 그러나 가치관을 가지고 말하자면, 왕필이 당위와 자연을 융합하여 하나로 하는 사유경로가 사변적 철학자로서의 이론적 심도를 훨씬 잘 드러낸다. 왕필에서 혜강과 완적에 이르기까지, 하늘과 인간은 통일에서 다시 분리로 치닫기 시작했고, 어떻게 하늘과 인간의 통일을 재건할 것인가는 유학전통을 정체성으로 하는 철학자들에게 회피할 수 없는 문제가 되었다.

(3) 당위와 자연의 합일과 자연의 변형

앞에서 서술한대로, 혜강과 완적에게서의 명교의 초월은 실질적으로 유가적 가치체계를 초월함을 의미하고 있다. 그들은 일정 정도 유가적 가치관이 새로운 위기에 직면하도록 하였고, 현학의 말류는 파란을 부추겨 이런 위기를 더욱 심화시켰다. 이런 현상은 빈번히 유학을 정통으로 삼는 사상가들의 우려를 일으켰고, 악광樂廣 배위裵頠 등은 명교를 일으켜 거듭 진작시키려 하였다. 왕징王澄 호무보지胡毋輔之 등이 거침없음을 자처했을 때, 악광은 "명교 안에는 자체의 쾌락의 경지가 있는데, 어찌 반드시 이리해야 하는가?[名教內自有樂地, 何必乃爾?]"(『진서晉書』 「악광전樂廣傳」)라고 예리하게 지적했다. 배위도 마찬가지로 명교를 옹호하는 것을 자신의 임무로 여겼다. 『진서晉書』 「배위전裵頠傳」에는 다음과 같은 내용이 담겨 있다.

"배위가 깊이 근심했을 때, 풍속은 방탕하여 유가의 학술을 존중하지 않았다. 하안과 완적은 평소 세상에 높은 명성을 얻었는데, 입으로 논하는 바가 허황되고 예법을 따르지 않으며 하는 일 없이 녹을 먹으면서 총애만 탐하여, 맡은 바 직무를 행하지 않았다. 왕연王衍의 무리에 이르러서 명성이 아주 성대해져서 지위가 높아졌고 세력이 커져 외물에 스스로를 얽매이게 하지 않으면서 결국 서로를 모방하니, 풍속과 교화는 쇠퇴하였다. 이에 '있음'을 숭상하는[崇有] 이론을 저술하여 그들의 폐단을 밝혔다[頠深患時俗放蕩, 不尊儒術, 何晏 阮籍素有高名於世, 口談浮虛, 不遵禮法, 屍祿耽寵, 仕不事事, 至王衍之徒, 聲 譽太盛, 位高勢重, 不以物務自嬰, 遂相放效, 風敎陵遲, 乃著崇有之論以釋其蔽]."

그런데 "예제가 존재하지 않는다면 국정을 다스릴 수 없다[禮制弗存, 則無以爲政]"(『숭유론崇有論』)는 점을 거듭 표명한 것, 다시 말해 명교가 존재해야 할 필요성을 강조한 것을 제외한다면, 배위는 당위와 자연 등의 관계에 대해서는 상세한 설명을 전혀 제시하지 못했는데, 가치관이란 측면에서 천인관계에 대해 보다 철저히 해명한 것은 바로 향수向秀와 곽상郭象의 『장자주莊子注』였다.

『장자주』의 지은이에 관해, 『진서晉書』에는 두 종류의 다른 견해를 담고 있다. 『진서』「향수전向秀傳」에서는 향수가 곽상에 앞서서 『장자』를 주석하였고, 곽상은 향수의 주석에 근거해서 "다시 주석하고 그것을 확장시켰다[又述而廣之]"고 하였다. 『진서』「곽상전郭象傳」에서는 곽상이 향수의 주석을 도둑질해서 자신의 것으로 삼았다고 단정했다. 「곽상전」에서의 견해는 『세설신어世說新語』「문학文學」편과 일치하는데, 「곽상전」의 결론은 여기에서 비롯된 것일지 모른다. 근래의 사람들의 고증에 근거하자면, 「향수전」에 기록된 내용이 보다 사실에 근접한 것 같다.[46] 본문에서는 「향수전」의 학설을 채택해, 『장자주莊子注』를 향수向秀와 곽상郭象의 공동작품으로 간주하도록 한다.

『장자莊子』는 유가의 경전이 아니며, 형식상에서 볼 때, 장자에 대한 주석은 유학의 정도正道와는 동떨어진 것 같다. 그러나 향수와 곽상에게서, 『장자』를 주석했던 주요 목적은 결코 전적으로 장자의 사상을 해명하는 데에 있는 것은 아니었다.[47] 곽상은 「莊子序」에서 다음과 같이 지적했다.

"천지의 근본을 관통하고 만물의 본성을 질서지우며, 사생의 변화에 통달
하여서, 내성 외왕의 도를 밝힌다[通天地之統, 序萬物之性, 達死生之變,

---

46) 馮友蘭, 『中國哲學史新編』 第四冊, 人民出版社, 1986을 참고할 것.
47) 탕용단湯用彤 선생은 "장자가 성스러움을 끊고 지혜를 끊은 것은 요堯 순舜을 비판하고 탕湯 무武를 경시한 것이지만, 향수와 곽상은 오히려 공자를 특별히 추앙했고, 또한 공자를 위해 변호했다."는 점을 지적했다.(『湯用彤學術論文集』, 中華書局, 1980, 280쪽. 이른바 '공자를 추앙했다'는 것은 다시 말하면 여전히 유학을 정통으로 삼았다는 것이다.)

而明內聖外王之道]."

　　이는 『장자주』의 전체적 개요로 볼 수 있다. 그것은 장자의 사상에 관한 개괄이라기보다는 유가의 내성외왕內聖外王의 도道에 대한 해명이라고 할 수 있다.

　　『장자주』의 전부를 종합적으로 보자면, 하나의 기본적 특성을 볼 수 있으니, 바로 유가를 근거로 도가를 해석하고, 도가를 유가로 끌어들이는 것이며, 그 전체적인 사유의 진로는 "내성　외왕의 도를 밝힘"을 가리키고 있다. 이는 유가와 도가가 합류하는 시대적 사조를 체현할 뿐만 아니라, 내재적으로 유학의 도통道統을 연장한 것이다. 바로 이런 의미에서, 탕용단湯用彤 선생은 "그들(향수와 곽상)의 학설은 유가와 다르지 않다"(『湯用彤學術論文集』, 282쪽)고 생각했다. 이 때문에, 『장자주』를 유학의 발전이라는 역사적 과정에 두고 고찰해야만, 비로소 그 이론적 의의를 진정으로 이해할 수 있는 것이다.[48]

　　혜강과 완적이 공공연히 "명교를 초월하여 자연에 맡긴다"고 주장한 것은 물론 자연을 당위에서 유리시켰던 것이지만, 악광樂廣과 배위裴頠 등이 명교를 다시 진작시킬 것을 주장하면서 "인仁에 순응함으로써 거처하고, 공검함으로써 지키고, 충신으로 통솔하고, 공경과 겸양에 따라 행동하라[居以仁順, 守以恭儉, 率以忠信, 行以敬讓]"(『崇有論』)고 요구한 것 또한 어떤 의미에서는 당위가 자연을 억압하도록 만든 것이었다. 양자는 각기 하나의 극단만을 고집해 하늘과 인간, 자연과 당위의 분리가 외재적인 대치로 나아가도록

---

48) 현학玄學이 혜강과 완적에까지 발전되었을 때, 『장자』는 『주역周易』 『노자老子』와 함께 삼현三玄의 하나가 되기 시작했다. 혜강과 완적은 모두 이론 상에서 극도로 장자를 추앙했는데, 혜강은 『卜疑』에서 일찍이 "어찌 노담老聃의 청정하고 미묘함처럼, 현묘함을 지키면서 일자(=道)를 포용할까? 장주莊周의 제물齊物처럼 변화에 통달하여 거침없이 노닐까[寧如老聃之淸淨微妙, 守玄抱一乎? 將如莊周之齊物, 變化洞達, 而放逸乎?]"라고 자문하였는데, 그가 선택한 것은 실질적으로 바로 장주의 거침없이 노님[放逸]이었다. 완적은 저작 중 『달장론達莊論』에서 "장자의 현묘함은 이치에 통달한 말[莊子之玄, 致意之辭]"이지만 육경六經은 단지 분별해 처신함에 관한 가르침일 뿐이라고 생각했다. 혜강과 완적의 자연에 맡긴다는 이론은 어떤 의미에서는 바로 장자의 학설에 대한 해명이라고 볼 수 있는 것이다. 이러한 배경에서 보자면, 향수와 곽상이 장자를 주석한 것은 위진魏晉의 현학 풍조를 반영한 것일 뿐만 아니라 그 보루로 들어가 그것의 편향됨을 교정하는 것으로 볼 수도 있다.

만들었다. 이처럼 위와 같은 긴장을 화해시키는 것이 바로 향수와 곽상이 직면한 가장 중요한 문제가 되었던 것이다. 배위가 명교에 집착하여 자연을 배척했던 것과 달리, 향수와 곽상은 자연에 맡기는 것을 무조건적으로 부정하지는 않았다.

　　　"자연에 맡기어 [하늘을] 덮고 [땅에] 실리면, 하늘의 기밀(*하늘의 뜻)이 신묘하게
　　　감응하지만, 명리에 따른 치장은 모두 버려지는 물건이 될 것이다[任自然而覆載,
　　　則天機玄應, 而名利之飾皆爲棄物]." (「응제왕應帝王」注)

　　여기서 자연에 맡김은 외재적인 의도적 치장 및 공리화에 대한 부정으로, "하늘의 기밀에 신묘하게 감응한다" 운운한 것은 자연에 맡김을 도道에 합치하는 경지로까지 격상시킨 것이다. 이러한 관점은 왕필에서 혜강과 완적에 이르는 현학의 발전 과정을 대체로 앞뒤로 계승하는 것으로, 명백히 위진시대의 사조를 반영했던 것이다.

　　그러나 일단 자연에 대한 구체적인 이해와 관련짓자면, 향수와 곽상은 혜강　완적과는 즉각 중요한 어긋남을 발생시켰다. 혜강과 완적이 명교를 버리고 자연을 인간의 천성 및 내재적 의향과 관련시켰던 것과는 달리, 향수와 곽상은 명교를 통해 자연을 규정하는 데에 보다 치중하였다. 향수와 곽상의 관점에 따르면, 자연은 결코 당위와 단절된 것이 아니라, 반대로, 당위는 바로 자연이라는 문제 속에 응당 존재하는 의미이다. 인성人性을 해석하면서, 『장자주』는 다음처럼 설명한다.

　　　"인의라는 것은 인간의 성性이다[夫仁義者, 人之性也]." (「천운天運」注)

　　　"인의는 본래 인간의 정情이니, 다만 그것에 맡겨야만 할 뿐이다
　　　[夫仁義自是人之情也, 但當任之耳]." (「병무騈拇」注)

　　성性·정情을 함께 언급하는데, 여기서 '성性'이란 바로 천성天性을 가리키며, 넓은

의미에서의 자연의 범주에 속한다. 또한 '인의仁義'는 도덕 이상의 체현으로서, 마땅히 당위로 귀착되는 것의 사례이니, 향수와 곽상은 인의를 인간의 성정性情으로 정의한 점은 천성(자연) 속에 바로 당위가 존재함을 강조한 것일 뿐이다. 이러한 이해에 의거하자면, 자연에 맡기는 것은 동시에 당위에 따르는 것을 그 실제적 내용으로 삼는 것이다. 바로 이런 의미에서, 『장자주』에서는 "그 천성에 맡겨 움직인다면, 인간의 이치 역시 저절로 완전해 진다[任其天性而動, 則人理亦自全矣]"(「달생達生」注)고 생각했다. 향수와 곽상에게서, 자연에 맡김은 실질적으로 바로 인간의 이치를 완성하는(당위의 실현) 일종의 형식이 되며, 이는 혜강 완적이 자연에 맡기는 것을 욕망에 따라 바람을 달성하는 것과 동일시하는 것과는, 의미에서 확실히 차이가 아주 크다.

자연은 당위를 포함한다는 것은 단지 천인관계라는 한 측면일 뿐이고, 또한 다른 측면에서 보자면, 당위는 또한 언제나 자연에 근본을 둔 것이다. 장자는 천인관계를 해석하면서 일찍이 "소와 말이 네 다리인 것을 자연이라 하고, 말의 머리에 고삐를 매거나 소의 코를 뚫는 것은 인위라고 말한다[牛馬四足, 是謂天, 落馬首, 穿牛鼻, 是謂人]"(『장자莊子』「추수秋水」)라고 설명한 적이 있다. 장자는 이를 통해 인간이 하늘에 대한 부정임을 논증하고, "인위를 통해 하늘을 멸하지 말라[無以人滅天]"고 주장했던 것인데, 향수와 곽상은 완전히 다른 관점을 제기한다.

"사람의 태어나서 소를 부리고 말을 타지 않을 수 있겠는가? 소를 부리고 말을 탄다면 소와 말의 코를 뚫고 고삐를 매지 않을 수 있겠는가? 소와 말이 코를 뚫고 고삐를 매는 것을 마다하지 않는 것은 천명에서 진정 합당하기 때문이다. 만약 천명에 합당하다면, 인간사에 달린 것일지라도 근본은 하늘에 있는 것이다[人之生也, 可不服牛乘馬乎? 服牛乘馬, 可不穿絡之乎? 牛馬不辭穿絡者, 天命之固當也. 苟當乎天命, 則雖寄之人事而本在乎天也]."(「추수秋水」注)

여기에 스며든 숙명론은 잠시 제쳐놓아도 좋다면, 뒷글에서 상세히 논하도록 하자. 하늘(자연)과 인간(당위)의 관계에 입각하자면, 하늘과 인간은 결코 서로 공존할 수 없는 관계로 표현되지 않으며, 당위에 합치하기만 한다면, 말의 머리에 고삐를 매거나 소의 코를 뚫는 것일지라도 역시 그 자연적 근거를 지닌 것이다. 마찬가지로, 사회의 존비질서는 당위에 속하지만, 자연과도 역시 조금도 어긋남이 없는 것이다. 따라서 "그러므로 군주와 신하, 위와 아래, 수족과 안팎의 구분이 바로 천리의 자연임을 안다[故知君臣上下, 手足外內, 乃天理自然]"(「제물론齊物論」註), "존비와 선후의 차례가 진정 사물마다 없을 수 없음을 밝힌 것이다[明乎尊卑先後之序, 固有物之所不能無也]"(「천도天道」註)라고 하였다. 요컨대, 당위에 합치하는 것은 바로 자연에서 비롯되었다는 것인데, 또한 바로 동일한 의미에서, 향수와 곽상은 다음처럼 생각했다.

> "성인은 조정에 있을지라도, 그 마음은 산림 속에서와 다를 바가 없다[夫聖
> 人雖在廟堂之上, 其心無異於山林之中]."(「소요유逍遙遊」註)

단적으로 말해, 당위를 실천하는 과정 속에서도, 마찬가지로 소요하고 표일하는 자연의 경지에 도달할 수 있다는 것이다. 그래서 사회질서에서부터 개체의 행위에 이르기까지, 당위 속에서는 자연을 체현하지 않음이 없는 것이다.

앞서의 논의를 종합하자면, 한편으로, 자연은 당위를 내용으로 하며(천성 속에 곧 인의를 지닌다), 자연에 맡기는 것은 인간의 도리(명교名敎)를 완성시키는 것일 뿐이다. 또한 다른 측면에서 당위 역시 자연에 근본하니, 당위에 부합함은 곧 자연에 순종하는 것이다. 하늘과 인간, 자연과 명교는 분리에서 다시 통일로 나아간다. 하늘과 인간의 관계에 대한 이상과 같은 해명은 혜강과 완적이 자연을 통해 당위(명교)를 부정하는 것과 다를 뿐만 아니라, 배위 등이 당위를 고양시키면서 자연을 배척하는 것과도 구별되는데, 그 근본적 사유노선은 자연을 근거로 당위를 논증하는 것이었다. 명교가 자연적으로 이치에 부합함을 강조한 점에 근거해 말하자면, 확실히 유가적 가치체계의 회복을 목적으로 한 것이며, 당위를 자연에 주입한 점은 자연에서의 어떤 변형을 의미하고 있다. 즉 인의仁義가 천성이라는 정의에서, 자연은 행태만 바뀐 당위인 것 같다. 이렇게 명교라는 기초 위에서 하늘과 인간을 통일시킨 이론적 의도는 유가적 정통에 대한 옹호를 체현한 것이며, 또한 당위에 근거해 자연을 사라지게 만들 가능성을 함축하고 있다. 그러나 향수와 곽상이 당위와 자연은 서로 화합할 수 없는 것은 아니며, 자연에 맡기는 과정 가운데 동시에 인간의 이치를 완성시키는데 이를 수 있음을 긍정했는데, 이런 관점은 하늘과 인간의 대립을 지양하고, 자연과 당위의 긴장을 화해시키는 데에 있어서, 확실히 경시할 수 없는 이론적 의의를 지닌다. 또한 향수와 곽상이 "성인聖人은 조정에 있을지라도, 그 마음은 산림 속에서와 다를 바가 없다"고, 즉 당위 가운데에서 자연을 실현할 수 있다고 생각한 점은 비록 명교를 변호하는 일면을 지니지만, 그 가운데에서 또한 자연에 맡김이 결코 문명화된 사회적 삶을 초월하는 것을 의미하지 않는다는 점에 주목한 것이다. 혜강과 완적이 자연 상태를 이상화하여 '태고의 세상'을 자연원칙의 최고의 체현으로 여기는 것에 비해, 이렇게 인문적 활동 속에서 자연에 이른다는 관념은 일정 정도 자연원칙과 인문원칙의 통일을 체현했다.

  향수와 곽상이 하늘과 인간 자연과 명교의 통일을 재건한 것은 어느 정도 현학의 출발점으로 회귀한 것이기도 했다. 자연을 통해 명교를 배척하는 현학에서의 이단의 출현이, 향수와 곽상으로 하여금 당위에 부합하는 것이 곧 자연에 맡기는 것임을 상당히 강조하도록 만들었지만, 명교가 곧 자연임을 확인하면서, 향수와 곽상은 당위를 자연으로 바꾸는 문제를 결코 무시할 수 없었다. 당위와 통일된 과정으로서, 자연은 의도적인 조작이어서는 안 된다. 즉 "자연은 자연이다. 사람이 어떻게 이러한 자연을 고의로 존재하게 할 수 있으리오![自然則自然矣,人安能故有此自然哉!]"(「산목山木」注)라는 것이니, 진정한 자연을 형성하는 것은 언제나 당위를 자연으로 변화시키는 과정으로부터 분리될 수 없는 것이다.

  "하지 않아도 저절로 합치하므로 모든 것이 변화한다. 만약 하려고 의도한다면,

때마다 정체될 것이다[不爲而自合, 故皆化. 若有意乎爲之, 則有時而滯也].”
(「지락至樂」注)

요순을 버려두고서야 요순의 덕이 완전해지니, 마음에서 속박된다면 자득하지
못한다. 遺堯舜然後堯舜之德全耳, 若係之在心, 則非自得也. (「천운天運」注)

　　요순의 덕은 곧 인의 등의 규범이니, “요순을 버려둔다” “하지 않아도 저절로 합치
한다”는 것은 인의 등의 당위의 원칙이 인간의 제 2의 천성임을 가리키며, “마음에서
속박된다” “하려고 의도한다”는 것은 여전히 외재적인 것에 대한 집착하는 것으로, 여기에
머문다면, ‘때마다 정체됨“을 피할 수 없고, 자연의 경지에 도달하기 어려운 것이다. 이러한
관점들은 왕필과 전혀 다르지 않다.
　　그러나 왕필에게서 당위를 자연으로 변화시킴은 동시에 보편적 도덕적 실체를 구축하는
것과 관련되는데, 이러한 사상은 또한 존재론에 있어 “무를 근본으로 삼는다[以無爲本]”
“근본을 숭상하고 말단을 없앤다[崇本息末]”는 논리의 확장이자 구체화로 볼 수 있다.
왕필이 보편적 실체를 추구하는 것에 치중했던 것과 달리, 향수와 곽상은 존재론 상에서
독화설獨化說을 제기했는데, 만물의 위에 “무無”와 같은 보편적 실체는 결코 존재하지
않으며, 일체의 구체적인 대상은 모두 “부지불식간에 저절로 생겨나[塊然而自生]”, 외물에
의존하지 않으면서[無待] 홀로 변화한다[獨化]고 생각했다.(「제물론齊物論」注) 존재론에
있어서의 독화설獨化說에 상응해, 『장자주莊子注』에서의 당위와 자연의 통일은 결코
보편적 실체를 지향하지 않으며 오히려 당위는 개체의 자성自性(*변치 않는 본성)과의
융합으로 구체화된다. 향수와 곽상의 관점에 따르면 구체적인 존재는 각기 모두 각각의
자성自性을 지니며, 보편적 규범(당위의 원칙으로서의 명교)은 단지 주체의 자성으로
내화되어야만 비로소 진정한 자연적 형태를 획득할 수 있다. 『장자주』에서 말하길,

　　“인의가 중심에서 발하여 본래의 바람으로 돌아가 의탁한다면, 의지는

흡족해진다. 의지가 흡족하면, 그 자취(행동)가 즐겁다[仁義發中, 而還任本懷, 則志得矣. 志得矣, 其跡則樂矣].”(「선성繕性」注)

　　“성인의 행적이 두드러지게 되면, 인의는 진실 되지 않게 되고 예악이 본성에서 동떨어져서 단지 외양으로만 드러날 뿐이다[夫聖跡旣彰, 則仁義不眞, 而禮樂離性, 徒得形表而已矣].”(「마제馬蹄」注)

　　‘성인의 행적’은 명교의 외화이며, 성인의 행적을 두드러지게 하는 것이란 바로 주체의 외부의 도덕규범에 집착하는 것인데, 그 특징은 이러한 규범을 주체의 자성自性과 아직 결합시키지 못했다는(“예악이 본성에서 동떨어짐”) 점에 있다. 그 결과 단지 외재하는 말단(“단지 외양으로만 드러나는 것”)에 이를 뿐이다. 반대로 인의가 중심에서 발하는 것은 자성自性에서 비롯되는데, 일단 이 점을 성취한다면 당위(인의)에의 합치와 자연에 맡김(“의지의 흡족함[得志]”)간의 통일을 실현할 수 있게 된다. 왕필과 비교했을 때, 향수와 곽상은 보편적 규범과 개체 의식의 융합에 대해 상당히 주목했던 듯하다. 앞서의 내용에서 논한 바처럼, 왕필에게 있어, 당위를 자연으로 변화시킨다는 것은 외재적인 명교를 보편적 도덕적 실체로 내화시키는 것을 의미하고 있다. 왕필이 도덕적 실체와 주체의식의 연관성을 부정했던 것은 아니었지만, “근본을 숭상하고 말단을 없앤다[崇本息末]” “근본을 지켜 말단이 존재하게 한다[守母存子]”라는 요구는 여전히 도덕적 실체를 초험화超驗化할 가능성을 내포하고 있었다. 그에 비해, 향수와 곽상은 예악이 자성에서 벗어나지 않음을 ‘자연에 맡김[任自然]’에서의 전제로 삼았으니, 실체의 초험화를 보다 지양하면서 자연원칙이 보다 구체화되도록 하였다.

　　그러나 마땅히 지적해야만 할 점은, 향수와 곽상이 이해한 자성自性은 도가가 말하는 ‘의존함이 없는[無所待]’ 성인의 본성과는 전혀 다르며, 그것은 또한 개체의 명분名分과 품위品位 등의 의미를 포함한다는 것이다. 이 때문에 자연에 맡김은 동시에 명분名分에 안주함을 의미하고 있다.

"진성眞性을 얻어 그것이 저절로 이루는 것을 이용할 수 있다면, 비록 노예가 된다 해도 오히려 비방이나 찬사를 신경쓰지 않고 스스로 그 업에 안주할 것이다. 그러므로 알아주든 몰라주든 자약한다. 기대할 만한 길이 났다하여, 아랫사람이 윗사람을 범하고, 외물로 그 진정한 본질을 해치고, 사람이 그 근본을 잊는다면, 비방과 찬사 사이에서 행동거지가 잘못된 것이다[凡得眞性, 用其自爲者, 雖復皁隷, 猶不顧毀譽而自安其業. 故知與不知, 皆自若也. 若乃開希幸之路, 以下冒上, 物喪其眞, 人忘其本, 則毀譽之間, 俯仰失錯也]."(「齊物論」注)

"포인과 시축이 각자 그 담당한 업무에 편안하고, 조수와 만물이 각자 얻은 것에 만족하며, 요임금과 허유가 각자 그 처한 상황에 머무는 것, 이것이 바로 천하의 지극한 실질이다. 각자 그 실질을 얻고서, 또 어찌 작위하겠는가? 스스로 만족할 따름이다[庖人屍祝, 各安其所司, 鳥獸萬物, 各足於所受, 帝堯許由, 各靜其所遇, 此乃天下之至實也. 各得其實, 又何所爲乎哉? 自得而已矣]."
(「逍遙遊」注」)

여기서 자성自性("진성眞性")은 실제적으로 일종의 인문적 내용을 부여받게 되며, 개체의 자득自得은 그에 따라 하나의 한도를 규정받는데, 일단 이 한도를 초월한다면 동시에 자성自性을 잃어버리게도 된다(그 참됨을 잃게 된다). 이렇게 실체와 자성의 융합을 통해 '자연에 맡김'을 실현함은 마치 개체가 각자의 명분名分과 품위品位 안에서 상응하는 규범을 준수하는 것일 뿐인 듯한데, 바꿔 말해서, "각자 그 담당 업무에 편안함"은 바로 각자 진성眞性에 맡긴 것이다. 이러한 관점은 명백히 유가적 가치원칙을 체현한 것이자 당위를 강화시키는 계기를 내재적으로 함축하고 있다.

위진魏晉시대의 가치관에서 천인관계는 자연과 명교의 구별이라는 형식을 취했는데, 선진시대 도가의 관념이 어떠한 부흥에 이르렀지만, 현학의 주류는 바로 유학의 전통을 계승한 것이었다. 그러나 이전의 유학과 비교했을 때, 현학이 체현하는 유학의 가치체계는 또한 그 자체의 특성을 지니고 있는데, 그것은 자연원칙을 유래없이 격상시킨 점에서 두드러지게 나타난다. 앞에서 서술한 것처럼, 유가는 선진시대에 시작되면서부터 인도人道원칙과 인문적 가치를 상당히 중시했고, 이에 따라 유학은 처음부터 끝까지 자연을 당위로 변화시키는 것을 우선순위에 두었다. 이러한 가치지향은 확실히 합리적 일면을 지닌다. 그러나 유학이 정통화되면서 인문가치를 체현하는 당위는 점차 명교로 변해갔고, 아울러 외재화 되고 허위화되었는데, 이는 결국 유가적 가치체계의 위기를 야기했다. 이러한 위기를 형성시킨 것은 물론 그 외재적 원인을 지니고 있지만, 가치체계 자체를 가지고 말하자면, 당위와 자연의 관련을 무시한 것이 분명 부인할 수 없는 내재적 근원이다. 유가와 비교할 때, 도가는 자연원칙을 상당히 중시했으니, 이는 어떤 의미에서는 유가적 가치체계에 대한 교정이란 의의를 지닌다.

바로 도가를 유가로 수용함으로써, 현학의 주류는 초점을 자연을 당위로 바꾸는 것에서 당위를 자연으로 변화시키는 것으로 전환시켰으며, 이를 통해 하늘과 인간 자연과 당위의 통일을 재건하려 시도했다. 이러한 시도는 외재하는 명교를 내재하는 도덕적 실체로 변화시키려는 것(왕필)으로 나타났을 뿐만 아니라, 보편적 실체를 개체의 자성과 융합시키는 것(향수와 곽상)으로도 나타났다. 위진시대의 현학이 당위를 자연으로 변화시킴으로써 명교(당위)와 자연의 통일을 긍정한 것은 물론 유가와 도가의 합류라는 역사적인 경향을 체현한 것이지만, 명교(당위)의 자연화를 통해서 명교를 거듭 진작시켰는데, 이런 근본적 사유노선은 현학이 총체적으로는 여전히 유가적 가치체계의 연속으로 드러나도록 규정했다. 한편 인의를 근거로 천성을 규정하고, 명분에 안주함을 자연에 맡기는 것으로 여긴 점 등은 현학이 당위와 자연의 통일을 재건하려 애썼지만, 이러한 시도가 완전히 뜻대로 이루어지지 못했다는 것을 보여준다.

2. 자성自性의 확인과 현동피아玄同彼我

명교가 대표하는 것은 사회적 보편규범이고, 자연원칙은 개체의 자성自性과 연관되기 때문에, 명교와 자연에 관한 논변 배후에 함축된 것이 바로 인간이라는 주제이다. 대일통大一統된 양한兩漢 시대와 비교하여, 위진시기 명교의 억압은 상대적으로 느슨해졌고, 개성에 대한 숭상이 한 시대의 기풍으로 번성했다. 또한 다른 한편으로 "위진시대에는 천하에 변고가 많아, 명사名士 중에 온전한 자가 드물었다."(『晉書』, 「완적전阮籍傳」)고 하듯, 이렇게 동요하던 시기에, 개체는 대체로 존재의 위기를 느꼈으니, 어떻게 개체와 사회 사이의 관계를 조정할 것인가가 예민한 사상가들이 언제나 주목했던 문제였으며, 이 문제를 해결하는 과정은 한결같이 유가에서의 집단과 개인에 관한 논변과 관련되었다.

(1) '자연의 본성에의 통달[達自然之性]'에서부터
    '하나로써 다수를 통일함[一以統衆]'에 이르기까지

왕필이 자연을 근본으로 삼을 것을 요구한 것은 당위를 자연으로 바꾸는 데 목적이 있을 뿐만 아니라, 논리적으로 개체의 자성自性에 대한 중시를 함축하고 있었다. 왕필의 관점에 따르면, 개체의 인격이 이상적 경지에 도달하려면, 물론 교화를 배제할 수 없지만, 이러한 교화는 결코 인위적 강제가 아니며, 자연에 순응하되 인위를 가하지 않는 과정인 것이다.

"성인은 자연의 본성에 통달하여, 만물의 실정을 펼쳐주므로, [자연에] 근거하되 작위하지 않고, [자연에] 순응하되 [인위를] 가하지 않는다. 그 혼동하는 원인을 없애고, 그 현혹되는 원인을 없애므로, 마음이 어지럽혀지지 않아서 만물의 본성이 자득하는 것이다[聖人達自然之性, 暢萬物之情, 故因而不爲,

順而不施. 除其所以迷, 去其所以惑, 故心不亂而物性自得之也]."(『王弼集』,
77쪽)

이는 자연대상을 다루는 원칙이자, 또한 주체에 대한 태도와도 관련되는데[49], 이에
입각하자면, "근거하되 작위하지 않고, [자연에] 순응하되 [인위를] 가하지 않는다[因而不爲,
順而不施]"는 말은 곧 주체의 고유한 잠재능력을 출발점으로 삼아 인도한다는 뜻이다.
인간의 개성은 흔히 각자마다 다르니, '[자연에] 순응하되 [인위를] 가하지 않는다'는 것은
"만물의 실정을 펼쳐주는"것과 연관되며, 또한 주체의 성격상 특질을 존중하여 진정한
'자득自得'에 도달할 수 있도록 만듦을 의미하고 있다. 반대로, 만약 개성을 거슬러서
주체에 대해 인위적으로 조형하려 든다면, 필연코 본래의 참된 자성自性을 상실하게
될 것이다. 즉 "만들어 내고 교화를 베푼다면, 만물은 그 참됨을 잃게 된다[造立施化,
則物失其眞.]"(위의 책, 13쪽) 오직 자성自性을 존중하고 멋대로 간섭하지 않아야만 비로소
개체가 알맞게 정해진 위치에 놓일 수 있게 된다. 그러므로 "만물에 작위하지 않아야,
만물은 각자 그 쓰이는 바에 알맞게 된다.[無爲於萬物而萬物各適其所用]"는 것이다. "각자
그 쓰이는 바에 알맞게 된다"는 말은 각자의 개성이 그에 상응하는 발전에 이른다는 뜻을
함유하므로, 여기에서는 확실히 개체성의 원칙을 내재적으로 체현한 것이다.

개체성의 원칙은 물론 자성自性에 대한 존중으로 나타날 뿐만 아니라, 그것은 보다
보편적 의미에서 개체의 존재와 연관되어 있다. 『주역周易』「무망괘無妄卦」에 대해서
해석하면서 왕필은 다음과 같이 말했다.

"망령되이 할 수 없는 극점에 놓이면, 오로지 그 자신을 고요히 지키는 것이
옳으므로, 움직여서는 안 된다[處不可妄之極, 唯宜靜保其身而已, 故不可行也]."
(『王弼集』 345쪽)

---

[49] 왕필이 말하는 자연이 언제나 외적 존재로서의 자연을 가리킬 뿐만 아니라, 주체의 천성으로서의 자연을
가리키는 것과 똑같이, 그가 말하는 '물物' 또한 흔히 일반적으로 자연대상과 인간을 가리킨다.

"그 자신을 고요히 지킨다"는 말은 개체의 존재를 보호하고 유지하는 것으로, 이처럼 개체의 존재는 매우 두드러진 지위로까지 격상된다. 또한 바로 동일한 전제에서 출발하여, 왕필은 "자신을 안녕히 하는 것으로 다투지 않을 만한 것이 없으며, 자신을 수양함은 스스로를 보존함만 못하다[夫安身莫若不 競, 修己莫若自保]"(위의 책, 352쪽)라고 강조했다. '다투지 아니하는 것'이란 곧 세상과 싸우지 않는 것이지만, 세상과 싸우지 않는 것이 결코 자아를 망각함을 의미하고 있지는 않다. 반대로 그것은 최종적으로 자아의 평온을 가리킨다. 더욱이 주목할 만한 가치가 있는 점은 왕필이 여기서 개체의 존재를 도덕상에서의 주체의 자아실현의 전제로 간주했다는 사실이다. "자신을 수양함은 스스로를 보존함만 못하다"는 말은 바로 아주 명백하게 이러한 차원의 함의를 뽑아낸 것이다. 개체성의 원칙이 여기서 확실히 보다 구체적인 규정을 얻게 되었다는 점을 어렵지 않게 엿볼 수 있다.

그러나 '자신을 편안히 하고 스스로를 보존하는 것'이 개체 원칙의 모든 함의를 파헤친 것은 아니다. 보다 깊은 차원에서, 그것은 더 나아가 자아의 반성의식으로 전개된다. 「관괘觀卦」를 해석하면서, 왕필은 다음과 같이 지적했다.

> "존귀한 지위에 자리해 우러러 보는 주인이 되니, 큰 교화를 선양하여, 사방의 땅을 비추는 것이 우러러 봄의 지극함이다. 윗사람이 아랫사람을 교화함은 바람이 풀을 눕히는 것과 같다. 그러므로 백성의 풍속을 살펴서 자기의 도를 점검한다. 백성에게 죄가 있다면 나 한 사람에게 달린 것이니, 군자는 바람을 일으키고서야 자기에게 비로소 허물이 없다[居於尊位, 爲觀之主, 宣弘大化, 光於四表, 觀之極者也. 上之化下, 猶風之靡草, 故觀民之俗, 以察己道. 百姓有罪, 在予一人, 君子風著, 己乃無咎]."(『王弼集』, 317쪽)

여기서는 주로 존귀한 지위에 있는 사람을 가리키고는 있지만, 또한 동시에 아울러 일반적 군자까지도 언급하고 있다. "백성에게 죄가 있다면 나 한 사람에게 달린 것이니,

군자는 바람을 일으키고서야 자기에게 비로소 허물이 없다"라는 말이 강조하는 것은 바로 주체가 지닌 일종의 책임감으로, 이런 책임감은 분명 무엇보다도 주체의 자기 역량에 대한 확신을 체현한 것이지만, 그 함의는 또한 여기에 국한되지 않는다. '나'('나 한 사람[予一人]')는 세상의 풍속의 순박함과 도타움을 결정하면서, '나'는 또한 "큰 교화를 선양하는" 직책을 떠맡고 있다. 바로 주체의 책임에 대한 반성 속에서, 한편으로 개체의 자아 정체성이 보다 심층적으로 체현되고, 다른 한편으로 이러한 자아정체성이 다시 집단에 대한 보살핌에 다가서기 시작한다.

주체의 책임의식으로부터 출발해, 왕필은 제물濟物(*만물의 구제)과 공성 公誠(*공정성실)에 관한 요구를 제기했다.

"정해진 의로움에 어긋난다할지라도, 뜻이 제물濟物에 있고 마음에는 공성公誠을 두고 믿음을 드러냄이 도에 근거하여서, 공을 밝히는 것이라면, 어찌 허물이 있겠는가?[雖違常義, 志在濟物, 心存公誠, 著信在道, 以明其功, 何咎之有?]"(『王弼集』, 304쪽)

'공公'은 집단을 가리키고, '제물濟物'이란 넓은 의미에서의 집단의 이익을 실현시키는 것을 의미하고 있으니, 일단 집단에 대한 의식을 확립하고 동시에 또한 제물濟物을 출발점으로 삼는다면, 세상에 굳건히 서서 잘못된 영역으로 걸어 들어가는 데에 이르지 않을 수 있게 될 것이다(허물이 없게 됨). 만일 완고하게 자기 멋대로 한다면, 흔히 재난을 피하기 어렵게 된다. 따라서 "거부하고 용납함을 자기 멋대로 한다면, 재앙과 허물이 이를 것이다[攘來自專, 則殃咎至焉]"(『王弼集』, 451쪽)라고 하였다. 인식론이란 측면에서 말하자면, 자기 멋대로 함은 주관적 독단을 내용으로 하며, 가치관이란 측면에서 말하자면 그것은 자기중심적인 경향으로 치닫는 것이다. 왕필은 "공성公誠"과 "제물濟物"을 강조하면서 자기 멋대로 하는 것에 반대했는데, 그 내재적 함의는 바로 집단적 원칙을 통해 자기중심적 태도를 부정하는 것이다. 이런 측면에서 왕필은 분명 선진시대 이래의 유가적 가치지향을 계승하고 있다.

스스로 멋대로 함을 반대하는 것에 상응해, 왕필은 거듭 무사無私를 강조했다.

　　"가진 것을 독차지 하지 않고, 이익을 사사롭게 하지 않는다면, 만물이
　　귀의하니, 나아감에 막힘이 없게 된다[不擅其有, 不私其利, 則物歸之,
　　往無窮矣]." (『王弼集』, 462쪽)

　　"마음에 사사롭게 하는 것이 없음보다 성대함에 우선하는 것이 없다[心無所私,
　　盛莫先焉]." (위의 책, 455쪽)

　　"사사로움 없이 소유하지 않음이란 오직 줌을 선으로 삼는 것이다[無私自有,
　　唯善是與]." (위의 책, 192쪽)

'사사로움[私]'이란 단지 개체의 이익만을 고려하는 것을 가리킨다. 왕필이 보기에,
주체의 자아정체성은 자신의 이익을 유일한 출발점으로 삼는 데로 나아가서는 안 된다.
이런 무사無私에의 요구는 주체의 책임감 및 집단에의 배려에 관한 구체적 확장으로
간주할 수 있다. 물론 자신의 이익을 사사롭게 하지 않는다는 것이 완전히 개체의
존재를 무시함을 의미하는 것은 결코 아니다. 오히려 '무사無私'와 '자기보전[自全]'은
상호 연관된 것이라고 말할 수 있다. 그러므로 "고로 사사로움을 없애고 자신을 없애면,
사해에서 우러르지 않음이 없으며 먼 곳과 가까운 곳에서 귀의해 오지 않음이 없게 된다.
자신을 우선하며 사사로운 마음이 있다면, 일체는 자신을 보전할 수 없고, 살과 뼈조차
서로를 포용할 수 없다[故滅其私而無其身, 則四海莫不瞻, 遠近莫不至. 殊其己而有其心,
則一體不能自全, 肌骨不能相容]"(『王弼集』, 93쪽)라고 했던 것이다. 여기에는 일종의
집단과 개인의 관계의 변증법이 내포되어 있다. 즉 단지 자기 한 사람에만 관심을
둔다면("자신을 우선함"), 흔히 자신을 보전하기 어렵게 되므로, 오직 자신의 사사로움을

초월해야만 비로소 사회적 인정을 얻을 수 있고, 아울러 세상에 굳건히 서 있을 수 있게 되는 것이다. 『노자老子』에서는 일찍이 "이 때문에 성인聖人은 그 자신을 뒤로 하여서 자신을 앞세우며, 자신을 도외시하여 자신을 보존한다. 그의 무사無私 때문이 아니겠는가? 그렇기에 그 사사로움을 완성할 수 있는 것이다[是以聖人後其身而身先, 外其身而身存. 非以其無私邪? 故能成其私]"(7장)라고 하였다. 왕필의 사사로움을 멸하여 자신을 보전한다는 학설은 명백히 도가의 일정한 영향을 받은 것이다. 그러나 도가에서 자신의 사사로움을 없앰이란 본래 그 사사로움을 완성하기 위한 것이며, 그것이 전체 사유과정의 종착점을 이룬다. 따라서 "그 사사로움을 완성함[成其私]"이란 목표 하에서, 개체의 원칙은 최고의 지위로 끌어올려지는 것이다. 이와 다르게, 왕필의 경우 '사사로움을 없앰'을 "먼 곳과 가까운 곳에서 귀의하지 않음이 없다"는 것과 관련시켰다. 이처럼 왕필이 말하는 '자신을 보전함[自全]'이란 단순히 개체적 존재에 대한 관심으로 표현될 뿐만 아니라, 동시에 집단적 정체성을 지향指向하고 있다. 이런 측면에 입각하자면, 왕필은 개체인 존재를 집단에 대한 배려와 통일시키려는 의향을 어느 정도 드러내고 있는 듯하다.

그러나 "그 사사로움을 없앰[滅其私]"을 자신을 보전하는 전제로 삼는 것은 논리상 집단원칙을 강조하는 경향을 내재적으로 함축하고 있다. 사사로움은 특수한 이익의 체현으로, 결국 다원성과 다양함을 의미하고 있고, 무사無私는 일통一統을 목적으로 한다. 바로 그 사사로움을 없애라는 요구로부터 출발하여, 왕필은 다수를 하나로 귀일시킴으로써 대중을 일통一統할 것을 주장했다.

> "모든 사물과 형체는 하나로 귀착된다. (…) 백성마다 각자의 마음이 있고,
> 나라가 다르면 풍속도 달라지지만 왕후가 주재한다. 일자가 주재자가 되니,
> 일자가 어찌 [각자의 마음과 다양한 풍속을] 내버려두겠는가? 많을수록 도에서
> 멀어지니, 덜어내야 도에 가까워진다[萬物萬形, 其歸一也. (…) 百姓有心,
> 異國殊風, 而王侯主焉. 以一爲主, 一何可舍? 愈多愈遠, 損則近之]."(『王弼集』,
> 117쪽)

"대중으로는 대중을 다스릴 수 없으니, 대중을 다스리는 자는 극히 소수이다. (…) 그러므로 대중이 모두 존립할 수 있는 이유는 근본이 반드시 하나로 귀착되기 때문이다[夫衆不能治衆, 治衆者, 至寡者也. (…) 故衆之所以得咸存者, 主必致一也]." (위의 책, 591쪽)

여기에서 '하나[一]'는 다자의 근거일 뿐만 아니라 다자가 귀착하는 것으로, 오직 일자를 통해서만, 대중은 비로소 존재할 수 있는데, 사회영역 안에서, '하나'라고 말할 때에는 왕후와 군주를 그 구체적인 내용으로 한다. 이 때문에, '하나'로써 대중을 통일함을 형식으로 할 때, 개체의 '무사無私'와 "그 사사로움을 없앰[滅其私]"은 결국에는 왕권이 상징하는 총체('하나[一]')로 인도되는 것이다. 다자를 덜어내서 하나0로 나아가고, 하나를 주재자로 삼으라는 요구 하에서, 개체의 자성自性은 끝내 전체의 통괄에 압도되게 되며, 집단적 원칙은 그에 상응해 전체론적holistic 형식을 띠게 된다.

왕필은 자성自性을 긍정하면서도 하나를 주재로 삼아야 함을 강조함을 통해, 이론적으로 유가와 도가가 융합되어 유가로 귀착되는 과정을 드러낸다. 물론 가치관 상에서 전체론적holistic 경향은 또한 다시 존재론 상의 "근본을 숭상하고 말단을 없앰[崇本息末]" "어미를 지켜 자식을 보존함[守母存子]"과 서로 연관되므로, 전체적으로 부각되는 것은 어떤 의미에서는 바로 보편적 실체를 강화하는 논리의 확장이라 볼 수 있다.

동중서에게 전체론holism이 주로 신격화된 왕권과 직접 융합해 하나가 되는 것이라고 한다면, 왕필의 경우, '하나를 통해 대중을 통합함[以一統衆]'을 '말단으로부터 근본으로의 회귀'와 연관시킴으로써, 유가의 집단 원칙과 전체론을 위한 일정한 존재론적 근거를 제공했다.

(2) '나'의 자각

왕필은 각기 그 본성을 보전하여 하나의 근본으로 귀의함으로써 대중을 통합시켰지만, 그의 자성自性에 대한 긍정 및 개체 존재(자신을 편안히 하는 것) 중시는 이후 사상가들의 개체원칙에 대한 진일보한 고찰을 이끌었다. 그 중에 혜강과 완적의 관점은 특히 주목을 끈다.

하늘과 인간의 구분에 있어, 혜강과 완적은 "자연에 맡길 것[任自然]"을 주장했는데, "자연에 맡긴다"는 것은 처음부터 개성에 대한 속박을 반대한다는 의미를 함축하고 있었다. 실제로, 혜강과 완적이 명교를 비판했을 때, 그 주된 이유의 하나는 바로 명교가 개성을 억압했다는 것이었다. 혜강과 완적의 관점에 따르면, 정통적 명교는 인위적으로 인간의 내적 바람을 억제할 뿐만 아니라, 인간의 사유에 경직된 틀을 덧씌움으로써, "생각하는 바가 본분을 넘어서지 않는[思不出位]" 현상을 야기했다.

> "세속의 명교 안으로 달려나가니, 영예와 치욕 사이에서 교묘함을 다투면서, 다수에 따라 자기 영역을 일치시키며, 생각하는 바가 본분을 넘어서지 않는다. 기이한 일에도 견해를 없애고, 괴이한 예법에 관해 정상적 논의를 잘라버리게 하면서도, 변화와 계산에 통달했다는 말을 들어본 적이 없다[馳騖於世教之內, 爭巧於榮辱之間, 以多同自域, 思不出位, 使奇事絶於所見, 妙禮斷於常論, 以言通變達數, 未之聞也]." (혜강嵇康, 『답난양생론答難養生論』)

> "지금 그대들은 육경을 기준으로 삼아, 인의를 우러러 주인으로 삼고 예법을 수레로 하며, 강의와 가르침으로 양육한다. 그러한 길에 부합하면 통과시키고 그 길에서 어긋나면 머무르게 하니, 노니는 마음으로 지극히 볼 수 있음에도 그 이외의 것을 보지 않으며, 죽음에 치달을 때까지도 생각하는 바는 본분을 넘어서지 않는다[今子立六經 以爲準, 仰仁義以爲主, 以規矩爲軒駕, 以講誨爲哺乳. 由其途則通, 乖其路則滯,

游心極視, 不睹其外, 終年馳騁, 思不出位].”(혜강, 『難自然好學論』)

　　“생각하는 바가 본분을 넘어서지 않음[思不出位]”이란 다시 말하면 진부한 교의에
속박되어 독립된 사고를 포기하는 것을 뜻하니, 그 논리적 결과란 일체의 창조적 견해를
압살하는 것이다. 쉽게 알 수 있듯이 “생각하는 바가 본분을 넘어서지 않음”을 부정하는
이면에는 바로 권위주의적 가치원칙에 대한 어떤 배척이 깔려 있다. 주체의 내재적 바람을
순리대로 이끌라는 요구에서부터 “생각함에 본분을 벗어나라”는 주장에 이르기까지,
개성의 원칙은 확실히 보다 심층적인 규정을 획득하는 것이다.
　　주체가 생각함에서 본분을 벗어나는 것은 논리적으로 개체 존재에의 깊은 체인을
전제로 한다. 혜강과 완적의 저작을 읽을 때, 우리들은 언제나 자아에 대한 강렬한 긍정을
느낄 수 있다. 유명한 「영회시詠懷詩」 속에서, 완적은 이러한 감정을 거듭해서 토로한다.

　　“외기러기 들판에서 울부짖으니, 날아가는 새들도 북쪽 변경의 숲 속에서
우는구나. 배회하며 무엇을 찾는가. 근심스러운 생각에 홀로 애태우겠지[孤鴻號外野,
翔鳥鳴北林. 徘徊將何見, 憂思獨傷心].”(1수首)

　　“인정에는 사무치는 것이 있으니, 요동침을 어찌 없앨까? 눈물을 흩뿌리고
비통한 아픔을 머금네. 이 쓰라림을 누구에게 말하겠나![人情有感慨, 蕩漾焉能排?
揮涕懷哀傷, 辛酸誰語哉!]”(37수)

　　“홀로 텅빈 당상에 앉았으나, 친해질 만한 사람이 누가 있는가? 문을 나서
기나긴 길에 올랐는데, 지나가는 거마는 보이지 않네[獨坐空堂上, 誰可與親者?
出門臨永路, 不見行車馬?]”(17수)

이런 종류의 어구는 『영회시詠懷詩』 거의 곳곳에서 볼 수 있다. 어떤 논자는 시 속의

주제를 "자아의식"이라 개괄하였는데,[50] 완적이 개체를 중시하는 특징을 언급한 것이지만, 자아의식으로 시 속의 사상을 개괄하는 것은 지나치게 피상적이고 추상적인 것으로 보인다. 자아의식은 주체적 반성 의식으로, 개체에 관한 관심은 물론 자아의 반성을 포함하지만, 그것이 또한 명백하게 이 점에만 국한되는 것도 아니다. 그의 본의에 따르면, 자아의 정체성이란 무엇보다도 개체의 존재와 관련되는데, 바꿔 말하자면, 개체에 관한 관심은 우선 개체의 "있음"에 대한 관심이다. 위에서 인용한 『영회시詠懷詩』 가운데, 개체는 완전히 일종의 고독한 존재로 표현되는데, 개체는 대중 속에서 생활하지만, 홀로 배회하고 홀몸으로 먼 길을 간다. 개체 외부에 존재하는 것은 하나의 낯선 세계처럼 보인다. 어렵지 않게 알 수 있듯이 이는 외롭고 쓸쓸한 심리적 상태 하에서의 개체의 '있음'에 대한 체험적 인식인 것이다. 그것이 어렴풋이 드러낸 것은, 한편으로는 개체가 '자연에 맡기는[任自然]' 등의 방식을 통해 자신의 존재가치를 실현할 것을 이미 요구하기 시작했다는 점이고, 다른 한편으로 이러한 정통적 예교를 초월한 자아가 사회의 보편적 정체성을 획득하기 어렵다는 점이다. 이 때문에 예민한 지식인 중에서는 자연스럽게 개체의 고독감이 움트기 시작했다.

고독감은 흔히 존재에 관한 일종의 위기의식을 수반하고 있다. 위진魏晉시대의 많은 환란에서, 명사名士들은 항상 예측할 수 없음에 대한 걱정을 지니고 있었는데, 난세에 처했을 때, 지식인들은 흔히 안도감 같은 것을 지닐 수 없었다. 완적의 『영회시』 가운데에서, 우리는 이 점을 어렵지 않게 발견할 수 있다.

"생명에서 기한을 헤아릴 수 없으니, 아침 저녁도 예측할 수 없다네
[生命無期度, 朝夕有不虞]."(27수)

"고니는 사해를 날아다니는데, 여정 중에 어디로 돌아올 수 있을까?
[黃鵠游四海, 中路將安歸?]"(20수)

---

50) 任繼愈, 『中國哲學發展史』 3권, 人民出版社, 1988 참고.

글자와 행간마다, 뚜렷한 위기의식을 무심코 드러내고 있지만, 이러한 위기감은 결코 명교名教의 타락에서 근원한 것이 아니라, 개체의 "있음"에 대한 관심에서 비롯된다. 시대적 추세의 곤란과 위험은 개체가 세상에서 안전히 존립하는 것을 어렵게 만들었고, 요동치며 불안한 인생은 개체 존재의 의미가 돌출되도록 만들었다. 따라서 존재의 위기는 개체의 안녕에 대한 우려일 뿐만 아니라, 존재 의미의 상실에 대한 한탄과 아쉬움으로 나타났다. "여정 중에 어디로 돌아올 수 있을까?"라는 의문은 인생의 출로에 대한 자아의 탐색으로 간주할 수 있다.

바로 이러한 개체 존재의 위기에 대한 관념이 자아로 하여금 언제나 해소되기 어려운 근심 속에 놓이도록 했던 것이다.

> "하루하고 또 한 밤, 한 밤하고도 하루 아침이 지나갈수록, 안색은 평소와
> 달라지고, 정신은 사그라드네 (…) 죽을 때까지 얇은 얼음판을 밟아야 하니, 누가
> 내 마음의 번민을 알아줄까?一日復一夕, 一夕復一朝, 顔色改乎常, 精神自損消
> (…) 終身覆薄冰, 誰知我心焦?" (63수)

이러한 심리상태는 현대 서양의 실존주의와 일부 유사한 점을 지닌 듯하다. 불안에 대한 해석에서 완전히 일치하는 것은 아니지만, 불안을 개체 존재가 피할 수 없는 현상으로 보고 말한다는 점에서, 양자는 확실히 비슷한 사유 경향을 드러냈다. 물론 실존주의에서, 불안감은 진정한 나의 상실에서 형성된 것이고, 진정한 나의 상실은 또한 일상 세계 속에서의 자아의 타락에서 비롯된 것이기도 하다. 그것은 어떤 의미에서는 현대 서양 사회의 소외현상을 반영했던 것이다. 반면 완적에게서의 마음의 번민은 고단한 시대적 흐름에 놓인 개체의 불안감에서 발생한 것으로, 양자는 다른 시대적 특징과 심리적 내용을 지니고 있다.

불안한 심리 상태 속에서, 자아는 결국 더욱 절절하게 자신의 존재의 독특성과 반복 불가능성을 체험하기에 이른다. 『영회시』에서는 거듭해서 이 점을 드러내고 있다.

"곤궁한 사람이든 영달한 사람이든 어찌 따지겠나, 한번 죽으면 다시 살 수 없네![豈知
窮達士! 一死不再生!]" (14수)

개체 생명이 유한함이란, 뜻을 얻은 사람이든[達], 그렇지 못한 사람이든[窮], 개체라는
측면에서 말하자면 어쨌든 단 한번 살 뿐으로 반복될 수 없다("한번 죽으면 다시 살 수
없네"). 세월은 쉽게 가고, 인생은 영원하지 않으니, 개체의 존재는 유한성을 초월할 수
없다. 이러한 감개와 체험은 확실히 전례 없이 개체의 존재가치를 부각시킨 것이었다.

결론적으로, 자아의 독립적 사고를 통해, 생각함에 본분을 벗어나지 말아야 한다는
사고를 부정하면서, 혜강과 완적은 또한 고독 불안 등의 심리상태를 통해 개체 존재의
독특성을 밝힘으로써, 개체성의 원칙을 고양시켰다. 왕필이 개체성을 주체의 책임의식과
관련시킬 뿐만 아니라, 이로부터 '거사去私' '귀일歸一'을 주장했던 것과는 달리, 혜강과
완적은 개체의 존재가치를 강조함으로써 속세를 넘어서서 집단과 단절하는 방향으로
나아갔다. 즉, "기필코 속세를 넘어서 집단과 단절해, 습속을 버리고 홀로 나가고,
천지만물이 시작되기 전으로 거슬러 올라, 아득한 시초를 응시하며 끝없는 곳으로
두루 흘러퍼지는 것을 헤아려서, 뜻을 드넓게 만들어 스스로를 펼치어, 네 계절마다
솟구쳐서 팔방을 날며 선회한다[必超世而絶群, 遺俗而獨往, 登乎太始之前, 覽乎
勿漠之初, 慮周流于無外, 志浩蕩而自舒, 飄飄于四運, 翻翔翔乎八隅.]" (완적阮籍,
『대인선생전大人先生傳』) 하늘과 인간에 관한 논변에서의 "자연에 맡김[任自然]"에 관한
학설이 이미 유학이 감당할 수 있는 범위가 아니었던 것처럼, 개체원칙을 강화함으로써
속세를 넘어서 집단과 단절하는 방향으로 나아가는 것 또한 이미 유가적 가치원칙을
넘어선 것이었다. 하나를 통해 다수를 통합하려는 왕필의 전체론적holistic 원칙과 반대로,
혜강과 완적에서의 개체원칙의 부각은 의심할 바 없는 일종의 합리적인 저항이었다.
다만 이를 통해 속세를 넘어서 집단과 단절할 것을 주장했으니, 개체의 사회적 책임을
약화시킴으로써, 마찬가지로 건전한 사회적 가치 지향을 형성할 수 없었던 것으로 보인다.
혜강과 완적은 한 편으로는 개체원칙과 집단원칙의 긴장을 드러내면서, 이러한 긴장의

화해를 새로운 시대적 문제가 되도록 했다. 향수와 곽상의 『장자주莊子注』에서, 우리는 바로 이 문제에 관한 사고를 엿볼 수 있다.

(3) 현묘한 도 안에서 타자와 나가 하나됨[玄同彼我]

하늘과 인간에 관한 논변에 있어, 향수 곽상은 자연과 당위의 통일을 재구축하고자 하였다. 이러한 사유노선의 논리적 확장인 개체와 전체의 관계란 측면에서, 향수 곽상은 또한 양자의 분리를 지양할 것을 시도했다.

위진시대, 개체에의 관심은 어떤 의미에서는 이미 일종의 시대적 정신이 되었는데, 『장자주莊子注』도 마찬가지로 이 시대적 특징을 반영했다. 이론에서의 논리관계를 통해 보자면, 향수와 곽상은 독화설獨化說(*사물이 외적인 힘이나 내부적 요인에 의해서가 아니라, 스스로 존재하고 변화한다는 학설)을 주장했는데, 독화獨化가 중시하는 것은 무엇보다도 각각의 대상 자체의 변화로, 존재론 상에서 이런 관점은 아주 자연스럽게 개체원칙에 대한 긍정을 도출해내기 쉬웠다. 혜강 완적과 마찬가지로, 향수와 곽상 또한 자아의 가치를 긍정했다.

"귀중한 것은 나이다." (『莊子』「田子方」注)

이와 같은 일종의 '나'에 관한 자각, 그것은 보편적인 옳음[義]을 통해 '나'를 융해시키는 정통 명교名教와는 명백한 차이를 지닌다. 나에게는 물론 '나'가 단순히 물화된 존재로 간주되지 않으며, 오히려 그것은 무엇보다도 사물에 대한 초월로 나타난다.

"그러므로 성인은 이것을 비추어 저것을 밝히지 않으며, 자신을 내버려두고 외물을 추구하지 않는다[故聖人不顯此以耀彼, 不舍己而逐物]." (「齊物論」注)

"만약 자신을 경시하고 이익에 힘쓰고, 나를 버려두고 외물을 위해 희생한다면,
자신조차 안전히 할 수 없는데, 천하를 어찌하겠는가[若夫輕身以赴利, 棄我而殉
物, 則身且不能安, 其如天下何]."(「在宥」注)

외물은 일종의 대상적인 존재로서, '외물을 위해 희생함[殉物]' '외물을 추구함
[逐物]'이란 외재하는 명예와 이익에 대한 추구일 뿐만 아니라, 또한 자아를 외물의
영역으로까지 낮추는 것을 의미하니, 그 결과란 자아의 타락인 것이다. 향수와 곽상이
'자기를 버리고 외물을 추구함' '자기를 버리고 외물을 위해 희생함'에 반대한 것, 그
내재적 함축은 바로 자아를 대상적인 존재 가운데에서 끌어올려냄으로써, 어떤 주체적인
성격을 획득하도록 만드는 것이었다.

자아의 주체적 특징은 물론 외물과 나의 구분으로 나타날 뿐만 아니라, 그것은 동시에
나와 타인 사이의 관계 위에서도 전개된다. 장자는 일찍이 사광師曠 공수工倕 이주離朱
등이 모두 그들이 지닌 재능[德]을 밖으로 내세움으로써 천하를 어지럽혔다고 생각했는데,
이러한 결론을 해석하면서, 향수와 곽상은 다음처럼 기술하고 있다.

"이러한 몇몇 사람들은 부여받은 바가 다양하였기에, 천하인들이 발돋움하며
그들을 본받도록 만들었는데, 그들을 본받는다면 곧 자신을 잃는 것이다.
(…) 천하에서 커다란 환란이란 자신을 잃는 것이다[此數人者, 所稟多方,
故使天下躍而效之, 效之則失我. (…) 夫天下之大患者, 失我也]."(「胠篋」注)

남을 본받는다는 것이란 곧 타인을 모방하는 것으로, 그 특징은 타인을 기준으로 삼아
자아를 형상화하는 데에 있는데, 이러한 형상화의 결과란 진정한 자아의 상실이기에,
외적인 모방은 흔히 주체적인 속성에 대한 멸시를 수반한다. 향수 곽상의 모방에 대한
비판은 동시에 개성 혹은 인격은 마땅히 다양성을 지녀야만 한다는 의미를 함축한
것이기도 하다. 이는 인격의 발전은 주체를 본위로 해야만 함을 규정한다. "외물을

추구함[逐物]" 및 "외물을 위해 희생함[殉物]"에 대한 부정이 주로 자아가 대상으로 낮추어져서는 안 됨을 강조한다면, 모방에 대한 비판은 더 나아가 자아가 외재하는 기준에의 부속물이 되어서는 안 된다는 점을 제시하는데, 두 가지는 상이한 각도에서 동일한 주제를 부각시킨다.

물론 자아의 주체적 성격에 대한 긍정이란 개체가 오직 자신에 초점을 맞추어야만 함을 의미하고 있는 것은 아니다. 왕필과 마찬가지로, 향수와 곽상 또한 개체의 자주성을 책임감과 연관 지었다. 노장老莊의 무위無爲 관념을 해석하면서, 향수·곽상은 다음과 같이 지적했다.

> "무위라는 것은 다양한 재능을 지닌 사람과 모든 개성이 각자 그에 합당한
> 일을 떠맡고, 스스로 그 책임을 감당하는 것이다[夫無爲也, 則群才萬品各任其事,
> 而自當其責矣]." (「天道」 注)

장자莊子에게서, 무위無爲는 흔히 개체의 소요逍遙와 하나로 관계된 것으로, 인간 세상의 문화적 창조를 초월할 뿐만 아니라, 그에 상응해 주체의 사회적 책임을 약화시키는 결과로 나타난다. 이와 달리, 향수·곽상은 무위無爲를 각자 자신의 일을 떠맡는 것과 각자 자신의 책임을 감당하는 것의 통일로 이해했다. 바꿔 말하자면, 무위無爲라는 형식에서, 향수·곽상은 개체성의 원칙을 유입시켰는데, 이러한 원칙은 주체의 개성의 특질에 대한 존중을 구체화할 뿐만 아니라("다양한 재능을 지닌 사람이 각자 그에 합당한 일을 떠맡음"), 주체의 책임을 부각시켰던 것이다("각자 그 책임을 감당함"). 그 본래적 의미에 따르면, "그 책임을 감당함[當其責]"이란 바로 주체 행위의 사회적 결과에 대한 책임을 떠맡는 것으로, 그것은 내재적으로 타인과 사회에 대한 책임의식을 내포하고 있다. 개체 존재에 대한 혜강과 완적의 관심과 우려에 비해, 향수·곽상의 사유노선은 분명 상당한 차이가 있는데, 그들은 이런 측면에서 유가적 전통을 보다 많이 체현했다고 말해도 좋다.

그러나 왕필이 개체의 책임의식을 강조함으로써 집단적 원칙으로 나아간 것과는 달리,

향수와 곽상에게 있어, 책임의식 속에 포함된 집단에 관한 관심은 무엇보다도 존재론 상에서의 상인설相因說과 관련된다. 『장자주莊子注』는 독화설獨化說을 통해 형이상학 상의 실체를 부정하면서, 이른바 상인설相因說을 제기했다. 즉 "저들과 내가 서로 원인[相因]이 되어 상황이 모두 발생하나, 현묘한 합치로 되돌아간다 할지라도, [양자가] 짝하는 것은 아니다[彼我相因, 形景俱生, 雖復玄合, 而非待也.]"(「제물론齊物論」注) 다른 대상은 비록 짝하는 대상이 없어도 저절로 생겨나지만, 동시에 다시 저것과 이것은 서로 의존하는 것[相因]이 된다는 것이다. 서로 의존함[相因]의 구체적인 의미를 해석하면서, 향수 곽상은 다음처럼 서술했다.

"천하에서 서로 어울려 그와 내가 되지 않는 경우는 없는데, 그와 나는 모두가 스스로를 위하고자 하니 동쪽과 서쪽이 서로 상반되는 것과 같다. 그러나 그와 나는 서로 입술과 이빨이 되니, 입술과 이빨이란 함께 하지 않은 적이 없어서 입술이 없어지면 이가 시린 것이다. 따라서 그가 스스로를 위함이 나를 구제하는 공로가 크다[天下莫不相與爲彼我, 而彼我皆欲自爲, 斯東西之相反也. 然彼我相與爲脣齒, 脣齒者未嘗相爲, 而脣亡則齒寒. 故彼之自爲, 濟我之功弘矣!]" (「추수秋水」注)

독화獨化는 자신을 위하는 하나의 과정으로 전개되지만, 바로 스스로를 위하는 과정 속에서, 사물은 다시 상호작용(서로를 구제함[相濟])함으로써, 보편적 연계를 실현시킨다. 이처럼, 스스로를 위함[自爲]은 단순히 자신을 향하는 하나의 폐쇄적인 과정에 불과한 것이 아니라, 내재적으로 갖추고 있는 어떤 개방적인 성질이다. 독화獨化의 이론이 개체성의 원칙을 함축하고 있다고 말할 수 있다면, 스스로를 위함에 대한 긍정과 '상인相因'의 연관은 단순한 개체원칙을 초월할 것을 요구한다. 바로 '상호 의존[相因]'의 관점으로부터 출발해, 향수와 곽상은 개체는 집단으로부터 단절될 수 없음을 강조하는 것이다. 그래서 "인간에게서 집단이란 인간과 분리될 수 없는 것이다[與人群者, 不能離人.]"

(「인간세人間世」注), "자기는 천하와 더불어, 서로 의존하여 완성되는 것이다[己與天下, 相因而成者也]"(「재유在宥」注)라고 말했던 것이다.

독화獨化와 서로 의존함[相因], 스스로를 위함[自爲]과 상호 구제[相濟]의 통일은, 구체적으로 삶의 방향에 있어 "타자와 나가 현묘한 도에서 하나 되는 것[彼我玄同]"으로 나타난다.

> "그러므로 대인大人은 나를 밝혀서 타인을 드러내지 않고 타인이 스스로를 밝히도록 맡기며, 내가 타인에게 군림하는 것을 덕으로 여기지 않고, 사람들이 자득하도록 한다. 그러므로 능히 만물을 두루 관통하여 현묘한 도 안에서 타자와 나를 융합시키며, 완전히 천하와 하나가 되어 내외가 복을 함께할 수 있는 것이다[故大人不明我以耀彼, 而任彼之自明, 不德我以臨人, 而付人之自得, 故能彌貫萬物, 而玄同彼我, 泯然與天下爲一, 而內外同福也]."
> (「인간세人間世」注)

'현묘한 도 안에서 하나됨[玄同]'이란 일종의 형이상학적인 의미에서의 합일로, [위의 구절에서] "천하와 하나 됨[與天下爲一]"이란 구절이 곧 '현묘한 도 안에서 하나됨[玄同]'에 관한 주석이라고 볼 수 있는데, 그 구체적인 내용이란 우선 타인과 나의 통일인 것이다. 이러한 통일에서, 자아는 결코 소멸되는 것이 아니라, 거꾸로 그것은 내재적으로 긍정된다. 즉 "대중과 현묘한 도에서 하나 됨이란 대중 보다 귀한 것을 구하는 것이 아니니, 보통 사람들은 귀하지 않을 수 없기에, 지극히 귀한 것이다[夫與衆玄同, 非求貴於衆, 而衆人不能不貴, 斯至貴也.]"(『재유在宥』注) 바로 대상들 사이에서 저것과 이것이 '서로 연관[相因]'되어 상호 의존하는 것처럼, 나와 타인 역시 서로 교류하는 가운데 각자의 가치를 드러낸다. 다만, 나를 귀히 여김[貴我]이 '나'에 대한 집착으로 나아가서는 안 되는데, 그렇지 않으면 '현묘한 도에서 하나됨[玄同]'에 이를 수 없기 때문이다. 따라서 "자기에 집착하면 대동大同에 이를 수 없다[有己則不能大同也]

(『재유在宥』注)"라는 것이다. 이렇게 '나'를 긍정하면서도 '나'를 무화하여, "나를 버려두고 타자를 잊어야[遺我忘彼]"(「병무騈拇」注), 타자와 나는 현묘한 도 안에서 하나가 된다[彼我玄同]. 형이상학적인 사변형식 하에서, 집단과 나는 어떤 통일에 도달했던 것 같다.

그러나, 형이상학적 차원을 초월해, 구체적인 사회 역사 영역으로 회귀하면, "현묘한 도 안에서 타자와 나가 하나 됨[玄同彼我]"에서의 또 다른 의미가 드러나기 시작한다. "타자와 나의 현묘한 도에서의 일치[彼我玄同]"에 관한 개념을 확장함으로써, 향수와 곽상은 사회 정치적 영역에서의 일통一統에의 요구를 제기했는데, 그 요구는 또한 "한 사람을 군주로 삼을 것[一人爲主]"을 전제했다. 그들은 다음처럼 말했다. "천 명의 사람이 모였는데, 한 사람을 군주로 삼지 않는다면, 혼란스럽지 않다면 흩어질 것이다. 그러므로 현명한 사람이 많다고 군주가 여럿일 수 없고, 현명한 사람이 없다고 군주가 없을 수 없다. 이것은 하늘과 인간의 도道이니, 반드시 이르러야 하는 올바름이다[千人聚, 不以一人爲主, 不亂則散. 故多賢不可以多君, 無賢不可以無君, 此天人之道, 必至之宜]"(「인간세人間世」 注) 여기서 "현묘한 도에서 하나 됨[玄同]"이란 실제적으로는 위로 일자에게 일치시키는 것으로 표현된다. 그리고 나와 타자의 통일은, 그에 상응해, 일종의 군주를 중심으로 한 등급구조로 전개된다. 이와 같은 일통一統의 정치구조에 비해, 개체는 다소 종속적인 지위에 머무른다. 이런 점에서 말하자면, 향수 곽상에게서 '현묘한 도 안에서 타자와 나가 하나됨[玄同彼我]'이란 말은 확실히 전체를 최고로 하는 일면을 포함하고 있다. 이른바 백성의 실정[百姓之情]과 개체의 행위에 대한 규정에서, 이러한 경향의 표현은 보다 명백해진다.

"성인은 백성의 실정을 통합하여 그에 따라서 제도를 만든다. 그렇기에 백성은 통일된 바에 따라 그 실정을 의탁하며, 그에 대한 좋고 싫음을 절로 잊는다. 따라서 한 세상과 함께 하면서도 고요하고 담백할 수 있는 것이다[夫聖人統百姓之大情, 而因爲之制. 故百姓寄情於所統, 而自忘其好惡, 故與一世而得淡漠焉]."(「천하天下」 注)

"사람마다 아는 바가 반드시 같을 수 없지만, 행해야 할 것은 감히 다를 수 없다. 다르다면, 거짓되게 이룬 것이다. 거짓 되이 이루고서도 참됨을 잃어버리지 않는 경우는 여태까지 없었다[人之所知不必同, 而所爲不敢異. 異則僞成矣. 僞成而眞不喪者, 未之有也]."(「대종사大宗師」 注)

"실정을 통합함[統情]"이란, 다시 말하자면, 단일한 준칙에 근거하여 집단의 실정에 대한 위로부터 아래에 이르는 규범을 만드는 것으로, 그 결과 개성은 다양성으로부터 일통一統으로 나아가게 되는데("통일된 바에 따라 그 실정을 의탁하며, 그에 대한 좋고 싫음을 절로 잊는다"), "행해야 할 것이 감히 다를 수 없다[所爲不敢異]"는 것은 행위 양식이 하나로 일치된 것이다. 이처럼 내재적 개성으로부터 외재적 행위에 이르는 사회생활의 각각의 측면은, 모두 '현묘한 도 안에서 타자와 나가 하나 되는[玄同彼我]' 형식 아래에서, 동일한 명교名敎의 틀 속에 귀속된다. 왕필에 비해, 향수와 곽상의 전체론적holistic 원칙은 확실히 보다 정밀해 보인다.

향수와 곽상은 '나'에 대한 긍정에서 출발해서, 다시 더 나아가 '현묘한 도 안에서 타자와 나가 하나됨[玄同彼我]'으로써 집단과 개인의 통일에까지 도달하고자 했지만, 이와 같은 노력은 사람들에게 어떤 사변적인 만족을 주었을 뿐이다. 현실적 관계에 맞닥뜨렸을 때, 그 내용은 곧바로 전체를 최우선으로 하는 원칙으로 전환되었으며, 출발점으로서의 주체적 의식 역시 그에 상응해 그 구체적인 내용을 잃어 버린 채, 공허한 추상이 되었다. 그러나 향수와 곽상이 진정한 개체와 전체의 통일을 재건할 수는 없었다고 할지라도, 혜강 완적 등이 자아의 정체성을 최고의 원칙으로 삼고, 아울러 이로부터 속세를 초월해 집단과 단절하는 방향으로 나아갔던 점과 비교하자면, 향수와 곽상이 '현묘한 도 안에서 타자와 나가 하나됨[玄同彼我]'을 통해 타인과 나 사이의 분리를 지양하려 시도했던 점은 [혜강과 완적의] 편향된 측면을 바로잡는 의의를 지닌 것으로 보인다. 그리고 그 가운데 함축된 전체론적holistic 경향은 유가적 가치원칙을 회복시킨 것이다.

왕필에서부터 향수 곽상에 이르기까지, 위진사상가들은 '타인과 나' '전체와 개인'의 관계에 대해 다방면에 걸쳐 토론하였고, '집단과 개인에 관한 논변[群己之辨]'을 사람들의 주목을 끄는 하나의 시대적 논제로 만들었다. 혜강·완적 등의 현학玄學 이단은 개체원칙을 고양시킴으로써 유가의 궤도로부터 벗어났지만, 자기를 수양하여 타인을 평안하게 하는[修己以安人] 유학의 전통은 결코 중단되지 않았다. 오히려, 양한兩漢시대 유학 정통화에 의해 전제된, 개체의 책임과 집단에의 관심을 중시한 유가적 가치지향이 비로소 정교한 전체론holism 형식을 획득하게 되었다. 물론 왕필·곽상 등은 유학적 전통을 이어가는 동시에, 또한 도가를 유가 속으로 수용함으로써 집단과 개인의 관계상에서 유가적 가치체계에 대한 모종의 조정을 이뤄냈다. 이런 점은 개체원칙에 대한 깊이 있는 고찰과 그것이 보다 적절한 자리매김을 얻도록 하려는 시도에서 두드러지게 나타난다. 유가는 선진시대의 시작에서부터 집단과 개인의 관계에 있어 합리적인 가치원칙을 구축하기 위해 힘써왔다. 비록 원시 유가가 개체원칙을 부정했던 것이 아니고, 『중용』에서는 심지어 '자기완성[成己]'에의 요구까지도 제기했지만, 집단에의 관심이 확실히 보다 중요한 지위에 놓여 있었다. 양한兩漢 시대 이후로, 대일통大一統의 정치적 국면의 형성과 함께 유학이 정통화됨에 따라, 집단적 원칙은 점차 전체론적holistic 원칙으로 변화되어 갔고, 개체의 존재는 더욱더 왕권을 중심으로 하는 등급구조에 부속되었다. 이런 역사적 배경에서 보자면, 현학의 개체존재에 대한 관심, 개성에 대한 과도한 억압에 대한 비판, '나'에 관한 긍정 등등은, 의심할 바 없이 유가적 가치체계를 위한 새로운 내용을 주입한 것이다.

현학화된 유학이 전반적으로 정통 유학의 전체론적holistic 원칙을 초월하지는 못했지만, 개체원칙의 유입은, 결국 집단과 개인의 관계가 상당한 신축성을 갖게 함으로써, 명교화된 유학과 다른 것이 되게 하였다.

3. 소요逍遙에의 이상理想과 천명天命의 억제

위진魏晉시대, '자연과 명교' '개체와 전체'에 관한 논변과 관련된 것이, 인간의 자유라는 문제이다.[51] 현학玄學은 자연自然을 얘기하기를 즐겼는데, 자연에의 순응은 소요逍遙(넓은 의미에서의 자유自由)로 이끌리기 쉬웠다. 현학은 또한 개성을 중시했는데, 개성의 확장도 마찬가지로 어떤 의미에서 자유에 대한 열망을 함축하고 있다. 그렇지만 현학의 주류에 입각해 말하자면, 자연自然은 언제나 명교名教의 구속을 받았고, 개체는 한결같이 전체에 의한 억제를 받았다. 이러한 구속과 억제는 보다 깊은 차원에서 다시 '필연적 이치[必然之理]'와 관련되고 있다. 이 때문에, 소요에의 이상과 필연에 의한 규제를 어떻게 조화할 것인가가 위진현학에서 다시 하나의 이론적 중심이 되었다. 역사적으로 볼 때, 이런 문제에 관한 토론은 또한 유가의 '노력과 운명에 관한 논변[力命之辨]'에서의 진일보한 전개로 나타난 것이기도 하다.

(1) 도道로써 변화를 억제함 : 자유의 한계

자연의 원칙에서 출발해서, 왕필은 "[만물에] 따르되 작위하지 말고, [자연에] 순응하되 [인위를] 가하지 말라[因而不爲, 順而不施]"고 요구했다. 여기에서는 이미 자연의 원칙이 부각되어 있으며, 또한 외재적 억압에 반대한다는 의미가 함축되어 있는데, 이 양자는 서로 다른 측면에서, 개체의 자주성에 대한 어떠한 용인을 표현해냈다. 실제로, 양한兩漢에서의 정통 유학에 비해, 왕필은 확실히 인격의 형상화가 주체의 자주적 선택과 분리될 수 없다는 점을 보다 주목하였다. 주체의 행위를 가지고 말하자면, 바로 주체의

---

51) 牟宗三이 이미 명교와 자연의 구분과 자유와의 관련성에 주목한 바 있지만, 그는 위진시대의 자유의 개념을 "태음교의 자유"로 귀속시켰는데, 지나치게 오묘하고 지나치게 모호한 듯하다. (牟宗三의 『才性与玄理』 제10장을 참조할 것)

사회생활 속에서의 활동은 자주적 선택과 연관되므로, 왕필은 거듭 자기 자신에게서 구할 것을 강조했다. 즉 "타인을 탓하지 말고, 반드시 자기에게 구해야만 한다[無責於人, 必求諸己]"(『王弼集』, 196쪽)는 것이다. 쉽게 알 수 있듯이 여기서의 전제는 주체의 행위가 단순히 외부적인 역량에 좌우되어서는 안 된다는 것이다.

개체의 자주성은 물론 단순히 "자기에게서 구함[求諸己]"에 달려 있을 뿐만 아니라, 그것은 동시에 주체와 대상 간의 관계와도 관련되며, 그에 상응하는 존재론적 근거를 지닌다. "변화[變]"에 관해 정의하면서, 왕필은 다음처럼 지적했다.

"변화란 무엇인가? 정욕과 작위에서 행해진 것이다. 욕망과 작위에서의 움직임은 헤아려서 구할 수 있는 것이 아니다. 그러므로 합해지고 흩어짐, 굽어지고 펴짐은 본체와 서로 어긋난다. 형상이 조급하면 고요함을 좋아하고, 바탕이 유약하면 강건함을 사랑하니, 본체와 정욕은 서로 상반되고, 바탕과 바람은 어긋난다. 역수에 능통한 사람도 그 결과를 예측할 수 없고, 극히 총명한 사람이라도 일정한 법칙을 규정할 수 없으니, 법제는 일정할 수 없고, 도량은 균일할 수 없는 것이다[變者何也? 情僞之所爲也. 夫情僞之動, 非數之所求也, 故合散屈伸, 與體相乖. 形躁好靜, 質柔愛剛, 體與情反, 質與願違. 巧歷不能定其算數, 聖明不能爲之典要, 法制所不能齊, 度量所不能均也]."
(『王弼集』, 597쪽)

현상의 변화는 흔히 무작위적 성격을 지니고 있어서 일종의 통일된 양식을 사용해 규정하기 어렵다. 이렇게 일정한 법칙을 만들 수 없는 무작위적 현상을 바로 '적연適然(우연)'이라 하는데, 그것은 본질적으로 필연적인 이치의 외재적 표현이다.

따라서 "가늠해야 하는 것이 도의 변화이다[權者, 道之變]"(『王弼集』, 627쪽)라고 하는 것이다. 도道의 외재적 표현으로서, 우연한 현상은 흔히 이럴 수도 저럴 수도 있는 것이다. 이를테면 기질이 유순한 자가 강건한 외관을 편애할 수 있고, 겉으로 움직임을 좋아하는 자가 그 성격에서 어떤 경우에는 고요함을 즐기는데, 이런 현상은 언제나 사물과 사람에 따라 달라서, "미리 대비할 수 없다[不可豫設]"(위의 책) 바로 객관적인 존재에서의 이런 우연한 현상이 주체의 선택을 위한 전제를 제공하는 것이다. 우연성은 단지 외재적 가능성에 불과하여, 현상의 변화는 이럴 수도 저럴 수도 있기 때문이다. 다시 말해 다양한 변화의 가능성을 함축하므로, 주체는 비로소 어떤 선택의 여지를 지니게 된다. 물론, 우연성은 또한 예측할 수 없기 때문에, 주체의 선택과 행동에 곤란을 가져오기도 한다. 즉, "변화에는 항상 된 본체가 없고, 신묘하여 밝게 헤아리는 일은 사람에게 달려 있으니, 미리 예측할 수 없음이 특히 곤란한 것이다[變無常體, 神而明之, 存乎其人, 不可豫設, 尤至難者也.]" (위의 책) 왕필의 이러한 관점은 우연성의 존재에 주목한 것으로, 인간의 자주적 선택과 우연성을 관련시킴으로써 자유라는 문제에 관한 고찰이 주체가 의도한 범위를 초월하도록 한 것이었다.

그러나 우연성이 주체의 선택을 위한 가능성을 제공한다고 할지라도, 단순히 우연성에 의거한다면, 흔히 합리적 선택을 내리기 어렵다. 우연성은 "도의 변화[道之變]"일 뿐이고, 우연성의 배후에는 언제나 필연의 도道 혹은 필연적 이치가 존재하고 있다. 현상의 변화에서 일정한 법칙을 규정할 수 없지만, 그것은 결국 언제나 도道 또는 이치[理]의 제약을 받게 된다.

"만물에는 헛되어 그러한 바가 없으니, 반드시 합당한 이치에서 비롯된다
[物無妄然, 必由其理]." (『王弼集』, 591쪽)

"현상의 다변성과 임의성에 비해, 도道(理)는 항상 일정한 특성을 지니고 있다. 즉, '처음과 끝이 변화한다 해도, 그 항상 됨은 어긋나지 않는다[返化終始, 不失其常]'(위의 책, 63쪽)는 것은 바로 도는 만물을 제약하고 또한 안정성을 갖추고 있기 때문에, 일단 도道를 파악한다면 각종 현상에 대처하여 정확한 선택을 할 수 있는 것이다."

"만사에는 근원이 있고, 만물에는 주인이 있으니, 길이 갈라지더라도 그것은 같은 곳으로 돌아가며, 생각이 백가지라더라도 그것은 하나에 다다른다. 도에는 큰 일정함이 있고, 리에는 크게 이르는 곳이 있으니, 고대의 도에 입각해 현재를 통제할 수 있다[事有宗而物有主, 途雖殊而其歸同也, 慮雖百而其致一也. 道有大常, 理有大致, 執古之道, 可以御今]." (『왕필집王弼集』, 126쪽)

이처럼, 한 측면에서, 우연성의 존재는 주체가 선택을 가늠함에서의 가능성을 제공하고, 또 다른 측면에서, 필연적인 도道의 제약은 다시 주체의 선택을 위한 근거를 제공한다. 주목할 필요가 있는 점은, 왕필이 여기서 필연적인 도를 주체적 자유와 확연히 대립시키지 않았다는 것이다. "현재를 통제할 수 있다"는 말은 곧 주체의 자유에 대한 모종의 확신을 나타낸다. 쉽게 알 수 있듯이 왕필의 위와 같은 관점은 우연과 필연의 관계상에서, 인간의 자유에 대한 이론적 설명을 시도한 것으로, 그가 필연의 도道에 관한 파악을 현실적 선택의 전제로 삼은 점은 유가의 이성주의적 전통을 체현한 것이다. 공자의 "마음이 욕망하는대로 하여도 법도를 넘어서지 않는다[從心所欲,不踰矩]"에서부터, 왕필에서의 "도道에 입각해 현재를 통제한다"는 사고에 이르기까지, 인간의 자유는 모두 필연(道) 또는 당위(矩)에 대한 이성적 인식 위에서 구축되지 않은 것이 없다.

왕필은 개체의 자주성("반드시 자신에게서 구한다[必求諸己]")을 긍정하면서, 다시 우연과 필연을 연계시킴으로서 인간의 자유에 대해 고찰했는데, 그 시야는 확실히 이전 사람들에 비해 더욱 넓어진 것이었다. 왕필 이전에, 일찍이 왕충王充 역시 필연과 우연의 관계에 대해 규정했다. 왕충의 견해에 따르면, 자연 현상의 변화는 언제나 필연적인 도道의 제약을 받는다. 따라서 그는 "음양을 지닌 물질적 기운은 스스로 처음과 끝을 지니는데, 서리를 밟고서 단단한 얼음이 반드시 얼게 될 것을 앎은 하늘의 도道 때문이다.[陰陽物氣自有終始, 履霜以知堅冰必至, 天之道也.]"(『논형論衡』 「견고譴告」)라고 하였다. 그렇지만 반드시 이르게 되는 하늘의 도[天道] 이외에, 또한 "적연適然"(우연)이라는 것이 있다면, 필연과 적연은 어떤 관계로 나타나는가? 왕충은 "두 가지 명령과 세 가지의 일치[二令參偶]'란 개념을 가져다 다음처럼 해석했다. "하늘의 도는 자연이니, 자연은 무위이다. 두 가지가 명령하면 셋이 일치하니, 때맞추어 서로 만나기에 이른다.[夫天道自然, 自然無爲, 二令參偶, 遭適逢會.]"(『논형論衡』「한온寒溫」)는 것이다.

"둘이 명하여 셋이 일치함[二令參偶]"은 "둘이 짝하여 셋이 합치함[二偶三合]"(『논형論衡』「우회偶會」)으로도 표현되는데, '둘이 명령함[二令]' 혹은 '둘이 짝함[二偶]'이란 두 종류의 필연적 추세의 마주침으로, 우연(적연適然)은 두 종류의 필연의 마주침에 의해 만들어진 결과이다. 이런 이해에 근거하자면, 우연은 필연과 병립하는 별도의 하나의 계열이 되는 듯한데, 우연히 일단 필연과 병립하는 계열로 격상되면, 주체의 자유선택은 바로 제한을 받게 된다. 이른바 "명命은 피할 수 없고, 시時는 억지로 할 수 없다[命則不可勉, 時則不可力.]"(『논형論衡』「명록命祿」)는 말은 바로 이상과 같은 추론의 논리적 결론인 것이다. 이에 비해, 왕필이 필연과 우연의 연계로부터 인간이 현재를 통제할 수 있음을 긍정한다는 확실히 보다 깊은 차원에서 인력人力(주체 역량)의 가치원칙에 대한 긍정을 체현했던 것이다.

그러나 유무有無에 관한 논변에서 보편적 실체를 추구하는 점에 상응해, 전체적으로 왕필은 우연한 현상에 대한 필연적인 도道의 제약을 보다 중시한다.

"그러므로 많은 것들이 모두 존재할 수 있는 이유는 근본이 반드시 하나로 귀착되기 때문이다. 움직이는 것이 모두 운행할 수 있는 이유는 원천은 반드시 둘일 수 없기 때문이다[故衆之所以得咸存者, 主必致一也. 動之所以得咸運者, 原必無二也].'"(『왕필집王弼集』, 591쪽)

존재론 상에서 말하자면, 만물은 모두 무無에 근거하고 있고, 무無는 만물을 통일시키는 본원이 된다('많은 것들이 모두 존재할 때, 근본은 반드시 하나로 귀착한다'). 반면 동정動靜의 관계에서 보자면, 현상의 변화에서 일정한 법칙을 만들 수는 없지만, 최종적으로 도道의 지배를 받지 않음이 없다('움직이는 것이 모두 운행할 때, 원천은 반드시 둘일 수 없다'). 왕필은 '모두[咸]'와 '반드시[必]'라는 두 가지 개념을 통해, 무無는 만유의 근본으로 현상[用]은 실체[體]로부터 분리되어 존재할 수 없음을 강조했을 뿐만 아니라, 도道의 보편적인 제약을 부각시켰다. "원천은 반드시 둘일 수 없다"는 형식에서, 현상의 변화는 하나의 방향(둘이 아님[無二])만을 지니는 듯한데, 발전에서의 다양한 가능성은 그에 따라 단일한 추세로 대체된다.

우연의 변동이 일단 단일한 필연적 추세로 대체되면, 필연성은 바로 형이상 화되기 시작하여, 절대적인 형식을 획득하게 된다. 이런 형이상形而上으로서의 필연은 초험적인 천명天命과 사실상 본질적인 차이가 없다. 바로 필연이라는 전제를 강화시킴으로써, 왕필은 명命을 두드러진 지위로 격상시켰던 것이다.

"하늘이 가르친 명命을 어찌 어기겠는가? 어찌 허투루 하겠는가?[天之敎命, 何可犯乎? 何可妄乎?]"(『王弼集』, 343쪽)

여기서, 필연의 도道는 '명命'이라는 형식을 얻게 되며, "도는 반드시 둘일 수 없다[道必無二]"는 입장 속에서 "명命을 어길 수 없다"는 주장이 논리적으로 도출된다. 천명天命이 어길 수 없는 것이라고 할 때, 출로는 오직 "명을 받는 것[承命]" "명에 순응하는 것[順命]"일 수밖에 없는데, 왕필의 결론도 바로 이와 같다. 즉, "위로 천명을 받들어, 아래로 백성을 안정시킨다[上承天命, 下綏百姓]"(위의 책, 155쪽), "군주를 섬기지 못하더라도 명에 순응하여 마친다[不爲事主, 順命而終]"(위의 책, 227쪽)라는 것이다. 천명 앞에서, 주체의 선택은 한갓 형식만을 갖춘 것이 되며, 형이상의 필연이 결국 인간의 자유를 압도하게 된다. 이렇게 왕필은 필연과 우연에 관한 이중적 긍정을 통해, 왕필은 주체의 자주적 선택을 위한 이론적인 설명을 제공하고자 했지만, 형이상의 보편적 실체 대한 추구는, 왕필이 오히려 현상의 변동을, 원천은 반드시 둘일 수 없다는 필연적 추세 속에 융합시키게 하였고, 이로 인해 '명에 순응하는[順命]' 숙명론으로 나아가도록 만들었다. 이러한 논리적 귀결은 도가道家의 일부 관념—무위無爲개념의 단편적 확장은 흔히 숙명론으로 인도되기 쉬웠다—에 물든 것일 뿐만 아니라, 전체적으로는 유가가 천명을 강조했던 전통을 계승한 것이었다. 사실상 공자 맹자로부터 시작된, 유가(순자는 어쩌면 예외이다)는 늘상 노력과 운명[力命] 사이에서 배회했기에, 주체의 역량과 외재적 필연은 아무래도 진정한 통일에 이르기 어려웠다. 그런데 양한시대의 정통 유학에서, 천명의 관념과 권위주의적 원칙의 상호융합은 명정命定(*명은 결정되어 있음)에의 가치지향을 점차 전형화 된 사유 경향으로 만들었다. 왕필은 유학儒學을 현학화하면서, 이런 전형을 변화시키지는 못했다.

(2) 의지로 명에 저항함[以志抗命] : '노력과 운명에 관한 논변[力命之辨]'에서의 이단

왕필이 필연적 도道의 보편적 제약을 강조함으로써 명에 대한 순응으로 나아갔던 것과는 달리, 혜강과 완적은 주체의 자주적 선택을 보다 부각시켰다. 자연自然과 명교名敎에 관한 논변에 있어, 혜강과 완적은 명교를 초월하여 자연에 맡길 것을 주장했다. 자연에 맡긴다는 논리를 확장함으로써, 혜강은 주체의 '지志'를 주목할 만한 지위로 격상시켰다.

"사람에게 지志가 없으면 사람이 아니다. 그런데 군자는 마음을 써서 욕망하는 바를 행하도록 할 때 스스로 그 선한 것을 헤아리며, 반드시 따져보고 나서야 행동한다. 지志가 나가는 바가 있다면, 입과 의중을 죽음에 이를지라도 둘로 하지 않으니, 자신을 치욕스럽게 하는데 이르지 않고 반드시 성취됨을 기약할 수 있다[人無志, 非人也. 但君子用心, 所欲准行, 自當量其善者, 必擬議而後動, 若志之所之. 則口與心誓, 守死無二, 恥躬不逮, 期於必濟]." (「가계家誡」)

욕망하는 바는 일종의 의향으로, 의향과 관련된 '지志'는 주로 '의지'라는 특성으로 표현된다. 여기서, '지志'는 바로 인간이 인간이 되는 근본 규정이 된다. 일단 의지가 선택을 했다면("지志가 가는 바가 있다면"), 수많은 좌절에도 꺾이지 않고서 욕망하는 바의 목표에 도달할 때까지 관철시켜야만 한다. 바로 이런 자주적 선택이란 특성이 인간이 명교의 속박을 부수고 자유로운 주체가 되도록 만드는 것이다.

이에 따라, 견고한 의지가 이상적 인격이란 항목 속에 포함되어야만 하는 의미가 된다. 「복의卜疑」에서, 혜강은 엄중한 어투로 두 종류의 매우 상이한 인생의 지향을 열거했다.

"적막하고 한적하게 편히 있고, 과시하고 뽐내지 않으며, 타자와 나를 하나로 여겨 다툼도 양보함도 없으며, 마음 씀이 깨끗하여 홀연히 좌망坐忘(*만물과 나의 구분을 모두 잊고 도와 합일된 경지)한다면, 복희와 신농을 따르다 미치지 못한다 할지라도 길을 가던 중에 어찌 상심하겠는가? 의기가 그득하여 굳세고 감정이 분연해 절개가 있어 믿을만하며, 위로 천자를 구하고 아래로 장수와 승상을 업신여기며, 그 용모를 장중하고 엄숙히 하고, 스스로를 특출나고 고결하게 높인다면, 항상 직위를 얻지 못한다 할지라도, 원한을 품고 불만에 그득하겠는가?(寧寥落閒放, 無所矜尙, 彼我爲一, 不爭不讓, 游心皓素, 忽然坐忘, 追羲農而不及, 行中路而惆悵乎? 將慷慨以爲壯, 感槪以爲亮, 上干萬乘, 下陵將相, 尊嚴其容, 高自矯抗, 常如失職, 懷恨快快乎?)"

앞에 한 종류는 은거해 세속을 떠남을 지향해 나가는 것으로, 그것이 초탈하여 얽매이지 않는 점은 자유로운 외관을 하고 있는 듯하지만, 이는 단지 소극적으로 자연에 순응하는 것이다. 후자는 가슴 속에 굳건한 의지를 품고, 누가 뭐래도 평소의 자기식대로 행하며, 주체적인 인격의 존엄을 지키면서 외부의 힘에 굴복하지 않는 것으로, 혜강이 긍정한 것은 바로 후자와 같은 종류의 인생 지향이었다. 위로 천자를 구하고 아래로 장수와 승상을 업신여기며, 그 용모를 장중하고 엄숙히 하고 스스로를 특출 나고 고결하게 높인다는 것은 형식적으로는 역시 "자연에 맡기는 것[任自然]"으로 나타나지만, 이런 식으로 자연에 맡기는 것이란 지조 없이 그 자연을 따르는 것과는 완전히 다르며, "의지를 실현시키는 것[遂志]"을 그 구체적인 내용으로 한다. 요堯 순舜 등 역사적 인물을 평가하면서, 혜강은 이에 대해 다음과 같이 구체적인 해석을 행했다. "이른바 현달한 경우 능히 더불어 선을 실천하면서도 변함이 없고, 궁핍한 경우에도 스스로 만족하여 번민하지 않는다는 것이다. 이를 통해 보자면, 요와 순의 군주로의 치세나, 허유가 바윗굴에 거처한 것, 자방(장량)이 한나라를 도운 것, 접여가 돌아다니며 노래한 것에서 그 법도는 하나이다. 여러 군주를 우러러 보면서도, 그 의지를 실현시켰다고 말할 수 있는 것이다. 그러므로 군자의 백가지 행동은 길을 달리할지라도 똑같은 곳으로 이른다. 본성을 따라서 움직여, 각자 그 편안한 바에 의탁한 것이다. 所謂達能兼善而不渝, 窮則自得而無悶. 以此觀之, 故堯舜之君世, 許由之岩棲, 子房之佐漢, 接輿之行歌, 其揆一也. 仰矚數君, 可謂能逐其志者也. 故君子百行, 殊途而同致. 循性而動, 各附所安." (「여산거원절교서與山巨源絶交書」) 사람은 처지마다 궁핍함과 현달함의 구분이 있지만, 어떠한 조건 하에 놓여 있다할지라도, 사람은 모두 자기 생활의 진로에 대해 자주적 선택을 할 수 있다. 요 순 허유 등의 행위 지향은 비록 각각 달랐지만, 내재적 바람에 근거해 자기 선택을 했다는 점에서는 서로 동일하다. 바로 의지에 따른 선택과 바람의 실현("의지를 실현시킴[遂志]")이 "본성에 따라서 행동하는[循性而動]" '자연에 맡김[任自然]'이 어떤 자유로운 특징을 지니도록 만들었던 것이다.

인간을 인간이 되도록 하는 내재적 속성으로서, 주체의 의지는 외부의 힘에 의해 좌우되는 것이 아니다. 즉, "의지와 기개가 의탁하는 바를 빼앗을 수 없다[志氣所托, 不可奪也]"(「여산거원절교서」)는 것이다. 물론, 의지를 빼앗을 수 없다는 것은 주체 자신이 의지를 지키는 것과 분리될 수 없는 것이기도 하다.

"신서(오자서)의 긴 통곡, 백이숙제의 고결함, 전계(*유하혜柳下惠)가 지켜낸
신의, 소무의 견결한 지조와 같은 것은 굳건하다고 말할 수 있다. 그러므로

의식하지 않고 고수하면서 편히 여겨 그것을 체화함이 자연과 같은 것이다. 바로 의지를 지켜냄이 완전한 경우에만 가능할 뿐이다[若夫申胥之長吟, 夷齊之全潔, 展季之執信, 蘇武之守節, 可謂固矣. 故以無心守之, 安而體之, 若自然也. 乃是守志之盛者可耳].”(「가계家誡」)

의지라는 속성의 중요성은 유가가 원래 주목했던 것으로, 공자는 “삼군에서 장수를 빼앗을 수는 있어도, 필부에게서 의지를 빼앗을 수는 없다[三軍可以奪帥, 匹夫不可奪志]”는 학설을 주장했었는데, 혜강의 위와 같은 관점은 확실히 유가 전통의 영향을 받았던 것이다. 그러나 유가가 의지를 빼앗을 수 없음을 긍정한 점은 주체의 인격의 존엄과 인격의 독립에 주로 역점을 둔 것이었고, 그들은 더 나아가 의지에 근거해 외재하는 천명天命에 맞섰던 적은 없었는데, 공자에서부터 왕필에 이르기까지 모두 이런 특징을 체현했다. 이들과 상이하게, 혜강은 “의지의 실현[遂志]”과 “의지의 고수[守志]”를 강조함으로써 “스스로 그러한 운명은 구해낼 수 없다[自然之命不可求]”는 관념을 부정했다.

「난택무길흉섭생론難宅無吉凶攝生論」에서, 혜강은 명命은 정해져 있다는 학설에 대해 이의를 제기했다. “장수와 요절의 결과는 몸을 사용하는 데에서 생겨나며, 성명性命의 완성은 선을 구함에서 획득된다. 그렇다면 요절하는 경우 어리석다고 말하지 않을 수 있겠는가? 장수하는 경우라면 어찌 지혜롭다고 말하지 않을 수 있겠는가? 장수와 요절이 생각과 지혜에서 이루어진다면, 스스로 그러한 운명命은 구해낼 수 없다는 이론을 어찌 그대로 놓아두겠는가?[壽夭之來, 生於用身, 性命之遂, 得之善求. 然則夭短者, 何得不謂之愚? 壽延者, 何得不謂之智? 苟壽夭成於思智, 則自然之命不可求之論, 奚所措之?]” 전통적인 명정론命定論(*운명은 정해져 있다는 이론)에 따르자면, 인간의 수명에서의 길고 짧음은 모두 심오한 필연성에 의해 규정되는 것으로, 후천적인 노력으로는 이러한 예정된 운명을 변화시킬 수 없다. 그런데 혜강이 볼 때, 장수나 요절은 주로 주체가 어떻게 자신에 대해 적절히 조절('몸을 사용함[用身]' '선을 구함[善求]하느냐에 달려 있다. 장수하는 경우란 대체로 몸을 잘 사용했기 때문이고, 단명하는 경우는 대체로 잘 조절하지 못했기 때문이다. 요컨대 인위人爲가 영향을 미쳐서 운명을 변화시킬 수 있는 것이다. 여기서, 주체의 자주성은 내재적 의향에서 외화되어 노력을 통해 운명을 통제하게 되는 것이다.

또한 "장수와 요절의 결과는 몸을 사용하는데에서 생겨나며, 성명의 완성은 선을 구함에서 획득된다"는 점을 근거로, 혜강은 양생養生을 극히 중시했다. 그는 일찍이 「양생론養生論」을 저술하면서, 다방면으로 어떻게 양생할 것인가에 관한 문제를 논의했다. 형체와 정신[形神]의 통일이란 관점에서 출발해, 혜강은 양생의 근본적 원칙은 "형체와 정신은 밀접하니, 겉과 속을 모두 완성하는[形神相親, 表裏俱濟]"것에 있다고 생각했다. 그리고 두 가지 가운데, 그는 심리 조절을 보다 중시한다. 즉 "군자는 형체가 정신에 의지해 서있고, 정신은 형체에 깃들어 존재함을 안다. 양생의 이치를 쉽게 잃어버릴 수 있음을 깨달아, 한번 지나친 것이 삶을 해칠 수 있음을 안다. 그러므로 본성을 도야하여 정신을 보존하고, 마음을 편안하게 하여 몸을 온전하게 하며, 애증이 감정에 머물지 않게 하고, 걱정과 기쁨을 의식에 담아두지 않으니, 평정하여 미혹되지 않고 기혈氣血과 기식氣息 조화롭고 평안하다[君子知形恃神以立, 神須形以存. 悟生理之易失, 知一過之害生. 故修性以保神, 安心以全身, 愛憎不棲於情, 憂喜不留於意, 泊然無惑,而體氣和平.]"(「양생론」)는 것이다. 단적으로 말해, 여기서는 어떤 이원론적 경향이 나타난다. 그러나 중요한 점은 그가 양생 과정에서 주체의 정신적 역량의 역할을 강조한다는 사실이다. 쉽게 알 수 있듯이 양생을 중시하는 배후에는 주체의 자유에 대한 모종의 긍정이 깔려 있다. "의지의 실현[遂志]"과 "의지의 고수[守志]"가 주로 삶의 가치와 정신적 경지의 선택에 있어, 주체의 자주성을 부각시키는 것이라면, 본성을 도야하고 마음을 편안하게 하고, "호흡을 들이쉬고 내쉼[呼吸吐納]"(「양생론」) 으로써 양생하고 수명을 연장하는 것은, 노력과 운명[力命]의 관계에 있어 "죽음과 삶은 명에 달려 있다[死生有命]"는 숙명론을 부정한 것이다.

이론적인 연원에서 보자면, "성명性命의 완성은 선을 구함에서 획득된다."고 혜강이 강조한 점은 명백히 도교道敎의 영향을 일부 받았다. 도교는 늘상 도가道家(노장老莊)를 숭배하고 본받아, 이후에 『노자老子』와 『장자莊子』를 경전으로 삼기까지 했지만, 도가와 도교에는 사실 중요한 차이가 존재하고 있다. 이는 도교가 이미 종교가 되었다는 점뿐만 아니라, 양자가 "하늘과 인간[天人]" "노력과 운명[力命]" 등의 관계에 대해 상이한 이해를 표현하는 데에도 있다. 도가에서 강조하는 '인위를 가지고 하늘을 멸하지 말라[無以人滅天]'는 관념은 "도는 자연을 본받는다[道法自然]"는 사고와 결합하여, 곧 무위無爲에의 요구로 변화되었으며, 이는 노력과 운명의 관계상에서 "명에 순응하는 것[順命]"으로 나타났다. 따라서 "죽음과 삶은 명에 달린 것이다[死生, 命也]"(『장자莊子』, 「대종사大宗師」), "그것을 어찌할 수 없음을 알고서 명을 따름을 편히 여기는 것이 덕의 지극함이다[知其不可奈何而安之若命, 德之至也]"(『장자』, 「인간세人間世」)라고 했던 것이다. 그와 달리, 도교는 장생구시長生久視를 추구했는데, 내단 內丹(몸을 부뚜막으로 삼아, 정精 기氣 신神을 수련하는 것으로 이른바 기공氣功과 유사한 점이 있다)의 단련 및 외단外丹(단사丹砂등을 정련하여 丹藥을 완성시키는 것) 등의 방법을 통해서 수명을 연장해 장생할 수 있으며, 심지어 우화등선할 수 있다고 생각했다. 이러한 관점은 물론 상당히 황당한 종교적 헛소리가 베어든 것이지만, 신학의 짙은 안개를 통과하면, 우리는 오히려 도가의 가치지향과 다른 점, 즉 인간의 역량에 대한 확신에 주목할 수 있다. 즉 삶과 죽음은 결코 운명에 따라 예정된 것이 아니고, 그것은 결국 인간의 노력에 달려 있다는 것이다. 그리고 이런 노력은 동시에 의지의 전일함과 상호 관련된다. 초기의 시작에서부터 도교는 "전일함을 유지할 것[守一]"을 매우 강조했다. 『태평경太平經』에서는 "전일함을 유지하는 것이란 참으로 합해서 하나 되는 것이다[守一者, 眞眞合爲一也]"(153권), "성인께서 전일함을 유지시키는 것을 가르쳤다. (…) 사념은 쉬지 않고, 정신은 스스로 이르러, 상응하지 않는 것이 없고, 온갖 병이 저절로 사라지는데, 이것이 바로 장생구시의 증표이다[聖人敎其守一, (…) 念而不休, 精神自來, 莫不相應, 百病自除, 此卽長生久視之符也.]"(153권)라고 했는데, 전일함을 유지함[守一]은 곧 의지의 기능으로 표현된다. 즉 "하나란 마음이요, 의식이요, 의지이다[一者, 心也,

意也, 志也]"(92권) 혜강이 "의지의 실현[遂志]"과 "의지의 고수[守志]"로부터 나아가 양생이라는 각도에서 주체의 권능을 강화시킨 점은 도교의 이상과 같은 사유노선과 확실히 유사한 측면이 있다. 어떤 의미에서는 주체의 작용을 중시하는 도교의 가치지향을 끌어들임으로써, 혜강은 도가에서의 "자연에의 순응"[順自然]을 초월했을 뿐만 아니라, 유가의 천명 관념도 거부한 것이다.

위진魏晉 시대의 가치관의 변화라는 측면에서 보자면, 왕필은 우연과 필연의 관계로부터 인간의 자유와 그 한도를 고찰했지만, 결국 필연을 강화시킴으로써 "천명은 위배할 수 없다[天命不可犯]"는 숙명론으로 이끌렸다. 혜강의 경우 의지라는 속성을 부각시켜 주체의 자주성을 고양시켰으며, 아울러 양생의 과정에서 의지의 역량을 구체화함으로써, 가치의 선택과 생명의 존재라는 두 가지 차원에서 자유에 대한 낙관적 신념을 표현해냈다. 혜강의 주체의 역량에 대한 드높은 자기 확신은 왕필이 외재적 필연성의 결정 작용을 강조했던 것과 정확히 하나의 대조를 이룬다. 전자의 가치지향은 노력으로 운명에 항거하는 것으로 표현되며, 후자는 운명에 순응하는 것으로 귀착된다. 혜강의 숙명론에 대한 부정은, 한편으로는 유가적 가치체계에 대한 도전을 표현한 것인데, 이론적으로 이러한 도전은 더 나아가 유학전통으로부터 아직 분리되지 않은 현학사상가의 대응을 격발시켰다. 향수와 곽상에게서 우리는 곧 이후의 경향을 어렴풋이 볼 수 있다.

(3) 마주치는 것은 곧 명[所遇卽命] :
　　소요逍遙에서부터 운명에의 순응[順命]으로

존재론 상에서 향수와 곽상은 독화설獨化說을 제기했다. 독화獨化란 초월적 실체로부터 구체적 존재로의 회귀를 의미하고 있을 뿐만 아니라, 대상의 존재와 변화를 원인없이 탐색할 수 있음을 함축하고 있다. 『장자주莊子注』에서, 향수와 곽상은 거듭 다음과 같은 점을 강조했다.

"의존하지 않고 홀로 이루어진 경우, 어떻게 그 원인을 파악하고 그것이 말미암은 바를 캐물을 수 있는가?[無待而獨得者, 孰知其故, 而責其所以哉?]" (「제물론齊物論」 注)

"사물의 근접으로 때로 그 원인을 알 수도 있다. 그러나 그 원천을 찾아서 끝에 이른다면, 원인없이 저절로 그럴 뿐이다. 절로 그러하다면, 조금이라도 그 원인을 물을 수 있는 것이 없고, 다만 그에 따라야만 한다[夫物事之近, 或知其故. 然尋其原, 以至乎極, 則無故而自爾. 自爾, 則無所稍問其故也. 但當順之]." (「천운天運」 注)

'원인이 없는 것[無故]'이란 인과관계의 제약을 받지 않는 것으로, 향수와 곽상은 독화獨化는 언제나 원인 없이 저절로 그렇게 나타나는 것이라 여겼는데, 실질적으로 인과관계의 보편성까지도 부정하는 이런 관점은 명백히 비 결정론적 성질을 띠고 있다. 왕필이 보편적 실체로부터 필연적인 도道의 보편적 제약을 도출해낸 것에 비해, 향수와 곽상은 독화설로부터 인과적 결정론을 부정했으니, 의심할 바 없이 상이한 사유노선을 드러냈던 것이다.

인과적 결정론의 부정과 연관해, 향수와 곽상은 만물의 자성自性에 맡길 것을 주장했다. 즉 "모든 사물이라 이를 수 있는 것은 모두 스스로 그러할 뿐으로, 상호적으로 영향을 받는 것은 아니다. 그러므로 사물에 맡기면 이치는 스스로 이르게 된다[凡物云云, 皆自爾耳, 非相爲使也, 故任之而理自至矣.]"(「제물론齊物論」 注)는 것이다. 주체와 대상의 관계를 가지고 말하자면, '사물에 맡긴다'는 것은 바로 자연에 순응하여 소요에 도달함을 의미하고 있다.

"자연일 뿐이지, 인위가 아니다. 이것이 소요의 중심적 의미이다[自然耳, 不爲也. 此逍遙之大意]." (「소요유逍遙遊」 注)

'소요逍遙'는 일종의 자유의 경지로, 그것은 형식에 있어 '의존하는 바가 없음[無所待]'으로 표현된다. 즉 "소요하면서 방향에 얽매인다면 풀어놓아 노닐게 할지라도 막히는 바가 있다. 의존하지 않을 수 없는 것이다[若夫逍遙而繫於有方,則雖放之使游而有所窮矣,未能無待也]"(위의 책) 이른바 '의존하는 바가 없다'는 말은 바로 외재적 제한을 초월함을 뜻할 뿐이다. 이처럼, 향수와 곽상은 자연에의 순응을 인과적 결정론에 대한 부정과 융합시켜 하나로 만듦으로써, 주체의 자유를 긍정했다. 향수와 곽상은 인과적 필연성을 초월하여 소요유의 경지에 도달할 것을 요구하면서, 도가道家(장자莊子)의 관념을 끌어들였을 뿐만 아니라, 어떤 의미에서는 혜강과 완적의 관점에 접근하였는데, 그 가운데에서, 우리는 위진시대 사조의 영향을 쉽게 엿볼 수 있다.

그러나 향수와 곽상에게서, '소요逍遙'는 자아가 완전한 자주적 권능을 갖추었음을 밝힌 것은 아니었다. 향수와 곽상의 관점에 따르면, 만물은 비록 모두 원인이 없이도 저절로 그러한 것, 다시 말해 인과적 필연성의 제약을 받은 것이 아니라 할지라도, 동시에 "그러한 이유를 알지 못하지만 그러한" 역량에 의해 제약을 받는 것으로, 이러한 역량이 곧 "명命"이라는 것이다. 따라서 "그러한 이유를 알지 못하면서도 그러한 것을 명命이라고 일컫는다[不知所以然而然, 謂之命]"(「우언寓言」 注)라고 했다. 만물은 물론 모두 스스로 그러하므로 그러한 것이지만, 스스로 그러함[自然] 속에는 곧 명命이 함축되어 있고, 명命은 만물에 대한 지배를 스스로 그러한(*自然의) 방식으로 실현한다. "명命이 지니고 있는 것은 인위적인 것이 아니라, 모두 스스로 그러한 것일 뿐이다[命之所有者, 非爲也, 皆自然耳.]" 여기서 자연自然(*스스로 그러함)이란 애초부터 명命과 결합된 하나이다. '명命'이라는 것은 초월화 또는 신비화된 필연적 역량에 불과하다. 이 때문에, 자연自然을 근거로 인과적 필연성을 부정하면서, 향수와 곽상이 다시 자연自然의 형식 하에 초월적 필연의 역량을 도입하는, 매우 흥미로운 현상을 우리는 발견하게 된다. 이는 혜강이 노력을 근거로 명을 부정하는 입장과는 명백히 상이한 취향을 드러낸다.

또한 바로 자연自然과 명命의 합일이 향수와 곽상에서의 소요逍遙를 혜강의 "의지의 완수[遂志]"와는 완전히 다른 것으로 만들었다. 향수와 곽상의 견해에 따르자면, 만물은 각각의 자성自性을 갖는데, 이것이 자연自然이며, 자연은 또한 명命의 표현형식이다. 이 때문에, 자성自性 속에는 정해진 분수[定分]가 포함되어 있다. 즉 "천성을 부여받은 것마다 각각의 본분을 지니니, 회피할 수도 보탤 수도 없다[天性所受, 各有本分, 不可逃, 亦不可加]"(「양생론養生論」 注)라는 것이다. 이렇게 정해진 분수는 개체가 초월할 수 없는 것으로, 설사 안회顏回와 공자孔子의 간격조차 바뀔 수 없는 것이다. "멀리 있는 것은 물론이고 가까움에서 아주 조금 떨어진 안회와 공자 사이의 틈일지라도 끝내 좁힐 수 없는 것이다[不問遠之與近, 雖去己一分, 顔孔之際, 終莫之得也]"(「덕충부德充符」 注) 이처럼, 개체는 실질적으로 일종의 결정되어진 존재가 되니, 그 존재는 원인이 없이 절로 그러한, 다시 말해 보편적인 인과의 계열 밖에 놓여 있는 것이라 해도, 오히려 다시 은연중에 초월적인 명命의 지배를 받게 되니, 그 행위의 결과는 완전히 자주적인 것일 수 없는 것이다.

"돌연히 저절로 생겨나서, 통제가 나로 말미암지 않으니, 내가 억제할 수 없는 것이다[突然自生, 制不由我, 我不能禁]."(「칙양則陽」 注)

"만물은 헛되이 그러하게 된 것이 없고, 모두 천지의 만남에서 비롯된다. (…) 때로 생각해서 벗어날 수도 있고, 때로 생각해도 벗어날 수 없고, 때로 생각지 않아도 벗어나고, 때로는 생각하지 않아도 벗어나지 못한다. 일반적으로 이런 일들은 모두 나에게 달린 것이 아니다[物無妄然, 皆天地之會 (…) 或思而免之, 或思而不免, 或不思而免之, 或不思而不免, 凡此皆非我也]."(「덕충부德充符」 注)

일체의 자연은 모두 명命을 포함하고 있어, 헤아릴 수 없는 신비한 필연 앞에서, 자아의 선택은 완전히 무력하다. 이 때문에 '소요逍遙'는 자유라는 본래의 의미를 잃어버리게 된 것 같다.

자연과 명의 합일이라는 개념은, 한편으로 초월적인 필연성을 원인 없이 절로 그럴뿐인 자연의 영역으로 침투하게 만듦으로써 주체의 자주적 선택을 제한하고, 또한 다른 한편으로 자연이 필연이라는 의미를 획득하도록 한다. 후자로부터 '마주치는 것은 곧명[所遇卽命]'이라는 결론이 논리적으로 도출될 수 있다.

> "그 이치는 진실로 합당하니, 회피할 수 없다. 그러므로 인간의 태어남이란잘못해서 태어나게 된 것이 아니고, 생명이 소유한 것은 헛되이 가지게 된 것이아니다. 천지가 거대하고, 만물이 수없이 많다할지라도, 내가 마주치게 되는 것은마땅히 이 이치에 달린 것이므로, 천지가 신명하고 국가의 성현이 노력을 다하고지혜를 지극히 한다 할지라도, 어길 수 없는 것이다. 따라서 모든 마주치지못하는 것은 마주칠 수 없는 것이고, 그 마주치게 될 것은 마주치지 않을 수없는 것이며, 하지 못한 것은 할 수 없고, 행하는 것은 하지 않을 수 없는 것이니,주어졌기에 절로 합당한 것이다[其理固當, 不可逃也, 故人之生也, 非誤生之,生之所有, 非妄有也. 天地雖大, 萬物雖多, 然吾之所遇, 適在於是, 則雖天地神明,國家聖賢, 絶力至知, 而弗能違也. 故凡所不遇, 弗能遇也, 其所遇, 弗能不遇也.所不爲, 弗能爲也. 其所爲, 弗能不爲也, 付之而自當矣]." (「덕충부德充符」 注)

'마주치는 것[遇]'이란 본래 때에 따라 조우하게 되는 것으로, 우연의 계열에 속한 것이나, 향수와 곽상이 보기에, 이러한 우연은 동시에 필연적인 것이다. 세상의 일체에서, 모든 발생하게 될 것은 피할 수 없도록 결정되어 있고, 한편 모든 발생할 수 없는 것은 출현할 수 없게 결정되어 있다. 이처럼, 우연은 필연의 계열로 격상되면서, 전체 세계는 하나의 순수한 필연의 왕국이 되는 것처럼 보인다. 향수와 곽상의 이상과 같은 관점은 우연성을 과장한다기보다는 필연성을 강화하는 것으로, 그 논리적 결과는 우연을 격상시키는 것이 아니라, 실질적으로 우연을 소거하는 것이었다. 물론, 향수와 곽상에게서, 우연을 소거시키고 필연을 강화하는 것이 인과율을 절대화하는 것으로 나타나지는 않는다.

"마주칠 것은 마주치지 않을 수 없다", "마주치지 못하는 것은 마주칠 수 없다"는 말은, 형식적으로 여전히 원인 없이 절로 그러할 뿐이라는 것, 즉 원인과 결과의 계열을 초월한 것이다. 마주치는 것을 명으로 여김으로써 강조하는 바는 바로 신비화된 필연, 바로 명命의 주재이다. 여기에는 우연을 삭제시키면서도 인과적 필연성을 지양하는 이중 부정이 함축되어 있다. 그러나 위와 같은 부정을 경유해, 주체의 자유는 더욱 제약을 받게 된다. 즉 "나의 태어남이란 내가 태어나게 할 수 있었던 것은 아니니, 인생 백 년 가운데, 그 행동거지와 움직임과 고요함, 취함과 버림, 감정과 본성, 지혜와 재능, 모든 가진 바와, 모든 결여된 바, 모든 행하는 바 모든 마주치는 것은 모두 나 아닌 것이다[夫我之生也, 非我之能生也, 則一生之內, 百年之中, 其起行止, 動靜趣舍, 情性知能, 凡所有者, 凡所無者, 凡所爲者, 凡所遇者, 皆非我也]." (「덕충부德充符」 注) 현대의 실존주의는 개체가 세상에 존재함은 던져져 있는 성질을 띠고 있기 때문에, 개체가 세간에 도래하는 것(생生)은 결코 자신의 선택에서 비롯되는 것이 아니라고 생각한다. 실존주의는 이로부터 주체의 피결정성의 일면을 긍정했다. 향수와 곽상은 "나의 태어남이란 내가 스스로 태어난 것이 아니다"라는 말로부터 주체가 지배되고 있는 단면을 도출해낸다는 점에서, 실존주의식의 추론과 확실히 유사한 점을 지니고 있다. 그러나 실존주의는 동시에 자아의 실존은 언제나 자기자신의 계획에 따른 성격을 지니고 있다는 점을 강조함으로써 자아의 선택에 대한 중시를 드러냈다. 이와 달리, 향수와 곽상은 태어남이 선택이 아니라는 점으로부터 더 나아가 개체에서의 일체의 언행과 조우하게 되는 모든 것은 명命으로 정해진 성격을 지니고 있다고 추론해냈다. 이는 주체의 선택이라는 권능을 기본적으로 허구적인 것으로 본 것이다.

마주치는 것을 명命으로 여기는 것은, 동시에 또 다른 함의를 함축하고 있는데, 즉 현존하는 질서의 합리성을 긍정하는 것이다. 향수와 곽상의 견해에 의하면, 세간의 일체는 모두 정해진 운명을 지니며, 이미 발생한(존재하는) 모든 것은 벗어날 수 없는 것이다. 바꿔 말하자면, 모든 존재하는 것은 모두 필연적이며, 필연적인 것은 합리적인 것일 뿐이다. "그 이치는 진실로 합당하다[其理固當]"는 말이 강조하는 것은 바로 이

점이다. 현존하는 일체가 모두 합리적인 것이라고 한다면, 주체의 유일한 선택은 곧 현실 생활 속에서 조우하게 되는 바를 받아들이는 것으로, "이치가 관통하지 않는 것이 없으므로, 마땅히 마주치는 것을 떠맡아서 앞으로 나아가야만 한다[理無不通, 故當任所遇而直前耳.]"(「인간세人間世」注) 마주치는 것이 곧 명命이기 때문에 마주치는 바를 떠맡는다는 것은 바로 명命을 편안히 받아들이는 것으로, 일단 이러한 경지에 도달한다면, 행하는 바마다 합당하지 않은 바가 없게 된다.

　　"어떤 것을 할 수 없는지 알 수 있는 이유는 명 때문이니, 그것을 편히 여긴다면, 슬픔도 즐거움도 없으니 어찌 섣부르게 시행함이 있겠는가! 그러므로 은연중에 마주치게 되는 것을 명으로 삼고, 그 간극에 마음을 쓰지 않고, 혼연히 지극히 합당한 것과 하나 되어, 그 가운데에서 이로운 것과 손실이 되는 것을 잊는다면, 보통 사람을 섬길지라도 도리어 행하는 바마다 합당하지 않은 바가 없게 되는데, 하물며 군주와 부모에 대해서랴?[知不可奈何者命也, 而安之, 則無哀無樂, 何易施之有哉! 故冥然以所遇爲命, 而不施心於其間, 泯然與至當爲一, 而無休戚於其中, 雖事凡人, 猶無往而不適, 況於君親乎?]"(위의 편)

　　이리하여, 마주치는 것을 명과 합일시킴이란 마음 쓰는바 없이, 마주치는 바에 따라 편안함을 느끼는 것으로 표현되며, 운명에 대한 소극적 수용이 결국 주체의 자각적 노력을 압도하게 된다. 이러한 가치지향은 숙명론을 처세원칙 상에서 구체화한 것으로 간주할 수 있다.

　　물론, 마주치는 바를 떠맡아서 명을 편안히 여길 것을 강조하면서도, 향수와 곽상이 '소요逍遙'라는 관념을 방기했던 적은 없었다. 그러나 마주치는 것과 명命을 합일시킴에 따라, 소요逍遙가 지닌 의미는 다시 변화하기 시작했다. 향수와 곽상의 견해에 따르자면, 소요의 진정한 요지는, 바로 무심하게 명을 편히 여기는데에 달려 있다. 즉, "명은 자기가 통제할 수 있는 것이 아니므로, 그 마음을 쓸 것이 아니다. 명을 편안히 여긴다면,

행하는 바마다 소요하지 않음이 없게 된다[命非己制, 故無所用其心也. 夫安於命者, 無 往而非逍遙矣]"는 것이다. (「추수秋水」注) 앞서 설명한 것처럼, '소요'의 본래 의미는 자유이고, '명命'은 초월적인 필연의 제약으로 표현되지만, 향수 곽상에게서 양자는 오히려 동일한 과정의 양면으로 나타난다. 이런 패러독스에 가까운 형식에서, 우리가 파악하게 되는 것은, 바로 자유에 대한 소멸이다. 왜냐하면 향수 곽상이 필연을 가지고 우연을 소거시켰던 것처럼, 그들은 또한 명에의 순응[順乎命]을 근거로 진정한 자유를 없애기 때문이다. 이론적으로 보자면 향수 곽상이 '소요逍遙'를 명을 편안히 받아들이는 것에 귀속시킨 점은 그들의 자유에 대한 이해를 함축한다. 앞의 글에서 언급한 바처럼, 향수 곽상은 애초부터 '소요'를 "스스로 그러하면서 무위하는 것[自然而無爲]"이라고 규정했는데, 이런 해석은 주체의 능동적 역할 및 인문적 창조(인위[爲])를 자유의 개념 밖으로 배제했음을 의미하고 있다. "자연이란 행하지 않아도 스스로 그런 한 것이다. (…) 이래야만 지극한 덕을 지닌 사람이 현묘한 도 안에서 나와 타자를 하나로 하는 소요이다[自然者, 不爲而自然者也. (…) 此乃至德之人, 玄同彼我者之逍遙也]"(「소요유逍遙遊」注)라는 말은 바로 이 점을 표명했던 것이다. 그것은 자유가 애초부터 추상적 성질을 지니도록 한다. "소요란 곧 자연自然"이라는 관점에서 출발할 때, 논리적으로 "무심하게 명에 맡긴다[無心而任命]"는 결론으로 이끌리기 매우 쉽다. 왜냐하면 주체의 역할을 없앤다('무위無爲', '무소용심無所用心')는 점에서, "자연에 순응함[順自然]"은 "운명을 편안히 여기는 것[安于命]"과 확실히 상통하는 점을 지니기 때문이다. 사실상, 향수 곽상은 바로 "마음 쓰지 않음[無所用心]"으로부터, 명을 편안히 여김[安命]이 곧 소요逍遙라는 결론을 도출한다. 다른 관점에 입각하자면, "명을 편안히 여김[安命]"과 '소요'의 합일은 숙명론의 가치원칙을 정교하고 치밀하게 변화시킨 것이기도 하다. 이를테면 '소요'라는 형식 하에서, '마주치는 것을 떠맡으며 명을 편안히 여긴다[任所遇, 安于命]'는 사고는 어떤 자유라는 외관을 획득하는 듯하기 때문이다.

　향수와 곽상은 인과의 계열을 부정함(원인 없이도 절로 그러함[無故而自爾])을 통해, "의존하는 바가 없는[無所對]" 소요에의 이상을 제기했지만, 결국 다시 "자연과 필연" "마주치는 것과 운명"을 결합함으로써, "마주치는 것을 떠맡아 명을 편히 여기는 것"으로 나아갔는데, 그 사유노선은 확실히 독특한 지점을 지니고 있다. 혜강이 "자연에 맡김[任自然]"이란 관념으로부터 "의지의 완수[遂志]"로 나아갔던 것과는 달리, 향수와 곽상의 사유 노정은 전체적으로 도가에서의 '자연에의 순응[順自然]'과 유가에서의 '천명에 대한 중시[重天命]'의 합류로 표현된다. 바로 이런 상호 융합을 통해서, 위진 현학의 주류는 혜강의 '노력을 통해 운명에 저항한다'는 사고에서 시작해서, 일정 정도 정통유학에서의 순명順命의 전통으로 거듭 회귀하는 것이다. 유가적 가치관의 변화라는 측면에서 볼 때, 원시유학은 천명을 중시하면서, 또한 "인을 행하는 것은 자기에게서 비롯된다[爲仁由己]"고 주장했다. 왕필이 "반드시 자신에게서 구해야 한다[必求諸己]"고 강조했던 점이 다소 후자의 전통(爲仁由己)에 대한 동일시를 표출한 것이라고 말할 수 있다면, 향수와 곽상이 "일체의 마주치는 것은 모두 나에게서 비롯된 것이 아니다[凡所遇者, 皆非我也]"라고 인식했던 점은, 주체의 자유로운 선택이 가치영역에서 합리성을 지닌 일정한 지위를 획득하는 것을 어렵게 만들었다. 이 때문에, 한편으로, '소요'라는 이상적 경지 속에서, 자유는 역사상 전례 없는 긍정을 획득한 듯하지만, 다른 한편으로, "자연에의 순응[順自然]"과 "천명에 맡김[任天命]"이란 사고의 융합은 개체의 자주성을 점점 더 제한하도록 만든 것이다. "운명과 노력에 관한 논변[力命之辨]"에 있어서의 이중적 전통 속에서, 어떻게 유가가 다시 적절히 지위를 얻도록 할 것인가? 이것이 이후 유가 사상가가 회피할 수 없는 문제였다.

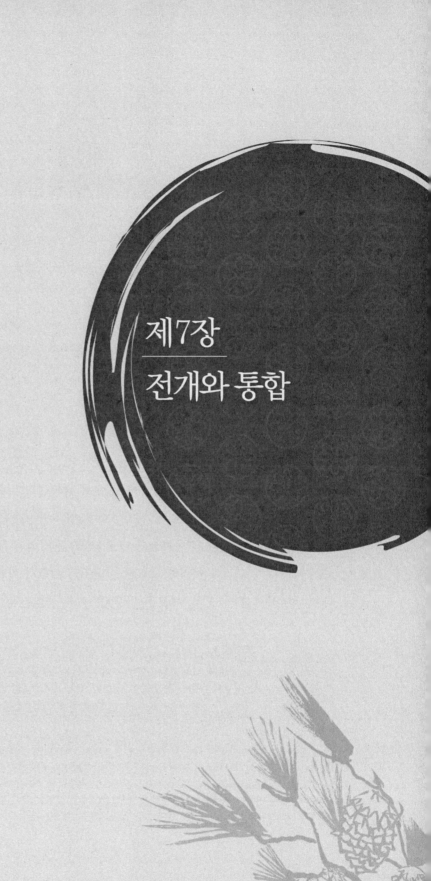

제7장

전개와 통합

제7장
전개와 통합

위진시대 이후, 불교의 성행과 도교의 전파에 따라 점차 유 불 도 세 유파가 정립鼎立된 국면이 형성되었다. 수隋와 당唐 두 왕조에서 불교의 명성과 위세는 거의 한동안 유학을 압도했다. 이교異敎로서의 불교 도교와 유가는 몇몇 측면에서 물론 가치관 상의 충돌이 존재했지만, 또한 부합하는 측면도 많았다. 이처럼 유·불·도 사이에는 상호 배척하고 융합하는 복잡한 관계가 형성되었다. 유학이 이 당시에도 정통으로서의 지위를 완전히 상실했던 적은 없었지만, 이교의 융성은 결국 문화적 가치란 차원에서의 유학의 독존이 가혹한 도전을 받도록 만들었다. 수당시대의 유학사상가로 이에 대해 대응했던 인물이 적지 않은데, 그 가운데, 한유韓愈와 이고李翺가 유학의 부흥을 위해 수행한 노력은 특히 주목을 끈다.[52] 그러나 이러한 노력은 상당부분 이단의 학설에 대한 배척과 도통道統에 대한 옹호로 나타났는데, 그것은 대체로 이론(가치관을 포괄해) 상에서의 체계적인

[52) 어떤 의미에서는 수나라 때의 왕통王通이 이미 유사한 경향을 표출했다. 왕통은 유학을 계승하여 다시 진작시키는 것을 자기의 임무로 삼았다. 그는 "천년 이래, 공자의 위업을 계승하고 선양하는 일이라면, 나는 양보할 수 없다[千載而下, 有紹宣尼之業者, 吾不得而讓也]"(「文中子中說 天地」)고 말하면서, 사물의 이치를 연구함으로써, 의리義利관계, 공사公私의 구별 등의 방면에서 유학에 대한 여러 측면에서의 해명을 수행했다. 그러나 왕통은 또한 삼교三敎는 하나가 될 수 있다는 주장을 제기하기도 했다.(「文中子中說 問易」). 이는 물론 유불도의 상호융합이라는 역사적인 경향을 반영했던 것이지만, 명확한 하나의 주장으로, 그는 결국 유학의 독존적 지위를 부각시키지는 못했다. 바로 이런 점에서, 이후 이학가理學家들의 불만을 초래했다. 예를 들어 육구연陸九淵은 다음과 같이 비평했다. "왕통은 또한 유불도의 학문을 뒤섞어서 비판하고 가려내지 못했으니, 붓다와 노자의 가르침이 급기야 유학과 함께 천하에 정립되었다.[王通則又渾三家之學, 而無所譏貶, 浮屠老氏之敎, 遂與儒學鼎列於天下.](「策問」, 『陸九淵集』, ,中華書局, 1980, 289쪽)

기여를 결여했다.[53] 이론적인 차원에서 유학이 부흥할 수 있는 흐름을 형성시킨 것은 송명宋明 시기의 이학理學이었다. 이학理學은 서양에서 언제나 신유학新儒學(Neo-Confucianism)으로 칭해지는데, 근래의 유학발전 3기의 학설에서는, 이학理學을 제2기 유학이라고도 규정한다. 이러한 관점은 확실히 이학이 유학적 전통에 대한 연속임을 주목한 것이다. 물론, 이학은 원시 유학을 계승하면서, 동시에 모종의 전환을 이루어냈다. 현학玄學이 주로 유가와 도가의 합류라는 역사적 경향을 드러내는 것과는 다르게, 이학은 보다 넓은 배경 하에서, 문화(가치관을 포괄하는)의 갈라짐과 통합을 표현했다. 그 가운데의 기조가 되는 것은 바로 수당 이래의 유불도의 상호 배척과 융합으로, 이는 수당 이후 사회의 역사적 변화와 상호작용하여, 유가의 가치체계에 굴절과 변화를 출현시켰다. 이학理學은 송명시기의 시대적 사조로서, 대체로 유사한 사유와 가치 지향을 지니지만, 그것은 동시에 다시 발전하여 다양한 유파가 되었다. 형이상학적 차원에서, 이학理學에는 심心·이理·기氣를 중시하는 분야가 있지만, 가치관 상에서, 이정二程(정호程顥 정이程頤) 및 주희朱熹가 대표하는 정통 이학理學과 육왕陸王(육구연 왕양명)이 대표하는 심학心學이 보다 주목할 만한 가치가 있는 상이한 경향을 체현하고 있는 것으로 보인다.[54] 양자는 가치관 상에서 기본적으로 동일한 계통에 속하지만, 약간의 문제에 있어서는 또한 각자 다른 측면을 강조함으로써 가치 지향에 있어 몇 가지 차이를 형성했다. 본서에서는 이학理學에서의 유가적 가치원칙의 발전과 변화를 전체적으로 고찰하는데 역점을 두면서, 또한 이학理學의 중요한 내재적 차이에 대해 필요한 분석을 수행함으로써, 유가적 가치체계가 진화해가는 역사적 곡선을 비교적 완전무결하게 파악하겠다.

---

53) 물론, 유학의 변화를 통해 보자면, 한유와 이고는 여전히 무시할 수 없는 지위를 차지한다. 그들의 유가의 도통에 대한 강조, 성정性情에 관한 이론, 그리고 『대학大學』 『중용中庸』 두 책의 지위의 격상 등등은 모두 이후의 이학理學에 명백한 영향을 미쳤다. 그러나 그들은 결국 체계적으로 신유학을 구축할 수 없었다. 역사는 그들이 이학理學의 선구가 되도록 했지만, 그 사상은 당시의 사상계에서 대단한 성취를 이루지는 못했다.

54) 车宗三은 『심체와 성체(心体与性体)』 및 『육상산에서부터 유종주까지(從陸象山到劉蕺山)』에서 송명이학을 세 가지 계통으로 나누었다. 즉 정이 주희가 한 계통이고, 육구연 왕양명王陽明이 한 계통이 되며, 호굉胡宏 유종주劉宗周가 하나의 계통을 이루며, 아울러 호굉과 유종주가 북송의 여러 유학자(주돈이周敦頤 장재張載 정호程顥)의 적통이라는 것이다. 이는 학파의 구획에서 당연한 한 학설이다. 하지만, 가치체계의 진전이란 측면에서 볼 때, 호굉과 유종주의 한 계통은 독립적 의의를 지니지 못하는 것 같다.

1. 인도仁道 원칙의 중건

선진시대의 시작에서부터, 인간(동류로서의 인간) 자신의 가치에 대한 반성이 유가적 가치체계의 논리적 기점을 구성했고, 이러한 반성은 애초부터 광의의 하늘과 인간의 관계(인간의 우주에서의 지위를 포괄하는)와 관련되고 있다.

위진魏晉 이후, 특별히 수당隋唐 시대 이후, 불佛 도道의 양 종교가 성행하면서, 신에 대한 숭배는 점차 인간 자신의 가치를 모호하게 변화시켰고, 유가의 인문적 원칙은 역사적으로 유례없는 충격을 받았다. 이 때문에, 인간 자신의 가치에 대한 거듭된 긍정이 역사적으로 이학理學의 전면으로 끌어올려졌다.

현학이 우선 하늘에 주목했던 것과는 달리, 이학理學은 애초부터 중점을 인간 자신의 가치로 전향시켰다. 『노자老子』에서는 일찍이 "천지는 인하지 않으니, 만물을 추구芻狗(*제시지낼 때 쓰던 풀로 만든 개로, 제사 후에는 버린다. 쓸모없는 물건을 뜻함)로 삼으며, 성인은 인하지 않으니, 백성을 추구로 삼는다[天地不仁, 以萬物爲芻狗. 聖人不仁, 以百姓爲芻狗]"고 말했다. 여기에는 이미 '도는 자연을 본받는다[道法自然]'는 관념이 함축되어 있을 뿐만 아니라, 인문적 가치를 무시하는 경향을 드러내고 있는데, 이는 어떤 의미에서 불교와 도교의 공통적 관점을 대표한 것이다. 이런 가치지향에 대해, 이학자들은 상당한 이의를 제시했다. 이학理學의 정초자 가운데 한 명인 장재張載가 명확히 제시한 것처럼, "노자가 '천지는 인하지 않으니, 만물을 추구芻狗로 삼는다'는 것은 옳지만, '성인은 인하지 않으니, 백성을 추구로 삼는다'는 말은 잘못된 것이다."(『장재집張載集』, 중화서국中華書局, 1978, 315쪽) 단적으로 말해서, 인간은 사물과 다르기 때문에 외물을 다루는 원칙을 인간에 적용할 수는 없다는 것이다. 이는 인도人道에 대한 장엄한 옹호였다. 주희는 인간의 내재적 가치에 대해 보다 직접적으로 긍정했다. "하늘과 인간의 본성 중에서 인간이 귀하다[天地之性, 人爲貴]"(『맹자집주孟子集註』「梁惠王上」)는 것이다. 이런 측면에서, 이학理學은 확실히 유가적 인문전통을 계승했다.

인문적 가치에 대한 긍정에서 출발해, 이학理學은 인도人道의 의미에 대해 주로 고찰했다. 유명한 「서명西銘」[55]에서, 장재는 다음과 같이 기술했다.

"하늘은 아버지라 불리며, 땅은 어머니라 불리는데, 나는 여기에 이렇게 아득하여, 혼연하게 놓여 있다. 그러므로 천지를 가득 채우고 있는 것을 내 몸으로 삼으며, 천지를 이끄는 것을 내 본성으로 한다. 백성은 나와 동포이며, 만물은 나의 벗이다. 천자는 내 부모의 맏아들이요, 그의 대신이란 맏아들의 집안의 재상이다. 연장자를 존중하는 것은 내 집안의 어른을 어른으로 대하기 때문이고, 고아와 약한 이들에게 자애로운 것은 내 집안의 아이를 아이로 삼기 때문이다. 성聖이란 바로 그러한 덕을 통합한 것이고, 현賢이란 그러한 덕 중의 빼어난 것이다[乾稱父, 坤稱母, 予玆藐焉, 乃混然中處. 故天地之塞, 吾其體, 天地之帥, 吾其性. 民吾同胞, 物吾與也. 大君者, 吾父母宗子. 其大臣, 宗子之家相也. 尊高年, 所以長其長, 慈孤弱, 所以幼吾幼. 聖其合德, 賢其秀也]."
(『장재집張載集』, 62쪽)

「서명」에서의 이런 사상들은 거듭 그 이외의 이학자들에게서 칭송과 찬사를 받았는데, 예를 들어 이정二程은 "「서명」이라는 글은 이理를 추론하여 의로움을 보존하고, 옛 성인이 밝히지 않은 것을 확장시켰으니, 맹자의 성선性善·양기養氣에 관한 이론과 공로가 동일하다[「西銘」之爲書, 推理以存義, 擴前聖所未發, 與孟子性善 養氣之論同功]"[56] 라고 하였다. 주희 또한 「서명론西銘論」을 지어 그 사상을 상세히 해명했다. 「서명」은 대체로 이학理學 공동의 가치지향을 대표한다고 말할 수 있을 것이다.

「서명」의 주제는 광의의 하늘과 인간의 관계이다. 「서명」에서의 이해에 근거하자면,

---

55) 「서명西銘」은 본래 『정몽正蒙』 「건칭乾稱」 중의 첫 번째 단락이다. 장재는 그 내용을 기록해 두고, 서쪽 창가위에 걸어두고 좌우명으로 삼으면서, 「정완訂頑」이라 명했다. 이후의 정이가 「정완」을 「서명」이라 개칭했고, 주희는 또한 「서명」을 「건칭」에서 추출하여, 별도로 주석을 달았다.

56) 「答楊時論西銘書」, 『二程集』, 中華書局, 1981, 609쪽

하늘과 인간의 관계는 가족관계(자식 형제의 관계)의 확장이자 펼침에 불과한 것으로, '나와 타인' '인간과 만물'로 구성된 우주의 대가족 속에서는 구성원마다 모두 존재해야 할 가치를 지닌다.[57] 물론, 우주적 대가족은 결국 다시 인간과 인간의 관계에 기초한다. "만물을 벗함"은 "백성을 동포로 함"을 일반화한 것에 불과하기 때문이다. 여기에는 확실히 온정이 넘치는 인도仁道의 의미로 충만한데, 인간과 인간 사이에서 동포처럼 친애하고, 어른을 존중하고 아이에게 자애를 베푸는 것이 보편적 행위의 준칙이 되는 것이다. 백성이 동포이고 만물과 벗한다는 송대 유학자들의 관념은 부자간의 인륜관계로부터 밖으로 펼쳐져 나가는 선진시대 유학의 사유노선을 재현한 것이지만, 그것은 확실히 유가적 인도仁道 원칙이 보다 드넓은 의미를 획득할 수 있게 만들었다.

　장재 이전에, 당대唐代의 한유는 이미 "박애를 인仁이라 일컫는다[博愛之謂仁]"는 학설을 제기한 바 있는데(『원도原道』를 참조할 것), 백성이 동포이고 만물을 벗한다는 사상은 그 학설과 전후를 승계하고 있다. 양자는 모두 원시유학의 인문정신에서 근원한 것이지만, 또한 이에 국한되지 않는데, 그들은 어떤 의미에서는 묵가적 겸애의 원칙과 유사한 점이 있다. 실제로 이후 이정二程과 주희는 「서명」을 해석하면서, 그것을 묵가의 겸애사상과 분명하게 구별해 규정지으려는 시도를 거듭했다. 예를 들어, 정이程頤는 「서명」은 "하나의 리에서 나뉘어짐을 규명한 것이나, 묵자는 근본을 둘로 하여 구분함이 없다[明理一而分殊, 墨氏則二本而无分]"(「답양시론서명서答楊時論西銘書」, 『二程集』, 609쪽)고 하였다. 주희 역시 마찬가지로 이일분수理一分殊라는 개념을 통해 「서명」의 요지를 개괄하였다. "하나로 통일되어 있으면서도 만 가지로 갈라지니, 천하가 한 가족이고, 중국은 한 사람이라고 할지라도 겸애의 폐단으로 흐르는 것은 아니다[一統而萬殊, 則雖天下一家, 中國一人, 而不流於兼愛之弊.]"(「西銘論」, 『장재집』, 410쪽)라는 것이다. 그러나 이정과 주희의 이와 같은 분석은 유가적 친친관념을 옹호하는

---

57) 여기서 우주론과 가치론은 이미 일체로 융합되어 있다. 姜允明은 "이학理學의 우주론과 존재론은 아주 깊이 그 윤리학에 침투하고 있다"고 생각했는데, 이학理學의 이런 특징에 주목했던 듯하다. (P. Y. M. Jiang, Ethics in Cosmology, "Unity of Heaven and Man", Harmony and Strife, The Chinese University of Hong Kong, 1988, p289 참조.)

것을 목적으로 한 것, 다시 말해 친친親親을 인도仁道의 기초로 삼아야 함을 강조한 것이다. 인애仁愛가 통일된 인문 원칙(理一)이 되어야만 함을 긍정한다는 점에서, 백성은 동포이고 만물과 벗한다는 관점은 묵가의 겸애와 확실히 내재적 일치성을 지니고 있다. 실제로, 장재는 "사랑함은 반드시 보편적 사랑이어야 하니, 완성은 홀로 완성됨이 아니다.[愛必兼愛, 成不獨成]"(『장재집』, 21쪽)라고 명확히 지적했다. 이학자들이 보편적으로 긍정했던, 백성은 동포이고 만물과 벗한다는 사고는, 실질적으로, 친친을 기반으로 삼는 유가의 인도仁道 원칙과 친친을 초월하는 묵가의 겸애 관념의 융합으로 나타난다. 이러한 융합은 유가적 인문정신을 강화시켰을 뿐만 아니라, 그것에 보편적 의의를 부여했다.

인도仁道와 박애(겸애兼愛)의 통일을 이학理學의 보편적 가치지향이 삼는 것은, 물론 「서명」에서만 나타나는 것이 아니며, 그것은 실질적으로 이학理學의 처음과 끝을 관통한다. 왕양명王陽明에게서 우리는 이런 관념에 대한 거듭된 해명을 볼 수 있다.

"성인의 마음이란 천지만물을 일체로 여기며, 천하의 사람을 봄에 안과 밖, 멀고 가까움의 구별이 없다. 모든 혈기를 지닌 것은 모두 그 형제 자식으로 친히 하여, 그들을 평안하게 하고 가르치고 길러주길 원하지 않음이 없기에, 만물일체라는 이념을 완성한다[夫聖人之心, 以天地萬物爲一體, 其視天下之人, 無外內遠近, 凡有血氣皆其昆弟赤子之親, 莫不欲安全而敎養之, 以遂其萬物一體之念]."(「傳習錄(中)」『王文成公全書』2권)

「서명」과 마찬가지로, 사회적 존재로서의 인간은, 무엇보다도 인애仁愛의 대상으로 이해되며, 이러한 이해는 다시 가족 관계의 일반화를 전제로 삼는다. 원시유학이 인도仁道의 보편성을 부인했던 적은 없지만, 또한 친친이라는 기초를 보다 중시했다고도 말할 수 있다면, 송명 유학자들은 대체로 가족 관계의 일반화(백성은 동포이고 만물은 벗이다)를 통해, 인도仁道 원칙을 천하 사람에게까지 확장시켰는데, 그것은 유가의 인문정신이 더 나아가 종법의 혈연관계를 초월한 의미를 획득할 수 있게 하였다. 물론 종법의 혈연성을 초월함이 양자 사이의 연관성을 단절시킴을 뜻하는 것은 아니다. 사실상, 천하를 한 가족으로 삼는다는 것, 그 자체에 바로 혈연(가족)에 대한 중시가 내포되어 있다.

그렇지만, 천하의 사람을 동포이자 부모자식으로 여기면서 평안하게 하고 가르치고 기른다는 것은, 결국 "사람들을 널리 사랑하라 [汎愛衆]"(*『논어』)는 것보다 인도 원칙의 본의를 보다 깊이 있고 절실하게 체현한 것이다.

송명 신유학(이학理學) 이전에, 동중서는 일찍이 '덕과 위력이 서로 융합해야 하며[德威交融]', '형벌과 덕이 함께 수용되어야 한다[刑德兼容]'는 주장을 제기했다. 그 가운데에는 내재적으로 폭력원칙을 인도원칙으로 융해시키는 경향이 함축되어 있었다. 형벌과 위력이 뒤얽힐 때, 인도仁道 원칙은 약화되지 않을 수 없기 때문이다. 이러한 역사적 전제에서 보자면, 이학理學에서 '백성은 동포이고, 만물은 벗이다[民胞物與]', '천하는 한 가족이다[天下一家]'라는 관념을 제기한 것은 확실히 무시할 수 없는 의의를 지닌다. 바로 인도仁道 원칙과 겸애兼愛(박애) 관념의 소통과 융합을 통해, 유가의 인문적 정신은 폭력원칙과 재차 관계를 단절하기 시작했을 뿐만 아니라, 이를 통해서 비교적 순화된 형태를 얻게 되었다고 말해도 좋다. 이런 측면에 입각하자면, 송명신유학의 인도仁道 관념은 확실히 더욱 순수하고 돈독해진 것처럼 보인다.

"백성은 동포이고, 만물은 벗이다"라는 관점과 상호 관련된 것이 '만물일체萬物一體'란 말이다. 실제로 왕양명에게서, 백성은 동포라는 관념은 곧 만물일체라는 명제를 전제로 하며, 이러한 명제는 또한 거의 모든 이학자들이 보편적인 정체성으로 삼는 것이었다. 정호는 "인이란 천지만물을 일체로 여기는 것이다[仁者, 以天地萬物爲一體]"(『이정집』, 15쪽)라고 설명했다.

주희 역시 마찬가지로 "천지만물은 본래 나와 한 몸이다[蓋天地萬物本吾一體]"(『中庸章句』), "천지만물은 나와 한 몸이니, 진실로 사랑하지 않을 수 있는 것이 없기 때문이다[天地萬物與吾一體, 固所以無所不愛]"(「答胡廣仲」, 『朱文公文集』 24권)

라고 생각했다. 언뜻 보자면, '만물일체'란 개념은 단지 '백성은 동포이고 만물은 벗이 된다'는 관념의 또 다른 설명인 듯하지만, 실질적으로 양자의 초점은 상당히 다르다. 앞서 서술한대로, '백성은 동포이고 만물은 벗이 된다' 말의 내재적 의미는 인도원칙의 보편성을 강조하는 데에 있고, 그것이 또한 전체 우주를 하나의 대가족으로 비유한다 할지라도, 인문적 가치가 명백히 보다 중요한 지위를 차지한다. 가족관계를 천지 우주로까지 확장하는 것 자체는 바로 어떤 의미에서는 인문적 가치의 일반화로 표현된다. 바꿔 말하자면, 그것이 자기 중심성을 초월했다고 할지라도, 인류라는 중심성을 벗어나지는 않는 것이다.

그에 비해, 만물일체라는 관념은 초점을 인문적 가치의 강화로부터 하늘과 인간의 통일로 전환시켰다. '백성은 동포이고 만물은 함께 한다'는 사고로부터 '만물일체'에 이르면, 이학理學의 가치지향은 확실히 다시 새로운 내용을 얻게 된다.

유가는 선진시대 시작부터 시작되어 거듭 인문적 가치를 고양시켰을 뿐만 아니라, 이로부터 자연의 인문화(인문적 기준을 통해 자연을 형상화하는 것)를 실현시킬 것을 요구했다. 여기에는 잠재적으로 인간이 만물의 척도(인류중심)라는 관념이 내포되어 있다. 동중서는 목적론을 통해서 하늘과 인간의 관계를 해석했지만, 천인감응天人感應의 신학적 형식 하에, 역시 인간이 목적이라는 인문적 관념을 함축하고 있다. 바꿔 말해서, 하늘의 운행(신격화된 하늘)은 여전히 인간을 중심으로 한 것이다.[58] 이러한 가치지향은 진실로 인간 자체와 인간의 문화창조의 가치를 부각시키지만, 동시에 인간에 근거해 하늘을 왜곡함으로써, 하늘과 인간의 불균형을 초래할 가능성을 내포한다. 본성에 관한 형상화에서, 이 점은 더욱 명백히 나타난다. 이와 달리, 만물일체는 하늘과 인간의 화해에 보다 더 주목한다.

이는 물론 자연으로 회귀하는 것과는 다른데, 장재는 이미 이 점에 주목했다. 하늘과

---

58) 이 때문에, 두유명杜維明이 인간중심주의와 다른 점을 유가의 일반적 특징으로 보는 것은 개괄적이지 못하다. (Tu Wei-Ming, Confucian Thought: Selfhood as Creative Transformation, State University of New York, 1985, p75 참고) 물론 이러한 관점을 이학理學의 만물일체의 학설과 연관시키면, 생각해 볼만한 것이 없지는 않다. 이하의 글을 참조.

인간의 관계를 언급하면서, 그는 일찍이 다음과 같은 관점을 제시하였다. [성인聖人은] "하늘을 깨달으면서 인간을 버려둔 적은 없다[得天而未始遺人]"(『장재집』, 65쪽) '인간을 버려둔 적은 없다'는 것은 바로 인문화를 통해서 자연을 초월함을 뜻한다. 하지만 동시에 자연을 초월한다는 것도 결코 인간을 가지고 하늘을 멸하는 것이 아니다. 따라서 "대인이란 천지만물을 한 몸으로 여기는 사람이다. (…) 기와나 돌이 훼손되는 것을 볼지라도 반드시 안타깝게 여겨 돌보는 마음을 지닌다[大人者, 以天地萬物爲一體者也. (…) 見瓦石之毀壞而必有顧惜之心焉]"(「대학문大學問」, 『왕문성공전서王文成公全書』, 26권), "천지의 한결같음은 자신의 마음을 통해 만물을 아우르지만 무심하며, 성인의 한결같음은 자신의 감정을 통해 모든 일을 순조롭게 하지만 무정하다[夫天地之常, 以其心普萬物而無心. 聖人之常, 以其情順萬事而無情.]"(『이정집』, 1263쪽)라고 했던 것이다. 이처럼, 자연(하늘)의 인문화와 자연(하늘)에 대한 인간의 합일은 동일한 과정의 양면으로 나타나며, 인간과 만물은 이를 통해 내재적 통일(모두 일체가 됨[同爲一體])에 이르게 된다. '만물일체'의 형식에서, 인간의 가치는 결코 소멸되지 않지만, 그것은 또한 일방향적으로 인간의 가치를 강화함과는 다르다. 차라리 그것은 하늘과 인간의 통일 속에서 인간 자신의 가치를 실현시키는 것이라고 말할 수 있다.

단순히 인간적 가치를 추구하는 것(인간을 가지고 하늘을 멸하는 것[以人滅天])에 비해, 송명신유학은 하늘과 인간의 화해와 통일 속에서, 인간적 가치를 실현할 것을 요구하면서, 확실히 비교적 건전한 가치지향을 구체화했다. 그러나 송대 유학자와 명대 유학자가 이해한 만물일체는 많은 부분 정신적 경지로서의 의미를 담고 있으며, 인간과 자연(하늘)의 현실적 작용을 가리키는 것은 아니다.

이학理學 이전에, 순자는 일찍이 "하늘의 명을 통제하여 이용한다[制天命而用之]"는 명제를 제기했는데, 그 가운데에는 다소 인간중심주의적 관념이 함축되어 있지만, 동시에 하늘과 인간의 상호적 작용에 관한 사상을 내재적으로 포함하고 있기도 했다. 당대唐代의 유우석劉禹錫은 순자를 계승하고, 더 나아가 "하늘과 인간은 서로를 제약한다[天與人交相勝]"(「천론天論」上)는 관점을 제기했는데, "서로를 제약한다"는 말은 바로 실천적 토대 상에서의 상호작용의 과정이었다. 그와 비교했을 때, 이학理學은 인간중심주의를 지양하면서도, 자연에 작용하는 역사적 실천이 천인관계 속에서 지니고 있는 의미를 간과했다. 일찍이 장재가 "하늘과 인간은 서로를 제약하는 이치를 지니고 있다[天與人, 有交勝之理]"(『장재집』, 10쪽)고 주장했던 적이 있기도 하지만, 이런 상호 제약은 주로 덕성함양에 있어서의 의지[志]와 기질[氣]의 상호작용일 뿐, 결코 광의의 실천과정은 아니었다. 하늘과 인간의 통일을 정신적 경지에서의 차원에 국한한 점은, 그것이 지닌 역사적 깊이를 다소 약화시켰다.

또한, '만물일체'라는 형식에서, 하늘과 인간은 주로 일종의 평형·융합·화합·일치의 관계로 드러난다. 그에 따라, 도덕적 이상과 외재적 현실 세계 사이에서도 더 이상 긴장과 충돌이 존재하지 않는 것처럼 보인다. 베버는 이 점에 주목하여, 유학은 "세계에 대한 긴장감"을 결여하고 있다고 생각했다.(Max Weber, The Religion of China, Free Press, New York, 1951, pp235-236. 참조) 물론, 베버는 두루뭉술하게 유학을 단일한 경향으로 귀착시켰을 뿐만 아니라, 이로부터 유학은 도덕적 자주성을 결여하고 있다고까지 단언했으니, 쉽게 동의하기는 매우 어렵다.

하지만 "긴장감의 결여"란 말을 송명 신유학의 만물일체설에 국한시킨다면, 생각해 볼 만한 점이 없지는 않은 것 같다. 일반적으로, 하늘과 인간 사이의 긴장은 흔히 세계를 변혁하는 내재적 동력이 될 수 있는데, 평형과 화해가 긴장과 충돌을 압도하게 된다면 대상을 변혁시키려는 충동은 흔히 쉽게 억제되고 만다. 만물일체의 정신적 경지 속에서, 영혼의 평온은 확실히 '하늘의 명을 통제하여 이용한다'는 실천적 충동을 불러일으키기 어렵게 만든다.

신유학(이학理學)이 주체 역량을 외적으로 드러내는 것을 무시한 점은 분명 이와 무관하다고 할 수 없다.

'만물일체'가 건립한 바는 천인합일天人合一의 경지였다. 천인합일이라는 전체적인 사유경향과 관련해, 이학理學은 당위를 변화시켜 자연으로 삼는 문제에 대해 비교적 자각적 관심을 두었다. 앞서 서술한 것처럼, 현학玄學은 일찍이 한대漢代 유학이 명교名教에 과도하게 집착함으로써, 당위와 자연의 결합을 무시하는 점을 비판했다. 이런 점에서, 이학理學의 관점은 현학에 가깝다. 장재는 "한나라 유학자들은 인의를 깨우치는데 극히 힘썼지만, 마음과 행적이 달랐다[漢儒極有知仁義者, 但心與跡異]"(『장재집』, 246쪽)고 비판했던 적이 있다.

여기에서 이미, 한대漢代 유학자들이 단지 자각(앎)을 논하면서 도리어 마음과 행동을 일치를 성취할 수 없었다는 점에 주목했던 것이다. 정이程頤 역시 생각하길, "이를테면 동한 말기에는 절제된 행동을 숭상했는데, 절제된 행동에 대한 숭상이 극심해져서, 결국 동진시대에 언행에 거리낌이 없어졌으니, 그 형세는 필연이었다[如東漢之末尙節行, 尙節行太甚, 須有東晉放曠, 其勢必然.]"(『이정집』, 246쪽)라고 하였다. 실제로, 장재 정주程朱에서부터 육왕陸王에 이르기까지, 모두가 당위를 자연으로 변화시킬 것으로 거듭해서 요구했다. 장재는 일찍이 다음과 같은 점을 지적했다.

"인한 사람이라면 반드시 해야 할 바를 모색해야만 하는데, 처음에는 반드시 근면히 노력해야하며, 마지막에는 자연으로 돌아가야 한다[仁人則須索做, 始則須勉勉, 終則復自然]."(『장재집』, 266쪽)

"근면히 노력함이란 도덕적 자각을 뜻하는데, 근면한 노력에서 자연에 이르는 것이란 당위를 준수함으로써 자연과의 합일에 이르는 것일 뿐이다. 여기서, 자연은 확실히 일종의 보다 높은 경지로 간주된다. 주희의 견해에 따르자면, 당위를 자연으로 변화시킬 수 있어야만, 비로소 덕성이 항구적인 일정함을 갖추도록 만들 수 있다."

"오직 자연(스스로 그러한 것)이어야, 오래도록 변하지 않을 수 있다. 억지로 노력할 뿐이기에, 때에 따라, 방종하게 된다[惟自然, 故久而不變, 惟勉強, 故有時而放失]."(『주자어류朱子語類』, 21권)

'억지로 노력하는 것[勉强]'은 여전히 인위적인 흔적을 지니고 있지만, 자연이라면 생각하여 노력하지 않아도, 여유롭게 도에 부합하게 된다.

일단 자연에 이르게 된다면, 당위의 원칙은 바로 주체의 존재와 합하여 하나가 되고, 아울러 안정된 심리적 성향을 형성함으로써, 구체적 행위에서 움직임은 늘상 이치에 합치하는 것이다. 성인과 범인의 구별은 바로 자연인지 노력인지에 달린 것이다. 즉, "성인은 단지 극히 지극한 위치를 성취한 것으로, 자연스럽게 편안히 행동하며 억지로 노력할 필요가 없다. 그러므로 성인이라고 일컫는다[聖只是做到極至處, 自然安行, 不待勉强, 故謂之聖]."(위의 책, 58권)는 말이다.

이처럼 강제적 노력에서 자연에 이르는 것은 범인에서 성인의 경지에 들어감을 의미하기도 한다. 육구연과 왕양명에게서도 마찬가지로 자연을 중시하는 경향을 엿볼 수 있는데, 육구연은 바로 다음처럼 생각했다. "내적으로 구애됨이 없고, 외적으로 구애됨이 없으며, 자연스럽게 자재할 수 있어야 하니, 만약 조금이라도 그대의 의도를 지닌다면 무겁게 가라앉는다[內無所累, 外無所累, 自然自在, 才有一些子意, 便沉重了.]" (『육구연집陸九淵集』, 468쪽) "조금이라도 그대의 의도를 지님[有一些子意]"이란 바로 인위적으로 억지 노력하는 것을 뜻하며, 의도한 바가 무겁게 가라앉는다고 여기는 것은 억지 노력을 초월하여 자연에 도달할 것을 요구함을 의미하고 있다.

하늘과 인간에 관한 논변에서 보자면, 신유학(이학理學)의 이상과 같은 관점은 실질적으로 행위방식과 도덕성의 함양이라는 측면에서 하늘(자연)이 지닌 의미를 부각시킨다.

이학理學에서, '자연'개념은 언제나 '하늘'이란 개념과 대체되어 사용될 수 있는 것인데, 성인聖人의 '자연스러운 편안한 행동[自然安行]'은 동시에 "성인이 하늘에 근거해 움직임[聖人則動以天]"(『주자어류』, 27권)을 가리킬 뿐이다. 가치관이란 측면에서 말하자면, '자연스러운 편안한 행동' 또는 '하늘에 근거한 행동'이 함축한 바는, 바로 자연의 원칙으로, 자연(하늘)에 대한 중시는 그에 따라 도덕에서의 자연 원칙을 긍정함을 의미한다.

이런 측면에서 이학理學이 현학을 계승하는 점이 분명하다. 그러나 이학理學에서 말하는 "하늘"은 또 다른 함의를 지니고 있다. 이를테면 "하늘이란, 이리일 뿐이다[天者, 理而已矣]."(『맹자집주孟子集註』, 「양혜왕상梁惠王上」), "하늘이 하늘이 되는 까닭은 이리이다[天之所以爲天者, 理而已]."(『주자어류』, 23권)라는 말은 하늘이 지닌 한 가지 의미와 상응하는데, 인간과 하늘의 합일은 단순히 당위와 자연의 통일을 목표로 하는 것일 뿐만 아니라, 보다 심층적인 의미에서, 그것은 동시에 합리성에 대한 추구를 함축하고 있기도 하다. 실제로, 송명신유학에서 "자연에 합치한다[合乎自然]"는 말이 지닌 심층적 함의는 종종 이성과의 합치인 것이다.

"하늘이란 이리일 뿐이다. 큰 것이 작은 것을 아끼고, 작은 것이 큰 것을 섬기는 것은 모두 이치가 마땅히 그러한 것이다. 자연히 이성에 합당하므로, 하늘에 순응함을 즐긴다고 말한다[天者, 理而已矣. 大之字小, 小之事大, 皆理之當然也. 自然合理, 故曰樂天]." (『맹자집주』「양혜왕하」)

"하늘에 순응함을 즐김"이란 일종의 자연의 경지로, 이학理學에서 보기에, 그것은 동시에 '합리合理'를 그 전제로 하는 것이기도 하다.

신유학에서의 '합리合理'란 무엇보다도 가치이성價値理性과 합치하는 것을 가리킨다. 장재에서부터 시작해, 이학자들은 '덕성에 따른 앎[德性之知]'과 '견문에 따른 앎[見聞之知]'을 엄격하게 구분할 것을 요구했다. '덕성에 따른 앎'이란 선善에의 추구를 내용으로 하는 가치이성과 긴밀히 연관되며, '견문에 따른 앎'이란 넓은 의미에서의 사실 인식이다.

신유학에서, '덕성에 따른 앎'이 언제나 주도적인 지위를 차지했는데, 그것이 체현하는 것은 가치이성을 우선하는 하나의 사유노선이다. 그래서 하늘과 이리의 소통을 매개하는, 이성화理性化에의 요구는 곧 사회질서와 주체행위 그리고 역사의 진행과정에 대한 가치이성의 규제와 인도로 나타난다. 가치관이란 각도에서 보자면, 송명 신유학은 천리天理를 부각시켰고, 아울러 '자연히 이성에 합당함[自然合理]'을 천인합일天人合一의 내용으로 부여했는데, 그 심오한 역사적 의의는 바로 전례 없이 자각적으로 이성화에의 요구를 제기했고, 아울러 이성화의 과정을 가치이성의 보편적 제약으로 이해했다는 점에 있다. 유가는 선진시대의 시작부터, 이미 가치를 우선하는 경향을 표출했는데, 선善에의 추구가 흔히 이성적 설계와 주체행위에서의 출발점을 구성했다.

내성內聖에서부터 외왕外王에까지 이르는 진행 경로는 바로 이 점을 매우 전형적으로 구체화했던 것이다. 하지만 송명宋明 시대에 이르러야만, 선善에의 추구는 비로소 보편적 이성화의 요구로 고양되고 일반화되었으며, 가치이성의 주도적 지위는 이로부터 최종적으로 확립되게 되었다. 이학理學의 이상과 같은 원칙은 도구적 이성의 전제를 피하고, 인간의 도구화를 억제하는 데에 있어, 분명 극히 중요한 의의를 지닌다. 서구적 근대가 추구한 것이 주로 기술적인 차원에서의 이성화라고 말할 수 있다면, 송명 신유학이 희망했던 것은 무엇보다도 가치론적 차원에서의 이성화였다.

중국에서의 근 10세기 동안, 기器가 도道를 지배하고, 도구가 주체를 억압하는 편향이 출현하기 어려웠던 이유는 분명 신유학이 확립한 가치價値 합리성의 진행경로와 무관치 않다.

물론, 가치 합리성을 추구하면서, 신유학(이학理學)은 기술과 도구의 차원에서의 이성화에 대해 경시하지 않을 수 없었다.

천리天理의 보편적 제약은 '견문에 따른 앎'에 대한 '덕성에 따른 앎[德性之知]'의 지배와 상호 결합하여, 진리에 관한 탐색과 도구[器]에 관한 다스림이 점차로 종속적 지위에 놓이도록 만들었다. 그것은 도구적 이성의 일방적 팽창을 억제시키면서, 과학 자체의 진보까지도 제약했다. 송대 유학자와 명대 유학자 가운데 해박한 과학자(이를테면 주희야말로 상당히 박학한 학자로, 천문天文 역산曆算 등에서 모두 매우 조예가 깊었다)가 적지 않았지만, 가치관에 있어서, 과학에 관한 연구는 흔히 잔재주로 간주되었고, 게다가 항상 완물상지玩物喪志라는 지탄을 받았다. 왕양명이 "인륜을 밝히는 것 이외에 학문은 없다[明倫之外無學矣]"(「만송서원기萬松書院記」, 『왕문성공전서王文成公全書』 7권)라고 생각했던 것은, 이런 관점에 근거한 것으로, 왕양명은 실증적인 과학에서의 앎을 무용한 대상으로 결론지었다. 『전습록상傳習錄上』에는 다음과 같이 기록되어 있다. "『율려신서』에 관한 물음에, 선생(왕양명)께서는 '학자는 마땅히 급박한 것에 힘써야 한다. 산술은 샘에 대한 숙련을 획득하는 것이니, 역시 무용할 것이다[問 『律呂新書』. 先生曰, '學者當務爲急, 算得此數熟, 亦恐無用.]" 이런 관점은 실질적으로 이성화를 부정하는 성질을 지니고 있다. 가치론적 차원에서의 이성화 요구와 기술적 차원에서의 이성화를 부정하는 경향 사이에는 내재적 긴장이 존재하며, 그것이 줄곧 과학의 발전이 가치관의 차원에서의 지지를 받을 수 없도록 만들었다는 점을 파악할 수 있는 것이다.

동시에, 이성화에 대한 협애한 이해는 또한 자연원칙에서의 어떤 변화를 발생시켰다. 앞서 서술한 것처럼, 그 본래의 의미에 따르자면, 하늘(자연)에 대한 중시는 윤리학 상의 자연원칙을 긍정함을 의미하고 있다. 그러나 하늘과 이理가 합해서 하나가 되고, 선善을 향한 추구라는 의미에서의 합리성이 천인합일天人合一의 구체적인 내용이 된다고 했을 때, 자연원칙 역시도 그에 따라 변형되지 않을 수 없다. 장재는 일찍이 예禮에 대해 다음과 같이 규정했다. "예禮는 천지의 덕德이다[禮卽天地之德也]"(『장재집』, 264쪽) '예禮'는 당위의 원칙에 속하고, '천지의 덕'은 자연의 일부인데, 장재가 보기에는, 당위(禮) 역시 자연自然('천지의 덕')이다. 여기에는 이미 당위를 근거로 자연을 포괄하려는 경향이 깔려 있다. 이정二程형제와 주희에게서 이런 경향의 표현은 보다 명백해진다. 『논어論語』「선진先進」에는 공자가 학생 각자에게 자신의 포부를 말해보라고 했던 내용이 기록되어 있다.

증자曾子가 "늦봄이 되면, 봄옷을 만들고나서, 관을 쓴 어른 대여섯명과 동자 예닐곱명과 함께 기수에서 목욕하고 무우에서 바람 쐬고 노래하면서 돌아오겠습니다[莫春者, 春服旣成, 冠者五六人, 童子六七人, 浴乎沂, 風乎舞雩, 詠而歸.]"라고 대답하자, 공자는 듣고서 감탄하면서 "나는 증점(증자)와 함께 하겠다![吾與點也!]"라고 말한다. 증점이 동경했던 것은 본래 일종의 자연과 합일된 경지였다. 자연 속으로 들어감은 바로 자연원칙을 긍정하는 상징으로 파악할 수 있기 때문이다.[59] 그러나 증점이 말한 포부를

---

59) 본서 제1장을 참조할 것.

해석하면서, 주희는 오히려 아래와 같은 한 단락의 논의를 펼친다.

"증점의 학문은 인욕이 다한 곳에 천리가 유행하여 가는 곳마다 충만하여 조금도 결함이 없음을 파악한 점이 있었다. 그러므로 움직이고 쉬는 가운데 여유로움이 이와 같았다[曾點之學, 蓋有以見夫人欲盡處, 天理流行, 隨處充滿, 無少欠闕. 故其動靜之際, 從容如此]." (『논어집주論語集註』「선진先進」)

여기서 자연에의 도야는 천리天理에 대한 체험적 인식이라 할 때, '자연에 합일됨[合乎自然]'이란 의미는 천리天理에 융합되는 것으로 전환된다. 이처럼 자연은 단순히 당위를 전제로 삼을 뿐만 아니라, 당위에 관한 하나의 표현 형식이 되어버린 것처럼 보인다.

당위와 자연 중에서, 이학자들의 저울은 당위 쪽에 상당히 치우쳐 있음을 볼 수 있는 것이다. 실제로 이학자들이 또한 이 점에 대해 거리낌 없이 말했다. 주희의 학생이었던 진안경陳安卿이 "이理에서, 능히 그럴 수 있음, 반드시 그러함, 마땅히 그러함, 저절로 그러한 것을 모두 종합한다면, '이理'라는 글자의 의미는 갖추어진 것입니까?[理有能然, 有必然, 有當然, 在自然處皆須兼之, 方于理字訓義爲備否?]"라고 묻자, 주희는 답장하길, "이 뜻을 잘 갖추었다. 『대학』에는 본래 또한 소이연所以然(*그러한 까닭)이라는 한 구절이 있는데, 또한 '마땅히 그래야 하는 것[所當然]'임을 이후에 배우는 사람들이 깨닫는 것이 중요한 부분이니, 납득하지 못하는 부분이 있더라도, 스스로 묵묵히 깨달을 수 있다[此意甚備, 『大學』本亦更有所以然一句, 後來看得且要見得所當然, 是要切處, 若果得不容己處, 卽自可默會矣]"(「答陳安卿」, 『朱文公文集』 57권)라고 하였다. 이러한 전제에 호응하여, 송명 신유학은 당위를 자연으로 변화시키는 것을 긍정하면서, 또한 자연을 당위를 완성하는 형식으로 간주했다.

정이천程伊川의 다음과 같은 논의에서, 이런 점을 쉽게 엿볼 수 있다. "일체의 일은 모두 마땅히 해야 하는 것이라도, 반드시 주의를 쏟아서 하는 것일 수 없다.

주의를 쏟아서 해야한다면, 사심이 있는 것이다[一切事皆所當爲, 不必待著意做. 纔著意做,便是有個私心]"(『이정집』, 181쪽) '주의를 쏟지 않는다[不著意]'란 즉 자연히 그러한 것[自然而然]으로, 여기서 자연이 중요한 까닭은, 바로 그것이 마땅히 해야할 것을 완성하는 조건이라는 점에 있다.

왜냐하면 주의를 쏟는 바가 있다면(자연에 도달할 수 없는 것), 당위에서 벗어나기 때문이다(사심이 있음). 이 때문에 당위는 결국 자연을 압도한다. 이런 측면에서 보자면, 현학과 마찬가지로, 송명 신유학은 진정으로 가치관에 있어 하늘(자연원칙)과 인간(인도人道 원칙)의 통일을 이루지는 못한 것 같다.

2. 천리天理의 주재 하에서의 자아의 권능

(1) 천명의 강화

"하늘과 인간에 관한 논변[天人之辨]"에서 당위(인도人道)를 강조하는 것과 관련해, 송명 신유학은 언제나 굉장히 자각적인 역사적 사명의식을 표출했다. 이학理學을 정초한 장재는 일찍이 다음과 같은 명언을 남겼다.

> "천지를 위해 뜻을 세우고[60], 백성을 위해 도를 확립하고, 지난 성인을 위해 단절된 학문을 계승하며, 만세를 위해 천하를 평안하게 만든다[爲天地立志, 爲生民立道, 爲去聖繼絶學, 爲萬世開太平]." (『장재집』, 320쪽)

이는 굉장히 원대한 포부인데, 이러한 포부의 배후에 함축된 것은 주체의 역량에 대한 고도의 확신이었다. 물론, "뜻을 세움" "도를 확립함"과 같은 말은 여전히 형이상학적인 의미를 매우 농후하게 지니고 있지만, '만세를 위해 천하를 평안하게 만든다'는 말은 오히려 상당히 구체적인 역사적 함의를 체현한다. 천하를 평안하게 만드는 책임은 인간에게 있지 하늘에 있는 것은 아니기 때문이다. 앞에서 서술한 것처럼, 유가는 공자에서부터, 이미 '인간이 도를 넓힐 수 있다[人能弘道]'는 견고한 신념을 형성했는데, 신유가에게서 이런 식의 '도를 넓힌다'는 전통은 확실히 한층 더 강화되었다.

'천지를 위해 뜻을 세움'에서부터 '만세를 위해 천하를 평안하게 만드는 것'에 이르기까지, 주체의 역량에 대한 확신은 실제로 형이상학적 원칙과도 연관되지만, 현실 인륜영역에서, 이러한 확신은 보다 직접적인 형식을 취하기 시작했다. 신유학의 관점에

---

60) 이 어구는 각 판본마다 글자가 약간씩 다르다. 주희는 『근사록近思錄』 2권 및 남송 말의 오견吳堅의 판각본인 『장자어록張子語錄』에서는 "천지를 위해 마음을 세우고[爲天地立心]"라고 되어 있다.

따르자면, 부귀富貴의 여부는 물론 자아가 결정할 수 있는 것이 아니지만, 도덕에서 자아는 오히려 자주적으로 선택할 수 있는 권능을 지닌다. "부귀를 얻을 수 있는지의 여부는 하늘에 달려 있으나, 도덕에 이르러서는 자신에게서 구해서 얻지 못할 것이 없다[富貴之得不得, 天也, 至於道德, 則在己求之而無不得者也]"(『장재집』, 280쪽)는 것이다. '구해서 얻지 못할 것이 없다'는 말은 바로 도덕적 자율성을 강조한다. 주희도 마찬가지로 행위의 선택에서의 자주성을 긍정했다.

> "죄의 있고 없음은 나에게 달려 있을 뿐이다. 고대인들이 살신성인했던
> 근거이다[有罪無罪, 在我而已, 古人所以殺身成仁]."(『주자어류』, 58권)

여기서의 죄는 단순히 법률적 의미에 국한된 것이 아니며, 그것은 대체로 넓은 의미에서의 '악惡'과 대등한 것이다. 이학자들이 보기에, 선악의 선택은 결코 외재적 강제에 의한 결과가 아니며, 그것은 자아에 전적으로 달려 있는 것으로("나에게 달려 있을 뿐이다"), 살신성인과 같은 숭고한 행위 역시 무엇보다도 자주적 선택의 기초 위에서 확립된다. 이런 관점은 확실히 유가가 중시한 도덕적 자유의 전통을 계승했던 것이다.

주체의 자주성은 물론 단순히 도덕행위에서의 선택으로 국한되는 것이 아니라, 그것은 동시에 보다 광범위한 사회생활 속에서 드러나는데, 이학理學 이론의 선구자인 주돈이周敦頤는 바로 이 점에 주목했다.

> "천하는 정세에 따를 뿐이다. 정세는 가볍거나 무겁다. 지극히 무겁다면
> 뒤집을 수 없다. 그 무거움을 알고서 긴급히 뒤집는다면, 가능하다. 뒤집는 것은
> 힘이다. (…) 하늘이 하는가? 사람 탓이니, 어찌 원망하겠는가?[天下, 勢而已矣.
> 勢, 輕重也. 極重不可反. 識其重而亟反之, 可也. 反之, 力也. (…) 天乎? 人也,
> 何尤?]"(『通書』「勢」)

'정세[勢]'란 곧 역사적인 추세로, 역사의 진전은 일단 어떤 추세를 형성하면 대체로 변화시키기 매우 어렵다. 그러나 주돈이의 견해에 따르면, 변화시키기 어렵다는 것은 결코 바꿀 수 없다는 것이 아니다. 주체의 역량을 진정으로 발휘한다면, 정세는 여전히 뒤집을 수 있다. 여기서 중요한 점은 힘으로 정세를 뒤집을 수 있다는 식의 논조가 얼마나 진리를 지니는지에 있는 것이 아니라, 그것이 인력(주체의 역량)에 대한 확신을 나타냈다는 사실에 있다. 또한 바로 유사한 확신에 근거해, 주희는 하늘(자연)이 할 수 없는 것을 인간이 할 수 있음을 공언했다. 즉, "천지 사이에서, 인간은 단지 하나의 이理에 불과할지라도, 하늘과 인간이 행하는 것에는 각자 분수가 있다. 사람이 할 수 있지만 도리어 하늘은 할 수 없는 것이 있다. 이를테면 하늘은 만물을 낳을 수 있지만, 밭을 갈고 파종할 때에는 반드시 인력을 빌려야 하고, 물은 만물을 윤택하게 만들 수 있지만, 관개는 반드시 인력을 빌려야 하며, 불은 만물을 태울 수 있지만, 땔감을 태우는 일은 반드시 인력을 빌려야만 한다. 마름질하여 완성하고 보좌하는 일은 반드시 사람이 하는 것이다[人在天地中間雖只是一理, 然天人所爲, 各自有分. 人做得底卻有天做不得底. 如天能生物, 而耕種必用人. 水能潤物, 而灌漑必用人, 火能炎物, 而薪焚必用人. 裁成輔相, 須是人做]." (『주자어류』 64권) 여기서, 주체의 역할범위는 윤리강상의 영역을 넘어서기 시작했으며, '하늘과 인간에 관한 논변'에 비해, 이런 측면에서 이학理學의 시야는 보다 확대된 점이 있는 것 같다.

그러나 이학자들의 견해에 따르면, 인력(주체의 권능)은 결코 만능이 아니다. 그것은 언제나 자체의 한계를 지닌다. 송명 신유학(이학理學) 가운데, 이정형제와 주희는 이점을 보다 많이 강조하였다. 주희의 관점에 근거하자면, 선악의 선택 등의 측면에서, 인간은 물론 자주적 권능을 지니지만, 이 자유의 왕국 밖에는, 여전히 인간의 수많은 노력이 영향을 미치기 어려운 영역이 존재한다. 이러한 영역들은 바로 천명天命의 영역을 구성하는 것이다. 따라서 "군자가 곤궁에 직면한다면, 근심을 대비하는 방도를 모조리 사용해도 피할 수 없으니 명이기 때문이다[君子當困窮之時, 旣盡其防慮之道而不得免, 則命也]." (『이정집』, 941쪽), "해도 어찌할 수 없어야, 비로소 하늘에게로 돌릴 수 있고,

비로소 운명이라고 부를 수 있다[若是做不得, 方可歸之天, 方可喚做氣數].”(『주자어류』 108권)고 말한다. 욕망을 억제하려는 방법을 다했는데도 피할 수 없고, 인력으로도 해도 어찌할 수 없다는 것은 한편으로는 주체의 노력에 대한 중시를 나타내며, 다른 한편으로는 인력은 또한 언제나 그 자체의 한계를 지님을 의미하고 있는 것이다. 여기서 정주程朱의 특성은 명命을 가지고 노력을 배척한다는 데에 있는 것이 아니라, 인력의 극한을 규정함으로써 명命을 도출해낸다는 점에 있다. “인력이 다한 곳이 곧 명이다[人力盡處卽是命]”는 말은 주체의 권능을 긍정하면서도 다시 명에 일정한 위상을 마련하는 것이다.

천명이 작용하는 범위에는 다양한 측면이 있다. 개체를 가지고 말하자면, 부유함 존귀함 지혜로움 어리석음은 모두 명으로 결정되는 성질을 지닌다. 따라서 “모든 것은 하늘이 명한 것이다. 순수하고 빼어난 기운을 부여받으면 성인이 되고 현인이 되니, 리의 온전함과 올바름을 얻게 된 것이다. 맑고 밝은 기운을 부여받으면 영민하고 호쾌하고, 돈독한 기운을 부여받으면 온화하며, 청렴하고 고상한 기운을 부여받으면 존귀하며, 풍성한 기운을 부여받으면 부유해지며, 지속하는 기운을 부여받으면 장수한다. 퇴락한 기운을 부여받은 자라면, 어리석고 모자라고 가난하고 천하며 요절한다[都是天所命. 稟得精英之氣便爲聖爲賢, 便是得理之全, 得理之正. 稟得淸明者便英爽, 稟得惇厚者便溫和, 稟得淸高者便貴, 稟得豐厚者便富, 稟得久長者便壽. 稟得衰頹薄濁者, 便爲愚不肖, 爲貧爲賤, 爲夭].” (『주자어류』 4권)고 말하는 것이다. 여기서 명은 이른바 ‘기질로 부여받은 명[氣稟之命]’에 불과하다. 선악의 선택 가능성에 비해, 부귀함 존귀함 장수 요절은 명에 의해 정해진 것이고, 명의 결정은 다시 부여받은 기질이라는 방식을 통해 실현된다. 따라서 형이상의 명과 개체의 존재는 부여받은 기질를 통해 상호소통하는 것이다. 전통철학에서, ‘기질로 부여받은 것[氣稟]’은 언제나 개체 생명에의 형성을 해석하는 것으로 이용되는데, 생명의 획득은 언제나 주체의 선택을 거치지 않는 것이다. 여기서 정주程朱는 실제적으로 생명 존재의 피 결정성으로부터, 나아가 개체가 조우하는 피결정성으로 의미를 확장시킨다. 이러한 수동성은 항상 거의 극단적일 정도로까지 과장된다. 삶과 죽음을 근거로 말하자면, 인간은 결국 어떤 방식으로든 죽음을 향해 나아가며, 모두 타고난 명운을 피할 수 없다. "삶과 죽음에는 저절로 정해진 명이 있으니, 만약 물과 불에서 죽는 것에 부합하면 반드시 물과 불 속에서 죽고, 전쟁에서 죽는 것에 부합한다면, 반드시 전쟁에서 죽게된다. 어떻게 피하겠는가?[死生自有定命, 若合死於水火, 須在水火裡死, 合死於刀兵, 須在刀兵裡死. 看如何逃得?]"(『주자어류』50권) 이런 측면에 있어 인간의 노력은 완전히 속수무책인 것처럼 보인다.

사회적 역사적 영역에서도 마찬가지로 명의 제약을 볼 수 있다. 송나라 신종神宗 때, 왕안석은 변법을 시행한 적이 있었는데, 이런 변법에 대해서, 정주程朱는 줄곧 비판적 태도를 취했다. 그렇다면 신종의 치세에는 어째서 왕안석의 신정新政이 출현할 수 있었는가? 주희는 이런 역사를 해석하면서, 바로 타고난 명운이라는 개념을 도입한다. 그렇기에 "신종은 극히 총명하여 천하의 일에 관해 환하게 알지 못하는 것이 없었던 진정 불세출의 군주였는데, 다만 매번 하는 것마다 박자가 엇갈렸다. 예를 들어 왕안석을 재상으로 삼았는데, 그 역시 불세출의 자질을 가졌지만, 학문이 정당하지 못해서 급기야는 천하를 잘못되게 하였다. 신종이 참된 유학자를 얻어서 얻어 등용하게 만들었다면 이렇게까지 되었겠는가, 이 역시 타고난 명운이 그렇게 만든 것이다[神宗極聰明, 於天下事無不通曉, 眞不世出之主, 只是頭頭做得不中節拍. 如王介甫爲相, 亦是不世出之資, 只緣學術不正當, 遂誤天下. 使神宗得一眞儒而用之, 那裏得來, 此亦氣數使然]." (『주자어류』 127권) '타고난 명운[氣數]'이란 역사에서의 정해진 명이다. 정주程朱의 입장에서 개인의 재주와 지혜는 물론 중요하지만, 역사적 과정의 최종적 결정자는 '명命'으로서 타고난 명운이다. 여기서 천명의 왕국은 개체의 존재로부터 천하에서의 치란治亂으로까지 확장된다.

정주程朱의 이상과 같은 관점은 다소 숙명론적 특성을 띤다. 그러나 그들이 '운명이 다한 곳'에서 명을 말한 점에, 도리어 주의할 만한 가치가 부분이 있다. '명命'은 일종의 초월적(신비화된) 필연성으로, 본래 하나의 해석범주로 나타나지만, 정주程朱에게서 이런 해석범주는 동시에 어떤 준-종교적인 기능을 지니고 있다. 세계에서의 인간의 노력은 모두 바람대로 보상받을 수 없으며, 행위의 결과는 언제나 그 원래의 바람과 어긋난다. 이렇게 인간의 바람과 동떨어지고, 인간이 완전히 통제할 수도 없는 행위의 결과는, 흔히 외재하는 초월적 역량에 대한 인간의 두렵고 불안한 심리를 만들어냄으로써, 자아의 정신세계가 평온에 이르는 것을 어렵게 한다. 인력이 극한에 이른 곳에서 '명命'을 도출하고, 또한 바로 명을 통해 인력의 무용성을 해석해낸다면, 정신은 어떤 형이상학적인 위안을 얻게 될 수도 있을 것이다. 인력을 초월한 결과가 '명命'의 제약을 체현한 것일 때, 정신의 곤혹감도 해소될 수 있기 때문이다. 이런 점에 관해, 이정二程은 비교적 명백히 설명했다.

> "미제未濟[61]의 정점에 놓여 있다면, 일을 성취할 수 있는 위치가 아니고, 일을 성취할 만한 이유도 없으니, 천명을 즐기면서 따라야만 할 뿐이다. (…) 지극히 정성스럽게 의로움과 천명을 편안히 받아들이고 스스로 즐긴다면 허물은 없게 될 것이다[居未濟之極, 非得濟之位, 無可濟之理, 則當樂天順命而已 (…) 至誠安於義命而自樂, 則可無咎]." (『이정집』, 1026쪽)

> "그러므로 천명에 관한 학설을 지닌 다음에야 편안할 수 있다[故有命之說, 然後能安]." (같은 책, 194쪽)

'미제의 정점[未濟之極]'이란 역경이나 곤란을 뜻하는데, 자신이 이런 상황에 놓여 있을 때, 특히 '명'과 같은 종류의 초월적인 해석을 필요로 한다. 만약 이런 해석을 수용하고 그런 상황에 편안하게 대처할 수 있다면, 영혼의 긴장이나 흐트러짐을 피할 수 있으니, 곧 스스로 즐겁고 편안한[自樂而安] 경지에 도달하게 된다는 것이다. 여기서, '명'은 인력을

---

61) [*역자주] 미제괘未濟卦는 미제괘는 위에 있는 불은 타오르고, 아래에 있는 물은 흘러내려서 서로 만나지 못하고 어긋난 모습으로, 하늘과 땅이 만나지 못하는 비괘否卦와 유사한 구조이다. 물과 불이 만나지 못하면 음식물을 조리해 완성할 수가 없다. 일을 성취하기 힘든 상황을 상징하는 점괘이다.

초월한 결정자로서, 인간에게 일종의 정신적 의지 처를 제공하며, 아울러 인간이 일종의 형이상학적 보살핌을 느끼도록 만드는 듯하다. 명이 개체의 심리를 이처럼 안정시키는 가운데, 종교적 의미가 인식론적 의미에서의 철학을 명백히 넘어서고 있음을 알 수 있는 것이다.

그러나 '천명'이라는 관념이 어떤 준 종교적인 기능을 지니고 있다고는 하지만, 결국 일반적인 종교와는 다르다. 종교가 추구하는 것은 일종의 최종적인 것에 관한 관심으로, 그것은 언제나 초월적 주재자에 대한 신앙을 통해서 영혼이 안식에 이를 수 있도록 하려 한다. 그런데, 논리적으로 보면, 최종적인 것에의 관심 자체는 한 가지 전제가 있다. 즉, 현세의 존재 가운데, 개체의 정신은 처음부터 끝까지 진정한 안녕을 얻지 못한다는 것이다. 바로 영혼이 의존할 바가 없다는 불안이 최종적인 것에 대한 관심을 추구하는 내재적 동인이 되기 때문이다. 일단 자아의 정신세계가 진정한 안정에 이르게 된다면 최종적인 것에의 관심 역시 멈추게 될 것이다. 이 때문에, 종교는 언제나 초월적인 피안과 속세의 뚜렷한 대조를 통해서, 인간들이 보다 절실하게 현실 속의 고난을 체험하도록 유도하며, 영혼이 영원히 긴장과 불안 속에 놓이도록 만듦으로써 부단히 최종적인 것에의 관심을 추구하도록 한다. 간단히 말해, 종교는 인간이 잠시의 정신적 위안을 가져오도록 해주면서도, 또한 마음이 내재적 안정에 이르도록 하는 것을 어렵게 만드는 것이다. 이에 비해, '명命'이라는 관념 속에서는 피안과 현세라는 심리적 대조가 전혀 존재하지 않으며, 그것이 인간의 행위와 처지에 제공해주는 것은 진실로 일종의 형이상학적인 해석이지만, 이런 해석은 오히려 인간이 매우 "구체적인" 만족을 지니도록 한다. 이런 점에서 입각하면, 해석범주로서의 '명命'은 마음이 어느 정도 영구적인 긴장과 불안을 방지할 수 있게 해주지만, 그것은 자아의 안정이란 측면에서 확실히 일반적 종교의 기능과는 다른 것으로 나타난다.

물론, 정신적 위안을 제공하는 것을 제외하고도, '명'은 또 다른 함의를 지니고 있다. 앞에서 서술한 것처럼, 그 근본적 의미에 따르자면, '명'은 필연의 계열(초월적 형식으로 표현되는)에 속한다. 그러나 정주程朱에게서, '명'의 해석적 기능이 강조됨에 따라, 초월적 필연은 당위의 영역으로 확장되기 시작한다. 주희는 일찍이 "의로움을 말한다면, 명은 그 가운데에 있다[語義則命在其中]"(『주자어류』, 45권)고 말했다. 의로움은 당위의 원칙으로, 명命이 의로움 안에 있다는 것은 당위 가운데에 필연이 내포되어 있음을 의미하고 있다. 이러한 관점을 일보 더 확장하자면, 당위는 곧 필연인 것이다.

> "'이'에서의 당위라면, 절로 그만둘 수 없다[理之所當爲者, 自不容己]."
> (『주자어류』 18권)

> "이미 이 사물이 존재한다면, 이 사물이 되는 이유에는 각각 그 당위의 원칙을 지니지 않은 것이 없어서, 스스로 그만두지 못하니, 이것은 모두 하늘이 부여한 것에서 얻은 것이지 인간이 할 수 있는 것이 아니다[旣有是物, 則其所以爲是物者, 莫不各有其當然之則而自不容已, 是皆得於天之所賦, 而非人之所能爲也]."(주희, 『대학혹문大學或問』)

"스스로 그만두지 못한다[自不容己]"는 말은 "하지 않을 수 없다"는 뜻이니, 그것은 실질적으로 필연으로 나타난다. 또한 어떤 사물이 어떤 사물이 되도록 결정하는 소이연所以然의 근거도, 대체로 역시 필연의 영역에 속한다. 그런데 정주程朱가 보기에, 당위의 원칙은 이런 필연의 경향과 완전히 동일계열에 놓인다. 따라서 당위 역시 필연과 동등해진다. 일반적으로 논할 때, 필연은 인간의 의지에 의해 바뀌지 않는 외재적 역량이며, 이상의 구체화로서의 당위는 인간의 바람과 요구를 함축하고 있다. 일단 필연으로 당위를 정의한다면 당위의 원칙은 반드시 강제성을 지닌 규범으로 간주되어야만 하므로, 정주程朱의 결론은 바로 다음과 같았다. "인이란 하늘이 나에게 부여한 것이어서 행하지 않을 수 없는 이치이고, 효제는 하늘이 나에게 명한 것이어서 그렇게 하지 않을 수 없는 일이다[仁者, 天之所以與我而不可不爲之理也, 孝悌者, 天之所以命我而不能不然之事也]"(주희, 『논어혹문論語或問』) 이 구절에서의 '명命'은

동사로 쓰여서, '명령하다'라는 의미와 같다. "나에게 명하다[命我]" 운운하는 것은
명백히 강제로서의 의미를 지니고 있는데, 정주程朱는 인仁 효孝 등의 당위의 원칙이
'명령함[命]'을 통해서 주체(나)의 행위를 규범화한다고 여겼으며, 일정 정도 그것을
강제적인 규범으로 이해하였다. '스스로 그만두지 못하는' 강제적인 규범으로서의 당위는
주체의 입장에서 보자면, 어떤 숙명론적 성질을 지니고 있다. 다음과 같은 단언으로부터,
우리는 이런 점을 어렵지 않게 볼 수 있다.

　"부자 군신의 관계는 천하에서의 불변의 도리이므로, 천지 사이에서 피할 수 있는
곳이 없다[父子君臣, 天下之定理, 無所逃於天地之間]"(『이정집』, 77쪽) 드넓은 하늘의
지배에 직면해서, 주체의 유일한 선택이란 하늘이 명하는 것을 듣는 것일 뿐이다. "하늘이
명하는 것을 듣는 자는 리를 따라서 행동하고, 때에 맞추어 움직이며, 감히 사사로운
마음을 쓰지 않는다[聽天所命者,循理而行, 順時而動, 不敢用其私心]" (「답혹인答或人」,
『주문공문집朱文公文集』 64권)

　앞에서 서술한 것처럼, 당위를 따르는 것은 원래부터 주체의 권능이 미치는 것으로,
인력의 영역에 속한다. 그러나 당위가 필연과 동등해지게 된다면, 주체의 능동적
역할이란 단순히 당위와 필연을 융합해 하나로 만든 이理를 자각적으로 준수하는
것인 듯하다. 형식 상으로 볼 때, 이치를 따르는 과정 안에서, 인간의 권능(인력人力)을
배척하는 것이 결코 아니지만, 이러한 권능 속에서 자발적인 선택은 이미 약화되며,
그것은 필연적으로 도덕행위에서의 자유의 의미를 점차 소멸시킨다. "의지[志]"에 대한
정주程朱의 관점에서, 이런 경향은 보다 명백히 표현된다. 정주程朱는 물론 의지의 작용에
대해 언급하기도 했고, 정이程頤는 영종英宗에게 바치는 서찰 속에서, '의지를 확립하는
것[立志]'을 현시대의 급선무로 간주했다.(『이정집』, 521쪽 참조) 주희 역시 마찬가지로
"사는 의지를 숭상한다[士尙志]"(『주자어류』, 118권)는 점을 긍정했다. 그러나 동시에
정주程朱는 "도를 의지로 삼으라[以道爲志]"(『이정집』, 188쪽)라고 강조하기도 하며,
인의仁義를 의지의 내용으로 파악한다. 즉 "의지를 숭상한다는 것은 무엇을 말합니까?
인의일 따름이다[何謂尙志? 曰仁義而已矣]" (『주자어류』 118권)라는 것이다. 여기서

도道와 인의仁義는 모두 이성의 준칙을 가리키는데, 의지가 이성적 규범을 받아들일 것을 요구하는 것은 진실로 이성주의적 원칙을 체현한 것이다. 그러나 의지의 내용을 단순히 도와 인의로 국한시킨다면, 분명 의지에 대한 이성의 통제를 다시 강화시키게 된다. 의지는 전일하며 견고하고 굳센 특성뿐만 아니라, 선택의 기능을 갖고 있는데, 의지를 이성적 틀 속에 집어넣는다면, 대체로 앎[知]을 통해 의지를 융해시키기 쉽다. 정주程朱의 다음과 같은 논의에서, 이미 어느 정도 이런 편향을 엿볼 수 있다. "지식이 명확해지면 역량은 저절로 발전한다[智識明, 則力量自進]"(『이정집』, 188쪽), "지혜를 다하면 앎에 이르고, 앎이 있으면 선택할 수 있다[致知則有知, 有知則能擇]"(위의 책, 143쪽) 이런 발언 속에 체현된 것은 이성 우선의 원칙으로, 이성적 자각은 의지의 역량을 결정할 뿐만 아니라("지식이 명확해지면 역량은 저절로 발전한다"), 의지의 선택이라는 권능을 주재한다("앎이 있으면 선택할 수 있다").

정주程朱의 이상과 같은 관점은 자유에 대한 이해와 직접적으로 관련되고 있다. 자유는 다양한 차원의 의미를 지니는데, 윤리학이란 측면에서 말하자면, '자유'라는 것은 무엇보다도 자각 자발성 자연의 통일로 나타난다. 도덕 상의 자유행위는 물론 이성적 인식에 근거하며, 그에 따라 자각적 행위로 나타나는 것이지만, 다른 한편으로 그것은 또한 의지의 자주적인 선택을 전제로 함으로써, 자발적인 행위로도 나타나는 것이며. 양자는 동시에 사고나 노력을 초월해 자연스럽게 도에 부합하는 것을 그 이상적인 형태로 삼는다. 단순히 의지의 선택에서 시작한다면, 확실히 자의적이거나 맹목적인 행동으로 휩쓸리기 쉽다. 단순히 이성적인 자각을 강조하는 것도 마찬가지로, 억지로 선을 행하게 할 수 있어도 자유의 경지에 도달하기는 매우 어렵다. 정주程朱가 인의仁義 등의 규범을 하늘이 명령한 것으로 간주하는 점이 당위의 원칙에 숙명론적 속성을 부여함으로써 행위의 자유를 약화시키는 것이었다고 한다면, 이성적 자각을 통해 의지의 선택을 융해시키고 자연히 도에 부합하게 하는 것은, 다른 측면에서 보자면, 도덕영역에서의 자유가 제한되도록 만든 것이다.

자유에 대한 정주의 이상과 같은 제한은 주제의 자주적 권능을 긍정하는 사유경향과 공존하기 어려울 듯하다. 어떻게 이러한 불일치를 극복할 수 있을까? 정주程朱는 '명을 다하여 의지를 이룬다[致命遂志]'는 주장을 제시했다.

> "그러므로 군자는 곤궁할 때에, 반드시 명을 다해서 의지를 이룬다[故君子於 困窮之時, 須致命便遂得志]." (『이정집』, 32쪽)

'명을 다함[致命]'은 하늘이 명령한 바를 완성한다는 뜻으로, 그것은 본질적으로 명에 순응하거나 명에 합치하는 하나의 과정으로 표현된다. 또한 '의지의 완수[遂志]'는 주체의 바람을 실현시키는 것으로, 그것은 주체의 자주적 권능을 보다 더 구체화한 것이다. 그 본래의 의미에 의거하자면, 두 가지의 발전경향은 정확히 대조된다. 하지만 정주程朱가 볼 때, '명을 다함' 역시 '의지의 완수'를 동시에 의미하고 있는데, 쉽게 알 수 있듯이 이런 관점은 실질적으로 필연적인 명命에의 순종을 통해 주체의 자주적 권능을 압도했던 것이다. 주희의 다음과 같은 논의에서, 이런 함의는 보다 명백히 표현된다. "명은 태어나는 시작과 함께 부여되니, 지금 바꿀 수 있는 것이 아니며, 하늘은 행하지 않으면서도 행하여 내가 기필할 수 없으니, 오직 순응하고 받아들여야만 할 뿐이다[命稟於有生之初, 非今所能移, 天莫之爲而爲, 非我能必, 但當順受而已]." (『논어집주論語集註』 6권) 이런 측면에 입각하자면, 정주程朱는 '명에 순응한다[順命]'는 기초 위에서 '명을 다함'과 '의지의 완수'를 통일하고자 하는 경향을 일정 정도 표현한 것인데, 그것은 천명을 긍정하는 유학의 전통을 강화하면서, 이러한 가치지향이 보다 정교하고 치밀한 형식을 지니도록 하였다.

(2) 스스로 주재함과 자발성의 원칙

정주程朱로 대표되는 정통적인 이학理學에 비해, 송명신유학 가운데 육왕학파는 주체의 자주적 권능에 대해 보다 많이 고찰함으로써, 가치관 상에서 정통화된 이학理學과는 다른 특징을 드러냈다.

하늘과 인간의 관계에 있어, 육구연陸九淵은 인간에게는 자신의 가치가 있고, 인간의 역량에 대해서 경시해서는 안 된다는 점을 강조했다. "하늘·땅·인간의 바탕은 동등하니, 인간을 어찌 경시할 수 있는가?[天 地 人之才等耳, 人豈可輕?]"(『육구연집陸九淵集』, 463쪽) 하늘·땅·인간은 각각 고유한 권능을 지니니, 인간은 천지의 화육을 도울 수 있다는 관념은 이미 선진시대 유학이 긍정했던 것으로, 이런 측면에서 육구연이 계승한 것은 바로 원시유가의 전통이었다. 그러나 하늘·땅·인간이 병존 속에서, 인간은 주로 유類로 존재하지만, 육구연의 견해에 따르면, 인간의 역량은 단순히 '유類'를 체현할 뿐만 아니라, 그와 마찬가지로 자아에게서도 펼쳐져서, 각각의 '나'는 모두 자신의 자주적 권능을 지닌다. "가늠하는 바는 모두 나에게 있으니, 만약에 외물에 있다면 곧 외물에게 부림을 당하는 것이다[夫權皆在我, 若在物, 卽爲物役矣]."(위의 책, 464쪽) 단적으로 말해, 대상(외물)이 주체(나)와 대치했을 때, 결정하는 쪽은 '나'이지 외물이 아니라는 것이다. 바로 주체가 자주적 권능을 지닌다는 점에 근거하여, 육구연은 '스스로 주재함[自作主宰]'을 주장하였다.

> "정신을 거두어들여 스스로 주재하면 만물은 모두 나에게 갖추어져 있으니, 어찌 부족함이 있겠는가? 불쌍히 여겨야 할 때 자연스럽게 불쌍히 여기고, 부끄럽게 여기고 싫어해야 할 때, 자연스럽게 부끄럽게 여기고 싫어하고, 관대하고 온화해야 할 때, 자연스럽게 관대하고 온화하게 하며, 굳세고 과감해야 할 때 자연스럽게 굳세고 과감하게 한다.[拾精神, 自作主宰, 萬物皆備於我, 有何欠闕? 當惻隱時自然惻隱, 當羞惡時自然羞惡, 當寬裕溫柔時自然寬裕溫柔, 當發强剛毅時自然發强剛毅]." (위의 책, 455-456쪽)

여기서 '만물이 모두에 나에게 갖추어져 있다'는 것은 결코 존재론적인 명제가 아니다. 그것은 오히려 주체의 자아결정, 만물을 나아가게 하고 물러나게 하는 정신적 기개로 표현된다. 자기가 어떤 환경에 놓여 있다할지라도, 자아는 모든 권능을 수중에 지니고 있고, 자주적으로 행위방식을 결정한다. 바로 스스로 주재함이 주체를 결정된 대상에서 주체적인 존재로 만드는 것이다.

자아의 주재는 언제나 의지의 작용과 관련된다. 스스로 주재함을 강조하는 것과 관련해, 육구연은 의지를 중요한 지위로 끌어올렸다. "사람은 오직 의지가 없음을 걱정할 뿐이니, 의지가 있다면 성취하지 못할 것이 없[人惟患無志, 有志無有不成者]"(『육구연집』, 439쪽)기 때문이다. '정신을 거두어들인다'는 말은 바로 의지의 기능에 대한 긍정을 내재적으로 함축하고 있다. 왕양명은 의지에 대해 보다 상세하게 설명하였다.

"의지가 확립되지 않으면 천하에 이룰 수 있는 일은 없다. 수많은 장인의 기예라해도, 의지에 근거하지 않는 것은 없었다. 오늘날 학자들이 나태하여 허송세월하며 수많은 일중에 성취한 바가 없는 것은 모두 의지가 확립되지 않았기 때문이다. 그러므로 의지를 확립하여 성인이 되고자 하면 성인이 될 것이고, 의지를 확립하여 현인이 되고자 한다면 현인이 될 것이다. 의지가 확립되지 않은 것은 방향타가 없는 배나 재갈을 물리지 않은 말과 같다.

이리저리 휘둘리고 치닫는다면 결국에는 어디에 머무르겠는가?[志不立, 天下無可成之事. 雖百工技藝, 未有不本於志者. 今學者曠廢隳惰, 玩歲愒時而百無所成, 皆由於志之未立耳. 故立志而聖則聖矣, 立志而賢則賢矣. 志不立, 如無舵之舟, 無銜之馬. 漂蕩奔逸, 終亦何所底乎?]"(「교조시룡장제생教條示龍場諸生」, 『왕문공전서王文成公全書』 26권)

'의지의 확립[立志]'이란 또한 전일한 지향을 확립하는 것일 뿐이다. 이 지향은 선박의 방향타와 같아서, 주체의 활동에 방향성을 부여하므로, 의지가 확립되지 않는다면, 자아의 행위는 바로 방향성을 상실하고, 외물에 따라 휘둘리기 쉽고, 스스로 주재하기 어렵다.

육구연과 왕양명의 관점에서 보자면, 주체의 의지는 외부역량이 좌우할 수 없는 속성을 지니기에, 확고부동한 지향을 확립한다면 어떠한 외부의 힘이라도 주체의 이상理想에 대한 추구를 동요시키기에는 부족하다. 따라서 그는 "의지가 굳건하다면 비웃고 헐뜯어도 동요되지 않으며, 도리어 모든 것이 연마하고 갈고 딱을 수 있는 토대가 된다[志苟堅定, 則非笑詆毀, 不足動搖, 反皆爲砥礪切磋之地矣]"(「서고유현권書顧惟賢卷」, 『왕문성공전서』 8권)라고 말했다. 여기서, 의지는 주체가 분발해 나아가게 하는 내재된 정신적 지주를 구성한다. 이론적으로 볼 때, 의지의 고정된 방향은 객관적으로 행위의 자기조절 기제의 한 측면을 구성한다. 주체가 구체적 활동에 종사하기 전에, 흔히 여러 종류의 가능한 선택에 직면하며, 방향을 규정하는 작용은 곧 행위의 목표를 확정함을 통해 행위에 전일성을 부여하는 것으로 표현된다. 이런 기능을 상실하게 된다면, 주체는 외재적 저항에 쉽게 굴복하여 방황하고 머뭇거리게 되면서, 정해진 목표를 향해 확고부동하게 나아가기 어렵다.

　의지는 단순히 방향을 설정하는 기능뿐만 아니라, 의연함이란 속성도 지닌다. 이는 주로 의지의 노력으로 나타나는데, 의지의 방향이 주로 굳세고 한결같음으로 나타나는 것과는 달리, 의지의 노력은 실천과정과 보다 긴밀하게 관련된다. 지향이 일단 확립되면, 의지의 작용은 곧 강인하고 흔들림없는 의지력을 가지고 성실히 실제활동에 종사하는 것으로 나타난다. 육왕陸王은 의지의 노력을 지향과 동등한 지위로 끌어올렸는데, 만약 실천과정에서 진정으로 한결같을 수 있을 뿐만 아니라 굳세고 의연하다면, 모든 일에서 도道로 나아갈 수 있다고 생각했다. "오늘날 동지들 중에서는, 종종 위로 부모를 섬기고 아래로 처자를 부양하는 것을 도로 나아가는 데에 장애가 된다고 여기는데, 이런 것도 단지 도로 나아가려는 의지가 한결같지 못하고 용맹하지 못하기 때문이다. 도로 나아가려는 의지가 용맹하고 한결같을 수 있다면 위로 부모를 섬기고 아래로 처자를 보살피는 일에서 도로 나아가는 데에 바탕이 되지 않는 것이 없다[今時同志之中, 往往以仰事俯育爲進道之累, 此亦只是進道之志不專一, 不勇猛耳. 若是進道之志果能勇猛專一, 則仰事俯育之事, 莫非進道之資]."(왕양명王陽明, 「답주충서答周沖書」, 『중국철학中國哲學』 제1집, 321쪽) 용맹은 '의지의 노력'에 관한 구체적인 표현형식이다. 여기에서 의지에 고정된 방향(한결같음)과 행위의 의연함은 도道로 나아가는 두 개의 고리를 이루며, 주체의 자주적 권능 역시 이를 통해 구체적으로 드러낼 수 있게 되는 것이다.

한결같음과 의연함이란 속성을 제외한다면, 의지는 주체의 내재적 바람과도 관련된다.

"마음이 하고자 하는 바를 따라도 법도를 넘어섬이 없는 이유는 단지 의지가 성숙한 지점에 도달했기 때문이다.[從心所欲不逾矩, 只是志到熟處]."
(『전습록상傳習錄上』「왕문공전서王文成公全書」 1권)

'마음이 하고자 하는 바를 따름[從心所欲]'은 내재적 바람에서 비롯되는 것이다. 육왕陸王은 "의지가 성숙한 지점에 도달함[志到熟處]"을 '마음이 하고자 하는 바를 따름'의 조건으로 삼으면서, 바로 내재적 바람에서 비롯된 것을 의지 기능의 구체적인 체현으로 간주한 것이다. 이에 따르면, 의지의 기능을 긍정한다는 것은 행위의 자발적 원칙을 승인함을 의미하고 있다.

자발적 원칙은 무엇보다도 선악의 선택에서 구체화된다. 육왕陸王의 견해에 따르자면, 선을 선택하고 악을 배제하는 것은 여색을 밝히는 것을 좋아하고, 고약한 냄새를 싫어하는 것과 동일하다. 따라서 그는 "다만 선을 좋아하는 것을 여색을 밝히는 것을 좋아하듯 하고, 악을 싫어함을 고약한 냄새를 싫어하는 것과 같이 해야, 비로소 성인이다[但得好善如好好色, 惡惡如惡惡臭, 便是聖人]"(『전습록하』)라고 말했다. 여색을 밝히길 좋아하고, 고약한 냄새를 싫어한다는 특징은 진심에서 비롯되었다는 데에 있다. 그것에는 거짓된 생각 뿐만 아니라 마지못해서 하는 느낌도 없다. 이런 관점은 자발적 원칙의 근본적 요구 가운데 하나가, 진실된 바람을 주체적 선택에서의 내재적 근거로 삼는 데에 달려 있다는 점에 주목한 것이다. 그리고 진정으로 그럴 수 있으려면, 반드시 외재적 강제에서 벗어나야만 한다. 왕양명은 고자告子와 맹자孟子의 마음에 대한 상이한 관점을 비교함으로써, 이에 대해 분석했다. 그는 "이 마음이란 스스로 그러한 것이다. (…) 고자의 경우 단지 이 마음을 움직이지 않으려 하여, 바로 이 마음을 구속함으로써, 그 마음의 끊임없이 낳고 낳는 근본을 도리어 억제시켰으니, 이는 무익할 뿐만 아니라 해롭다. 맹자의 의로움을 축적하는 공부는 충만하게 함양하여 굶주리거나 부족함이 없게 하며, 거침없이 자유로워 생기발랄하게 한다[此心自然 (…) 若告子只要此心不動, 便是把捉此心, 將他生生不息之根, 反阻撓了, 此非徒無益,而又害之. 孟子集義工夫自是養得充滿,並無餒歉,自是縱橫自在, 活活潑潑地].”(『전습록하』)라고 하였다. '이 마음을 구속함[把捉此心]'은 인위적 강제를 뜻하는데, 강제의 결과는 주체의 진심을 목 졸라 죽이는 것이다. 오직 내재적 바람에 따라 자주적으로 행할 때에만 비로소 진심과 합치하는 생기발랄한 경지를 달성할 수 있다. 왕양명은 고자가 마음을 구속하는 것을 중시했고, 맹자는 자연스러움을 추구했다고 생각했다. 이런 생각은 물론 반드시 적절한 것은 아니지만, 중요한 점은, 양양명이 여기서 "거침없이 자유로움[縱橫自在]"을 근거로 인위적인 강제를 부정함으로써 자발성이 자연이라는 형식을 취하도록 하였다는 것이다.

자발성의 원칙을 교육상에서 관철하는 것은 교육받는 사람의 심신의 특징에 근거해서 그 지향과 흥미를 중시하고, 내재적 바람을 존중하여 날마다 발전하도록 만드는 것으로 표현된다. 이러한 원칙은 일반적인 도덕교육에도 마찬가지로 적용된다. 『전습록상』에서는 다음처럼 기술되어 있다. "왕여중과 황성증黃省曾이 선생을 모시고 앉았다. 선생께서 부채를 쥐고서 '너희들이 부채를 사용하라'고 말씀하셨다. 증성이 일어나며 '감히 그럴 수 없습니다'라고 대답했다. 선생께서 대답하시길, '성인의 학문은 이렇게 구속하고 고통스럽게 하는 것이 아니며, 도학의 모습을 꾸며내는 것도 아니다. (…) 성인이 사람을 가르침은 그를 속박해서 똑같게 만드는 것이 아니었다. 포부가 크고 진취적인 인재라면 그런 성향에 따라 그를 완성시키고, 독실하게 주어진 질서를 잘 지키는 인재라면 그런 성향에 따라 그를 완성시킨다.'라고 하였다[王汝中 省曾侍坐. 先生握扇, 命曰 '你們用扇.' 省曾起對曰 '不敢!' 先生曰 '聖人之學不是這等捆縛苦楚的, 不是妝做道學的模樣 (…) 聖人教人不是個束縛他通做一般. 且如狂者便從狂處成就他, 狷者便從狷處成就他.']" '구속함[捆縛]'이란 주체의 내적 바람과 위배되는 방식으로 주체를 대하는 것이다. 여기서 이미 왕양명은 정통 이학理學(도학道學)의 결함이 바로 일반적 규범을 주체를 속박하는 강제적인 양식으로 변화시킴으로써 주체가 지닌 각자의 특징과 내적 바람을 무시하는 데에 있음을 주목한 것이다.

물론, 주체를 함부로 속박하지 않는다는 것이 보편적 가치 준칙에서 완전히 벗어나는 것을 허용함을 의미하는 것은 아니지만, 이런 관념에 대해, 외부에서 강제적으로 금지시킬 수는 없다는 점을 강조한 것이다.

"복잡한 사념도 억지로 근절시킬 수는 없으니, 단지 사념이 싹 트는 곳을 성찰하여 사욕을 극복하고 다스려, 천리를 정밀하고 분명하게 한 뒤에야, 개별 사물을 그 사물에 맞게 대하는 생각이 생겨서, 자연히 고요하고 전일해져 복잡한 사념이 사라진다[紛雜思慮亦強禁絶不得, 只就思慮萌動處省察克治到天理精明後, 有個物各付物的意思, 自然靜專無紛雜之念]."(왕양명, 「여저양제생 문답與滁陽諸生問答」, 『왕문성공전서』 26권)

"성찰하여 사욕을 극복하고 다스린다[省察克治]"는 것은 자기 자신에 대한 함양을 뜻하는데, 왕양명이 보기에, 이런 과정은 이성적 자각으로 나타나며("천리를 정밀하고 분명히 함"), 또한 주체의 바람을 위배하지도 않는 것이다("개별 사물을 그 사물에 맞게 대함"). 이런 관점은 어떤 의미에서는 자각적 원칙과 자발적 원칙의 통일에 주목하기 시작했던 것이다. 왕양명의 다음과 같은 설명 속에서, 이런 사유경향이 보다 진일보한 것을 엿볼 수 있다. "마음이 그 합당함을 얻은 것을 의로움이라고 하는데, 양지를 실현시킬 수 있다면 마음은 그 합당함을 얻게 된다. 따라서 의로움을 쌓는 것 또한 양지를 실현하는 것이니, 군자는 온갖 변화에 대응하여, 마땅히 행해야만 하면 행하고, 마땅히 그만두어야만 하면 그만두고, 마땅히 살아야만 하면 살며, 마땅히 죽어야만 하면 죽으니, 헤아려 중재함은 자신의 양지를 실현시켜서 자족을 추구할 따름이다[心得其宜之謂義, 能致良知則心得其宜矣. 故集義亦只是致良知, 君子之酬酢萬變, 當行則行, 當止則止,

當生則生, 當死則死, 斟酌調停, 無非是致其良知以求自慊而已]"(『전습록중』)
'합당함[宜]'은 당위를 뜻하는데, 일반적인 규범ㆍ준칙이란 의미로 확장된다. '마땅히
행해야만 하면 행하고, 마땅히 그만두어야만 하면 그만 둔다'는 것은 당위의 원칙을 파악한
('마음이 그 합당함을 얻은 것') 다음에, 자각적으로 이를 통해 자기의 행위를 규율하는
것이다. 또한 '자족[自慊]'이란 행위가 주체의 내재적 바람에 부합함으로 인해 만들어진
일종의 즐거움과 만족감이다. 여기서 당위의 원칙을 준수함이란 결코 하늘이 명한 것에
강요되어 행하지 않을 수 없는 과정으로 나타나지 않는다. 그것은 처음부터 자족을
추구함으로써 자발성의 원칙과 하나로 결합되는 것이다.

육왕陸王의 이상과 같은 관점은 도덕행위라는 각도에서, 인간의 자유에 대해 비교적
깊이 있는 고찰을 행한 것이다. 정주程朱와 비교해, 육왕은 확실히 도덕적 자유의 특성을
보다 많이 언급했다. 유가적 가치관의 발전이란 측면에서 볼 때, 원시유학은 "마음이
하고자 하는 바를 따라도 법도를 넘지 않는다[從心所欲不踰矩]"라는 도덕적 목표를
제기한 바 있는데, 이런 목표는 "인을 행하는 것은 자기에서 비롯된다[爲仁由己]"는 확신과
하나로 결합되어, 도덕적 행위의 자유에 대한 긍정을 유가의 중요한 가치지향이 되도록
만들었다. 물론 자유를 향한 추구와 열망은 또한 언제나 천명天命이란 그늘과 하나로
뒤얽혀 있었다. 정주程朱가 당위원칙의 형이상학화를 통해서 자발성의 원칙을 천명
속으로 용해시킴으로써, "법도를 넘지 않는다[不踰矩]"는 것과 "마음이 하고자 하는 바를
따른다[從心所欲]"는 것을 통일하는 사유 노선에서 어느 정도 벗어났다고 말할 수 있다면,
육왕陸王의 경우 '인을 행하는 것은 자기에게서 비롯된다'는 원시유학의 전통을 비교적
많이 계승했다.

육왕에게서의 주체 의지에 대한 중시와 자발성의 원칙에 대한 부각은 이후의 비정통적
이단사상에 무시할 수 없는 영향을 주었다. 여기서 언급할 가치가 있는 것은 무엇보다
태주학파泰州學派이다. 이론적 연원을 갖고 말하자면, 태주학파는 왕양명의 문하의
후학에 속한다. 왕양명이 여전히 유학에 속한 인물이었고, 태주학파는 상당한 정도로
유학적 전통에서 일탈하였다 할지라도, 태주학의 이론적 선도는 왕학王學이었다.

왕학에서 출발한, 태주학파는 의지의 선택기능을 중요한 지위로 격상시켰고, 이를 통해 의지를 마음의 주재자로 보았다. 다시 말해, 의지가 이성을 지배함을 강조한 것이다. (왕동王棟, 『왕일암선생유집王一庵先生遺集』 참조) 이런 관점은 '하늘과 인간', '노력과 운명'의 관계에 적용되며, 더 나아가 "운명을 지배함은 바로 나에게서 비롯된다 [造命却由我]"는 단언으로 펼쳐진다. (왕간王艮. 「재여서자직再與徐子直」, 『왕심재선생유집王心齋先生遺集』 2권) 태주학파의 이런 관점들은 명백히 주의주의적 경향을 띠고 있으며, 그 자체로는 물론 건전한 가치지향으로 간주하기는 꽤 어렵지만, 그것은 정통 이학理學의 숙명론에 대해서는 오히려 어떤 의미 있는 충격을 주었다.[62]

그러나 육왕陸王의 영향을 받은 이단학파가 천명론에 대해 대담한 도전을 수행했다 할지라도, 육왕 자신은 천명天命 관념 속에서 완전히 벗어나지 못했다.

왕양명은 영왕寧王의 반란을 평정한 이후, 순조롭게 반란을 평정할 수 있게 했던 원인에 대해 다음과 같이 해석했다. "영왕의 영지에서의 반란 음모가 획책된지 십수년이 되었다. 한껏 활시위를 당겼다가 시기에 맞추어 발사하였는데 열흘도 못되어 패하였으니, 이는 인력으로 그럴 수 있는 것이 아니다. (…) 참으로 하늘이 그렇게 한 것이다[寧藩不軌之謀積之十數年矣. 持滿應機而發, 不旬而敗, 此非人力所及也. (…) 固上天之爲之也.]" (「사봉작보은상이창국전소辭封爵普恩賞以彰國典疏」, 『왕문성공전서』 13권) 인력과 천명, 양자 사이에서 최종적 결정자는 여전히 천명으로 귀착된다. 여기에는 물론 겸손의 의미가 없지 않지만, 그 안에는 또한 일종의 내재적인 가치 신념이 함축된 것이기도 하다. 그것이 표명하는 것은, 육왕이 '인을 행하는 것은 자기에게서 비롯된다'는 전통을 강화하면서도, 천명의 응답에 대해 결코 포기하지 않았다는 사실이다. 유가의 '노력과 운명에 관한 논변'에서의 이중성이 여전히 그들을 깊숙이 제약했다.

---

62) 拙著, 『王學通論─從王陽明到熊十力』, 上海:三聯書店, 1990, 제4장 참조.

3. 집단과 개인에 관한 논변에서의 이중적 변주

하늘(천명天命을 포함한)과 짝하는 인간은, 집단의 형태로 출현하기도 하고, 또한 개체의 존재로도 나타난다. 이를테면 하늘과 인간의 관계를 분석하든, 노력과 운명의 관계를 토론하든, 모두 자아(개체)와 집단의 관계와 관련되고 있다. 유가는 인륜을 중시했는데, 집단과 개인의 관계는 어떤 의미에서는 가장 보편적인 인륜으로 볼 수 있다. 이 때문에, 선진시대에서부터 송명시기에 이르기까지, 유가는 거듭 여러 차원에서 집단과 개인의 관계에 대해 정의했고, 아울러 이를 통해 그에 관한 가치체계를 전개했다. 송명 신유학은 이 문제에 있어 동일한 가치론적 사유경향을 지니기도 했고, 또한 어떤 측면들에서는 상이한 초점을 드러냈다.

(1) 유아有我와 무아無我 : 인심人心을 도심道心 속으로 융해하다.

『대학大學』은 "동일하게 모두가 수신을 근본으로 삼는다[壹是皆以修身爲本]"는 점을 제기하여, 사회적 삶 속에서 도덕적 함양이 지닌 의미를 강조하였고, 또한 그에 따라 함양 과정 속에서의 자아(개체)가 중심이 됨을 긍정했다. 실제로, 공자와 맹자가 이미 '자기수양[修己]'을 올바름을 행하고, 인을 실천하는 출발점으로 간주했고, 이런 사유경향은 점차 주체성을 중시하는 전통으로 발전 변화되어 왔다. 유학의 새로운 형태로서의 송명 이학理學 역시 이런 전통에서 전혀 벗어나지 않는다. 이학理學의 개척자인 주돈이는 "천하를 다스리는 근본이란 자기 자신을 일컫는다[治天下有本, 身之謂也]"(『통서通書』「가인규복무망家人睽復無妄」)고 생각했다. 주희도 마찬가지로 자아의 완성을 주된 지위로 끌어올려, "자기에게 선이 있고서야 타인의 선을 요구할 수 있고, 자기에게 악이 없고서야 타인의 악을 바로잡을 수 있다.[有善於己, 然後可以責人之善, 無惡於己, 然後可以正人之惡]"(『대학장구大學章句』)라고 했다.

여기서 완성된 자아는 주체의 함양이 목표일뿐만 아니라, 도덕적 교제에서의 전제가 된다. 자아를 수신의 근본으로 삼는 것은 도덕 함양이 주로 주체 자신의 노력에 의거하는 하나의 과정임을 의미하는데, 이정二程은 이 과정을 '스스로 다스림[自治]'이라 칭했다.

> "사람이 선으로 스스로를 다스린다면, 변화되지 않는 경우는 없으니, 지극히 우매할지라도 모두 점차 연마되어 성장할 수 있다. 오직 스스로를 포기한 자만이 그것을 거부해 믿지 않으며, 스스로를 방기한 자만이 그것을 그만두고 행하지 않으니, 성인과 함께 산다고 해도, 변화되지 못한다[人苟以善自治, 無不可移者, 雖昏愚之至, 皆可漸磨而進也. 唯自暴者, 拒之以不信, 自棄者, 絶之以不爲, 雖聖人與居, 不能化而入也]." (『이정집二程集』, 956쪽)

'스스로 다스림'이란 개념은 두 가지 측면을 포괄하는데, 하나는 '자기확신[自信]'으로 자아가 도덕적으로 완전한 경지에 도달할 수 있음을 확신하는 것으로, 그것이 도덕함양에서의 전제가 된다. 또 다른 하나는 '자기실천[自爲]'이니, 보편적 준칙에 근거해 자아를 형상화하는 구체적인 과정을 뜻한다. 알 수 있듯이 '자기확신'과 '자기실천'은 자아의 본질과 능력에 대한 일반적 긍정일 뿐만 아니라, 그에 따라 도덕함양의 기초를 외부적 영향에서 자아의 역할로 전환시킴을 의미하고 있다. 왜냐하면 성인의 교화와 자기의 노력이란 두 가지 가운데, 결정적인 것은 후자이기 때문이다. 또한 바로 이런 의미에서, 이정二程은 "배우는 자라면 반드시 자기확신을 필요로 한다[學者須要自信]"(『이정집』, 188쪽)고 거듭 강조했다. 이는 "수신을 근본으로 삼는다"는 입장을 계승한 이후, 시야의 진일보한 전환으로, 그것은 주체성에 대한 어떠한 자각을 내재적으로 함축하고 있다.

주체의 자각이란 '나'의 자각일 뿐이다. 세계에서의 개체의 존재는 언제나 다양한 부정적 영향을 받을 수밖에 없는데, 이에 대해 저항할 수 있으려면 반드시 내면에 주체가 있어야만 한다.

411

"외부에 휘둘리는 문제를 없애고자 한다면, 오직 내면에 주인이 있고서야 그럴
수 있다[欲無外誘之患, 惟內有主而後可]." (『이정집』, 1191-1192쪽)

'나'는 주체적인 존재로서, 외부에 현시되는(집단적 교제 속에서 그 존재를 드러내는
것) 일면을 지닐 뿐만 아니라, 내재된 인격 구조를 지닌다. 전자는 외재하는 '나'로 간주할
수 있고, 후자는 내재하는 '나'인 것이다. 외부와의 교제 속에서의 '나'는 흔히 역할이라는
형식으로 나타나는데, '나'가 만약 단순히 이런 방식으로 존재한다면, 그것은 실질적으로
대상으로서의 특성을 띠게 되어, 엄격한 의미에서의 주체로 보기 어렵다. 내재하는 '나'란
결정되어진 역할과는 달리, 보다 자주적인 특성을 띠게 될 뿐만 아니라 비교적 자각적인
반성의식을 갖추고 있는데, 외부적인 역할이 내재하는 '나'와 통일되어야만, 비로소
결정되어져 영향을 받는 "대상적인" 존재로부터 일반적인 의미에서의 주체로 고양된다.
송명 신유학은 내면에 주인이 있어야만 비로소 외재하는 이욕利欲(외부의 유혹)에 의해
바뀌게 되지 않을 수 있다고 강조했는데, 분명 '나'의 내재성이라는 일면 및 내재된 '나'의
역할에 주목했던 것이다. 후대에 주희의 "그대가 지닌 기품과 물욕에 맡겨버린다면,
'나'는 기댈 바가 없게 된다[一任你氣稟物欲, 我只是不憑地]"(『주자어류』, 119권)라는
말에서 부각되는 것 역시 이런 내재된 '나'이다. 이런 관점은 실질적으로 보다 심층적인
차원에서 인간의 가치를 긍정한 것이다. 인간이 존귀할 수 있는지는 그가 "내면에 주인이
있는[內有主]" 하나의 주체적인 존재라는 데에 달린 것이기 때문이다.
'자기에게 있는 선'에서부터 '내면에 있는 주인'에 이르기까지는 대체로 '나'(개체)에 대한
긍정을 체현한 것이다. 그러나 송명 신유학에서 설명하는 '나'는 주로 일종의 윤리적인
주체로 표현된다. 정주程朱가 내면에 있는 주인을 강조한 것은, 물론 자아의 내재성 또는
내재된 자아에 주목한 것이지만, 이런 내재된 '나'는 언제나 도심道心과 동일시된다.
정주程朱의 관점에 따르면 '도심道心'은 또한 천리天理의 내재화일 뿐이다. 따라서
"도심이란 내면에 천리를 얻은 것이니, 오직 순수하여 잡다함이 없는 것이다[道心者,
兼得理在裏面, 惟精無雜]"(『주자어류』78권) "내면에 주인이 있다[內有主]"는 것은 주로

도심을 주인으로 삼는 것을 뜻한다. 즉, "반드시 도심을 언제나 자기 한 몸의 주인이 되도록 해야 한다[必使道心常爲一身之主]"(위의 책, 62권)는 것이다. 천리가 내재화된 것으로서의 도심은 보편적인 속성을 지니므로, '도심을 주인으로 삼는다'는 것은 이에 따라 주체를 어느 정도 보편화된 '나'로 이해하는 것이다. 이학理學에서, '도심道心'(보편적인 윤리적 주체)과 비교해, 인심이라는 형식이 표현해내는 것은 또 다른 종류의 '나'이다. 이러한 '나'는 언제나 "사사로운 대상[私有底物]"으로 간주된다. 『주자어류』 62권에는 다음처럼 기재되어 있다.

> "선생께서 인심은 형기의 사사로움이고, 형기는 입 귀 코 눈 사지의 부류라고 설명하셨습니다."라 하자, 대답하길 "진실로 그렇다"고 하였다. "이와 같다면 바로 사사로운 것이라고 말할 수 없습니다."라 하자, 대답하길 "이 여러 가지 대상은 자기의 몸체에 속하니, 사사로운 대상으로, 도가 바로 공적인 것임과 비할 수 없다. 그러므로 위의 것은 각자의 사사로움의 근본이다[問："先生說人心是形氣之私, 形氣則是口耳鼻目四肢之屬."曰："固是."問："如此則未可便謂之私."曰："但此數件 物事屬自家體段上, 便是私有底物, 不比道便公共, 故上面便有个私底根本]."

귀와 눈, 사지는 감성적 존재이고, 그와 관련되는 '나'(인심人心)는 일종의 감성적인 '나'인데, 이학理學에서 보자면, 감성적인 '나'가 지닌 근본적 속성은 사사로움에 속한다. 즉, "자기란 인욕의 사사로움이다[己者, 人欲之私也]"(주희, 『논어혹문』, 12권)

바로 이 '사사로움'이라는 속성이, 감성적인 '나'에게 내재적 가치가 결핍되어 있음을 규정하는 것이다.

바꿔 말하자면, 인간이 존귀할 수 있는 것(가치를 지님)은 결코 인간이 감성적 '나'라는 데에 달린 것이 아니라, 반대로 감성이 없는 '나'에야만 비로소 진정으로 인간적 가치를 뚜렷이 드러낼 수 있다는 것이다. 또한 바로 이런 사유노선에 근거하여, 송명 신유학은 '유아有我'(윤리적 주체성에의 자각)임을 강조하면서, 동시에 '무아無我'라는 학설을 제기했다. 주희는 일찍이 장재가 저술한 『서명西銘』의 논지를 "무아에서의 공정을 크게 확장한다[大無我之公]"라고 개괄하였다. (「주희서명론朱熹西銘論」, 『張載集』 부록) 이런 관점이 전혀 근거가 없는 것이 아니다. 장재 자신이 "무아 이후에야 크게 확장된다[無我而後大]"(『장재집』, 17쪽), "성인은 보통 사람과 같지만 무아이다[聖人同乎人而無我]"(위의 책, 34쪽)라고 명확히 설명한 적이 있기 때문이다. 즉 '무아無我'를 성인의 경지로 끌어올린 것이다. 정주程朱는 이에 대해 한발 더 나아가 해명했다.

> "대체로 사람에게 자기가 있으면 사사로움이 있게 된다[大凡人有己則有私]."
> (『주자어류』 29권)

> "자기 몸을 챙기지 않고, 자기 몸을 돌보지 않는 것을 '나를 잊음'이라
> 일컫는다. '무아'라야 [도道에] 머무를 수 있다[不獲其身, 不見其身也, 謂忘我也.
> 無我則止矣]." (『이정집』, 968쪽)

이처럼, "내면에 주인을 두는 것[內有主]"과 '나를 잊음[忘我]', 나의 자각과 '무아'가 집단과 개인의 논변에서의 이율배반을 구성하는데, 이러한 대립이 갖는 내재적 함의란 윤리적 자아를 통해 감성적 자아를 융해시키는 것이다.

송명 신유학이 '도심道心으로서의 나를 유지하고, 인심人心으로서의 나를 없애라[有道心之我而無人心之我]'라고 주장했을 때, 중시하는 점은 무엇보다도 자아의 사회적 속성이다. 공사公私의 개념을 통해 구분된 이중의 '나'가 표명하는 것 역시 바로 이 점이다. 송명 신유학의 관점에 따르면, 진정한 하나의 자아는 언제나 반드시 사회에 대한 도덕적 책임을 담당해야만 하는데, 바로 이런 도덕적 자각이 주체성의 가장 중요한 의미가 된다. 자아는 개체로서 존재하지만, 그것은 오히려 시종일관 집단에 대면하면서, 집단에 대한 의무를 이행한다. 바로 이런 집단에의 관심이 군자가 소인과는 다른 본질적

특징이 된다. 즉 "군자의 지향에서 고려하는 바가 어찌 자기 한 몸에 그치겠는가? 고려는 곧바로 천하의 천만세에까지 이른다. 소인이 고려하는 것은 하루 아침의 분노여서, 자기 몸을 근심할 여유조차 없다[君子之志所慮者, 豈止其一身? 直慮及天下千萬世. 小人之慮, 一朝之忿, 曾不遑恤其身]." (『이정집』, 114쪽) 는 것이다. 요컨대, 개체의 한 몸이 아닌 천하만세天下萬世(집단)가 자아 의식의 대상을 이루며, 또한 주체의 자각이라는 형식에 함축된 것은 바로 집단적 원칙인 것이다. 여기에는 집단과 개인의 관계에서의 변증법이 함축되어 있다. 집단(사회)에 대한 책임을 명료하게 만들고 이행해야만, 비로소 진정으로 주체성에 도달할 수 있기 때문이다. 신유학의 이상과 같은 관점은 송명(특히 송대宋代) 시기 민족적 모순이 엄중해지고, 전체 이익이 날이 갈수록 부각되던 역사적 특징을 반영한 것이며, 그것은 동시에 집단에 대한 관심이라는 각도에서 주체성을 정의했던 유가의 사유노선이 한층 더 구체적으로 규명될 수 있게 하였다.

송명 신유학, 특별히 정주학파程朱學派는 '내면에 주인을 둔다'는 말을 도심道心을 주인으로 삼는 것으로 이해했다. 물론 주체의 사회성(보편성)이 지닌 특성 및 자아가 담당하는 사회적 책임에 주목한 것이긴 하지만, 이학理學은 이를 통해 도심으로 인심을 배척하게 되니, 또 다른 극단으로 나아간 것이기도 하다. 앞에서 서술한 것처럼, '인심人心'이란 자아의 감성적 존재를 상징하고 있으며, 신유학에서 보기에, 이런 감성적 속성은 단지 사적인 성격을 지니고 있을 뿐이기에, 자아 속에서 제거해 버려야만 하는 것이다. "흡사 인심과 같은 것은 없는 것처럼 하고, 단지 도심의 순일함을 얻어야만 한다[恰似無了那人心相似, 只是要得道心純一]" (『주자어류』 78권) 일반적으로, 건전한 자아는 언제나 사회적 책임에 대해 이성적으로 자각하며, 또한 개체 존재(자아의 감성적 존재를 포괄하는)의 합리성을 충분히 긍정한다. 집단에 대한 이성적 관심의 결여는 단지 개체의 감성적 존재에 탐닉하는 것으로, 기형적인 자아를 만들어내는 것은 물론이거니와, 진정한 주체성에 이르는 것을 매우 어렵게 한다. 반면에 개체의 감성적 존재를 완전히 무시하는 것은 단순히 윤리적 이성의 자각만을 추구하는 것이니, 마찬가지로 주체를 추상적인 집단적 자아의 화신이 되도록 만듦으로써 자아 상실을 야기하게 될 것이다.

이런 측면에서 말하자면, 정주程朱의 이상과 같은 관점은 보다 심층적인 차원에서 개체와 전체 사이의 긴장과 대립을 드러내고 있는 것처럼 보인다. 왜냐하면 도심으로서의 대아大我(公)를 유지하고, 인심으로서의 소아小我(私)를 없애라는 요구 아래에서, 개체에 대한 전체의 억압이 어떠한 내재적 형식을 얻게 되기 때문이다.[63]

물론, '무아無我'에 관한 주장은 결코 이학理學에서 처음으로 제기되었던 것은 아니다. 일찍이 선진시대에, 도가道家가 바로 유사한 관점을 제기했던 적이 있었다. 장자는 '지인至人'을 이상적인 인격으로 여겼는데, '지인'의 특성이 바로 자기를 없앰에 달려 있다. 즉 "지인은 자기가 없다[至人無己]"(『장자莊子』「소요유逍遙遊」)는 것이다. 그러나 장자에게서의 '자기를 없애라[無己]'는 요구는 하늘과 인간에 관한 논변에서의 자연원칙과 관련되며, "지인은 자기가 없다"라는 말 속에서의 '자기'는 주로 문명이 사회화시킨 '나', 즉 인의仁義 등의 보편적 규범에 따라서 형상화된 '나'를 가리킨다. 이에 따라, '자기를 없앤다'는 말은, 곧 문명화(인격화)된 나에게서 벗어나서 자연 상태(본연의 상태)에 있는 '나'로 회귀함을 의미하고 있으며, 아울러 이를 통해 사회적 속박을 초월해 개성의 소요에 이르는 것이다. 이처럼, 도가道家(장자)가 말하는 '무아無我'란 결코 자아를 소멸시키는 것을 뜻하지는 않는다. 그와 정반대로, 그 개념의 내재적 함의는 사회적 대아大我로부터 개체의 소아小我로 회귀하는 데에 있다. 장자의 아래와 같은 논의 속에서 어렵지 않게 이 점을 파악할 수 있다. 그는 "천지사방을 출입하고 구주에서 노닐며, 홀로 오고 가는 것을 '독유'라고 일컫는다. 독유하는 사람을 지극히 존귀하다고 일컫는다[出入六合, 游乎九州, 獨來獨往, 是謂獨有, 獨有之人, 是謂至貴.]"(『장자』「재유在宥」)라고 말했는데, '독유'를 존귀하다고 여기는 관점이 체현하는 것은 바로 자아에 대한 긍정이다. 신유학에서 '무아無我'와 도가에서의 '자기를 없앰[無己]'은 형태는 동일해 보이지만 실질은 다르다는 점을 알 수 있다. 이를테면 신유학은 사회적 대아를 통해 개체의 소아를 융해시키는

---

63) 이런 의미에서, 정주程朱가 말하는 도심道心은 프로이트가 말하는 초자아(사회적인 대아大我의 내면화)와 유사하다. 인심은 본래의 자아에 가까우니, 도심을 유지하고 인심을 없앤다는 것은 초자아(大我)를 가지고 본래의 자아(小我)를 융해시킴을 의미하고 있다.

것이라고 말할 수 있다면, 도가는 실질적으로 개체의 소아를 통해서 사회적 대아를 배제한다. 양자는 집단과 개인에 관한 논변에서의 각기 한 극단을 대변하기 때문에, 다른 식의 일방성을 각기 드러냈다.

도가道家 이외에, 불교 역시 일찍이 '무아無我'에 관한 학설을 제기하였다. 원시 불교에서는 세계의 일체 사물은 모두 인연因緣이 합쳐서 이루어진 것으로 자성自性을 결여하고 있으며, 외물이든, 사람이든 간에 모두 자기가 자신에 대해 결정할 수 없기 때문에 모두 "무아"의 사례에 해당될 수 있다고 생각했다. 쉽게 알 수 있듯이 원시 불교에서의 '무아'의 학설은 두 가지 근본적 특징을 지닌다. 첫째는, 그 학설이 일체의 존재를 광범위하게 가리킨 것이기에 단순히 주체(인간)를 가지고만 말할 수 없다는 점이다. 둘째는, 그것이 주로 실연實然(이러하다는 사실)을 가리키지, 결코 당연當然(이러해야만 한다는 당위)를 가리키지는 않는다는 사실이다. 불교가 중국에 전래된 이후, 중국의 불교학자들은 '무아설'에 대해 새로운 해석을 하였다. 축도생竺道生은 " '이(불성)'가 이미 나를 따라 '공'이 되지 않으니, 어찌 내가 그것을 제어할 수 있겠는가? 곧 무아이다. 무아는 본래 삶과 죽음이 없는 가운데의 나이니, '불성의 나'를 갖지 않은 것이 아니다[理旣不從我爲空, 豈有我能制之哉? 則無我矣. 無我本無生死中我, 非不有佛性我也.]"(「注維摩詰經」, 『大正藏』 38권)라고 지적했다. 삶과 죽음 속에 있는 '나'는 곧 감성적 존재(육신을 지닌 존재)로서의 '나'이며, '불성의 나[佛性我]'란 보편적 불성의 담당자로서의 나(영혼)이다. '삶과 죽음이 없는 가운데의 나' 그리고 '불성의 나'라고 일컫는 것은, 감성적 존재로부터 벗어나서 영혼의 해탈에 이르른 것이다. 불교(주로 중국 불교)에서의 '무아설'은 송명 신유학에 대해 명백히 무시할 수 없는 경향을 주었는데, 신유학에서의 도심과 인심의 구분은 불교에서의 "생사 속에서의 나[生死中我]"와 "불성의 나[佛性我]"의 구분과, 이론적으로 확실히 상당히 유사한 측면을 지닌다.

그러나 전체적으로 말하자면, 불교가 추구한 것은 개체의 해탈이고, 불교가 '삶과 죽음이 없는 가운데의 나'(무감성적 존재로서의 나)이면서 '불성의 나'를 요구함은 주로 속세의 속박에서 벗어나 영혼에서의 자아의 초월에 도달하는 데에 목적이 있다. 이에 비해, 송명 신유학, 특히 정주이학程朱理學에서의 '무아無我'에 대한 강조는 속세를 초탈하려는 요구와는 전혀 어울리지 않는다. 차라리 신유학의 현실적 목적은 주체가 보다 자각적으로 기존의 사회질서에 동일시하도록 만드는 데에 있다고 말하는 편이 낫다. 주희의 아래와 같은 논의에서, 우리는 이에 대해 분명히 이해할 수 있을 것이다.

"남성은 밖에서 위치를 바로하고,, 여성은 안에서 위치를 바로하는 것이 곧 내외의 구별이다. 군신은 위에서 존귀하고, 신하는 아래에서 공손하니, 존비대소가 확연하여 거스를 수 없는 것이다. 조화롭지 못함이 심한 것 같지만, 각자에 걸맞는 합당함을 얻었으니, 조화로운 것이다[男正位乎外, 女正位乎內, 直是有內外之辨. 君尊於上, 臣恭於下, 尊卑大小, 截然不可犯. 似若不和之甚, 然能使之各得其宜, 則其和也]." (『주자어류』, 68권)

"각자에 걸맞는 합당함을 얻다[各得其宜]"는 말은 "상대와 나 사이에서 각자의 분수에 맞는 바람을 얻는다[彼我之間各得分願]"(『대학장구大學章句』)라고도 표현된다.

가정(부부)에서 국가(군신)에 이르기까지, 전체 사회는 내외 상하를 지닌 하나의 신분구조로 나타나는데, 자아(개체)는 오직 이러한 등급 서열에 귀속됨으로써, 비로소 일정한 지위를 얻을 수 있다. 그리고 정주程朱가 보기에, 개체(자아)개 내외 상하의 관계에 종속됨이 바로 "상대와 나 사이에서 각자의 분수에 맞는 바람을 얻는다"(각자에 걸 맞는 합당함을 얻다)는 것이다. 즉, 자아의 외적인 실현은 곧 신분질서에 대한 종속과 동일시로 나타난다. 바로 여기서, 정주程朱(신유학)가 말하는 '무아'의 진정한 함의가 더욱 잘 드러나게 된다. 도심에 의해 인심을 내적으로 융합함은 개체에 대한 전체(신분구조)의 억압으로 외화 되기 시작하며, 집단에의 관심은 그에 따라 전체론적holistic 원칙으로 변화되기 때문이다.

요컨대, 정주를 주요한 대표로 삼는 정통 이학理學에서, '유아有我'(도심을 지니는 나)와 '무아無我'(인심을 없앤 나)는 집단과 개인에 관한 논변에 이중으로 변주되는데,

이학理學의 발전과 변화에 따라서, 이 이중적 변주는 다시 이학理學의 또 다른 분파, 즉 육왕학파에 의해 상이한 형식으로 전개된다.

(2) '나'에 관한 인정과 '타인과 나의 구분을 없앰'

신유학의 '무아설'은 정주程朱에게서 전체(사회신분구조)를 최우선에 두는 형식을 얻게 되었다. 정주程朱에게서의 강화된 전체는 존재론 상에서 보편적인 천리를 부각시킨 점과 논리적으로 연관된다. 정주는 '이理'를 형이상으로서의 도道로 간주했고, 아울러 그것을 만물의 최고의 근거로 규정했다. "말단에서부터 근본을 따라가면, 오행의 다름은 두 기의 실질에 근거하고, 두 기의 실질은 또한 하나의 리의 표준에 근거하니, 만물을 합하여 말하면, 하나의 태극이 될 뿐이다. 그 근본으로부터 말단으로 나간다면, 하나의 리의 실제가 있고, 만물이 그것을 나누어 가져서 본체로 삼는다[自其末以緣本, 則五行之異本二氣之實, 二氣之實又本一理之極, 是合萬物而言之, 爲一太極而已也. 自其本而之末, 則一理之實, 而萬物分之以爲體]." (주희, 『통서해通書解』, 「이성명장理性命章」) 간략히 말해, 하나의 이理가 만물이 되고, 만물은 하나의 리에 근거한다는 것으로, 이것이 바로 '이일분수理一分殊'에 관한 학설인데, 그 존재론의 의의는 구체적 대상에 대한 초월적인 이의 통섭을 강조하는 데에 있다. 만물을 통합하는 하나의 리는 집단과 개인의 관계에서 구체적으로 드러나는데, 바로 개체의 소아小我에 대한 사회적 대아大我의 제약으로 전개되는 것이다. 실제로 '대아大我'의 화신으로서의 '도심道心'은 바로 천리天理가 내화된 것이다. 이처럼, 존재론에 있어서의 만물은 위로 하나의 리에 근본하는데, 실질적으로 집단과 개인의 관계에서 자아가 전체에 종속되는 형이상학적인 근거가 되는 것이다.

정주程朱가 천리의 초월성을 강조했던 것과는 달리, 육왕陸王의 초점은 천리天理를 인심人心으로 내화시키는 데에 있다. 그 논저들 속에서, 육왕陸王은 반복적으로 이 점을 상세히 서술했다.

"사람에게는 모두 이 마음이 있다면, 마음에는 모두 이 리가 갖추어져 있으니, 마음이 곧 리이다. [人皆有是心, 心皆具是理, 心卽理也]." (『육구연집陸九淵集』, 149쪽)

"이 리가 어찌 나에게 존재하지 않겠는가?[此理豈不在我?]" (위의 책, 159쪽)

"사물의 이치는 내 마음을 벗어나지 않으니, 내 마음을 벗어나서 사물의 이치를 구한다면, 사물의 이치는 없게 된다[夫物理不外吾心, 外吾心而求物理, 無物理矣]." (왕양명, 「傳習錄中」, 『왕문성공전서王文成公全書』 2권)

"마음이 곧 리이다. 천하가 마음 밖의 일이라해도, 마음 밖의 리이겠는가?[心卽理也, 天下又有心外之事, 心外之理乎?]" (「傳習錄中」, 위의 책, 1권)

이는 일종의 존재론적 전환이다. 정주程朱에게서, 이理는 만물의 위에서 초연한 것으로, 초월적인 리와 구체적 대상은 일종의 통섭과 귀속의 관계로 나타나는 것이다. 반면 육왕陸王에게서 리는 마음과 융합하여 하나가 되니, 실체가 주체에게 실현되기 시작한 것이다. 도덕적 관계에 입각하자면, 천리의 지상성至上性이 도덕의 본위를 천리에 두도록 규정하며, 반면, 이理와 마음의 합일은 도덕의 본위를 개체로 전환시킨다. 형식으로 보자면, 정주가 "내면에 주인을 두라[內有主]"고 논한 점 역시 주체가 본위가 되는 의의에 주목한 것처럼 보인다. 그러나 정주가 '내면에 주인을 두라'고 말한 것은 도심을 주인으로 삼으라는 의미가 주된 것이었고, 도심은 보편적 천리의 내면화였다. 이렇게 주체는 어떤 의미에서 천리의 인격화로 표현되었던 것이다. 이와 비교했을 때, 육왕의 경우, 개체로서의 자아에 대한 규정을 상당히 긍정하였는데, 그것은

'자사自思'하는(내가 생각하는) 주체의 이성적 판단능력으로 나타날 뿐만 아니라, 또한 의욕과 감정 등으로 구체화된다. "기쁨 분노 슬픔 두려움 사랑 미움 욕심을 칠정이라고 일컫는데, 칠정이란 모두 인심에 합해져 있는 것이다[喜怒哀懼愛惡欲, 謂之七情, 七情者, 俱是人心合有的]" (「전습록하」, 『왕문성공전서』 3권) 정주程朱가 인간에서의 감성적 측면을 사사로움이라고 생각했던 것에 비해, 왕양명의 이와 같은 관점들은 상당히 다른 점을 의미한다. 또한 바로 이런 전제에서 출발함으로써, 왕양명은 정주程朱의 '도심으로 인심을 통제한다'는 학설에 대한 비판을 제기했다. 즉 "만약 도심이 주인이 되고 인심은 명을 따른다고 한다면 여기에서는 마음이 둘이 된다[今曰道心爲主而人心聽命, 是二心焉.]"(「전습록상」, 『왕문성공전서』 1권)는 것이다. '도심을 주인으로 삼으라'는 정주程朱의 주장이 돌출시키는 점은 도심(내면화된 천리)을 중심으로 한 의미이며, 왕양명이 개체로서의 자아에 대한 규정을 긍정하는 것은 주체를 단지 천리의 화신으로 규정하는 것을 반대하는 데 목적이 있다. 이 때문에 바로 육왕에게서, 비로소 주체를 중심으로 한 의미가 진정으로 확립되었다.

자아의 중심적 성격은 도덕함양에서 체현되니, 곧 '위기爲己'에의 요구로 구체화된다. "지금 배우는 사람들은 반드시 우선 위기爲己의 마음을 독실하게 한 연후에야 학문을 논할 수 있다. 그렇지 않다면 입과 귀의 말들만 어지럽게 가득해, 다만 위인爲人의 재료가 될 뿐이다[今之學者須先有篤實爲己之心, 然後可以論學, 不然則紛紜口耳講說, 徒足以爲人之資而已.]" (「여왕절부與汪節夫」, 『왕문성공전서王文成公全書』 27권) '위기爲己'는 자아의 완성을 추구하는 것이고, '위인爲人'은 외부의 찬사와 영예에 영합하는 것이다. 전자는 주체 자신에 근거한 것이고, 후자는 주체를 타인의 부속물로 낮추는 것이다. 이러한 위기爲己의 학설은 물론 왕양명이 처음으로 제기했던 것은 아니다. 일찍이 선진시대에 공자가 '자기[己]'를 주체를 함양하는 근본적 원칙으로 간주했던 적이 있었다. 그러나 공자가 단지 추상적으로 '위기爲己'(*자기자신을 위함)를 긍정한 것과는 달리, 왕양명은 일보 더 나아가 '위기爲己'를 '자기완성[成己]'과 관련시켜서, '자기완성'을 '위기爲己'의 구체적인 목표로 삼았다.

"반드시 위기의 마음을 지니고서야 자기를 극복할 수 있고, 자기를 극복할 수 있어야 자기를 완성시킬 수 있다[須有爲己之心, 方能克己, 能克己, 方能成己]."
(「전습록상」, 『왕문성공전서』 1권)

공자는 일찍이 "자기를 극복해 예로 돌아가라[克己復禮]"는 주장을 제기했는데, '자기를 극복함[克己]'이란 곧 자아에 대한 단속과 억제이고, '예로 돌아감[復禮]'란 자아를 예가 규정하는 보편적 규범에 집어넣는 것이다. 이런 관점은 확실히 '위기'에 관한 학설에서의 자아에 대한 긍정을 희석시키는 것이었는데, 정주程朱로 대표되는 정통 이학理學이 도심을 통해 인심을 융해시킬 것을 요구했던 것은 어떤 의미에서는 바로 '자기를 극복해 예로 들아가라'는 주장을 일면적으로 확장시킨 것으로 볼 수 있다. 정주程朱와 달리, 왕양명은 '자기 극복[克己]'을 '자기완성[成己]'의 수단으로 이해했고, 또한 그것을 '위기爲己'에서 '자기완성'에 이르는 매개체로 보았다. 여기에는 다음과 같은 사상이 함축되어 있다. 즉 도덕함양은 주체(자기)에 대한 부정으로 귀결되어서는 안 되며, 그것을 자아 긍정('자기완성[成己]')의 과정으로 간주해야만 한다는 것이다. 이론적으로 볼 때, 도덕적 실천과 도덕 수양의 과정은 진실로 '자기 극복'과 분리될 수 없지만, 주체가 자아의 연마를 진행하는 것은, 근본으로 돌아가보면, 이상적인 '나'(덕성을 지닌 나)에 이르기 위한 것이다. 자기극복 자체를 과장해 목적으로 삼는다면, 필연코 덕성의 배양을 자아를 부정하는 부정적 과정으로 파악하게 된다. 이에 입각할 때, 왕양명이 '자기완성'을 '자기극복'의 귀착점으로 간주한 것은 확실히 보다 깊은 차원에서 자아에 대한 중시를 체현한 것이다.

육왕陸王이 성취하고자 했던 '자기[己]'는 무엇보다도 호걸豪杰로 표현된다. "호걸처럼 홀로 우뚝서지 못하면, 비록 그 바탕이 아름답다 할지라도 대체로 유행하는 풍속에 휩쓸려서 그 돌아갈 곳을 모르게 되니, 슬퍼할 만하다[非豪傑特立, 雖其質之僅美者, 蓋往往波蕩於流俗, 而不知其所歸, 斯可哀也]." (『육구연집』 241쪽) '홀로 우뚝 섬[特立]'이 강조하는 것은 의존하는 바가 없다는 것이다. 의존하는 바가 없기 때문에 유행하는 풍속이 변화시킬 수 없는 것이다. 왕양명은 더욱 명확하게 이 점을 지적했다. "호걸과 같은 인재가 의존하는 바 없이 떨쳐 일어서지 않는다면, 내가 누구에게 기대하겠는가? [非夫豪傑之士, 無所待而興起者, 吾誰與望乎?]"(『전습록중』) 이렇게 의존하는 바가 없는 호걸은 광자狂者(*포부가 크고 진취적인 인재)의 기상을 지니고 있으므로, 또한 광자라고도 불린다.

> "광자는 고인을 의지에 품었으니, 일체의 어수선함과 나쁜 관습도 그 마음에 해를 끼치지 못한다. 참으로 천 길을 나는 봉황의 뜻을 가지고 있으니, 한번 사념을 극복하면 곧 성인이 된다[狂者志存古人, 一切紛囂依染, 擧不足以累其心. 眞有鳳凰翔於千仞之意, 一克念卽聖人矣]."(「연보年譜」, 『왕문성공전서』 34권)

"천 길을 나는 봉황"이란 의존하는 바가 없는 형상을 묘사한 것으로, 왕양명은 이를 성인이 되는(이상적 인격에 이르는) 전제로 삼고, 독립된 인격에 대한 존중을 표현했다. 쉽게 알 수 있듯이 왕양명이 호걸(광자)의 정신을 긍정한 것은 개인이 어수선하고 나쁜 관습에 물든 사회 환경 속에서도 우뚝 서서 변치 말아야만 함을 강조하는 데에 목적이 있는데, 그것은 주체는 세속에 의해 타락하여 자아를 소멸시켜서는 안 된다는 의미를 담고 있다. 육구연도 마찬가지로 우뚝 서 있는 개체에 대한 염원을 표출하여, "우주 사이가 이처럼 광활한데도, 내 몸이 그 중심에 서 있으니, 반드시 하나의 인간이 됨을 중대히 해야만 한다 [宇宙之間, 如此廣闊, 吾身立於其中, 須大做一个人]."(『육구연집』, 439쪽)라고 하였다. 여기에는 자아의 인격적 역량에 대한 확신이 내포되어 있는데, 그것은 동시에 한편으로 개체성의 원칙을 부각시킨 것이기도 하다.

　개체 원칙에의 가치지향에 대한 육왕陸王의 중시는 이후 사상가들의 진일보한 사고를 촉진시키는 역할을 하였다. 이러한 사상가들 중에서, 거론해야 할 첫 번째 인물은 이지李贄이다. 이지李贄는 일찍이 왕간王艮(왕양명의 제자)의 아들인 왕벽王襞에게 사사했는데, 그 사상은 왕학의 영향을 깊이 받았다. 철학 상에서, 이지는 왕양명의 '양지설良知說'을 동심설童心說로 확장시켰고, 아울러 '동심'을 자아가 "최초로 생각한 본심[最初一念之本心]"이라고 정의함으로써, 주체의식에 관한 개체성의 규정을 한층 더 부각시켰다. (「동심설童心說」, 『분서焚書』 3권 참조) '동심설'에서 출발해, 이지는 "하늘이 한 사람을 낳았으니, 저절로 한 사람의 쓰임이 있게 되었다[天生一人, 自有一人之用]"(「답경중승答耿中丞」, 『분서』 1권)는 명제를 제기했다. "쓰임[用]"이란 넓은 의미에서 가치론적 범주에 속하는데, '한 사람에게 저절로 한 사람의 쓰임이 있게 되었다'는 것은 각 개인마다 모두 자신의 가치를 지니며, 단순히 예교禮敎의 부속물이 아니라는 것을 뜻한다. '한 사람의 쓰임'을 긍정하는 것은 동시에 성정性情의 다양화에 대한 확인을 담고 있다. 따라서 "정이 있지 않을 수 없고, 성이 있지 않을 수 없지만, 일률적으로 그것들을 구할 수 있겠는가![莫不有情, 莫不有性, 而可以一律求之哉!]"(「독율부설讀律膚說」, 『분서』 3권)고 하였다. 각 자아마다 모두 독특한 개성을 지니기 때문에, 만약 억지로 일치를 강요한다면, 필연적으로 개성의 왜곡을 야기할 수 있다는 것이다. 이지李贄의 이러한 관점들은 개체원칙의 전개로 볼 수 있는데, 그것은 명쾌한 형식으로 자아에 관한 각성을 드러냈다.

그런데 이지는 개체의 가치를 확인할 때, 동일한 유형(천리天理)을 근거로 자아를 강제적으로 형상화하려는 것을 반대함과 동시에, 개체원칙에 대해 보다 광범위하게 규정해냈다. "사는 위기爲己를 중시하니, 자적에 힘쓴다[士貴爲己, 務自適]"(「답주삼노答周三魯」, 『이온릉집李溫陵集』 4권) 여기서 말하는 '위기爲己'는 이미 도덕함양의 영역에 국한되지 않으며, 그것은 실질적으로 사람과 사람 사이의 관계를 처리하는 일반적 원칙으로 나타난다. '위기爲己를 중시하고 자적에 힘쓴다'는 것은 개체이익인 자아실현을 출발점으로 한다는 것을 의미하고 있다. 바로 이런 원칙에 근거해, 이지는 다음처럼 명백히 선언한다. "나는 자사자리의 마음을 통해 자사자리의 학문을 하니, 곧바로 자기와 함께 함에 머뭇거림이 없다[我以自私自利之心, 爲自私自利之學, 直與自己快當]"(「기답류도寄答留都」, 위의 책) 초월적인 전체(전제적인 신분구조)가 개체의 이익을 압살하는 것에 대한 반대라는 측면에서 말하자면, 이지의 위와 같은 주장은 확실히 역사적 합리성을 지니고 있지만, 막연히 '자적自適' '이기利己'를 행위의 제일원리로 삼았으니, 개체원칙에 대한 일방적인 확대 해석처럼 보인다. 그것은 실질적으로 또 다른 형식으로 개인(자아)과 집단을 다시 상호 대립적인 위치에 놓음으로써, 천리를 통해 개체를 융해시킴을 부정하면서 또 다른 극단으로 나아가는 것이기도 하다.

육왕陸王의 개체에 대한 중시가 이론상에서 이지의 이단적 사상을 야기 시킨 것이긴 하지만, 그들 자신은 오히려 이처럼 멀리까지 나간 적은 없었다. 앞에서 서술한 것처럼, 육왕陸王이 물론 의존하는 바가 없는 호걸을 높이 평가했지만, 의존하지 않는다는 것은, 주로 세속의 견해를 초월하여 외부 의존에서 벗어나는 것이지, 결코 집단에 대한 책임을 무시하는 것은 아니었다. 실제로 육왕陸王이 마음에 두었던 호걸은 바로 사회적 책임을 자각적으로 의식하는 주체이다. 따라서 "그러므로 지금 세상에서는, 호걸답고 독립된 인재여서 부여받은 본성의 어찌할 수 없음을 정확히 인식하고, 의연히 성현의 도를 자임하는 사람이 아니라면 쫓아가서 스승을 구할 줄을 모른다[故居今之世, 非有豪傑獨立之士的見性分之不容已 毅然以聖賢之道自任者, 莫知從而求師也.]" (「답사허答柴墟」(二), 『왕문성공전서』 21권)라고 하였다. '성현의 도'는 구체적으로는 세상을 구제하려는 사회적 이상으로 나타나는데, '성현의 도를 자임함'은 또한 치국평천하를 자기임무로 삼는 것일 뿐이니, 그것이 표현하는 바는 사회적 집단에 대한 일종의 사명감 또는 책임감이다. 육구연은 보다 넓은 의미에서 우주 안의 일을 자아의 본분에 속하는 일로 보았다. "우주 안의 일은, 자기가 본분으로 해야 하는 일이다.[宇宙內事, 是己分內事.]" (『육구연집』, 273쪽) 우주 안의 일을 자기의 일로 삼는다는 말은 물론 어떤 형이상학적 의미를 띠고 있지만, 그 말 속에서는 단순히 자기 한 사람의 영역에 스스로를 국한시키려는 가치지향에 대한 반대가 분명히 표출되고 있다. 이런 측면에서, 육왕陸王은 확실히 '자기를 수양하여 만인을 평안하게 한다[修己以安人]'는 유가의 전통을 계승, 선양하고 있다.

바로 이상과 같은 전통에 근거해서, 육왕陸王은 석가모니의 종교(불학佛學)에 대한 비판을 제기했다.

"석가모니의 가르침은 본래 삶과 죽음을 벗어나고자 하는 것이니, 오로지 그 사사로움을 이루는 것에 초점이 있다. 이것이 병폐의 근원이다[釋氏之敎, 本欲脫離生死, 惟主於成其私耳, 此其病根也]." (『육구연집』, 399쪽)

"대체로 성인의 학문은 남과 나의 구분이 없고, 안과 밖의 구분이 없으며, 천지만물을 하나로 함을 마음으로 삼는다. 그러나 선禪에 관한 학문은 자사자리에서 시작하여 안과 밖의 구별을 피할 수 없으니, 그것이 이단이 되는 이유이다[蓋聖人之學, 無人己, 無內外, 一天地萬物以爲心, 而禪之學起於自私自利而未免於內外之分, 斯其所以爲異也]." (「중수산음현학기重修山陰縣學記」, 『왕문성공전서』 7권)

불교가 추구하는 것은 단지 자아(개인)의 해탈(생사의 윤회를 초월함)이다. 이런 추구는 본질적으로 자사自私를 위한 가치 경향으로 나타나며, 그 결과란 '타인과 자기'(집단과 개인) '안과 밖'에서의 분리와 대립을 야기한다. '나'가 타인(집단)과 분리되면, 자신을 고립시키지 않을 수 없기 때문에, 자아중심성의 곤경을 벗어나기에 매우 어렵게 되는 것이다. 이에 비해, '타인과 나의 구분을 없앤다', '안과 밖의 구별을 없앤다'는 것은 타인과 나(집단과 자기)의 통일을 내용으로 하는데, 그것은 고립된 '나'로부터 개방적인 '나'로 나아감으로써 타인과 나 사이의 긴장과 대치를 지양함을 의미한다. 여기에서는 '만물일체萬物一體'(안과 밖, 타인과 나를 하나로 함)가 유학과 불교의 차이를 구분하는 존재론의 전제가 된다. '그 사사로움을 완성한다[成其私]'는 석가의 주장과 비교하자면, '타인과 나의 구분을 없애라'는 육왕陸王의 요구도 확실히 합리적인 일면을 지닌 것이다.

그러나 '타인과 나의 구분을 없애라'는 육왕陸王의 주장은 동시에 또 다른 의미를 포함하고 있다. 육왕이 마음과 이理를 융합하여 하나로 여긴 것은, 물론 이理의 초월성을 지양한 것이지만, '이理'의 정당성에 대해서는, 결국 회의를 용납하지 않았다. 사실, 육왕陸王이 '마음이 곧 리[心卽理]'임을 제기했을 때, 바로 천리의 내재적 제약을 동시에 긍정했던 것이다. 이런 점과 관련짓자면, 육왕陸王이 '타인과 나의 구분이 없음'을 강조한 점은 어느 정도 '무아無我'에의 요구를 함축한 것이기도 하다. 육구연은 "진실로 이 리를 안다면, 타인과 나가 지닌 사사로움을 없애야만 한다[誠知此理, 當無彼己之私]"(『육구연집』, 147쪽)라고 주장했다. "타인과 내가 지닌 사사로움을 없애라는 것"은 바로 '유아有我'의 사사로움을 없애라는 뜻이다. 왕양명은 이런 내용을 보다 명확하게 지적해 냈다.

> "인심은 본래 하늘이 하늘이 부여한 이理이니, 간명하고 명백하여, 조금도 더럽혀진 것이 없으니, 단지 '무아'일 따름이다[人心本是天然之理, 精精明明, 無纖介染著, 只是一無我而已]."(「전습록하」)

'천리天理'에 비해, '나'는 사사로움과 주로 관련되므로, 이理를 밝힘에 내가 있어서는[有我] 안 된다. 이런 관점은 어떤 의미에서는 정주程朱의 사유노선으로 다시 회귀한 것처럼 보인다. 천리가 대표하는 집단적 원칙을 강화한다는 점에서, 확실히 양자는 이학理學의 동일한 경향을 체현하고 있다. 물론 육왕陸王이 설명한 '무아無我'는 대체로 도심道心을 통해 인심人心을 융해시키는(감성적 존재로서의 인간을 소멸시킨다는) 것이 아니라, 주로(보다 직접적으로) 전체에 대한 개체의 복종으로 표현된다. '군주와 신하' '자신과 국가'의 관계를 말하면서, 왕양명은 이에 대해 거침없이 명백하게 논했다. "신하가 군주를 섬김에, 그 자신을 죽여서라도 국가를 이롭게 하며, 자신의 종족을 멸하더라도 윗사람을 보좌하는 것은 모두 기꺼이 여겨야 하는 것이다. 어찌 분수에 넘치는 것을 바라는 사사로움과 명예를 해치는 말단을 가지고 그런 의지를 어지럽히겠는가?[夫人臣之事君也, 殺其身而苟利於國, 滅其族而有裨於上, 皆甘心焉, 豈以僥倖之私, 毀譽之末而足以拱亂其志者?]"

(「주보전주사은평복소奏報田州思恩平復疏」, 『왕문성공전서』 14권) '국가'는 신분구조를 핵심으로 하는 전체를 대변하는 것이고, '군주'는 이런 전체에 관한 상징이다. 개체존재와 전체의 이익의 관계는 완전히 의존과 종속으로 표현된다. 허구적인 전체의 이익을 위해서, 개체는 무조건적으로 자아를 희생해야만 하며, 설사 자신을 희생하고 종족을 멸하게 될지라도 조금의 유감도 없어야 하니, 지고한 전체가 결국 거듭 개체를 압도했기 때문이다.

　　장재張載에서부터 정주程朱에 이르기까지, 정주에서 육왕陸王에 이르기까지, 송명 신유학은 '개체와 전체', '자아와 집단'에 대해 적절한 위상을 규정하려 애썼고, 이를 통해 집단과 개인의 관계에 있어 합리적인 가치지향을 확립시켰다. 그러나 그들이 다양한 시각에서 개체원칙과 집단원칙에 관해 의미있는 고찰을 수행했고, 아울러 일정 정도 주체적인 자각을 표현했다고는 하지만, 전체적으로 말하자면, 전체론holism이 여전히 주도적인 위치를 차지하게 됨으로써, 개인과 집단(전체)의 긴장은 계속적으로 화해에 이를 수 없었다. 왜냐하면, 한편으로 개체원칙의 내용은 더욱더 심화되었고 보다 구체적으로 공인되었지만, 다른 한편으로 도심道心에 의한 인심人心의 융해와 개체에 대한 신분구조의 속박이 자아가 내재적　외재적인 이중의 억압과 통섭을 받도록 하였기 때문이다. 이런 긴장은 한 측면에서, 가치관에 있어서의 송명 신유학의 이중성을 드러낸 것이다.

4. 의로움과 이익에 관한 논변에서부터 천리와 인욕에 관한 논변까지

'의로움과 이익에 관한 논변[義利之辨]'은 유가 가치체계에서 거듭 언급되는 문제로, 공자 이후, 여러 시대의 유가사상가들은 의로움과 이익의 관계에 대해 갖가지 분석을 행했다. 유학의 계승자로서, 이학자들도 마찬가지로 의로움과 이익에 관한 논변을 가치관에서의 중요한 한 측면으로 보았다. 정호程顥는 일찍이 "천하의 일은 오직 의로움과 이익에 달려 있을 뿐이다[天下之事, 惟義利而已]"(『이정집』, 120쪽)라고 주장했다. 이를 통해 송명 신유학(이학理學)의 의로움과 이익의 관계에 대한 중시를 어렵지 않게 엿볼 수 있다. 물론, 이학理學에서 의로움과 이익에 관한 논변은 다시 '천리와 인욕에 관한 논변[理欲之辨]'으로 확대됨으로써, 그 가치체계는 보다 복잡한 형태를 드러내기도 한다.

의로움은 내재적 가치를 지닌다는 것이 유가의 근본이 되는 이론적 설정인데, 이 가설은 송명 신유학에서도 동일하게 수용되었다. 그러나 신유학은 결코 이상의 신념에 머무른 것만이 아니라, '이理'개념을 끌어들임으로써 이에 대해 진일보한 논증을 시도했다. 주희는 일찍이 의로움에 대해 다음과 같이 정의했다.

> "의로움이란, 천리에서의 합당함이다[義者, 天理之所宜]." (『논어집주』,
>
> 「리인里仁」)

'이理'는 언제나 특수한 시공을 초월하기 때문에 보편적인 필연성을 지니는데, 당위의 원칙으로서의 의로움이 보편적인 속성을 갖는 이유는 바로 그것이 '이理'에의 요구를 체현하기 때문이다. 신유학의 이런 관점은 당위의 원칙과 보편적인(필연적인) 이理의 관계를 발견한 것으로, 그 시야는 확실히 이전 학자들에 비해 보다 확장된 것이다. 의로움은 행위의 규범으로, 개인의 이익추구에서는 구축될 수 없다. 왜냐하면 각 개개인의 이익은 언제나 특수한 일면을 지니며, 다른 개체 사이에서의 이익은 흔히 상호 충돌하므로, 이런 기초 위에서는 보편적 준칙을 형성하기 매우 어렵기 때문이다. '이理'는 사회적 인륜의 보편적인 본질과의 연관성을 체현하므로, 오직 이를 근거로 할 때에만, 비로소 의로움(규범)이 특수한 공리적 타산을 초월하여 보편적 행위준칙이 되도록 할 수 있다. 주희가 '의로움[義]'과 '이理'를 소통시킨 것은 어느 정도 이 점을 명백히 드러낸 것이다. 물론, 이학理學의 '이理'에 입각한 의로움의 규정은 의로움의 지고함에 대한 존재론적 논증을 제공하는 데 보다 역점을 둔다. 앞서 서술한 것처럼, 신유학 속에서, '이理'는 보편적 속성을 지니고 있을 뿐만 아니라, 초험적이고 형이상학적인 성질을 부여받고 있는데, 이런 점과 연관시켰을 때, '리'로 의로움을 해석하는 것은 의로움을 초월화 하고 형이상학 화함을 의미하는 것이기도 하다.

이러한 초월화는 우선 의로움과 공리를 단절시키는 것으로 나타난다. 신유학에서 볼 때, 의로움은 이미 천리天理의 요구를 체현하고 있으므로, 어떠한 공리적 내용도 포함해서는 안 된다. 바꿔 말하자면 의로움(당위의 원칙)에 부합한다면 이익을 고려할 필요가 없는 것이다.

> '마땅히 행해야 할 것을 실천하면서, 그 결과를 고려하지 않는다면 덕이 날마다 축적되지만 스스로 알지는 못한다[爲所當爲而不計其功, 則德日積而不自知矣]."
> (『논어집주』「안연顔淵」)

> "마땅함은 반드시 올바르기에 의식적으로 바로잡아야 하는 것은 아니며, 도는 반드시 명백하기에 의식적으로 명백하게 해야 하는 것은 아니다. 공리는 여기서 논할 바가 아니다[誼必正, 非是有意要正, 道必明, 非是有意要明. 功利自是所不論]." (『주자어류』 137권)

이런 관점은 "그 합당한 바를 올바르게 하되 그 이익을 도모하지 말고, 그 도리를 분명히 하되 그 결과를 도모하지 말라[正其誼不謀其利, 明其道不計其功]"는 동중서의 주장과 대체로 일맥상통한다. 그것은 실질적으로 공리를 초월하는 의로움의 특성을 강화시킴으로써 도덕에서의 공리적 기초를 완전히 추출해 버린 것으로, 도의론道義論의 경향이 상당히 뚜렷하다. 의로움에 관한 이상과 같은 정화淨化는 확실히 도덕적 원칙의 초월화에서 더 나아가 추상화로 향하는 것이지만, 또한 그 속에는 도덕의 내재적 가치를 부각시키는 일면이 함축되어 있기도 한데, 이는 숭고한 도덕적 지조를 배양하는 등의 측면에서, 분명 무시할 수 없는 의의를 지니고 있다. 송명시기에, 사림士林은 특히 지조를 중시하여, 민족적 위기와 곤경의 시기에도 확실히 문천상文天祥 우겸于謙과 같이 사생취의舍生取義한 적지 않은 지사志士와 인인仁人을 출현시켰다. 따라서 오직 의로움에 근거하는 도덕적 추구는 여기에서 이미 '부귀로도 타락하게 할 수 없고 위세와 무력으로도 굴복시킬 수 없는[富貴不能淫, 威武不能屈]' 엄격한 정기正氣로 구체화됨으로써 긍정적인 가치 경향을 형성시켰던 것이다.

물론 일종의 추상적인 윤리적 원칙으로서, '오직 의로움에 근거한다[惟義所在]'는 도의론道義論은 윤리적으로 부정적인 의의를 지니고 있기도 하다. 이에 관한 구체적인 이해를 얻기 위해서, 우리가 이학理學의 다음과 같은 논의를 한번 살펴보는 것도 나쁘지 않다.

> "인간은 모두 이익을 추구하고 해로움을 피하는 것을 알지만, 성인은 이해를 따지지 않으며, 의로움에서 마땅히 해야 할 것과 하지 말아야 할 것을 볼 뿐이니, 명은 그 가운데에 있는 것이다[人皆知趨利而避害, 聖人則更不論利害, 惟看義當 爲與不當爲, 便是命在其中也]." (『이정집』, 176쪽)

여기에서 의로움(도덕적 원칙)은 일종의 무조건적인 절대적 명령으로 규정된다. 주체는 다른 선택의 여지없이 오직 의로움이라는 규범에 복종해야할 뿐이고, 어떠한 공리적 타산도 해서는 안 되기 때문이다. 이런 관점은 사실상 도의론이 어떤 숙명론적 색채를 띠도록 만들었다. 앞에서 서술한 것처럼, 천명天命(천리天理)의 제약을 강조하면서, 송명 신유학은 이미 당위를 필연과 동일시함으로써, 당위의 실천이 주체의 정해진 운명이 되도록 하였던 것이다. 의로움은 넓은 의미에서 당위에 속하는데, 신유학이 '오직 의로움에 근거하라[惟義所在]'는 사고와 '명은 그 가운데에 있다[命在其中]'는 사고를 연관시킨 것은, 당위를 필연으로 이해하는 논리의 확장으로 간주할 수 있다. 그리고 이러한 확장된 해석을 통해서, 도의론은 숙명론과 융합해 하나가 되기 시작한다. 이 때문에, 바로 신유학에서 의무론은 어떤 강제적인 형식을 지니게 되었다.

의로움은 무조건적인 절대적 명령으로, 언제나 개체를 초월한 공공公共이라는 속성을 지니며, 반면 이로움은 우선 특수한 개체와 관련된다. 따라서 송명 신유학의 관점에서 볼 때, 의로움과 이익의 관계는 공사公私의 관계에 불과하다.

"의로움과 이익은 단지 공과 사일 뿐이다[義與利, 只是個公與私也]."
(『이정집』. 176쪽)

여기서의 공과 사는 실질적으로 전체와 개체일 뿐이다. 이처럼 송명 신유학은 도의론道義論과 숙명론宿命論을 소통시키면서, 다시 의로움과 이익의 관계를 집단과 개인의 관계와 연관 지었다. 의로움은 어떤 의미에서는 집단적인 이익의 체현인데, 장재의 말을 인용해서 말하자면, 바로 "의로움은 천하의 이익을 함께 하는 것[義,公天下之利]"(『장재집』, 50쪽)이다. 의로움과 대비되는 이익은 개체의 이익을 가리키므로, 이에 입각해 말하자면, 의로움과 이익의 관계는 확실히 집단과 개인의 관계를 구체적으로 전개한 것으로 볼 수 있다. 집단과 개인의 관계에서 개체원칙에 대해 일정 정도 용인하는 점과 호응시킬 때, '마땅히 해야만 할 것을 실천하되 그 결과를 계산하지 말라'는 신유학의 주장은, 이익을 절대적으로 배척함을 의미하고 있는 것은 아니라, 이익에 관한 고려가 의로움에 합치해야만 한다는 점을 보다 더 강조하는 것이다. 따라서 "성인은 이익에 관해서, 완전히 논하지 않을 수는 없었지만, 의로움을 방해하는 데에 이르지 않았다[聖人於利, 不能全不較論, 但不至妨義耳]"(『이정집』, 396쪽), "이익은 선하지 않다고, 하나로 개괄해 논할 수는 없다. (…) 이익이 의로움과 조화될 경우에는 선이며,

그것이 의로움을 해칠 때, 선하지 않은 것이다[利爲不善, 不可一槪論 (…) 夫利和義者, 善也, 其害義者, 不善也.]" (위의 책, 249쪽)라고 하였다. 단적으로 말해, 의로움은 절대적 명령으로서, 그 절대성은 단지 의로움 자체의 정화로 나타날 뿐만 아니라, 동시에 이익이 무조건적으로 의로움에 복종할 것을 요구하는 데에 달려 있다.

송명 신유학이 천리를 의로움(당위의 원칙)의 유일한 근거로 삼았고, 이를 통해 당위의 원칙의 공리적 기초를 완전히 부정했던 점은 확실히 의로움에 대한 추상적 이해를 표현한다. 그러나 그들은 의로움과 이익의 관계를 집단과 개인의 관계와 앞뒤로 관통시키고, 보편적인 의로움을 통해 개체의 이익을 제약할 것을 요구했으니, 생각해 볼만한 점이 전혀 없는 것은 아니다. 앞의 글에서 반복적으로 언급했듯, 이익은 우선 특정 개체 또는 집단의 필요와 관련되며, 개체 및 특수집단 사이에서의 필요는 언제나 일치하는 것은 아니다. 따라서 이익관계는 흔히 긴장과 대립의 경향을 드러내기도 하는데, 만약 단순히 이익을 행위의 조절원칙으로 삼는다면 불가피하게 사회적 충돌을 야기하게 될 것이다. 이에 비해, 의로움은 특정한 개체의 이익을 초월하며, 어떤 수준의 "공리公利"를 체현한다. 따라서 오로지 의로움을 통해 이익을 통제해야만, 비로소 개체는 자아의 규제를 통해서 상호적 이익관계를 적절히 조화시킬 수 있게 됨으로써, 비폭력적인(형벌을 동원하지 않는) 방식으로 사회적 대립을 완화하게 된다. 실제로, 송명 신유학이 '이로움을 통한 이익을 제약하고[以義制利]', '이익이 의로움을 방해해서는 안 된다[利不妨義]'는 것을 강조했을 때의 초점은 무엇보다 '자신의 마음을 공정하게 함[公其心]'으로써, 사회적 충돌을 피하는 데에 있는 것이다.

"그 마음을 공정하게 하여, 올바른 이치를 잃지 않는다면, 민중과 이익을 함께하고 남을 침탈하지 않으니, 다른 사람들이 또한 그와 함께 하고자 할 것이다. 만약 이익을 밝히는데 힘쓰고, 자신의 사익에 가리워져서, 스스로 이익을 더하고자 하여 남에게 손해를 끼친다면, 다른 사람들은 또한 그와 힘써 싸우고자 하므로, 보태주려하지 않고 공격해 빼앗으려는 자만 있게 될 것이다[苟公其心,

不失其正理, 則與衆同利, 無侵於人, 人亦欲與之. 若切於好利, 蔽於自私,

求自益以損於人, 則人亦與之力爭, 故莫肯益之, 而有擊奪之者矣.”(『이정집』,

917-918쪽)

역사적으로 볼 때, 사회의 안정은 물론 법률과 제도에 의한 보장과 무관할 수 없지만, 그와 마찬가지로 도덕적 조절을 필요로 한다. 이학자들이 의로움의 보편적 규제 작용을 부각시키고, 오직 이익만을 추구하는 것을 반대한 것은, 인간 관계에서의 화해를 유지하고 사회의 무질서화를 피함에 있어서 분명 무시할 수 없는 의의를 지닌다.

그러나 이학자들이 공리적 의식을 약화시키라고 요구한 것은 물론 긍정적인 규제적 이념으로서의 기능을 지니고 있지만, 이런 요구는 흔히 공리의식에 대한 과도한 억압으로 이어졌다. 이학理學에서의 '공사公私'개념을 통한 '의로움과 이익'의 구분은 물론 집단과 개인의 관계와 의로움과 이로움의 관계를 연결시킨 것이긴 하지만, 이익을 사사로움으로 여기면서, 이익에 대한 어떤 폄하와 억압을 드러내기도 했다. 사실 '이理'를 통해 '의로움'을 정의한 것에서부터 '이익으로 의로움을 막지 말아야 한다'는 입장에 이르기까지, 공리적 의식에 대한 억압은 이학理學을 일이관지—以貫之하는 주도적 원칙이 되었다. 왕양명의 아래와 같은 논의에서, 우리는 이 점을 보다 잘 파악할 수 있다. "인한 사람이라면 그 합당한 것을 올바르게 하지 이익을 꾀하지 않으며, 그 도를 밝히지 결과를 따지지 않는다. 일단 꾀하고 따지는 마음이 있다면, 합당한 것을 올바르게 하고, 도를 밝힌다할지라도 역시 공리일 뿐이다[仁人者正其誼不謀其利, 明其道不計其功. 一有謀計之心, 則雖正誼明道亦功利耳.]"(「여황성보與黃誠甫」, 『왕문성공전서』 12권) 이처럼, 의로움에 부합하는 이익은 어느 정도 용인되긴 하지만, 공리적 의식('꾀하고 따지는 마음')은 역시 완전히 배제되어야 할 것에 해당한다. 바꿔 말해, 공리에 대한 추구가 동기의 영역에 들어가는 것을 허용하지 않는 것이다. 일반적으로 논하자면, 공리적 원칙은 양날의 검으로 볼 수 있는데, 그것은 행위에 대해 부정적인 규범이 됨으로써, 개체 간의 이익의 충돌을 야기하기도 하고, 일정한 조건 하에서는 사회의 전진을 추동하는 동인이 될 수도 있다. 역사적으로 볼 때, 기술의 진보와 경제 발전, 정치적 구조의 조정 등은 처음에는 모두 흔히 공리에 대한 추구와 관련되었다. 헤겔은 일찍이 악惡은 언제나 역사적 운동의 지렛대가 되었다고 생각했는데, 어떤 의미에서는 우리 역시 마찬가지로, 공리에 대한 추구는 흔히 역사적 변화와 발전의 지렛대이며, 공리적 의식의 보편적 결여는 사회적 활력을 쉽게 약화시킴으로써 정체에 이르도록 한다고 말할 수 있다. 실제로, 공리적 의식에 대한 송명 신유학의 과도한 억압은, 송대 이후에서 근대 이전에 이르기까지의 과학기술, 경제 등등의 발전에 대해, 부인하기 힘든 지체작용을 초래했음에 분명하다.

이학자들이 의로움과 이익을 분석하는데 엄격했던 점은, 단순히 사변적인 취미에서 비롯된 것이 아니라, 그것은 동시에 역사적인 굴절을 반영한 것이었다. 북송北宋시대에는 두 차례의 중요한 정치적 변혁이 출현했는데, 이것이 유명한 경력신정慶歷新政과 희녕변법熙寧變法이다. 경력신정의 선도자는 복송 정치가인 범중엄范仲淹이었다. 당시의 부패한 정치를 개혁하기 위해, 그는 인종에게 10개 항목의 건의를 올렸는데, 그 내용은 다음과 같다. "첫째 관리의 승진제도를 분명히 할 것, 둘째 요행을 억제할 것, 셋째 과거제도를 엄밀히 할 것, 넷째 장관을 선별할 것, 다섯째 공전을 균등히 할 것, 여섯째 농업과 누에치기를 풍족히 할 것, 일곱째 군사와 장비를 정돈할 것, 여덟째 요역을 경감할 것, 아홉째 은택과 신의를 널리 베풀 것, 열째 명령을 엄중히 할 것[一曰明黜陟, 二曰仰僥倖, 三曰精貢擧, 四曰擇官長, 五曰均公田, 六曰厚農桑, 七曰修武備, 八曰減徭役, 九曰覃恩信, 十曰重命令.]"(「답수조조진십사答手詔條陳十事」, 『范仲淹文』『정부주의政府奏議』 상권) 이러한 개혁조치들은 경제·정치·군사 교육 등 각각의 영역을 언급한 것으로, 그 가운데 스며들어 있는 기본적인 지도사상은 공리적 원칙이다. 범중엄의 신정新政의 강령은 명백히 이구李覯의 영향을 받은 것이다. 이구는 일찍이 범중엄에게 서신을 보내, 범중엄이 "천하를 위한 공적을 세울 것[立天下之功]"(「기상범참정서寄上范參政書」)을 권하였는데, 범중엄은 이구를 "진실로 천하에 부끄러움이 없는 인재[實無愧於天下之士]"라고 칭송하며, 인종仁宗에게 추천하였다 이구는 실질적으로 경력신정慶歷新政을 위한 사상적인 계획을 만들었고 이론적 근거를 제공하였는데, 그 이론적 근거는 구체적으로 공리적 원칙에 대한 설명으로 나타났다. 이구가 보기에, 치국治國의 근본은 재정에 달려 있다. 즉, "치국의 실제는, 반드시 재정에 근거한다[治國之實, 必本於財用]"(「부국책제일富國策第一」, 『李覯集』, 中華書局, 1981, 133쪽)는 것이다. 그런데 재정은 공리 추구의 결과이고, 이 때문에 공리의 원칙은 본래부터 합리적인 것이다.

> "이익을 말해도 되는가? 인간은 이익이 아니라면 살 수 없는데, 어떻게 말하지 않을 수 있겠는가?[利可言乎? 曰人非利不生, 曷爲不可言?]"(「原文」, 위의 책, 326쪽)

범중엄의 신정新政을 위한 열 가지 건의는 바로 이러한 공리원칙을 변법의 강령에서 구체적으로 전개한 것으로 볼 수 있다.

경력신정 이후의 또 한 차례의 변혁이 바로 희녕변법熙寧變法인데, 그 주도자는 유명한 정치가이자 사상가인 왕안석王安石이었다. 왕안석이 제창한 변법은 부국강병富國强兵을 목적으로 한 것으로, 그 중의 균수법均輸法 농전수리법農田水利法 청묘법靑苗法 시역법市易法 등은 바로 "국가를 부유하게 함[富邦國]"을 목표로 한 것이었고, 한편 장병법將兵法 保甲法 등은 강병强兵을 위한 일이었다. 신법新法의 이론적 토대는 이른바 "신학新學"(형공신학荊公新學)으로, 신학의 특징 중의 하나는 업적[事功]에 대한 중시 및 공리원칙에 대한 인정이다. 왕안석의 생각에 따르면, "천하 사람을 모으는데 재물이 없어서는 안 된다.[聚天下之人, 不可以無財]"(「걸제치삼사조제乞制置三司條制」, 『왕문공문집王文公文集』, 上海人民出版社, 1974, 364쪽) 이 때문에 공리에의 추구는 완전히 정당한 것이 된다. "재물을 다스리는 것이 바로 의로움이라 일컫는 것이다[理財, 乃所謂義也.]"(「답증공입서答曾公立書」, 위의 책, 97쪽)라고 할 때, 이미 이익을 통해 의로움을 해석했던 것이다. 신학의 이러한 관점들은 일찍이 동시대의 일부 사람들의 불만을 야기했다. 예를 들어, 사마광司馬光은 왕완석을 "이익을 말하는"

소인이라고 보면서, 그가 "문장을 다루는인재와 재리에 밝은 사람을 모아서, 이익을 말하도록 하였다[聚文章之士及曉財利之人, 使之講利]"(「여왕개보서與王介甫書」, 『온국문정사마공문집溫國文正司馬公文集』 60권)고 비판하였다. 한편으로 이런 비판이 밝혀주는 점은, 희녕변법熙寧變法에서의 근본 지도사상이 바로 공리의 원칙이라는 것이다.

경력신정慶歷新政과 희녕변법熙寧變法은 모두 기대했던 결과를 이루지 못한 채, 단명했다고 말할 수 있다. 두 차례의 변혁이 유산된 원인에는 물론 여러 측면이 있지만, 과도하게 업적과 이익에 급급했던 것이 분명 무시할 수 없는 원인이기도 했다. 앞서 서술한 것처럼, 범중엄의 신정新政과 왕안석의 변법變法의 근본적 지도사상은 공리적 원칙이었는데, 공리에의 추구를 강조하면서, 범중엄과 왕안석은 사회적 이해관계에서의 도덕적 제약과 균형 등에 대해, 충분히 중시하지 못했던 것 같다. 이 점이 변법을 처음부터 위험한 경향에 빠트렸다. 당시 보수파의 신정新政에 대한 비판도 바로 이 점을 짚었다. 간단히 말해, 신정新政의 추진과 실패는, 확실히 한 측면에서 단순히 공리 원칙을 강화시키는 것의 약점을 드러냈으며, 이학자들은 어떤 의미에서 비교적 민첩하게 이 점에 주목했다. 이를테면 정호程顥는 신종에게 바치는 상소에서, 근심하며 다음처럼 말한다. "이익을 주창하는 신하는 날로 진급하고, 덕을 숭상하는 기풍은 쇠락하니, 도리어 조정의 복이 아닙니다[興利之臣日進, 尙德之風浸衰, 尤非朝廷之福]"(『이정집』, 458쪽) 정호는 왕안석과 동시대인으로, 일찍이 자신이 몸소 희녕변법을 경험하였다. 이러한 우려는 명백히 당시의 현상을 목도한 다음에 나타난 것이었다. 주희는 신법新法의 근본적 병폐는 "오직 재물과 이익, 군대와 형벌에만 급급하다[獨於財利兵刑爲汲汲]"(「독양진간의유묵讀兩陳諫議遺墨」, 『주문공문집朱文公文集』, 70권) 는 것, 다시 말해 단순히 공리에의 추구만을 중시하는 것이라고 여겼다. 바로 공리원칙의 과도한 강화가 초래한 부정적 효과와 반응을 보았기 때문에, 송명 신유학은 거듭 의리에 관한 논변을 중요한 지위로 끌어올렸다. 그러나 공리원칙의 내재적인 약점에 주목하면서, 이학자들은 또한 공리원칙의 지렛대로서의 기능을 무시했고, 공리적 의식을 일방적으로 억제하고 약화시킴으로써, 이로부터 다른 극단으로 나아갔던 것 같다.

앞서 서술한 것처럼, 이익은 언제나 인간의 감성적 필요를 가리킨다. 즉 이익의 실현은 결국 인간의 감성적 필요에서의 만족으로 나타나고, 반면 의로움은 보다 직접적으로 이성적인 요구를 체현한다. 따라서 '의로움과 이익의 관계'는 논리적으로 천리와 인욕의 관계와 연관되고 있다. 선진유학 및 동중서에게서, 우리는 이미 양자의 관계를 볼 수 있는데, 송명 신유학은 보다 일반적인 이론적 차원에서, 의로움과 이익에 관한 논변을 천리와 인욕에 관한 논변으로 전개하였다.

"인의는 인간의 마음이 본래 지닌 것에 근거하니, 천리의 공정함이고, 이기심은 외물과 나의 상호 비교에서 생겨나니 인욕의 사사로움이다[仁義根於人心之固有, 天理之公也, 利心生於物我之相形, 人欲之私也]."(주희朱熹,『孟子集注』「梁惠王上」

이학자들이 말하는 '이理'는 항상 형이상학적인 범주(당위) 및 초월적 실체(필연)을 가리키며, 또한 주체의 선험적인 이성을 포괄해 가리키는데, 선험적 이성이란 의미에서, '이理'는 '성性'과 상통한다('성이 곧 리이다[性卽理]'라는 말이 암시하는 것도 이 점이다). 주희가 의로움을 인심人心이 본래 지니고 있는 천리天理로 규정한 점은 바로 의로움이 보편적 이성의 요구에 뿌리를 내리고 있다는 점을 강조했던 것이다. '욕欲'은 넓고 좁은 두 가지 의미를 지니는데, 넓은 의미에서의 '욕'은 감성적 필요와 감성적 요구 모두를 가리키며, 좁은 의미에서의 '욕'은 감성적 요구만을 가리킨다. 의로움과 이익의 관계가 주로 외부 사회에서의 집단과 개인의 구조를 통해 드러나는 것이라면, 천리와 인욕의 관계는 보다 내재적 형식을 지니고 있다.

이론적으로 볼 때, 감성적 필요와 감성적 요구는 두 가지 상이한 차원의 범주이다. 필요는 존재의 상태를 표시하고, 요구란 주체의 발전 방향을 반영한다. 인간의 감성적 필요에 대해, 이학자들은 결코 부정하지 않았다. 주희는 일찍이 다음과 같이 말했다.

"먹고 마시는 것은 천리이다[飮食者, 天理也]." (『주자어류』, 13권)

　　"만약 굶주리면 먹고자 하고, 갈증을 느끼면 마시고자 하니, 이런 인욕이 어찌
　　없을 수 있겠는가[若是飢而欲食, 渴而欲飮, 則此欲亦豈能無]!"(위의 책, 94권)

　'먹고 마심[飮食]'은 주체의 기본적인 물질적 필요(감성적 필요)를 대변하는 것으로, 주희가 볼 때, 이런 필요의 만족은 완전히 정당하고 이치에 부합하는 것이며, 아울러 어떠한 '악惡'의 의미도 없다. 또한 바로 이와 동일한 의미에서, 주희는 "일상생활의 속에 천리가 아닌 것이 없다[日用之間, 莫非天理]."(위의 책, 40권)고 인식했다. 이학자들의 이런 관점들은 감성적 필요 자체는 결코 도덕적 영역에서의 문제가 아니며, 그것에는 선의 속성도, 악의 속성도 없음에 주목했던 것이다. 감성적 필요에 관한 이상과 같은 이해는, 이학자들의 천리와 인욕에 관한 논변이 일정한 이론적 확장성을 유지하도록 함으로써, 감성적 필요를 절멸하려는 허무주의와는 다르도록 만들었다.
　　그러나 이학자들이 말하는 '욕欲'은 동시에 인간의 감성적 요구를 가리키기도 하는데, 이학자들이 인간의 감성적 필요를 완전히 무시했던 것은 아니지만, 감성적 요구에 대해서는 상이한 태도를 취했다. 주희는 "먹고 마시는 것은 천리이다. 좋은 맛을 요구하는 것은 인욕이다[飮食者, 天理也. 要求美味, 人欲也.]"(『주자어류』 13권)라고 설명했다. 여기에서는 감성적 필요와 감성적 요구를 명확히 구분했다. 먹고 마시는 것에서의 만족은 인간의 근본적인 감성적 필요이지만, 좋은 맛을 요구하는 것은 인간의 감성적 욕구를 대변한다. 이학자들이 보기에, 후자는 언제나 일종의 사사로운 경향으로 나타나기 때문이다.

　　"인욕이란 마음의 질병이니, 그것을 따르면 그 마음이 사사롭고 또한 사특하게
　　된다[人欲者, 此心之疾疢, 循之則其心私而且邪.]." (「신축연화주찰이辛丑延和奏札二」,
　　『주문공문집朱文公文集』 13권)

사사로움과 사특함은 이미 도덕적 영역의 문제로, 대체로 도덕상의 악을 대변하는데, 바로 인욕이 도덕상에서의 부정적인 의의를 지니기 때문에, 이학자들은 거듭해서 사욕私欲을 "극복하고 다스릴 것[克治]"을 강조했다.

감성적 욕구와 공리에의 요구는 어떤 의미에서는 유사한 점이 있다. 개체의 이익을 과도하게 추구하는 것이 사회적 충돌을 초래할 수밖에 없듯이, 감성적 욕구의 과도한 팽창 역시 사회적 긴장을 야기한다.

감성적 필요가 일단 감성적 요구로 전환된다면, 바로 개체의 형식(자아의 욕구가 되는 것)를 얻기 때문이다. 이러한 요구를 충족시키는 사회적 조건이 상대적으로 제한적인 상황에서, 개체의 욕구는 흔히 바람을 이루기 아주 어렵기 때문에, 만약 이런 욕구에 대해 통제를 가하지 않는다면, 그것은 쉽게 파괴적인 힘으로 바뀌게 된다. 동시에 감성적 욕구는 주로 인간의 감성적 존재를 체현한 것인데, 단지 감성적 욕망의 실현만을 추구하는 것은 흔히 인간이 감성의 영역을 초월하는 것을 어렵게 만든다. 그리고 인간이 단순히 감성적인 의미에서의 존재라고 한다면, 확실히 건전한 주체라고 볼 수 없다. 이런 점에 근거해 말하자면, 이학자들이 인욕을 극복하고 통제하기 요구한 점에는 확실히 고려해 볼 만한 점이 없는 것은 아니다.

그러나 감성적 요구의 과도한 팽창이 실로 부정적인 사회적 결과로 이어지기 쉽다고 할지라도, 그것 자체는 결코 악이라는 속성을 지니는 것은 아니므로, 이학자들이 인욕 등을 도덕적인 악(사사롭고 사특한 것)과 동일시하는 것은 이론적으로 또 다른 극단으로 치달음을 의미하고 있다. 이학자들의 생각에 따르면, 감성적 욕구로서의 인욕人欲은 천리天理와 공존할 수 없고, 두 가지는 확연히 대립적인 관계로 나타난다.

> "천리와 인욕은 서로를 상쇄시키니, 인욕을 극복할 수 있어야만 예를 회복할 수 있다[天理人欲相爲消長, 克得人欲, 乃能復禮.]" (『주자어류』 30권)

> "도에 입각하면, 인욕은 소멸된다[主於道則欲消.]" (『육구연집』, 272쪽)

“천리와 인욕은 공존할 수 없다[天理人欲不並立.]”(「전습록상」,
　『왕문성공전서』 1권)

　　감성적 욕구가 형이상학적인 규범을 체현하는 이성적 요구와 공존할 수 없다면, 결론은
오직 인욕을 없애는 것일 수 있다. 실제로, 이학理學의 선구자인 주돈이周敦頤는 이미
'무욕無欲'에 관한 주장을 제기했다.

　　그는 맹자의 과욕寡欲에 관한 학설에 동의하지 않고, 인욕은 단순히 적게 하는
데에 국한해서는 안 되며, 더 나아가 없애는 데에까지 이르러야 한다고 생각했다.
"나는 마음을 수양함은 욕망을 적게 해 유지하는 데 그치지 않는다고 말하니,
적게 함에서 없애는 데에까지 이르러야 한다. 욕망을 없애야 진실로 바로서서
밝게 관통한다.[予謂養心不止於寡而存焉, 蓋寡焉以至於無. 無則誠立明通.]"
(「양심정설養心亭說」) '인욕人欲'(감성적 요구)에 대한 이런 태도가 대체로 이학理學의
기조를 결정지었다. 이학자들의 논저 중에서, 우리는 거듭 이런 류의 논의를 볼 수 있다.

　　“그 본연의 신묘함에 대해 논한다면, 오로지 천리에 따르고 인욕을 없애는 것에
　달려 있을 뿐이다. 이 때문에 성인의 가르침은 반드시 인욕을 모조리 없애고, 천리를
　완전히 회복하려 하는 것이다[至若論其本然之妙, 則惟有天理而無人欲. 是以聖人之教,
　必欲其盡去人欲而復全天理.]" (주희, 「답진동보答陳同甫」, 『주문공문집』 36권)

　　“반드시 이 마음에서 천리를 완전히 하고 조금의 인욕의 사사로움도 없고자
　한다면, 이것이 성인이 되는 공부이다[必欲此心純乎天理而無一毫人欲之私,
　此作聖之功也.]" (왕양명, 「전습록중」, 『왕문성공전서』 2권)

　　이런 주장에는 원시유학과 명백히 다른 점이 있는데, 그것은 몇 가지 측면에서 불교의
관점에 보다 근접한 것처럼 보인다. 불교에서는 미혹됨에서 깨닫고자 한다면, 반드시

정욕情欲을 절멸시켜야만 한다고 생각했는데, 이학理學의 무욕無欲에 관한 학설은 그것과 명백히 상통하는 점을 갖고 있다. 그러나 불교는 무욕無欲 이외에 다시 무념無念을 주장하는데, 이는 이성적 사유를 버리는 것을 의미하고 있다. 감성적 욕구와 이성적 사유에 대한 이중의 부정은 불교가 천리와 인욕의 충돌을 피할 수 있게 하였다. 이와 달리, 이학理學에서의 인욕을 없앰은 이성적 기능을 강화시키는 것과 관련된다. 이 때문에, 바로 이학理學에서, 무욕無欲에 관한 학설은 천리와 인욕 사이의 긴장과 대립으로 전개된다.

천리와 인욕의 긴장은 무엇보다도 감성에 대한 이성의 배척으로 나타난다. 앞의 글에서 거듭 제시한 것처럼, 송명 신유학에서 말하는 천리天理는 주로 이성에의 요구로 나타나는데, 장재는 이미 일찌감치 천리가 지닌 이와 같은 내용을 명확히 밝혔다. "천리라는 것은 마음에 흡족할 수 있고, 천하 사람들의 의지를 관통할 수 있는 이치이다[所謂天理也者, 能悅諸心, 能通天下之志之理也.]"(『장재집』, 23쪽) '마음에 흡족함'이란 곧 이성의 경향에 부합하는 것이며, 욕망은 감성적인 생명의 존재와 관련되고 있다.

천리와 인욕에 관한 이상과 같은 내용과 관련해, '천리를 보존하고 인욕을 없앤다[存天理 滅人欲]'는 말은 이성적 정신의 발전을 통해서 감성적 생명력이 표출되는 것을 억제시킴을 의미하고 있다.

이학자들이 즐겨 말했던 "공자와 안연이 즐겼던 것[孔顔樂處]"이란 실질적으로 감성적 생명의 기초를 결여한 정신적 경지였다. 일반적으로 말해, 인간은 물론 감성의 영역을 초월해서 이성의 승화에 이르러야만 하지만, 만약 단순히 이성적 정신의 발전만을 중시하여 감상적 생명의 충족을 완전히 무시한다면, 이성적 정신경지란 추상화되고 허황된 것으로 변질되지 않을 수 없으며 인간 자신은 그에 상응해 편협한 존재가 되기 쉽다. 사실, 이학자들이 갈망했던 "오로지 천리를 보존하고 인욕을 없애는[惟有天理而無人欲]"것과 같은 인격적 경지는 분명 단편적인 성격을 띠고 있다.

또 다른 측면에서 보자면, 감성적 욕구의 과도한 팽창이 물론 사회적 불안정성을 야기하기 쉽지만, 적절한 범위 안에서, 그것은 또한 주체적 창조의 내재적 동력이 될 수도 있다. 훌륭한 삶에 대한 갈망, 감성적 생명의 바람을 완전하게 하는 것 등은 언제나 정신적 창조의 직접적 추동력이 되었다. 따라서 감성이라는 원천에서 동떨어진, 이성적 정신은 궁핍해질 뿐만 아니라, 창조적 활력을 상실할 것이다.[64] 이학자들이 인욕을 제거할 것을 강조한 점은 확실히 이성적 정신이 점차 시들어 버리게 할 수 있었다. '천리를 완전히 하는[純乎天理]' 정신세계에서, 주체가 직면한 것은 형이상의 규범으로 구성된 도덕의 왕국에 불과했으니, 정신의 풍부한 내용은 흔히 추상적인 도덕적 율령으로 대체되었고, 주체의 독창성도 그에 따라 '천리를 보존하는[存天理]' 과정에 억제 당했다.

이성은 한 측면에서 인간의 보편적 본질을 체현하며, 감성은 인간 개체의 존재와 보다 많이 관련된다. 송명 신유학에서 보자면, 인간이 인간이 되는 이유는 바로 천리를 지님에 달려 있다. 즉 "인간이 인간이 되는 이유는 천리를 지니기 때문이다[人之所以爲人者, 以有天理也]"(『이정집』, 1272쪽) 따라서 이성의 전제專制는 동시에 인간의 본질(인간이 인간이도록 하는 근거가 되는 유類로서의 정의)을 강화함을 의미하고 있지만, 이런 강화는 언제나 개체 존재에 대한 멸시와 관련되었다. 바로 '천리를 보존하고, 인욕을 없애라[存天理, 滅人欲]'는 전제에서 출발하여, 이학자들은 '굶어죽는 것은 극히 작은 일[餓死事極小]'이라는 결론을 도출해냈다.

"그러나 굶어죽는 일은 극히 작은 것이지만, 절개를 잃는 것은 극히 중대한 일이다[然餓死事極小, 失節事極大]."(『이정집』, 301쪽)

'절개를 지키는 것[守節]'은 '천리天理'(형이상학적인 본질)에 대한 옹호이고, 삶과 죽음은 개체의 존재와 관련되므로, 천리에의 요구와 마주하는 개체로서의 존재는 완전히 하찮아 언급할 가치도 없는 것처럼 보인다. 극히 사소한 것과 극히 중대한 것의 구분의 배후에 함축된 것은 결코 단순한 남존여비男尊女卑의 관념이 아니라, 차라리 그것의 진정한

---

64) 마르쿠제, 『에로스와 문명』을 참조할 것.

내용은 바로 개체의 존재 가치에 대한 무시라고 말하는 것이 적절하다.[65] 알 수 있듯이 송명 신유학에서, 천리와 인욕의 대립은 결국 본질과 존재의 분리를 야기했다. 천리를 우선함에서부터 본질이 존재를 억압함에 이르기까지, 유가의 가치체계는 더 나아가 어떤 본질주의적인 특징을 부여받게 되었다.

---

65) 육왕陸王이 집단과 개인에 관한 논변에서 개체 원칙에 보다 비교적 많이 주목하긴 하지만, 본질과 존재의 관계에서, 본질을 우선하는 이학理學의 가치지향을 전혀 벗어나지는 않는다.

5. 천리天理의 권위화와 양지良知의 준칙론準則論

의로움과 이익에 관한 논변에서부터 천리와 인욕에 관한 논변에 이르기까지, 보편적 규범으로서의 의로움과 천리는 점차 최고의 지위로 격상되었는데, 이는 유가의 경학經學 전통을 이어 받은 것임은 물론, 더 나아가 그것을 권위주의적 가치관으로 발전시켰다. 물론 송명 신유학의 이런 주류는 정통 이학理學의 발전 경향을 보다 더 구체화해냈다. 육왕陸王에서는 "마음이 곧 리이다[心卽理]"라는 주장에 따라, 권위주의적 원칙이 다소 약화되었다.

(1) 천리의 권위화

의로움[義]과 천리[理]가 일원성을 지닌다는 것이 정통 이학理學의 기본적 신념이다. 장재는 명확히 이 점을 지적했었다. "천하에서 의로움과 천리는 단지 하나일 뿐, 두 가지가 아니다[天下義理只有一個是, 無兩個是]"(『장재집』, 275쪽) 정주程朱는 이에 관해 진전된 해석을 하였다.

> " '이'는 천하에서 다만 하나의 리일 뿐이다. 그러므로 사해에까지 미루어도 표준이 되니, 기필코 천지에 대조해 보고, 삼왕에게서 고찰해 봐도 바뀌지 않는 이치이다[理則天下只是一個理, 故推至四海而准, 須是質諸天地考諸三王不易之理]."
> (『이정집』, 38쪽)

> "도라는 것은 고금이 모두 말미암는 '이'이다. (…) 천지에 앞서고, 복희와 황제가 내려준 것은, 모두 이 하나의 도리이니, 고금을 통틀어 달랐던 적이 없었다[道者, 古今共由之理 (…) 自天地以先, 義黃以降, 都卽是這一個道理, 亘古亘今, 未嘗有異]."

(『주자어류』 13권)

단적으로 말해, '이理'(도道)는 시공간을 초월하는 최고의 준칙으로, 고대에서부터 지금에 이르기까지, 천지 안의 일체의 대상이 그 제약을 받지 않는 것이 없다. 여기서, '이理'(도道)의 지상성至上性과 유일성은 다시 합쳐져 하나가 되기 시작하며, '리' 자체는 이로부터 또한 절대적 성질을 획득한다.

천하고금을 관통하는 절대적 준칙으로서, '리'는 주체의 행위가 넘어설 수 없는 규범을 구성하는데, 먹고 마시는 일상적 생활에서부터 사회적 교제에 이르기까지, 일체의 말과 행동거지는 크건 작건 간에, 모두 천리의 틀 속에 포함된다. 즉 "모든 행동과 온갖 선은 모두 오상에서 종합된다[百行萬善總於五常]"(『주자어류』 6권)는 것이다. '오상五常'은 곧 인仁 의義 예禮 지智 신信으로, 바꿔 말해 '이'의 구체적인 절목이다. 천리의 절대적 제약을 마주해서, 주체는 무조건적으로 순종하며, 조금도 벗어날 수 없다.

"'예가 아니면 보지 말라'는 말은 본래 천리가 자신에게 눈을 주면서, 일찍이 자신에게 예가 아닌 것을 보도록 한 적이 없기 때문이니, 예가 아닌 것을 본다면 천리가 아니다. '예가 아니면 듣지 말라'는 것은 본래 천리가 자신에게 귀를 주면서, 자신이 예가 아닌 것을 듣도록 한 적이 없기 때문이니, 예가 아닌 것을 듣는다면, 천리가 아니다. 예가 아닌 것을 말하지 말라는 것은 본래 천리가 자신에게 입을 주면서, 자신이 예가 아닌 것을 말하도록 한 적이 없기 때문이니, 예가 아닌 것을 말한다면, 천리가 아니다. 예가 아니면 행하지 말라는 것은, 본래 천리가 자신에게 하나의 몸과 마음을 주면서, 자신이 예가 아닌 것을 행하도록 한 적이 없기 때문이니, 예가 아닌 것을 행한다면, 천리가 아니다[說非禮勿視, 自是天理付與自家只眼, 不曾敎自家視非禮, 才視非禮, 便不是天理. 非禮勿聽, 自是天理付與自家只耳, 不曾敎自家聽非禮, 才聽非禮, 便不是天理. 非禮勿言, 自是天理付與自家一個口, 不曾敎自家言非禮, 才言非禮, 便不是天理. 非禮勿動, 自是天理付與自家一個身心,

不曾教自家動非禮, 才動非禮, 便不是天理.」(『주자어류』 114권)

공자는 일찍이 '예가 아니면 보지 말라[非禮勿視]'는 등의 주장을 제기했는데, 그 가운데에는 이미 분명히 윤리 원칙의 절대성에 대한 중시가 함축되어 있었다. 이학자들은 더 나아가 예禮를 천리와 소통시키고, 예禮에 대한 주체의 자각적인 준수를 주체에 대한 천리의 외재적 규범으로 전환시킴으로써, 보편적 행위준칙에 권위적 성질을 부여했다.

천리는 단지 외재적 행위를 규율할 뿐만 아니라, 주체의 내재적 의식을 제약하는데, 이른바 도심道心에 관한 학설 속에, 이 점이 상당히 명백히 표현되었다. 앞에서 서술한 것처럼, 정주程朱는 주체의 의식을 도심과 인심이라는 두 가지 측면으로 구분했고, 아울러 도심을 신체의 주인으로 삼으면서, 인심은 반드시 도심의 명령을 따라야만 한다고 요구했다. '도심道心'이라는 것은, 천리의 내면화일 뿐이다. 즉, "도심이란 내면에 리를 동시에 얻은 것이니, '오직 정결하다'는 것은 섞인 것이 없다는 것이고, '오직 유일하다'는 것은 한결같이 변함이 없다는 것이니, 그래야만 '진실로 그 중정한 도를 지닐'수 있다[道心者, 兼得理在裏面, '惟精'是無雜, '惟一'是終始不變, 乃能'允執其中']." (『주자어류』, 78권) 도심을 신체의 주인으로 삼는다는 것은 천리의 내재적 주재자로서의 지위를 확립함을 의미한다. 행위에 대한 '예禮'의 규범이 주로 주체에 대한 외적 권위의 제약을 체현한다면, 도심이 주인이 됨은 외재적 권위를 주체의 의식 속에 내면화시키는 것이니, '예가 아니면 보지 말라[非禮勿視]'는 것에서 '도심이 주인이 된다'는 데에까지 이르면, 권위주의적 원칙은 가치체계의 심층으로 스며들게 되는 것이다.

권위주의적 원칙은 넓은 의미에서의 이데올로기로 구체화되어 드러나니, 곧 사설邪說과 이단을 배척하는 것으로 전개된다. 송명 이학理學은 수당隋唐 이후에 형성되었는데, 한동안 흥성했던 불교가 비록 송명시기에는 이미 점차 쇠락해갔지만, 여전히 여음餘音이 끊어지지 않았기 때문에 이학자들의 배척대상으로 우선 불교를 가리켰다. 이학자들이 보기에, 불교는 몇몇 이론적인 공헌이 있지만, 이단으로서 그것은 전반적으로 학술의 해악이 될 수밖에 없었다.

"이단의 학설은 자잘한 방법에서는 볼 만한 것이 있다 해도, 그 흐름은 반드시 해가 된다. 따라서 한 가지 말에서의 적합함과 한 가지 일에서의 선함이 있다해도, 그 대체를 모두 취해서는 안 된다[異端之說, 雖小道, 必有可觀也, 然其流必害. 故不可以一言之中　一事之善, 而兼取其大體也]." (『이정집』, 1176쪽)

이학理學의 발전과 변화라는 점에서 보자면, 이학理學은 일정 정도 불교의 몇 가지 관점을 흡수했을 뿐만 아니라, 어떤 의미에서는 유儒　불佛　도道의 융합으로 나타나기도 하지만, 전체적인 가치지향에 있어서, 이학은 시종일관 불교와 도교를 이단으로 간주해 배척하였다. 이러한 배척은 단순히 학파에 따른 일종의 편견에 불과한 것이 아니라, 그것은 본질적으로 권위화 된 대도大道에 입각해 이단으로서의 소도小道를 부정하는 것이었다.

이학理學에서 말하는 '사설邪說'은 물론 불교에만 국한되는 것은 아니다. 그것은 넓은 의미에서 정통적 이학理學 이외의 각종의 관념체계를 포괄한다. 이학理學이 막 흥기했을 때, 바로 형공신학荊公新學의 강력한 도전에 직면했는데, 왕안석의 신학에 대해, 이학자들은 시종일관 적의를 품었으며, 이정二程은 심지어 그 해악이 석가보다도 크다고 생각했다.

"그런데 오늘날에 석가는 오히려 주의할 필요가 없고, 큰 환란은 도리어 개포(*왕안석)의 학문이다[然在今日, 釋氏卻未消理會, 大患者卻是介甫之學]."

맹자는 일찍이 양주와 묵적을 힘껏 배척했는데, 비정통적 사상에 대한 이학자들의 공격은 확실히 이런 전통을 계승한 것이었다. 이런 비판은 때때로 심지어 인신공격에 가까웠다. 이를테면 정호程顥는 태황태후太皇太后에게 바치는 상소에서, 이학理學 이외의 학인을 "의향이 비루한[志趣汚下]" "저속한 인물[淺俗之人]"이라고 규탄했다.(『이정집』,

550쪽) 주희와 진량의 논쟁 가운데, 사공事功 학파에 대한 주희의 비난도 마찬가지로 '사설邪說'을 배척하는 경향을 드러냈는데, 이런 배척은 또한 유가의 성학聖學에 대한 옹호와 관련된다. 주희의 다음과 같은 비판 가운데에서, 이 점을 어렵지 않게 엿볼 수 있다.

"세상의 학자들은 조금이라도 재능이 있으면, 스스로 삼가는 마음으로 뜻을 두어 유가의 사업과 성학에 관한 공부에 힘쓰려들지 않는다[世之學者, 稍有才氣, 便自不肯低心下意, 做儒家事業, 聖學功夫]."(「답진동보答陳同甫」, 『주문공문집』 36권)

알 수 있듯이 이단과 사설에 대한 거부 이면에 함축된 것은 독단론적 원칙으로, 실제로 송명 신유학에서, 천리의 권위화와 유학의 독단론은 언제나 하나로 뒤섞이며, 양자의 공통된 특징은 일원론으로 다원론을 배척하는 데 있었다. 장재는 일찌감치 "일치된 리를 얻었다면, 온갖 사려를 하지 않더라도 어찌 장애가 있겠는가![既得一致之理, 雖不百慮亦何妨!]"(『장재집』, 277쪽)라고 지적했다. 견고하게 하나의 이理를 고수하면서 다른 관점을 거부하는 논쟁이 확실히 이학理學의 기본적 사유방향을 구성했다. 진실로, 경학經學의 변화에서 볼 때, 송학宋學(넓은 의미의 송명 신유학을 포괄하는)은 한학漢學과 비교할 때, 의리義理를 중시하고 회의에 능한 특성을 지닌다. 이정二程은 "학자는 우선 의심할 수 있어야만 한다. [學者要先會疑]"(『이정집』, 413쪽)고 지적했고, 주희 역시 "학자는 독서함에 아무런 맛이 없는 지점에서도 사고를 집중할 수 있어야만 한다. 여러 의문이 일거에 생겨나는 데에 이른다면, 자는 것과 먹는 것을 전폐해야 빠르게 발전할 수 있다[學者讀書, 須是於無味處當致思焉. 至於群疑並興, 寢食俱廢, 乃能驟進]"(『주자어류』 10권)라고 생각했다. 다만 송명 신유학에서 말하는 '의심'은 주로 판본의 진위여부, 훈고와 교감 등의 방면에 국한되는데, 이를테면 주희는 고문古文으로 쓰여진 『효경孝經』 『고문상서古文尚書』『공총자孔叢子』 등의 신빙성에 대해 일찍이 질의를 던졌다. 다만 경전의 의미 자체에 대해서는 어떠한 회의도 용납하지 않았으니, 바꿔 말해, 경전經典이 진실하여 허위가 아니기만 하다면, 그 의리義理는 절대 의심할 수 없는 것이다. 따라서 경학만을 존중한다는 점에서, 송대 유학과 한대 유학은 결코 다르지 않았다.

"도의 근원은 경전에 있으니, 경전이 도가 되는데, 천지의 비밀을 드러내고, 성인의 마음을 묘사해 드러낸다는 점에서는 하나이다[道之大原在於經, 經爲道, 其發明天地之秘, 形容聖人之心, 一也]." (『이정집』, 463쪽)

"도는 육경에 있으니, 어찌 기어이 다른 곳에서 구하겠나[道在六經, 何必他求]." (「答汪尙書」, 『주문공문집』 6권)

"의로움은 경전을 돌이켜 보는 것을 근본으로 삼으니, 경전을 올바로 하면 [의로움은] 온전해진다[義以反經爲本, 經正則精]." (『장재집』, 18쪽)

이러한 말 등에서, 천리의 권위는 결국 경학의 권위로 환원된다. 즉 경학의 독단론 가운데, 권위주의 원칙은 그 전통적 기초를 획득했던 것이다.

한대 유학은 경전을 연구함에, 항시 학풍을 중시했는데, 그런 논리적 결과는 경전을 존중하고 스승의 학설을 존중했기 때문이다. 송대 유학은 더 이상 한대 유학처럼 학풍에 구속받지는 않았지만, 성인을 존숭하고 스승을 근원으로 삼는 전통을 버렸던 적은 없었다. 어떤 의미에서 보자면, 이학자들은 이런 측면에서 더 멀리까지 나간 것처럼 보인다.

"그러므로 경전을 연구하는 자는 반드시 먼저 이전 유자들이 이미 완성해 놓은 학설에 근거하여 추론해야만 한다[故治經者, 必因先儒已成之說而推之]." (「학교공거사의學校貢擧私議」, 『주문공문집』69권)

"만약 지금 문자를 본다면, 이전의 현인인 정선생 등이 해석한 것을 위주로 해야 하고, 그들이 설명한 것이 무엇인지 알려면, 그들의 명령을 따라야만 한다[如今看文字, 且要以前賢程先生等所解爲主, 看他所說如何, 將己來聽命於他]." (『주자어류』 8권)

"성인의 언어에 대해서는 자신은 마치 노예처럼 그것을 따라가야 한다. 그것이 머무르라 하면 머무르며, 그것이 가라하면 갈 뿐이다[聖人言語, 自家當如奴僕, 只去隨他, 他教住便住, 他教去便去]." (위의 책, 45권)

여기에서 진리의 영역은 경전의 의미로부터 이전 성인과 현인의 말로까지 확장되었는데, 절대적 진리의 화신으로서의 독단적인 교의를 마주하면서, 주체는 오직 머리를 숙이고 믿고 따를 뿐, 어떤 이탈도 할 수 없다. 따라서 경학의 권위는 창조적인 탐색과 독립적인 사고를 어느 정도 질식시켰다. 혜강이 비판했던 "생각이 본분에서 벗어나지 않는[思不出位]" 음울한 현상이, 어떤 의미에서 다시 부활한 것처럼도 보인다. 이런 측면에 입각하자면, 정주程朱로 대표되는 정통적 이학理學은 확실히 유가의 권위주의적 가치원칙을 더욱 강화시켰다.

물론, '천리天理'(경학의 의리義理)의 독단화가 임기응변[權變]을 완전히 부정함을 의미하지는 않는다. 주체의 생각과 행위는 이理(보편적 준칙)에 의거해야만 하지만, 또한 구체적 경우를 파악하고서 적절히 변통할 수 있어야만 한다. "군자의 도는 때에 따라서 움직이고, 합당함을 좇되 변화에 맞추니 일정불변의 준칙일 수 없다. 도에 이르름이 깊고, 기미를 파악하여 잘 가늠할 수 있는 사람이 아니라면 여기에 함께 할 수 없다[君子之道, 隨時而動, 從宜適變, 不可爲典要. 非造道之深, 知幾能權者, 不能與於此也.]"(『이정집』, 784쪽) 이정二程은 심지어 임기응변[權變]을 아는 것을 성인의 속성으로 보았다. 즉 "변통에 능해야만 성인이다.[惟善變通便是聖人]"(위의 책, 80쪽)라는 것이다. 이러한 관점들은 대체로 구체적 상황을 중시했던 원시유학의 전통을 계승한 것으로, 그것은 보편적 원칙이 다소간 어떤 이론적 확장성을 획득하게 하였다. 그러나 이학자들이 임기응변[權變]의 관념을 용인했다 할지라도, 동시에 강조한 점은 변통은 부득이하여 행한다는 것이다.

"가능함이란 일정한 이치가 행해질 수 없는 상황에서 부득이하여 변통하는 것의 도리이다[權, 則是那常理行不得處, 不得已而有所通變底道理]." (『주자어류』 37권)

단적으로 말해, 중요한 것은 무엇보다도 일반적 원칙을 견지하는 것이고, 단지 일반적 원칙이 정상적으로 관찰될 수 없는 상황 하에서만, 비로소 적절한 변통을 고려할 수 있다는 것이다. '경經'(원칙의 일정함)과 '권權'(원칙의 변통)의 관계에 관해 말하자면, 전자가 시종일관 주도적 지위를 차지하며, '권權'은 흔히 경經에 관한 일종의 보충으로 이해된다. "권이란 것은 아주 미묘하고 변화가 많은 상황에서, 그 합당함을 간절히 다함으로써 경이 미치지 못하는 바를 구제하는 것이다[所謂權者, 於精微曲折處, 曲盡其宜以濟經之所不及耳.]"(위의 책) '경經'을 완성하는 수단으로서, '권權'은 경에 대해 변통할 수 있지만, 이런 변통 자체는 반드시 경의 제약을 받아야만 한다. "권을 논하되 완전히 경에서 벗어난다면 옳지 않다[論權而全離乎經, 則不是]"(위의 책) 요컨대, 임기응변[權變]의 목적은 단지 효과적으로 일반원칙(이理 또는 도道)을 관철시키는 것이고, 일반원칙 자체의 권위에는 어떠한 의심도 용납되지 않는다. 경과 권의 관계에 대한 이학理學의 이상과 같은 설명은 확실히 권위주의적 가치원칙을 보다 정치精致하게 드러낸다.

외적 행위에서의 오직 이理를 따르도록 하는 것에서부터 내적 관념에서 도심을 주인으로 삼는 것에 이르기까지, 이데올로기에서의 이단배척과 유학의 독존에서부터 경권經權 관계에서의 권으로 경을 구제하고, 권은 경에서 벗어날 수 없다는 사고에 이르기까지, 권위주의 원칙은 경학의 독단론과 상호 교차하면서, 가치영역의 각각의 측면에서 전개되었다. 이러한 가치 지향의 형성은 물론 우연한 것이 아니다. 천리의 권위는 본질적으로 세속적 권위의 반영이었다. 역사가 인간의 인간에 대한 의존적 관계를 결코 초월할 수 없다고 할 때, 권위주의적 가치지향은 불가피하다. 사실상 선진시대에서부터 한漢 · 위魏 시기에 이르기까지, 유가는 언제나 경권經權을 배회하다

결국 일원론적인 독단적 원칙으로 귀착되었다. 정통 이학理學은 권위주의적 가치체계를 한층 더 체계화하였다. 물론 이학理學에서의 권위주의적 원칙의 강화에는 보다 구체적인 역사적 원인이 존재한다. 일반적으로, 이학理學은 유·불·도가 합류하는 경향을 체현한 것이라 여기는데, 이는 물론 일리가 없는 것은 아니지만, 그와 마찬가지로 부인할 수 없는 점은 유·불·도가 상호융합하면서도, 상호 배척하는 일면을 지닌다는 것이다. 이데올로기라는 각도에서 보자면, 이런 배척이 보다 주된 측면이다. 상호 배척이란 측면에서, 불교와 도교는 이단의 학설로서, 그것의 흥기와 성행은 유학의 독존에 대해 분명 심각한 충격이었다. 수당隋唐 시기에, 불교와 도교의 명성과 위세는 거의 한동안 유학을 압도했고, 유가적 가치체계는 그에 따라 이교異教의 혹독한 도전을 받았다. 자신의 활력을 증강하기 위해, 유학이 도교와 불교의 일부 사상적 자원을 흡수하지 않을 수 없었다고 한다면, 유가의 독존적 지위를 옹호하기 위해서는, 이단과 사설邪說을 부정하지 않을 수 없었기에 일원론에 입각해 다원론을 배척한 것이다. 권위주의적 원칙의 체계화와 강화는 일정 정도는 이교의 도전에 대한 하나의 응답이었다고 볼 수 있다.

이론의 내재적 논리에서 보자면, 정통적 이학理學은 권위원칙을 강화하면서, 그 존재론적 근거를 갖추었다. 이학자들에게서, 이理는 보편적 규범이었을 뿐만 아니라, 존재의 근거(만물의 근본)였다. 만물의 근본으로서, '이理'는 흔히 초월적 성질을 부여받았는데, 이른바 '이일분수설理一分受說'에서, 이 점은 매우 명백하게 표현된다.

"말단에서부터 근본을 따라가면, 오행의 다름은 두 기의 실질에 근거하고, 두 기의 실질은 또한 하나의 리의 표준에 근거하니, 만물을 합하여 말하면, 하나의 태극이 될 뿐이다. 그 근본으로부터 말단으로 나간다면, 하나의 리의 실제가 있고, 만물이 그것을 나누어 가져서 본체로 삼는다[自其末以緣本, 則五行之異本二氣之實, 二氣之實又本一理之極, 是合萬物而言之, 爲一太極而已也. 自其本而之末, 則一理之實, 而萬物分之以爲體]." (주희, 『통서해通書解』 「이성명장理性命章」)

간단히 말해서, 하나의 리[一理]가 각기 다른 만물로 발전 변화되고, 각각의 만물은 하나의 리에 근본하니, 리는 유일하며 궁극적인 실체가 되고, 일체의 대상을 주재하고 있다. 즉, 주희가 태극을 하나의 리로 정의하면서, 부각한 점은 바로 이리의 초월성과 주재성인 것이다. 쉽게 볼 수 있듯이 '리일理一'과 '분수分殊'에서, 정통 이학理學이 중시하는 것은 무엇보다도 '리일理一'이다. 존재론상에서 하나의 리가 만물을 통제한다는 관점이, 이학理學의 가치체계 속에 내재적으로 배어들어 있는 것이다. 따라서 권위를 최고로 하는 독단론적 원칙은, 어떤 의미에서 확실히 초월적인 이리(태극太極)가 그것을 나누어 받은 만물을 통섭한다는 논리의 확장으로 볼 수 있다.

(2) 양지준칙론 : 권위원칙의 내화 및 그 한계

정통 이학理學이 '하나의 리[一理]'를 돌출시켰던 것과는 달리, 육구연과 왕양명은 '심즉리心卽理'를 근본 논제로 삼았다. 정통 이학理學에서는 '하나의 이'가 각각의 만물[萬殊]를 통섭하는 것에 비해, '심즉리'는 '일리一理'와 '분수分殊'의 융합에 치중한다. '마음' 자체가 한 측면에서 분수分殊(*리를 부여받은 현상, 사물)로 특징 지워지기 때문이다. 또 다른 측면에서 볼 때, '심즉리'는 동시에 '이리'가 마음에 내재화한 것을 의미하기도 한다. 이리가 마음에 내재화되었다면, 초점은 주체에 대한 이리의 외재적 강제로부터 이리에 대한 주체의 확실한 인식으로 전환되는 것이다. 정통 이학理學(주로 정주이학程朱理學)이 주로 천리天理(권위)에 대한 주체의 복종을 강조하는 것과 비교했을 때, 육왕陸王은 확실히 주로 주체 자신의 깨달음이 지닌 의의에 주목했다.

경학經學에서, 정주程朱는 거듭 이전의 현인과 스승을 근거로 삼을 것을 요구하였고, 심지어는 성인의 말의 노예가 되라고 주장했다. 이와 달리, 육구연陸九淵은 자아의 판단을 특히 중시한다.

"타인의 문자와 논의가 단지 거짓으로 논란이 될 사안이나 사실을 만든 것이라도, 나는 도리어 스스로 생각하여 그것들을 분석하고 판단하되, 그것에 얽혀 구속되어서는 안 되니, 내가 도리어 그것들을 조정하고 운용할 수 있어야만 비로소 자기의 생각인 것이다[他人文字議論, 但謾作公案事實, 我卻自出精神與他披判, 不要與他牽絆, 我卻會斡旋運用得他, 方始是自己胸襟]." (『육구연집』, 88쪽)

여기서, 자아의 판단이 이미 타인(권위를 포함한)에 대한 맹종을 대체하는데, 이렇게 "스스로 생각하라[自出精神]"는 주장은 '스스로 주재한다[自作主宰]'는 논의에서 더욱 확장된 것으로 볼 수 있는데, 그것은 어느 정도는 이미 주체의 독립적 사고에 대한 긍정을 내포하고 있다. 바로 이상과 같은 전제에서 출발하여, 육구연은 "육경六經은 나의 [마음을 밝히는] 주석[六經注我]"이라는 유명한 논점을 제기했다.

"배움에서는 진실로 근본을 알아야 하니, 육경은 모두 나의 [마음을 밝히는] 주석이다[學苟知本, 六經皆我注脚]." (위의 책, 395쪽)

'근본을 앎[知本]'이란 핵심적 사상 또는 원칙을 파악한다는 뜻으로, 또 다른 명제로 표현하자면, "먼저 그 큰 것에 입각한다[先立乎其大者]"는 것이다. 육왕陸王의 견해에 따르면, 유가의 관념은 주로 그 근본 사상 내지는 원칙 속에 구체적으로 드러나는데, 육경六經은 이러한 원칙들에 대한 여러 설명이자 해석일 뿐이다. 따라서 주체(나)가 일단 이러한 사상들의 줄기를 파악했다면, 육경은 단지 구체적으로 인증하는 역할을 할 뿐이다. 여기에는 물론 자아의 의견을 통해 유가의 정통적 사상을 대체한다는 의미가 포함된 것은 아니다. 유가의 정통을 옹호한다는 점에서는, 육왕陸王은 정주程朱와 다르지 않다. '근본을 앎[知本]'을 '육경은 나의 주석이다'라는 말의 전제로 삼은 것은 바로 이런 의도를 표명한 것이다. 하지만, 육구연은 주체 자신의 핵심적 관념에 대한 체인體認('근본을 앎')을 육경에 얽매이는 것과는 구별해 내면서, 자아의 깨달음을 강조하되 육경을 맹종하는 것을 반대했으니, 이는 결국 성인의 노예가 되는 것과는 다르며, 그것은 어느 정도 주체의 독립적 사고를 위해 어떤 사상적 공간을 제공한 것이다.

왕양명에게서 천리天理는 더 나아가 주체의 '양지良知'로 내재화되었는데, 이것이 자아의 내적 저울이 된다.

> "다만 양지에 이르라. 수많은 경전과 이단의 잘못된 학문이 있다할지라도, 저울을 쥔다면 천하의 경중을 숨기지 못한다[只致良知, 雖千經萬典, 異端曲學, 如執權衡, 天下輕重莫逃焉]." (「오경억설십삼조五經臆說十三條」, 『왕문성공전서』 26권)

이러한 저울은 옳고 그름에 관한 준칙을 가리키며, 또한 가치평가의 기준을 가리키기도 하는데, 저울이 일단 손에 있으면, 각종의 다양한 관점을 구분하여 침착하게 변화에 대응할 수 있다.

'양지良知'는 내재적 준칙으로서, 각각의 개체 안에 보편적으로 존재하기 때문에, 개체마다 모두 스스로 옳고 그름을 파악할 수 있는 능력을 갖추고 있다. 즉 "너의 이 한 줌의 양지가 너 스스로의 준칙이다. 너의 생각이 머무는 곳에서 그것이 옳다하면 옳음을 알게 되고, 틀렸다 하면 틀린 것을 아니, 그것을 조금도 속일 수는 없다[爾那一點良知, 是爾自家底準則. 爾意念著處, 他是便知是, 非便知非, 更瞞他一些不得.]"(「전습록하」, 『왕문성공전서』 3권)는 것이다. 여기서 자아의 판단은 이미 경학經學의 영역에 국한되지 않으며, 그것은 보다 광범위한 의미를 지니고 있다. 일반적으로, 내재된 양지良知는 언제나 외재적인 교의나 의견과 대비되어 말해지는데, 내재된 양지를 옳고 그름의 기준으로 삼는다는 것은 자아의 판단이 외재적인 교의나 의견에 의해 좌우되는 것이 아님을 뜻하고 있다.

"대체로 생각이 발하면 내 마음의 양지가 스스로 그것을 안다. 그것이
선한지는 오직 내 마음의 양지가 그것을 스스로 알고, 그것이 선하지 않은지 역시
오직 내 마음의 양지가 스스로 아는 것이니, 이는 모두 다른 사람에게서 얻을
수 없는 것이다[凡意念之發, 吾心之良知自知之. 其善歟, 惟吾心之良知自知之,
其不善歟, 亦惟吾心之良知自知之, 是皆無所與於他人者]."(「大學問」,
『왕문성공전서』 26권)

　　도덕행위의 과정은 언제나 사고활동을 포함하며, 생각에는 흔히 올바름과 그릇됨에
대한 분별이 있어서, 그에 따라 행위의 상이한 성질을 결정하게 된다. 어떻게 생각(동기)의
선악을 구분하는가? 왕양명이 보기에, 판단의 근거는 바로 주체에 내재된 양지이지 외재적
의견이나 규범이 아니다. 정주程朱에게서 자아가 단지 외재적 권위의 부속물이라고
한다면, 육왕陸王은 자아를 처음으로 도덕 평가의 진정한 주체가 되도록 만들었다.
　　'양지준칙론'에서 출발하여, 왕양명은 마음속에서 옳고 그름을 구하라는 주장을
제기하였다.

　　"학문은 마음을 얻는 것을 귀하게 여긴다. 마음에서 구하여 잘못이라면, 그
말이 공자에게서 나왔다고 할지라도 함부로 옳다고 생각하지 않으니, 하물며 그
말이 공자에 미치지 못하는 경우라면 어떠하겠는가? 마음에서 구하여 옳다면,
그 말이 평범한 사람에게서 나왔다 할지라도 함부로 잘못되었다고 생각하지
않으니, 하물며 그 말이 공자에게서 나온 것이라면 어떠하겠는가?[夫學貴得之心,
求之於心而非也, 雖其言之出於孔子, 不敢以爲是也, 而況其未及孔子者乎?
求之於心而是也, 雖其言之出於庸常, 不敢以爲非也, 而況其出於孔子者乎?]"
(「전습록중」, 『왕문성공전서』 2권)

　　유학의 독존 이후로, 공자는 이미 점차 권위의 화신이 되었으며, 공자의 말은 거의

절대적 진리로 간주되어, 그에 대해서는 오직 순종하고 이의를 달 수 없었다. 주희의 '성인의 말의 노예가 되라[做聖人之言的奴僕]'는 말은 바로 이런 심리상태를 드러낸 것이었다. 이와 상이하게, 왕양명은 '마음에서 구하라'는 주장을 통해 공자에게서 구하는 것을 부정했다. 이런 부정의 이면에는 외재적 교조教條에 관한 어떤 폄하가 내포되어 있다. 그 속에 유가의 근본적 원칙을 배척한다는 의도는 전혀 없겠지만, 그것이 오히려 명백히 확인하는 점이란, 유가의 근본적 원칙에 대해 각 주체는 모두 자신의 이해를 지녀야만 하며("마음에서 얻은 것을 귀하게 여긴다"), 권위적 해석에 만족해서는 안 된다는 사실이다. 정확히 동일한 의미에서, 왕양명은 육구연의 '육경을 나의 주석으로 한다'는 논점을 수용했고, 경전에 속박되는 것을 반대했다. "경서를 읽을 때, 요체는 나의 양지에 이르러, 배움에서 그 유익함을 취하는 데 있을 뿐이라면 수많은 경전을 뒤집어보고 거침없이 오가는 것이 모두 나에게 소용이 된다. 일단 [경서를] 비교해 따지는 데에 얽매이게 되면, 도리어 속박당하게 된다. [凡看經書, 要在致吾之良知, 取其有益於學而已, 則千經萬典, 顚倒縱橫, 皆爲我之所用. 一涉拘執比擬, 則反爲所縛.]" (「답계명덕答季明德」, 『왕문성공전서』 6권)

육왕陸王은 내재된 양지良知를 통해 외재적 권위를 통제해 균형을 이루는데, 그 사유노선은 정통 이학理學과 명백히 다르다. 그 점이 어느 정도 정통 이학理學의 권위주의적 전통을 약화시켰고, 아울러 경학적 독단론의 과도한 팽창을 억제했다. 양지를 지닌 자아의 판단능력의 부각과 독단론의 상대적 이완은 주체의 독립적 사고를 위한 어떤 가능성을 제공했는데, 이는 더 나아가 정통 유학과 대립하는 이단 사상을 촉발시켰다. 이지李贄에게서, 어렵지 않게 이런 점을 파악할 수 있다. 앞에서 서술한 것처럼, 사상적으로 이지는 왕학의 영향을 깊이 받았고, 그의 동심설童心說은 바로 양지에 관한 이론을 더욱 발전시킨 것이다. 바로 동심설에 근거해, 이지는 공자의 옳고 그름에 따라서 옳고 그름을 판정해서는 안 된다는 대담한 논점을 제기하였다. "이전 삼대에 대해서는 나는 논할 바가 없다. 이후의 삼대는 한·당·송인데, 그 사이가 천 여년임에도 유독 옳고 그름을 논하는 바가 없었던 이유가 어찌 당시 사람들에게 옳고 그름을 논할 바가 없어서였겠는가? 모두 공자의 옳고 그름에 대한 기준을 가지고 옳고 그름을 생각했기에 옳고 그름에 대한 논의가 있을 수 없었던 것일 뿐이다.[前三代, 吾無論矣. 後三代, 漢唐宋是也, 中間千百餘年, 而獨無是非者, 豈其人無是非哉? 咸以孔子之是非爲是非, 故未嘗有是非耳.]"(『장서藏書』「세기열전총목전론世紀列傳總目前論」) 공자를 옳고 그름에 관한 유일한 규칙으로 삼는다면, 필연적으로 다원적인 사상구조를 배척하게 된다. 따라서 단일한 권위 아래에서, 옳고 그름에 관한 논의와 자유로운 사고는 모두 발붙일 곳도 상실하게 될 것이다.

이런 관점은 이미 사상에 대한 권위주의와 경학의 독단론의 탄압에 주목했던 것인데, 이런 탄압에 대해 이지는 거부를 명확히 표시했다. "공자가 규정한 불변의 원칙에 따라 상벌을 행하지 않아야만 선한 것이다.[但無以孔子之定本行罰賞也, 則善矣.]"(위의 책) '마음에서 옳고 그름을 구함'에서부터 '공자의 옳고 그름을 기준으로 옳고 그름을 정해서는 안 된다'는 관점에 이르기까지, 양지 준칙론은 비권위주의를 향해 발전하기 시작했다.

물론, 내재된 양지에 따른 자아의 판단에 대한 육왕陸王의 강조는 이후의 비권위주의적인 이단사상을 초래했지만, 육왕 자신은 권위주의의 궤도에서 완전히 벗어났던 적은 없었다. 육구연이 '육경은 나를 주석하는 것이다'라고 주장했지만, 그 전제는 '근본을 아는 것[知本]'이었다. 이처럼 '나를 주석한다'는 것이 실질적으로 '나'가 이해한 유가적 근본원칙에 대한 인증에 불과했다. 바꿔 말해, '나'의 배후에는 여전히 보다 근본적인 원칙이 존재하는 것이다. 바로 이런 의미에서, 육구연이 거듭 강조한 것은, 자아가 주재하는 것으로서의 마음은 단순히 개체의 마음이 아니며, 그것이 구체적으로 드러내는 것이란 바로 천하 사람들이 공유하는 것이라는 점이다. "이는 천하의 공리이며, 마음은 천하 인이 함께 하는 마음이다[理乃天下之公理, 心乃天下之同心]"(『육구연집』, 196쪽) 이런 "동심同心"은 사실 이理와 일치하는 것이기 때문에, 애초에 이지의 동심童心과는 다르다. 마찬가지로 왕양명이 양지를 내재적 준칙으로 삼았으나, 양지良知는 결코 개체의 '나의 마음[吾心]'이 아니며, 그것은 천리를 내용으로 하기 때문에 애초부터 보편적 성격을 지닌다.[66] 바로 그 보편적 성격이 양지가 동시에 공인된 옳고 그름에 관한 하나의 표준이 되도록 규정하는 것이다. "옳고 그름을 판별하는 마음이란 숙고하지 않아도 아는 것이고, 숙고하지 않아도 능할 수 있는 것이니, 양지가 인심에 존재한다는 점에서, 성인과 어리석은 사람의 차이가 없다는 사실은 천하고금에 동일하다. 세상의 군자들이 오로지 그런 양지에 이를 수 있도록 힘쓴다면, 스스로 옳고 그름을 공정히 하고 좋아함과 싫어함을 함께 할 수 있다[是非之心, 不慮而知, 不慮而能, 良知之在人心, 無間於聖愚, 天下古今之所同也. 世之君子惟務致其良知, 則自能公是非, 同好惡.]"(「전습록중」) 쉽게 알 수 있듯이 육왕陸王이 전체적으로 중시한 점은 같은 점이지 다른 점이 아니며, 일원론이지 다원론이 아니었다. 양지에 따른 판단은 결국 천하고금을 가로지르는 지고한 준칙으로 회귀하게 되며, 주체의 의견은 그에 상응해 권위화된 도道로 통일되는 것이다. 왕양명은 옳고 그름을 공자에게서 구하는 것을 찬성하지 않았는데, 그 근거는 바로 공자 위에 있는 보다 근본적인 도였다. "도는 천하 공도이고, 학문은 천하 공공의 학문이니, 주자가 깨달아 사사로이 할 수 있는 것이 아니며, 공자가 깨달아 사사로이 할 수 있는 것이 아니다. 천하의 공도란 공공이 말하는 것일 뿐이다. [夫道, 天下之公道也. 學, 天下之公學也, 非朱子可得而私也, 非孔子可得而私也. 天下之公道也, 公言之而已.]"(위의 책) 이처럼, 육왕陸王은 성인과 경전의 형태로 나타나는 권위를 다소간 약화시키긴 했지만, 공도公道의 형태로 출현하는 형이상학적인 권위를 오히려 옹호했다. 따라서 육왕陸王이 가치관에서 권위주의를 극복했다기 보다는, 차라리 그들은 마음[心]과 이理를 일치시킴으로써 권위주의가 과도하게 강화되는 것을 방지하였다고 할 수 있다.

---

66) 졸저, 『王學通論─從王陽明到熊十力』 제2장 참조.

6. 순유醇儒의 경지

권위는 언제나 자아와 마주한다. 주체에 대한 천리의 억제(정주程朱)이든, 천리에 대한 주체의 동일시(육왕陸王)이든 간에, 권위적 원칙은 언제나 자아를 통해 실현된다. 대체적으로 말하자면, 가치관계의 구축이나 가치지향의 조정 등은 모두 직간접적으로 주체를 향한다. 이렇게 하여, 자아의 완성은 바로 송명 신유학이 회피할 수 없는 문제가 되었다. 사실, 선진시대의 시작에서부터, 유가는 자각적으로 주체의 인격에 주의를 기울였고, 아울러 '지극한 선에 머무는 것[止於至善]'을 부단히 추구해야 하는 가치 목표로 삼았다. 유학의 연속으로서의 이학理學도 마찬가지로 이런 가치론적 전통의 제약을 받았다.

(1) 명明 성誠의 통일과 덕성德性에 따른 앎의 강화

이상적 자아는 어떤 속성을 지녀야만 하는가? 이학자들은 우선 '성실[誠]'에 대한 요구를 제시했다. 주돈이周敦頤는 "성실함이란 성인의 근본[誠者, 聖人之本]"(『통서通書』「성상誠上」)이라고 설명했다. 성인은 이상적 인격을 뜻하는데, 이러한 인격은 곧 '성실[誠]'을 그 도덕적 실체로 삼는다는 것이다. 주희는 이를 좀 더 상세히 해석했다.

> "성실함이란 지극히 참되어서 망령됨이 없음을 일컫는다. 하늘이 부여한 것이자 만물이 받은 것 가운데의 올바른 도리이다. 사람이라면 모두 그것을 지니고 있으니, 성인이 성인이 된 이유는 다른 것이 아니라, 그만이 오직 이것을 온전히 할 수 있었기 때문일 뿐이다[誠者, 至實而無妄之謂, 天所賦物所受之正理也. 人皆有之, 而聖人之所以聖者無他焉, 以其獨能全此而已]."

(『통서해通書解』「성상장誠上章」)[67]

'성실[誠]'은 내재적 속성으로, 주로 도덕적인 진실(허위와 반대되는)을 가리키는데, 진실됨은 인격을 바로 세우는 토대로, 일반적인 사람들도 도덕적인 진실이 결여되어 있지는 않지만, 흔히 때때로 거짓되기도 하여, 일이관지一以貫之하기 어렵다. 오직 이상적인 인격 경지에 이르러야만, 비로소 시종일관 진실됨이라는 성격을 지닐 수 있다. 거꾸로 말해, 오직 진실된 성품을 가져야만, 덕성은 비로소 항상 일정한 특징을 지닐 수 있는 것이다. "성실은 이 사물에 있으니, 처음과 끝이 있다. 허위는 실제로 존재하지 않으니, 어찌 처음과 끝이 있을 수 있겠는가![誠有是物, 則有終有始. 僞實不有, 何終始之有!]"(『장재집』, 21쪽)

'성실'을 이외에도, 이상적인 인격은 또 다른 규정을 지니는데, "명明"이라는 것이다. 송명 신유학에서, '성실'과 '명明'은 항상 함께 언급된다. '명明'은 이성의 자각이다. 즉, "외부로부터 배우고, 내면에서 알아내는 것을 명明이라고 말한다[自其外者學之, 而得於內者, 謂之明]"(『이정집』, 317쪽) 주체마다 모두 '성실'이라는 잠재적 능력을 지니고 있지만, 처음에는 이런 잠재능력은 자연발생적인 상태에 머물러 있을 뿐으로, 오직 앎에 이르는[致知] 과정을 통해서만 그것은 자각적 경지로까지 끌어올려지게 된다. 따라서 신유학의 관점에 따르자면, '명明'과 '성실'은 상호 연관되는 것으로, '명明'으로 인해 '성실'에 이를 수 있고, '성실'은 또한 '명明'의 근거가 될 수 있다. 전자가 '명明'으로 인해 '성실'해지는 것[自明誠]이라면, 후자는 '성실'로 인해 '명明'에 이르는 것[自誠明]이다.

"성실로 인해 명明에 이르는 것이란 먼저 본성을 다하여 이치를 궁리하는 데에까지 다다르는 것이니, 그 본성을 통해 이해함으로써 궁리한 것을 지극히 하는 것을 말한다. 명明을 통해 성실해짐은 먼저 궁리하여 본성을 다하는

---

67) 버쓰롱(J. Berthrong)은 '성실[誠]'이 주희의 윤리사상에서 특히 중요한 위치를 지니며, '성실[誠]'은 주로 자아실현과 관련된다고 생각했다.(J. Berthrong, "Chu Hsi's Ethics : Jen, and Cheng", Journal of Chinese Philosophy No, 2. 1987) 이런 관점은 주희가 '성실[誠]'에 부여한 인격적인 의의에 주목한 것이다. 하지만 버쓰롱은 더 나아가, 이런 규정이 이학理學 속에서 보편성을 지닌다는 점을 지적하지는 못했다.

데에까지 다다르는 것이니, 먼저 학문을 통해 이해하여 나아가 천성에 도달하는 것을 말한다[自誠明者, 先盡性以至於窮理也, 謂先自其性理會來, 以至窮理. 自明誠者, 先窮理以至於盡性也, 謂先從學問理會以推達於天性也]." (『장재집』, 330쪽)

"성실로 인해 명명에 이름[由誠而明]"은 우선 도덕적 실체를 확립하고, 아울러 이를 기준으로 궁리하여 앎에 이르는[窮理致知] 과정을 규제하고 인도함으로써, 이성이 일반적 윤리준칙에 부합하도록 만드는 것이다. 한편 '명명을 통해 성실해짐[由明而誠]'은 앎에 이르는 궁리[致知窮理]의 과정을 거쳐서 자각에 도달하고, 더 나아가서 실체에 대한 체인體認을 심화시키는 것이다. 양자는 상호작용하는 하나의 과정으로 전개된다. 또한 마지막에는 통일된 인격구조로 응결되는데, 바로 이런 의미에서 신유학은 "'성실'과 '명명'은 하나다.[誠與明一也]"(『이정집』, 317쪽)라고 생각했다.

'성실[誠]'은 본질적으로 선善의 특성이고, '명명'은 이지理智의 속성이니, 성실과 명명의 통일은 의심할 바 없이 선진유가의 인仁 지智가 통일된 인격에의 지향을 체현한 것이다. 사실, '성실'과 '명명'에 대한 이중적 승인, 자체가 『중용中庸』에 근원한다.[68] 이런 점에 입각하면, '성실'과 '명명'을 통일시키는 사유경향은 초기 유가의 사상에 대한 해명으로 간주할 수 있다. 그러나 송명 신유학의 인격에 관한 이론은 결코 초기 유가에 관한 단순한 반복이 아니라, 또한 그 자체의 특성을 지니고 있다. 이 점은 단순히 신유학이 '성실'을 도덕적 실체의 높이로까지 끌어올렸다는 데에 있을 뿐만 아니라, 신유학이 '성실'과 '명명'의 통일의 내용에 대한 새로운 해석에서 나타난다.

앞에서 서술한 것처럼, '명명'은 무엇보다 이성의 특질인데, 신유학의 견해에 따르면 인격의 실체를 구축함에는 '명명' 이외에도, 깨달음[覺]이 필요하다. '깨달음[覺]'은 이성적 사유를 기초로 하지만, 일반적으로 '앎에 이르는[致知] 과정과는 다르다.

---

68) 이 책의 제4장의 내용을 참조할 것.

"앎에 이르는 것보다 우선하는 것이 없으니, 앎에 이를 수 있다면, 하루를 생각하면 하루만큼 더욱 밝아지고, 오래도록 축적된 이후에 깨닫게 된다. 배워서 깨달음이 없다면, 무슨 쓸모가 있겠는가? 또한 어찌 배우겠는가? (⋯) 생각해야만 통달하니, 성인이 되는데 이르는 것 역시 이 하나의 생각이다[莫先致知, 能致知, 則思一日愈明一日, 久而後有覺也. 學而無覺, 則何益矣? 又奚學爲? (⋯) 才思便睿, 以至作聖, 亦是一個思]." (『이정집』, 186쪽)

주희는 '앎'과 '깨달음[覺]'에 대하여 보다 명확히 구분한다.

"앎이란 그 일에서 마땅히 그래야만 하는 바를 인식하는 것을 말한다. 깨달음이란 그 이치가 그러한 근거를 아는 것을 말한다[知, 謂識其事之所當然. 覺, 謂悟其理之所以然]." (『맹자집주』 「만장상萬章上」)

'앎'은 주로 하나의 이해 과정으로 전개되는데, 그 정태靜態 형식이 '명명'으로 표현되며, '깨달음[覺]'이란 주체의 각성인 것이다. 즉 이해는 인간이 마땅히 해야 할 것(무엇을 해야만 할지)을 알게 하지만, 인간이 그 앎을 구체적으로 행동으로 변화시키도록 할 수 없지만, 깨달음은 아는 것을 주체의 내재적 덕성으로 전환시키는 것을 의미하며, 주체가 단순하게 마땅히 해야만 하는 것을 아는 상태에서 더 나아가 마땅히 해야만 할 것을 준수해야만 하는 이유를 체인하도록 만듦으로써, 그 아는 바를 실천하라는 내재적 요구를 형성시키는 것이다. 인격적 실체에의 구축이란 점에서 보자면, '앎'(명명)으로부터 '깨달음'(悟)에 이르는 것은 명백히 주체 의식에서의 중요한 도약인데, 도덕적 경지와 도덕적 의식이란 바로 앎으로부터 깨달음에 이르는 부단한 이행을 통해 점차 형성되는 것이다. 또한 바로 이런 의미에서, 송명 신유학은 거듭 도덕적 경지의 격상은 깨달음을 거쳐야만 할 필요가 있다고 강조한다. 그런 의미에서 "높은 성취는 반드시 마음의 깨달음에서 비롯된다[上達必由心悟]"(주희, 『맹자집주』 「盡心下」), "언제나 양지를 통해 이해하면,

오랜 시간이 지나 저절로 명쾌하게 드러나는 바가 있기 마련이다[時時於良知上理會, 久久自當豁然有見.]"(왕양명, 「답주충서答周沖書」(二), 『中國哲學』 제1집, 320쪽에서 재인용)라는 것이다. 양지를 통한 이해에서부터, 명쾌하게 드러남에 이르기까지는, 하나의 깨달음의 과정으로 전개된다.

송명 신유학이 '앎'(명明)으로부터 '깨달음[覺]'(悟)에 이를 것을 요구하면서, 이것을 인격완성을 위해 필수적인 매듭으로 삼은 것은 명백히 불교의 일부 사상을 흡수한 것이었다. 이 점을 이학자들은 거리낌없이 말했다.

"깨달음에 관한 학설이 비록 석가와 동일한 부분이 있지만, 석가의 학설에서도 우리 유학과 같아서 그 다름이 해가되지 않은 것이 있으니, 오직 극히 미세한 차이가 있을 뿐이라면 어찌 기필코 그 동일함을 꺼려해 마침내 말하지 않고, 그 다름에 미혹되어 급기야 그것을 살피지 않는 것인가?[覺悟之說, 雖有同於釋氏, 然釋氏之說亦自有同於吾儒而不害其爲異者, 惟在於幾微毫忽之間而已, 亦何必諱其同而遂不吾以言, 狃於其異而遂不以察之乎?]"(왕양명, 「답서성지答徐成之」, 『왕문성공전서』21권)

전통적 유학에 비해, 불교(특히 선종禪宗)는 주체의 "깨달음[悟]"에 대한 확실히 보다 많은 고찰을 행했다. 선종에서는 부처와 중생의 구분은 곧 깨달음과 미혹됨에 달려 있으며, 부처가 되는 길은 미혹됨으로부터 깨닫게 되는 것일 뿐이라고 생각했다. 간단히 말해, 개체의 해탈은 주로 자아의 각성에 의존한다. 이런 관점들은 이미 정신적 경지의 승화 가운데 주체적 각성의 기능을 파악한 것이다. 그러나 선종은 깨달음을 중시하면서, "명명"(知)에 대해서는 주목하지 못했다. 선종에서 보았을 때, '깨달음[悟]'은 '명명'(이성적 이해)를 전제로 할 필요는 전혀 없었다. 그와 반대로, 이성의 논리적 사유는 언제나 미혹으로부터 깨달음에 이르르는 데에 장애가 될 수 있었기 때문에 그들은 거듭 불립문자不立文字를 주장했는데, 이로 인해 주체의 각성 과정은 비이성주의의 그림자에 덮이게 되었다. '명명明'과 '깨달음[覺]'의 통일에 관한 신유학의 강조는 분명 유가의 이성주의적 전통을 상당히 구체화해 드러낸다. 또한 불교(선종)은 작용을 본성으로 이해하고, 통일된 인격구조를 경시했으나, 이와 달리 신유학은 '명명明'과 '깨달음'의 통일을 긍정했으니 인격의 실체를 구축하는 것을 그 목표로 삼았던 것이다.

이성적 이해 이외에도 또한 신유학은 도덕적 깨달음의 기능에 주목하였는데, 인격에 대한 이런 고찰은 확실히 이전 유학자들보다도 더욱 철저한 것이다. 이론적으로 볼 때, 선한 성품의 형성은 확실히 단지 협소한 의미에서의 '앎[知]'에 의존하는 것이 결코 아니다. '앎'은 분명 인간이 무엇이 선인지를 이해하도록 할 수 있지만, 반드시 이런 지식이 주체의 덕성으로 내화되는 것은 아니다. 오직 앎에서 깨달음에 이를 때, 바꿔 말해 주체 자신의 각성 과정을 통해서만, 비로소 인격에서의 선善의 경지에 이를 수 있는 것이다. 요컨대 완전한 인격은 '명명明'(이성에서의 앎)과 '깨달음[覺]'(도덕적 각성)의 통일이어야만 하는데, 신유학에 관해 앞서 서술한 관점은 바로 이런 통일에서 잘 드러나는 듯하다. 실제로 신유학에서, '성실[誠]'이라는 인격의 실체는 어떤 의미에서는 '명명明'과 '깨달음[覺]'의 통일로 나타나는 것이던지 아니면, '명명明'과 '성실[誠]'은 바로 '깨달음[覺]'을 통해서 서로 소통할 수 있게 된다고 할 수 있을 것이다.

이학理學 이전의 유가의 인격에 관한 학설은 지성[知]·감정[情]·의지[意]의 통일을 보다 더 중시하였는데, 송명 신유학은 '깨달음'을 매개로 삼아, 지성[知]·감정[情]·의지[意]이 통일된 인격구조를 '명명明'과 '성실[誠]'이 통일된 실체로 정련해냄으로써, 우선 인격이 정신적 경지로서의 특징을 갖추도록 하였다. 일반적으로, 가치관이란 의미에서 인격의 완성은 언제나 일종의 이상적 정신의 추구로 전개되지만, 이는 고정된 형태에서 보자면, 다른 수준의 경지이다. 이처럼 완성된 인격은 일종의 숭고한 정신적 경지를 집중적으로 구현하는 것으로, 바로 이런 정신적 경지가 유가의 가치 목표를 구성했다. 또 다른 측면에서 보자면, '명명明'과 '성실[誠]'이 통일된 인격적 경지는 도덕적 각성을 내재적 계기로 삼으며, 도덕적 각성은 단순한 당위에 대한 앎에서 당위에 대한 실천으로 변화시키는 것을 의미하고 있다. 바꿔 말하자면, 그것은 애초부터 인식으로부터 실천으로 나아가라는 요구를 함축하고 있는데, 이런 요구와 관련지을 때, '깨달음'을 매개로 실현된 '명明'과 '성실[誠]'의 통일은 본질적으로 인격이 실천적 성격을 지니도록 하였다. 이학자들은 거듭해서 '밝게 깨달음[明覺]'을 통해 공부할 것을 요구했다. 즉, "배우는 사람이 이미 반드시 성인이 되고자하는 의지를 세웠다면, 오직 스스로의 양지가 밝게 깨닫는 곳으로 나아가 도탑고 성실하게 이루어나가야만, 자연스럽고 정연하게 날마다 달성하는 것이 있게 될 것이다[學者旣立有必爲聖人之志, 只消就自己良知明覺處朴實頭致了去, 自然循循日有所至]."(「答劉內重」, 『왕문성공전서』 5권) "성인이 된다"는 말은 이상적 인격경지에 도달하는 것일 따름이니, 성인이 되는 것은 곧 밝은 깨달음의 실체(誠)를 근거로 하는 하나의 실천적 과정으로 전개된다.

인격은 주체의 행위를 통섭하는 기능을 지니는데, 이런 통섭을 실현하려면, 인격 자체가 반드시 항상 일정함을 갖추어야만 한다. 어떻게 인격은 한결같음을 유지할 수 있는가? 신유학은 주경主敬에 관한 학설을 제시한다. '경건[敬]'에 관하여, 이학자들은 다양한 측면에서 해석했는데, 그것은 무엇보다도 실체에 집중하는 것을 가리킨다. 즉, "하나에 집중하는 것을 경건이라고 한다[主一之謂敬]."(『이정집』, 1173쪽), "경건함이란 이것을 지키며 바꾸지 않는 것을 일컫는다[敬者, 守此而不易之謂]."(『주자어류』 12권), "경건해야 덕이 쌓인다.[敬則德聚]"(위의 책, 11권)는 것이다. 실체를 보존하고 고수하는 공부로서의 경건의 특성은 항상 '언제나 또렷하게 깨어있음[常惺惺]'에 있다.

"경건은 단지 언제나 또렷하게 깨어있음의 방도이니, 고요함 속에서 깨닫는 점이 있다는 말은 단지 고요함 속에서 언제나 또렷하게 깨어있다는 뜻이다[敬 只是常惺惺法, 所謂靜中有個覺處, 只是常惺惺在這裏]." (『주자어류』, 26권)

"또렷하게 깨어있음[惺惺]"이란 지각이니, '또렷하게 깨어있음'으로 경건을 해석한 것은 이정二程의 제자인 사량좌謝良佐에서 비롯되었는데, 그 근본적 정신은 전체 신유학을 관통하고 있다. 이상과 같은 해석에 의거하자면, '경건'은 곧 시종일관 각성된 상태를 유지하면서 어떠한 느슨함도 없는 것이다. 바꿔 말해, 주체는 언제나 엄숙하고 삼가고 경외하면서도 위엄이 있어, 일체의 구차한 의도를 제거해야만 하는 것이다. '명明'과 '성실[誠]'의 통일이 인격의 심층 구조라고 한다면, '경건함[敬]'을 유지하는 것은 인격의 외화된 형태이다. 신유학의 이러한 관점들은 인격 경지의 한결같음에 주목했던 것으로, 자각적이고 삼가며 위엄있는 정신상태를 통해 증명될 필요가 있는 것이다. 그것은 불교의 일부 관념들(명철함[惺惺]에 관한 학설은 불교에 기원한 것이다)을 흡수했지만, 그 내용은 오히려 불교와 상이하다. 왜냐하면 신유학에서의 '경건'은 내재적 도덕 실체를 유지하고 보호하는 것을 목적으로 하지만("경건함으로 내면을 바로잡는다[敬以直內]"), 불교에서의 '또렷하게 깨어있음[惺惺]'은 실체에 대한 의존을 결여하기 때문이다.[69]

인격은 정태적인 실체로서, 미발未發의 형태로 드러난다. 미발과 반대되는 것으로 또한 이발已發이 있다.

> "마음의 덕에 근거해서만 말하자면, 미발이 실체이고,
>
> 이발은 작용이다[以心之德而專言之, 則未發是體, 已發是用]." (『주자어류』, 20권)

이발미발已發未發에 관한 학설은 『중용』에서 기원해 나온 것이지만, 『중용』에서 말하는 이발已發과 미발未發은 주로 감정이란 측면에서 언급된다. "희로애락이 아직 발현되지 않은 것을 '중'이라고 일컬으면, 발하여서 절도에 부합하는 것을 '화'라고 일컫는다[喜怒哀樂之未發, 謂之中, 發而皆中節, 謂之和]"(『중용』1장) 송명 신유학은 이런 의미를 확장시켰는데, 넓은 의미로 주체의 정신에서의 두 종류의 형태로 이해했다. 인격이란 각도에서 보자면, '미발未發'이란 말은 자아에 내재된 형태를 가리키며,

---

69) 이학理學의 집대성자인 주희가 이미 이에 대해 분석하였다. 『주자어류』 118권에서는 다음과 같은 내용이 기록되어 있다. "어떤 사람이 사량좌의 '언제나 또렷하게 깨어있으라'는 주장은 불교에도 있는 것이라고 묻는다. 그것이 이 마음을 일깨운다는 점은 동일하지만 그 방법은 다르다. 우리 유학이 이 마음을 일깨우는 것은 그것이 수많은 도리를 다스리고자 하는 것이다. 불교의 경우에는 공이 여기에서 일깨워져, 할 수 있는 바가 없으니, 그 다른 점은 여기에 있다. [或問謝氏常惺惺說, 佛氏亦有此語. 曰:其喚醒此心則同, 而其爲道則異. 吾儒喚醒此心, 欲他照管許多道理. 佛氏則空喚醒在此, 無所作爲, 其異處在此.]"

'이발已發'은 사회적 교류 과정 속에서 내재적 인격이 외부로 드러나는 것을 뜻한다. 신유학의 견해에 따르면, 인격은 고요하여 미동도 없는 허정虛靜한 실체가 아니다. 그것은 언제나 일상의 활동 속에서 구체적으로 드러나는 것이기 때문에 단순히 미발 상태에서의 함양에만 관심을 기울여서는 안 된다. 또한 다른 한편으로는, '이발已發'은 미발이란 실체를 근거로 삼는다. 실체가 바로잡히지 않는다면 이발已發의 작용도 편향됨을 피할 수 없다. 주희는 일찍이 당시 학자들이 이 두 가지를 함께 고려하지 못했다는 점을 비판했다.

"지금 사람들은 다수가 한 편으로만 치우쳐 있다. 미발에서의 함양을 말할 뿐이지 이발에서의 잘못을 다스리지 못하니, 이는 고요함에 대해 터득했지만, 움직임을 터득하지 못한 것이다. 오직 이발을 다스리는 것을 알 뿐이지 미발일 때 함양하지 못한다면, 움직임에 대해 터득했지만, 고요함을 터득하지 못한 것이다[今人多是偏重了. 只說涵養於未發, 而已發之失乃不能制, 是有得於靜而無得於動也. 只知制其已發, 而未發時不能涵養, 則是有得於動而無得於靜也]." (『주자어류』 113권)

이런 관점은 인격의 실체는 마땅히 일상의 활동에서의 도덕적 실천 속에서 완전해질 수 있다는 점을 드러냄으로써, 실체가 폐쇄화되는 것을 방지하는 것이며, 또한 실체의 통섭 작용을 긍정함으로써 일상적 행위의 우발성을 초월하는 것이었다.

경건함을 유지하라[持敬]는 주장과 이발미발을 동시에 중시해야 한다는 입장은 어떤 의미에서는 인격 가운데의 '성실[誠]'이란 측면을 보다 더 확장시킨 것인데, '성실[誠]' 이외에도, 인격 실체는 또한 이성이라는 속성("명명明")을 갖고 있다. 인격의 내재적 규정으로서, 이성은 특정한 의미를 부여받게 되었다. 덕성에 따른 앎[德性之知]과 견문에 따른 앎[見聞之知]에 관한 분석에서, 이 점은 매우 명백하게 드러난다. 본 장의 1절에서 제시했듯, 장재張載에서부터, 송명 신유학은 덕성에 따른 앎과 견문에 따른 앎을 엄격하게 구분해냈다.

"성실과 명明이 아는 것이야말로 하늘이 부여한 덕성인 양지이지, 듣고 아는 작은 지혜에 불과한 것이 아니다[誠明所知乃天德良知, 非聞見小知而已]."
(『장재집』, 20쪽)

"견문에 따른 앎은 사물과 어울려서 아는 것이지, 덕성이 아는 것은 아니다. 덕성이 아는 것은 보고 드는 것에서 비롯되지 않는다[見聞之知, 乃物交而知, 非德性所知. 德性所知, 不萌於見聞]." (위의 책, 24쪽)

여기서 말하는 견문에 따른 앎은 단순히 감성에 따른 앎을 가리키는 것이 아니라, 외물을 대상으로 하는 사실에 관한 인식을 광범위하게 가리킨다. 바로 이러한 의미에서, 정이程頤는 견문에 따른 앎을 "각종 사물에 해박하고 다방면에 재능을 지닌 것[博物多能]"(『이정집』, 317쪽)이라고 일컬은 것이다. 이와 대비되는 덕성에 따른 앎은 선악에 대한 평가와 관련된 가치 인식이다. 따라서 전자가 대체로 도구적 이성 또는 기술적 이성의 기능으로 표현된다면, 후자는 가치이성價値理性에 종속된다. 송명 신유학이 '성실과 명明으로 아는 것이야말로 하늘이 부여한 덕성인 양지이다'라고 여긴 점은 인격의 실체 가운데의 이성의 속성을 주로 가치이성으로 이해했음을 의미하고 있다. 바꿔 말해서, 신유학에서는 가치이성이 애초부터 지배적인 위치를 차지하는 것이다. 인격에 대한 이상과 같은 규정은 가치이성價値理性이 도구적 이성을 규제하고 인도해야 한다는 의도를 구체적으로 드러낸 것이다. 그것은 이성이 잘못된 길로 나아가는 것을 방지한다는 점에서, 확실히 무시할 수 없는 의의를 지닌다. 사실, 선진시대부터, 유가는 이미 윤리이성의 우선적 지위를 확립했다. 송명 신유학은 덕성에 따른 앎을 견문에 따른 앎보다 우월함을 강조했으니, 보다 넓은 차원에서 가치이성價値理性의 규제적 이념으로서의 작용을 부각한 것이다.

그러나 덕성에 따른 앎(價値理性)의 주도성을 긍정함으로써, 송명 신유학은 또한 다소간 견문에 따른 앎(넓은 의미에서의 도구적 이성)을 다소 경시하는 편향을 드러내기도 한다. 앞에서 서술한 것처럼, 이학자들은 일반적으로 모두 견문에 따른 앎을 작은 앎이라 여겼고, 아울러 덕성에 따른 앎은 견문에 따른 앎으로부터 싹트지 않으며, 견문에 따른 앎을 초월한다는 것을 강조했다. 이런 전제에서 출발해, 이학자들은 기술적 이성의 차원에서의 사실 인식에 대해 모두 폄하하고 억압하는 태도를 견지했다. 장재는 "의서를 성인이 보관해두었을지라도, 역시 대단한 학문으로 쓰이지 않았고, 이해하지 못해도 역시 일에 해가 되지는 않았다. 이해하더라도 혜택이 뼈와 육신에 마치는 것에 지나지 않으니, 잠시의 생명을 연장할 수 있으나, 장생의 도리는 전혀 없다. 만일 궁리하여 본성을 다한다면 스스로 이해할 수 있는 것이다[醫書雖聖人存此, 亦不須大段學, 不會亦不害事, 會得不過惠及骨肉間, 延得頃刻之生, 決無長生之理, 若窮理盡性則自會得.]"(『장재집』, 278쪽) 여기에서 '궁리하여 본성을 다함[窮理盡性]'을 통해 형성된 덕성에 따른 앎은 단지 도구적 가치를 지닌 견문에 따른 앎(의학적 지식)을 압도한다. 왕양명의 말은 보다 노골적이다.

> "중대한 것은 마음과 몸의 일치를 회복함에 있지, 지식과 기능은 더불어 논할
> 바가 아니다[大端惟在復心體之同然, 而知識技能非所與論也]."(「전습록중」,
> 『왕문성공전서』 2권)

> "이 때문에 인륜을 밝히는 것 외에는 배움이 아니다. 이를 벗어나서
> 배우는 경우를 이단이라 하며, 이것이 아님에도 논하는 경우에 사설이라
> 한다[是故明倫之外無學矣. 外此而學者, 謂之異端, 非此而論者, 謂之邪說]."
> (「만송서원기萬松書院記」, 위의 책, 7권)

이처럼, 하늘과 인간에 관한 논변에서 이성화를 가치이성價値理性의 무조건적인 우위로 이해함에 따라, 인격의 방향에서, 송명 신유학은 어느 정도 가치이성('덕성에 따른 앎[德性之知]')을 통해 기술적 이성(지식과 기능)을 정화하였는데, 이는 확실히 유가적

인격의 이상을 편향된 것으로 만들었다.

　신유학에서, '덕성에 따른 앎'의 형태로 표현된 가치이성價値理性은 흔히 천리를 내용으로 삼음으로써, 견문에 따른 앎과 덕성에 따른 앎의 상극相克은 유용성을 위한 학문[事功之學]과 천리天理의 대립으로 전개되었다. "일반적으로 일은 쓰임을 추구하고, 노력은 성취를 추구하는데, 기필코 지모의 말단을 선택하여 천리의 올바름을 따르지 않는 것은 성현의 도리가 아니다[凡事求用, 功求成, 取必於智謀之末而不循天理之正者, 非聖賢之道也]"(『맹자집주』「양혜왕상梁惠王上」) '유용성을 위한 앎[事功之智]'을 말단으로 삼고 천리天理를 중심으로 삼는 것은, 실질적으로 또 다른 측면에서 가치이성價値理性을 강화하였다. 바로 '가치이성價値理性'을 통해 기술적 이성을 정화淨化시키는 사유노선에 근거해, 송명 이학理學은 천리를 인격의 보다 근본적인 규정으로 보았다. 이학자들은 모두 인격의 실체를 지키고 보존하는 것을 '주일主一'이라 칭했는데, '주일主一'의 구체적 내용은 바로 천리에 집중하는 것이다. 즉, "주일은 하나의 천리에 집중하는 것이다[主一是專主一個天理]"(「전습록상」, 『왕문성공전서』 1권) 이런 이해에 근거하면, 인격은 어느 정도 천리의 화신으로 귀결된다. 실제로 송명 신유학에서, 이상적 인격은 확실히 언제나 천리의 인격화 또는 인격화된 천리로 간주되었다.

　　"성인의 일신은 천리와 혼연하다[聖人一身, 渾然天理]." (『주자어류』 58권)

　　"인간은 천리에 완전해야 비로소 성인이며, 금은 색깔이 완전해야 비로소 정제된 것이다. (…) 그러므로 범인이라도 배우고자 하여, 그 마음이 천리에서 완전해지도록 한다면, 역시 성인이랄 수 있다[人到純乎天理方是聖, 金到足色方是精 (…) 故雖凡人而肯爲學, 使此心純乎天理, 則亦可爲聖人]." (「전습록상」, 『왕문성공전서』 1권)

　성인이 되는지(이상적 인격 경지에 이르는지)의 여부는 완전히 인격이 천리에 충실한지

여부에 달려 있다. 따라서 '명明'과 '성실[誠]'의 통일은 '가치이성價値理性'의 강화를 거쳐서 결국에는 천리天理라는 근본으로 돌아가는 것이다.

천리와 하나된 이상적 인격이 바로 '순유醇儒'라는 것으로, 어떤 의미에서, '순유醇儒'는 이학理學의 인격적 모델이 되었다. 주희는 진량陳亮과의 논쟁 속에서 이에 대해 설명했다.

> "나의 말을 통해 생각하여, 의로움과 이익을 함께 행하고 왕도와 패도를 함께 쓴다는 주장을 물리치고, 분노를 다스리고 욕망을 억제하고 잘못을 고쳐 선을 실천하는 일에 종사하여, 꾸밈없이 순유의 도리로써 스스로를 다스리길 바란다[願以愚言思之, 絀去義利雙行 王霸並用之說, 而從事於懲忿窒欲 遷善改過之事, 粹然以醇儒之道自律]." (「답진동보答陳同甫」, 『주문공문집』 36권)

'순유醇儒'라는 어휘는 결코 이학理學에서 처음으로 나타난 말은 아니며, 한나라 이후 '순유'라는 개념을 사용한 사람이 적지 않았다. 그러나 이학理學 이전에, '순유'는 일반적으로 학문이 외재적인 암송을 넘어서서 순정함과 정통함을 성취한 것을 가리켰으니, 이른바 "말하는 바에서 서적을 섭렵했다 해도, 순유일 수는 없다.[所言涉獵書記, 不能爲醇儒.]"(『전한서前漢書』「가추매로전賈鄒枚路傳」)는 것이다. 이학자들은 순유라는 말에 새로운 내용을 부여했으며, 아울러 그것을 일반적인 인격 모델로까지 끌어올렸다. 주희의 해석에 근거하면, 인격의 모델로서의 순유의 근본적 특징은 내적 함양을 중시하는 데에 있는데, "분노를 다스리고 욕망을 억제하고 잘못을 고쳐 선을 실천한다[懲忿窒欲 遷善改過]"는 말은 내성內聖의 경지를 벗어나지 않는다. 이처럼 '천리에 완전해짐[純乎天理]'란 실상 내성內聖에서의 완전함을 의미하고 있다.

이전의 유가에 비해, 송대 유학자와 명대 유학자는 확실히 자아에 내재하는 심성心性에 보다 많이 관심을 기울였다.[70] 비록 이학자들 본인이 사회정치적 삶을 멀리했던 적이

---

70) 이에 관련해서, 시어도르 드 베리(W.T. De Bary)는 이학理學에서의 도통을 심학心學(Learning of the Mind-and-Heart)으로 개괄했는데, 전혀 근거가 없는 것은 아닌 것 같다. (W.T. D Bary, Neo-Confucian Orthodoxy

없고, 오히려 송대에서 명대에 이르기까지 이학자들은 모두 거듭해서 경세經世의 임무에 발을 들여놓아, 왕양명은 심지어 "산 속의 도적"을 무찌르고, 번왕藩王의 반란을 평정한 혁혁한 공로까지 있었지만, 가치지향에 있어 이학가들은 하나의 예외없이 내재된 심성의 완성을 오히려 최우선 순위에 두었고, 아울러 이를 통해 외재적인 유용성[事功]을 부정했다. 주희가 진량에게 "의로움과 이익을 함께 행하고 왕도와 패도를 함께 쓴다는 주장을 물리치라[絀去義利雙行 王霸並用之說]"고 요구했던 것은, 사실 유용성을 위한 학문[事功之學]에 대한 비판이니, 그 내재적 함의는 천하를 경영하려는[經緯天地] 외적인 포부로부터 내재적 심성 함양으로 회귀할 것을 요구하는 것이었다. 그의 논저 속에서, 주희는 거듭해서 이 점을 명백히 지적하였다. "내부로 향하는 것은 성현의 영역으로 들어가는 것이며, 외부로 향하는 것은 어리석고 못난 길로 나아가는 것이다.[向內便是入聖 賢之域, 向外便是趨愚不肖之途]"(『주자어류』119권) 왕양명이 비록 한 때 사공事功으로 혁혁한 명성을 드날렸지만, 가치의 선택에서는 여전히 그 밖의 이학자들과 조금도 다르지 않았다.

> "군자의 업무는 덕을 증진시키고 학문을 닦는 것일 뿐이다. (…) 그러므로
> 덕에 관한 임무 외에 그 밖의 성취[事功]는 없다. 만약 하늘이 부여한
> 덕성을 따르지 않고, 공명과 사업의 현장으로 나아가길 추구한다면, 역시
> 고원하고 외적인 것을 바라는 것이다[事功君子之事, 進德修業而已 (…)
> 故德業之外無他事功矣. 乃若不由天德而求騁於功名事業之場, 則亦希高慕外].”
> (「제주수충문祭朱守忠文」, 『왕문성공전서』 25권)

어렵지 않게 알 수 있듯이 송명 이학理學에서는 내성內聖이 외왕外王을 압도했으며, "덕에 관한 임무 외에 그 밖의 성취는 없다[德業之外無他事功]"는 말은 이런 경향을 아주

---

and the Learning of the mind-and-heart, Columbia university. Press, 1981.) 모종삼牟宗三은 "주렴계 장횡거 정명도 육상산 왕양명 유즙산과 같은 사상가들이 바로 내성內聖에 근거한 학설이다."라고 생각했다. (『中國哲學十九講』, 398쪽) 이 또한 송명 이학理學의 이상과 같은 특성을 드러낸 것이다.

개괄적으로 반영한 것이다.

송명 이학理學이 인격의 내성內聖으로서의 특징을 강화한 데에는 다양한 차원의 근원이 있다. 유학의 변화에서 볼 때, 맹자는 이미 내성內聖으로의 노선을 부각시킴으로써, 이론적으로 심성心性에 관한 학문의 기원을 열었다. 사회정치적 구조의 변화라는 측면에서 말하자면, 대일통大一統이라는 중앙집권에의 부단한 강화에 따라서, 지식인(士)은 점차 권력의 중심에서 멀어지면서, 이른바 "주변화"되는 경향이 나타났다.[71] 과거제도의 확립이 사士의 정치참여를 위한 기회를 제공하였지만, 일단 권력의 영역에 진입하게 되면 그 신분은 사士에서 관리로 전환되었고, 그에 따라 유가적 규범에서 유리되기 쉬웠다. 유가가 비록 보통 사람도 모두 성인이 될 수 있다는 점을 긍정하였지만, 그 이상적 인격은 실질적으로는 대체로 사회적 엘리트(주로 사士)를 위해 설정된 것이었다. 주희는 "고대의 배움이란 사士가 되는 것에서 시작하여, 성인이 되는 것으로 끝났다.

이 말에서 사가 되는 근거를 안다면, 성인이 되는 근거를 알 수 있다[古之學者, 始乎爲士, 終乎爲聖人. 此言知所以爲士, 則知所以爲聖人矣.]"(「책문策問」, 『주문공문집』, 74권)라고 설명했는데, 이 말 속에서 사士와 이상적 인격(성인) 사이의 이상과 같은 관계를 어렵지 않게 파악할 수 있다. 현실 정치의 구성에서 엘리트로 하여금 천하를 다스릴 수 있도록 하는 외왕外王의 이상이 점차로 현실적 가능성을 상실하자, 이상적 인격에 관한 외왕으로서의 규정도 그에 따라 쉽게 약화되었던 것이다. 또 다른 측면에서, 사士가 일단 관료 사회에 진출하게 되면, 변질을 피하기 매우 어려웠는데, 이렇게 하여, 심성에 대한 수양이 갖는 중심적 역할은 더욱 중요하게 보였다. 북송北宋 전기의 범중엄范仲淹 왕안석王安石이 공리功利의 원칙을 통해 신정新政을 실행한 것은 명백히 유가의 전통적 규범에서 벗어난 것이었지만, 범중엄과 왕안석은 모두 사士에서 관료가 되었다. 이런 사실이 다른 측면에서 덕성 함양의 의의를 더욱 부각시켰던 것으로 보이며, 내성內聖에

---

71) 여영시余英時는 근대 지식인들이 주변화 경향을 드러내기 시작했다고 생각했다. 실제로 이런 현상은 전통 사회에서도 마찬가지로 존재한다.

관한 규정은 이로 인해 점차 더욱 중시되었다. 이 외에 송대宋代는 오대십국五代十國을 이어서 부흥하였는데, 장구한 전란은 도덕적 규제의 이완을 야기하였으며, 송명宋明 양대兩代에는 외환이 그치지 않아 언제나 민족적 위기에 직면하였는데, 그것은 사회의 도덕적 응집력을 강화시키는 것이 매우 절박한 사회문제가 되도록 만들었다. 이런 역사적 요인들과 이학理學의 가치이성價値理性을 중시하는 사유경향의 상호 작용은 다른 측면에서 외왕에서 내성으로의 역사적 편향성을 초래했다.

이러한 편향의 결과 중의 하나는, 인격에 관한 어떠한 왜곡이었다. "분노를 다스리고 욕망을 억제하라[懲忿窒欲]"는 요구하에서, 인내와 양보 삼가함 내적인 위축이, 분투 진취성 개척을 압도했다.

이학자들도 물론 기백氣魄을 중시했지만, 기백의 기능은 흔히 많은 경우에 공리의 추구를 억제한다는 의미로 규정되었다. 이를테면 "사람에게 기백이 있다면 곧 일을 완성시킬 수 있고, 세간의 화복이나 이해득실에 대해 대적할 수 있어서, 그것들이 두렵게 하거나 동요하도록 만들 수 없다. [人若有氣魄, 方做得事成. 於世間禍福得喪利害, 方敵得去, 不被他恐動.]"(『주자어류』 52권)는 것이다. 이학理學에서 거듭해서 주장한 주경主敬도 그와 마찬가지로 사소한 일에도 신중히 하고 두려워하고 삼가는 일면을 내포하고 있으니, 바꿔 말하자면, 도덕적 실체의 지켜야 할 바는 주로 내적인 수렴에 의존하는 것이다. 왕양명의 다음과 같은 논의 속에서, 우리는 이런 인격 형태에 대한 하나의 개괄적인 이해를 얻을 수 있다.

> "정신·도덕·언동은 대체로 수렴을 위주로 하니, 발산은 어찌할 수 없어서일
> 뿐으로, 하늘·땅·인간·만물이 모두 그러하다[精神·道德·言動, 大率收斂爲主,
> 發散是不得已, 天地人物皆然]." (「전습록상」, 『왕문성공전서』 1권)

내재적 정신에서부터 외재적 행위에 이르기까지, 모든 것이 내재적인 수렴을 향하는, 이런 함양과 행위의 방식은 동시에 보편적 법칙("하늘·땅·인간·만물이 모두 그

러하다")으로까지 격상됨으로써, 형이상학적인 근거를 얻게 되었다. 내성으로부터 내적인 수렴으로 변화되면서, 유가의 이상적 인격 속의 강인하며 용맹하게 나아가는 일면이 쇠약해지게 됨을 피할 수 없었다. 송명 이학理學에서의 인격의 설정에서, 『역전易傳』과 같이 천지를 아우르며 만물로 나아가고 물러서는 기상을 우리는 확실히 비교적 드물게 엿볼 수 있을 뿐이다.

앞에서 이미 언급했듯이, 의로움과 이익에 관한 논변에서, 이학理學은 의로움을 중시함으로써, 주체의 절개를 유례없이 부각시켰는데, 그 외재적 형식을 갖고 말하자면, 사생취의舍生取義의 기개와 지조는 언제나 인격의 굳건한 확립으로 표현된다. 이런 위엄있는 기개와 신중히 삼가는 내적으로 수렴된 인격의 형태는 명백히 서로를 용납할 수 없는 것이지만, 두 가지는 또한 확실히 내성內聖의 특질을 상이하게 드러낸 것이다. 그것은 내성內聖을 주요한 규정으로 하는 이학理學의 인격에 내재적 긴장이 존재하고 있음을 분명히 보여주는 것이다. 외왕外王에 관한 폄하에서부터 내성內聖 자체의 내재적 긴장에 이르기까지, 송명 이학理學의 인격에 관한 설정은 점차 융합되지 못하는 일면을 드러냈다.

(2) 기질의 변화에서부터 본성의 회복에 이르기까지

인격 이상은 '인격을 완성하는 방법[成人之道]'을 규정하는데, 인격을 완성하는 과정은 인간의 본성에 대한 이해와 관련되어 있다. 장재는 이미 본성을 두 가지 종류, 바로 기질지성氣質之性과 천지지성天地之性으로 구분했다.

"형체를 갖춘 다음에 기질의 본성이 있으니, 잘 돌이킨다면 천지의 본성은
거기에존재한다[形而後有氣質之性, 善反之則天地之性存焉]."[72] (『장재집』, 23쪽)

---

72) 장재와 대체로 동시기인 도교道教 금단파金丹派의 창시자인 장백단張伯端 역시 기질지성氣質之性과

이후의 이학자들이 대부분 이런 관점을 수용하였고, 진일보한 발전을 이루었다. 천지지성 天地之性이란 하늘이 부여한 원래부터 선한 본성이며, 기질지성氣質之性이란 인간의 생리구조와 관련된 자연적 본성이다. 주희는 이에 대해 보다 구체적인 해석을 행하였다. "천지지성에 관해 논한다면 오직 리를 가리켜 말한 것이다.

기질지성을 논한다면 이理와 기氣가 뒤섞인 점에 근거해 말한 것이다. 이 기가 아직 존재하지 않아도 이 본성은 존재하고 있으니, 기가 존재하지 않더라도 본성은 항상 존재하는 것이다. [論天地之性, 則專指理言. 論氣質之性, 則以理與氣雜而言之. 未有此氣已有此性, 氣有不存, 而性卻常在.]"(『주자어류』 4권) '이理'를 천지지 성天地之性의 내용으로 여긴 것은 주희의 해석이다. 그것은 본래 선한 것이 되는 천지지성에 형이상학적인 근거를 부여했다. '이理'와 '기氣'가 뒤섞여서, 인간 속에 위치한 것이 기질지성이 되는데, '이理'와 '기氣'가 뒤섞였기 때문에 선과 악, 맑음과 혼탁함이 있게 된다. 즉 "기질지성에서는 진실로 아름다움과 조악함의 차이가 있다.[氣質之性, 固有美惡之不同矣.]"(『논어집주論語集註』「위령공衛靈公」), "사람의 기질은 맑거나 혼탁하고, 순수하거나 얼룩져 있다.[人之氣質, 淸濁粹駁]"(「전습록상」, 『왕문성공전서』 1권)는 것이다.

송명 신유학이 '천지지성天地之性'을 통해 인성이 본래 선함을 논증하고, 인간의 내재적 가치에 대한 긍정을 표명했다. 이런 측면에서 명백히 공자와 맹자, 특히 맹자의 사유노선을 계승했던 것이다. 하지만, 이학자들의 인성人性에 대한 관점은 결코 맹자의 성선설性善說을 단순히 반복한 것은 아니었다. 기질지성氣質之性이란 개념을 도입함으로써 선악의 형성을 해석한다는 점을 가지고 말하자면, 순자의 일부 관점들을 흡수한 것처럼 보인다. '인격을 완성하는 방법[成人之道]'이란 측면에서 보자면, 천지지성天地之性에 대한 인정이 지닌 의의는 인격을 완성하는 과정을 위한

천지지성天地之性을 구분했다. 그러나 그는 주로 양생에 착안하였고, 기질지성에서 천지지성으로 회귀하는 것을 내단內丹과 보다 긴밀히 연관시켰다.(『玉淸金笥靑華秘文金室內煉丹訣』 卷上 참조). 장재의 인간의 본성에 대한 이상과 같은 관점은 인격의 함양에 치중한 것이다. 아래의 내용에서 자세히 설명하겠다.

내재적 근거를 제공했다는 점에 있다. 천지지성은 주체에 내재하여, 선을 지향하는 잠재적 능력을 구성하는데, 이런 잠재적 능력을 왕양명은 "하늘이 심은 신령한 뿌리[天植靈根]"(「전습록하」)라고 불렀다. 완전무결한 인격은 이런 잠재능력을 확장하여 전개한 것에 불과하지만, 천지지성을 그 현실적 형태에 입각해 말하자면 언제나 기질지성과 한 덩어리로 얽혀 있고 기질에는 또한 선과 악의 구분이 있는데, 이런 점은 잠재 능력의 전개가 필연적으로 선을 행하고 악을 제거하는 공부를 수반하도록 만든다. 바로 기질지성의 존재는 후천적 작용이 인격을 완성하는 과정에서 필수불가결한 계기가 되도록 만들었는데, 이는 구체적으로는 기질을 변화시키는 것으로 나타난다.

> "학문함의 커다란 유익함은 스스로 기질을 변화시킬 것을 추구하도록 하는데 있다[爲學大益, 在自求變化氣質]." (『장재집』, 274쪽)

> "오늘날 공부하는데 힘써야 할 첫단계는 바로 배우고 묻고 숙고하여 변별하고서 힘써 실천하는 데에 있으니, 그래야 기질을 변화시켜서 도道에 진입할 수 있다[今日爲學用力之初, 正當學問思辨而力行之, 乃可以變化氣質而入於道]." (「답왕상서答汪尙書」 『주문공문집』 30권)

기질을 변화시킴은 순자의 "본성을 변화시켜 인위를 일으킨다[化性起僞]"는 말과 상당히 상통하는 점이 있다. 모종삼牟宗三은 주자朱子의 사고는 순자에 가깝다고 생각했는데,[73] 이상과 같은 점을 가지고 말하자면 전혀 일리가 없는 것은 아닌 듯하다. 그러나 이런 단언은 결코 완전치는 않은데, 전체적으로 보자면, 이학理學(주자학을 포괄하는)은 '인격을 완성하는 방법[成人之道]'에서 맹자와 순자를 절충하는 특징을 띠고 있다. 기질을 변화시킨다는 것이 순자의 '본성을 변화시켜 인위를 일으킨다'는 관점을 계승한 것이라면, 천지지성을 인격을 완성하는 근거로 생각하는 것은 맹자의 성선설에서 기원하는 것이기

---

73) 牟宗三, 『中國哲學十九講』, 400쪽을 참조할 것.

때문이다. 기질지성과 천지지성에 대한 송명 이학理學의 설정은 물론 사변적 구조로서의 의미를 띠는 것이지만, 이학理學이 이를 통해 이상적 인격의 함양을 긍정하는 점은 내재적 잠재능력을 근거로 삼을 것을 요구할 뿐만 아니라, 후천적 작용의 과정과도 분리될 수 없다. 이는 맹자와 순자를 개괄하여 수용하고 거부하는 기개 및 보다 폭넓은 이론적 시야를 드러낸 것이다.

기질의 변화는 '궁리窮理'와 '함양涵養'이 상호 작용하는 하나의 과정으로 구체적으로 전개된다. 주희는 이에 대해 아래와 같이 개괄적으로 서술했다.

"존양과 궁리의 공부 모두에 이르러야만 한다. 그러나 존양 가운데에 궁리의 공부가 있으며, 공리 가운데에 존양의 공부가 있다[存養與窮理工夫皆要到. 然存養中便有窮理工夫, 窮理中便有存養功夫]."(『주자어류』 63권)

'궁리窮理'란 마땅히 해야만 할 것을 아는 것이니, 그것은 주로 이성화라는 하나의 과정으로 나타난다.

이학자들이 보기에, 오직 이성에 의해 이치를 규명하는 과정을 통해서만, 비로소 기질지성에서 천지지성으로 돌아갈 수 있다, 즉, "오직 학문을 쌓고 이치를 규명하는 과정이 오래되어야 기질이 변화된다.[惟積學明理, 旣久而氣質變焉.]"(『이정집』, 1183쪽)는 것이다. 인격의 설정에서, 이학자들은 "명명明明"을 이상적 인격의 내재적 규정으로 여겼는데, 궁리함으로써 천성天性에 이르는 것은 이런 사유노선의 논리적 전개로 파악할 수 있으며, 그것은 동시에 유가의 이성주의적 전통을 내재적으로 구현한 것이다.

궁리窮理라는 이성화 과정에 비했을 때, 함양은 주체의 성찰과 체득에 보다 밀접히 관련된다. 이학理學의 견해에 따르면, 기질의 변화와 덕성의 배양은 단순히 지적인 논의 분석 이해에 의존하는 것일 수 없으며, 자신의 절실한 체험적 궁구를 거쳐야만 한다. 즉, "이 도리는 반드시 공부하여 스스로 체험을 통해 궁구해야만 한다. 논의하는 과정은 물론 빠져서는 안 되지만, 단지 논의에 그치고 체험을 통한 궁구에 이르지 못한다면 무슨 일을 이룰 수 있겠는가?[此個道理, 須是用工夫自去體究. 講論固不可闕, 若只管講, 不去體究, 濟得甚事.]"(『주자어류』, 113권), "성인의 기상은 저절로 성인인 것이니, 내가 어디에 근거해 알 수 있는가? 만일 자기의 양지를 통해 진정으로 체인하지 못한다면, 눈금없는 저울을 가지고 경중을 가늠하는 것과 같다[聖人氣象自是聖人的, 我從何處識認? 若不就自己良知上眞切體認, 如以無星之稱而權輕重.]"(「전습록중」, 『왕문성공전서』 2권)는 것이다. 궁리 과정에서 자아는 다만 주체이지 대상이 아니며, 사유의 과정은 주로 대상을 지향한다. 함양의 과정에서 자아는 주체이면서 또한 대상이니, 전체적인 과정은 자신을 돌이켜보는 특징을 띠고 있다. 따라서 바로 함양을 통해서만, 주체의 체험은 자신의 생명 존재와 하나로 융합되기 시작하는데, '명明을 통해 성실해지는[由明而誠]' 깨달음의 과정은 어떤 의미에서는 바로 자아의 함양을 통해서 실현되는 것이기도 하다. 이학理學의 이러한 관점들은 명백히 인격을 완성하는 과정의 특징을 이미 비교적 깊이 있게 인식한 것이었다.

덕성의 배양이라는 각도에서 보자면, 지적인 논의 분석과 자아의 체득 체험적 궁구는 확실히 각기 초점을 달리한다. 일반적으로 말해, 지적인 이해는 하나의 도덕적 인식의 과정이고, 그 결과는 주로 당위에 관한 지식으로 드러난다.

반면 체험적 인식[體認]은 지성이 접수한 내용에 대해 재성찰하는 것인데, 주희의 말을 빌려 말하자면, "체인은 듣고서 안 것을 스스로 마음속으로 반복해서 사고하는 것[體認是 把那聽得底自去心裏重複思量過.]"(『주자어류』 104권)이다. 이러한 재성찰은 이미 단순한 인식이 아니라, 이성적 인식 가치평가 및 실천적 체험의 종합적 작용으로 나타나는 것이니, 그것은 또한 결코 단순히 대상을 지향하는 것이 아니라, 자아의 생명존재와 융합하여 하나가 되는 자기자신과 밀접하게 연관된 체득이다. 이를 통해 침적沈積된 것이, 덕성을 내용으로 하는 일종의 인격 구조인데, 이런 인격 구조는 거꾸로 다시 이치를 규명하는 과정에 영향을 미칠 수 있다. 요컨대, 도덕적 인식('궁리窮理')과 도덕적 함양('체인體認')은 상호 구별되면서도 동시에 상호 작용하는 하나의 과정으로, 궁리는 함양을 위한 지성적 기초를 제공하면서 함양 과정 속에 침투해 들어가며, 함양을 통해 응결된 인격적 실체는 다시 궁리의 과정을 제약하는 것이다. 송명 이학理學이 '궁리'와 '함양'에서 한 쪽을 소홀히 해서는 안 된다는 것을 강조했다는 점은 이미 이런 부분에서 드러나는 것 같다.

궁리와 함양의 통일은 결코 사변적 성격을 지니는 것이 아니다. 기질을 변화시키는 것으로서의 인격을 완성시키는 과정, 그것은 바로 일상의 행동 속에서 전개되는 것이다.

"이 이치는 애초에 내외와 본말의 차이가 없는데, 일상에서 본래의 원천에서 유영하면서, 일의 변화에 대응하여, 강의해 설명하고 변화를 논하며 살펴 연구해 추론해내는 데에까지 이르른다면, 한번 움직이고 한번 고요할 때마다, 마음을 지켜 본성을 함양하고 기질을 변화시키는 실제적인 일이 아닌 것이 없다[此理初無內外本末之間, 凡日用間涵泳本源, 酬酢事變, 以至講說論變, 考究尋繹, 一動一靜, 無非存心養性, 變化氣質之實事]." (「답이백간答李伯諫」, 『주문공문집』 43권)

"일상의 행동 안에서 벗어나지 않아야 선천이(타고난 본성이) 구분되기 이전에 곧바로 이르게 된다[不離日用常行內, 直造先天未畫前]." (「별제생別諸生」, 『왕문성공전서』 20권)

'일상이 곧 도[日用卽道]'라는 것은 유가의 근본적 관념으로, 『중용』은 이를 체계적으로 해석했다. 이학理學에서 '일상에서 본래의 원천에서 유영한다'는 말은 분명 이 관념을 이론적 전제로 삼고 있다. 일상 세계에 대한 중시는 물론 창조적 충동을 쉽게 억압할 수도 있지만, '기질을 변화시키는 실제의 일'이 일상의 행동에 내재하는 것임을 강조한다는 점은, 인격을 완성시키는 과정이 초월적인 현학적 사고 및 신비한 반성과는 달라지도록 만든다. 주지하는 바와 같이, 일상의 세계는 선택할 수 없는 성질을 지니고 있으며, 주체를 기준으로 말하자면, 일상세계는 언제나 일종의 이미 정해진 존재이다. 주체가 세계 내에 존재함은 무엇보다도 일상세계 속에 존재한다는 것으로, 이는 실질적으로 주체의 정신적 승화에서의 존재론적 전제가 된다. 하이데거가 일상에의 공존재[Mitsein]를 자아의 타락으로 이해한 것은, 오직 일상적 세계에서 자아의 내재적 세계로 회귀해야만 괴롭고 두려운 체험 속에서, 비로소 개체 존재의 가치를 깨달을 수 있기 때문이었다. 이에 비해, 일상의 세계 속에서 이상적 인격 경지에 이를 것을 주장하는 이학자들은 확실히 내재성과 초월성의 통일을 보다 잘 간파했고, 보다 건전한 가치지향을 드러냈다.

일상의 행동은 현실적 속성을 가지고 있으며, 또한 본질적으로 하나의 실천적 과정으로 나타나니, '일상에서 본래의 원천에서 유영한다[日用間涵泳本源]'는 것은 절실한 노력과 실천을 통해서 성인의 기상을 체득함을 동시에 의미하고 있다. 주희의 이해에 따르면, "성인의 기상"의 특징은 다음과 같다.

> "사물의 밖으로 초월하더라도 실제로는 사물 가운데에서 벗어나지 않으니, 이는 일삼지 않는 무위하는 도리가 오히려 일삼으며 행위 하는 공업을 이루어내는 것이다. 하늘과 같은 큰일도 해낼 수 있고, 바늘처럼 작은 일도 해낼 수 있다[雖超乎事物之外, 而實不離乎事物之中, 是個無事無爲底道理, 卻做有事有爲之功業. 天樣大事也做得, 針樣小事也做得]." (『주자어류』, 40권)

여기서의 '일[事]'이란 주로 일상에서의 실천을 뜻한다. 이정二程이 거듭 맹자의 "반드시 일삼는 것이 있다[必有事]"는 말을 강조했을 때, 그 내재적 함의 역시 일상에서의 행동을 중시하는 것이었다. 인격을 완성하는 과정은 실천에서 분리될 수 없으니, 이러한 관념은 이미 선진시대의 유가에서 나타난다. 공자의 "습관이 서로를 멀게 만든다[習相遠]"는 말에서 '습관[習]'이란 바로 넓은 의미에서의 '행동'을 포괄한 것으로, 송명 신유학이 계승한 것은 바로 이러한 전통이었다. 도덕적 이상의 구체화로서의 인격은, 주체의 실천과 분리될 수 없는 관계를 지닌다. 그것은 단지 행위 과정을 통해서만 외재적으로 드러날 수 있는 것일 뿐만 아니라, 장기적인 자아의 연마 과정 속에서만 안정적인 실체의 구조를 갖추게 될 수 있기 때문이다. 이런 연마과정은 언제나 세상을 놀라게 하는 형태를 취하는 것이 아니라, 오히려 그것은 일상 세계에서의 세밀하고 평범한 활동 가운데에서 드러난다고 말할 수 있다. 즉 "군자의 행동이란, 자질구레하고 가까운 세밀하고 상세한 일들에서 멀리 떨어진 것이 아니지만 성대한 덕을 그 속에 갖추고 있는 것이다[君子之行也, 不遠於微近纖曲而盛德存焉.]"(「원속정기遠俗亭記」, 『왕문성공전서』23권) 이학자들은 인격의 배양과 일상의 행동을 관련시킨 것은, 한편으로는 일상의 평범한 말과 행동에 어떤 초월적인 의미를 부여한 것이었고, 다른 한편으로는 인격을 완성하는 과정이 초월을 통해 허무한 정적으로 나아가는 것을 방지하도록 하였다. 따라서 이런 관점은 '인격을 완성하는 과정[成人過程]'과 '일상이 곧 도[日用卽道]'란 사고의 통일에서 구체적으로 체현되며, 아울러 더 나아가서 유가의 내재적 초월을 향한 가치지향으로 드러나는 것이다.

그렇지만, 일상세계에서의 생활과 실천은 흔히 동일한 패턴의 끊임없는 되풀이로 나타나는데, 그에 따른 가치추구는 반복적이지만 창조적이지는 않다. 동시에 이학자들은 본래의 선한 본성('천지지성天地之性')을 성인이 되는(이상적 인격에 이르는) "하늘이 심어놓은 신령한 뿌리[天植靈根]"로 간주하면서, 이상적 인격에 관한 전체적 내용은 이미 구체적이고 세밀하게 이런 선천적인 근거 속에서 함축되어 있다고 생각했기 때문에, 함양 과정이란 좋지 않은 기질을 전환시키고, 후천적으로 물든 것을 정화함으로써, 본래의 선의 출발점으로 되돌아가는 것에 불과했다. 이에 따르면, 인격의 완성은 결코 새로운 실체를 형성하는 과정으로 나타나지 않는데, 그것은 본질적으로 어떤 창조적 성질을 결여한 것이었다. 인격을 완성하는 과정과 '일상이 곧 도[日用卽道]'(일상에서 본체를 함양하는 것)라는 사고가 상호 융합하게 될 때, 그 창조력도 그에 상응하여 점차 약화되게 된다. 이러한 사유 경향은, 이학자들로 하여금 인격에 관한 학설에서 자연스럽게 이고李翱의 복성설復性說을 수용하도록 만들었다.

"밝은 덕이란 사람이 하늘에게서 얻은 것이니 영묘하고 어둡지 않아서 온갖 이치를 갖추고 온갖 일들에 대응하는 것이다. 그렇지만 기질로 부여받은 것에 구속되는 바가 있고, 인욕에 가리워져 때때로 혼미하게 된다. 그러나 그 본체의 밝음은 그친 적이 없었다. 그러므로 배우는 사람은 마땅히 그것이 발하는 바에 근거하여서 마침내 그것을 밝혀서 그 시초를 회복해야만 한다[明德者, 人之所得乎天, 而虛靈不昧, 以具衆理而應萬事者也. 但爲氣稟所拘, 人欲所蔽, 則有時而昏. 然其本體之明, 則有未嘗息者, 故學者當因其所發而遂明之, 以復其初也]."(주희, 『大學章句』)

"마음의 본체가 바로 천리이다. (…) 배우는 사람은 공부함에 온갖 사려가 떠올를지라도, 단지 그 본래의 체용을 회복할 따름이다[心之本體, 卽是天理. (…) 學者用功, 雖千思萬慮, 只是要復他本來體用而已]."(왕양명,「전습록중」, 『왕문성공전서』 2권)

하늘이 부여한 본성은 일종의 불변하는 실체인데, 후천적 공부를 실체에의 회복으로 규정하는 점은 다소간 이상적 인격의 배양이 어떤 폐쇄적 성질을 띠도록 만들었다. 이런 이해에 따르자면, 성인聖人이 된다는 것은 실질적으로 이미 새로운 인격의 형성 과정이 아니라, 주로 미리 정해진 어떤 단일한 패턴의 끊임없는 재현으로 나타나게 되는데, 인격의 개방성과 다양성은 거듭해서 무시되며, 이상적 인격의 경직성 획일성이 이로 인해 더욱 더 강화되기에 이른다. 그것은, 한 측면에서, 송명 신유학이 가치추구에서 지니고 있는 내재적 약점을 분명하게 드러냈다.

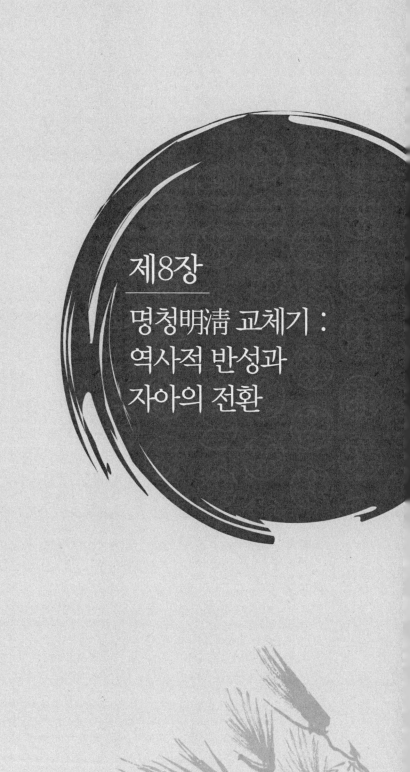

제8장

명청明淸 교체기 :
역사적 반성과
자아의 전환

제8장
명청明淸 교체기 : 역사적 반성과 자아의 전환

명청 교체기 역사는 주목할 만한 변천을 출현시켰다. 이러한 변천은 왕조의 흥망과 교체로 나타날 뿐만 아니라, 보다 심층적 의미에서 경제 문화 등의 각각의 차원에서 전개되었다. 새로운 사회경제적 요인의 생장 및 시민계층의 흥기, 서학西學의 동양으로의 유입, 전통 사회질서에 대한 농민의 무장투쟁, 그리고 청나라 군대의 산해관 돌파가 야기한 민족모순의 격화 등등은 다양한 정도로 사회적 소요를 일으켰고, 아울러 주도적 지위를 차지했던 유가적 가치체계에 직간접적인 타격을 가했다.

사상사를 통해 보자면, 명청 교체기는 사상계의 별들이 찬란하게 빛났던 시대였는데, 황종희黃宗羲 · 고염무顧炎武 · 왕부지王夫之 · 부산傅山 · 방이지方以智 · 손기봉孫奇逢[74] 이옹李顒[75] 당견唐甄[76] 등의 사상가들이 동시에 또는 잇달아 사상적 무대에서

---

74) 손기봉孫奇逢(1585~1675). 자는 계태啓泰, 호는 종원鐘元, 본적은 보정시保定市 용성현容城縣이다. 휘현輝縣 하봉촌夏峰村에서 학문을 가르쳤기에 사람들이 하봉夏峰선생이라고 불렀다. 명청 교체기의 중요한 사상가이자, 교육가이다. 일찍이 의병을 일으켜 청나라에 저항하였고, 만년에는 서원에서 후학을 가르쳤다. 청나라 초기에 황종희黃宗羲 이옹李顒과 함께 "삼대유三大儒"로 예찬받았다. 저작에는 『이학종전理學宗傳』, 『도일록道一錄』, 『성학록聖學錄』, 『사서근지四書近指』와 시문과 어록 등이 수록된 『하봉선생집夏峰先生集』이 있다.

75) 이옹李顒(1627~1705). 자는 중부中孚 또는 이곡二曲이라 하며, 섬서陝西 주지周至 사람이다. 일찍이 중주中州 강남江南에서 가르쳤고, 청나라 조정의 여러 차례에 걸친 초빙을 거절했다. 학술적으로 "본체를 밝히어 쓰임에 걸맞게 함[明體適用]"을 주장했으며, 주희와 육구연을 아울러서 선별하였다. 저작에는 『이곡집二曲集』이 있다.

76) 당견唐甄(1630~1704). 자는 주만鑄萬 또는 포정圃亭이라 하며, 사천四川 달주達州(지금의 사천四川 달현達縣) 사람이다. 거인舉人이 된 후, 회시會試에 급제하지 못했고, 일찍이 10개월 간 지현 知縣을 맡았는데, 오래지 않아 파면 당했고, 이후로 다스림에 관한 학문에 전력했다. 대표작으로 『잠서潛書』가 있다. 그 책에서 일련의 정치적 주장을 제기했는데, 군주의 전제에 대하여 상당한 비판을 하였다.

활약하는 장관을 연출했다. 학문적 취지에서, 이러한 사상가들 모두가 유가적 입장에서 벗어나지 않았으니, 그 중에서 적지 않은 사람이 동시대 또는 후대인에게 한 시대의 대유大儒로 받들어지기까지 하였다. 그러나 예민한 사상가로서, 그들은 그 밖의 사람들에 비해 시대적 동요를 통렬하게 느꼈다. 바로 보편적인 역사적 격변을 배경으로 하는 명청 교체기의 대유大儒는 유학의 전통을 계승하면서도, 그에 대해 다양한 측면에서 반성과 전환을 행했는데, 이러한 반성과 전환은 어떤 의미에서는 자아 비판적 성질을 지닌 것이었다. 외재적 형태에 대해 말하자면, 유학의 자아비판은 무엇보다도 이학理學(송명 신유학)에 대한 반동으로 나타났다. 명청 교체기의 대유大儒는 거의 모두가 이학理學에 대해 다양한 수준에서 이론적 비판을 수행하면서, 다양한 방식을 통해 이학理學으로부터 원시유학으로의 회귀라는 역사적 요구를 제기하였던 것이다. 이처럼, 유학의 자아비판은 어떤 의미에서는 유학의 부흥(원시유학의 부흥)이라는 형식을 취했다. 물론 서양에서의 르네상스 운동이 단순히 고전시대로의 회귀가 전혀 아니었던 것처럼, 자아비판을 내포한 유학 부흥도 마찬가지로 명청 교체기의 시대적 흔적을 깊이 새기고 있다.

전통의 부흥을 형식으로 삼은 유학의 자아비판은 그 내용에서 다양한 영역과 관련되지만, 가치체계에 대한 반성과 조정이 시종일관 그 무게중심이 되고 있다. 앞에서 서술한 것처럼, 새로운 사회경제적 요인의 생장, 시민의식의 싹틈, 서학의 동양으로의 유입 등등이 계급 민족의 충돌과 하나로 뒤섞이는 상황은 유가적 가치체계를 강타했고, 또한 그 자아반성과 전환을 위한 새로운 배경과 참조대상을 제공함으로써, 사람들이 이전에 비해 보다 손쉽게 유가적 가치체계의 부정적인 측면과 항구적인 생명의 흐름을 파악하도록 하였다. 실제로 이학理學을 청산하는 형태로, 명청 교체기의 여러 유학자들은 동시에 다양한 측면에서 유가의 전체적 가치관에 대한 자기 총결산을 행하기도 했는데, 유가적 가치체계가 지속되는 가운데에서도 새로운 역사적 내용을 부여받게 되었다. 유학의 이런 자아반성과 전환은 주로 명청 교체기에 전개되었고, 그 여파는 청나라 중기에까지 이르렀다. 우리의 역사적 고찰 역시 주로 이런 역사적 시기를 둘러싸고 있다.

1. 경위천지經緯天地 : 내성內聖의 경계에서의 탈주

송명시기에 이르기까지 유학의 변천에서, 내성內聖은 점차 주도적 가치 목표가 되었는데, 유학은 어떤 의미에서는 심성心性에 관한 학문이라는 형태를 지녔다. 원시유학과 비교해, 이학理學(송명 신유학)은 내재된 심성의 완전성에 대해 확실히 보다 많은 주의를 기울였는데, 진량에 대한 주희의 비판 속에서[77], 전통적인 '외왕外王'은 '내성內聖'을 향한 가치추구가 거의 완전히 포괄하는 대상이 된다. 그러나 명청 교체기에 이르면, "하늘이 무너지고 땅이 균열되는[天崩地解]"는 역사적인 격변이 이학理學의 이상과 같은 가치지향을 더욱더 창백하고 궁핍한 것으로 드러나게 하면서, 이학자들의 심성에 관한 학문 또한 점차 지난날과 같은 위상을 상실했다. 명明의 멸망이라는 역사적 교훈을 총결하면서, 명청 교체기의 유학자들은 거의 모두가 내성內聖이 외왕外王을 압도했던 이학理學의 전형적 가치 양식을 거슬러 올라갔다. 이 때문에, 이학理學(송명 신유학)으로부터 원시유학으로의 회귀가 바로 명청 교체기의 보편적인 시대적 요구가 되었다. 이학理學에 대한 명청 교체기의 유학자들의 태도가 모두 동일하지는 않아서, 이를테면 일부 사람들은 정주이학程朱理學을 상대적으로 많이 비판했고, 또 다른 일부 사람들은 육왕심학陸王心學을 규탄의 대상으로 만드는데 치중하였지만, 전체적으로는 유사한 하나의 경향을 드러냈는데, 바로 송명 이학理學을 억누르면서 원시유학을 선양하는 것이었다. 왕부지王夫之는 송명 이학理學의 사유의 일부 성과들을 흡수하긴 했지만, 동시에 이학理學에 대해서 다양한 측면에서 비판을 제기하기도 하였다.

"주자는 격물과 궁리를 가르침의 시작으로 삼으면서 분명한 도리 안에서 배우는 자들을 속박하고 교정하였다. 여기에서 그것이 거듭 전해진 다음에는 쌍봉雙峰과 물헌勿軒과 같은 여러 유자들이 그 흔적과 그림자를 따르며 훈고에 탐닉하게 되는 데로 나아가게 되었다. 그러므로 백사白沙가 일어나 그것을 혐오하여 폐기하고자 하였으나, 결국에는 요강 왕씨의 겉은 유학이지만 속은 불교이면서, 성인을 기만하는 사특한 학설을

---

77) 주희와 진량은 일찍이 왕패王霸 등의 관계에 대해 비판과 반론을 주고받으며, 논쟁을 전개했다.

야기하였다.[朱子以格物窮理爲始敎, 而檠括學者於顯道之中. 乃其一再傳而後, 流爲雙峰勿軒諸儒, 逐跡躡影, 沈溺於訓詁. 故白沙起而厭棄之, 然而遂啓姚江王氏陽儒陰釋誣聖之邪說]"(『장자정몽주張子正蒙注』「서론序論」) 왕부지가 보기에, 송명의 이학자들에 비해서, 고대의 유자들은 광적인 사고로 이치를 어지럽히는 폐단이 없었다. 그는 다음과 같이 말했다. "고대의 사士인 사람을 살펴보자면, 빼어나더라도 그 박실함에서 벗어난 적이 없었고, 그 아래 등급이라도 시와 문장을 암송함으로써 작록을 취하려는 부류가 없었고, 그 다음 등급에서는 공리를 꾀하여 구차하게 공명을 이루려는 술수가 없었다. 그들이 더욱 옳았던 점은 광적인 사고로 조악하게 헤아리어 천리를 어지럽히거나, 언제나 지켜야 할 윤리를 멸시하여 홀로 깨우쳤다고 자만함이 없었다는 것이다. [抑古之爲士者, 秀而未離乎其朴, 下之無記誦詞章以取爵祿之科, 次之無權謀功利苟且以就功名之術. 其尤正者, 無狂思陋測, 蕩天理, 蔑彝倫而自矜獨悟.]"(위의 책) 바로 이러한 역사적 비교에 근거하여, 왕부지는 "육경은 내게 새로운 경지를 드러낼 것을 요구한다[六經責我開生面]"는 주장을 제기했으니, 경학을 부흥시키고자 했던 내재적 함의는 원시유학의 부흥에 있었다.

고염무顧炎武에게서, 이상의 역사적 의도는 보다 명확하게 서술되었다.

> "그런데 제가 홀로 생각해 보기에, 이학理學이라는 명칭은 송대의 사람들에게서
> 시작된 것입니다. 고대의 '이학'이라는 것은 경학이었습니다. (…) 지금 '이학'이라고
> 부르는 것은 선에 관한 학문입니다[然愚獨以爲, 理學之名, 自宋人始有之.
> 古之所謂理學, 經學也 (…) 今之所謂理學, 禪學也]." (「여시우산서與施愚山書」,
> 『정림문집亭林文集』 3권)

여기서의 '경학經學'은 본래 형태로서의 유학이며, '이학理學'이란 말은 '경학'을 뜻하니, 실질적으로 '명심견성明心見性'(*불교 용어로, 세속의 일체 잡념을 버리고 잡념으로 인해 잃어버린 본성을 깨닫는다는 뜻)의 이학으로부터 유학의 본래의

491

형태로 돌아갈 것을 요구한 것이었다. 고염무는 일찍이 송명 이학理學을 비판하면서, " '명심견성'이라는 공허한 말로 수기치인의 실학을 대신했다[以明心見性之空言, 代修己治人之實學]"(『일지록日知錄』 7권)고 하였는데, '이학이 곧 경학'이라는 말은 정확히 이와 대조되는 반명제였다. 이런 주장은 물론 명청 교체기에 처음으로 제기된 것은 아니었다. 일찍이 명대明代 가정嘉靖, 융경隆慶 시기에 귀유광歸有光이 이미 유사한 관점을 밝힌 적이 있다. 즉 "천하의 학자 중에 도덕과 성명의 정수와 미묘함을 밝히고자 하면서, 육예를 버려두고 공허한 말만으로 강론할 수 있었던 사람은 없었다[天下學者, 欲明道德性命之精微, 亦未有舍六藝而可以空言講論者也.]" (「송계박사서送計博士序」, 『진천선생집震川先生集』 7권)는 것이다. 그러나 귀유광의 견해가 이후의 유학 부흥을 위한 이론적 징후를 제공했다 할지라도, 당시에는 중요한 반향을 전혀 만들어내지 못했다. 명청 교체기에 이르러 깊은 역사적 반성이 전제되고, 심성의 학문으로부터 원시유학으로 회귀하기 시작하면서, 비로소 보편적 사상적 외침이 되었다.

일종의 시대적 사조로서 전통유학으로의 회귀는 물론 단순히 고대에 대한 향수를 위한 것만이 결코 아니었다. 가치관의 진화란 점에서 볼 때, 원시유학을 부흥시킨 진정한 함의는 무엇보다도 가치의 무게중심과 목표에서의 전환에 놓여 있다. 이 점을 구체적으로 해석하기 위해서, 우리는 원시유학의 의미에 대한 청초淸初의 대유학자 황종희의 상세한 설명을 한번 보아도 좋다.

"유자의 학문은 천하를 다스리고자 하는 것인데, 후세에는 어록만을 지극히 여기며 단지 이락문하(*程朱學)에 답문 한 두 조목을 덧붙이며 유자의 대열에 섞여들어 그 명성을 빌어다 세상을 기만한다. 재정을 다루는 것을 재물을 거두는 것쯤으로 보고, 한 지역의 군무를 맡아 변방을 막는 일을 조잡한 재능으로 보고, 독서하며 글을 짓는 것을 외물에 정신을 빼앗겨 뜻을 잃어버리는 것으로 보며, 마음을 쏟아 정무에 임하는 것을 범용한 관리의 일로 본다. 백성을 위해 표준을 세우고 천지를 위해 마음을 세워, 만세토록 태평을 연다는 공허한 이론 정도를 가지고 천하를 엄중히 단속하려 드니, 일단 대부로서의 우환을 갖고 국가에 보답해야 하는 날이 오면, 멍하니 입이나 멀리고 있는 것이 운무 속에 앉아 있는 것과 같다. 세상의 도는 이 때문에 시들고 썩을 때로 썩어서, 급기야 고대의 훌륭함을 논하는 자들이 공로와 업적을 세우는 것은 별개의 방법이거나, 유자가 간여할 것이 아니라고 여기게 되었다[儒者之學, 經緯天地, 而後世乃以語錄爲究竟, 僅附答問一二條於伊洛門下, 便廁儒者之列, 假其名以欺世. 治財賦者, 則目爲聚斂, 開闔扞邊者, 則目爲粗材, 讀書作文者, 則目爲玩物喪志, 留心政事者, 則目爲俗吏. 徒以生民立極, 天地立心, 萬世開太平之闊論鈞束天下, 一旦有大夫之憂, 當報國之日, 則蒙然張口如坐雲霧, 世道以是潦倒泥腐, 遂使尙論者以爲立功建業別是法門, 而非儒者之所與也.]"
(황종희黃宗羲,「증편수변옥오군묘지명贈編修弁玉吳君墓志銘」,
『남뇌문정후집南雷文定後集』3권)

여기서는 우선 '유자儒者'의 학문과 후세의 유학을 구분했는데, 전자는 유학의 원시 형태이고, 후자는 송명 신유학(이학理學)이다. 황종희가 볼 때, 양자는 완전히 다른 가치지향을 갖는다. 왜냐하면 원시유학은 "천하를 경영함[經緯天地]"과 "공로와 업적을 세우는 것[立功建業]"을 추구해야 할 목표로 삼는데 비해, 후세의 이학理學은 공적을 천시하고, 허황된 말로 마음을 확립하기 때문이다. 이 때문에 후세의 이학理學으로부터 원시유학으로의 회귀는 심성心性에 관한 논의를 초월하여 경세의 업적이라는 가치목표를 확립함을 의미하고 있기도 하다. 역사적으로 볼 때, 유가적 가치체계는 그것이 형성되었을 때, 이미 내성內聖과 외왕外王이라는 이중의 노선을 포함하고 있었다.

유가가 애초부터 무게중심을 내성內聖이라는 측면에 두고 있었긴 하지만, 외왕外王의 관념도 결코 이로 인해 소멸되었던 적은 없었다. 순자에서부터 동중서에 이르기까지, 외왕에의 추구는 줄곧 한 가닥 실처럼 끊어질 듯 이어져 왔지만, 명청교체기의 유학자들은 원시유학으로의 회귀라는 형식 아래에서, 이러한 가치지향을 전례 없이 강화시켰다. 왕부지의 "고금의 허황되고 현학적인 학설을 모조리 폐기하고 실제로 돌아간다[盡廢古今虛妙之說而返之實]"(왕어王敔, 『대행부군행장大行府君行狀』), 고염무의 "당대의 임무를 통할한다[綜當代之務]"(『일지록日知錄』 7권), 손기봉孫奇逢의 "천하를 경영하고 만물을 통제한다[經世宰物]"(『하봉집夏峰集』 4권), 주지유朱之瑜[78]의 "나라를 경영하고 교화를 확장하여 천하의 간난을 위로하고 구제한다.[經邦弘化, 康濟艱難]"(『주순수집朱舜水集』, 381쪽), 그리고 후대의 만사동萬斯同[79]의 "경세의 학문이 진정한 유자의 중요 임무이다[經世之學, 實儒者之要務]"(『석원문집石園文集』, 「여종자정일서與從子貞一書」)등의 주장은 모두 이상과 같은 경향을 구체적으로 드러내고 있는 것이다.

이는 일종의 가치의 무게중심의 전환이었다. 그 형식에서 전통으로의 회귀로 나타나며 게다가 실제로도 확실히 한편으로는 원시유학을 계승했던 것이지만, 그것은 결코 전통적 가치관의 단순한 반복은 아니었다. 앞에서 서술한 것처럼, 원시유학이 외왕外王과 내성內聖의 이중의 노선을 포괄하고는 있지만, 양자 사이에는 줄곧 가치의 지위에서의 편향이 존재하고 있었다. 내성內聖이 애초부터 중심적 의의를 부여받았기 때문이다. 원시유학과 비교했을 때, 명청 교체기에 양자의 관계에는 이미 주목할 만한 변화가 발생했다. 이 시기 유학자들의 인의仁義와 사공事功의 관계에 대한 분석을 통해, 우리는 이 점을 구체적으로 엿볼 수 있다.

"도는 일정한 실체가 없고, 학문은 알맞은 쓰임을 중시한다. 그런데 어째서 요즘
사람들은 하나에 집착해 도라 여기고, 도를 배우는 것과 업적을 쌓는 일[事功]을

---

78) 주지유朱之瑜(1600~1682). 자字는 노여魯璵, 호號는 순수舜水로 절강浙江 여요余姚 사람이다. 세족世族출신으로 어려서부터 경세經世에의 뜻을 품었다. 청나라 군대가 산해관을 넘어 쳐들어오자, 일찍이 반청투쟁에 참가하였고, 명나라가 망한 다음에는 일본으로 건너가서, 장기長崎에 머물렀다. 만년에 주로 일본에서 강학활동을 하였고, 일본 근대문화에 중요한 영향력을 미쳤다. 저작에는 『수순수집朱舜水集』이 있다.

79) 만사동萬斯同(1638~1702). 자는 수야秀野, 호는 석원石園으로, 절강浙江 근현鄞縣 사람이다. 황종희에게 사사하였으며, 황종희의 뛰어난 제자였다. 일찍이 『명사고明史稿』 편찬에 참여했고, 절동학파浙東學派의 중요 인물이 되었다. 저작에는 『유림종파儒林宗派』, 『군서변의群書辨疑』, 『석원문집石園文集』 등이 있다.

두 가지 길로 가르도록 하는가? [道無定體, 學貴適用. 奈何今之人執一以爲道, 使學道與事功判爲兩途].”(황종희黃宗羲, 「강정암선생소전姜定庵先生小傳」, 『남뇌문정오집南雷文定五集』 3권)

“업적을 세우는 일[事功]과 절의[節義]는 이치가 다르지 않다. (…) 업적을 세우는 일을 젖혀두고 도덕을 말하였지만, [도덕을 앞세웠던] 고정 사람(*주희)도 끝내 [사공事功을 앞세운] 영강 사람(*진량)의 논리를 굴복시키지 못했다[事功節義, 理無二致 (…) 離事功以言道德, 考亭終無以折永康之論].”(황종희, 「명명신언행록서明名臣言行錄序」, 『남뇌문정후집南雷文定後集』 1권)

“인의와 업적을 쌓는 일이 갈라진 이후로, 이에 따라 인의를 말하는 것은 우매하고 썩어빠진 짓이다. (…) 고금을 통틀어 유용성[事功]을 배제한 인의란 없었음을 알긴 하는가[自仁義與事功分途, 於是言仁義者陸沉泥腐 (…) 豈知古今無無事功之仁義.]” (황종희, 「국훈아군묘지명國勳倪君墓誌銘」, 『남뇌문정사집南雷文定四集』 3권)

이러한 관점들은 단지 황종희 일인의 견해에 불과했던 것은 아니다. 그가 대표한 것은 바로 당시 유학자들의 보편적 견해였다. 내재적 인의仁義와 외재적 사공事功의 통일을 긍정한 것을 일종의 새로운 가치관이라고 말하기는 매우 어렵긴 하지만, 주목할 만한 점은, 양자의 통일에서 초점이 사공事功으로 전환된다는 것이다. 황종희의 견해에 따르면, 인의仁義는 단순히 내재적 도덕 세계에만 달려 있는 것일 수 없으며, 그것은 마땅히 사공事功의 과정 속에서 구체적으로 드러나야만 하는 것이다. 단적으로 말하자면, 바로 외재적 사공事功이 내재된 덕성의 현실적 확증이 되는 것이다. ‘업적을 세우는 일[事功]에서 벗어난다면’, “인의를 말하는 것은 우매하고 썩어빠진 짓이다”, “유용성[事功]을 배제한 인의란 없다”는 등의 말이 강조하는 것도 바로 이런 근본적인 지점인 것이다. 여기서 외왕外王이 더 이상 [내성內聖의] 단순한 부속물이 아니란 점을 볼 수 있는데, 외왕은 실질적으로도 이미 어느 정도는 가치체계의 주변부에서 그 중심으로 이동하였다. 가치원칙에서의 이상과 같은 편향은 명백히 송명 이학理學과 다른 것일 뿐만 아니라, 원시유학과도 구별되는 것으로, 그것은 어떤 의미에서 유가적 가치관의 전환을 나타낸다.

가치의 무게중심의 전환에는 역사적 변화가 배경으로 깔려 있다. 명말 이후 다양한 모순의 뒤섞임은 전체 사회가 심각한 위기에 빠지도록 하였다. 조정의 부패는 정치의 암흑을 야기했고, 토지겸병의 격화는 다시 사회모순을 극심하게 하였으며, 여진 귀족의 진격은 외환이 날이 갈수록 심각해지도록 만들었다. 요컨대, 쇠퇴와 몰락의 추세가 이미 날이 뚜렷해졌던 것이다. 명 말의 동림파 학자들은 이미 예민하게 이런 점에 주목했다. 그래서 "신臣은 천하의 정세가 위태롭고 급박한 것을 봅니다[臣觀天下事勢岌岌矣.]"(고반룡高攀龍, 「금일제일요무소今日第一要務疏」, 『고자유서高子遺書』 17권)라고 말했던 것이다. 명나라가 멸망한 후, 유학자들은 고통이 진정된 후 고통을 사유하면서, 다양한 측면에서 명말, 쇠락의 시대가 만들어진 근원을 분석했는데, 명심견성明心見性에의 노선이 문제의 주요원인으로 비난되었다. 고염무의 다음과 같은 논의는 상당한 정도로 청초淸初 유학자들의 보편적 관점을 대표하는 것이다. "유연劉淵과 석륵石勒이 중화에 난을 일으켰던 것[80]은 청담사조가 미친 재앙의 근본이라는 점을 모두 알지만, 오늘날의 청담이 이전 시대보다 심하다는 것을 누가 알겠는가? 과거의 청담은 노장을 논했지만, 오늘날의 청담은 공맹을 말하는데, 그 정수를 얻지 못한 채 조잡한 것들만 남겼으며, 그 근본을 규명하지 못하고서도 먼저 그 말단을 구실로 삼는다. 육예의 의리를 익히지 않고, 역대 제왕의 제도를 고찰하지 않으며, 당대의 임무를 통할하지도 못하니, 공자가

---

80) *역자 주 : "劉石亂華"는 서진西晉 말기 팔왕八王의 난에 이어 유연과 석륵의 반란을 일컫는다. 유연은 흉노족 선우單于의 후손으로 산서성 북부의 산추장의 아들로 태어나 진晉의 무관을 역임했는데, 팔왕八王의 난에 편승해 이석離石 지역을 근거로 독립정권을 수립, 대선우大單于라 칭하고, 304년 한왕漢王이라 칭했다. 한국漢國을 개국, 산서성山西省 남부까지 지배했고, 308년에는 황제라 칭하고 남하해 진나라 수도 낙양을 공격했다. 그의 난은 5호 16국이 난립하게 되는 계기가 되었다. 석륵은 유연 휘하의 장군으로 산동성과 하남성의 경영을 맡은 인물이다. 유씨 왕가 내의 권력투쟁 과정 속에 깊숙이 개입하였다. 서진西晉을 멸망시키고 국명을 조趙를 바꾼 유요劉曜를 무찌르고, 329년 후조後趙를 건국했다.

학문과 정치를 논했던 본원에 대해서는 일체 묻지 않은 채, '일이관지하였다'. '말할 것이 없다'고 말한다. 명심견성의 헛소리가 수기치인의 실학을 대체하니, 보좌할 신하들은 나태하여 모든 일이 황폐해졌고, 무신들은 사라져 사방의 국경은 어지러우며, 중원은 혼란으로 뒤집히고 종묘사직은 폐허가 되었다[劉石亂華, 本於淸淡之流禍, 人人知之, 孰知今日之淸淡有甚於前代者. 昔之淸談談老莊, 今之淸談談孔孟, 未得其精而已遺其粗, 未究其本而先辭其末. 不習六藝之文, 不考百王之典, 不綜當代之務, 擧夫子論學 論政之大端一切不問, 而曰一貫, 曰無言. 以明心見性之空言, 代修己治人之實學, 股肱惰而萬事荒, 爪牙亡而四國亂, 神州蕩覆, 宗社丘墟]" (『일지록日知錄』 7권) 명나라 멸망의 원인을 명심견성明心見性이라는 내성內聖으로의 경향에 귀착시키는 것은 물론 문제의 진정한 병인을 건드린 것은 못되지만, 여기서 중요한 점은, 그것이 한 측면에서, 단순히 내성內聖을 향해 나가는 경로는 더 이상 역사의 필요에 부응할 수 없다는 점을, 은연 중에 반영하고 있다는 사실이다. 기존 사회질서를 유지하고자 하는 요구가 송명 신유학으로 하여금 주체의 심성의 함양을 보다 중시하도록 하였다고 한다면, 동요와 격변의 시대는 국가를 확장하고 천하를 경영하는 외재적 사공事功을 시대의 최전선으로 밀어붙였던 것이다. 두 종류의 상이한 가치 지향은 각기 상이한 역사적 선택을 구체적으로 드러낸다.

가치의 무게중심의 전환은 인격에 관한 이상을 내재적으로 제약하고 있다. 송명 신유학의 '명심견성明心見性'에 대한 추구는 최종적으로 인성人性의 완성을 지향한 것으로, 이학자들이 추존하는 인격적 전형은 다름 아닌 '순유醇儒'라는 것으로, 그 특징은 '분노를 다스리고 욕망을 억제하며[懲忿窒慾]', '경건함을 굳게 지켜 내면으로 간추리는[持敬內斂]' 데에 있었다. 만물의 뜻을 열어 천하를 위한 임무를 완성하며, 세상을 구원하고 국가를 안정시킨다는 역사적 필요에서 출발했던 명청 교체기의 유학자들은 이상적 인격에 대해 다시 새롭게 정의했다. 이학理學에서의 '순유醇儒'의 경지에 대비되는 것으로, 이 시대가 보편적으로 소환했던 것은 천지를 다스리고, 공훈을 세우고 업적을 쌓는 영웅과 호걸이었다.

"천고의 영웅과 호걸이 세상을 운영하고 만물을 다스림에는 예외가 있을 수 없다[千古之英雄豪傑, 經世宰物莫有外焉]." (손기봉, 「양대안록서兩大案錄序」, 『하봉선생집夏峰先生集』 4권)

　　"성인이고 현인이면서 호걸이 아닌 사람은 없었다. 현실 속에서 참된 본성을 흥기시킬 수 있어야 바로 호걸이라고 일컫는다[未有聖賢而不豪傑者也. 能興卽謂之豪傑]." (왕부지, 『사해俟解』)

　　"배움에서는 뜻을 확립하는 것보다 우선하는 것은 없는데, 뜻을 확립하여야 호걸이며, 뜻을 확립하지 못한다면 평범한 백성일 뿐이다[學莫先於立志, 立志則爲豪傑, 不立志則爲凡民]." (황종희, 『맹자사설孟子師說』 7권)

　　이와 같은 말들에서, '호걸豪傑'은 이미 '순유醇儒'를 대체하는 새로운 인격적 모델이 되었다.

　　'호걸豪傑'이라는 개념은 물론 명청 교체기의 처음으로 출현한 것은 아니었다. 맹자가 일찍이 호걸에 관해 언급했고(『맹자』, 「진심상」 참조), 왕양명은 더 나아가 호걸의 정신을 주목할 만한 지위로까지 격상시켰다. 하지만 맹자와 왕양명에게서, 호걸의 정신은 일종의 내적 품성을 드러내는데 초점이 있었고, 그 특징은 자아의 도덕적 절개를 지키며, 세속에 의해 변화되지 않는 데에 있었다. "스스로 호걸과 같은 사대부가 아니라면, 고고하여 변화하지 않는 경우가 드물다[自非豪志之士, 鮮有卓然不變者]."(「여진중재생與辰中諸生」, 『왕문성공전서』 4권)라는 말은 이런 점을 분명히 밝힌 것으로, 호걸의 정신에 대한 이런 식의 이해는 여전히 내성內聖의 범주를 넘어서지 못한 것이다. 이와 비교했을 때, 명·청 교체기의 유학자들은 호걸에 완전히 다른 내용을 부여했다. 한漢 송宋 이래의 유생儒生에 관한 안원顔元의 비판 속에서, 이런 점을 어렵지 않게 파악할 수 있다. 그는 다음과 같이 말했다. "한 송이래, 한낱 경문의 구절이나 훈고하고 좌정해 묵상하며 삼가면서 스승의 말씀을 기록하는 모습이나, 과거 입시를 위한 문장 공부에 여념 없었던 사람들이 조정에 도열하고, 종묘에 늘어서서, 군읍을 장악한 채 천하를 채운 모습을 볼 수 있을 뿐이니, 학교 안의 백면서생들은 천지를 다스리는 방략과 예악과 병농의 기예가 없을 뿐만 아니라, 아녀자처럼 부드러움과 고상함을 쫓으니, 가슴에 가득 찬 호탕함과 탁월한 기운을 찾아보려도 찾을 수 없다[漢宋以來, 徒見訓詁章句, 靜敬語錄與帖括家, 列朝堂 從廟廷 知郡邑 塞天下, 庠序里塾中白面書生, 微獨無經天緯地之略 禮樂兵農之材 率柔艷如婦人女子, 求一腔豪爽倜儻之氣, 亦無之!]"(「읍혈집서泣血集序」, 『습재기여習齋記余』1권) '호걸'은 분노를 다스리고 욕망을 억제하는 순유醇儒가 아니며, 온화하고 선량하며 부드럽고 고상한 서생書生도 아니다. 그는 천지를 경영할 수 있는 담력과 모략을 갖추고 있고, 그 시야는 이미 자아의 완성을 초월해 광활한 외부세계로 향한다. 호걸의 정신에 대한 이상과 같은 이해는, 남송시대 영강永康의 사공학파事功學派와 상통하는 점이 있다. 왕도와 패도의 문제에 관한 주희와의 논쟁에서, 진량陳亮은 이학理學의 진부한 설교에 반대하면서, 이상적 인격은 마땅히 "한 시대를 압도할 만한 지혜와 용기[推倒一世之智勇]"를 갖추어야만 한다고 강조했는데, 명말청초明末淸初의 유학자들의 인격에 관한 학설은 분명 그것을 계승하고 있다.

'순유醇儒'와 다른 인격적 전형으로서의 '호걸'은 무엇보다도 실천적 특성을 지닌다. 유가는 '완성된 인격[成人]'을 말하면서 본래 실천적 전통을 중시했다. 그러나 그 주된 경향을 말하자면, 전통유가의 '실천[行]'이란 도덕실천에 보다 치중되어 있었고, 송명 이학理學은 더 나아가 그 실천을 거경함양居敬涵養이라는 궤적에 따르도록 하였다. 명청 교체기의 유학자들이 보기에, 함양涵養을 내용으로 하는 실천은 결코 미래를 위한 의미를 지닌 실천이 아니며, 진정으로 호걸의 기개를 갖춘 유학자라면, 세인을 돕고 백성을 구제하는 현실적 과정 속에서 그 인격적 역량을 발휘해야만 한다. 따라서 안원顔元은 "유자가 천지의 정기임은, 그가 위에 있건 아래에 있건 재능을 성취해 세인을 돕고 백성에 은택을 미치며 천지의 화육에 참여할 수 있기 때문이다. 만약 연구하고 독서하고 저술하여 이치를 밝히며, 정좌해 경건함을 유지하면서 본성을 함양하는 일이, 온전히 힘써야 할 힘든 임무를 하려 들지 않는 것이라면, 비록 말로는 인의를 말하고, 공자와 맹자를 찬양한다할지라도, 그런 행동은 석가나 노자와 얼마나 다른 것이겠는가? [儒者天地之元氣, 以其在上在下, 皆能造人材以輔世澤民 參贊化育故也. 若夫講讀著述以明理, 靜坐主敬以養性, 不肯作一費力事, 雖日口談仁義, 稱述孔孟, 其與釋老之相去也者幾何?]"(『존학편存學編』 2권)라고 말했다. 여기서 이상적인 인격은 이미 넓은 의미에서의 사회적 실천과 융합해 일체가 되며, 그것은 또 다른 측면에서 외왕外王의 가치지향을 강화시켰다.

외재적 실천은 호걸과 같은 사士의 전체적 특징을 나타내는 것이지만, 이는 이상적 인격이 단순히 하나의 단일한 양식으로 나타나야 한다는 것을 의미하고 있는 것은 아니다. 명말청초明末淸初의 유가사상가인 비밀費密[81]이 "인간을 모조리 성인과 현인처럼 규율할 수는 없다[不盡律人以聖賢]"(「필보록논弼輔錄論」, 『홍도서弘道書』 상권)라고 명확히 지적했듯이, 이런 주장의 내재적 함의는 인격의 획일화를 반대하는 것이었다. 청초淸初의 유학자들이 보았을 때, 인격이 완전무결하길 요구할 필요는 없으며, 단지 어떤 한 측면에서 전문적 재능을 갖추고, 실천에서 구체적으로 활용해낼 수만 있다면, 호걸이라 볼 수 있는 것이다. 따라서 안원은 "각자 한 가지 업무에 정통하다면, 다른 직무까지 겸할 수 없다해도, 역시 호걸이다.[各專一事, 未嘗兼攝, 亦便是豪傑.]"(「학수學須」, 『습재언행록習齋言行錄』 하권)라고 하였던 것이다. 각각의 주체는 각자 한 가지 일에 정통하며, 그 각각이 하나로 어우러지며, 인격의 다양한 발전 경향을 형성한다. 황종희는 이에 대해 구체적으로 설명했다.

"예로부터 호걸의 정신이 깃들지 않는 곳이 없을 수 없다. 노자와 장자의
도덕, 신불해와 한비자의 형명, 좌구명과 사마천의 역사, 정현과 복건服虔의

---

81) 비밀費密(1625~1701). 사천四川 신번新繁(지금의 성도시成都市에 속한다) 사람이다. 젊은시절부터 일찍이 정주이학의 영향을 받았지만, 이후 실학實學으로 전향했다. "인간의 세속적 업무를 통괄해 실천에 응용해야 한다[通人事以致用]"(『홍도서弘道書』 하권)고 주장했다. 저작이 상당히 많았지만, 많은 것이 실전되었다. 현존하는 주요저작으로 『홍도서』가 있다.

경학, 한유와 구양수의 문장, 이백과 두보의 시, 그 밑으로는 사광의 음악과 곽수경의 율력, 왕실보와 곽한경의 희곡가본에 이르기까지, 모두가 그 일생의 정신이 깃든 곳이다[從來豪傑之精神, 不能無所寓. 老 莊之道德, 申 韓之刑名, 左 遷之史, 鄭 服之經, 韓 歐之文, 李 杜之詩, 下至師曠之音聲, 郭守敬之律歷, 王實甫 關漢卿之院本, 皆其一生之精神所寓也]."(「능웅봉시서勒熊封詩序」, 『남뇌문정후집南雷文定後集』 1권)

경세經世활동은 넓은 의미에서의 문화 창조로 나타나는데, 그것은 철학 정치 역사 문학예술 과학 등의 각각의 영역에서 전개되며, 바로 이러한 다양한 문화 창조에서, 이상적 인격은 다양한 형식을 얻게 된다는 것이다. 호걸 정신에 대한 이상과 같은 정의는, 이학자들이 일방적으로 '순유醇儒'라는 개념을 통해 인간을 구속했던 것과는 명백히 다르며, 그것은 또한 외왕外王의 가치노선이 협의의 '역행力行'을 초월하여, 보다 풍부한 내용을 획득할 수 있도록 하였다.

알 수 있듯이 유가적 가치체계의 진화는 명청 교체기에 이르면, 확실히 중요한 전환을 만들어낸다. 심각한 역사적 동요와 혼란을 계기로, 넓은 의미에서의 경세經世와 사공事功이 보편적 가치척도가 되었으며, 그에 따라, 원시유학으로의 회귀라는 형식 하에서, 가치의 무게중심은 내성內聖에서 외왕外王으로 기울어지기 시작했다. 그것은 인격이상에 침투하여 '순유醇儒'로부터 '호걸豪傑'로의 전환으로 나타났으며, 새로운 사유 양식으로서의 그것은 동시에 유가적 가치체계의 각각의 방면으로 전개되었다. 이런 가치지향은 명말청초明末淸初의 실학사조에 호응했던 것일 뿐만 아니라, 학술사조라는 차원을 초월하여, 보편적인 규제적 이념으로서의 의의를 갖추었다.

2. 경학의 실증화와 이성의 도구적 의미

가치의 무게중심의 전환은 유가적 가치체계의 내재적 구조에서 구체적으로 드러나며, 더 나아가 유가의 이성주의 원칙과도 관련된다.

이성理性에 대한 숭상이 유가의 근본적 가치 경향이었다. 선진시대의 시작에서부터, 유가는 점차 이성주의적 가치 전통을 형성해 왔다. 공자는 인도仁道의 원칙을 부각하는 동시에 '인仁'과 '지知'의 통일을 강조함으로써, 유가적 가치체계 속에서 이성원칙의 지위를 정초하였다. 초경험적인 피안세계에 대한 거부, 의지의 맹목적 충동에 대한 억제, 인의仁義에 따른 자각적 실천의 강조, 인격에 대한 이성적 통제의 중시 등등의 유가의 관점 가운데 이성주의적 가치원칙을 체현하지 않은 것이 없다. 하늘과 인간을 억지로 끌어다 연결시킨 동중서조차 마찬가지로, 하늘과 인간의 감응이라는 신비한 형식 하에 이성이란 의미를 주입하고 있다. 바로 이러한 이성주의적 전통은 유가가 종교적 미혹과 광신에 대해 시종일관 상당한 거리를 유지하면서도, 의지주의意志主義 원칙을 초월하도록 하였다. 이런 측면에서, 유가는 확실히 비교적 건전한 가치지향을 드러냈다.

그러나 유가에게서, 이성원칙이 긍정되지만, 인仁과 지知의 통일이 갖는 근본적 구조는 애초부터 이성이 윤리화된 경향을 띄도록 강제했다. 공자가 "지知"를 '인간을 앎[知人]'이라 정의한 것은 사람과 사람 사이의 윤리강상의 관계를 앎의 내용으로 함을 뜻하고 있는데, 인격의 구조에서 "지知"는 더 나아가 인의仁義 속에 포함되게 된다. 이러한 이해에 근거하자면, 실천이성이 명백히 이론적 이성보다 우선하며, 그에 따라 이성의 가치론적 의미가 이성의 도구적 의미를 압도하게 된다. 송명 이학理學에서, 유가의 이상과 같은 전통이 지속되었을 뿐만 아니라, 더 나아가 극단으로 치달았다. 앞서 서술한 것처럼, 이학자들은 덕성에 따른 앎[德性之知]과 견문에 따른 앎[見聞之知]를 엄격히 구분했고, 아울러 덕성에 따른 앎의 주도적 지위를 강조했다. '덕성에 따른 앎'이라는 말이 언급하는 것은 무엇보다도 주체적 실존의 의미이지, 대상세계에서의 있는 그대로의 것에 대한 규정이 아니다. 그것은 본질적으로 넓은 의미에서 가치이성價値理性에 속한다. '덕성에 따른 앎[德性之知]'의 우선성을 긍정하는 것은 물론 도구적 이성의 참월을 억제하는 데 보탬이 되지만, 이를 통해 '견문에 따른 앎[見聞之知]'(사실에 대한 인식)을 억제한다면, 분명 이성은 일방적인 것으로 변질될 것이다. 인仁과 지知 그리고 덕성에 따른 앎과 견문에 따른 앎에 대한 이상과 같은 위치설정은 흔히 과학의 정형화된 가치를 경시하거나 심지어는 폄하하고 억누르도록 만들기 쉬운데, 그것은 내성內聖을 향한 노선과 논리적으로 상호 관련된다.

유학의 후계자로서, 명청 교체기의 유학자들은 거의 모두가 유가의 이성주의 전통을 계승했는데, 이성에 대한 중시와 격물치지格物致知의 추구가 대체로 당시의 보편적 풍조를 이루었다. 그러나, 이 시대의 유학자들은 이성에 따른 앎에 대한 이해에서 결국 이전의 유학자들과는 다른 경향을 출현시켰다. 즉 그들이 결코 덕성에 따른 앎을 부정했던 적은 없지만, 그 시야는 오히려 상당한 정도로 윤리의 영역을 초월했던 것이다. 고염무顧炎武 방이지方以智에서부터 대진戴震 완원阮元[82]에 이르기까지, 주의를 기울였던 무게중심은 무엇보다도 실학實學을 향했다. 고염무는 다음처럼 지적했다.

"사士는 실학을 추구해야만 하니, 천문·지리·병사와 농업·지리 및 한 시대의 전장제도의 근거에 대해서는 깊이 연구하지 않을 수 없다 [士當求實學, 凡天文 地理 兵農 水土及一代典章之故, 不可不熟究]." (『정림여집亭林余集』, 「삼조기사궐문서三朝紀事闕文序」)

방이지는 경제·기예 등을 모두 도道에 관한 학설 속에 포함시켰고(『통아通雅』, 「문장신화文章薪火」), 질측지학質測之學(*방이지가 만든 용어로 '질質'은 실물, '측測'은 관찰과 검증을 뜻하니, 자연과학에 해당하는 말이다)을 연구할 것을 주장했다. 즉 "만물에

---

82) 완원阮元(1764~1849). 자字는 백원伯元, 호號는 운대芸臺로 강소江蘇 의징儀征 사람이다. 25세에 진사에 합격하여, 일찍기 산동학정山東學政 절강학정浙江學政 내각학사內閣學士를 맡았다. 학문연구에서 매우 엄격하고 신중하여, 일찍이 『십삼경주소교감기十三經註疏校勘記』를 편찬했고, 건가학파乾嘉學派의 중진이 되었다. 학문을 논하는 요체를 "실사구시實事求是"에 두었다. (『연경실집硏經室集』, 「자서自」).

근원이 되는 것이 있다면 참으로 그것을 검토하고 연구하는데, 크게는 원회에서부터, 작게는 초목과 곤충에 이르기까지 그것이 갖는 본성과 성향을 분류하고 그 좋고 나쁨을 검증하여, 그것의 일정함과 변화를 추론하는 것을 질측이라고 한다[物有其故, 實考究之, 大而元會, 小而草木蟲蠕, 類其性情, 征其好惡, 推其常變, 是曰質測]"(『물리소식物理小識』, 「자서自序」)는 것이다. "질측지학質測之學"이라는 것은 주로 사실에 관한 인식을 나타낸다. 여기서 이성의 영역은 덕성에 따른 앎에서 넓은 의미에서의 과학적 지식까지 확장된다.

명말청초明末淸初의 유학자들의 '앎[知]'과 '학문[學]'에 대한 이상과 같은 이해는 전통적 지식범주에 주목할 만한 변화를 일으켰는데, 이런 변화는 단순히 그 외연의 확대일 뿐만 아니라, 그 내용의 심화이기도 했다. 전통적인 유가적 가치체계 속에서, 천문 지리 등의 '질측지학'은 단지 '기교[技]'에 불과한 것으로, 실존적 의미를 지닌 '덕성에 따른 앎'에 관계될 때에만 비로소 도道의 영역에 들어갈 수 있었다. '도道'와 대조되는 '기교[技]'는 종속적 성질을 지닌 것에 불과해, 그 지위는 완전히 대수롭지 않은 것이기 때문이다. 이런 사고와 비교할 때, 명청 교체기의 유학자들은 '질측지학'에 대해 상이한 위상을 부여했다. 즉, 그것은 일정정도 '기교[技]'를 '도道'로 격상시킨 것이었다. 고염무가 천문 지리 등을 실학實學으로 간주한 데에서 이미 이런 경향이 나타났다. 완원은 보다 명확하게 수학 등을 "유학자 집단의 실사구시의 학문[儒流實事求是之學]"(『주인전疇人傳』, 「서序」)으로 규정했는데, 다시 말하자면 과학을 일반적인 "학學"에서, 유학儒學의 일부로까지 포함시킴으로써, 그것이 다시는 덕성에 따른 앎의 단순한 부속물로 나타나지 않도록 만들었던 것이다. '질측지학'이 '기교'에서 '도'로 변화되었던 배후에 놓인 것이 도구적 이성이 지닌 가치지위의 격상이다. 이학자들이 과학연구를 외물에 정신이 팔려 뜻을 잃도록 만드는 것이라고 배척했던 것에 비해, 여기서 체현되는 가치지향은 명백히 다른 점이 있다.

송명 신유학(이학理學)은 격물궁리格物窮理를 말하길 좋아했다. 그러나 덕성에 따른 앎의 최 우선성을 강조함에 따라, 송명 신유학은 흔히 궁리의 과정과 함양과정을 융합하여 하나로 만듦으로써, 인식이 지닌 의미를 소멸시킨 채, 완전히 윤리에 관한 체인體認 아래에 종속시켰다. 이학理學의 이러한 사유노선과 대조적으로, 명청 교체기의 유학자들은 '격물格物'과 '질측質測'의 소통을 위해 노력하기 시작했다. 왕부지는 일찍이 '격물格物'에 대해 다음과 같은 정의를 내렸다.

> "격물이란 것은 외물로 나아가 이치를 궁구하는 것이니, 오직 질측質測(사물을 검증)할 때에만 파악할 수 있다[蓋格物者, 卽物以窮理, 唯質測爲得之]."
> (『소수문搔首問』)

여기서, '격물格物'은 일종의 실증적 성질을 띤 연구 과정으로 간주된다. 바로 이런 이해에 근거해서, 전통적 유학에 대해 명말청초明末淸初의 유학자들은 갖가지 비판을 제기했다. 구체적인 과학을 경시했던 [전통적] 유학자들의 편향성을 겨냥하여, 방이지는 "역수와 도량은 우선 중시되어야 하는 것인데, 유학자들 태반이 묻지 않으니, 이 때문에 질서 변화의 원인은 명확히 밝혀질 수 없는 것이다[曆數律度, 是所首重, 儒者多半弗問, 是故秩序變化之原, 不能灼然.]"(『물리소식物理小識』 1권)라고 비판했다. 과학적 지식의 결핍은 필연적으로 허황되고 공허한 이론을 초래하는데, 왕석천王錫闡은 이미 이 점을 인식했다. 즉 그는 "유학자들은 역수를 알지 못해서 허황된 이론을 끌어들여 주장을 세운다[儒者不知曆數, 而援虛理以立說.]"(『효암신법曉庵新法』, 「자서自序」)라고 말했다. 왕석천[83]은 청초淸初의 저명한 사상가로, 고염무 등과의 깊은 관계를 맺었고, 학술상의 견해에서도 대체로 유사하니, 그의 관점은 실질적으로 당시의 유학자들의 보편적 관점을 대변한 것이다.

심성心性을 돌이켜 보는 내성內聖에 관한 학문과 달리, '질측지학'은 본질적으로

---

83) 왕석천王錫闡(1628~1682). 자字는 인욱寅旭, 호號는 효암曉庵으로 강소江蘇 오강吳江 사람이다. 명나라가 멸망한 후, 고통으로 살고자 하는 욕망을 잃어 수차례 자진을 시도했지만, 모두 미수에 그쳤다. 이후 마음을 고쳐 발분하여 천문과 역수에 관한 학문을 연구하여, 청나라 초기의 중국과 서양의 천문 모두에 능통한 저명한 학자가 되었다. 저작으로는 『효암신법曉庵新法』, 『역법歷法』, 『역책歷策』, 『오성행도해五星行度解』 등이 있다.

자연의 이치를 밝히는 것을 목적으로 하는데, 이는 '질측지학'이 우선 외부대상을 지향하도록 결정지었다. 황종희는 일찍이 명나라 유학자를 비판하면서, 나라 사람들(춘산春山)이 『주역周易』의 괘상에 입각해 낮과 밤의 길고 짧음에 관해 견강부회하고 구체적인 천상天象을 완전히 무시하는 모습에 비유했다. "분명하게 근거할 수 있는 천상을 버려두고, 한유漢儒조차 감히 견강부회하지 않았던 것에 견강부회하니, 마음은 수고롭지만 방법은 졸렬하다[舍明明可據之天象, 附會漢儒所不敢附會者, 亦心勞而術拙矣]." (「答范國雯問喩春山歷律」,『황종희전집黃宗羲全集』10책, 浙江古籍出版社, 1985, 184쪽) 여기서의 내재적 요구란 바로 외부의 존재(천상天象)을 근거로 하여, 자연을 고찰의 대상으로 삼아야 한다는 것으로, 그것은 이미 자연을 향하는 사유 경향을 어렴풋이 드러냈던 것이다.

　자연에 대한 탐색은 사실을 존중하는 태도를 필요로 하는데, 황종희는 주관적인 견강부회를 부정하면서 한 측면에서 이미 이런 점을 분명히 밝혔다. 청초淸初의 일부 유가 학자들이 이에 대해서 보다 구체적으로 설명하였는데, 이를테면 왕천석은 거듭해서 "천문에 따른 검증[驗於天]"과 '실측實測'을 강조했던 것이다. 즉, "천문에 따라 검증하고도 법도가 기준에 맞지 않거나, 수량이 정확치 못하거나, 이치가 분명치 못한 경우를 나는 보았다. 하지만 천문에 따라 검증하지 않고서, 법도가 기준에 맞거나, 수치가 정확하다거나, 이치가 분명해졌다는 경우를 나는 본 적이 없다. [驗於天而法猶未善　數猶未眞　理猶未闡者, 吾見之矣. 無驗於天而謂法之已善　數之已眞　理之已闡者,吾未之見也.]"(『추보교삭推步交朔』,「서序」)라는 것이다. 이런 관점은 건가乾嘉시기의 청나라 유학자들에게도 마찬가지로 중요한 영향을 주었는데, 초순焦循[84]은 자연대상은 단지 실측을 통해서만 알 수 있다고 생각했다. "천체는 알 수 없으니, 실측을 통해서만 알

---

84) 초순焦循(1763~1800). 자는 이당理堂, 또는 이당裏堂이다. 대대로 강도江都 황각黃珏(지금의 강소江蘇 한강현邗江縣에 속함)에서 살았다. 진사시험을 치렀으나 낙방하고, 마침내 저술에 몰두하였으니, 섭렵한 것이 매우 광범위하다. 사학史學 문학 음운 의학 생물 지리 등에 대해 모두 연구했는데, 특히 천문연구와 역산에 정통하였다. 저작이 굉장히 많은데, 『역학삼서易學三書』, 『맹자정의孟子正義』, 『이당학산기裏堂學算記』, 『의설醫說』등이 있고, 그 밖에 문집으로 『조고집雕菰集』등이 있다.

수 있다. (…) 헛된 이론을 통해 다 알 수 있는 것이 아니며, 마음 밖에 있는 것을 통해 가늠할 수 있는 것이 아니다[天不可知, 以實測而知. (…) 非可以虛理盡, 非可以外心衡也].”（「역도략자서易圖略自序」, 『조고집雕菰集』 16권) 여기서 체현되는 것은 일종의 실증적 정신이며, 실증 정신은 바로 도구적 이성이 갖는 기본적 요구 가운데 하나로, 이런 점에 입각해 말하자면, 실증정신의 도입은 도구적 이성이 지닌 의의를 보다 구체적으로 긍정했음을 의미하고 있는 것이다.

대상의 이치를 파악하는 것은 실증적인 태도를 필요로 할 뿐만 아니라, 일련의 사유방법과 관련되는데, 명말청초明末淸初의 유학자들이 특별히 관심을 지녔던 것은 수학적 방법이었다. 일찍이 명말明末에 서광계徐光啓·이지조李之藻 등은 바로 수학적 방법에 대해 상당한 정도로 관심을 기울였다. 예를 들어, 이지조는 “수에 근거해 이치를 탐구하라[緣數尋理]”는 주장(『동문산지서同文算指序』)을 제기했다. 청초淸初의 황종희는 더 나아가 이런 방법론적 원칙을 “수를 빌려서 이치를 밝히는 것[借數以明理]”(「답인암종형答忍庵宗兄」, 『남뇌문정오집南雷文定五集』 1권)이라고 개괄하였다. “수에 근거해 이치를 탐구하라” 또는 “수를 빌려서 이치를 밝힌다”는 말은 수학적 방법을 통해 대상의 본질 및 규칙을 드러내 보이는 것을 뜻한다. 청나라 유학자들은 이렇게 수를 통해서 이치를 규명하는 방식에 대해, 보편적으로 신뢰하는 태도를 지녔다. 왕석천은 ‘실측實測’을 요청하면서, “정밀함을 추구하고자 한다면, 반드시 수를 통해서 추론해야 하니, 수가 이치는 아니지만 이치로 인해 수가 생긴 것이니, 수에 근거하면 이치를 깨달을 수 있다.[欲求精密, 則必以數推之, 數非理也, 而因理生數, 卽因數可以悟理.]”(「역설일歷說一」, 『송릉문록松陵文錄』 1권)는 점을 다시금 지적했다. 이후 완원은 또한 수학적 방법을 파악하고 있는지의 여부를 통유通儒(*고금에 밝은 학식이 깊고 넓은 유학자)임을 판단하는 기준의 하나로 삼았다. 따라서 그는 다음처럼 말했다. “수는 육예 가운데 하나로 그 용도를 확장하면 천지를 다스리는 것이자, 여러 인류를 체계화하는 것이다. 하늘과 성신의 높고 원대함은 수가 아니면 그 신령함에 근접할 수 없고, 지역의 면적은 수가 아니면 그 한계를 측량할 수 없으며, 세상 일의 뒤얽힌 번잡함은 수가 아니면 그 요점을 끌어낼 수 없다. 하늘·땅·인간의 도리를 관통해야 유학자라 하는데, 누가 유학자가 수를 몰라도 괜찮다고 말하는가? [數爲六藝之一, 而廣其用, 則天地之綱紀, 群倫之統系也. 天與星辰之高遠, 非數無以交其靈 ; 地域之廣輪, 非數無以步其極. 世事之糾紛繁頤, 非數無以提其要. 通天地人之道曰儒, 孰謂儒者可以不知數乎!]"(「里堂學算記序」, 『研經室三集』 5권)라고 하였다.

여기서 수를 통해 이치를 밝히는 것은 보편적 방법론으로서의 의의를 부여받으며, 유학이란 말 속에 마땅히 갖춰야만 하는 내용이 된다. 그 내용에 입각하자면, 수를 통해 이치를 밝히는 것은 근본적으로 논리적인 연역의 사용(추론)으로 나타난다. 그것이 지향해 나가는 대상은 형식화된 이성으로, 도구적 이성이 추구하는 것 역시 바로 이와 같은 일종의 형식화된 이성이다. 그것은 가치론적 의미에서의 합리성이란 의미와는 상당히 다른 것이다. 실증적 정신이 주로 도구적 이성의 일반적 원칙을 총체적으로 드러내는 것이라면, 수학적 방법이 체현하는 엄밀성과 형식화의 경향은 도구적 이성의 보다 내재적인 특징을 구성하는 것이다. 이처럼 수를 통해서 이치를 규명하는 보편적 의의를 인정한다는 것은 실질적으로 또 다른 측면에서 도구적 이성을 고양시킨 것이기도 하다. 일종의 보편적인 방법론적 원칙으로서의 실증성과 논리적 엄밀성이, 마찬가지로, 경학經學을 제약하고 있다. 양한兩漢 시기 이후부터, 경학은 점차로 유학의 정통적 형태가 되어왔는데, 명말청초(청나라 중기에 이르기까지)의 유학자들이 자연의 이치를 밝히는 데 주목하기 시작했지만, 이로 인해 경학의 영역을 벗어나지는 않았다. 고염무가 이학理學에서 경학으로 회귀할 것을 요구한 것이나, 왕부지가 "육경은 내게 새로운 경지를 드러낼 것을 요구한다[六經責我開生面]"는 말로 스스로를 고무한 것 등은 모두 경학을 유학의 정통으로 여기는 전통적 관념에서 이탈한 것이 아니다. 그러나 송명 신유학이 경학을 이학화理學化하였던 것과는 달리, 명청 교체기의 유학자들은 경학과 실측지학의 소통에 보다 많은 노력을 기울였다. 앞의 글에서 고염무가 "사士는 실학을 추구해야만 한다[士當求實學]" 강조했음을 언급했는데, 실학을 규명하는 것 역시 동시에 경학에 통달하기 위한 필요조건이라 간주되었다.

대진戴震은 후대에 이에 대해 보다 명확하게 설명했다. "경전 가운데 해명하기 어려운 점을 말하자면, 여전히 몇 가지 것들이 있다. 『서경』「요전堯典」의 몇 줄을 배송하다, '乃命羲和'란 구절에 이르렀을 때, 항성과 칠정七政(*해, 달, 금, 목, 수, 화, 토의 5성)이 운행하는 방식을 알지 못한다면, 책을 덮고 다 읽을 수 없게 된다. 『시경』의 「주남」편과 「소남」편을 읽을 때에는 「관저」에서부터 나가게 되는데, 고음을 알지 못한채, 단순히 글자 뜻을 가지고 억지로 읽어간다면, 아귀가 맞지 않아 잘못 이해하게 된다. 고대의 『예경』을 읽을 때, 먼저 「사관례」를 읽게 되는데, 고대의 궁실 의복 등의 제도를 알지 못한다면, 방향을 잃고, 그 활용방식을 분별할 수 없게 된다. 고금의 지명과 연혁을 알지 못한다면, 『서경』「우공」과 『주례』「직방」에서의 장소를 잘못 파악하게 된다. 소광 방요(*모두 고대의 계산 방식)를 알지 못한다면, 『주례』「고공기」에 나오는 기물에 관해서는, 문장에 근거해 그 제도를 추론할 수 없게 된다. 동식물 등의 형상과 종류, 명칭을 알지 못한다면 [시경에서의] 비와 흥의 기법이 의미하는 바에서 동떨어지게 된다[至若經之難明, 尙有若干事. 誦「堯典」數行, 至'乃命羲和', 不知恆星七政所以運行, 則掩卷不能卒業. 誦「周南」「召南」, 自「關雎」而往, 不知古音, 徒强行以協韻, 則齟齬失讀. 誦古『禮經』, 先「士冠禮」, 不知古者宮室,衣服等制, 則迷於其方, 莫辨其用. 不知古今地名沿革, 則「禹貢」「職方」失其處所. 不知少廣旁要, 則「考工」之器不能因文而推其制. 不知鳥獸蟲魚草木之狀類名號, 則比興之意乖.]"(「與是仲明論學書」, 『戴震集』, 上海古籍出版社, 1980, 183쪽) 한 마디로 말해, 경전 연구는 언제나 천문 지리 수학 언어 생물 기계 등의 구체적인 과학과 관련된다는 것이다. 여기서 '질측지학'은 사실상 경학을 위한 도구이다. 바로 과학적 관념을 도구로 삼음으로써, 청대의 경학은 이전 시대와는 다른 면모를 얻게 된 것이다. 송대 유학의 경학 연구는 일반적으로 의리義理를 해명하는데 편중되어 있어서, 그 말류末流는 흔히 견강부회와 근거 없는 판단으로 흘렀다. 청대 유학은 학설을 세울 때, 우선 본문에 근거하고, 음운·의미·형태 등의 측면을 통해 자의字義를 고증하고 해석하는데 착수했으며, 아울러 판본의 진위에 대한 판별과 교감, 구체적인 과학지식에 따른 검증 등을 통해 보완하였다. 건가乾嘉시기에 이르러, 음운학 교감학 등의 구체 과학은 점차 성숙되었고, 종속적인 지위에서 지배적 지위로서의 짜임새를 갖추었다. 구체 과학의 경학 내부에서의 성장은, 한 측면에선 도구적 이성 또는 과학적 이성이 갖는 지위의 격상을 보여준다. 무엇보다도 주목할 만한 가치가 있는 점은, 경학이 고증학으로 나아감에 따라 경학연구 방법 자체에서도 중요한 질적 변화가 발생하였다는 사실이다. 송대 유학자가 전체적 원리를 중시하고 실증을 경시했던 것과는 달리, 청대 유학자는 실사구시實事求是의 원칙을 내걸었다. "통유通儒의 학문은 반드시 실사구시에서부터 시작한다.[通儒之學, 必自實事求是始.]"(전대흔錢大昕, 「노씨군습보서盧氏群拾補序」, 『잠연당문집潛研堂文集』 25권)는 것이다. 이를 출발점으로 삼음으로써, 그들은 '회통의례會通義例'와 '일이관지一以貫之'의 통일을 주장했다. '회통의례會通義例'란 구체적인 경험의 재료로부터 일반적인 체계를 개괄하는 것이며, '일이관지一以貫之'란 일반적인 원리와 사례[義例]로부터 특수한 현상을 고찰하는 것으로, 양자는 귀납과 연역의 상호적 작용으로 난타난다. '회통의례會通義例'와 '일이관지一以貫之'를 연관시킨 것은 근원으로 거슬러 올라가 흐름을 파악하는 역사주의적 방법으로(노문초盧文弨, 「답주수재 리제서答朱秀才理齊書」, 『포경당문집抱經堂文集』 19권을 참조할 것), 광범위한 고찰과 정밀한 사유, 조리있는 분석 그리고 근원에 대한 탐색을 통해 도출된 이론적 판단은 최종적으로 다시 엄밀한 검증을 거쳐야만 한다. 이와 같은 경우에만 비로소 만족스러운 견해가 되는 것이다. 즉, "만족스러운 견해라는 것은 반드시 과거를 통해 검증하여 조리있지 않음이 없고, 도에 합치해 미심쩍은 논의를 남기지 않으며, 크고 작은 점이 모두 궁국되고, 근본과 말단이 모두 고찰되어야 한다[所謂十分之見, 必征諸古而靡不條貫, 合諸道而不留余議, 鉅細畢究, 本末兼察]"(「여요효렴희전서與姚孝廉姬傳書」, 『대진집戴震集』 185쪽)는 것이다. 청대 유학의 이런 경학 연구 방법은 본질적으로 실증과학의 원칙에 근접한 것으로, 바로 이런 사실에 근거하여, 청대 경학은 언제나 '박학朴學'이라 칭해졌다. 송명 이학理學이 경학에 형이상학적 특질을 부여했다면, 청대의 유학자들은 경학이 실증적인 방향으로 나가도록 하였다.

그 본래적 의미에 따르면, 경학은 우선 정통적 이데올로기를 대표하는 것으로, 이데올로기로서의 그것은 주로 특정한 시기의 인간들의 바람 이상 평가원칙 문화적 양식 행위목적 등등을 구체적으로 드러내는데, 이는 확실히 넓은 의미에서의 가치론적 이성에 속한 것이다. 경학의 이데올로기적 내용에 비할 때, 천문 역수曆數 음운 등의 구체적 과학 및 광범위한 고찰과 정밀한 사유, 객관적 사실을 규명하는데 엄격한 방법론적 사상은 이성의 도구로서의 기능을 보다 부각시킨다. 청대 유학자들은 구체 과학 및 실증적 방법론을 경학에 끌어들였고, 이를 경학 연구에 관련된 필요한 수단으로 만듦으로써, 양자를 융합시키는 경향을 명백히 드러냈다. 실제로 경학이 실증화 되는 배후에서, 우리가 목격할 수 있는 점은 바로 가치이성價値理性에로의 도구적 이성의 침투인데, 이런 침투 자체는 또한 다양한 가치론적 의의를 함축하고 있다.

그 의의 중 하나는, 바로 도구적 이성의 가치론적 지위에서의 중대한 전환이다. 앞에서 서술한 것처럼, 전통적 유학 내에서, 과학은 시종일관 기교 또는 기예의 영역에 국한되었는데, 명청 교체기의 유학자들이 질측質測을 기교에서 학문으로까지 끌어올렸을 때, 과학은 자체의 가치를 얻기 시작했으며, 실증화 된 경학의 형태 하에서, 과학은 일반적인 '학문'에서 더 나아가 경학에까지 개입함으로써, 그 가치론적 지위에서도 이에 따라 보다 높은 차원의 것으로 긍정되었던 것이다. 도구적 이성에 대한 이러한 주목은 어느 정도는 근대의 실증과학에 접근하기 위한 어떤 가치근거와 심리적 준비를 제공했다. 실제로 서양의 과학에 대한 명청 교체기 유학자들의 동일시란, 도구적 이성의 지위의 격상과 상호보완적인 관계를 맺고 있다. 근대에 이르러, 호적胡適이 서양의 근대적 실증과학의 방법을 도입하였을 때에도, 여전히 그것을 거듭 청대 유학자의 경학 연구 방법과 소통시킴으로써, 전통적인 근거를 확보하였다.[85]

그러나 청대의 유학자들은 구체적인 과학 및 실증적 방법을 경전을 해명하는 수단으로 삼으면서, 그 역할과 의의를 제한시키기도 하였다. 경전을 연구하는 수단으로서의, 과학적 방법의 역할은 일정 정도 경학의 한 귀퉁이에 국한되었다. 경학이 실증화 됨에

---

85) 필자의 논문, 「評胡適對淸代朴學方法的改造」을 참조할 것.(『社會科學戰線線』, 1986년 3분기)

따라, 경학 내부의 일부 과학적 분야(이를테면 음운학)는 점차 주도적인 것이 되었지만, 기본적으로 경학 연구에 봉사하는 것이라는 근본적인 측면은 시종일관 그런 과학이 종속적인 지위에서 완전히 탈피할 수 없게 하였다. 요컨대, 경학이란 차원에서 말하자면, 경학의 실증화는 허황된 심성心性에 관한 학문을 지양함을 의미하고 있지만, 전체적인 시대의 사유 경향이란 차원에서 말하자면, 경학의 실증화는 도구적 이성이 문헌 고증으로 전환되기 시작했음을 의미한다. 이처럼 명청 교체기는 한동안 자연을 향한 외침을 출현시켰지만, 실증적 방법을 통해 경학을 연구하는 박학朴學의 사조에 직면하여, 이런 외침은 끝내 시대의 강음强音이 되지는 못했다. 도구적 이성의 이상과 같은 제한은, 명청 교체기의 이학理學으로부터 경학으로의 회귀라는 역사적 요구를 배경으로 하면서, 또한 유가의 전통적 가치 관념의 제약을 체현한 것이다.

그러나 또 다른 시각에서 보자면, 경학의 실증화는 또한 보다 심층적인 가치론적 함의를 지니고도 있다. 일반적으로, 실증적인 경향은 언제나 형이상의 초월론적 경향에 대립하여 실증연구의 가치를 긍정하는데, 흔히 논리적으로 형이상에 대한 부정으로 발전하였다. 송명 이학理學이 늘 형이상학적 취향을 농후하게 드러냈던 것과 달리, 청대 유학은 형이상학적 작업을 해체하는데 종사하는 경향을 띠었다. 대진戴震은 일찍이 송대 유학이 천리天理를 형이상학화한 것에 대한 비판을 제기했다. "송대의 유학은 인 의 예를 합하고 총괄하여 '리'라고 말하며, 물체가 존재한다면 하늘에게서 얻어서 마음에 간직하게 되는 것으로 본다. 이에 따라 이를 '형이상'이라 여기고, '텅 비고 고요하여 자취나 조짐이 없는 것'이라 하였고, 인륜의 일상을 '형이하'라 여기고, '만물의 형상이 복잡하게 펼쳐져 있는 것'이라 생각했다. 아마도 노자 장자 석가가 인륜이 일상을 버려두고 별도로 중히 여긴 바를 따라서, '도'를 변용하여 마침내 '리'라고 일컫게 된 것이다.

천지에 있어서는 음양을 가지고 '도'라고 말할 수 없으며, 인간과 만물에 대해서는 기질로 부여받은 것을 '본성'이라고 말할 수 없으며, 인륜의 일상에 관한 일을 '도'라고 일컬을 수 없다. 육경과 공자 맹자의 말은 그런 생각들과 부합하지 않는다[宋儒合仁義禮而統謂之理, 視之如有物焉, 得於天而具於心, 因以此爲'形而上', 爲'沖漠無朕', 以人倫日用爲'形而下',

爲'萬象紛羅'. 蓋由老莊釋氏之舍人倫日用而別有所貴, 道遂轉之以言夫理. 在天地, 則以陰陽不得謂之道, 在人物, 則以氣稟不得謂之性, 以人倫日用之事不得謂之道. 六經孔孟之言, 無與之合者也." (「맹자자의소증孟子字義疏證(下)」, 『대진집戴震集』, 314쪽) 이학자들은 인仁과 의義 등의 당위적 원칙을 초월적인 것으로 만들어, 그것이 궁극적인 천리가 되도록 하였는데, 이는 가치이성價值理性을 강화시킨 것이자, 또한 구체적인 존재에 대한 멸시와 형이상학적인 실체를 숭상하는 가치지향을 표출한 것이다. 대진이 보기에, 이러한 형이상의 실체란 사변적인 허구에 불과하다. 그는 형이상과 형이하에 대해 다음과 같이 정의했다.

"형상은 형체를 이미 갖춘 것이라고 말한다면, 형이상은 형상 이전이라는 뜻이고, 형이하는 형상을 갖춘 이후라는 뜻이니, 음양이 아직 형체를 갖추지 않은 것을 형이상이라고 일컫는 것으로, 형이하가 아님은 분명하다[形謂已成形質, 形而上猶日形以前, 形而下猶日形以後, 陰陽之未成形質, 是謂形而上者也, 非形而下明矣]." (「서언緖言(上)」 『대진집戴震集』, 352쪽)

여기서 구체적으로 드러나는 점은 형이상학적인 경향에 대한 배제로, 그것은 일종의 존재론적 입장을 드러낼 뿐만 아니라, 그에 따른 가치론적 의미를 지니고 있다. 그 가치론적 의미에서 말하자면, 형이상학에 대한 배제는 곧 가치의 무게중심을 초월적인 영역에서 구체적인 존재로 전환시킴을 의미하고 있는데, 이러한 사유노선은 기술 이성을 부각하는 근대 실증주의와 상당히 유사한 점을 지닌다.

전통 유학, 특히 송명 유학에서, 이理(道)는 존재에 대한 최고의 근거로서, 언제나 인간에게 궁극적인 의미에서의 만족을 제공하는 것인데, 유학(특히 이학理學)이 추구하는 것이 무엇보다도 바로 이와 같은 형이상의 가치와 의미이기도 하다. 형이상학적 전제를 배제하는 데에서 출발하는 청대유학은 '이理'의 기능에 대해 상이하게 이해한다.

" '리'를 언급해 마음이 구분할 수 있음을 보이고, '의'를 언급하여 마음이 [옳고 그름을] 판단할 수 있음을 보인 것이다. 구분하자면 각각 그 바꿀 수 없는 법칙이 있다면 이름하여 '리'라고 하며, 이와 같이 할 때 합당하다면 이름 하여 '의'라고 하는 것이다. 이 때문에 '리'를 규명함은 그 구분을 명확히 하는 것이고, 의를 정밀히 함이란 그 판단을 정밀하게 하는 것이다[擧理, 以見心能區分, 擧義, 以見心能裁斷. 分之, 各有其不易之則, 名曰理. 如斯而宜, 名曰義. 是故明理者, 明其區分也, 精義者, 精其裁斷也]." (「맹자자의소증孟子字義疏證(上)」, 『대진집戴震集』, 267쪽)

대상을 기준으로 말한다면, '이理'는 한 사물이 다른 사물과 구별되는 특수한 규정을 표시하는 것이며, 한편 주체의 인식능력을 기준으로 말하자면 이성(마음)의 작용은 주로 분석에 있다.

이러한 분석으로 제공되는 것은 주로 대상에 관한 특수한 규정에 관련된 정확한 지식이지 궁극적인 의미에 관한 관심이 아니다. 쉽게 알 수 있듯이 [이理의 의미인] 형이상의 실체가 구체적인 부분적 이치[分理]로 전환됨에 따라, 이성의 실증적 정신과 도구적 의미는 그 가치론적 의미를 희석시켰던 것이다.

요컨대, 유가의 이성주의적 가치원칙은 명청 교체기 및 청대에 주목할 만한 변화를 출현시켰다. 질측質測에 따른 앎의 기교에서 학문으로의 격상 및 경학의 실증화에 따라, 가치 합리성(실질적 합리성)의 추구를 특징으로 했던 인본주의 이성의 전통은, 몇몇 측면에서 도구적 합리성(형식 합리성)을 숭상하는 도구주의적 이성원칙으로 확장되기 시작했다.

이러한 전환은 명말청초明末淸初의 경세치용經世致用의 사회적 사조를 배경으로 하며, 또한 명백히 동점하는 서학西學의 영향을 받은 것이었다. 명 말부터, 근대 서양의 과학사상 및 과학적 방법이 점차 중국으로 유입되기 시작하였는데, 이 시기에 수입되었던 서학은 흔히 천주교의 신학과 뒤얽혀 있었을 뿐만 아니라, 체계적이고 심오하다고 말하기에는 매우 어려운 수준이었지만, 서양의 근대적 과학에 함축된 실증 정신 및 도구적 이성 등은 주도적 지위를 차지했던 유가적 가치체계에 대해 내재적인 충격을 주었고, 그에 따라 서학에 처음으로 접한 유가 사상가들에게 영향을 주었다. 일찍이 명말의 서광계徐光啓는 깊은 감명을 받고 다음처럼 말했다. "나는 일찍이 서학의 가르침이 기필코 유학을 보완하고 불교를 바꿔놓을 수 있다고 말했는데, 그 이외에도 일종의 격물궁리의 학문을 갖추고 있다.

세상 안팎의 모든 사물의 이치에 대해, 물었을 때 황하를 뒤집듯 거침없이 응답해주며 조금도 이해되지 않음이 없다. 돌이켜 생각건대, 오랜 시간이 지날수록 서학의 학설은 틀림없이 그러한 것이어서 바꿀 수 없는 것임을 알게 된다[余嘗謂其教必可以補儒易佛, 而其緖餘更有一種格物窮理之學, 凡世間世外, 萬事萬物之理, 叩之無不河懸響答, 絲分理解. 退而思之, 窮年累月, 愈見其說之必然而不可易也]."(「태서수법서泰西水法序」, 『서광계집徐光啓集』, 上海古籍出版社, 1984, 66쪽) 여기에는 설사 어떤 종교적인 정체성이 섞여들어가 있긴 하더라도, 서양 근대과학 사상 및 과학적 방법론에 대한 추앙이 주로 나타나 있는데, 이는 명청 교체기에 일종의 보편적 경향이 되었다.

방이지는 일찍이 "서구의 질측質測은 상당히 정교하다[泰西質測頗精]"(『통아通雅』, 「독서유략讀書類略」)고 지적했고, 왕부지 역시 "서쪽 오랑캐는 교묘하고 정밀함에서 빼어난 장점이 있다[西夷以巧密誇長]"(『사문록思問錄』, 「외편外篇」)라고 인식하면서, 아울러 서양 역법가의 "망원경을 통한 질측 방법[遠鏡質測之法]"에 대해 상당한 예찬을 보냈다.(위의 책 참조) 바로 그 이후의 이공李恭은 이에 따라 "근래의 서양의 여러 방법을 통해 검증[參以近日西洋諸法]"할 것을 요구했고(『서속연보恕谷年譜』 3권), 대진 역시 마찬가지로, 서양의 학문을 여러 측면에서 긍정하면서, "그들이 기계를 제작하는 정교함은, 참으로 고금을 통틀어 으뜸이다[其製器之巧, 實爲甲於古今]"라고 생각했다.(『사고전서총목제요四庫全書總目提要』, 「자부子部 보록류譜錄類」 115권) 완원阮元에 이르기까지도, 여전히 "서양인은 기하에 능숙하므로, 천체 모형을 만듦에 매우 정확하고 빈틈이 없다.[西人熟於幾何, 故所制儀象極爲精審.] (『주인전疇人傳』 45권,

「남회인南懷仁」) 고 찬양된다. 과학적 방법에서부터 공예기술에 이르기까지, 근대의 서학은 명 말에서 청대에 이르기까지의 유학자들에게 무시할 수 없는 흔적을 남겼다. 가치의 무게중심이 외왕으로 치우쳤던 것이 상당부분 하늘이 무너지고 땅이 갈라지는 사회적 동요를 역사적 근거로 했다면, 유가적 이성주의 전통의 어떤 전환은 한편으로는 서학이 동쪽으로 밀려왔던[西學東漸] 시대적 특징을 반영한 것이었다.

3. "하늘의 하늘"을 "인간의 하늘"로

역사의 변천은 가치의 무게중심에서의 전환을 야기했는데, 가치체계의 몇몇 측면이 이로 인해 중요한 지위로 격상되었다. 그러나 그 진화과정 속에서, 유가적 가치체계는 결국 상대적으로 안정적인 문제영역을 형성했는데, 하늘과 인간의 관계[天人關係]가 바로 그런 근본적인 가치문제였다. 유학적 정체성을 지녔던 명말에서 청대에까지 이르는 유학자들은 이에 대해서도 마찬가지로 자각적인 관심을 기울였다.

인간과 천지만물의 관계란 측면에서 말하자면, 유학자들은 우선적으로 인간의 가치를 긍정했다.

> "오직 인간만이 오상의 이치를 온전히 갖추어 굳건히 따를 수 있다. 선이란 인간에게 고유한 것이다[惟人則全具健順五常之理. 善者, 人之獨也]." (왕부지王夫之, 『장자정몽주張子正蒙注』 3권)

> "이 때문에 인간이란, 천지의 지극한 성대함의 징표이다[是故人也者, 天地至盛之征也]." (대진戴震, 「원선原善(中)」, 『대진집戴震集』, 159쪽)

천지 사이에 인간만이 유일하게 존귀하다는 것은 유가의 근본적 신념이고, 그것이 체현하는 것이 바로 인본주의적 가치 원칙이었다. 명청시대의 유학자들의 이상과 같은 관점은 대체로 유가의 이런 인본주의적 전통을 계승한 것이었다. 물론 유학자들이 이런 간단한 결론에 머물렀던 적은 없었고, 그들은 더 나아가 인간이 존귀한 이유에 관해 이론적으로 해석하려 노력하였다. 이를테면 왕부지는 "오직 이처럼 학문을 좋아하고 힘써 실천하고 부끄러움을 아는 마음이란 사물에는 결코 없는 것으로, 인간에게만 고유한 것이다. 하늘이라 해도 지니고 있지 않은 것인데, 두 기와 오행의 정수가 응결해 사람이 되고서야 비로소 존재하게 된다. 천지가 낳은 것 중에서 인간이 존귀하니 이런 점을 중시할 따름이다[惟此好學 力行 知恥之心, 則物之所絶無, 而人之所獨也. 抑天之所未有, 而二氣五行之精者凝合爲人而始有也. 天地之生, 人爲貴, 貴此而已.]"(『예기장구禮記章句』「중용연中庸衍」)라고 하였다. '학문을 좋아함[好學]'이란 이성의 능력을 구체적으로 드러낸 것이고, '힘써 실천함[力行]'은 일종의 실천의 특성이며, '부끄러움을 앎[知恥]'이란 내재적인 도덕 의식을 드러내는 것이다. 청대 유학자들은 이러한 측면들을 통해서, 인간의 존귀함에 대한 근거를 찾았는데, 근본적으로는 여전히 유가적 사유노선을 따른 것이다.

인간이 처음 세상에 나타났을 때, 본래는 단지 일종의 자연이란 의미에서의 존재에 불과했다. 일종의 자연인 존재로서, 인간은 '학문을 좋아함', '힘써 실천함', '부끄러움을 앎'과 같은 속성을 전혀 갖추고 있지 않다. 인간이 진정 내재적 가치를 획득하도록 하려면, 반드시 "하늘의 하늘"(자연적 존재)에서 "인간의 하늘"(인문화된 존재)에 이르는 하나의 과정을 거쳐야만 한다. 따라서 왕부지는 "과거에 하늘의 하늘이었던 것이, 지금에는 인간의 하늘이 된다. (…) 인간에 들어온 것은 하늘에서 나온 것이니, 하늘의 관점에서 '간다'고 하는 것은, 인간의 입장에서는 '온다'라고 일컫는다[昔之爲天之天者, 今之爲人之天也 (…) 入乎人者出乎天, 天謂之往者人謂之來.]"(『詩廣傳』4권)라고 하였다. 이러한 과정은 본질적으로 자연의 인문화로 표현된다. 개체의 인문화 과정에 대해 대진은 비교적 구체적으로 고찰했다. 이를테면 "혈기의 스스로 그러함에서 비롯되었지만, 그것을 상세히 고찰하여 반드시 그러한 것을 아는 것, 이것을 이치와 올바름이라고 일컫는다[由血氣之自然, 而審察之以知其必然, 是之謂理義.]"(「맹자자의소증孟子字義疏證(上)」, 『대진집戴震集』, 285쪽)는 것이다. '혈기의 스스로 그러함[血氣之自然]'은 자연적 본능을 뜻하며, '이치와 올바름[理義]'는 인문적 규범을 나타낸다. 인간이 유일하게 천하에서 귀한 존재가 될 수 있는 이유란, 이성적 인식("반드시 그러한 것을 아는 것")을 통해 혈기의 스스로 그러함을 초월함으로써 인문적 경지에 이를 수 있느냐에 달려 있다는 것이다.

넓은 의미에서의 자연이란 대상을 포괄하여 가리킨다. 대상에 입각해 말하자면, '하늘의 하늘'에서 '인간의 하늘'로의 전환 과정(자연의 인문화 과정)은 주로 '있는 그대로의 사물[自在之物]'을 '나를 위한 사물[爲我之物]'로 바꾸는 것으로 나타난다. 선진유가의 대표적 인물 중의 하나인 순자가 이미 자연의 인문화가 갖는 의미에 주목했으며, 이에 대해 구체적인 고찰을 행했다. 그러나 송명 신유학(이학理學)에서, 자연의 인문화가 유례없이 현저했지만, 이러한 과정은 동시에 언제나 인간의 자연본성의 전환으로 협소하게 이해되었다. 대상을 '있는 그대로의 사물'에서 '나를 위한 사물'이 되도록 하는 역사적 과정은 기본적으로 그들의 시야 외부에 놓여 있었다. 송대 유학자들과는 달리, 명청 교체기의 유학자들은 이런 측면에서 순자의 유학 전통을 주로 계승하였는데, 인간의 작용을 통해서 대상을 변혁시킬 것을 강조함으로써, 대상이 나를 위한 사용되는 것이 되도록 하였다. 즉, "하늘에 없는 것이라도 있도록 할 수 있고, 하늘이 혼란하게 한 것이라도 다스릴 수 있다[天之所無, 猶將有之, 天之所亂, 猶將治之.]"(왕부지, 『속춘추좌씨전박의續春秋左氏傳博議』 하권)는 것이다. 여기서 '인간의 하늘'은 명백히 보다 광범위한 의의를 획득하게 되었다.

물론 대상의 인문화('절로 존재하는 사물을 나를 위한 사물로 바꾸는 것')란 편협한 인간중심주의로 나아감을 의미하고 있는 것은 아니다. 바꿔 말해, '하늘의 하늘'로부터 '인간의 하늘'로 나아가는 것이 '하늘과 인간의 관계'에서의 유일한 원칙은 아니다. 즉, "인간이 결정하여 하늘을 이기는 것 역시 하나의 이치이지만, 그것을 내세워 근원으로 삼을 수는 없다[人定而勝天, 亦一理也, 而不可立以爲宗.]"(위의 책) 대상을 통해 보자면, 자연의 인문화는 언제나 자연의 이치에 부합할 것을 조건으로 하며, 단순히 인간의 의지를 자연에 강제할 수는 없는 것이다. 주체라는 측면에서 말하자면, '혈기의 스스로 그러함'에서 인문적 차원의 의리와 옳음에 이르는 것도 역시 단순히 인간의 천성을 손상시키는 것으로 나타나지는 않는다. 청대의 유학자들이 볼 때, 인간은 물론 자연 상태에 머무를 수는 없지만, 만약 인간의 자연적 속성에 대해 완전히 허무주의적인 태도를 취한다면, 또 다른 극단으로 치닫게 된다. 그렇기에 대진은 "기품과 기질을 배제한 채, 무엇을 가지고 인간이라고 일컫겠는가?[舍氣稟氣質, 將以何者謂之人哉?]

(「맹자자의소증」, 『대진집』, 302쪽)라고 하였다.

이 때문에 청대의 유학자들은 자연(하늘[天])은 인문화 되어야만 한다는 점을 긍정하면서도, 거듭해서 자연을 무조건적으로 멸시하고 폄하해 억누르는 것을 반대했다. 왕부지는 다음과 같이 지적했다. "인간의 생명의 이치는 기질의 발생 속에 있으니, 원래 그득하고 충만하여 무성하게 뻗어나가는 것이다. 그것을 훼손하여 끊어버린다면, 무성하게 자라지 못하게 만들 것이며, 또한 절차탁마하는 노력을 더하지 않고 그 우둔한 자질에 맡긴다면, 타고난 아름다움을 잃어버림은 물론 사람으로서 해야할 일도 폐기될 것이다[人之生理在生氣之中, 原自益然充滿, 條達榮茂. 伐而絶之, 使不得以暢茂, 而又不施以琢磨之功, 任其頑質, 則天然之美旣喪, 而人事又廢.]" (『사해俟解』) 사람으로서 해야 할 일은 폐기되서는 안 되는 것이기도 하지만, 인간의 타고난 본성 그 자체에는 선을 향한 근거가 함축되어 있는 것이기도 하다. 만약 인간의 생명의 이치를 훼손하여 끊어버린다면, 인문화의 과정도 바로 그 출발점을 상실하게 될 것이다. 대진은 이에 대해 보다 깊이있는 이론적 분석을 행했다.

> "선은 필연이고, 본성이란 자연이다. 필연으로 돌아가는 것은 자연의 완성으로 나아가는 것이다. 이를 자연의 지극함이라고 일컫는데, 천지, 인간과 만물의 도가 여기에서 완전해지기 때문이다[善, 其必然也, 性, 其自然也. 歸於必然, 適完其自然. 此之謂自然之極致, 天地人物之道於是乎盡.]" (「맹자자의소증(하)」, 『대진집』, 312-313쪽)

여기서의 '필연'은 인문적 의미에서의 당위(선한 덕성)을 뜻한다. 자연적인 본성은 분명 당위로까지 격상되어야만 하지만, 자연(하늘)에서 당위(인간)에 이르는 것은 당위를 가져다 자연을 융해하거나 병탄하는 것이 아니라, 당위 속에서 '타고난 아름다움[天然之美]'으로서의 자연의 잠재적 능력을 실현시키는 것이다('자연의 완성[完其自然]'). 바로 이와 같기 때문에, '필연으로 돌아가는 것'은 또한 편안하여 유감이 없는 경지를 성취하는 것을 의미하고 있다. 즉, "그 자연에 대하여, 모든 것을 밝혀서 거기에 조금의 잘못됨도 없다면, 그것은 필연인 것이다. 이와 같이 된 다음에는 유감이 없으며, 이와 같이 된 다음에는 편안해지니, 이렇기에 자연에서의 최고의 원칙이다[就其自然, 明之盡而無幾微之失焉, 是其必然也. 如是而後無憾, 如是而後安, 是乃自然之極則]."(「맹자자의소증(상)」, 『대진집』, 285쪽) '이와 같이 된 다음에는 유감이 없으며, 이와 같이 된 다음에는 편안해 진다'는 말은 곧 자연의 인문화가 결코 인간의 천성에 대한 왜곡을 대가로 치루는 것이 아님을 뜻한다.

청대 유학자들의 이상과 같은 관점에는 근본적인 가치 경향, 즉 하늘과 인간의 통일에 대한 긍정이 함축되어 있다. 역사적으로 볼 때, 하늘과 인간의 합일은 본래부터 유가적 신념이었다. 하지만, 앞의 내용에서 반복적으로 언급하였듯이, '하늘과 인간의 관계'에서 전통 유학은 자연(하늘)의 인간화에 치중했다. 위진시대, 도가를 유가에 도입시킨 형태에서 자연의 원칙은 한동안 보편적으로 중시되었지만, 유학이 이학화理學化됨에 따라서, 인문적 규범이 빠르게 자연의 원칙을 압도했으며, 주체의 "타고난 아름다움[天然之美]"은 그에 따라 억제되었다. 이런 측면에서, 청대 유학자들은 명백히 송명 이학理學과는 다르며, 위진시기의 유학에 보다 근접하였는데, 그들은 "기교로 인해 그 본래의 마음을 잃는 것[以机巧喪失其本心]"(『사해侯解』)을 반대하면서, "자연과 필연이 두 가지 일이 아니다[自然之與必然, 非二事也.]"(「맹자자의소증(상)」, 『대진집』, 285쪽)라는 점을 반복적으로 강조했다. 그렇기에 자연과 당위(필연)에 대한 그들의 논술은 확실히 인문원칙과 자연원칙의 통일을 비교적 훌륭히 체현하였다. 이런 측면에서, 청대 유학자들은 유가의 천인합일의 사유노선을 계승하면서도, 분명 그것에 새로운 내용을 부여했던 것이다.

4. 조명造命과 순리循理

앞에서 서술한 것처럼, 청대 유학의 관점에 근거하자면, 인간의 가치는 무엇보다도 '하늘의 하늘'(자연)을 '인간의 하늘'로 바꾸는 점에서 드러나며, 그것은 보다 구체적으로는 조명造命(*운명을 만든다는 뜻, 운명을 장악함을 말함)과 상천相天(*하늘 또는 자연의 도를 도와서 완성시킨다는 뜻)의 과정으로 전개된다.

'운명[命]'은 유가적 가치체계 가운데에서도 일찌감치 출현한 범주로, 그것은 '노력[力]'과 대조되어, 일종의 필연적 추세를 나타낸다. 그리고 이러한 추세는 또한 흔히 어떤 신비한 형태를 부여받는다. 순자가 운명이 지닌 신비한 형태를 제거하기도 했지만, 정통 유학 내에서 '운명'은 변함없이 주로 일종의 초월적인 역량으로 정의되었다. 그에 비해, 청대 유학은 순자의 사유노선을 보다 많이 계승했던 듯하다. 청대 유학자들의 견해에 따르면, '운명'은 어떠한 신비한 의지로 체현되는 것이 아니며, 완전히 자연적인 역량으로 나타난다. 이를테면 왕부지는 "하늘의 명이란 이치가 있지만 마음은 없는 것이다. 이에 따라 어떤 사람은 장수하고, 이에 따라 어떤 사람은 요절하는데, 하늘이 어찌 반드시 그 사람이 오래 살도록 하고자 만들어 장수하게 하겠는가? 어찌 그 사람이 죽지 않으려 함을 걱정해 요절하게 하겠는가? 장수할지 요절할지 알 수 없는 것이기에 명이라고 일컫는다[天之命, 有理而無心者也, 有人於此而壽矣, 有人於此而夭矣, 天何所須其人之久存而壽之? 何所患其人之妨已而夭之? 其或壽或夭不可知者, 所謂命也]."(『독통감론讀通鑑論』 24권)라고 하였다. '하늘'과 '운명'은 동일한 계열의 범주로, 하늘의 있는 그대로 존재하는 성질[自在性]은 운명 역시 일종의 자연적인(마음이 없는) 추세로 드러나도록 만들었다. 여기서 청대 유학자들은 주로 환원적인 작업을 수행했다('운명'은 신비한 필연에서 자연적인 역량으로 환원된다). 그렇다면 정면에서 볼 때, '운명'의 구체적인 내용은 도대체 무엇인가? 청대 유학은 이에 대해 다음과 같이 해설한다.

"하늘이란 이理이다. 운명이란 이理가 유동하며 운행하는 것이다[天者, 理也. 其命, 理之流行者也]." (위의 책)

단적으로 말해, '운명'이란 자연과정 속에서 '이理'가 체현된 것으로, '운명'에 대한 이상과 같은 정의는 운명(필연적 추세)의 '있는 그대로 존재하는 특성[自在性]'을 긍정한 것일 뿐만 아니라, 그것이 사물의 안정에 내재적으로 관련되는 특성을 보여주는 것이다.

'운명'은 있는 그대로의 필연적인 추세로서, 우선 주체의 외부에 존재하면서, 주체의 실천을 제약한다. 그런데, 명청 교체기의 유학자들의 입장에서 보면, 주체는 단순히 결정지어 지는 존재가 아니며, '하늘의 하늘'이 '인간의 하늘'로 바뀌는 과정 속에서, 인간은 일종의 운명을 만들어내는[造命] 능력을 표출한다. 황종희와 함께 청나라 초기의 유명한 대학자였던 손기봉孫奇逢은 다음과 같이 지적했다. "뜻을 지닌 사대부라면, 운수에 순응하지 않으니, 내가 운명을 통해 만들어진다면, 운명 역시 나를 통해 만들어지는 것이다[有志之士, 不聽命於數, 我由命造, 命亦由我造]." (『일보日譜』 9권) 이는 당시에 상당히 보편적인 관념이었다. 진자룡陳子龍 역시 "지사와 인인이라면, 그 노력으로 이르게 될 것을 다하지 않음이 없으며 운명으로 지니게 된 것을 말하지는 않는다[志士 仁人莫不究其力之所至而不言命之所有]."(「왕일규구종심전서王日逵九種心傳序」, 『진충유공전집陳忠裕公全』 25권)라고 인식했다. 단적으로 말해, 주체는 수동적으로 운명을 수용해서는 안 된다는 것이다. 왕부지는 이에 대해 진일보한 해석을 행했다.

"오직 명을 만들 수 있고 나서야 명을 기다릴 수 있고, 명을 받들 수 있고
나서야 명을 만들 수 있으니, 그런 법칙을 지극한 곳까지 미루어 나간다면, 어찌
군주와 재상만 그러하겠는가?[唯造命者而後可以俟命, 能受命者而後可以造命,
推致其極, 又豈徒君相爲然哉?]" (『독통감론讀通鑑論』 24권)

그는 군주와 재상이 명을 만들 수 있다는 주장을 긍정했지만, 또한 중요한 보충을 가했는데, 즉 군주와 신하가 서로 명을 만들 수 있을 뿐만 아니라, 각각의 주체마다 모두 명命에 작용할 수 있는 능력을 갖추고 있다는 점을 강조했던 것이다. "일개의 사士라도 모두가 만들 수 있다[一介之士, 莫不有造焉]."(위의 책) 이처럼 인간이 운명을 만들 수 있다는 것은 하나의 보편적인 명제로까지 격상되는 것이다.

'명을 만든다[造命]'는 말은 실천과정 속에서 필연적인 섭리[必然之理]를 지배하고 이용할 수 있으며, 이를 통해 주체의 목적을 실현시킬 수 있음을 뜻한다. '이理가 유동하며 운행하는 것[理之流行]'으로서의 '운명[命]'은 본래 대상 사이에 저절로 존재하는 관계로, 오직 주체의 작용을 통해서만 비로소 인간을 위해 봉사할 수 있다. 이런 의미에서, 왕부지는 도道의 운용은 인간에 의존한다고 생각했다. "도는 천지의 전체에서 움직이는데, 그것의 사용은 반드시 인간에 의존한다[道行於乾坤之全, 而其用必以人爲依]."(『주역외전周易外傳』 1권) 주체는 필연적인 섭리(道)를 지배하며, 그 섭리가 인간을 위해 사용되도록 하는, '운명을 만드는[造命]' 과정은 하늘과 인간의 관계 및 사회적 삶의 다양한 측면에서 전개된다. 대상이란 차원에 입각해 말하자면, 그것은 있는 그대로의 사물에 대한 개조로 나타난다. "금은 화를 얻어서 기물이 되고, 목은 부시로 쳐야 불을 일으키니, 천하 만물에 대한 앎이 명확히 하여, 그것들을 합하고, 분리하고, 빼고, 더해야만, 나의 필요를 충족시킬 수 있다. 그러지 않는다면, 만물은 각각 그 자체로 있게 되어, 내가 사용할 수 있는 것이 아니게 된다[金得火而成器, 木受鑽而生火, 惟於天下之物知之明, 而合之, 離之, 消之, 長之, 乃成吾用. 不然, 物各自物, 而非我所得用]." (『장자정몽주張子正蒙注』 3권) 금속은 가열하고서 단조하여 기물을 만들 수 있으니, 이는 필연적인 형세이지만, 인간이 이러한 필연적인 형세를 지배한 뒤에, 구체적인 실천활동을 통해 그것을 개조하여 인간의 필요에 부합하는 존재로 개조해 낸 것이다. 이런 과정이 바로 앞에서 '하늘의 하늘'을 '인간의 하늘'로 바꾼다고 말한 것의 구체적인 내용이다. 요컨대 오직 '명을 만드는 것[造命]'을 매개로 하여야만 비로소 대상의 있는 그대로의 성질[自在性質]을 지양할 수 있는 것이다. 바로 이런 의미에서, 왕부지는 "저절로 그러한 것은 천지이고, 주관하는 것은 인간이다[自然者天地, 主持者人]"(『주역외전』 2권)라고 생각했다.

주체의 작용은 자아 자신에게도 동일하게 체현된다. 인간이 생명을 얻어 세상에 존재함에는, 눈이 볼 수 있는 능력을 지니고, 귀가 들을 수 있는 능력을 지닌 것처럼, 언제나 다양한 자연적 잠재능력 또는 자질을 포함하고 있다. 하지만 이런 자연적인 잠재능력은 오직 후천적인 노력의 과정을 통해서만, "인간"의 현실적인 능력이 될 수 있다. 따라서 왕부지는 "하늘이 부여한 눈의 능력은, 반드시 완전히 발휘된 다음에야 분명히 볼 수 있고, 하늘이 부여한 귀의 능력은 반드시 완전히 발휘된 다음에야 또렷하게 들을 수 있고, 하늘이 부여한 마음은 반드시 완전히 발휘된 다음에야 슬기로울 수 있으며, 하늘이 부여한 정기는 반드시 완전히 발휘된 다음에야 올바름으로써 강성하게 할 수 있다[夫天與之目力, 必竭而後明焉, 天與之耳力, 必竭而後聰焉, 天與之心思, 必竭而後睿焉, 天與之正氣, 必竭而後强以貞焉.]"(『속춘추좌씨전박의續春秋左氏傳博議』하권)라고 말한다. 여기서 '명을 만드는 것[造命]'은 인간의 노력을 다함으로써 자연적인 잠재능력을 실현시키고, 아울러 그 잠재능력이 인문화된 형태를 지닐 수 있게 하는 것으로 표현된다.

자연적 자질을 인간의 현실 능력으로 바꾸는 것은, 당연히 주체가 자기자신에 대해서 '명을 만들어가는[造命]' 하나의 측면에 지나지 않으며, 보다 심층적인 의미에서 이런 작용은 또한 인간의 덕성 및 본질의 형성에서 나타난다. 왕부지는 이에 대해 비교적 많은 고찰을 행했다. 그가 보기에, 인간과 동물은 다르다. 왜냐하면 "금수는 자기가 죽을 때까지 그 처음 부여받은 운명에 따르지만, 인간은 날마다 새로워지라는 운명을 지닌다[禽獸終其身以用其初命, 人則有日新之命矣.]"(『시광전詩廣傳』4권) 는 것이다. 동물(금수)의 본성은 운명으로 정해져 있고, 그것의 자연적 자질은 그 일생의 본질을 구성한다. 바꿔 말하자면, 동물은 피동적으로 하늘이 부여한 것을 받아들일 수 있을 뿐이다.

인간의 본성은 주체 자신의 창조적 과정에서 형성되는 것이지, 결코 선천적인 운명에 따른 것이 아니다. "인간은 날마다 새로워지는 운명을 지닌다"라는 말은 인간의 본성은 부단한 창조 과정 속에 존재함을 가리킨다. 또한 바로 이와 동일한 의미에서, 왕부지는 인간 본성은 "날마다 생겨나고 날마다 완성된다[日生而日成]"(『상서인의尙書引』 3권)고 강조했다. 본성을 완성하는(인간의 덕성과 본질의 형성) 과정 속에서, 인간은 물론 자연적인 자질에 근거할 필요가 있고 더욱이 그 영향을 받지만, 동시에 "스스로 자신의 쓰임을 결정한다[自取自用]"(위의 책), 다시 말하자면, 적극적으로 선택을 저울질해 나가는 것이다. 이런 관점은 자아를 형상화하는 인간의 능동적 역할을 인정하며, 그에 따라 인간의 본성에 대한 숙명론적 이해를 지양한다.

또한 바로 본성의 완성(주체가 자아를 형상화하는 과정 속에서 인간의 덕성과 본질을 형성하는 것)이라는 관점에서 출발해, 왕부지는 송명의 이학理學, 특히 정주程朱의 인성이론에 대한 비판을 제기했다. 주희는 천지지성天地之性과 기질지성氣質之性을 구분하고, 기질에는 맑음과 혼탁함이 있고 인간의 현명함과 어리석음은 기질이 맑은지 혼탁한지에 따라 결정된다고 생각했다. 즉 그는 "부여받은 기질이 맑은 경우는 성인이 되고 현인이 되는데, 귀한 진주가 청량한 물속에 있는 것과 같으며, 그 기질이 혼탁한 경우에는 어리석은 사람이 되고 모자란 사람이 되는데, 귀한 진주가 혼탁한 물속에 있는 것과 같은 것이다[稟氣之淸者爲聖爲賢, 如寶珠在淸冷水中, 其氣之濁者爲愚爲不肖, 如珠在濁水中.]"(『주자어류』 4권)라고 하였다. 이런 관점은 실질적으로 인성人性에 결정론적 성질을 부여한 것이다. 왜냐하면 인간의 덕성(현명함과 모자람)은 완전히 하늘이 부여한 것에 따라 결정되며, 주체의 후천적 노력은 이렇게 운명으로 정해진 천성을 바꿀 수 없기 때문이다. 이렇게 인성의 문제에서의 운명이 정해져 있다는 논리는 왕부지의 다음과 같은 비난을 받게 된다. "만약 부여받은 도타움과 얄팍함, 맑음과 혼탁함이 명이며 오덕을 갖추게 될지 갖추지 못하게 될지를 결정한다면, 하늘이 얄팍하고 혼탁해질 수밖에 없는 운명을 주었을 때, 인간은 어디서 명 이외의 본성을 얻고, 스스로를 근거로 도탑고 맑게 되겠는가![且其以所稟之厚薄淸濁爲命, 而成乎五德之有至有不至, 則天旣予之以必薄必濁之命, 而人亦何從得命外之性以自據爲厚且淸焉!]"(『속사서대전설讀四書大全說』 10권) 주희는 명의 맑음과 혼탁함, 도타움과 얄팍함을 근거로 '성性'을 해석했는데,

그 결과란, 주체의 자기선택과 자기형상화의 능력을 제한 내지 말살함으로써 인간이 천명天命을 피동적으로 수용하는 존재가 되도록 만드는 것이었다. 이런 식의 인간 본성이 운명으로 정해져 있다는 논리에 대한 부정은, 또 다른 측면에서, 본성을 완성하는(있는 그대로의 나에서 주체적으로 행동하는 나가 되는 것) 과정에서의 주체 자신의 역할을 부각시켰던 것이다.

주체의 인지능력 형성에서부터 본성이 '날마다 생겨나고 날마다 완성됨[日生日成]'에 이르는 과정은 나로 인해 명이 만들어짐을 자아실현 속에서 체현하는 것으로 볼 수 있지만, '명을 만들어가는[造命]' 과정은 결코 이에 국한되는 것은 아니다. 그것은 동시에 외재적인 사회관계에서도 드러난다. 부모와 자식, 군주와 신하 사이의 윤리를 고찰하면서, 청대 유학자들은 다음과 같은 점을 지적했다.

> "천하 만물은 나와 근원을 함께 하지만, 나를 맞이해 대응함으로써 완성된다. 그러므로 효도를 다 한 다음에야 아버지는 나의 아버지가 되며, 충성을 다한 다음에야 군주는 나의 군주가 되니, 어떤 대상도 나로 인해 완성되지 않는 것이 없다[天下之物與我同源, 而待我以應而成. 故盡孝而後父爲吾父, 盡忠而後君爲吾君, 無一物之不自我成也]." (왕부지, 『장자정몽주』 4권)

부모와 자식, 군주와 신하의 관계는 넓은 의미에서의 사회적 윤리강상의 관계인데, 주체는 세상에서 언제나 아버지 군주와 하나의 사회 통일체 안에 함께 존재한다. 그런데 청대 유학자들의 보기에, 사회적 윤리강상의 관계(혈연적인 자연관계가 아님)는 단지 외재적으로 강제되는 것도, 절대적인 운명으로 정해진 것도 아니며, 그것은 더욱이 주체 자신의 자각적인 활동을 통해서 구축된 것이다. "효도를 다한 다음에야 아버지는 내 아버지가 되며, 충성을 다한 다음에야 군주는 나의 군주가 된다"는 말은 주체의 구체적인 실천("효도를 다함", "충성을 다함")을 통해서만, 사회적 윤리강상이란 의미에서 부자 군신의 관계를 진정으로 형성할 수 있음을 뜻한다. 그리고 "어떤 대상도 나로 인해 완성되지 않는 것이 없다"는 말은 이런 과정의 보편성을 강조한 것이다.

　청대 유학자들의 이상과 같은 관점은 송대 유학자들과 명백히 다른 것이다. 인성의 문제에서의 숙명론적 관점에 따라서, 송대 유학자들은 한결같이 사회적 윤리강상의 관계가 지닌 강제성을 부각시켰다. 그들은 "군신과 부자의 관계는 천하의 바꿀 수 없는 도리이니, 천지 사이에서 그것을 회피할 수 있는 곳은 없다[君臣　父子, 天下之定理, 無所逃於天地之間.]" (『이정집』, 77쪽)라고 거듭해서 표명했다. 이런 식의 이해에 의거하자면, 군신　부자는 바로 사회적 윤리강상의 관계에서 천명이 구체화된 것이 되며, 주체는 이에 대해 소극적으로 수용할 수 있을 뿐, 저항할 수는 없다. 청대 유학자들은 주체의 실천과정(효도를 다하고, 충성을 다하는 등의 행위)을 사회적 윤리강상의 관계를 성립하기 위한 전제로 삼았는데, 의심할 나위없이 사회적 관계에 대한 숙명론적 규정을 지양한 것으로, 그들은 보다 넓은 역사적 시야 위에서 '명을 만드는[造命]' 주체의 능력을 드러냈다.

　논리상에서 보자면, '노력[力]'(주체의 역량)과 '운명[命]'(외재적 필연성)의 관계는 '하늘과 인간의 관계[天人關係]'에 관한 진일보한 전개로 볼 수 있는데, "하늘의 하늘"을 "인간의 하늘"로 바꾸는 인문적 원칙을 철저히 관철시킨다면, 반드시 주체의 역량에 대한 긍정으로 이어져야만 한다. 그러나 송명 신유학에서 인문적 원칙은 오히려 언제나 숙명론적 관념과 하나로 뒤엉켜 있었다. 한편으로 하늘과 인간의 관계에서 신유학자들은 초점을 상당부분 자연(하늘)의 인문화에 두었는데, 자연의 인문화는 무엇보다도 주체의 역할에 대한 긍정을 전제로 한 것이다. 반면 다른 한편에서는 또한 거듭 천명天命의 통제력을 강화시켰는데, 주체의 속성에서부터 넓은 의미의 사회적 윤리강상의 관계에 이르기까지 모두가 다소간 운명으로 결정된 어떤 성격을 부여받게 되었던 것이다. 쉽게 알 수 있듯이 '하늘과 인간의 관계'에서의 인문적 원칙과 '노력과 운명의 관계'에서의 숙명론적 경향 사이에는 모종의 긴장이 존재하고 있었고, 이러한 이론 상의 긴장은 명백히 유가적 가치체계의 내재적 역량을 약화시켰다. 그에 비해, 명 말과 청대의 유학자들은 "하늘의 하늘"에서 "인간의 하늘"로 나아갈 것을 요구하면서, 다시 '운명을 만든다[造命]'는 관념을 제기했고, 아울러 그런 관념을 대상 자아 사회 각각의 영역에서 전개함으로써, 주체의 역량을 유례없이 부각시켰다. '노력과 운명의 관계'에 대한 이상과 같은 이해는 유가적 가치체계 속에 잠재된 숙명론적 흐름을 억제시켰을 뿐만 아니라, 송명의 유학이 내포하고 있던 내재적 긴장을 화해시켰는데, 유가적 가치체계는 이를 통해 어느 정도 새로운 생기를 획득하였다.

명청 교체기의 유학자들이 일개의 사士조차도 모두 명을 만들 수 있음을 긍정한 점은 태주학파의 '명을 만드는 것은 오히려 자신에게 달려 있다'는 주장을 자연스럽게 연상시키는데, 노력을 통해 운명에 저항한다(숙명론을 부정한다)는 점에서, 양자는 확실히 상통하는 점이 있다. 그러나 태주학파는 '운명을 만듦[造命]'을 강조하면서, 주체의 행위에 대한 보편적인 도道의 규정을 무시했다. 이를테면 그들은 "이 몸이 서고서야, 천하의 도가 드러나며, 이 몸이 움직이고서야 천하의 도는 운동한다[此身才立, 而天下之道卽現, 此身才動, 而天下之道卽運.]"(『나근계선생어요羅近溪先生語要』)고 말했다. 여기서 도道에 대한 자아의 통제가 자아에 대한 도의 제약을 완전히 압도하고 있는데, 이런 관점은 명백히 의지주의적인 경향을 띠고 있다. 이와 비교할 때, 청대 유학자들은 다른 사유노선을 드러낸다. 왕부지는 이런 측면에서 상당한 대표성을 지니고 있다. 왕부지의 견해에 따르면, 주체는 진정 '명을 만드는[造命]' 능력을 지니지만, '명을 만듦[造命]'이란 이치를 따르는 것[循理]에서 벗어날 수 없다. 즉, "오로지 이치를 따르며 하늘을 두려워할 때에만 명은 자신에게 있게 된다[唯循理以畏天, 則命在己矣]."(왕부지, 『독통감론讀通鑑論』 24권)는 것이다. '이치를 따르며 하늘을 두려워한다'는 말은 자각적으로 필연적인 섭리를 준수하는 것이다. 바꿔 말하자면, '명을 만듦[造命]'이란 멋대로 자연의 규율을 위배할 수 있음을 의미하고 있는 것이 결코 아니다.

청대 유학이 '이치를 따름[循理]'과 '명을 만듦[造命]'의 통일을 긍정한 점은 '하늘과 인간의 관계에 관한 논변'에서의 진일보한 전개로 간주할 수 있다. 실제로, '이치를 따름[循理]'은 보다 깊은 차원에서 하늘(자연)에 대한 동일시를 드러낸 것이며, 이러한 동일시가 또한 운명은 나로 인해 확립된다는 입장의 전제가 되는 것이다. 왕부지는 다음과 같이 지적했다.

"자기가 성실하지 않음이 없다면, 외물에 따르되 어긋남이 없으며 하늘과 동화되리니, 사람으로 사람을 다스리고, 외물로 외물을 다스림에 각각 그것이 지닌 명의 올바름을 따른다면, 알지 못하는 존재라도 모두 따르도록 만들 수 있고, 만물의 명은 나로 인해 확립될 것이다[己無不誠, 則循物無違而與天同化, 以人治人, 以物治物, 各順其命之正, 雖不能知者皆可使由, 萬物之命自我立矣]."
(『장자정몽주』3권)

여기서, 필연적인 섭리에 부합하는 것(외물에 따르되 어긋남이 없는 것)과 하늘과 인간의 합일(하늘과 동화됨)은 동일한 과정의 두 측면으로 나타나는데, 바로 이러한 통일 속에서, 주체는 나아가 외부대상을 지배하고, 아울러 그대로 존재할 뿐인 외물에서 나를 위한 외물로 전환되도록 만들 수 있다. 운명과 노력에 관한 논변과 하늘과 인간에 관한 논변의 소통을 통해서, 청대 유학은 숙명론을 지양했을 뿐만 아니라, 의지주의를 배척함으로써 보다 건전한 가치지향을 드러냈다.

5. 천리와 인욕의 통일 및 그 내재적 함의

유학이 송명시기까지 발전하자, 천리와 인욕에 관한 논변은 점차 가치론의 중심적 문제의 하나가 되었다. '천리[理]'는 이성적 규범의 내화로서, 한 측면으로는 인간의 본질적 역량을 체현한 것이다. 한편 '인욕[欲]'은 감성적 요구로서, 인간의 자연적인 천성에 보다 많이 스며들어 있는 것이다. 이처럼 그 내재적 논리관계에 따르면, '천리와 인욕에 관한 논변[理欲之辨]'은 '하늘과 인간의 관계에 관한 논변[天人之辨]'의 진일보한 전개로 볼 수 있다. 명청 교체기의 유학자들에게서, 하늘과 인간의 관계에 관한 논변과 분석은 천리와 인욕의 관계에 대한 논의와 차이 없이 하나로 묶였다.

> "그러므로 결국 인간과 분리된 채 별도로 하늘이 존재하는 것이 아니며, 결국 욕망과 분리된 채 별도의 리가 존재하는 것이 아니다[故終不離人而別有天, 終不離欲而別有理也]." (『속사서대전설讀四書大全說』8권)

여기서 하늘과 인간의 통일은 천리와 인욕의 통일에 관한 이론적인 전제를 이룬다. 천리와 인욕의 통일이 지닌 가치 함의에 관하여, 우리는 이후의 내용에서 구체적으로 논술할 것이다.

이학자들이 인욕을 없앨 것을 강조했던 것과는 달리, 명말 및 청대의 유학자들은 우선 인욕을 주체의 보편적인 요구로 간주하였다. "먹고 마시는 것과 성적인 욕구는 인간이 보편적으로 공유하는 것이다. [飲食男女之欲, 人之大共也.]"(왕부지, 『시광전詩廣傳』 2권) 설사 성인聖人이라도, 인욕을 없앨 수는 없는 것이다. "먹고 마시는 것과 이성에 대한 것은 인간의 보편적인 욕구에 속하는 것이니, 보통 사람들은 이와 같을 뿐이며, 현명하고 지혜로운 사람일지라도 역시 이와 같지 않을 수는 없다.[飲食男女, 人之大欲存焉, 衆人如是也, 賢哲亦未嘗不如是也.]"(비밀費密, 「통전류統典倫」, 『홍도서弘道書』 상권) 성인이나 보통사람이나 공유하고 있는 경향인 욕망은 도덕적인 악과는 다른 것이다.

"욕망은 감정에서 생겨나는데, 본성 안에 있으니, 본성 속에 욕망이 없다고 말할 수는 없다. 욕망은 선악에서의 악이 아니다. 하늘이 인간을 혈기와 심지를 가지도록 낳았으니, 욕망이 없을 수 없다[欲生於情, 在性之內, 不能言性內無慾. 欲不是善惡之惡. 天旣生人以血氣心知, 則不能無欲]."(완원阮元, 「성명고훈 性命古訓」『연경연經室一集』 10권)

여기서 혈기와 심지는 일반적으로 인간이 지니고 있는 자연적 속성 및 능력(이를테면 눈은 볼 수 있고, 마음은 지각할 수 있는 것과 같은 류의)을 가리킨다. 한편 욕망은 바로 이와 관련되는 감성적인 욕구이니, 인간의 감성적 존재를 도덕상의 악으로 귀결시킬 수 없는 것과 마찬가지로, 감성적 욕망 역시 결코 하늘이 낳은 악은 아니다. 욕망과 악의 이상과 같은 경계 긋기는 천리와 인욕의 관계에서의 가치의 위계를 결정하기 위한 이론적 근거를 제공했다.

감성적 욕망과 감성적 존재의 동일한 기원은, 양자가 인간의 전체적인 발전 과정 속에서 내재적인 관련을 맺도록 규정했다. 송대 유학이 생명적 존재로서의 인간을 경시했던 것과는 달리, 청대 유학은 거듭 생명적 존재의 가치를 긍정했으며, 아울러 인간의 생명역량을 억제하는 것을 삶에 대한 해악으로 여겼다. 즉 "인간의 삶에서, 그 생명을 이루지 못하도록 하는 것보다 병이 되는 것이 없다[人之生也, 莫病於無以遂其生]."(「맹자자의소증」, 『대진집』, 273쪽)는 것이다. 유가는 인도仁道를 근본적 가치원칙으로 삼는데, 청대 유학자들이 보기에, 인仁의 구체적인 체현이란 주체가 생명의 잠재능력을 실현하는지에 달려 있다. "낳고 낳음에서 획득되는 것을 인이라 일컫는다[得乎生生者, 謂之仁]."(「원선原善(중)」, 『대진집』, 158쪽)는 것이다. 그리고 인간이 지닌 생명의 잠재능력을 진정으로 실현시키고자 한다면, 감성적 요구를 무시할 수 없기 때문에, 생명의 완성은 무엇보다도 감성적 필요의 만족을 조건으로 한다. 즉, "소리 여색 후각 맛에 관한 욕망은 그 생명을 배양할 수 있는 것을 통해 뒷받침되어야 한다[聲色臭味之欲, 資以養其生]."(「맹자사숙록孟子私淑錄 (중)」, 『대진집』,

425쪽) 단순히 천리를 살필 것만을 강조하고, 맹목적으로 인욕을 억제하거나 철저히 금지시킨다면, 인간의 생명력은 절멸될 것이다. "인욕이 가는 데에 천리가 동행하지 못하게 하면서, 천리만을 살필 뿐이라면, 설사 이치가 근거할 만한 것이고 내가 보고 들으며 말하고 행동함에서 감통하는 바를 통틀어 올바른 점이 있더라도, [인간의 실질과] 관련되지 못하게 된다. 급기야 인간을 생육하는 중대한 쓰임을 절단 내버리고, 남는 것 없이 제거하여서, 정오에 한 끼만 먹고 나서도 나중에 재화에 의지할 수 없고, 나무 밑에서 하루 밤을 자고나서도 나중에 성욕을 충족시킬 수 없다면, 천지의 대덕을 절멸하는 것이고 성인聖人의 존엄한 지위를 경시하는 것이다[使不於人欲之與天理同行者, 卽是以察夫天理, 則雖若有理之可爲依據, 而總於吾視聽言動之感通而有其貞者, 不相交涉. 乃斷棄生人之大用, 芟剃無餘, 日中一食而後不與貨爲緣, 樹下一宿而後不與色相取, 絶天地之大德, 蔑聖人之大寶]."(『독사서대전설讀四書大全說』 8권) 단적으로 말해, 인욕을 근절함이란 인간이 지닌 일체의 활기를 질식시킴을 의미하고 있는 것이다.

이렇게 해서, 인욕은 더 이상 자아실현의 도덕적 장애물이 아니며, 인간의 생명역량에 대한 확증이 되어, 감성적 요구와 '생생하는 덕[生生之德]'(*'인仁'을 뜻함)은 대립에서 통일로 나아가는데, 이는 일종의 가치 관념에서의 전환인 것이다. 바로 이상과 같은 전환을 통해서, 유가의 전통적인 인본주의는 새로운 내용을 획득하기 시작했다. 왜냐하면 그것은 단순히 주체의 유적類的 본질에 대한 존중을 드러냈을 뿐만 아니라, 주체의 생명존재에 대한 관심을 내용으로 하기 때문이다. 또한 바로 이런 넓은 의미에서의 인문적 관심 속에서, 개체의 내재적 가치는 진일보한 인정을 받게 되었다. 청대 유학이 '생생生生'을 '인仁'으로 여기면서, 감성적 욕구를 생생하는 인仁과 연결시켰을 때, 우리는 인본주의적 경향의 전형을 확인할 수 있다.

인욕은 단순히 생명적 역량에 대한 확증을 체현하는 것이 아니다. 보다 심층적인 의미에서, 인욕은 또한 주체의 자아발전 및 실천 활동의 내재적 동력을 구성한다. 대진은 다음과 같이 지적했다.

"천하에서 생명을 생장시키는 도리를 버려두고 존재할 수 있는 경우는 결코 없다. 일반적으로 행위는 모두 욕망을 지니니, 욕망이 없다면 행해짐이 없게 된다. 욕망이 있고서야 행하게 되는데, 행한 것이 지극히 합당해 바꿀 수 없는 것으로 귀결됨을 '리'라고 일컫는다. 욕망이 없으며, 행하지 않으리니 또한 어떻게 리가 존재하겠는가?[天下必無舍生養之道而得存者. 凡事爲皆有欲, 無欲則無爲矣. 有欲而後有爲, 有爲而歸於至當不可易之謂理. 無欲無爲又焉有理!]" (「맹자자의소증(하)」, 『대진집』, 328쪽)

인간의 일체 활동은 결국 모두 인간의 감성적 존재를 전제로 한다. 역으로, 감성적 존재의 증거가 되는 감성적 욕구(인욕)는 언제나 직간접적으로 인간의 활동을 제약하고 있는데, 어떤 의미에서는, 바로 생명의 잠재능력을 실현하려는 요구가 인간의 실천 활동을 위한 원초적인 추동력을 제공하는 것이다. 이학자들은 행위를 멸시하고, 정적靜寂을 추구했기 때문에 무욕無欲을 주장했다(주돈이는 일찍이 "욕망이 없으므로 고요하다[無欲故靜]"라고 말했다). 그에 비해, 청대 유학이 체현한 것은 명백히 다른 종류의 가치지향이다. 여기에는 내면으로 수렴해 고요함을 근본으로 삼는 방식[內斂主靜]으로부터 적극적 실천으로의 변화뿐만 아니라, 인욕의 역할에 대한 상이한 이해가 함축되어 있다. 왜냐하면 "욕망이 있고서야 행하게 된다"는 신념에는, 감성적 요구(인욕)가 이미 주체의 창조에서의 내재적 원천으로 간주되며, 게다가 사회적 실천이란 각도에서 볼 때, 인욕의 정당성 및 그것이 지닌 적극적 의의를 확인하고 있기 때문이다.

청대 유학의 이상과 같은 관념은 명백히 명청 교체기의 시민의식을 반영한 것이었다. 앞에서 서술했던 것처럼, 명대 후기이래, 상품경제가 성장함에 따라서, 시민계층 및 그 사회적 역할이 점점 더 사람들의 주목을 받게 되었다. 황종희는 이미 이 점을 지적해, "세상의 유생들은 제대로 살피지 못한 채, 공업과 상업을 말단으로 여겨, 망령되이 논하며 그것을 억누르려든다. 저 공업은 참으로 성왕께서 바랐던 것을 가져왔고, 상업 또한 성왕께서 바랬던 것이 길에 나오도록 한 것이니, 모두 근본적인 것이다.[世儒不察,

以工商爲末, 妄議抑之. 夫工固聖王之所欲來, 商又使其願出於途者, 蓋皆本也.]"
(『명이대방록明夷待訪錄』,「재계삼財計三」)라고 하였다. 논리적으로 말해서, 공업과
상업이 모두 근본적인 것이 되었다면, 시민계층의 요구가 공업과 상업 발전에 대한 바람과
그에 상응하는 관념을 촉진시킨 것이라고 설명하는 것이 마땅히 합리적일 것이다. 이런
관점은 이미 이익과 욕망을 업신여겼던 유가의 전통적 관념과는 다른 것이다. 청나라
중기에, 공업과 상업은 어떠한 억제를 받았지만, 동남연해 등의 지역에서 그것의 발전이
정체되었던 적은 없었다. 이를테면 대진이 성장했던 휴녕休寧이 바로 상인(휘주상인)의
활약했던 지역 중의 하나로, 대진 본인도 어렸을 때, 민민閩 · 공공贛 지역을 오가며 상업
활동에 종사했다. 예민한 사상가로서, 명청 교체기 및 청대의 유학자들은 많건 적건
새로운 시대적 경향을 느꼈는데, 그들의 가치관념 속에서는 확실히 시민의식의 침투를 볼
수 있다. 물론 인욕을 배제할 수 없음을 긍정한 것이 결코 인욕을 통해 이리理를 배척했음을
뜻하지는 않는다. 청대 유학자들이 보기에, 천리와 인욕은 서로 대립하는 양극단이
아니며, 양자에는 내재적 관련이 존재한다.

> "천리는 모든 곳에 충만하니, 원래 인욕과 서로 대적하는 것이 아니다[天理充周,
> 原不與人欲相爲對壘]."(왕부지, 『독사서대전설讀四書大全說』, 4권)

> "학자는 다만 때마다 인욕을 통해서 천리를 체험하니, 인욕이 곧 천리로, 반드시
> 천리와 인욕을 명확히 두 가지로 구분할 필요는 없다[學者只時從人欲中體驗天理,
> 則人欲卽天理矣, 不必將天理人欲判然分作兩件也]."(진확陳確[86],『근언집近言集』,
> 「고언일聲言一」)

---

86) 진확陳確(1604~1677). 자字는 건초乾初, 절강浙江 해령海寧사람이다. 어려서부터 문학적 명성을 얻었다.
　　사십세가 되어 유종주劉宗周를 스승으로 모셨고, 황종희와 함께 유종주의 중심제자가 되었다. 명나라가 망한 뒤
　　은거하며 저술활동을 했다. 천리와 인욕 등의 문제에서 송대 유학에 대해 수많은 비판을 하였는데, 저작으로는
　　『대학변大學辨』, 『성해性解』, 『학보學譜』 등이 있으며, 중요한 대부분의 저작이 『진확집陳確集』(北京,
　　中華書局, 1979)에 수록되어 있다.

천리[理]와 인욕[欲]의 통일은 무엇보다도 천리[理]는 인욕[欲]에서 분리될 수 없다는 데에서 나타나는데, "인욕을 통해서 천리를 체험한다[從人欲中體驗天理]"는 말은 이런 의미를 내포했던 것이다. 천리와 인욕의 관계를 구체적으로 해명하면서, 청대 유학자들은 바로 이 점을 분명히 지적했다. 이를테면 진확은 "인심에는 본래 천리가 없고, 천리는 바로 인욕으로부터 드러나니, 인욕에 딱맞는 것이 바로 천리이다. 인욕을 없애려 든다면, 더불어 천리도 없어지게 된다고 말할 수 있을 것이다[人心本無天理, 天理正從人欲中見, 人欲恰好處, 卽天理也. 向無人欲, 則亦並無天理之可言矣]."(「瞀言四 無欲作聖辨」)라고 했다. 여기에서, 인욕은 이미 천리가 발생하고 존재하는 토대로 간주되었다.

앞에서 서술한 것처럼, 인욕[欲]과 대조되는 천리[理]는 주로 보편적 규범을 내용으로 하며, 그 구체적인 형이란 이성理性의 요구이다. 인욕人欲이 주로 개체의 감성적 존재 및 생명역량과 관련되는 것과는 달리, 이성의 요구는 유類로서의 보편적 본질을 나타낸다. 그러나 인식론적 의미에서 이성이 반드시 감성 위에서 구축되어야만 하는 것과 마찬가지로, 가치론적 의미에서 이성의 요구 역시 감성적 요구로부터 유리되기는 어려우며, 그것이 다음과 같은 근본적 사실을 규정한다. 즉 유類로서의 보편적 본질은 언제나 개체 속에 존재한다는 것이다. 일단 감성적인 토대를 추출해 버린다면, 이성의 요구는 생명 없는 추상적인 교조教條가 됨으로써, 무미건조하고 궁핍한 것으로 변질되며, 그 본래의 존재 가치를 상실하게 된다. 청대 유학이 "인욕을 업신여기는 자는 천리까지도 업신여긴다[薄於欲者之亦薄於理]."(왕부지, 『시광전』, 2권)라고 지적했을 때, 명백히 이 점에 주목했던 것이다.

보편규범의 일반화로서의 천리[理]는 언제나 도덕적 원칙과 관련되며, 인욕[欲]은 그 근원적 차원에서 물질적 필요로 나타나기 때문에, '천리와 인욕에 관한 논변[理欲之辨]'은, 보다 넓은 의미에서, 도덕적 원칙과 물질적 필요의 관계에까지 동시에 연관된다. 청대 유학의 입장에서, 도덕적 원칙의 완전한 체현이란 인욕을 정화하는 데에 달린 것이 아니다. 그와 반대로, 진정한 도덕적 경지는 언제나 욕망을 충족하고 감정을 드러내는 것으로 표현된다. 즉, "도덕의 성대함은 인간의 욕망을 충족하지 못함이 없도록 하고,

인간의 감정이 전달되지 못함이 없게 함, 그것일 뿐이다[道德之盛, 使人之欲無不邃, 人之情無不達, 斯已矣].”(「맹자자의소증(하)」,『대진집』, 309쪽) 이학자들이 인욕에 대한 억제나 말살을 도덕적 경지에 이르는 전제로 삼았던 점은 상이한 사유경향을 드러냈던 것이다. 그것의 실제적 함의는 도덕과 인욕의 대립에 있었고, 이러한 대립의 결과는 도덕을 옹호한 것이 아니라, 인륜을 폐기하는 것이기 때문이다. 이런 측면에서, 송대 유학은 실질적으로 불교에 근접하기 시작한 것이었다. 따라서 “욕망을 끊어버리고 별도로 ‘리’를 만드는 것은 바로 석가가 그리했던 것이다. 사물의 법칙이 싫어해 버리고 인간의 근본 윤리를 폐기한 것이다[離欲而別爲理, 其唯釋氏爲然. 蓋厭棄物則, 而廢人之大倫矣].”(『독사서대전설』, 8권)라고 주장한다. 앞에서 서술한대로, 도덕은 언제나 이중성을 지니고 있는데, 그것은 감성적 요구 및 물질적 이익을 초월하지만, 또한 완전히 그것들과 단절되는 것은 아니다. 그 기원과 작용이란 차원에서 말하자면, 도덕의 기능은 사회적 이익관계를 조화롭게 만드는 데 있으며, 궁극적으로는 물질적 이익이 최대한도로 실현될 수 있도록 만드는 것이기 때문이다. 이런 목표에서 벗어난 도덕적 원칙 및 윤리강상의 현실적 의의는 공허해지기 쉽다. 공자와 맹자에서부터 시작해, 유가는 감성을 초월하는 도덕의 일면을 상당히 부각시켰으며, 그에 따라 주체의 이익과 욕망에 대한 억제를 강조했다. 이런 가치지향은 물론 도덕의 내재적 가치 및 그 숭고성을 부각시켰던 것이지만, 동시에 어느 정도는 도덕을 추상화시킨 것이기도 하다. 이는 송대 유학에서 보다 명백히 표현되었다. 그에 비해, 청대 유학이 천리[理]가 인욕[欲]으로부터 유리될 수 없음을 지적한 점은 의심할 나위 없이 도덕에 현실적인 속성을 보다 많이 부여했던 것이고, 그것은 동시에 정당한 물질적 필요가 비교적 합리적인 가치로 자리매김할 수 있도록 만든 것이기도 했다.

　　다른 측면에서 보자면, 감성적 요구는 인간의 생명역량을 인정하고 있는 것인데, 감성적 요구를 무시하고 이성적 원칙만을 일방적으로 확장시킨다면 흔히 생명 의미의 상실을 야기할 것이다. 이 때문에, 청대 유학자들은 거듭해서 아주 과도한 이理에 대한 믿음을 반대했다. “유학자는 ‘이’를 믿지 않음을 근심하지 않는데, 충성과 신실함이 지나쳐서

법을 운용함에서 과도한 것 역시 하나의 병폐이기 때문이다[儒者不患不信理, 忠信之過, 而用法過嚴者, 亦是一 病]."(양빈湯斌, 「어록語錄」, 『양잠암집湯潛庵』 상권) 송대 유학에서 천리[理]를 근거로 인욕[欲]을 멸하라고 강조한 것이 바로 이러한 폐단인 것이다. 천리[理]와 인욕[欲]의 단절은 단지 자기 자신을 추상화하고 궁핍화되도록 만들 뿐만 아니라, 냉혹한 이성의 전제로 휩쓸리는 것을 피할 수 없다. 대진은 일찍이 첨예하게 이 점을 지적했다.

"천리와 인욕의 구분에 관해 사람들마다 능숙하게 말한다. (⋯) 높은 자는 리를 근거로 낮은 사람을 탓하고, 연장자는 리를 근거로 어린 사람을 탓하며, 귀한 사람은 리를 근거로 천한 사람을 탓하는데, 설혹 잘못된 것이라도 천리를 따르는 것이라고 말한다[理欲之分, 人人能言之. (⋯) 尊者以理責卑, 長者以理責幼, 貴者以理責賤, 雖失, 謂之順]."(「맹자자의소증(상)」, 『대진집』, 275쪽)

"육경과 공맹의 책에서 어찌 리를 사물처럼 여기고, 인간의 본성이 발현되어 정욕이 됨을 배제한 채 억지로 제한했겠는가![六經 孔孟之書, 豈嘗以理 爲如有 物焉, 外乎人之性之發爲情欲者, 而强制也哉!"(위의 책)

원시유학은 물론 인간의 이성적 본질을 중시했지만, 인간의 감성적 존재를 완전히 무시하지는 않았는데, 송대 유학에서는 이성적 요구가 점점 더 초월적인 규정이 된다. 이성 지상주의적 가치구조에서, 개체의 바람이나 필요는 보잘 것 없는 것으로 바뀌게 되며, 윗사람은 이성이란 명분을 근거로 아랫사람을 압제한다. 요컨대 인욕에 외재하는 초월적인 경향으로서의 이성은 그것이 응당 갖추어야 하는 정신적 감화력을 상실했으며, 내재적인 강제수단으로 변질되기 시작한다는 것이다. 이성의 전제를 극단으로 밀어붙이게 되면, 불가피하게 이理를 통한 살인에까지 이르르게 된다. 즉, "그들이 이理라고 말하는 것은 가혹한 관리가 법이라고 일컫는 것과 같다. 가혹한 관리는 법으로 사람을 죽이는데,

후대의 유학자들은 리를 근거로 사람을 죽인다. 점차로 법을 버려두고 리를 논해서 죽게 되니, 도리어 구제할 수가 없다[其所謂理者, 同於酷吏之所謂法. 酷吏以法殺人, 後儒以理殺人, 浸浸乎舍法而論理, 死矣, 更無可救矣!]"(「여모서與某書」, 『대진집』, 188쪽)는 것이다. "리를 근거로 사람을 죽인다[以理殺人]"는 말은 무엇보다도 생명 가치에 대한 멸시를 표현하는데, 그것은 이성이 일단 감성에서 벗어나게 되면 가치론에 있어 인도人道 원칙의 어두운 면으로 치닫기 쉽다는 점을 분명하게 보여준다.

물론 천리[理]와 인욕[欲]의 통일은 단순히 천리[理]가 인욕[欲]을 배제해서는 안 된다는 측면에만 국한된 것은 아니다. 감성적 요구의 체현인 인욕[欲]은 흔히 자연적 본능에 배어 있으며, 어떤 자발적 성질을 띠고 있다. 만약 그 자유로운 흐름에 맡겨버린다면 마찬가지로 부정적인 결과를 야기하기 쉽다. 바로 이런 점에 근거하여, 청대 유학자들은 인욕[欲]을 멸할 수 없음을 긍정하면서도, 다시 인욕[欲]을 방임하는 것을 거듭 반대했다.

"인욕을 방임하고 이익을 좇는다면 천하에서 추구하는 바는 인간으로서 하지 못할 것이 없게 되는데, 이는 인류 가운데의 이리와 전갈일 것이다[縱欲趨利, 則天下求無其人而不得, 是人類之狼蠆也]." (왕부지, 『장자정몽주』 6권) 인욕人欲은 애초부터 자연적 존재로서의 인간과 연계되어 있기 때문에, 맹목적으로 욕망을 방임한다면 인간이 동물의 수준으로까지 타락하는 것을 막을 수 없게 된다. 이러한 귀결을 피하고자 한다면, 이理의 제약으로부터 벗어나서는 안 된다. "천리란 그 욕망을 절제해 인욕을 다하지 않는 것이다[天理者, 節其欲而不窮人欲也]."(「맹자자의소증(상)」, 『대진집』, 276쪽) 바로 이理를 근거한 인욕[欲]의 통제가 천리와 인욕의 통일에서의 또 다른 중요한 내용이 되는 것이다. 이성의 규범적 기능에 대한 이상과 같은 긍정은, '있는 그대로의 존재[自在]'에서 '스스로 행위하는 존재[自爲]'로 나아가라는 요구에 스며들었고, 또한 인간의 본질적 역량에 대한 중시로 나타났다. 이런 측면에서 청대유학은 유가적 가치 전통에서 결코 벗어나지 않았다.

그러나 정당한 인욕을 허용함에 따라, 청대 유학에서 '이익을 통해 인욕을 조절한 다[以利制欲]'는 생각이 과욕이나 절욕으로 이끌린 적은 없었다. 청대 유학자들에 따르면, 이성의 작용은 자아에 대한 규제로 나타날 뿐만 아니라, '자기에 비추어 타인을 대하는[推己及人]' 하나의 과정으로 전개되는 것으로, 인욕에 대한 합리적인 조절은 자기의 욕망의 충족이 타인의 욕망의 충족으로 이어지는 지에 달려 있다. 즉, "자기의 욕망을 충족시키면서, 또한 타인의 욕망을 충족시킬 것을 생각하니, 인은 이루 다 쓸 수 없는 것이다[遂己之欲, 亦思遂人之欲, 而仁不可勝用矣]."(「원선原善(하)」, 『대진집』, 347쪽), "자기의 감정을 통해 타인의 감정에 함께하고, 자기의 욕망을 통해 타인의 욕망에 함께 하니, 자기가 서고자 하면 타인도 서게 하고, 자기가 이루고자 하면 타인을 이루게 하고, 자기가 원치 않는 것이면 타인에게도 베풀지 않는다[以己之情通乎人之情, 以己之欲通乎人之欲, 己欲立而立人, 己欲達而達人, 己所不欲, 勿施於人]."(초순焦循, 『맹자정의孟子正義』 22권)는 것이다. 일단 각 주체마다의 정당한 인욕이 실현된다면, 이성의 요구 역시 동시에 구체적으로 체현될 수 있게 된다.

> "인욕이 각각 이루어지는 것이 곧 천리에서의 대동이다
> [人欲之各得, 卽天理之大同]. (왕부지 『독사서대전설』 4권)

"자기에 비추어 타인을 대하는 것[推己及人]"은 본래 유가가 인仁을 실천했던 방법으로, 그 형식은 주로 이성적인 추론으로 표현되지만, 청대 유학에서는 이러한 이성의 형식 아래에 인욕에 대한 보편적인 존중까지도 함축하고 있다. 여기에는 의심할 나위없이 천리[理]와 인욕[欲]의 통일이 체현되어 있는 것이지만, 그 무게중심은 천리[理]를 통한 인욕[欲]의 억제에서, 인욕[欲]의 보편적 실현으로 전환되었다. 알 수 있듯이 이상과 같은 이해에서, 인욕은 단순히 인간과 인간 사이의 충돌을 뜻하고 있는 것이 아니라, 그것은 '자기에 비추어 타인을 대하는' 행위를 통해서 상호간의 협조와 소통에 이를 수 있는 것이며, 이성의 역할은 무엇보다도 이러한 과정 속에서 체현되는데, 이러한 가치지향은 이성의 전제를 지양할 뿐만 아니라, 감성의 참월을 방지한 것이기도 하다.

선진시대 시작에서부터, 천리[理]와 인욕[欲]의 관계는 의로움과 이익의 관계와 하나로

엮여져, 유가적 가치체계의 기본 문제가 되었다. 앞의 글에서 이미 거듭 언급했듯이, 보편적 규범의 내화로서의 이理는 인간의 유적 본질을 보다 많이 드러내는 것이며, 인욕[欲]은 무엇보다도 개체의 생명존재에 뿌리를 내린 것이다. 자연의 인문화를 강조함에 따라, 이성의 본질에 대한 유가의 관심은 자주 생명존재를 넘어섰다. 실제로 "있는 그대로의 존재로서의[自在]" 인간에서 "스스로 행위 하는 존재로서의[自爲]" 인간으로의 이행(자연의 인문화)은 언제나 개체의 사회화 과정으로 이해되는데, 이런 과정은 동시에 이성의 주도적 지위를 확립함으로써 실현되는 것이기도 하다. 송명 이학理學에서는, 천리가 인욕을 압도함이 특징이 되면서, 이성적 본질을 강화하는 경향이 편향적으로 발전되기에 이르렀다.

천리[理]와 인욕[欲]에 대한 이상과 같은 위치설정은 명백히 어떤 본질주의적 특질을 띠고 있는데, 그것은 감성과 이성의 내재적 긴장에서 벗어나기 어려울 뿐만 아니라, 쉽게 본질과 존재의 분리로 나아간다. 이런 전통과 비교해, 청대유학은 생명존재의 의의에 주목하여 이理를 통해 욕망을 통제할 것을 주장하면서도, "올바른 덕성은 삶을 해치는 것이 아니다[正德非以傷生]"(왕부지, 『장자정몽주』 3권), "이란 욕망 속에 존재한다[理者存乎欲]"(「맹자자의소증(상)」)는 사고를 긍정했던 점은 확실히 감성과 이성의 긴장을 어느 정도 화해시킨 것이다. 그리고 그것의 보다 심층적인 가치론적 의의는 개체 존재와 보편적 본질에 대한 이중적인 긍정으로 나타난다. 이런 가치 경향은 다른 측면에서 유가적 가치체계에서의 자아의 전환을 보여주었다.

6. 나의 자립과 집단적 동일시

천리[理]와 인욕[欲]에 대한 이해는 유적 본질과 개체 존재에 관한 각각의 위치설정을 제약하였는데, 이처럼 "천리와 인욕에 관한 논변[理欲之辨]"은 언제나 "집단과 개인에 관한 논변[群己之辨]"으로 이어졌다.

개체 존재에 대한 인정과 관련해, 청대 유학은 '무아無我'를 반대했다. 청대 유학에서 볼 때, '무아無我'의 학설은 언제나 이론적으로 자기모순을 없애기 어려웠다. 즉 " '무아'라고 말할 경우, 나에 관해 '무아'라고 말하는 것이다. 만약 내가 존재하는 것이 아니라면, 더군다나 누구에게 쫓아가 무아라고 말하겠는가! 나에 관해 무아라고 말하는 것은 지나치고 근거없는 말이 됨을 알 수 있다[言無我者, 亦於我而言無我爾. 如非有我, 更孰從而無我乎! 於我而言無我, 其爲淫遁之辭可知]."(왕부지, 『사문록思問錄』, 「내편內篇」)는 것이다. '무아無我'란 내가 있음을 인정하는 것을 전제로 한 것으로, 이미 내가 있음을 인정하고나서, 다시 자아를 소멸시키고자 한다면, 명백히 논리적으로 문제가 되는데, 청대 유학자들이 이해하는 '나'는 결코 이理 밖에 유리된 존재가 아니었다. 왜냐하면 "'나'란 극히 공정한 이理가 응집된 존재[我者, 大公之理所凝也]" (위의 책)이기 때문이다. '이理'가 응집된 존재로서의 '나'는 주로 덕성을 지닌 주체로 나타난다. 따라서 "나란 덕의 주인이다[我者, 德之主.]"(왕부지, 『시광전詩廣傳』 4권)라고 말한다. 요컨대 나는 내재된 도덕적 속성의 담당자이니, 바로 '나'가 현실적 인격에 통일성을 부여하는 것이다. '나'에 대한 이상과 같은 정의는 송대 유학과도 명백히 상통하는 점이 있다. 하지만, 송대 유학자들은 흔히 나를 '도심道心으로서의 나'와 '인심人心으로서의 나'로 분리했으며, 도심道心은 '공公'이고, 인심人心은 '사私'라고 생각했다. 바꿔 말하자면, 송대 유학자들에게서, 이상적인 나는 단지 천리天理(道心)의 화신으로 나타날 뿐이며, 감성적 존재로서의 '나'는 배척해야 할 부류로 분류되는 것이다. 바로 이러한 전제에 근거하여, 그들은 언제나 "성인은 무아이다[聖人無我]"라고 주장했다. 이렇게 자아를 분리하는 사유노선과는 달리, 청대 유학은 내가 있음을 긍정하면서도, 천리[理]와 인욕[欲]이 둘이 아니라는 관점에서 출발해, 자아를 소체小體와 대체大體, 인심人心과 도심道心의 통일로 간주하였다.

> "형체와 용모란 나에게 포함된 것인데, '성인은 무아이다'라고 한다면, 귀신과 비슷하게 나무 돌 금수 곤충으로 변화되는 것과 같지 않겠는가? 그러므로 인이 품고 있는 것이 있고, 성인에게 '나'가 있다는 것을 알 수 있다. 내가 있어서 품고 나서야 실제가 될 수 있다. 욕망은 그 속에 리를 품는다! 소체는 그 속에 대체를 품는다! 인심은 그 속에 도심을 품는다![形色者, 我之函也, 而或曰聖人無我, 不亦疑於鬼而齊於木石禽蟲之化哉? 故知仁有函者也, 聖人有我者也. 有我以函而後可實. 欲其理乎! 小體其大體乎! 人心其道心乎!]" (왕부지, 『시광전』, 5권)

이학자들이 자아를 보편화하는(자아를 추상적인 도심道心과 등치시키는) 경향과 대조적으로, 청대 유학자들은 실질적으로 어떤 환원적인 작업을 하였으니, 바로 '이理'와 하나가 되는 추상적인 주체를 가져다, 덕성과 형색(생명의 감정) 도심과 인심이 서로 통일된 구체적인 자아로 환원시킨 것이다. 청대 유학자에게서 자아가 이미 그 본래적 의의를 회복하기 시작하며, 아울러 진정한 긍정을 획득하기에 이름을 볼 수 있다.

가치론이란 측면에서 말하자면, 자아를 인정하는 것('나'가 있음을 긍정하는 것)의 의의는 무엇보다도 개체원칙을 위한 어떤 존재론적 전제를 제공한다는 점에 있다. 바로 성인에게는 '나'가 있다는 관점으로부터 출발하여, 청대 유학자들은 개체원칙에 대해 다양한 측면에서 상세히 설명했다. 청대 유학자들의 견해에 따르면, 천리와 인욕의 주체로서의 자아는 언제나 독립된 의지를 지니고 있다. 즉, "의지를 스스로 주관하는 것은 인간이다[志之自主者, 人也]."(왕부지, 『상서인의尙書引義』 6권) 이러한 의지는 자주적 특성을 지니며, 외재적 역량에 의해 강제되어지는 것이 아니다. "만약 그 권력이 나에게서 비롯되는 것이 아니라면, 형세를 돌이킬 수 없고, 육신은 모욕 당할 수 있고, 생명은 훼손 당할 수 있고, 국가도 망하게 될 수 있으나, 의지만은 빼앗을 수 없다[若其權不自我, 勢不可回, 身可辱, 生可捐, 國可亡, 而志不可奪]." (왕부지, 『속춘추좌씨전박의續春秋左氏傳博議』 하권) 바로 빼앗을 수 없는 의지가 주체에게 우뚝 설 수 있는 인격을 부여하는 것이다. 인격의 독립성을 강조하는 것은 유가의 근본적 특징으로, 공자가 이미 "필부라도 그 의지를 빼앗을 수는 없다[匹夫不可奪志]"고 주장했고, 맹자는 "위압과 무력으로도 굴복시킬 수 없다[威武不能屈]"는 것을 인격의 내재적 특징이라고 여겼으며, 송명시대의 유학에서 지조와 절개를 중시했던 것도 마찬가지로 비슷한 가치지향을 체현했던 것이다. 이런 측면에서 청대 유학은 확실히 유가적 전통을 계승했다. 물론, 청대 유학은 독립된 인격에 외재한 사회에 대한 효과를 주로 고찰했다. "천하를 재단함에, 자기를 바르게 하면, [천하가] 혼란스럽다 할지라도 함께 휩쓸리지 않으며, 자기를 확립하고 천하에 베풀게 되면 흉악한 사람은 그 포악함을 그치고, 사기꾼은 그 간계를 거두며, 완고한 사람은 자신의 어리석음을 경계하리니, 곧 천하를 혼란스럽게 만들고자 할지라도, 천하는 오히려 혼란스러워지지 않게 된다[裁之於天下, 正之於己, 雖亂而不與俱流, 立之於己, 施之於天下, 則凶人戢其暴, 詐人斂其奸, 頑人砭其愚, 卽欲亂天下, 而天下猶不亂也]."(위의 책) "자기를 바르게 함[正之於己]"에서부터 '천하에 베풂[施之於天下]'에 이르기까지, 주체의 인격은 세속에의 동화를 배척함('더불어서 함께 휩쓸리지 않음')에서 천하를 적극적으로 교화하는 데로 나아감으로써, 그 현실적인 구체적 역량을 드러내는 것이다.

물론, 개체의 인격은 사회적 교화의 과정에서 단지 외부화 되어 있는 것은 아닌데, 다른 측면에서 보자면, 그 인격은 동시에 내재적인 자아의식으로 구체화되어 나타나는데, 그 점은 청대 유학에서 '부끄러움을 앎[知恥]'으로 표현되었다. 왕부지는 "세상의 교화가 쇠하니, 백성들은 감화되어 실행하지 않으며, '어질지 못한 이를 보거든 스스로를 반성하니', 부끄러움을 앎의 공로가 크다[世敎衰, 民不興行, '見不賢而內自省', 知恥之功大矣!]" (『사문록思問錄』, 「내편內篇」)라고 지적했다. 여기서, '부끄러움을 앎[知恥]'은 무엇보다도 주체의 반성적 의식과 관련된다. 그 내용에 관해 말하자면,

'부끄러움을 앎'은 두 종류의 형식을 취할 수 있다. 즉 첫째는 개체 자신의 행위가 법도를 넘어섬으로부터 생겨난 자책 혹은 후회이고, 둘째는 기대한 목표를 실현시키지 못함으로 인해 형성된 심리적 불균형이다. 전자가 자아의 책임 및 주체의 인격적 존엄에 대한 옹호를 내포하고 있다면, 후자는 개체의 자아실현에 관한 고도의 자각을 체현한 것인데, 양자는 자아의식이란 각도에서 개체원칙에 새로운 내용을 부여한다. 물론 '부끄러움을 앎'이란 관념이 청대 유학에서 처음으로 나타나는 것은 결코 아니다. 공자가 이미 "몸가짐에 부끄러움을 지닌다[行己有恥]"라고 밝혔고(『논어』, 「자로」참조할 것), 맹자 또한 "인간에게는 부끄러움이 없을 수 없다[人不可以無恥.]"고 생각했다. 그러나 공자와 맹자가 흔히 "부끄러움"에 대한 감각을 공적인 책임과 관련시켰는데, 이를테면 공자는 '몸가짐에 부끄러움을 지님'이란 말을 "사방에 사신으로 가서 군주의 명을 욕되게 하지 않는다[使於四方, 不辱君命.]"(『논어』, 「자로」)는 것으로 이해한다. 그와 비교할 때, 청대 유학자들은 주체의 자립이라는 각도에서, '부끄러움을 앎'에 관한 의미를 규정했다.

> "사대부이면서 먼저 부끄러움을 알지 못한다면, 근본이 없는 사람이된
> 다[士而不先言恥, 則爲無本之人]."
> (고염무顧炎武, 「여우인논학서與友人論學書」, 『정림문집亭林文集』 3권)

여기서, 자아의식으로서의 '부끄러움을 앎'은 이미 실체의 높이로까지 격상되어, 인격을 정립시키는 내재적 근거(근본)가 된다.

그 본래의 의미에 따르자면, '부끄러움을 앎'은 주로 도덕적 의식으로 체현되지만, 자아의 개성은 당연히 단지 실천이성으로서의 자아의식에 국한되지 않으며, 보다 넓은 시야에서 보자면, 그것은 더 나아가 흔히 다원화된 사상으로 전개된다. 청대 유학에서 보기에 진리는 결코 일종의 독단론적 체계가 아니며, 그것은 본질적으로 개방적 성질을 갖추고 있다. 이를테면 이는 구체적으로 '근본은 하나지만, 만가지로 갈라지는 것[一本而萬殊]'으로 표현된다. 즉 "한 쪽으로 치우친 견해가 있으면, 상반되는 논리도

있으니, 학자가 그 견해가 달라지는 곳에서, 마땅히 도리가 합치하게 됨에 착안하는 것을 '근본은 하나이면서도 만가지로 갈라진다'고 일컫는다[有一偏之見, 有相反之論, 學者於其不同處, 正宜著眼理會, 所謂一本而萬殊也]."(황종희, 『명유학안明儒學案』, 「범례凡例」) 진리는 언제나 다양한 측면의 규정('만가지로 갈라짐[萬殊]')으로부터 구성되는 통일체이며, 주체가 깨달은 생각의 차이가 통일체의 각각의 측면을 따로따로 구성하는 것이다. 하나의 근본은 필연적으로 수많은 현상으로 전개되기 때문에 개체가 다양한 각도에서 진리에 대해 자유로운 탐구와 토론을 행하는 것은 마땅히 허용되어야만 한다. 또한 바로 이런 관점에 근거해, 청대 유학자들은 개체의 독창적인 견해를 중시할 것을 요구하면서, "학문의 방도는 각각의 사람마다 스스로 명백히 할 수 있는 것을 진리로 삼는 것이다[學問之道, 以各人自用得著者爲眞]."(위의 책)라고 하였다. 여기서 개성 원칙은 곧 독립적 사고를 제창하는 것으로 구체적으로 전개된다. 전통 유학이 주로 개성원칙을 도덕적 자립과 연관시키는 점과 비교해서 말하자면, 청대 유학은 '부끄러움을 알 것'을 요구함으로부터, 더 나아가 학술상에서의 자유로운 탐색과 독립된 사고를 주장했으니, 상당히 개방적인 심리상태를 드러내고 있는 것처럼 보인다.

청대 유학 이전에는, 유가의 일부 이단적 사상가들이 다양한 정도로 사상에 대한 자유로운 추구를 표현해냈다. 이를테면 혜강은 "생각은 본분을 넘어서지 않는다[思不出位]"는 사고를 반대하면서, 생각이 자기의 지위를 넘어서야 한다고 주장했는데, 사상적 속박을 돌파하려는 의향을 이미 명백히 함축하고 있었다. 또한 이지李贄는 더 나아가 공자의 옳고 그름을 근거로 옳고 그름을 판단해서는 안 된다는 주장을 제기했으니, 다시 말하자면, 폐쇄적 사유 양식에서 벗어날 것을 요구했던 것이다. 청대의 유학자들이 한편으로 치우친 견해와 상반된 논리의 가치를 긍정하면서, '학문의 방도[學問之道]'를 개체의 창조적 사고라고 이해한 데에는 명백히 그 이단적 사상가들을 계승하는 점이 있다. 그러나 이단적 사상가들이 부정적인 의미에서의 파괴(과거의 사유 양식에 대한 부정)에 치중했던 것에 비교해 말하자면, 청대 유학자들의 사상적 자유에 대한 외침은 대체로 개성원칙의 긍정적인 전개로 드러난다. 한편 또한 이단적 사상가들이 흔히 독단론을 반대함으로써 상대주의로 치달았는데, 이를테면 이지李贄는 옳고 그름에는 "고정불변의 성질이 없고[無定質]", "확정된 이론도 없다[無定論]"고 생각했다.(『장서藏書』, 「세기열전총목전론世紀列傳總目前論」) 청대 유학의 경우, 학술의 방도가 "다르지 않을 수 없다[不得不殊]"는 점을 진리에 대한 다양한 탐색으로 이해했으며, 개체의 의견과 진리를 구분하는데 주의를 기울였다.(대진, 『맹자자의소증(상)』을 참조할 것) 이런 측면에서, 청대 유학은 확실히 전통 유가의 통일된 도道에 대한 신념에 여전히 물들어 있었다.

개성의 다양화는 학술에서의 다양한 경로의 탐색에 있었을 뿐만 아니라, 호걸豪傑 정신에 관한 다양한 측면에서의 전시로 나타난다. 앞에서 서술했던 것처럼, 청대 유학은 호걸을 이상적 인격으로 여겼는데, 이러한 인격 모델은 결코 단일한 것이 아니었다. 그것은 언제나 다양한 표현 형식을 지녔다. 노장老莊의 철학적 사유에서부터 법가法家의 형명刑名의 학문까지, 좌구명左丘明 사마천司馬遷의 역사연구에서부터 한유韓愈와 구양수歐陽修의 문장에 이르기까지, 곽수경郭守敬의 율력律歷 제정에서부터 왕실보王實甫의 희극극본의 창작에 이르기까지 모든 것에 호걸정신이 침투하지 않은 경우가 없으며, 아울러 인격의 역량을 드러낸다. (황종희, 「근웅봉시서靳熊封詩序」, 『남뇌문정후집南雷文定後集(一)』) 그리고 주체의 개성은 또한 바로 다양한 인격 및 그들의 활동 속에서 다양한 표현을 획득했다. 인격을 완성하는 방법[成人之道]에 관한 전통유학의 획일화된 경향에 비교할 때, 인격 정신의 형태에 대한 청대 유학자들의 다양한 규정은 확실히 다른 사유노선을 드러낸 것이다.

'나'가 있음을 확인함에서부터 개체의 의지를 빼앗을 수 없음을 강조함에 이르기까지, '부끄러움을 앎[知恥]'에서부터 독립된 사고에 이르기까지, 학술 방법의 다양성에서부터 인격의 다양화에 이르기까지, 개체원칙은 다양한 측면, 다양한 차원에서 전개되고 나타나게 되었다. 역사적으로 보자면, 주체성은 매우 일찍부터 유가가 관심을 갖는 지점이 되었는데, 공자는 위기爲己와 성기成己를 주장하여, 주체성을 중시하는 경향을 선도했다. 또한 맹자 이후 송명 이학理學에 이르기까지 줄곧, 개체 원칙은 시종일관 유가적 가치체계라는 주제 가운데 응당 포함되어야 하는 의미였다. 그러나 앞의 내용에서 거듭 제기했던 것처럼, 전반적으로 말하자면, 개체원칙에 대한 전통 유학의 규정은 흔히 비교적 협애했고, 그것이 지닌 풍부한 함의 또한 충분히 전개되지 못했다. 더욱이 마땅히 지적해야만 할 것은 개체의 자아정체성은 언제나 전체를 최우선으로 하는 전반적 원칙에 압도되었다는 사실이다. 정통화 된 이학理學에서, 이러한 경향은 더욱 명백하게 표현되었다. 이에 비할 때, 개성의 원칙에 대한 청대 유학의 다양한 차원에 걸친 해석은 확실히 유가적 가치체계의 주목할 만한 자기 전환이며, 개체원칙의 이상과 같은 부각을 통해서, 또한 시민관념에 대한 일정한 영향을 볼 수 있다. 어떤 의미에서 그것은 가치경향의 전환을 위한 시대적 의식과 분위기를 제공했다고 말해도 좋다.

물론 자아를 긍정하는 것이 집단을 망각함을 의미하는 것은 아니다. 앞의 내용에서 이미 지적했듯, 청대 유학은 '부끄러움을 아는 것'을 강조하면서, 주체 자신의 책임의식을 부각시켰는데, 그들이 보기에, 자아에 대한 책임과 집단에 대한 책임은 결코 서로 대립하는 것이 아니다. 오히려 자신에 대한 책임의 약화는 언제나 집단에 대한 책임의 약화를 야기한다. 고염무는 "사대부가 부끄러움이 없는 것을 국가의 수치라고 말한다[士大夫之無恥, 是謂國恥]."(『일지록日知錄』 13권)고 지적했다. 여기서, 자아에 관한 책임의식(자아의 인격적 존엄을 유지하는 것)이 곧 집단에 대한 책임감의 전체가 된다. 바로 이상과 같은 사유노선에 근거하여, 청대 유학은 자아의 책임을 요구함으로부터 더 나아가 천하에 대한 책임을 담당하라고 주장한다.

"몸소 천하를 책임진다면, 죽음과 패배도 뜻 밖의 재앙이나 위험은 아니다[既以身任天下, 則死之與敗, 非意外之凶危]." (왕부지, 『독통감론讀通鑑論』 28권)

"천하를 보존하는 일에는 천한 필부까지도 모두 이에 대한 책임을 지닌다[保天下者, 匹夫之賤與有責焉耳矣]." (고염무, 『일지록日知錄』 13권)

천하의 흥망에는 필부도 책임이 있다는 격앙된 의견 이면에는, 집단적 운명에 대한 깊은 관심이 깔려 있다. 주체의 사회적 책임을 이상과 같이 강화하는 것을 통해, 천하를 자기의 책임으로 여기는 유가적 전통의 중대한 영향을 볼 수 있다.

그러나 주목할 만한 가치가 있는 것은, 청대 유학에서의 집단이라는 범주의 내용에 이미 중요한 변화가 발생했다는 사실이다. 그들의 '국가[國]'와 '천하', '일성一姓'과 '만민萬民' 등과 같은 구분으로부터, 이 점을 어렵지 않게 엿볼 수 있다. 고염무는 '국가가 망하는 것[亡國]'과 '천하가 망하는 것[亡天下]'의 다름을 언급했을 때, 일찍이 다음과 같이 지적했다. "국가가 망하는 경우와 천하가 망하는 경우가 있다. 국가가 망하는 것과 천하가 망하는 것은 어떻게 구별되는가? 왕의 성과 연호가 바뀌는 것을 국가가 망하는 것이라고 말한다. 인의가 꽉 막힌채, 금수를 끌어다 사람을 먹게 하고, 사람이 서로를 잡아먹는 데에 이르는 것을 천하가 망하는 것이라고 말한다[有亡國, 有亡天下. 亡國與亡天下奚辨? 曰: 易姓改號, 謂之亡國. 仁義充塞, 而至於率獸食人, 人將相食, 謂之亡天下]." (『일지록日知錄』 13권) 여기서 '국가'란 군주가 대표가 되는 체제를 뜻하는데, 그와 대조되는 '천하'는 개체의 총화로서의 공중公衆을 그 내용으로 한다. 왕부지는 이에 대해 보다 명확하게 개괄하였다. 즉, "한 성씨의 흥망은 사사로운 것이나, 생민의 생사는 공이다[一姓之興亡, 私也, 而生民之生死, 公也]." (『독통감론讀通鑑論』 17권)라는 것이다.

'일성一姓'은 군주를 뜻하며, '생민生民'이란 천하의 인민을 뜻한다. 확인할 수 있는 것은, 청대 유학의 이상과 같은 관점에서는 이미 집단에 대한 전체론적holistic 규정이 제거되기 시작했다는 사실이다. 왜냐하면 그들이 일성을 사사로운 것으로 규정했을 때, 이미 어느 정도 군주를 상징으로 하는 "허구적 전체"를 지양했기 때문이다. 바꿔 말하자면, '집단'개념은 초월적인 가정으로부터 현실적인 천하의 인민을 향해 회귀하기 시작하는 것이다.

바로 '집단' 범주에 관한 이상과 같은 규정에 근거해, 청대 유학은 집단과 개인의 통일을 재건할 것을 요구했다.

"천하를 가지고 논한다면, 반드시 천하의 공을 따라야만 한다[以天下論者,

必循天下之公]."(왕부지, 『독통감론讀通鑑論』 「서론敍論(一)」

"천하의 사私가 합쳐져서 천하의 공公을 이루니, 이것이 바로 왕정의 근거이다[合天下之私, 以成天下之公, 此所以爲王政也]."(고염무, 『일지록』 3권)

'공公'은 집단의 보편적 가치를 체현하는데, '천하의 공을 따른다', '천하의 공을 이룬다'는 말은 집단에 대한 정체성을 뜻할 뿐이다. 그러나 천하의 공公은 또한 천하의 사私가 합쳐짐으로써 형성되는 것이니, 그것은 본래 각각의 개체의 가치에 대한 긍정을 전제로 삼는 것이다. 집단(公)과 자아(私)의 이상과 같은 합일에서, 자아는 전체 속에 결코 매몰되지는 않는다. 집단과 개인의 통일에 대한 이러한 이해는 명백히 전체가 개체를 병탄하는 전체론holism과는 다른 것이다. 사실상 청대 유학자들의 견해에 따르면, 전체를 최우선으로 하는 전제專制의 형태에서는, 집단과 개인의 통일에 진정으로 이를 수 없으며, 오히려, 전제적인 고압은 항상 개체와 집단을 분열시키는 경향을 야기하기 쉽다. 왕부지는 일찍이 이 점을 엄중히 지적했다. 즉, "그 위가 신불해 한비자이면, 그 아래는 반드시 석가나 노자가 된다니(…) 왜 그런가? 사람이 두려워 어찌하지도 못한 채 서 있게 되면, 물러나서는 허황되고 현묘한 이론에 의지해 책임추궁을 피하려 들 것이고, 법이 가혹하여 아래에서 그 윗사람을 원망하게 된다면, 군주와 부모를 갈라서 버리는 학설을 즐기며 혼자 편안해 할 것이기 때문이다[其上申韓者, 其下必佛老 (…) 何也? 夫人重足以立, 則退而託於虛玄以逃咎責, 法急而下怨其上, 則樂判棄君親之說以自便]." (『독통감론讀通鑑論』 17권) 법가는 군주의 전제專制를 강조했는데, 전제적 정치구조에 놓여 있을 때, 개체는 흔히 전체를 자기에 반하는 존재로 여기며 허구적인 전체이 억압에서 벗어나려고 시도하는데, 개체의 사회적 책임감 또한 그에 상응하여 약화되기 쉽다. 이에 따른 결과란 개체와 전체의 대립이다. 이런 관점은 다른 측면에서 다음과 같은 사실을 밝혀준다. 즉 집단과 개인의 통일은 집단에 대한 개체의 정체성과 분리될 수 없지만, 그와 마찬가지로 개체에 대한 집단의 관심과 존중을 내용으로 삼아야만 하니, 단적으로 말해, 집단과 자아는 마땅히 상호적 인정에 이르러야만 하는 것이다.

집단과 개인의 관계는 언제나 직접 또는 간접적으로 이익관계와 관련된다. 천리와 인욕의 통일로서의 자아는 도덕적 주체이면서 또한 이익의 주체이다. 개체의 자기이익에 대한 추구는 모두에게 정당하고 합리적인 일면을 지니지만, 동시에 타인의 동일한 요구를 존중해야만 한다. 전제주의專制主義가 정의롭지 못한 이유는 허구적인 전체의 이익을 통해서 천하 인민의 이익을 부정한다는 점에 있다. "이후에 인군이 된 사람은 그렇지 않으니, 천하의 이익과 해로움에 대한 가늠이 모조리 자기 자신에게서 비롯된다고 여기니, '나'는 천하의 이익을 모조리 자기의 것으로 돌리고, 천하의 해로움은 모조리 타인에게 돌리며, 또한 못할 것이 없어, 천하의 인민이 감히 자기욕구를 추구하지 못하도록 하며, 자기 이익을 추구하지 못하도록 만든다. (…) 만약 [이러한] 군주가 없다면, 인민은 모두가 스스로의 욕구를 충족시킬 것이고, 인민은 모두가 스스로의 이익을 충족할 수 있을 것이다[後之爲人君者則不然, 以爲天下利害之權皆出於我, 我以天下之利盡歸於己, 以天下之害盡歸於人, 亦無不可, 使天下之人不敢自私, 不敢自利. (…) 向使無君, 人皆得自私也, 人皆得自利也]."(황종희, 『명이대방록明夷待訪錄』「원군原君」) '천하의 인민[天下之人]'은 개체의 총화를 뜻하므로, 한편으로 자아는 자신의 이익을 실현하며 유지하고 옹호할 수 있어야만 하는데, 전제군주에 의한 이러한 권리 박탈은 개체에 대한 유린을 의미한다. 다른 한편으로는 개체의 권익의 실현이란 결코 한 개인의 이익독점이 아니라 천하의 인민의 공동의 권리이니, 청대 유학에서는 "자기이익[自利]"과 "인민 모두의 충족[人皆得]"를 연관시킴으로써 이 점을 드러냈다. 사실상 청대 유학이 "천하의 사사로움이 합쳐져서 천하의 공을 이룬다"고 주장했을 때, 이미 이와 같은 사유노선을 함축하고 있었던 것이다. 여기에는 물론 전제주의적 정치체제가 개체의 이익을 억누르는 것에 대한 불만이 개입되어 있지만, 이로 인해 이익관계에 있어 자아중심주의로 이끌렸던 적은 결코 없었다. 그것이 표현하는 것은 일종의 개체의 이익과 집단의 이익을 조화시키려는 경향이다. 가치론적인 측면에서 볼 때, 이러한 노력은 유집단을 배려하는 유가의 전통을 체현한 것일 뿐만 아니라, 집단과 개인의 관계를 이익관계와 관련시킴으로써, 집단과 개인의 통일이 좀 더 구체적인 내용을 획득하도록 한 것이었다.

명 말에서 청 왕조에 이르는 사회적 변천과 동요는 보편적인 역사적 반성을 유발시켰고, 이를 배경으로 유학은 준엄한 자아비판을 거쳤다. 유학의 자아비판에 맞추어, 유가적 가치체계에서도 역시 중요한 전환이 이루어졌다. 유학 내부의 인물로서의 명청시대이 유학자들은 결코 유학의 주요한 전통을 완전히 초월하지는 않았고, 유가의 근본적 가치원칙은 여전히 역사적으로 계승되었다. 그러나 시대의 외부적 제약과 유학의 자아비판의 상호작용은 또한 가치의 무게중심에 주목할 만한 변화를 야기했으며, 그에 상응해 가치관계에서의 몇몇 새로운 위치설정을 촉발시켰다. 전통의 안정적 지속이 유가적 가치체계의 내재적 생명력과 항구적인 문화적 의의를 보여준다면, 자아비판은 한 측면에서 그 역사성과 고유의 약점을 분명하게 드러낸다. 양자는 다른 측면에서 유가적 가치관의 복잡한 함의를 보여줬다. 명청 교체기의 이상과 같은 진화와 전환 속에서, 유가적 가치체계는 '기제旣濟'이자 '미제未濟'인 것으로[87], 개방적 특성을 나타냈는데, 바로 이런 개방성이 진일보된 전환을 위한 역사적 전제를 제공하였다.

---

87) [*역자주] 기제와 미제는 『주역』 의 64괘 중, 각각 63번째, 64번째의 괘이다. '기제괘'는 물과 불이 만나는 괘상이다. 물과 불의 상호작용으로 음양이 어우러지는 모습으로, 주로 '완성'이란 의미를 담고 있다. 완성된 정점에서의, 몰락에 대한 경계라는 의미까지도 포괄한다. 한편 '미제괘'는 위에 있는 불 은 타오르고, 아래에 있는 물은 흘러내려서 서로 만나지 못하고 어긋난 모습으로 일이 성취되기 힘든 상황을 상징하는 점괘이다. '미완성'을 주로 뜻한다. 그리고 미완성에서의 희망, 가능성의 의미까지 부수적으로 담고 있다.

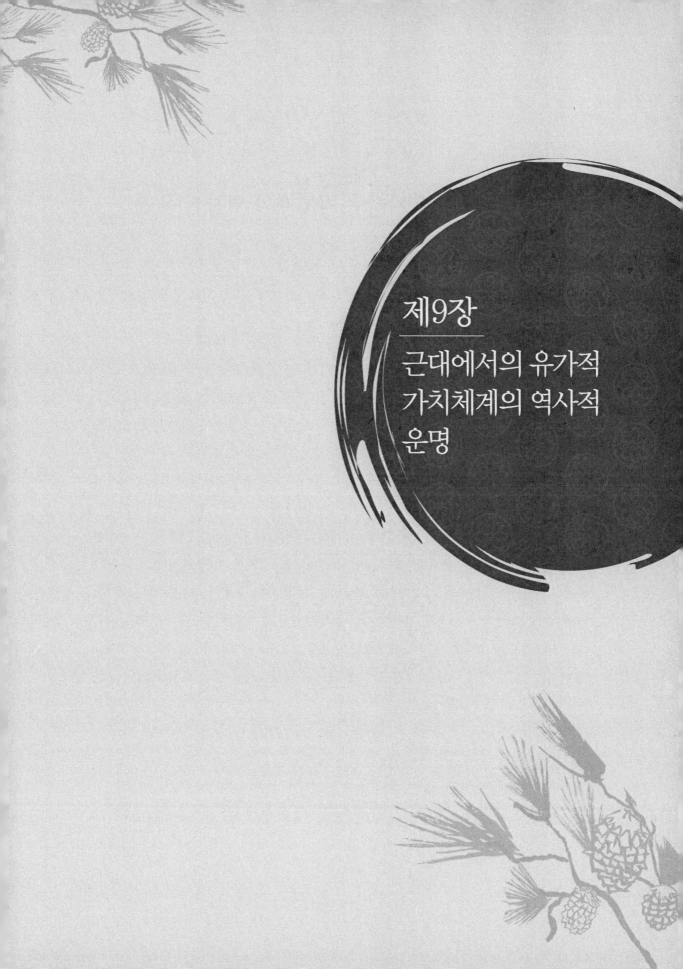

제9장

근대에서의 유가적
가치체계의 역사적
운명

제9장
근대에서의 유가적 가치체계의 역사적 운명

　명청 교체기의 유학의 자아비판은 유가적 가치전통의 종결은 아니었다. 역사가 근대로 진입한 뒤에도, 유가적 가치체계는 여전히 사회적 발전과정을 제약하고 있었다. 근대(현대)로 나아가는 고된 여정 속에서, 유학은 거듭 다양한 방향에서 나온 응답을 받아들였으며, 좌절과 부흥의 희비극을 여러 차례 재연하였다. 이러한 역사적 운명은 유가적 가치체계의 복잡한 내용을 드러냈으며, 동시에 유학과 현대화의 관계를 진일보해 사고하기 위한 전제를 제공하였다.

　근대(현대)로의 이행의 역사적 함의는 근대화(현대화)의 완성에 있는데[88], 이 과정은 애초부터 어떻게 전통 문화를 다룰 것인지와 하나로 뒤얽힌 것이었다. 전통 문화의 주류로서의, 유학(유가적 가치체계를 포괄하는)은 일찍이 전통의 비판자들의 공격을 거듭 수용하였는데, 5·4운동 시기에 이런 공격은 상당히 격렬한 정도에까지 이르렀다. 그런데 또한 바로 근대는 유가의 도통道統에 대한 옹호를 자기의 임무로 여긴 신유가를 출현시키기도 하였다. 이러한 패러독스에 가까운 역사적 현상은 유학의 의의에 대한

---

88) 근대화와 현대화에 관한 구분은 단지 상대적인 의미를 지닐 뿐인데, 그 본래의 내용에 따르자면, 양 자는 모두 산업화를 기초로 하며, 아울러 전통적 농업사회와 대조되는 사회문화적 변혁을 뜻한다. 영 어에서, 두 가지는 동일한 말(modernization)이다. 하지만 관습적인 역사적 시대구분에 대응시키기 위해서, 본서에서 서술할 때에는 어느 정도 구분하도록 하겠다.

상반된 이해를 드러낼 뿐만 아니라 근대화(현대화)의 경로에 대한 상이한 선택을 함축하고 있는 것이기도 하다.

1. 권위의 몰락 : 전통과 근대화의 긴장

중국의 근대화는 애초부터 식민화에 저항하는 과정을 수반하고 있었다. 전통으로부터 근대로의 전환은 처음에는 중국인의 자발적 선택에서 비롯된 것이 아니었고, 그것은 먼저 강제적인 방식을 통해 전개되었다. 공업혁명이 가져온 경제 군사적 실력 등을 배경으로 서구 열강들이 잇따라 동양을 침공하면서, 병탄의 정세가 만들어졌다. 중국의 독립과 생존에 대한 이러한 압박이 회피할 수 없는 도전을 제기했으며, 유례없는 민족위기를 초래했다. 이상과 같은 상황에 직면해, 구국은 점차 보편적 시대정신이 되었다. 엄복嚴復의 「구망결론救亡決論」에서부터 5·4운동에서의 반제국주의의 함성에 이르기까지, 구국의식이 시종일관 근대의 문화적 사조와 사회운동을 제약하고 있었다.

그러나 서양 열강의 동양침략은 식민화의 초래 이외에도, 또 다른 중요성도 지닌다. 열강들이 중국을 향해 촉수를 뻗었을 때, 그들은 대체로 전근대에서 근대로의 전환을 이미 완성했거나 완성해 가는 중이었다. 열강들의 주된 관심이 중국의 근대로의 이행을 촉진시키는 데에 있지는 않았지만, 폐쇄적인 문호가 포화에 의해 개방된 이상, 중국과 근대세계의 관련은 불가피한 역사적인 결과가 되었다. 피와 화염을 앞세운 채, 서양의 근대적 생산방식 정치양식 문화적 사조 가치관념 등이 여러 형태로 중국에 밀어닥쳤다. 역사는 자신의 논리를 드러냈다. 즉, 식민화의 위협에 직면함과 동시에 중국은 근대화 궤도에 강제로 편입되었던 것이다. 전자가 구국의식을 격발시켰다고 한다면, 후자는 전통과 상대되는 근대에 대한 관념을 촉발했다.

앞에서 서술한 것처럼, 구국의식은 우선 식민화에 저항하라는 요구를 함축하고 있으며, 민족위기를 벗어나는(반反 식민화) 근본적 출로를 자강自强에 두고 있다. 이 때문에, 구국의식은 언제나 부국강병을 지향하는 것이다. 어떻게 자강을 실현할 것인가? 일찍이 근대가 개시될 때, 위원魏源은 이미 "오랑캐들의 장기를 배워서 오랑캐를 제압하자[師夷之長技以制夷]"는 주장을 제기했는데, "장기"의 내용은 이후 부단히 심화되고 확장되었지만, '오랑캐를 배우자'는 사유노선은 오히려 거듭 긍정되었다. 이리하여, 우리는 다시 한 번 역사의 패러독스를 보게 된다. 서구 열강에 대한 항쟁의식이 흔히 서양으로부터 학습('오랑캐를 배우는 것[師夷]')하려는 의향과 뒤섞이기 때문이다. 다른 한편으로, 근대화로의 움직임이 시작됨에 따라 전통과 근대 사이의 긴장은 주목할 만한 문제가 되기 시작했다. 근대로 이행하는 과정은 언제나 다양한 정도로 전통의 저항과 마주치게 되는데, 이런 긴장과 대치의 배후에는 두 종류의 관념의 충돌이 함축되어 있었다. 단적으로 말해서 전근대의 역사적 과정을 넘어선다는 것은 전통적 관념(가치관념을 포괄한)을 초월할 것을 요구하는 것이다. '오랑캐를 본받자'는 주장은 처음에는 단지 과학기술과 공업에 국한된 것이었지만, 그 논리와 역사적 확장은 근대 서양학문과 전통적인 중국학문의 대립으로 발전했다. 이처럼 구국의식과 근대화의 요구가 상호교차하면서 아주 자연스럽게 전통에 대한 비판적 경향을 형성했다.

근대적 비판 사조 안에서, 전통문화의 주류로서의 유학은 의심할 나위없이 가장 먼저 공격대상이 되었다. 앞에서 서술한 것처럼 명청교체기의 유학은 일찍이 한바탕의 철저한 자아비판을 거쳤고, 그 가치체계 역시 그에 따라 어떠한 자기조정에 이르렀다. 그러나 명말청초明末淸初에는 보편적인 역사적 동요가 나타났지만, 전체 사회는 여전히 전근대시기에 놓여 있었고, 근본적으로 전통을 초월하는 역사적 조건은 전혀 성숙되어 있지 않았다. 동시에 보다 중요한 사실은, 명청 교체기의 유학자들이 유가적 가치체계에 대해 자기조정과 전환을 이루어냈다고는 하지만, 이러한 전환이 시종일관 유학의 정통이 되지는 못했다는 점이다. 그러한 자기조정이 지닌 사회의 각 차원에 대한 영향력 역시 상당히 제한적이었다. 전체적으로 보자면, 주도적 지위를 점한 것은 여전히 송명 이학理學에 의해 체계화된 유학체계였다. 청초淸初의 통치질서의 안정 이후, 정주程朱 이학理學은 빠르게 황실에 의해 거듭 승인된 공식 이데올로기가 되었다. 1712년 강희제가 조서를 내려 특별히 주희를 공자묘에 배향하도록 하고, 조정의 관리들에게 『주자전서朱子全書』를 편찬하도록 명한 일은 이 점을 명백히 보여준다. 이상과 같은 사실에 따라, 근대적 비판의 예봉이 겨냥한 것은 무엇보다도 송명 이학理學에 의해 체계화된 정통 유학이었다.

일찍이 19세기말에, 근대적인 계몽사상가들은 이미 전통 비판의 서막을 열었다. 담사동譚嗣同은 "그물망을 찢어라[衝決網羅]"라는 주장을 제기했는데, 담사동이 말한 "그물망[網羅]"은 무엇보다 정통유학이 옹호한 명교名教를 뜻하며, 명교의 핵심은 군주제였다. 그는 "이천년 이래 군주와 신하라는 하나의 인륜은 더욱 암담하고 폐쇄적이 되어 인륜적 도리를 되찾지 못하고 있으니, 현재에 이르러 더욱 심각해졌다[二千年來君臣一倫, 尤爲黑暗否塞, 無復人理, 沿及今玆, 方愈劇矣]."(『담사동전집譚嗣同全集』, 중화서국中華書局, 1981, 337쪽)라고 말했다. 바로 전제專制의 속박이 사회의 정체와 경직을 초래했다는 것이다. 담사동이 볼 때, 전제적 통치가 의존하고 있는 내재적 지주는 단지 삼강오륜三綱五倫 이외의 것이 아니다. "저 군주도 마찬가지로 귀와 눈, 손과 발을 지닌 사람으로, 두 개의 머리와 네 개의 눈을 지닌 것이 아니며 지혜와 힘을 다른 사람에게서 빌리는데, 도대체 무엇을 믿고서 사방의 수억의 민중을 괴롭히는가? 예부터 있었던 삼강오륜이라는 문자형태에 의지하여 사람들의 신체를 통제하고, 아울러 사람들의 마음까지 통제할 수 있는 것이다[夫彼君主猶是耳目手足, 非有兩頭四目, 而智力出於人也. 亦果何所恃以虐四萬萬之衆哉? 則賴乎早有三綱五倫字樣, 能制人之身者, 兼能制人之心]"(위의 책) 삼강오륜이 체현하는 것은 권위주의적 가치원칙으로, 그것은 인간의 외재적 행위를 규범화할 뿐만 아니라, 인간의 내재적 의식을 제약하고 있는데, 전체론holism은 바로 이를 통해서 인간에 대한 이중적 속박을 실현했다. 이러한 비판은 명백히 정통 유학의 가치원칙이 지닌 부정적인 의미를 언급했던 것이다.

유가의 명교名教가 천리와 인욕을 전개한 방식은 천리를 숭상하고 인욕을 억제시키는 것으로 표현되었는데, 그것은 또 다른 측면에서 인간에 대한 무형의 속박이 되었다. 바로 이 사실에 근거하여, 담상동은 송명 신유학(이학理學)에서의 천리와 인욕에 관한 논변에 대해 다음과 같은 비난을 제기했다. "세속의 편협한 유학자들은 천리를 선이라 여기고 인욕은 악이라 생각하는데, 인욕이 없다면 도리어 천리도 얻을 수 없다는 것을 모르는가? 나는 그래서 저 세상의 삶을 망치는 분별에 슬퍼한다. 천리가 선이면, 인욕 또한 선이다[世俗小儒, 以天理爲善, 以人欲爲惡, 不知無人欲, 尙安得有天理? 吾故悲夫世之妄生分別也. 天理, 善也, 人欲, 亦善也]."(위의 책, 301쪽) 인욕을 악으로 생각하는 것은 개체라는 감성적 존재를 멸시함을 의미하며, 그것은 동시에 자발성의 원칙에 대한 부정을 초래하게 될 것이다. 대체적으로 말한다면, 정통유학이 규정하는 윤리강상은 모두 이런 특성을 지니고 있다. "중국의 오륜은 (…) 겉은 그럴 듯하지만 정신과 어긋나니, 자연스러운 선천적 즐거움을 억지로 가로막으니, 스스로 주재하는 권리에 완전히 어긋난다[中國之五倫 (…) 貌合神離, 强遏自然之天樂, 盡失自主之權利]."(위의 책, 198쪽) 이학자들은 공자와 안연이 즐겼던 경지를 논하고 찾았지만, 이런 경지에서는 천리에 대한 자각적인 순종이 언제나 주체의 내재적 바람을 압도했다. 담사동은 오륜이 '자연스러운 선천적 즐거움'을 가로막는다고 인식한 것은, 확실히 정통 유학의 가치체계의 심층적인 특성에 주목했던 것이며, 그가 오륜이 '스스로 주재하는 권리에 완전히 어긋난다'고 비판한 데에는 명백히 근대적 관념이 배어 있었다.

담사동에 비해, 엄복嚴復은 근대 서학에 대해 보다 깊이 있는 이해를 지녔고, 그 시야 역시 보다 넓었다. 엄복에게 있어, 전통과 근대의 구분은 중국학문과 서양학문의 차이에 지나지 않았는데, 전통에 대한 그의 비판은 바로 중국학문과 서양학문의 비교를 배경으로 이루어지기도 한다. 가치론이란 측면에서 볼 때, 중국과 서양의 차이는 우선 고금古今에 대한 태도에서 나타난다. 즉 "중국 사람이 옛 것을 좋아해 현재를 무시한다면, 서양 사람은 현재에 힘씀으로써 옛 것을 극복한다.[中之人好古而忽今, 西之人力今以勝古.]" (『논세변지극論世變之亟』)는 것이다. 여기서의 '옛 것을 좋아함[好古]'이란 주로 정통 유학의 가치지향을 가리키는데, 유학의 이상은 흔히 미래를 지향하지 않고, 과거에 머물렀다. "삼대의 치세[三代之世]"란 것이 바로 유가가 즐겨말했던 이상사회였는데, 옛 것을 좋아하는 이러한 경향은 대체로 보수적 의식을 형성하기 쉬웠기 때문에, 사회적 변혁을 지연시킨다. 여기에서 이미 근대화 진행과정과 고대를 숭상하는 전통 사이에 존재하는 내재적 긴장이 드러나기 시작한다는 사실을 알 수 있는 것이다.

옛 것에 대한 애호는 사람들이 현재 상황에 안주하도록 하며, 현재에 대한 노력은 주체의 역량에 의지해 미래를 개척하길 요구한다. 이 때문에 '옛 것을 좋아함'에 '현재에 힘씀'의 대립과 관련된 것이 '천수天數에 맡김'과 '인력을 다함'의 사이의 구분이다. 엄복은 "중국인은 천수에 맡기지만, 서양인은 인력에 의지한다.[中國委天數, 而西人恃人力.]"(위의 책)고 하였다. 노력과 운명의 관계에서, 유가는 물론 주체의 역할을 완전히 부정하지는 않았지만, 전체적으로, '명에 대한 순응[順命]'이 주도적 지위를 점했다. 송명의 정통유학 속에서 이런 경향은 보다 명백히 표현되었다. 또한 이로부터 형성된 것이 일종의 숙명론적 전통인데, 이는 거꾸로 정치상의 전제를 조장하기도 했으며, 그에 따라 자유에 대한 제한이 이루어졌다. 이에 대해서 엄복은 다음과 같이 분석하였다. 즉 "그들(서양)이 행하면 항상 형통하고, 우리(중국)가 행하면 항상 병통이 되는 까닭은 자유와 부자유에 있다[彼行之而常通, 吾行之而常病者, 則自由不自由耳]."(위의 책)라는 것이다. 단적으로 말해 '천수에 맡김'과 '인력에 의지함'의 이면에 함축된 것은 숙명론과 자유원칙의 대립인 것이다. 이러한 관점들은 유가적 가치관의 내재적 특징을 깊이 파고든 것으로, 그것이 역점을 두고 있는 측면이란 마찬가지로 전통적 가치관이 초래한 부정적 작용이었다.

담사동과 엄복처럼, 양계초梁啓超는 사회적 진보는 전통에 대한 비판과 분리될 수 없다고 생각했다. 따라서 그는 "나는 모든 시대와 국가에서 진보를 성취했을 때, 유일무이하며 피할 수 없었던 일반적 원칙을 우리 국민에게 엄중히 고하고자 한다. 그 원칙이란 무엇인가? 파괴다[吾請以古今萬國求進步者, 獨一無二不可逃避之公例, 正告我國民. 其例維何? 曰破壞而已]."(『신민설新民說』,「논진보論進步」) 라고 말했다. 가치관에 있어, 양계초의 파괴주의는 무엇보다도 정신적 노예[心奴]로서의 전통을 겨냥하고 있다. "정신적 노예보다 모욕적인 것은 없으니, 신체적 노예는 말단이다[辱莫大于心奴, 而身奴斯爲末矣]."(『신민설』,「논자유論自由」) '정신적 노예[心奴]'로 표현되는 것 중 하나가 바로 공자를 암송하고 모방하면서, "고대인의 노예가 되는 것[爲古人之奴隷]"(위의 책)이었다. 이러한 비판은 명백히 유가의 권위주의적 원칙을 염두에 둔 것이었다. 일찍이 위진魏晉 시대에, 혜강은 명교名教의 독단론이 "생각하는 바가 본분을 넘어서지 않는[思不出位]" 현상을 야기할 수 있다고 지적한 바 있는데, '정신적 노예'란 이런 현상이 진전된 것으로, 그것은 주체의 내재적 의식에 대한 권위주의적 속박이 구체화된 것이다. 일단 '정신적 노예'의 상태에 빠지게 되면, 자유롭게 미래를 개창하기 어렵다. 따라서 진정 자유롭고 창조적인 권능을 획득하려면 반드시 '정신적 노예'에서 벗어나야 한다. 즉, "진정으로 자유를 추구하고자 한다면, 반드시 스스로 마음 속에 있는 노예를 제거하는 데에서 시작해야만 한다[若有欲求眞自由者乎, 其必自除心中之奴隷始]."(『신민설』,「논자유」)는 것이다. 여기에서 드러나는 사유노선은 근본적으로 엄복 등과 일맥상통한다.

알 수 있듯이 19세기 말과 19세기와 20세기의 교체기에, 유가의 가치체계는 다양한 측면에서 공격받았다. 이러한 공격은 물론 담상동 엄복 양계초에 국한된 것이 아니었지만, 이러한 인물들로부터, 우리는 전통을 비판하는 역사적 경향을 어느 정도 파악할 수 있다. 전통 유학에 대한 비판은 무엇보다도 전통과 근대 사이의 긴장에서 기원한 것으로, 담사동 엄복 양계초 등이 비판했던 측면에는 차이가 있지만, 그 출발점은 모두 전통을 초월하고 근대로 이행하는 것이었다. 물론 근대화를 추진했던 선구자로서의 그들은 근대와 전통의 관계에 대해서 아직 구체적이고도 깊이 있는 이해를 결여하고 있었고, 미래적 이상에 대한 추구가 그들로 하여금 대체로 전통의 부정적인 측면에 보다 주목하게 하였다. 그 뿐만 아니라 근대적 지사志士들은 전통에 대한 구체적인 분석과 정리를 수행할 겨를이 없었기 때문에, 그들은 일반적으로 유가적 가치체계를, 혼란스럽고 구분되지 않은 전통 속에 포함시킨 채 비판을 가하였으며, 유교를 부정하는 명확한 관념을 형성시키지는 못했다. 바꿔 말해, 그들이 유학에 반대하는 태도를 직접적으로 나타낸 적은 없었던 것이다.[89]

신해혁명 이후, 전체사회의 구조가 근본적인 타격을 받았던 것은 아니지만, 황제체제의 종결과 공화제의 수립은 마침내 정치상의 근대화를 향한 일보를 내딛은 것이었다. 사회적 정치적 구조의 이상과 같은 변혁은 거꾸로 사람들의 근대적 의식을 더욱 더 강화시키기도 하였다. 원세개袁世凱의 칭제稱帝와 장훈張勳의 복벽復辟이 나란히 전국 모든 계층의 일치된 성토에 맞닥뜨렸다는 점은 전통적인 정치모델이 이미 보편적으로 거부되었음을 분명히 보여주는데, 이런 현상의 이면에는 대중의 의식 속에 확고해진 근대적 관념이 깔려 있다. 그것은 근대화가 시대의 주선율이 되어가고 있다는 점을 어렴풋하게나마 이미 예시하는 것처럼 보인다. 또 다른 측면에서 볼 때, 황제체제(군주의 전제)는 일찍부터 전통적 가치관념의 정치적 지주였고, 도덕을 초월한 형식으로 전통적 가치에 권위를 부여했던 것이다. 황제 체제의 전복과 함께, 유가가 주도했던 전통적 가치체계는 왕권이라는 근거를 상실했고, 그 지배적 지위는 동요하기 시작하여, 점차 "떠도는 유령[游魂]"처럼 되어갔다. 근대적 의식의 보편적 강화가 전통적 가치 관념을 점차로 받아들이기 어려운 것으로 만들었고, 더 나아가 반反 전통적인 의식을 불러일으켰다고 한다면, 왕권의 붕괴 및 그에 따른 권위의 토대의 상실은 전통에 대한 격렬한 배반을 가능하게 하였다.

5·4운동 전후로, 『신청년新靑年』이 가장 먼저 반기를 들고, 반 유교의 기치를 내걸었다. 이 시기의 전통 유교에 대한 비판은, 중국 근대사에서 분명 전형으로서의 의의를 지니며, 그 영향은 5 4운동 시기를 훨씬 넘어서까지 이어졌다. 무엇 때문에 신문화 운동의 풍운아들은 우선 비판의 예봉을 유교를 향해 겨누었는가? 진독수陳獨秀의 다음과 같은 논의 속에서, 우리는 그 개요를 어렵지 않게 확인하게 된다.

---

89) 장태염章太炎은 『제자학략설諸子學略說』·『연설록演說錄』 등의 저작에서 일찍이 공자와 유교를 정확 히 거명하면서 풍자하고 비난했다. 그러나 그는 동시에 고문경학의 대가이기도 했다. 이 점에 입각하 자면, 그는 결코 유가의 진영에서 완전히 벗어나지 못했다.

"그것의(孔敎를 뜻함) 근본적인 윤리도덕에 근거한다면, 서구화와 완전히 정반대로 나가게 될 것이니, 병행했을 때 상충되지 않기에는 어려운 형세다. 우리가 서구화를 옳다고 여긴다면 예로부터의 공교는 잘못된 것이라고 하지 않을 수 없다[惟以其根本的倫理道德, 適與歐化背道而馳, 勢難並行不悖. 吾人倘以新輸入之歐化爲是, 則不得不以舊有之孔敎爲非]."
(「답패검청년答佩劍靑年」, 『신청년新靑年』 3권, 1호)

'서구화[歐化]'란 말이 당시에 근대화로 이해되었다. 여기서 유가적 가치체계("공교孔敎")와 근대화의 과정은 서로 공존할 수 없는 양 극단으로 간주되는데, 다음의 내용에서 지적하려하듯, 이러한 관점은 이론상에서 분명 불공평한 면을 지닌 것이지만, 그것은 동시에 5·4시기의 유교비판이 바로 근대화를 완성이라는 목적을 그 역사적인 전제로 삼고 있다는 점을 분명히 보여주고 있다.

신문화 운동에서의 유교에 대한 반대는 원세개袁世凱의 칭제稱帝와 장훈張勳의 복벽復辟이란 두 차례의 희극에 이어 출현한 것으로, 이런 역사적 요인은 전제적인 신분관념에 대한 규탄이 반反유교의 주요 내용이 되게 하였다. 이대교李大釗는 일찍이 공자의 학설과 전제적 사회의 관계를 분석했다. 그에 따르면 "공자는 전제적인 사회, 전제적인 시대에 태어나서 스스로 당시의 정치제도에 따라서 학설을 세우지 않을 수 없었다. 그러므로 그 학설은 전제적 사회의 도덕을 대표하기에 충분했고, 또한 확실히 전제군주를 위해 이용되어 부적으로 삼기에 충분했다[孔子生於專制之社會 專制之時代, 自不能不就當時之政治制度而立說. 故其說確足以代表專制社會之道德, 亦確足爲專制君主所利用資以爲護符]." (『이대교문집李大釗文集』, 인민출판사人民出版社, 1984, 264쪽) 전제적 질서에 상응하는 가치원칙으로서의 유교와 근대의 민주적 공화제도는 공존하기 어렵다. 이러한 논리적 추론은 진독수의 다음과 같은 논술 속에서 상당히 전형적으로 서술된다. "명교, 예교란 모두 이렇게 존비를 구분하고 귀천을 분명히 하는 제도를 옹호하는 것이다.[所謂名敎,所謂禮敎, 皆以擁護此別尊卑 明貴賤制度者也.]",

"공화적 입헌제는 독립 · 평등 · 자유를 원칙으로 삼으며, 강상계급제도와 절대 양립할 수 없는 대상이므로, 하나를 보존하려면 반드시 나머지 하는 폐기해야만 한다[蓋共和立憲制, 以獨立 · 平等 · 自由爲原則, 與綱常階級制爲絶對不可相容之物, 存其一必廢其一]."(「오인최후지각오吾人最後之覺悟」, 『신청년』, 1권 6호) 유사한 관점이 다른 유학 비판자들에게서도 나타나는데, 이를테면 오우吳虞는 "공화정이 확립되면, 유교의 존비귀천의 불평등한 의리는 당연히 열패하여 도태될 것이다[共和之政立, 儒敎尊卑貴賤 不平等之義當然劣敗而歸于淘汰]."(『오우집吳虞集』, 사천인민출판사四川人民出版社, 1985, 64쪽)라고 생각했다. 여기서 체현되는 것은 확실히 전통 유가와 다른 가치관념이다. 근대 민주주의에 대한 신앙이 이미 전제적 신분에 대한 긍정을 대체했기 때문이다. 민주화된 정치과정에 직면해, 군신君臣의 의리를 옹호하는 유가적 가치원칙은 그 역사적 가치를 돌이킬 수 없을 정도로 상실해 버렸다.

정치상에서 전제專制는 이데올로기에 반영되니 다원성을 배척하는 독단론적 경향으로 나타난다. 유가는 '원칙과 임기응변에 관한 논변[經權之辨]'을 중시하였는데, 전체적으로, '원칙[經]'이 언제나 '임기응변[權]'를 압도했고, 유학이 정통화 됨에 따라 독단론적 관념은 점차 가치관에 있어 권위주의적 원칙으로 변하였다. 유학의 비판자들은 비교적 예민하게 이 점을 주목했다. 역백사易白沙는 공자의 사상은 "쉽게 사상적 전제의 폐단을 만들어냈다[易演成思想專制之弊]."(「공자평의孔子評議(上)」, 『청년잡지靑年雜誌』, 1권 6호)고 지적했다. 오우吳虞는 이에 대해 다음과 같이 보다 구체적인 비평을 행했다. "공자가 소정묘를 주살하며, '성인의 말씀을 모욕하고', '성인을 비난하고 법도를 없애는' 짓을 엄금한 이래, 맹자가 그것을 계승하여 양주와 묵적을 물리치고, 이단을 공격하여 스스로 성인의 무리임을 자처하였다. 동중서는 대책에서 육예에 속하는 과목이나 공자의 저술에 해당하지 않는 것은 모두 그 사상을 근절시켜야 한다고 여기고, 함께 나아가지 못하도록 만들었다. 한유는 『원도』에서 '출가인을 일반 백성으로 만들고, 불교와 도교의 책을 불태우고, 출가인의 거처를 일반 백성의 집으로 만들어야 한다'는 주장을 제창하였다. 이에 따라 유교가 전제하고 통일하면서, 중국의 학술은 바닥에 떨어졌다[自孔氏誅少正卯,

563

著'侮聖言''非聖無法'之屬禁, 孟軻繼之, 辟楊 墨, 攻異端, 自附於聖人之徒. 董仲舒對策, 以爲諸不在六藝之科, 孔氏之術者, 皆絶其道, 勿使並進. 韓愈『原道』'人其人, 火其書, 廬其居'之說倡. 於是儒敎專制統一, 中國學術掃地]."(『오우집吳虞集』, 98쪽) 앞에서 언급했듯이, 담사동과 양계초 등은 유가의 독단론과 권위주의적 편향에 대해 이미 많은 비판을 했는데, 역백사와 오우의 논의는 이런 비판의 연속이라고 간주할 수 있다. 또한 정치적 민주화와 마찬가지로, 사상적 전제에 대한 부정이 체현하는 것도 근대적 관념이다. 실제로 오우가 유교의 전제와 통일을 공격했던 이유는, 그것이 "언론과 출판의 모든 것이 자유를 상실하게[言論出版皆失自由]"(위의 책) 만드는 것이기 때문이었는데, 언론과 출판의 자유에 대한 열망이 근대에의 요구인 것이다. 바로 이러한 근대적 시야가 5·4운동 시기의 유가의 독단론에 대한 비판이 혜강嵇康 이지李贄 등의 유학의 이단과는 구별되도록 해준다고 말해도 좋을 것이다.

　개체와 집단의 관계에 대한 정의는 가치관에 있어서의 하나의 중요한 측면이다. 5·4운동 시기의 사상가들은 중국과 서양의 가치관에 대해 심화된 비교를 하면서, 위 문제에서의 양자의 차이를 명백히 느꼈다. 진독수陳獨秀는 일찍이 "서양의 민족은 개인을 본위로 삼고, 동양민족은 가족을 본위로 삼는다.[西洋民族以個人爲本位, 東洋民族以家族爲本位.]"(「동서민족근본사상지차이東西民族根本思想之差異」, 『신청년新靑年』 1권 4호)는 유명한 논점을 제시했는데, 유가의 가치관은 바로 동양민족의 가치지향을 체현했던 것이다 가족 본위 논리가 확장되면 전체를 지고한 지위에 두게 되는데, 그 결과는 다음과 같은 다양한 측면을 지닌다. "한편으로 개인의 독립자존의 인격을 훼손하고, 한편으로 개인의 사상의 자유를 가로막고, 한편으로 개인의 법률상의 평등한 권리를 박탈하고(이를테면 나이와 신분에 따라 동일한 죄에 다른 벌을 집행하는 종류), 한편으로 의존성을 길러 개인의 생산력을 해친다[一曰損壞個人獨立自尊之人格, 一曰窒礙個人意思之自由, 一曰剝奪個人法律上平等之權利(如尊長卑幼同罪異罰之類), 一曰養成依賴性, 戕賊個人之生産力]."(위의 책) 이러한 관점은 당시에 상당한 보편성을 지녔던 것으로, 이를테면 이대교李大釗 역시 "동양인은 자기희생을 인생의 근본 의무라 여기며, 서양인은 자기만족을 인생의 근본 의무라 여긴다. 그러므로 동방의 도덕은 개성상실의 유지이고, 서방의 도덕은 개성해방의 운동이다[東人以犧牲自己爲人生之本務, 西人以滿足自己爲人生之本務. 故東方之道德在個性滅卻之維持, 西方之道德在個性解放之運動]."(「동서문명근본지이점東西文明根本之異點」, 『이대교문집李大釗文集(上)』, 559쪽)라고 생각했다. 유교가 주도한 중국 전통적 가치관을 가족본위로, 집단 우위로 개괄하는 것은 확실히 유가적 가치계의 일부 특징에 주목했던 것이다. "개인의 독립자존의 인격을 훼손"하고, 개성을 제거한다는 등의 단언은 과도하게 뭉뚱그린 폐단이 없지 않지만, 개성의 발전을 제약한다는 점에 대한 비판은 당시에는 그 역사적 이유를 갖고 있었다. 그 비판의 내재적 함의가 인간의 근대화에 있었기 때문이다. 오우의 다음과 같은 논의에서, 우리는 어렵지 않게 이 점을 엿볼 수 있다. "유교는 변혁되지 않고, 유학은 미동하지 않으니, 우리 나라에 끝내 새로운 사상과 새로운 학설이 없다면 어떻게 새로운 국민을 만들 수 있겠는가? [儒敎不革命, 儒學不轉輪, 吾國遂無新思想, 新學說, 何以造新國民?]" (『오우집吳虞集』, 98쪽) '새로운 국민[新國民]'이란 바로 근대적 인격이니, 유교가 독립적 인격을 억제한다는 신문화운동의 비판은 어떤 의미에서는 바로 근대적 인격(새로운 국민)을 육성하려는 역사적 필요에 근거한 것이었다.

엄복은 중국과 서양의 가치관을 비교하면서, "중국인은 천수에 맡긴다[中國委天數]"고 여겼는데, 5 · 4운동 시기의 유학 비판자들은 이에 대해 보다 진전된 고찰을 행했다. 진독수는 "유학자들은 힘을 다해 쟁취하는 것을 중시하지 않는다[儒者不尙力爭]."(「동서민족근본사상지차이東西民族根本思想之差異」, 『신청년新靑年』 1권 4호)고 지적했다.

'힘을 다해 쟁취하는 것을 중시하지 않는다'는 말은 마주하는 상황을 순종적이며 받아들이고, 참고 양보하며 내면으로 수렴하는 태도를 뜻한다. 이대교李大釗는 동서양의 문명을 비교한 이후, 동서양 문명의 근본적 차이는 동양문명이 정적이라면, 서양문명은 동적이라는 점에 있다고 생각했다. 따라서 후자가 자연이나 타인과의 투쟁으로 나아간다면, 전자는 대체로 소극적으로 안일을 탐한다는 것이다. 정적임을 본위로 삼는 태도가 극단으로 치닫게 되면, "모든 일에 대해서 천명에 의지하게 되니, 이를 숙명론이라 일컫는다. 則事事一聽之天命, 是謂定命主義(Fatalism)."(「동서문명근본지이점東西文明根本之異點」, 『이대교문집李大釗文集(上)』, 558-9쪽) 여기서 말하는 동양 문명은 비록 유가적 가치체계에 국한된 것은 아니지만, 분명 유가의 가치관을 포괄한다. 동정動靜에 근거한 동서문명의 구분은 물론 비교적 추상적 차원에 그친 것이지만, '힘을 다해 쟁취하는 것을 중시하지 않는다'는 태도가 쉽게 숙명론으로 인도된다는 생각은 확실히 전혀 근거가 없는 것이 아니다. 사실 "천수에 맡긴다"는 엄복의 비아냥은 이런 점에 주목했던 것이다. 숙명론은 인간이 현재 상황에 안주하여, 변혁을 추구하지 않도록 만드는데, 이는 운명에 저항해 용맹히 나아가 미래를 창조하는 근대적 의식과는 확실히 공존하기 어렵다. 명청 교체기의 유학자들이 전통적인 숙명론에 이미 충격을 주었지만, 정통 유가의 숙명론적 경향을 근본적으로 위반하지는 못했다. 전통의 유산으로서의 이런 숙명론은 어떤 의미에선 확실히 근대로의 이행의 정신적 부담이 되기 쉬웠고, 5・4운동기의 숙명론적 경향에 대한 비판은 "종래의 정적인 관념과 태만한 태도를 근본적으로 일소하여, 저 서양의 동적인 세계관에 근접할 것을 기약함[將從來之靜止的觀念 怠惰的態度根本掃蕩, 期與彼西洋之動的世界觀相接近.]"(「동서문명근본지요점東西文明根本之異點」, 『이대교문집李大釗文集(上)』, 563쪽)으로써, 전통에서 근대로의 이행을 완성시키는 것을 목적으로 했다.

공리功利 의식을 약화시켜 무시하는 데에까지 이르는 것이 유가 가치관의 특징 중 하나이다. 서양의 근대적 관념이 쏟아져 들어옴에 따라, 유가의 의로움과 이익에 관한 논변과 근대적 가치관념 사이의 차이는 점점 더 명백해졌다. 일찍이 19세기 말에, 담사동은 이미 상공업을 억압하고, 공리를 말하는 것을 수치스러워했던 유가적 전통에 반대하여, 통상通商을 "양측 모두가 이로울 수 있는 방법[兩利之道]"(『인학仁學』, 상권)이라 보았다. 5・4 운동시기에 이르러, 유학의 비판자들은 한발 더 나아가 공리를 부정하는 유가의 경향에 대해 비난을 제기했다. "주나라의 예는 허문虛文을 숭상했고, 한나라의 경우 백가를 내쫓고 유학을 존중하며 도를 중시했다. 명교가 밝히고 전하여 인심을 인도하고자 한 것 중에 하나라도 현실 생활과 정반대로 나가지 않는 것이 없다. (…) 만약 일이 개인 또는 사회의 현실 생활에 이익되는 것이 없다면, 모두 허문에 불과하며, 사람을 기만하는 짓이다[周禮崇尙虛文, 漢則罷黜百家而尊儒重道－－－名敎之所昭垂, 人心之所祈向, 無一不與現實生活背道而馳. (…) 若事之無利於個人或社會現實生活者, 皆虛文也, 誑人之事也].”(진독수, 「경고청년敬告青年」, 『신청년』 1권 1호) 단적으로 말해, 공리를 배척하는 유가의 명교名敎는 일종의 추상적인 허문虛文에 불과해, 그것은 본질적으로 근대문명과 전혀 어울리지 않는데, 근대문명이란 바로 실리주의 위에 구축된 것이기 때문이다. 따라서 "존 스튜어트 밀이 영국에서 '공리주의'를 제창하고, 콩트가 '실증철학'을 프랑스에서 제창하면서, 유럽대륙 사회의 제도와 인간의 사상은 일변하였다[自約翰彌爾(J.S. Mill) '實利主義'唱道於英, 孔特(Comte)之'實驗哲學' 唱道於法, 歐洲社會之制度, 人心之思想, 爲之一變].”(위의 책)는 것이다. 공리적 원칙에 대한 예찬은 유가의 명교에 대한 규탄과 대조를 이루고 있는데, 이 폄하와 찬양의 배후에는 가치관념에서의 내재적 전환이 담겨 있다.

대체적으로 말하자면, 5·4운동 전후로, 유가적 가치체계는 다시 한번 맹렬한 공격을 받았다. 비판의 범위는 위에서 언급한 몇 가지 측면에 국한되는 것은 아니지만, 여기에서 이미 그 깊이와 너비가 19세기말의 전통 비판에 비해 일보 더 나아간 것임을 알 수 있다. 근대로의 이행을 역사적 배경으로 하는, 5·4 신문화운동은 유가적 가치체계와 근대화 과정의 내재적 긴장을 강조해 보여주는데, 그 비판의 예봉은 주로 유학이 근대화에 부응하지 못하는 일면을 겨누었다. 전통적 가치체계로서의 유가의 가치관은 근대화 이전의 역사적 과정에서 형성된 것으로, 그것의 몇 가지 구체적 원칙은 근대화의 과정과 충돌할 수밖에 없었는데, 이는 일정한 의미에서 확실히 근대로의 이행에서의 내재적 장애물이 될 수 있었다. 5·4운동 시기의 유학비판자들은 이런 측면에 주목함으로써, 분명 확실히 일종의 역사적인 자각을 구체적으로 드러냈던 것이다.

보다 넓은 차원에서 보자면, 근대화는 중대한 사회적 구조변화로, 공업 경제 정치 등의 측면에서의 변혁에 상응하는 보편적 관념의 지지를 필요로 한다. 전체 사회가 여전히 전통관념 속에 뒤덮여 있을 때, 근대화의 과정은 흔히 각각의 영역에서의 배척을 받게 될 것이고, 다양한 사회적 역량을 자신의 주위에 응집시킨다는 것은 매우 어려운 일이다. 따라서 오직 관념의 전환을 통해서만 근대화에 대해 소원하고 배타적인 의식구조를 점차 해소시킬 수 있는 것이다. 일반적으로, 유가적 가치관에 대한 5·4운동 시기의 충격은 사상계몽으로서 중요한 의의를 지닌다고 생각한다. 근대화의 진행과정이란 측면에서 볼 때, 이런 계몽의 역사적 역할은 무엇보다도 근대화에 대한 배타적인 의식구조를 해소시키는 것으로 체현된다. 그러나, 5·4운동 시기, 관념 전환의 역사적 절박성이 흔히 전통 가치관에 대한 구체적인 분석을 압도했고, 유가적 가치체계를 전면적으로 공격하면서, 유학의 비판자들은 한결같이 유가적 가치관의 다중의 함의를 무시했다. 이를테면 그들은 정통유학이 개성을 억제하는 일면을 주목했지만, 동시에 인격의 확립을 중시했던 유학의 전통을 파악하지는 못했다. 또한 유가의 숙명론적 경향에 대한 배척은 '인의 실천은 자기에서 비롯된다[爲仁由己]'(도덕적 주체성에 대한 긍정)는 유가의 가치원칙마저도 거듭 덮어버렸다. 이런 측면에서 5·4운동 전후의 유학비판은 확실히 단순화와 형식주의가 지닌 병폐를 피할 수 없었다. 이러한 편향과 결합되어, 5·4운동 시기에는 흔히 유가적 가치체계의 특정한 역사적 내용만이 주로 중시되었고, 그 가치원칙이 지닌 보편적 의의는 비교적 소략하게 분석되었다. 예를 들어 진독수는 공자교의 정신과 진정한 의미는 군신·부자·부부에 관한 도리에 있다고 생각했다.(「공교연구孔敎硏究」, 『매주평론每週評論』, 20호) 이런 관점은 의식적이건 무의식적이건 유가적 가치체계를 특정한 원칙과 등치시킴으로써, 유가적 가치관이 현대에 갖고 있는 긍정적 의의에 대해 합당한 평가를 내리는 데에 다소 장애가 되었다.

유가적 가치체계에 대한 단순화된 이해는 언제나 논리적으로 비교적 강한 부정의 경향을 포함하고 있었는데, 실제로 '타도공가점打倒孔家店'(*유교를 타도하자)는 요구 속에서, 우리는 이 점을 어렵지 않게 엿볼 수 있다. 이런 경향은 물론 전통을 초월하려는 시대의 주선율에 순응한 것이기 때문에, 이에 따라 그 역사적 합리성을 지닌 것이지만, 유교를 타도한다는 형식을 통해 전통의 초월을 실현시키는 것은 결국 전통과의 완전한 분리 가능성을 함축하고 있는 것이었고, 이는 흔히 문화적 정체성의 위기 및 의미의 위기를 초래하기 쉬웠다. 근대화의 과정은 물론 전통을 초월해야 하는 것이지만, 전통에 대한 초월이 전통과의 단절로 이해된다면 근대화는 자기 배반적 성질을 지닐 수밖에 없다. 자기배반에 직면한 존재는, 대체로 문화적 정체성을 형성하기 어려우며, 자기근거의 소실 또한 가치목표의 상실을 초래하게 될 것인데, 이 때문에 의미의 위기를 피하기 어려운 것이다. 확실히 5 · 4운동 시기에, 우리는 언제나 지식인들 속에서 정신세계의 방황, 고통, 긴장을 목격할 수 있는데, 이런 의식구조는 전통에 대한 부정 이후에 출현한 정체성의 위기와 역사적 관련을 맺으며, 그것이 근대화 과정에서 또 다른 부정적 영향을 낳을 것임은 두말할 나위가 없다.

2. 근본으로 돌아가 혁신을 시작함 : 신유가新儒家의 선택과 그 이중적 의도

　문화 정체성의 위기는 전통에 대한 새로운 사고를 일으켰다. 전통비판이 초래한 사상적 동요와 가치의 몰락에 직면해, 현대 신유가는 그들 자신만의 역사적 응답을 행했다. 근현대에 주목을 끌었던 보수주의적 사조로서, 신유가는 대체로 5·4운동 시기에 형성되었는데, 그 이후 학통을 전수해 가면서 지금까지 연속되고 있으니, 이미 몇 세대를 거쳐 왔다. 웅십력熊十力·양수명梁漱溟에서부터 모종삼牟宗三·당군의唐君毅 등에 이르기까지, 신유가는 모두 유가 전통에 대해 새로운 정체성을 구축함을 통해, 문화적 단절을 방지하거나 극복하면서, 가치의 근거를 거듭 새롭게 마련하려고 시도했다. 웅십력熊十力은 말했다. "나는 그 근본적 주장에 대해서, 특별히 고심하며 검토하고 연구하였는데, 그 최종적 결과, 여전히 유가의 인본주의에 동감한다."(『十力語要』 4권) 여기에서는 유학적 입장으로의 회귀가 명확히 선언되었다. 한편 모종삼은牟宗三은 더 나아가 유가의 도통道統을 긍정할 것을 요구했다. 그 구체적 내용이란 "공자와 맹자가 개척한 인생과 우주의 본원을 비호한다."(「序」, 『道德的理想主義』, 學生書局, 1985)는 것이었다. '타도공가점打倒孔家店'이란 거대한 비판의 흐름에 비할 때, 신유가는 유학에 새로운 역사적 전기를 부여한 것처럼 보인다.

　물론 유가적 전통에 동일시한다는 것이 결코 근대화(현대화)에 대한 배척을 의미하고 있는 것은 아니다. 현대적 유학자로서의 신유가는 단순히 유가라는 문파를 고수했던 것만은 아니며, 서양에서 수입된 근대문화에 대해서 일률적으로 부정했던 것도 아니었다. 양수명梁漱溟은 "내가 이 두 가지의 것을 완전히 승인하는 이유는 내가 제창하는 동양화란 서구화를 거부하는 낡은 사고와는 다르기 때문이다. 두 가지의 것이란 무엇인가? 하나는 과학적 방법이고, 하나는 인간의 개성의 신장, 사회성의 발달이다."(『梁漱溟全集』, 山東人民出版社, 1989, 1권 349쪽)라고 말했다. 웅십력 또한 "물리적 세계에 관한 것은 격물格物의 학문으로, 서양인이 성대히 발전시킨 것이라면, 바로 우리들이 오늘날 흡수해야만 것인데, 어찌 소홀히 여길 수 있겠는가?"(『十力語要』 3권)라고 생각했다. 과학의 가치를 긍정하면서, 웅십력은 또한 "민주주의를 실천"(『原儒』 상권)할 것을 주장한다. 쉽게 알 수 있듯이 근대의 과학과 민주에 대해, 신유가는 모두 마찬가지로 환영의 태도를 취했다. 이런 의식은 확실히 근대화를 거부했던 "낡은 사고"와는 구분된다. 그것이 분명히 밝혀주는 점은, 신유가가 결코 역사적 흐름에 역행해 움직였던 것이 아니며, 그들을 근대화(현대화)에 대한 저항자로 결론 짓는다면, 단순화의 오류를 피할 수 없다는 사실이다.

그러나, 유가적 도통道統의 옹호자로서의 신유가는 유가적 전통에 대한 부정을 근대화 완성의 전제로 간주하는 것을 반대한다. 유학의 비판자들이 전통과 근대화 사이의 긴장과 적대를 강조하는 것과는 달리, 신유가는 전통과 근대화 과정의 양립 가능성을 논증하려고 애썼다.[90] 신유가의 견해에 따르면, 유가적 가치체계는 현대화 이전에 형성되었던 것이지만, 오히려 근대화(현대화)에 적합한 요소를 포함하고 있다. 웅십력은 "과학사상, 민주적 정치사상에 관해서, 육경六經은 이미 그 단서를 모두 드러내고 있다."(『讀經示要』, 南方印書館, 1945, 149쪽) 라고 지적했다. 이후 제2대 신유가의 공동선언 속에서, 이 점은 다시 한번 재차 천명되기에 이른다. "중국의 문화사상에는 민주주의적 사상의 씨앗이 없고, 그 정치발전의 내재적 요구는 민주적 제도를 건립하려는 경향을 지니지 않았다고, 나는 인정할 수 없으며, 또한 중국의 문화는 반과학적이어서, 예로부터 과학과 실용적 기술을 경시했다는 점도 승인할 수 없다."(牟宗三 徐復觀 張君勱 唐君毅, 『爲中國文化敬告世界人士宣言』) 단적으로 말해, 유학 및 유학을 근간으로 하는 중국의 전통문화는 단순히 전제주의 권위주의 전체 지상주의 등의 가치원칙의 등가물이 아니며, 유가의 가치체계 속에서는 동시에 근대 민주화 과학화의 진행과정과 일치하는 관념과 경향까지도 함축되어 있다는 것이다. 이러한 관점은 물론 여전히 (특별히 초기의 신유가에게서) "옛날부터 [중국에] 있었던 것이다"란 식의 [자민족 중심적인 사고의] 흔적을

---

90) 이런 측면에서, 양수명梁漱溟은 예외일 수 있다.

띠고 있긴 하지만, 전통적 유학에 대한 유학 비판자들의 단순화된 규정에 비할 때, 오히려 일정부분 어떤 편향을 바로 잡는 작용을 하는 것이기도 했다. 앞에서 서술한 것처럼, 형식주의적 이해는 흔히 전통에 대한 일방적 부정을 야기하기 쉬웠는데, 이런 전제에서 보았을 때, 신유가가 사람들이 유학의 또 다른 측면을 주목할 것을 요구했던 점은 무시할 수 없는 의의를 지니고 있다.

근현대 사상가로서의 신유가는 물론 전통 유학 속에 포함된 근대화에 일치하는 단서와 씨앗을 지적하는 것에 만족하지는 않았다. 신유가의 견해에 따르면, 전통유학이 근대적 과학이나 민주주의와 충돌하는 것은 아니지만, 전체적인 측면에서 말하자면, 전통유학의 장점은 주로 심성心性에 관한 학문에 있었다. 또한 전통유학은 근현대의 과학과 민주의 발전으로 나아갈 수 있었지만, 결국 이러한 전환을 완성하지는 못했다. 신유가 2, 3세대 내에서, 이런 의식은 보다 자각적이 된다. 모종삼은 유가의 도통을 옹호하면서, 반드시 학통學統과 정통政統에서 출발해야만 한다고 생각했는데, 전자(학통)은 지성적 주체를 전환시킴으로써 과학을 발전시키는 것을 목적으로 하며, 후자(정통)은 민주주의 정치체제를 건립함에 필수적인 것이었다. 이런 과정은 언제나 "근본으로 돌아가 혁신을 시작함[返本開新]" 또는 "새로운 외왕을 창출함[開新外王]"으로 일컬어졌다. 따라서 "유가의 당면한 사명이란, 새로운 외왕을 창출하는 것이다.", "현재의 시대가 요구하는 새로운 외왕이란, 곧 과학과 민주정치이다"(牟宗三, 「新版序」, 『政道與治道』, 學生書局, 1985)라고 말했던 것이다. 제 2세대 신유가의 공동선언에서도 마찬가지로 정중하게 이런 요구를 제기했다.

"우리는 중국문화를 그 자체의 요구에 근거해 문화적 이상을 펼쳐야만 한다고 말하는 것은, 중국인으로 하여금 단순히 그 심성에 관한 학문[心性 之學]에 따르도록 하는 것이 아니라, 그 자신에 대한 자각을 통해 하나의 '도덕실천의 주체'가 되는 것이고, 동시에 정치상에서 추구에서, 능히 자각적으로 하나의 '정치적 주체'가 되는, 자연세계와 지식세계에서, '인식론적 주체'이자 '실용기술적 활동의 주체'가 되는 것이다"(牟宗三 徐復觀 張君勱 唐君毅, 『爲中國文化敬告世界人士宣言』)

이른바 내성內聖(心性之學)을 통해 새로운 외왕外王을 창출한다는 말이, 두 개의 근본적 전제를 포함함을 알 수 있다. 첫째는 단지 내성內聖만 가지고는 근대화라는 역사적 필요를 충족시키기에 여전히 부족하다는 것이다. 둘째는 유가의 내성內聖 자체는 자아전환의 가능성을 내포하고 있다는 것으로, 바꿔말하면, 그것이 근대의 과학과 민주를 개시함으로써 근대화(현대화) 과정의 궤도와 통합될 수 있다는 것이다. 이는 유학의 비판자들에 관한 심화된 응답으로 볼 수 있는데, 그것은 보다 내재적 차원에서 유학과 근대화(현대화)의 공존가능성을 논증한 것이다.

근대화(현대화)는 하나의 역사적 과정으로, 단순히 진보와 발전만을 의미하고 있는 것이 아니며, 근대화는 대체로 일부 부정적 결과를 수반하기 마련이다. 제1차 세계대전 후, 공업문명의 소외현상이 나타나기 시작했고, 자연과 인간의 관계에서부터 인간과 인간의 관계에 이르기까지 모두에서 각종 형태의 긴장과 불균형이 출현했다. 제2차 세계대전 후, 이런 긴장과 불균형은 더욱 격화되어, 주체로서의 인간은 점점 더 대상화된 것처럼 보인다. 근대화(현대화)를 수용하고, 전통유학과 근대화의 일치점을 모색하고 발전시키려 애쓰면서도, 신유가는 이상의 역사적 결과에 대해 굉장한 관심을 기울였으며 첨예한 비판을 제기했다. 양수명은 "서양인의 종래의 삶의 태도가 현재에 이르러, 수많은 병폐로 드러나고 있다."(『梁漱溟全集』 1권, 531쪽)고 생각했다. 이런 병폐는 심지어 인류의 자기파멸을 야기할 수 있다는 것이다. "오늘날 과학이 발전하면서 지식은 날로 광범위해지고 있지만, 인류는 다만 자기파멸을 우려하고 있다."(梁漱溟, 『中國文化要義』, 路明書店, 1949, 143쪽) 2세대 신유가의 관점도 대체로 유사한데, 현대화 과정을 완성한 서구사회를 분석하면서, 그들은 근대화(현대화) 과정에서의 소외라는 문제에 주목하기 시작했다. "서양문화에서 오늘날 전면에 내걸린 문제는 인간이란 측면에 있다. 인간이란 측면에 해결되지 못한 문제가 반영됨으로써, 본래 인간을 위해 만들어진 대상이 결과적으로 거꾸로 인간의 질곡이자, 위협이 되기에 이르렀다.

따라서 유럽은 쇠퇴하게 되었고, 과거 그리스와 로마가 동일하게 거쳤던 죽음과 존망의 대시련을 마주하게 되었다."(徐復觀, 『儒家政治思想與民主自由人權』, 學生書局, 1988, 87—88쪽)

19세기말 이래의 근대화(현대화)에 대한 낙관적 신념에 비할 때, 신유가는 확실히 다른 안목을 보여주고 있다. 한편으로, 시대의 맥박을 함께 했던 사상가로서의 신유가는 결코 스스로를 근대화(현대화)라는 역사적 조류로부터 단절시키지 않았으며, 다른 한편으로 근대화(현대화)의 부정적 결과에 대한 예민한 의식은 그들로 하여금 근대화(현대화)의 진행과정에 대해 거듭 의심하고 염려하도록 하였다. 어떻게 근대화(현대화) 과정의 부정적 경향을 방지하고 극복할 수 있는가? 바로 이 문제에 대한 사고가, 신유가로 하여금 다시 한번 전통 유가로 눈길을 돌리도록 하였다. 웅십력은 다음과 같이 말했다.

"오늘날 인류는 점차 자기파멸의 길로 들어서고 있는데, 이는 과학문명이 전심전력을 다해 외적인 추구에만 몰두함으로써, 근본을 돌이켜 자신에게서 구해야 함을 알지 못하고, 천성에 자적함이 반드시 가져올 수 있는 결과를 알지 못하기 때문이다. 우리가 인류를 구하고자 한다면, 동방의 학술을 발전시키지 않으면 안 된다." (『十力語要』 2권)

웅십력이 말하는 '동방의 학술'이란 주로 동방의 유학을 가리킨다. 웅십력이 보기에, 근대 공업문명(과학문명)의 폐단은 이미 인류의 존재까지 위협하고 있으며, 오직 유학적 전통을 도입해야만, 근대화가 바른 길로 나아갈 수 있도록 할 수 있다. 양수명梁漱溟은 보다 구체적으로 이런 입장을 상세히 논술했다. "우리는 당장 긴급히 필요한 생명재산과 개인의 권리의 안전을 유지하여 혼란을 안정시키고 질서를 바로잡기 위해서든, 아니면 미래의 세계문화를 개벽을 촉진시켜 합리적인 삶을 얻기 위해서든, 모든 경우에 첫 번째 태도를 참고하고 받아들이지 않는다면, 어떤 사람도 분발해 앞으로 나아갈 수 없을 것이다.

하지만 근본적으로 그것을 두 번째 태도의 삶 속에 융합시키지 못한다면, 그것의 위험을 막을 수 없게 될 것이고, 그것의 착오를 방지할 수 없을 것이며, 첫 번째에서 두 번째 길로 넘어가는 현 시대에 부합할 수 없게 될 것이다."(『梁漱溟全集』1권, 537—538쪽) '첫 번째 태도'는 근대 서양문화의 길을 뜻하며, '두 번째 태도'는 유가를 근간으로 삼은 중국문화의 길이다. 사회 및 개인의 발전을 추진시키고자 한다면 반드시 근대화의 경로를 거쳐야만 하지만, 그 부정적인 측면을 억제시키려면 또한 마땅히 전통 유학의 가치지향을 융합해내야만 한다는 것이다. 이처럼 신유가에게서, 유학은 이중적 의의를 나타낸다. 즉 그것은 근대화 과정에 적응하는 측면을 포함하면서도 계속 적응해 나아갈 수 있게 할 뿐만 아니라, 근대화 과정을 규율하고 제약하는 역할을 한다. 유학의 적응성에 대한 긍정이 전통을 배척함으로 인해, 근대화와 전통의 괴리가 발생하는 것을 방지하는 데에 목적이 있다면, 유학의 규범성에 대한 강조는 근대화 과정이 지닌 부정적 결과를 해소하려는 시도인 것이다.

유가적 가치체계에서의 규범의 역할은 모든 영역으로 전개된다. 신유가에게 있어서, 유학이 핵심은 내성內聖에 관한 학문 또는 심성心性에 관한 학문이다. 일단 내성內聖의 주도적 지위를 인정한다면, 외재적 활동은 모두 근본을 갖게 되므로, 물욕을 추구하는 기계적 삶은 주체의 자아실현으로 전환될 것이며, 내재된 죄악 역시 이를 통해 소멸될 수 있다. 즉, "내심內心의 명철함은 성해性海(*진여眞如의 이성理性이 깊고 넓음을 바다에 비유한 말)이다. [그것을] 점차로 밝게 드러내 가는 것이 곧 '자각적으로 실현을 추구하는' 과정이며, 동시에 '뿌리에서부터 죄악을 철저히 해소하는' 과정이기도 하다. 이것을 내성內聖의 공부라고 일컫는다."(牟宗三, 『中國哲學的特質』, 學生書局, 1987, 81쪽)는 것이다. 인간과 자연의 관계에 입각해서 말하자면, 서양인은 근대화(현대화)의 과정 속에서 흔히 자연에 대해 대립 이용 요구 정복의 태도를 취했고, 이로 인해 하늘(자연)과 인간의 철저한 분리를 초래했다. 이와 대조적으로, 유가는 천인합덕天人合德을 이상적 경지로 여긴다. 따라서 이것을 하늘과 인간의 관계를 처리하는 원칙으로 삼는다면, 양자의 통일을 재건할 수 있다. "이 마음, 이 본성은 동시에 하늘과 상통하는 것이다. 이에 따라 자신의 마음을 다하여 본성을 알 수 있다면 하늘도 알게 되니, 인간이 마음을 보존하고 본성을 함양함[存心養性]은 바로 하늘을 섬기는 방법인 것이다."(『爲中國文化敬告世界人士宣言』) 인간과 인간의 관계에 있어, 근대화된 서양은 흔히 지나치게 공리화되어, "누구에 대해서건 계산하려 드는데, 심지어 부모자식, 부부 사이에서도 모두 이와 같다."(『梁漱溟全集』 1권, 479쪽) 이로 인해, 인간과 인간, 개인과 집단의 사이에 대립 긴장 충돌을 초래했다. 반면 유가의 가치원칙은 집단과 개인의 관계를 다루는 데 있어 다른 종류의 사유노선을 체현했다. 서복관은 "유럽의 문화적 난제는 개체와 전체의 충돌이란 측면에 있다. 그런데 유가는 이런 점에 있어 나갈 수 있는 한 가지 길을 제공해준다."(『儒家政治思想與民主自由人權』, 90쪽)고 말한다. 유가의 정신은 한편으로는 내재적 측면에서 개체를 긍정하고, 다른 한편으로는 또한 초월적 측면에서 전체를 긍정하기 때문에, "이러한 개체와 전체의 통일은 서양에서 개체와 전체가 대립하며 서로를 전복하거나 압제하는 국면을 타개할 수 있게 해준다."(위의 책, 92쪽)는 것이다. 요컨대, 근대화(현대화)의 과정은 언제 인간과 하늘(자연), 인간과 인간 등등의 관계와 관련되는데, 이러한 영역들에서 유가적 가치원칙은 모든 경우에 현실적인 규범으로서의 의의를 지닌다.

그런데 근대화의 부정적인 면을 비판하고 유가적 가치관의 규범적 역할을 강조함으로써, 신유가는 다시 더 나아가 유학을 본위로 삼을 것을 요구한다.

웅십력은 이런 입장을 명확히 게시하였다. "창신創新은 반드시 그 본유本有의 것에 의거해야만 한다. 그러지 않는다면 헛되이 창조해서는 안 된다."(「文化與哲學」, 『中國本位文化討論集』, 台北帕米爾書店, 1980, 165쪽)는 것이다. 웅십력이 "본유本有"라고 일컬은 것은, 바로 유학의 전통, 다시 말해 '자기를 돌이키는 학문[返己之 學]'(內聖之學)을 뜻한다. 근대 과학은 물론 초인적인 힘에 적수가 없을 정도지만, 과학 문명이 만약 전통적인 내성內聖의 학문과 분리되게 된다면, 폐단은 끝이 없게 될 것이다. "과학이 그 영역 내부의 성취에서, 하늘의 역할을 곧바로 빼앗은 점은 내가 비난할 것이 없다. 그러나 인류가 단지 과학만을 원하고, 자기를 돌이키는 학문을 폐기한다면, 그

폐단은 이루 말할 수 없을 것이다.”(熊十力, 『明心篇』, 台北學生書局, 1979, 200쪽)
이상과 같은 관점은 2세대 신유가에게서 더욱 진전되기에 이른다. 실제로, 2세대 신유가가
'내성內聖을 통해서 새로운 외왕을 열어가자'고 했을 때, 이미 명백히 이러한 사유노선을
함축했다. 따라서 과학과 민주를 내용으로 하는 새로운 외왕外王은 바로 내성內聖이라는
근본에서 끌어내어지는 것이다. 바로 이런 의미에서, 모종삼은 “만약 진심된 바람으로
사공事功을 요구하고 외왕外王을 요구한다면, 오직 내성內聖의 학문에 근거해 앞으로
나아가야만, 비로소 가능해진다.”(『政道與治道』, 「新版序」)라고 말했다. 그런데
내성을 근거로 삼는다는 것은, 오직 유학을 본위로 삼는 것일 뿐이다. 따라서 “유가는
중국문화의 주류이며, 중국문화는 유가를 주인으로 삼는 생명의 방향이자 형태이니, 만약
이 문화 원동력의 주도적 지위를 지켜내지 못한다면, 그 외의 민주 과학 등등은 모두
거짓이 된다.”(위의 책)

유가의 내성의 학문[內聖之學]을 본위로 삼는다는 것은, 도통道統의 옹호가
근대화(현대화)라는 주제를 약화시키기 시작했다는 것을 의미하고 있다. 유가의 명맥의
연속에 비해, 근대화(현대화)의 과정은 다소 종속적 지위에 놓인 듯하기 때문이다. 실제로
신유가는 이에 대해 거침없이 말했다.

“중국문화 자체에서 필요한 것은 오직 인의 교화[仁敎]를 충분히 발전시키는
것이다. 이 때문에 일체의 과학의 가치는 모두 우리가 이 인의 교화를 발전시키기
위한 것에 불과하다.”(唐君毅, 『中國人文精神之發展』, 「學生書局」, 1978,
156쪽)

“인류는 또한 그 밖의 문화와 학문을 가지고 있지만, 과학과 민주보다
인류에게 보다 절실한 것이라면 생명을 직시하는 학문, 즉 위에서 설명했던
심성에 관한 학문[心性之學]일 것이다.”(牟宗三, 『中國哲學的特質』, 89쪽)

"서양과 다른 점이란 단지 모두가 인심仁心을 지니고서 과학을 끌어가도록 고무함으로써, 선하지도 악하지도 않은 과학이 인간의 도덕을 완성시키는 한에서만 작용하도록 만든다는 것이다."(徐復觀, 『儒家政治思想與自由民主人權』, 83쪽)

여기서 체현되는 것은 확실히 순수한 유가의 입장이다. 심성心性이란 본위에 비할 때, 과학과 민주 등의 이른바 "새로운 외왕外王"은 단지 수단적 의미만을 지니며, 그 역할은 단지 내성內聖을 완성시키는 데에 있는 것처럼 보인다. 신유가가 거듭 전통유학이 외왕外王의 측면에서 공헌이 부족했음을 인정했으며, 새로운 외왕을 출현시키는 것을 유가의 당면한 사명으로 여겼지만, 내성內聖이 외왕外王을 결정한다는 근본적인 입장에서는 전통 유가의 시야를 넘어섰던 적은 없었다. 바로 유가의 도통道統에 얽매였던 점은 신유가가 시종일관 어떻게 새로운 외왕을 출현시킬지에 관한 문제를 해결하지 못하도록 하였다. 모종삼은 일찍이 '양지감함설良知坎陷說'을 제기하면서, 양지良知 자신이 '아래로 떨어짐[감함坎陷]'을 통해, 대상을 지향하는 지성적 주체로 전환되어 나옴으로써, 논리 수학 과학의 발전을 위한 내재적 근거를 제공할 수 있다고 생각했다.(牟宗三, 『現象與物自身』, 學生書局, 1975을 참조) 이는 여전히 내재적 심성心性의 실체를 실증과학의 근원으로 여긴 것이다. 내성內聖 가운데 모든 이理가 충분히 갖추어져 있고, 오직 자아의 전환을 거쳐야만 현대문명에 필요한 일체를 제공할 수 있기 때문이다. 바꿔 말하자면, 새로운 외왕은 외적 추구에 의존할 필요 없이 단지 내부에서 찾기만 하면 된다는 것이다. 이 때문에 이는 내성으로부터 외왕을 끌어내는 것이라고 말하기보다는, 차라리 외왕으로부터 내성으로의 회귀라고 할 수 있다. 이렇게 내성이 외왕을 압도하는 사유노선은 확실히 현대화를 억제시킬 것이다.

이쯤에 이르러, 우리는 의미심장한 하나의 현상을 볼 수 있다. 몇 가지 측면에 입각해 말하자면, 신유가는 확실히 현대화과정이 초래한 부정적인 결과에 주목하기 시작했으며, 현대문명의 폐단을 극복하는 것을 반드시 직시해야만 할 문제로 부각시켰다. 그것은 어떤 의미에서는 포스트모던 한 의식을 체현한 것이었다. 실제로 양수명의 '세계문화 발전

3기설'에서는 명백히 이런 경향이 함축되어 있었다. 양수명의 견해에 따르면, 서양문화는 세계문화 발전의 제1기를 대표하며, 유가를 근간으로 하는 중국문화는 세계문화 발전의 제2기이다.(『東西文化及其哲學』를 참조) 제1기를 현대문화로 간주한다면, 제2기는 포스트모던의 문화가 된다. 따라서 이에 상응해, 제2기 문화에 속하는 유가적 가치원칙을 가져다 제1기 문화 발전을 규율하는 것은 포스트모던 한 의식이 현대화를 제약하는 것으로 표현된다. 또 다른 측면에서 신유가는 또한 거듭해서 내성이 외왕을 규정한다고 강조했으며, 현대의 과학 민주를 심성의 실체를 완성하는 수단으로 보았다. 즉, 내성을 '도道'로 여기고 외왕을 '기技'로 파악한 것이다. 이러한 주장은 본질적으로 여전히 현대 이전의 시야를 벗어나지 못한 것처럼 보인다. 바로 이러한 전前 현대적 의식의 침투가 신유가가 진정으로 현대화 과정에 내재적으로 융합될 수 없게 만들었는데, 초기의 신유가의 의식으로부터 우리는 이런 점을 어렵지 않게 엿볼 수 있다.

그들은 물론 이성적으로는 과학의 가치를 인정했지만, 언제나 그것과 감정적으로 동일시를 이룰 수 없었다. "기계는 진실로 근고近古(*중국의 송대부터 19세기 중엽까지를 가리킴) 세계에 대한 악마였다."(梁漱溟, 「東西文化及其哲學」, 『梁漱溟全集』, 1권 489쪽)는 말은 바로 이런 정념을 무의식중에 드러낸 것이다. 근세의 기계라는 악마에 대한 비판에 상응하는 것이 전근대의 한적한 삶의 방식에 대한 예찬이다. "중국인은 자연과 융화되어 놀며 즐기는 태도를 지니면서 한 가지가 있으면 그 한 가지를 즐겼다. 그러나 서양인은 급속히 전진을 추구함으로써, 정신의 상실과 번민에 이르렀다."(『梁漱溟全集』, 1권 478쪽) 여기에는 현대화에 대한 의구심만이 아니라, 전현대화에 대한 그리움이 깔려 있는 것이다.

이처럼, 신유가에게는, 포스트모던 한 의식과 전현대적 관념이 서로 뒤엉켜, 상당히 복잡한 가치지향을 형성했다. 과학주의에 대한 비판 속에서, 이런 이중적 의식의 교차가 보다 심화되어 나타나기에 이른다. 신유가의 관점에 근거하자면, 과학주의는 "단지 사물에 대한 인식일 뿐이지 그 밖의 것을 인식하지 못한다. 그리고 이성이 드러내는 과학적 방법도 이 사물을 처리하고 파악하는 데에 사용되는 것에 불과하다. 따라서 적용되는 모든 곳에 사물만 남게 된다. 사람에게 적용되면 사람 역시 사물이고, 공자에게 적용되면 공자 또한 사물이며, 역사와 문화에 적용되면, 역사와 문화 역시 사물인 것이다. 그들은 천하에는 과학적 방법으로 처리할 수 없는 것은 없다고 여기며, 과학적 방법으로 처리할 수 없는 것이라면, 모두 과학이나 학문의 대상이 아니라고 생각한다. 모든 것이 경시되면서 (⋯) 결국 현실주의, 공리주의, 자연주의로 귀결되어서 정신을 부정하게 되는 것이다."(牟宗三, 『道德的理想主義』, 學生書局. 1985, 243쪽) 과학주의는 근대적 사조로서, 과학에 대한 숭배로 나타났을 뿐만 아니라 도구적 이성의 일방적으로 강화시키는 일면을 지녔는데, 현대화의 부정적 결과와 도구적 이성의 과도한 팽창은 확실히 떼려야 뗄 수 없는 연관을 맺고 있다. 과학주의의 양면성에 상응하는, 신유가의 그에 대한 비판도 동일한 형태로, 도구적 이성의 참월에 대한 억제를 의미했을 뿐만 아니라, 과학의 가치를 다소 약화시킨 것이었다. 전자가 포스트모던화에의 요구를 내재적으로 체현하고 있다면, 후자는 여전히 전근대적인 사상의 흔적을 띤다는 점을 알 수 있다.

요컨대, 시대를 앞서간 포스트모던 한 의식과 낙후된 전근대적 관념이 한 몸에 합쳐져, 신유가의 근본적 특징이 되었다. 유가적 전통에 대한 이해에서건, 아니면 현대화 과정의 부정적인 결과에 대한 비판에서건 이상의 이중적 의식이 배어있지 않은 것이 없다. 포스트모던 한 의식과 전현대적 관념이 착종되면서, 역사의 경계가 허물어진 것처럼 보인다. 이런 현상의 형성은 근대 중국의 역사적 변혁이라는 복잡한 과정에 뿌리를 내린 것이다. 일반적으로 논하자면, 신유가의 흥기에는 두 가지 근본 전제가 깔려 있다. 첫째는 전통과 근대의 긴장이 야기한 문화적 정체성의 위기이다.

앞에서 말한대로, 근대로 이행하는 과정은 언제나 전통에 대한 다양한 정도의 충격을 수반하고 있으며, 근대화의 과정과 반反 전통이 하나로 융합될 때, 이러한 충격은 매우 자연스럽게 근대와 전통 사이의 긴장을 초래한다. 동시에 중국의 근대에서, 고금古今(전통과 현대)에 관한 논쟁은 흔히 중서中西의 투쟁과 하나로 엮이게 되는데, 서양문화의 동진東進은 다른 의미에서, 중국 전통 문화에 대한 도전이었으며, 그에 따라

문화적 정체성의 위기를 심화시켰다.

　신유가의 흥기의 또 다른 전제는 근대화(현대화) 과정이 지닌 자기모순의 발전과 외화이다. 중국의 근대화의 진행 과정은 상당히 특수한 역사적 조건 하에서 전개되었다. 중국이 근대화를 향한 발걸음을 떼기 시작했을 때, 서양의 근대화 과정은 대체로 완성되었거나 완성되어가는 중이었으며, 하나의 역사적 과정으로서의 근대화 자체는 때때로 부정적인 효과를 초래했다. 20세기에 진입한 이후, 근대화가 초래한 부정적인 면이 점차로 드러나게 되면서, 이는 합리성의 재건이란 문제를 날로 부각시켰다.

　고금古今과 중서中西의 충돌이 야기한 문화 정체성의 위기는 신유가로 하여금 정서적으로나 이성적으로 점차 중국문화의 근간인 유학으로 회귀하게 하였고, 전통에 대한 동일시가 또한 그들로 하여금 전근대적 의식에 물든 상태에서 완전히 벗어나는 것을 어렵게 만들었다고 한다면, 근대화(현대화)과정의 내재적 모순에 대한 첫 단계 인식은, 근대화(현대화) 과정의 부정적 결과에 대한 신유가의 비판이 동시에 근대화(현대화) 과정의 합리성의 재건이라는 역사적 목적을 체현하게 하였다. 이는 일종의 독특한 포스트모던의 관념으로 볼 수 있다.[91]

　신유가의 이중적인 문화 심리상태는 현대화 과정 속에서 인간을 인도하는 성찰로서 의의를 지닌다. 앞서의 내용에서 지적한 것처럼, 현대화 과정은 어떤 의미에서 양날의 검이었는데, 그것은 인류의 진보와 발전을 위한 이전에 존재한 바 없었던 전망을 제공했지만, 또한 하늘과 인간의 관계에서의 불균형, 인간과 인간 사이의 긴장 등의 수많은 문제를 초래했다. 서양은 현대화의 과정 가운데, 흔히 그 부정적인 효과에 대해 충분히 중시하지 못했고, 결과적으로 현대화의 문제를 포스트모던의 단계로까지 미루었다. 바꿔 말해, 그들은 결국 포스트모던의 단계에서 현대화 과정이 남겨놓은 문제를 해결하지 않을 수 없었던 것이다.

---

91) 외재적 측면에서 볼 때, 포스트모더니즘은 이성에 대한 질의와 비판과 보다 많이 관련되지만, 실질적인 측면에서 보자면, 포스트모더니즘이 해체하고자 하는 대상은 주로 도구적·기술적 이성이며, 이러한 해체는 특정한 의미에서 보다 넓은 의미의 합리성의 중건을 위한 어떤 종류의 전제를 제공하는데, 이런 점을 가지고 말하자면, 포스트모던의 관념이 결코 이성에 절대적으로 배타적인 것은 아니다. 근래의 출현한 "건설적 포스트모던이즘"이란 하나의 측면에서 이런 점을 밝혀주고 있는 것 같다.

후발전국가로서 중국은 서양이 거쳤던 경로를 전적으로 되풀이할 필요는 없을 것 같다. 현대화 과정에서 포스트모던의 의식을 적절히 확립할 수 있다면, 또는 포스트모던 한 의식을 통해 현대화 과정에 대해 어떤 규제적 이념을 만들어낼 수 있다면, 우리는 확실히 현대화 과정 속에서 출현할 수 있는 부정적인 면에 보다 자각적으로 주의를 기울이면서, 부정적인 면을 최소화할 수 있을 것이다. 이런 측면에서 신유가가 확실히 가치 있는 사유노선을 제공해주고 있다는 점은 의심할 나위가 없다.

그러나, 직설적으로 말해, 포스트모던의 의식과 전현대적 의식의 뒤엉킴은 또한 또 다른 경향을 함축하고 있기도 하다. 바로 현대화란 주제를 희석시켜 모호하게 만든다는 점이다. 현대화는 과학기술의 고도의 발전 및 대공업이란 기반 위에 구축되는 것이다. 단적으로 말해, 현대화는 무엇보다도 하나의 기술적 합리화 과정으로 나타나는데, 전현대적 차원에 지나치게 관심을 갖는 심성心性에 관한 학문은 때로 도구적 이성의 충분한 전개를 억제시킬 수 있다. 이를테면 과학주의에 대한 비판에서 이런 경향이 어느 정도 표출된다. 이러한 경향이 보다 발전된다면, 심지어 아주 용이하게 반反현대화로 나아가게 될 것이다. 신유가는 물론 현대화를 수용함을 거듭 표명했고, 자신들과 현대화를 거부했던 '낡은 사고'를 명확히 구분 지으려 노력했지만, 그들이 기계를 악마로 보면서, 과학은 심성이란 실체를 위해 복무해야 한다고 요구했을 때, 현대화를 소거시키는 쪽으로 한발을 내딛기 시작했던 것처럼 보인다.

종합해서 보자면, 유학을 정체성으로 하는 인물들인 신유가는 유가적 가치체계의 긍정적 의의, 특히 현대화 과정 속에서의 유가적 가치체계의 적응성과 규범성에 대해서, 비교적 구체적으로 분석하였다. 전통의 비판자들이 단순히 유학의 부정적인 면을 폭로한 것에 비해, 이러한 분석은 확실히 유학의 다중적 의미와 그 현대적 의의를 전면적으로 파악하는 데 도움을 준다. 또한 5 4 운동 시기의 비판적 사조가 전통에 대한 초월로서의 근대화를 강조하는데 치중했던 것에 비해, 신유가는 근대화(현대화) 과정과 전통 사이의 역사적 연관에 초점을 맞춤으로써, 양자의 분리로 야기된 문화적 정체성의 위기를 어느 정도 해소한 것처럼 보인다.

그러나 신유가에게서, 유가적 전통과의 동일시는 결국 다시 유학을 본위로 삼도록 이끌었다. 그 문화관은 전체적으로 포스트모던 한 의식과 전현대적 관념이 서로 뒤엉켜 융합되는 것으로 나타나는데, 이는 현대화에 대한 규제 인도(합리성의 재건)와 현대화에 대한 억압이란 이중적 목적을 내재적으로 함축하고 있는 것이다.

제10장
현대로의 이행

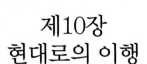

제10장
현대로의 이행

앞서 서술한 것처럼, 유학은 근대에 유례없는 충격을 받았을 뿐만 아니라, 새로운 정체성을 획득했다. 역사적 선택은 동일하지 않았지만, 그것을 둘러싸고 있는 것은 모두 동일한 하나의 주체, 즉 유학과 근대화(현대화)의 관계이다. 이러한 역사적 현상이 밝혀주는 것은, 중국이 현대화로 이행하는 과정 속에서, 유학은 회피할 수 없는 전통의 하나였고, 또한 그에 대한 태도는 물론 각기 다를 수 있지만, 그 존재를 무시할 수는 없다는 사실이다.

19세기 말(특별히 5·4운동 시기) 이래, 비판적 사조는 유학을 다방면에 걸쳐 청산했으며, 강화된 형태로 유가적 가치체계가 근대화 과정에서 초래한 부정적인 영향을 부각시켰다. 하지만 동시에 유학의 다중적 함의에 대해서는 무시했고, 많건 적건 간단하게 부정해버리는 경향을 드러냈다. 이는 근대화 과정과 전통 사이의 모종의 긴장을 야기했는데, 그것은 문화적 정체성의 위기와 의미의 위기를 촉발했을 뿐만 아니라, 쉽사리 사람들에게 근대화(현대화)에 대한 소외감을 자아냈다. 이러한 문화적 심리상태는 때로 현대화 과정의 건강한 전개에 영향을 미쳤다.

신유가는 유학의 긍정적인 의미에 보다 많이 초점을 맞추었으며, 이를 통해 근대화(현대화) 과정과 전통의 연관성을 긍정함으로써, 근대화와 전통의 긴장을 완화시키기 위해 특별한 노력을 기울였다. 하지만 유학과의 동일시로 인해, 신유가는 또한 유학 본위론을 이끌어냈고, 내성內聖으로부터 새로운 외왕外王을 출현시키자고 주장하였다. 이러한 사유노선은 흔히 내성內聖이 외왕外王을 억압했던 전통적 구조에서 벗어나기 매우 어려웠는데, 그 논리적 결과란 현대화의 진행과정에 대한 억제였다.

요컨대, 유학(유가적 가치체계를 포함한)의 근대적 운명은 배척과 동일시라는 양극단의 대치로 나타났으며, 이러한 대치의 배후에는 근대화 방식에 대한 상이한 선택이 깔려 있었다. 어떻게 이상과 같은 양극단의 대치를 초월할 것인가? 바꿔 말해, 어떻게 보다 합리적으로 유학적 전통과 현대화의 관계를 설정할 것인가? 현대화가 다시 한 번 시대의 주선율이 될 때, 이 문제는 점차 부각될 것으로 보인다.

1. 현대화에의 역사적 요구와 유가의 가치관

전前현대에서 현대까지는 어떤 의미에서 심각한 사회변혁으로 나타난다. 사회문화의 모든 영역과 관련된 역사적 과정으로서의 현대화는 착수에서 전개에 이르기까지의 모든 과정에서 가치관의 지지를 필요로 한다. '관념적 전환'이라는 것은 무엇보다도 가치관의 전환인 것이다. 막스 베버는 일찍이 프로테스탄트 윤리와 자본주의의 흥기 사이의 관계에 대해 풍부한 계시적 의의를 지닌 고찰을 수행했는데, 프로테스탄트 윤리의 핵심은 바로 그 가치체계였으며, 이른바 자본주의는 넓은 의미에서의 근대 이후의 서양문명으로 이해되었다. 이처럼 베버는 프로테스탄트 윤리와 자본주의 사이의 인과관계를 확인하면서, 동시에 현대화 과정에 대한 가치관의 중요한 영향력에 주목했던 것이다.

앞에서 서술한 것처럼, 유가적 가치체계는 다중적 함의를 내포하고 있고, 유학 비판의 사조와 신유가는 그 중의 어떤 측면을 강화하는데 치중하느냐에 따라 구별된다. 현대화에의 역사적 요구라는 차원에서 보자면, 유가적 가치지향의 현실적 효과는 때로 동일하지 않은데, 그 일부 측면은 전환을 통해서 현대화 과정의 전통적 자원이 될 수 있으나, 다른 일부 측면은 역사의 무거운 부담으로서 지양해야만 할 것처럼 보인다. 유가적 가치체계에 관한 이와 같은 새로운 위치설정이 물론 단번에 최종적으로 완결될 수는 없다. 해석학적 관점에 따르면, 전통에 대한 해석과 전환은 본질적으로 하나의 역사적 과정으로 개시될 것이다. 그러나 오늘날의 문화적 역사적 구조를 배경으로, 우리는 약간의 사고 방향을 최소한으로 제기할 수는 있다.

베버의 이해에 따르면, 현대문명은 이성화의 과정으로 볼 수 있다. 여기서의 이성화는 무엇보다도 목적과 수단의 관계에서 전개되는 것으로, 만약 어떤 수단을 가지고 특정한 목적에 효과적으로 도달할 수 있다면, 합리적인 행위라고 볼 수 있다. 어떤 의미에서는, 바로 도구적 이성에 대한 추구가 논리적 추론을 특징으로 하는 수학 및 실험과학의 발전을 촉진시켰던 것이다. 일반적으로, 문화에서의 다양한 형태와 상응하는 현대화 과정은 언제나 기용器用 제도 관념 등의 영역과 관련되는데, 이러한 영역은 물론 상호 관련되는 것이지만 또한 상대적으로 독립적인 내용을 지니고 있다. 기용器用의 영역에 입각하면, 현대화는 확실히 도구적 의미에서의 합리화 및 그와 관련되는 과학기술에 상당히 의존하고 있으며, 오늘날 효율성의 원칙(목적과 수단의 합리성)과 과학기술의 고도의 발전은 거의 현대화의 동의어가 되었다.[92]

유가는 선진시기에 시작된 이래, 이성의 속성에 대해 지극히 자각적인 관심을 두었고, 이를 통해 이성주의의 전통을 형성했다. 외재적 형식(이를테면 이성에 관한 태도)를 가지고 말한다면, 유가의 이성주의와 현대화에서의 이성화에의 요구에는 확실히 비슷한 점이 있지만, 양자의 내재적 의미는 상당히 다르다. 유가가 이해하는 이성은 애초부터 어떤 윤리화된 특징을 띤다. 공자는 인仁과 지知의 통일을 긍정했지만, 그의 인학仁學의 체계 내에서, '지知'는 근본적으로 종속적인 지위에 놓인다. 이러한 사유노선은 유학이 발전하면서 부단히 강화되었고, 점차 유가적 사유의 전형이 되었다. 인도仁道의 전개로서의 '이성'은 대부분의 경우 효율성의 원칙으로 구현되지 않는다. 바꿔 말해, 그것이 추구하는 것은 이성적 계산을 통해서 효과적으로 어떤 공리적인 목적을 달성하는 것이 아니라, 인도仁道의 자각적 관철이다. 따라서 '지知 · 인仁의 합일'이라는 형태에서,

---

92) 앨리토(Guy,S. Alitto)는 "현대화는 일종의 지성화와 효율화의 과정이다"라고 생각했다. (『世界范圍 內的反現代化思潮』, 貴州人民出版社, 1991, 3쪽)

이성의 주된 표현형식은 가치에 관한 관심이 사실 인식을 초월하고, 도덕적 자각이 공리적 계획을 압도하는 것으로 나타난다. 이러한 가치지향은 '의로움을 중시하고 이익을 경시한다[重義輕利]'는 원칙과 상호 관련되어, 도구적 이성에 대한 억제를 초래했는데, 과학이 시종일관 '기技'의 지위에 머무르며 '도道'로 격상되기 어려웠던 것도 이런 점과 관련된다. 송명시대의 이학자들은 '견문에 관한 앎[見聞之知]'에 대한 '덕성에 관한 앎[德性之知]'의 우선성을 강조했으며, 윤리적 이성이 근본이 되고 도구적 이성을 말단으로 하는 구조를 더욱 더 극단화시켰다. 명청 교체기의 유학자들은 이상과 같은 전통적 가치지향을 전환시키기 위해 노력했지만, 이러한 전환은 결코 유가적 가치체계의 정통正統이 되지는 못하였다. 전前현대 시기를 통틀어, 도구적 이성은 언제나 정통 유학 속에 응분의 가치지위를 획득할 수 없었던 것이다.

현대문명에 요구되는 이성화 기제를 구축함에 있어, 유가의 이상과 같은 가치원칙은 확실히 문화심리 상의 충분한 보증을 제공하기에는 매우 어렵다. 어떻게 이성의 내용을 협의의 도덕적 자각에서 목적/수단의 관계로까지 확장시킬 수 있는가? 바꿔 말해, 어떻게 일방적인 가치론적 관심으로부터 전환시켜 효율성의 원칙을 포용할 수 있게 하는가? 이것이 유학이 현대화의 도전에 대응하면서, 회피할 수 없는 문제이다. 신유가는 유학 고유의 내성內聖으로부터 현대화된 새로운 외왕外王을 출현시킬 것을 요구했는데, 어떤 의미에서는 이상과 같은 도전에 대한 응답을 표현한 것이지만, '양지良知' 자체가 '감함坎陷'함으로서 과학이라는 외왕으로 전환되어 나온다는 사고는, 본질적으로 여전히 유가의 내성內聖의 학문을 통해서 현대화가 요구하는 과학 및 논리의 방법을 도출하는 것으로, 이러한 추론은 분명 사람들에게 사변적인 만족만을 제공할 수 있을 뿐이다. 보다 합리적인 사유노선은 가치지향의 전환을 실현시키는 것일 듯하다. 즉, 윤리적 이성의 독존을 지양하고, 도구적 이성의 가치의의를 긍정하는 것이다. 여기서 관건은 유학 안에서 과학이라는 새로운 외왕을 출현시키는 것이 아니며, 가치관계에서의 새로운 가치설정 및 그에 상응하는 관념의 조정을 통해서, 개방적 심리상태를 가지고 현대문명 속의 도구적 이성 및 효율성의 원칙을 수용하고, 이성화理性化가 목적/수단의 관계에서도 동시에 체현되도록 함으로써, 현대화 과정을 위해 필요한 문화 심리적 기초를 제공하는 것이다.

도구적 이성의 체현으로서의 효율성의 원칙은 언제나 내재적으로 공리적 원칙과 내재적으로 연관되어 있다. 목적을 실현하는 도구적 의미에서의 이성화에 상응하여, 현대화 과정은 공리원칙에 적절한 위치설정을 제공할 것을 요구한다. 일반적인 의미에서 말하자면, 공리원칙은 두 가지 측면의 내용을 포함하고 있다.

첫째는 행위의 효과를 중시하는 것이고, 둘째는 합리적 이익(개인의 이익을 포괄하는)의 추구에 대한 긍정이다.[93] 전자는 효율성의 원칙이 논리적으로 확장된 것으로 볼 수 있으며, 후자는 현대화 과정 속에서 지렛대로서의 의의를 지닌다. 현대 경제 운용에서의 내재적 동력은 무엇보다도 자기이익에 대한 추구에서 비롯되는데, 마찬가지로 경영 시스템에서의 완전성, 경제 질서에서의 건전함도 역시 그런 자기이익과 관련되어 있다. 현대 대기업의 성공에서의 근본적 조건 중의 하나는 바로 최소 비용으로 최대의 성과를 획득하는 것으로, 그것은 효율성의 원칙을 함축하고 있을 뿐만 아니라, 넓은 의미에서의 공리원칙을 구체적으로 드러낸다. 요컨대, 현대화는 사회경제의 고효율적인 작동과 분리될 수 없으며, 사회경제의 효율적 작동은 또한 공리원칙의 제약을 받는다.

의로움과 이익의 관계에 대한 변별과 분석을 중시했던 것이 유가의 특징 중 하나이다. 이론적으로, 유가는 이익을 완전히 배척하지는 않았지만, 유가가 인정한 '이익'은 주로 보편적인 전체의 이익이었고, 상대적으로 개체의 이익은 언제나 합당하게 중시되지 못하였으며, 그것은 심지어 언제나 전체의 이익 속에 묻히어 사려졌다.

이런 종류의 이익은 사실상 구체적인 내용이 제거된 채 어떤 추상적 성질을 띠고 있다.

---

93) 여기서 말하는 공리원칙은 윤리학상의 공리주의와 내용에 있어 완전히 합치하지는 않는다. 윤리학 에서의 공리주의는 언제나 공리功利를 감성적 쾌락으로 환원시키지만, 여기서의 '공리원칙'의 함의는 보다 광범위하다.

동시에 그런 추상적인 이익에 대해 인정한다 할지라도, 언제나 내재적 형식을 취하는데, 즉 그것은 보통 의로움을 통해서 굴절된 것이다. 이러한 경향은 현실적 공리의식을 형성시키기 어려울 뿐만 아니라, 이익에 대한 합리적 추구를 억제하기 쉽다. 바로 추상적인 전체의 이익을 부각시킴으로써, 유가는 거듭 이익에 대한 보편적인 의로움의 제약을 강조했으며, 어떤 도의론道義論(의무론)적 경향을 드러냈다. "그 합당함을 바르게 하지 이익을 도모하지 않으며, 그 도리를 밝히지 결과를 따지지 않는다[正其誼不謀其利, 明其道不計其功]."는 경전의 서술 안에서, 공리에 대한 도의道義의 억제는 집중적으로 되었다.

도의론의 원칙에 근거하면, 이익 취득을 직접적인 목적으로 하는 일체의 행위는 흔히 의롭지 못한 것으로 간주되지만, 한편으로 이익이라는 지렛대에서 벗어난다면 현대의 경제 질서는 분명 건립되기 어렵다.

어렵지 않게 볼 수 잇듯, 유가적 도의론의 가치지향과 현대 공업문명 사이에는 내재적 긴장이 존재하고 있다. 이러한 긴장을 풀어내는 가능한 출구는 의로움과 이익의 관계에서 시야를 전환시키는 것, 다시 말해 이익추구를 무조건적으로 비도덕적인 것으로 보는 관념을 변화시키는 데에 있다. 즉, 도의道義를 옹호하면서도 정당한 이익에 대한 요구를 긍정하고, 이런 긍정을 의로움의 내재적 중개를 통해서 행위를 규율하고 인도하는 원칙으로 외화外化시킴으로써, '이익을 도모하지 않음'을 '합리적인 이익을 도모하는 것'으로 전환시키고, '결과를 따지지 않음'을 '합리적인 결과를 따지는 것'으로 전환시키는 것이다. 공리원칙의 외화와 확립은 명백히 현대적 기업정신(정산을 중히 여기고, 이익을 중시하는 것 등)의 형성에 보탬이 된다. 현대화된 경제 건립의 근본적 조건의 하나는 생산 유통 등의 여러 영역에서의 효과와 수익에 대한 중시인데, 비非공리화로부터 공리화에 이르는 전환은 확실히 이런 목표의 실현을 위한 가치관념 상의 지지를 제공해줄 것이다.

넓은 의미에서의 공리원칙의 하늘과 인간의 관계에서의 체현은 보다 효율적으로 자연을 부리고 통제하는 것으로 구체화된다.

인간과 자연의 관계에서, 현대문명의 기본 경로는 자연에 대한 정복과 지배이다.

이러한 정복의식은 인간과 자연 사이의 원래의 균형을 파괴했으며, 아울러 하늘(자연)과 인간이 언제나 일정한 긴장감을 유지하도록 하였는데, 이런 긴장감이 전환되면서, 자연에 진일보해 작용하기 위한 어떤 동력을 제공했다. 가치관이란 측면에서 보자면, 자연에 대한 정복의식은 주체의 역량에 대한 고도의 확신을 나타내는데, 하늘과 인간 사이의 긴장된 의식은 영원히 멈추지 않는 진취적 정신을 내포하고 있다. 주체가 환경을 변혁하고 자연을 개조할 수 있다는 것은 현대인의 근본적 신념으로, 그것은 인간이 있는 그대로의 사물[自在之物]에 종속된 의식을 벗어던지도록 하며, 인간이 노력을 통해 자신의 운명을 장악하도록 촉구한다. 그리고 하늘과 인간 사이의 긴장은 인간이 부단히 보다 높은 차원에서 자연을 점유하고 지배하도록 추동하는 것이다. 현대문명이 자연을 향해 한 걸음 한 걸음 확장되어가면서, 거의 모든 곳에서 이상과 같은 가치지향을 볼 수 있다. 아래의 글에서 지적하려 하듯, 이러한 지향은 자체적 문제를 포함하고 있지만, 그것은 현대문명의 형성에 대해 확실히 부인할 수 없는 역할을 하였다.

하늘과 인간의 사이는 근본적인 가치관계로서, 매우 일찍부터 유가의 관심을 받았다. 하늘과 인간의 관계에 있어, 유가는 물론 완전히 주체(인간)의 역량을 무시하지 않았는데, 실제로 유가는 인간 자신의 노력을 통해서 자연의 인문화를 실현시킬 것을 반복적으로 강조했다. 그러나 유가의 일부 사상가(이를테면 순자 중)는 인간이 객체로서의 자연에 작용할 수 있다는 점에 주목하기도 했지만, 전체적으로 말하자면 유가가 이해한 자연의 인문화는 주로 인간의 천성天性(자연적 본성)을 덕성德性(인문화된 속성)으로 변화시키는 것을 가리킨다. 자연을 정복(있는 그대로의 사물[自在之物]을 자신을 위한 사물[爲我之物]로 바꾸는 것)하고자 하는 의향意向은 보통 합당한 가치로서의 위상을 얻지 못하였다. 인간과 자연대상과의 관계에서, 유가의 근본적 가치지향은 하늘과 인간 사이의 평형과 화해를 유지하는 것인데, 이 점은 송명 신유학(이학理學)의 만물일체설萬物一體說 속에서 두드러지게 표현되었다.[94] 요컨대, 유가에게서, 하늘과 인간의 대립과 긴장은

---

94) 여기서 말하는 공리원칙은 윤리학상의 공리주의와 내용에 있어 완전히 합치하지는 않는다. 윤리학 에서의 공리주의는 언제나 공리功利를 감성적 쾌락으로 환원시키지만, 여기서의 '공리원칙'의 함의는 보다 광범위하다.

대체로 비정상을 뜻하고 있으며, 오로지 빈틈없이 합일해야만, 비로소 합리적 관계인 것이다.

　유가가 자연의 인문화를 주로 천성을 덕성으로 전환시키는 것에 국한시키고 있는 점은 확실히 자연대상에 대해 작용하는 의식을 쉽게 억제시킨다. 이러한 경향은 만물일체萬物一體 · 민포물여民胞物與(*'백성은 동포이며 만물은 함께하는 존재이다'란 뜻)라는 관념과 상호 융합하기에, 자연을 개조하고 변혁하려는 요구를 불러일으키기 매우 어렵다. 하늘과 인간의 사이의 본래적 화해를 긍정한 것은 실질적으로 하늘과 인간 사이의 기존의 평형에 만족해야 함을 의미하는 것이기도 한데, 그것은 명백히 부단한 변혁과 진취라는 현대화의 요구와 공존하기 쉽지 않다. 물론 이것이 자연의 인문화를 중시했던 유가의 전통을 배제해야 함을 의미하고 있는 것은 아니며, 문제는 자아의 인문화에서 대상의 인문화로 확장해 되어야만 한다는 데에 있다. 다시 말해 주체가 '있는 그대로의 존재[自在]'에서 '스스로 실천하는 존재[自爲]'에 이르는 과정을 '있는 그대로의 대상[自在之物]'을 '자아를 위한 대상[爲我之物]'으로 바꾸는 과정과 결합시킴으로써, 자연을 정복하는 역사적 실천이 합당한 가치로서의 인정을 얻도록 하는 것이다. 이러한 인정에서의 내재적 전제는 하늘(자연)과 인간 사이의 본래적 화해를 초월해 양자간의 적절한 긴장과 동적 균형을 유지하는 것이다.

　현대화는 물론 단순히 하늘과 인간의 관계에만 관련되는 것이 아니라, 보다 심층적인 측면에서, 언제나 인간 자신의 현대화를 가리킨다. 우리의 시야를 이 점으로 전환시키면, 개체원칙의 돌출이 현대사회의 현저한 특성이 된다는 점을 어렵지 않게 알 수 있다. 여기서의 개체원칙은 물론 단지 협의의 개인주의를 가리키는 것이 아니라, 다양한 측면의 의미를 지니고 있다. 개인의 창조성을 강조하는 것이 그 원칙의 근본적 요구이다. 하늘과 인간의 관계에서 유類로서의 주체의 역량을 확신하는 것과 마찬가지로, 현대인은 자신의 능력에 대해 자신에 가득차 있으며, 전통에 대한 답습과 의존을 배척하고 과감하게 개척하고 창조한다. 이러한 신념과 의향이 확실히 현대 문명의 진보에서의 중요한 정신적 자원을 구성한다. 개인의 창조성과 연관된 것이 경쟁의식인데, 경쟁의 구체적 목표는 물론 공리성을 띠는 것이지만, 그것은 동시에 개체가 최대한으로 자아의 창조성을 발휘하도록 분발시키기도 한다. 어떤 의미에서 바로 주체의 경쟁의식이 현대사회에 내재된 활성화의 기제가 된다. 개인의 창조성과 개체간의 경쟁은 물론 개체의 권리와 별개일 수 없다. 실제로 개체원칙은 언제나 개체의 권리에 대한 인정을 포함하고 있다. 따라서 개체의 정당한 권리에 대한 관심과 옹호는, 개체의 참여와 사회경쟁을 추동하며, 자신의 능력을 부단히 외화시키게 하는 보다 심층적인 근원이다. 보다 넓은 의미에서 볼 때, 개체원칙은 개성의 다양화에 대한 긍정을 의미하기도 하는데, 이는 단순히 개체의 창조에서의 다양한 형태를 가리킬 뿐만 아니라, 인격의 다방면으로의 발전을 포괄하는 것이다. 사회의 세속화에 따라, 현대인은 단일한 성현聖賢의 경지에서 다양한 개성을 지닌 인격으로 발전해 갈 것을 요구한다.

몇몇 측면에서 보자면, 유가는 개체적 원칙을 결코 부정하지 않았다. 공자와 맹자가 제창한 '위기지학爲己之學', 『중용中庸』에서 요구한 '성기성물成己成物'은 모두 개체원칙에 대한 인정을 구체화한 것이다. 선진시대에서부터 송명시기에 이르기까지, '인의 실천은 자기에게서 비롯된다[爲仁由己]'는 점을 강조했고, 인격을 반듯하게 확립하는 것이 유학의 가치 전통이 되었다. 그러나 유가에게서, 개체원칙은 주로 자아의 덕성의 완성을 중시하는 것으로 표현되는데, '성기成己', '위기爲己'라는 말은 기본적으로 도덕상에서의 자아의 실현으로 이해되었다. 개체의 권리의식, 개체의 창조적 능력의 다방면에 걸친 전개 등은 보통 유가적 시야에서의 주변에 놓였다. 권리의식의 약화에 상응해, 유가는 주로 개체의 책임(의무)를 부각했고, 이는 더 나아가 집단원칙(집단에 대한 개인의 책임과 의무를 강조하는 것)으로 이끌었는데, 집단원칙이 일단 지나치게 강화되면 전체론holism으로 귀착됨을 피하기는 매우 어렵다. 실제로 정통유학의 집단원칙은 확실히 언제나 전체론holism과 하나로 뒤얽혀 있다.

집단원칙이 주도적 위치를 차지하는 가치체계 안에서는, 사회적 정체성이 개체의 독립을 매우 쉽게 제한하고, 자아의 책임의식이 권리관념을 함몰시키는 경향이 있다.

집단과의 일치(집단적 정체성)를 유지시키는 사유방식이 흔히 사람들로 하여금 개체의 독창성에 비교적 적은 관심만을 기울이게 한다면, 개체의 권리의식이 집단적 의무(책임)에 대한 실천에 포괄될 때, 경쟁의 기제는 내재적 근거를 상실하게 된다. 쉽게 알 수 있듯이 개체원칙에 대한 유가의 협애한 이해 및 전체적으로 집단원칙을 부각시킨 가치지향은 창조와 경쟁을 숭상하는 현대적 인격과 조화되기 어려운 일면을 분명히 지니며, 그것은 현대문명의 활성화 기제를 구축함에 있어 확실히 일정한 거리를 지닌 것이기도 하다. 전 현대에서 현대로 이행하는 역사적 과정이 가치관의 저항을 피하려면, 유가와 같은 전체 중심의 관념 및 상대적으로 단일한 책임의식을 적절히 해소하고, 개체원칙에 보다 넓은 의미 및 보다 합리적인 지위를 부여하지 않을 수 없다. 또한 오직 이러해야만, 주체의 창조성의 충분한 발휘 및 개체의 다방면의 발전을 위해 필요한 가치근거를 제공할 수 있다.

또 다른 측면에서 보자면, 개체원칙의 충분한 전개는 언제나 사회적 개방성을 필요조건으로 한다. 현대사회는 본질적으로 개방적인 사회여야만 하는데, 이런 개방성은 우선 비非 권위화로 나타난다. 그것은 독단적 원칙을 거부하며, 관용적 태도를 통해 다른 관점에 대응할 것을 요구한다. 이를테면 과학연구에서부터 사회적 정책결정에 이르기까지, 모든 경우에서 각종 의견의 교류와 토론을 허용하고 고무하며, 권위를 자처하면서 권위에 따라 결정하는 것을 반대하는 것이다. 이러한 비권위화된 개방적인 심리상태는 현대인이 폐쇄적인 의식을 초월해, 새로운 사물과 새로운 관념을 기꺼이 받아들이도록 하며, 사회적 진보와 발전에 대해 시종일관 환영하는 태도를 품도록 한다. 동시에 권위주의가 불평등을 불변의 진리로 보는 것에 비해, 비권위화는 정의와 공평을 뜻하는데, 그것은 모든 형태의 특권을 부정하며 사회생활에서 기회의 균등을 요구한다. 요컨대, 비권위화와 관련되는 관용원칙과 정의원칙은 현대사회의 작동을 지탱해주는 중요한 가치 관념을 구성하는 것이다.

유가는 선진시대의 시작부터 경권經權(*원칙과 임기응변)의 관계에서의 변별과 분석을 중시하였다. 유가는 권변權變(*임시변통)을 부인하지 않았고, 다른 관점을 받아들이는 것을 전적으로 거부하지도 않는다. 그러나 이른바 '권변權變'은 보통 일반적 원칙을 둘러싸고 전개되었다. 이러한 원칙들은 변통할 수는 있지만, 뒤엎거나 부정하지는 못한다. 단적으로 말해 '경經'(원칙의 절대성)이 언제나 '권權'(융통성있는 변통)을 압도하는 것이다. 유학이 정통화 됨에 따라, 이러한 경향은 점차 독단론적 원칙으로 바뀌었고, 이는 한 대 이후에 다시 권위주의적 형식을 얻게 되었다. 권위주의적 규범 하에서 권위에 따른 결정이 여러 관점 사이의 자유로운 토론을 대체했고, 관용의 정신은 역사적으로 제약을 받았다. 독단론은 언제나 폐쇄적인 경향이 있는데, 이는 인간이 전통에 의존하고, 이미 정해진 행위양식을 답습하는 데 익숙해지도록 만든다. 사회적 구조에서의 권위주의의 구현은 보편적인 존비의 신분질서로 전개되는데, 이와 관련된 것이 불평등한 사회교제의 원칙이다.

전통사회의 가치원칙으로서의, 유가적 권위주의는 분명 더 이상 현대화의 역사적 요구에 부응하기 어렵다. 근대 이래로 현대화 과정이 힘겹게 추진됨에 따라, 전통적 권위주의는 끊임없이 역사적 충격을 받았다. 5 4 운동시기 유학에 대한 비판은 상당 부분 유가의 권위주의 및 그와 관련된 전제주의를 겨냥해 격발되었는데, 그것은 권위주의에 대한 지양이 현대화 과정의 피할 수 없는 문제가 되었음을 표명했다.

확실히 전근대에서 현대에 이르는 전환은 필연적으로 권위 지상주의적 관념이 역사의 옛 자취가 되도록 만들 것이다. 하지만 비교적 자각적으로 권위주의 원칙을 해소하고, 전통적인 권변權變 관념을 현대의 관용의 원칙에 접속시키고, 폐쇄적인 심리상태을 개방적 심리상태로 전환하며, 평등과 공정에 관한 의식이 신분과 독존이란 관념을 대체할 수 있다면, 현대화 과정이 부딪치게 될 문화심리적 저항은 확실히 어느 정도 완화될 수 있다.

2. 유가적 가치체계와 합리성의 재건

이상에서 주로 현대화라는 역사적 요구에서 출발하여, 어떻게 유가적 가치관을 전환시켜 현대화 과정에 적용하고, 그것을 추진할지에 대해 고찰했는데, 그 초점은 유가적 가치체계 중에서 현대문명과 충돌할 수 있는 원칙을 지양하는 데에 있었다. 이런 측면에서 유학과 현대화의 관계는 대체로 부정적인 의미를 나타낸다.

그러나 구체적이고 복잡한 함의를 지닌 전통적 가치체계로서의 유학이 현대화에 가져다 준 것이 단지 부정적인 자원만은 아니다. 우리가 시야를 현대화의 다른 일면에 돌린다면, 유학과 현대화의 관계에 또 다른 의의가 있다는 것을 쉽게 알 수 있다. 다음의 글에서 논하려 하듯, 현대화의 과정은 언제나 합리성의 재건이라는 문제에 끊임없이 직면했고, 바로 이런 측면에서 유가적 가치체계는 그 역사적 깊이를 보다 분명히 보여준다.

앞의 글에서 이미 거듭 제기한대로, 현대화는 하나의 역사적 과정으로 이중성을 지닌다. 그것은 진보와 발전의 역사적 추세를 체현할 뿐만 아니라, 때로는 부정적인 문화적 결과를 함축하기도 하는데, 이는 서양의 산업사회에서 점차로 심각하게 드러났던 것이다. 현대화는 우선 도구적 의미에서의 이성화를 보편적으로 실현할 것을 요구하는데, 이런 이성화의 과정은 확실히 기술과 공업의 거대한 진보를 가져오기도 했다. 그러나 도구적 이성의 과도한 팽창은 동시에 어느 정도의 기술 지배를 야기하기도 하였는데, 프랑크푸르트 학파는 일찍이 이 점을 다음과 같이 지적했다. "테크놀로지의 기본원리가 바로 통치의 기본원리이다." (Horkheimer and Adorno, Dialectics of Enlightenment, Herder and Herder:New York, 1972, p121) 도구적 이성이 관심을 지닌 것은 비인격화된 논리적 관계인데, 그것은 계산 가능한 효율성을 주된 추구 목표로 삼으며, 일체의 가치 고려의 개입을 배제한다. 도구적 이성의 강화와 확장에 따라, 인간 자신도 점차 주체성을 상실한 채 대상화되었다. 따라서 인간은 단지 기계(넓은 의미에서의 기계[機器]로, 공업에서의 기계와 정치적 기구 등을 포괄한다)의 부속물이 되어, 기술의 규정에 복종하는 것 외에 다른 것을 선택할 수 없는 것처럼 보인다. 현대적 분업체계 속의 하나의 역할로서의,

인간의 독특한 필요와 감정은 잔혹하게 무시받았다. 어떤 의미에서, 현대사회는 기술사회를 완성시킨 것으로 보이는데, 기계의 대량생산에서부터 정치기구의 작동에 이르기까지, 곳곳에서 기술의 전제를 볼 수 있다. 초기의 근대 계몽사상가들은 일찍이 인간이 목적이라고 선언했고, 산업화의 완성에 따라 완성됨에 따라 이러한 이상화된 원칙이 점차 현실이 될 것이라고 낙관적으로 확신했다. 그러나 역사는 오히려 잔혹하게 인간이 다음과 같은 사실에 직면하게 만들었다. 즉, 산업화는 때로 비인간화로 이어졌던 것이다.

기술전제 및 그 비인간화 경향은 날로 엄중해지는 가치의 위기를 야기했다. 산업화된 서양에서는, 존재 의미의 상실이 보편적인 사회문제가 되었는데, 실존주의의 인간의 존재에 대한 관심, 프랑크푸르트 학파 및 하이데거 등의 기술소외에 대한 비판 등은 상이한 측면에서 이러한 현상을 반영한 것이다. 19세기와 20세기 사이에, 니체는 세상 사람들을 향해 "신은 죽었다"고 선언했다. 이런 판정은 의미심장한 것이다. 그것은 인간이 스스로 서 있을 수 있게 되었다는 점을 표명한다. 단적으로 말해, 신의 죽음 뒤에서, 인간은 스스로를 정립해야만 한다는 것이다. 그러나 산업화가 인간이 목적이라는 신념을 진정으로 실현시키지 못했던 것과 같이, 인간에 대한 기술의 조종 역시 인간을 진정 주체적인 존재로 만들지는 못했다. 역사는 다시 한번 인간을 조롱한 듯하다. 신의 죽음 이후, 인간 자신이 허무화되었기 때문이다. 진정 당대의 한 철학자가 말한대로, "19세기의 문제는 신의 죽음이었고, 20세기의 문제는 인간의 죽음이다."(에리히 프롬Erich Fromm, 『健全的社會』, 中國文聯出版公司, 1988, 370쪽) 도구적 이성에 대한 중시와 관련짓자면, 현대문명은 보통 공리원칙을 사회작동의 지렛대로 여긴다. 다니엘 벨Daniel Bell의 견해에 따르면, 산업화 초기에는, 흔히 두 줄기의 역량, 즉 베버가 발견한 종교적 추동력과 경제적 동력이 상호작용하며, 경제적 동력은 주로 공리적 충동으로 표현되는데, 산업화의 발전에 따라, 경제적 충동의 힘이 점차로 유일한 동력이 된다.(다니엘 벨, 『資本主義的文化矛盾』 참조) 이에 따라, 공리적 충동은 점차로 초월적인 억제력을 상실했다.[95] 공리원칙이 확실히 사회경제 발전에 어떤 활력을 불어넣는다는 점은 부인할 수 없지만, 공리원칙의 일방적인 부각은 동시에 또 다른 결과, 이른바 '시장지향'을 형성시킨다. 과도한 이익욕구에 추동될 때, 인간은 대체로 시장의 필요에 따라서 자기를 형상화하는데, "그의 목적은 시장에서 성공적으로 자기를 판매하는 것이 된다."(『健全的社會』, 143쪽) 이 때문에, 인간은 실질적으로 상품화된다. 이러한 보편적 상품화는 배금주의와 융합하여 주체의 가치 상실을 심화시킬 뿐만 아니라, 사회의 결집력을 약화시킨다. 따라서 사회는 단지 자기의 이익에만 관심을 갖는 다양한 상품의 원자로 분열되는 것처럼 보인다.

현대사회의 또 다른 특징은 개체원칙의 유례없는 부각이다. 개체원칙의 중시는 물론 주체의 창조성의 발휘 개성의 다양화 및 경쟁기제의 도입 등을 위한 가치관의 토대를 제공하지만, 이로 인해 과도하게 개인 권리의 한도를 구분하고, 냉혹한 경쟁을 개체의 권리를 실현시키는 방식으로 삼음으로써, 오히려 쉽사리 개인주의 내지 이기주의로 이끈다. 일찍이 19세기 중반에 토크빌Tocqueville은 산업화로 이행 중인 미국사회를 고찰함으로써 다음과 같은 결론을 도출했다. 즉 근대의 산업화는 언제나 개인주의로 귀결되리라는 것이다. (토크빌, 『美國的民主』 참조) 개인주의는 보편적 상품화와 상호작용하여, 계약 업무 및 경쟁의 관계만을 남겨두고, 초超공리적 정서적 관계의 유대를 결여하게 만드는데, 그 결과란 개체 간의 관계에서의 소원함과 냉담함 내지는 긴장과 충돌이었다. 실존주의에서 "타인은 지옥이다"라고 언명하였을 때, 서양 현대의 인간과 인간의 관계의 특질을 매우 전형적으로 반영했던 것이다. 80년대의 한 조사가 밝힌 바에 따르면, 당대 유럽에서 "60%의 사람은, 그들의 십 수 년 간의 경험에 근거해, 사람들이 서로의 도움을 아주 적게만 원한다고 생각했다. 이는 사람들이 타인을 믿지 않는 것이 원인이다. 유럽인의 절반 이상은 타인과 교제할 때, 상당히 조심해왔다고

---

95) 존 롤즈는 일찍이 공리원칙에 대한 비판을 제기하면서, 정의를 근본적 원칙으로 간주했다. 형식적 으로 보자면, 정의는 공리에 대한 일종의 제한이 되는 것 같지만, 롤즈의 입론의 근거는 주로 공리원 칙이 분배의 불공정을 야기한다는 것이며, 그가 공리원칙을 대체하는데 사용하는 정의원칙은 무엇보 다도 분배적 의미에서의 공정인 것이니, 그 속에는 여전히 내재적으로 공리적인 지침이 침투해 있다. (다른 점이란 그가 권리의 공정성에 보다 치중한 다는 사실이다) 이를 통해 또한 공리의식이 매우 뿌 리 깊은 것임을 알 수 있다. (존 롤즈, 『正義論』 참조)

말했다." (Jean Stoetzel, 『當代歐洲人的價値觀念』, 社會科學文獻出版社, 1988, 125쪽) 이러한 심리상태는 바로 냉담과 긴장이라는 현실 인륜에 뿌리를 두고 있는 것이다. 인간과 인간의 교제에서의 이런 소외현상은 점차로 현대사상가들의 관심을 끌었는데, 이를테면 하버마스Harbermas는 여기에 착안하여 당대 공업 사회의 여러 종류의 문화적 모순을 분석하기 위해 노력했다.

이익관계에서의 개체화 경향과 상반되면서도 그것을 상호 보완하는 것이 자아에 대한 사회의 통제와 지배이다. 현대문화는 점차로 대중화라는 특징을 가지게 되었는데, 발달한 매스미디어와 신속한 정보전달 수단(인터넷을 포괄하는)을 통해, 대중문화의 영향은 사회의 구석구석까지 침투했다. 공동의 취향을 추구하는 것이 대중문화의 목표 중 하나이다. 끊임없이 되풀이 되는 가운데, 유행하는 색조를 가진 취향의 기준이 점차 사회 대중에게 수용되면서, 개체의 독립적 판단능력은 쇠퇴하였다. 대중문화의 반복적 강화는 또한 인간이 점차로 복종에 길들여지게도 만든다. 방송 텔레비전 영화 통속소설 광고 등이 인간들에게 각종의 정치 직업 소비 오락 등과 관련된 관념을 무수히 주입하여 인간들이 생각할 겨를도 없이 이러한 외재적 "유도"를 받아들이도록 하는 것이다. 이에 따라, 인간들은 대체로 기존 사회질서에 동일시하고 그것을 긍정하게 되며, 그 비판적 부정의 능력은 점차 약화됨으로써, 마르쿠제Marcuse가 말한 "일차원적 인간"이 되어간다. 인간의 관념과 행위에 대한 대중문화의 조정은 부지불식간에 세뇌하는 형태로 실현될 뿐만 아니라, 어떠한 강제적 성질을 띠기도 한다. 그것은 전체사회를 가득 채우고, 심지어 사람들의 사적 공간에까지 파고들어, 사람들이 거절하기 어렵고, 회피할 수도 없도록 만든다. 여기서 우리는 일종의 역사의 이율배반을 볼 수 있는 것 같다. 즉 한편으로 현대화 과정은 개성의 창조성을 최대한도로 발휘할 것을 요구하며, 더욱이 개체가 창조적 능력을 드러낼 수 있는 가능성을 제공하기도 한다. 다른 한편으로 현대 산업사회는 기업의 관리제도, 국가기구 및 법률체계 등을 통해서 개인에 대한 외재적 통제를 실현시키면서도, 다시 대중문화를 빌려 개인의 내재적 정신세계를 조종함으로써, 인간의 주체성이 알게 모르게 질식되도록 만드는 것이다.[96] 상품화가 인간의 대상화(물화物化)를 뜻하는 것이라면, 대중문화의 인간에 대한 지배는 인간의 주체적 자각(도덕적 자각을 포함하는)을 억제시키며 다른 형태의 정신적 의존에 빠트린다.

현대 문명의 부정적인 효과는 인간과 자연의 관계에서도 동일하게 체현된다. 하늘과 인간의 관계에서, 현대화의 근본적 지향은 정복과 이용으로, 인간과 자연의 본래적 균형을 타파할 것을 요구하며 끊임없이 자연에 대한 지배를 실현한다. 이러한 원칙은 자연에 대한 숙명적 태도를 거부하며, 자연을 개조하고, 있는 그대로의 사물[自在之物]를 자아를 위한 사물[爲我之物]로 바꿔가는 역사적 과정을 위한 가치관의 토대를 정초했다. 그러나 그것은 동시에 자연에 대한 일방적인 점유를 야기했고, 이는 점차로 재앙적 결과를 초래했다. 하늘(자연)과 인간 사이의 긴장이 부적절하게 강화되면, 쉼 없는 자연에 대한 약탈이 논리적 결과가 되는데, 그에 수반된 것이 전 지구에 영향을 미치는 생태위기다. 그것은 구체적으로 자원 고갈의 심화 및 인류의 생존환경의 악화를 포괄하며, 이는 대기, 수자원, 식물의 오염등과 같은 환경의 오염으로 나타날 뿐만 아니라, 생태계의 불균형으로도 나타난다. 자연에 대한 과도한 약탈 때문에, 생태계의 구조와 기능은 끊임없이 교란되었고, 여기서 더 나아가 전체 생태계의 부조화가 초래되었다. 토지 사막화, 삼림자원의 감소, 오존층의 파괴, 일부 생물의 멸종 등, 이미 생태환경은 역사적으로 유례없는 대재앙에 직면하게 되었다. 이러한 전지구적 문제는 인류가 엄중한 곤경에 직면하게 한다. 독일의 철학자 야스퍼스는 근심에 가득 차 "생명력을 지닌 사물에 대한 멈추지 않는 살육 행위는 결국에는 전 세계의 파괴를 초래할 것이다."라고 지적했다.(Hans Sachsse, 『生態哲學』, 東方出版社, 1991, 121쪽에서 재인용) 이는 이목을 끌기 위한

---

96) 다니엘 벨은 산업사회 안에서의 기업가와 예술가 사이의 모순을 분석한 바 있다. 기업가는 본능적으로 경제와 사회의 안정을 옹호하며, 제도화와 조직화를 추구한다. 반면 예술가는 영감을 숭상하고, 개성화를 추구한다. 그런데 이런 모순은 또한 산업사회 내의 경제·정치·문화라는 삼대 영역 사이의 충돌과 상응하는 것이다.(『資本主義的文化矛盾』, 三聯書店 참조) 이런 현상은 또 다른 측면에서 이곳에서 말하는 역사적 패러독스를 반영하고 있다. 그러나 한발 더 나아가 지적해야만 하는 점은 이렇다. 즉, 문화영역에서의 예술가의 개성화에 대한 추구 역시 점차로 상품화의 충격을 받게 되었다는 것이다. 이를테면 유행음악의 거의 천편일률적인 리듬, 통속소설에서의 주제의 유사성 등은 모두 개성의 모호함을 반영한다.

과장된 말이 아니다. 실제로 하늘과 인간 사이의 불균형이 분명 오늘날 인류의 존재를 위협하고 있다.

이상의 묘사는 물론 현대화 과정의 모든 부정적 현상을 망라한 것은 아니지만, 이렇게 간략히 묘사된 그림은 현대화가 결코 진보와 발전만을 의미하지는 않는다는 점을 명확히 보여준다. 만약 우리가 앞의 내용에서 열거해 놓은 현상을 통해, 그것이 형성된 근원을 좀 더 고찰한다면, 현대화의 부정적인 결과는 언제나 가치관념의 내재적 제약을 받는다는 것, 바꿔 말해, 그 결과는 어떤 의미에서는 심층적인 가치지향의 외화를 표현한다는 점을 주목할 수 있을 것이다. 앞에서 서술한 것처럼 기술통치 또는 기술의 전제는 현대 서양 산업사회가 보편적으로 마주하고 있는 문제이며, 이런 현상의 배후에는 도구적 이성을 우선하는 가치경향이 깔려 있다. 바로 도구적 이성의 일방적 팽창이 현대 산업사회가 목적과 수단 간의 비인격적인 관계에 과도하게 관심을 갖게 하였고, 인간 자신의 가치요구를 언제나 망각시켰으며, 이로 인해 아주 자연스럽게 이른바 형식적 합리성(목적/수단이란 의미에서의 이성화)과 실질적인 불합리성(인간이 기술에 의해 통제되는 것 등) 사이의 역사적 패러독스가 초래되었던 것이다. 인간과 인간의 관계에 있어, 개인의 권리에의 추구, 냉혹한 경쟁 등은 현대 산업사회가 어떤 긴장된 양상을 띠도록 만들었다. 이러한 긴장을 만들어낸 근원은 물론 다양한 측면이지만, 가치관이란 측면에서 보자면, 그것은 자아중심적 가치지향과 분명히 관련이 없지는 않다. 현대 산업사회는 개체원칙을 중시하면서, 대체로 개체원칙과 집단원칙을 합리적으로 위치지우지 못하였고, 집단적 원칙에 대한 상대적인 무시는 쉽게 자아중심주의로 이끌었는데, 이것이 인간 간의 관계에서 체현되면, 때로 이런 관계가 긴장된 양상을 띠도록 할 것이다.

주체성의 상실은 현대 산업사회에서 또 하나의 주목할 만한 문제이다. 인간의 상품화에 따라, 본래적 의미에서의 주체는 점차 소멸되어 갔고, 대중문화는 주체성의 소멸을 통해서 비주체화의 경향을 더욱더 강화시켰다. 이런 현상의 형성도 마찬가지로 그 가치관에서 비롯되는데, 그것은 무엇보다도 공리적 원칙의 일방적인 인도로 나타난다. 공리원칙은 어떤 의미에서는 공업문명에서의 가치의 지렛대이지만, 그것의 과도한 부각은 역시 배금주의 또는 상품에 대한 물신숭배로 이끌기 쉬우며, 이를 규제적 원칙으로 삼는다면, 논리적으로 주체의 인격을 사물화된 인격이 대체하게 될 것이다. 주체성의 상실은 또한 대중문화의 범람을 배경으로 하는데, 대중문화는 통속화(대중화)된 가치지향을 체현한다. 일반적으로, 일상세계에 과도하게 빠져들어, 대중적 기준을 수용하는데 익숙해지면 보통 자주적 선택 능력이 약화될 수 있다. 이런 측면에서 말하자면, 주체성의 상실은 공리원칙의 극단화에 뿌리박고 있을 뿐만 아니라, 통속화(대중화)된 가치추구와 관련되는 것이기도 하다.

하늘과 인간의 관계에서, 현대 산업사회에서 부각되는 문제는 생태환경의 파괴, 날이 심각해져가는 오염 등이다. 형식적으로 보자면, 상술한 현상의 발생은 자연에 대한 무제한적인 탈취·약탈·점유에서 직접적으로 비롯된 것이다. 그러나 좀 더 분석하면 이런 약탈 정복행위 자체가 또한 보다 심층의 가치관념, 즉 좁은 의미에서의 인간중심주의[97]에 의해 제약을 받는다는 사실도 알 수 있다. 인류의 일시적인 또는 부분적인 이익이 유일한 출발점이 되었을 때, 자연대상 자체와의 관련은 시야 밖에 놓이기 시작한다. 실제로 자연은 유기적 통일체로, 인류가 자연을 초월했다고는 하지만, 그 존재는 결코 자연에서 벗어날 수 없으니, 이런 의미에 입각하자면, 인간과 자연은 여전히 어떤 상호의존적 관계를 지니고 있다. 만약 협애한 인간중심주의로 하늘과 인간의 관계에 관한 원칙을 처리하여, 인류의 일시적이거나 부분적인 이익을 위해 일방적으로 자연을 정복한다면, 하늘과 인간의 관계 및 자연 자체와의 연관성은 불균형을 초래하기 쉽다.

---

97) 여기서 좁은 의미에서의 인간중심주의와 넓은 의미에서의 인간중심주의를 구분할 수 있을 것 같다. 광범위하게 말해, 인간은 물론 '인간을 기준으로 보는' 태도에서 전적으로 벗어날 수 없다. 이른바 생태위기, 환경문제 등은 실질적으로 모두 가치론적 의미를 지닌다. 왜냐하면 생태·환경의 좋고 나쁨은 무엇보다도 인간이란 존재에 대응하여 말해지는 것이고, 하늘과 인간 사이의 조화로운 관계를 옹호하 든 재건하든, 그러한 가치론적 의미는 결국 모두 인간 자신을 위해 보다 완전한 생존배경을 제공하는 데에 달려 있기 때문이다. 이런 측면에서 말하자면, 넓은 의미에서의 인간중심주의를 완전히 초월하 기는 어려울 듯하다. 그러나 좁은 의미의 형태에서, 인간중심주의가 관심을 두는 것은 대체로 단지 당면한 또는 부분적 이익에 불과하며 인류 전체(전 지구 및 미래세대에 존재하는 인류를 포괄한다)의 생존 영역을 무시한다. 이로 인해 언제나 인간에 대한 위해와 부정이 초래된다. 이런 의미의 인간 중 심주의는 결국 언제나 논리적으로 자기 부정적인 측면으로 치닫는데, 그것 역시 좁은 의미의 인간중 심주의라고 간주할 수 있다.

오늘날 전 지구적인 생태 환경 문제는 협애한 인간중심주의적 원칙의 역사적 한계를 준엄하게 폭로하는 것이다.

요컨대, 현대화 과정의 부정적인 현상 배후에서는 어떤 가치관의 일방적인 규제와 인도를 분명히 볼 수 있다. 이러한 사실이 분명히 밝혀주는 것은, 현대화가 초래하는 부정적인 효과를 방지하거나 제한하고자 한다면, 직시하지 않을 수 없는 하나의 문제가 가치관의 조정이란 사실이다. 그리고 현대화 과정을 위한 합리적 가치를 지닌 규제적 이념을 제공한다는 측면에서, 유가적 가치체계는 확실히 다양한 차원의 자원을 함축하고 있으며, 또한 바로 이런 측면에서 유학과 현대화의 또 다른 관계를 보다 잘 보여주고 있다. 바꿔 말해, 유가적 가치체계를 전환시켜 현대화의 요구에 부응하도록 함과 동시에 규제적 이념으로서 작용하는 유가적 가치체계의 가능성을 무시할 수 없는 것이다. 앞의 글에서 이미 제기한 것처럼, 현대 신유가는 이런 문제에 주목했는데, 이 점에 있어서 신유가는 확실히 참조할 만한 점이 없지는 않다. 그러나 신유가는 유학의 규범적 의의를 유학을 본위로 삼는 것으로 이해했고, 전현대화의 입장에서 서서 현대화를 비판했는데, 이는 스스로를 문화적 보수주의의 대열에 편입시킨 것이다. 현대화에 대한 유학의 규범적 의의를 긍정할 때, 신유가의 이상과 같은 입장은 분명 넘어서야 할 것이다.

서양에서, 산업화 과정을 비교적 일찍 완성한 일부 국가는 이미 현대에서 포스트모던으로 이행하기 시작하였는데, 현대화 과정에서 출현한 부정적 결과까지도 그 이행과 함께 포스트모던 한 사회 혹은 후後산업사회로 가져왔다. 이처럼 이런 국가들의 경우, 포스트모던 단계에서 현대화 문제가 지닌 곤경을 불가피하게 받아들여야 한다. 바꿔 말해, 그들은 포스트모던 한 사회에서 현대화 과정이 남겨놓은 문제를 해결하지 않을 수 없는 것이다. 서양의 산업국가의 전 현대에서 현대, 현대에서 포스트모던에 이르는 역사적 발전은 어떤 의미에서는 후 발전국가를 위한 역사적 본보기를 제공해주었다. 후발전국가의 경우, 현대화 과정을 완성함과 동시에, 부적절한 가치지향이 초래한 부정적인 영향을 가능한 한 어떻게 방지하고 억제할 수 있는가가 피할 수 없는 하나의 문제인데, 이상과 같은 역사적 난제에 대한 해결이란 측면에서 유가적 가치체계는 확실히 어떤 이론적 참조를 제공해준다. 물론 현대화 과정에서의 유가적 가치관의 규범적 의의를 구체적이고 체계적으로 해명하는 것은 상당히 복잡한 작업이며, 다양한 차원에서의 연구를 필요로 하는 것이지만, 이런 점이 가능한 몇 가지 사유노선을 제기하는 데 장애가 되지는 않는다.

도구적 이성과 가치론적 이성의 관계는 현대화 과정이 직면한 근본적 문제 가운데 하나이다. 앞에서 서술한 것처럼, 목적/수단이란 의미에서의 이성화는 전 현대에서 현대로의 이행의 필요조건이다. 이상과 같은 전환을 순조롭게 실현하기 위해서는, 인仁을 근거로 지知를 융해했고, '덕성에 따른 앎'을 기준으로 '견문에 따른 앎'을 억눌렀던 유가적 전통을 확실히 지양하고, 도구적 이성의 가치의의를 긍정해야만 할 것이다. 그러나 또 다른 측면에서, 도구적 이성의 일방적 강화가 이미 서양 산업사회에서 기술통치 또는 기술의 전제라는 소외현상을 야기했으므로, 서양이 거쳐 온 이런 역사적 우회로를 되풀이할 필요는 없다. 이처럼 유학이 도구적 이성을 경시했던 편향을 지양하는 동시에, 유학이 인도仁道 및 덕성에 따른 앎의 규범적 역할을 중시했던 경향에 대해서도 충분히 주목해야만 할 것으로 보인다. 유가의 보편적 가치에의 관심은 물론 그 자체의 한계를 지니지만, 유학의 인간의 존재 의의에 대한 중시나 목적으로서의 인간에 대한 긍정 등은 도구적 이성의 과도한 팽창을 억제하는 데 오히려 도움이 된다. 따라서 도구적 이성의 가치 의의를 긍정한다는 전제 하에서, 적절히 유가의 인문정신과 인도仁道 원칙을 도입하는 것은 분명 기술의 월권을 방지할 수 있는 가능한 경로의 하나다. 또한, 도구적 이성이 형식적 합리성을 추구하는 것과는 다르게, 가치이성은 주로 실질적 합리성(인간 자신의 내재적 의미를 실현하는) 지향한다. 도구적 이성의 일방적 강화는 흔히 형식적 합리성과 실질적 불합리(존재 의미의 상실) 사이의 모순을 야기는데, 가치이성을 체현하는 유가의 인도仁道 원칙은 이상과 같은 긴장을 해소시키고 나아가 형식합리성과 실질 합리성의 통일을 재건하는 등의 측면에서, 역시 이론적 잠재력을 지닌 것처럼 보인다.

현대화 과정은 어떤 의미에서는 공리원칙을 가치의 지렛대로 삼았고, 이익에 대한 추구는 확실히 현대 공업문명을 위한 내재적 추동력을 제공했다. 이에 비해서, 공리를 경시 내지는 멸시하는 유가의 가치지향은 다소간 어울리지 않는 점들을 지니는 것처럼 보인다. 공리를 다루는 유가의 이상과 같은 태도를 전환시키는 것은 현대화의 진행과정에서의 역사적 요구이다. 그러나 도구적 이성의 과도한 팽창이 기술의 전제로 나아갔던 것과 동일하게, 공리원칙의 부적절한 확장 역시 흔히 배금주의, 인간의 상품화 등의 소외현상을 초래했다. 어떻게 이러한 경향을 억제할 수 있는가? 현대화 과정이 직면한 이러한 문제를 해결하는 데에 있어, 유가의 의로움과 이익에 관한 논변은 아마도 계발적인 의미를 지닌 몇 가지 관념을 제공할 수 있을 것이다. 의로움과 이익의 관계에 입각해 말하자면, 유가의 근본적 가치원칙은 의로움을 통해 이익을 통제하는 것인데, 이런 원칙에 근거하자면, 공리적 목적을 일방적으로 추구하고, 도덕적 규범의 요구를 전혀 돌아보지 않는 행위는 모두 의롭지 못한 것이다. 유가가 이에 따라 의로움을 최우선으로 강조하는 것은 그 자체로 물론 결함을 지니지만, 그것은 적어도 일방적인 공리 추구의 밖에서, 또 다른 사유노선을 드러낸다. 만약 "이익을 도모하지 않고, 그 결과를 따지지 않는다[不謨其利 不計其功]"는 유가적 가치지향의 극단적 일면을 지양한다면, 의로움을 근거로 이익을 제약하는 문화적 심리기제는, 공리원칙의 가치월권을 막거나 제한하는 데에 있어서, 과소평가할 수 없는 의의를 지니는 것 같다. 실제로, 이런 점은 이미 해외의 적지 않은 지성인들에게 주목을 받았는데, 이를테면 일본의 몇몇 기업가들은 "이익에 따라 행동하면 원망이 많다[放於利而行, 多怨]"는 공자의 교훈을 경영행위를 규율하는 중요한 원칙으로 보았으니, 즉 유가의 가치원칙을 가져다 공리만을 추구하는 경향을 억제한 것이다.[98] 동시에, 숭고한 인생의 경지를 추구하는 유가의 가치지향은 또한 인간이 자신의 내재적 가치를 체인하도록 이끌어, 단순히 외적인 이익을 추구하는 것을 방지하며, 더 나아가 인간의 상품화를 억제하는 데 도움을 줄 수 있다.

현대사회는 상품경제를 특징으로 삼고 있을 뿐만 아니라, 일종의 법치사회이다. 그것은 냉담한 상품관계를 보편화할 뿐만 아니라, 냉정한 법률과 계약 관계에 따라 혈연과

---

98) 王家驊, 『儒家思想與日本文化』, 浙江人民出版社, 1990, 421쪽 참조.

예속禮俗 등에 구축되었던 자연적 유대를 잘라냈다. 이는 도구적 이성의 확장으로 간주할 수 있다. 왜냐하면 과학기술과 상업행위에서의 이성화가 산업화를 지향하는 것과 똑같이, 사회조직 상의 이성화는 법리화를 그 목적으로 하는데, 양자는 어떤 의미에서는 동일한 가치원칙, 즉 기술에 있어서의 효율성의 추구에 근거하고 있기 때문이다. 법리화는 공정하고 평등한 사회관계를 구축함에 있어, 법치로 인치를 대체하고, 각종 형태의 특권 및 권위에 의한 결정을 배제하며, 각종 사회조직 기구가 효율적으로 작동하도록 보장하는 등 극히 중요한 의의를 지닌다. 그것은 어떤 의미에서 확실히 사회의 현대화의 한 측면을 이룬다. 그러나 도구적 이성의 체현으로서의 법치화는 때때로 사회적 삶에 하나의 그림자를 드리우기도 한다. 냉혹하고 무정한 법률과 계약이 사회의 주요한 또는 유일한 준칙으로 되었을 때, 인간은 세상 속의 온정을 드물게만 체험할 수 있다.[99] 법률 앞에서 물론 모든 인간이 평등하지만, 인류에 보편적으로 스며든 계약은 또한 인간에게 두려움을 느끼게도 한다. 시장에서의 삶과 죽음의 경쟁이 언제나 인간들에게 경제적인 긴장을 느끼도록 만든다면, 곳곳에 편재하는 법률 계약의 관계는 언제나 또 다른 삼엄하고 경직된 세계에 인간이 직면하도록 만드는데, 양자는 다른 측면에서 인간과 인간의 관계를 비인간화한다. 이에 비해서, 유가는 인도仁道를 근본원칙으로 삼는데, 인도의 제1의 원칙은 인간에게 참되고 진실한 관심을 주는 것(정서적인 관심을 포괄하는)이다. 또한 인仁은 자연을 초월하는 것이지만, 시종일관 자연과의 관련을 전적으로 단절시키지 않았다. 공자가 '효제孝悌'를 인仁의 근본으로 삼았을 때, 혈연을 자연적 유대로서의 인륜으로 인정했던 것이다. 자연적 인륜에 과도하게 빠지는 것은 물론 현대로 진입하는 데에 있어 장애가 될 수 있지만, 인애仁愛의 정신과 인문적 관심의 융합은 동시에 유가적 가치체계가 인간미로 가득하도록 한다. 그것은 현대인의 정서적 갈구를 만족시키고, 법치세계가 남겨놓은 정신적 공백을 보완하는 데에 있어 분명 효용을 지닐 것이다. 따라서

---

99) 한 현대 작가는 그 문학가적 예민함을 통해 "오늘날의 세계에는 사랑을 위한 자리가 없다.
우리는 이미 그것을 소멸시켰다."라고 묘사했다.(윌리엄 포크너, 「野棕櫚」, 『外國文學』, 1981, 第3期, 31쪽)
이런 느낌은 현대에서 보편적 의미를 갖고 있다.

법리적 정신에 근거해 전통의 자연적 정념을 지양하면서도, 적절히 인도仁道 원칙을 융합해 들여오는 것은 결코 불필요한 일은 아닌 것으로 보인다.

　현대사회의 전개에 따라, 개체원칙은 점차 유례없이 중요한 지위로 격상되었는데, 개인의 권리를 존중하고, 개체의 창조성을 최대한으로 발휘시키며, 아울러 적절하게 경쟁이란 기제를 도입하는 것 등은 현대 산업사회의 특징이자, 그 발전을 위해 필요한 보증이기도 하다. 상대적으로, 유가적 가치체계는 이런 측면에서 선천적으로 기초가 결여된 부분이 있는 것으로 보일 수밖에 없는데, 이는 유학의 개체원칙에 대한 협애한 이해에서 나타날 뿐만 아니라, 집단적 원칙이 전체적으로 우선시되는 것으로도 나타난다. 현대화로 이행하는 과정 속에서, 유가의 이러한 가치지향이 전환되어야 한다는 점은 의심할 여지가 없다. 그러나 앞에서 서술한 것처럼, 개체원칙을 극단으로 밀어부침으로써 그 폐단이 날로 현저해지고 있는데, 인간과 인간 사이의 관계에서의 긴장은 그 폐단이 두드러지게 드러난 것이다. 어떻게 합리적인 교제 관계를 구축할 수 있는가? 바꿔 말해, 어떻게 인간과 인간의 사이에 서로를 대상이자 수단으로 여기는 관계에서, 서로를 목적으로 여기는 관계로 전환시킬 것인가? 현대 서양의 일부 사상가들은(이를테면 하버마스 등) 예민하게 이 문제에 주목했고, 이에 대한 유익한 탐구와 논의를 수행했다.[100] 이런 측면에서, 유가적 가치체계도 마찬가지로 주목할 만한 가치가 있는 사상적 자원을 함축하고 있다. 만약 개체원칙을 긍정하고 그 의미를 확장해 전개하는 동시에, 개방적 심리상태로 개체의 책임과 집단적 정체성을 중시하는 유가의 가치지향 및 "자기가 바라지 않는 것을 다른 사람에게 베풀지 말라"는 충서忠恕의 원칙을 흡수해낸다면, 이는 인간과 인간 사이의 긴장을 화해시키고, 상호주체적(intersubjective) 관계를 재구축하는 데에 있어, 적극적인 촉진 작용을 일으킬 수 있을 것으로 보인다.

　현대 산업사회가 출현시킨 또 다른 부정적 결과는 점차적인 주체의 상실이다. 소외의 하나의 형식으로서, 주체의 상실은 때로 인간을 정신적 마비에 이르게 하며, 인간에게서

---

100) Harbermas, The Theory of Communicative Action, Boston:Beacon Press, 1984, 1987. 참 조.

자주적 선택의 의지와 비판의 기능을 앗아간다. 어떻게 인간의 주체의식을 거듭 새롭게 환기시킬 수 있는가? 이런 역사적 난제에 직면해, 유가적 가치체계를 새롭게 성찰해 보는 것도 역시 의미가 없는 일은 아니다. 개체의 자기완성을 요구하고, 개체의 도덕적 자각을 강조하며, 숭고한 도덕적 이상과 도덕적 경지의 확립에 주목하는 것이 유가의 가치 목표 중의 하나이다. 그것이 추구하는 것은 비인격적인 공리의 결과도, 세속과 대중 속에서의 무분별한 탐닉도 아니며, 세계 속에서 자아를 탁월하게 정립하는 것이다. 유가의 이런 주체원칙은 인간의 대상화(상품화를 포괄하는)를 방지할 뿐 아니라, 일방적인 대중의식을 초월한다. 주체성에 대한 그것의 새로운 긍정은 문화심리적 측면에서의 어떤 활력을 제공할 수 있을 것 같다.

자연과 인간의 관계는 어떻게 위치설정을 해야 하는가는 현대화 과정의 처음과 끝을 관통하는 문제이다. 전 현대에서 현대로 이행하면서, 당연히 하늘(자연)과 인간의 본래적 평형에 머문다는 것은 불가능해졌다. 자연에 대한 개조와 지배는 흔히 하늘과 인간의 사이에 일정한 긴장을 유지시킨다. 그리고 자연에 대한 개조는 주체가 지닌 천성의 인문화에 국한되지 않으며 그것은 언제나 넓은 의미의 자연대상을 지향指向한다. 이런 전제에서 출발할 때, 주체 자신이 '있는 그대로의 존재[自在]'에서 '스스로 실천하는 존재[自爲]'에 이르게 하고, 자연과 인간사이의 긴장의 소멸을 최고의 경지로 삼는 데에 주로 편중되어 있는, 유가의 가치론적 사유노선은 분명 시대적 요구에 완전히 부응하지는 못한다. 그러나 단순히 정복과 탈취를 통해 자연을 다루는 원칙 역시 마찬가지로 인간에게 끝없는 후환을 남겨주었다. 생태환경의 파괴는 자연 고유의 생물권 생태사슬 등이 위기에 직면하게 했을 뿐만 아니라, 인간 자신의 존재를 위협하기 시작했다. 앞에서 서술한 것처럼, 이런 현상은 바로 협애한 인간중심주의를 행위의 원칙으로 삼은 논리적 결과였다. 서양의 일부 지식인들은 이 점에 주목하기 시작하면서, 협애한 인간중심주의에 의문을 제기했다. 독일의 철학자인 한스 삭스Hans Sachsse는 다음처럼 지적했다.

"인간을 우주의 중심으로 여기는 학설은 인간에게 쉽사리 납득되지만, 이는 결국 조잡한 추정에 지나지 않는다. 자연에 대한 고찰은 우리로 하여금 인간은 전체의 한 구성원이라는 점을 정확히 파악하도록 한다." (『生態哲學』, 東方出版社, 1991, 59쪽)

유사한 관념이 매우 이른 시기에 유가에 의해 서술되었다. 실제로 유가(특히 송명 신유학)의 만물일체의 천인관, 유類의 역사적 연속과 천하인에 대한 관심과 같은 것은 확실히 드넓은 도량을 나타냈으며, 그 내재적 정신은 일시적이고 부분적인 이익만을 중시하는 협애한 인간중심주의를 일찌감치 초월했다. 현대 문명은 물론 불가피하게 하늘과 인간 사이의 본래적 평형을 깨트렸지만, 이것이 이런 파괴를 통해서 하늘과 인간의 대치로 이끌어도 괜찮다는 점을 의미하고 있는 것은 아니다. 합리적인 사유노선은 어쩌면 평형을 깨트리면서도 전체적으로는 부단히 하늘과 인간의 통일을 재건하는 것, 다시말해 자연을 변혁하면서도, 한결같이 인간이 우주 전체의 한 성원임을 승인하고, 인류 전체의 존재영역을(일시적, 부분적 생존 상태가 아닌) 자기의 시야에 포함시키는 것이다. 그리고 이런 측면에서, 인간과 만물을 일체로 여기며 천하를 지향했던 유가의 관념은 확실히 내재적인 규제적 원칙이 될 수 있을 것이다.

　문화적 선택에 있어, 현대 사회는 다원성을 숭상한다. 이런 경향은 개방적 심리상태를 구현한 것으로, 그것은 자유로운 토론 환경을 형성하고 독단론을 배제하는 등에 있어서 무시할 수 없는 의의를 지닌다. 그러나 권위에 대한 반대와 다원성이 만일 극단으로 치닫는다면, 흔히 상대주의로 빠지기 쉽다. 실제로, 현대 사회에서, 상대주의는 주목할 만한 문화적 경향이 되었는데, "어떻게 해도 좋다"는 과학적 연구방법[101]에서부터 가치관에 있어서의 상이한 도덕적 이상의 충돌에 이르기까지, 모두 이런 점을 드러낸 것이다. 상대주의에 수반하여 초래되는 것이 흔히 보편적 의미의 위기 및 신앙의 위기이다. 이른바 허무감이나 당혹스러움과 같은 것은 의미의 상실을 다르게 표현한 것일 뿐이다. 이런 측면에 비할 때, 유가의 경권經權(*원칙과 임기응변)에 관한 학설이 드러내는 것은 또 다른

---

101) 파이어아벤트(Paul Feyerabend), 『反對方法―無政府主義知識論綱要』, 上海譯文出版社, 1992, 6쪽.

사유노선이다. 그것이 원칙(經)의 절대성을 강조함으로써 권위주의로 이끌리긴 하지만, 이러한 절대성에 대한 인정 자체에는 전혀 고려할 만한 점이 없는 것은 아니다. 만약 거기에 함축된 독단론적 경향을 지양할 수 있다면, 그것은 견고한 삶의 신념을 확립하고 각종 형태의 상대주의를 극복하는 데에 있어, 어떠한 가치관의 근거를 제공할 수 있을 것으로 보인다.

유가는 인간의 이성적 본질을 중시했다. 이런 경향은 물론 천리와 인욕에 관한 논변을 따라서 전개되어 다소 본질주의적 색채를 띠고 있지만, 그것은 오늘날에도 여전히 또 다른 의의를 지니고 있다. 존재의 의미에 대한 관심, 반 본질주의와 비이성주의의 흥기에 따라, 본질에 대한 무시가 점차 보편적으로 수용되는 가치원칙이 되었는데, "실존은 본질에 우선한다"는 실존주의의 명제는 이 점을 매우 전형적으로 표현한 것이다. 그리고 이런 원칙은 개체의 감성적 생명에 대한 부각 및 감성적 욕구에 관한 고무의 고양으로 더욱 발전하였으며, 이에 상응하는 것이 이성에 대한 반란이었다. 프로이트에게서 본능적인 성충동이 의식의 주요 내용이 되었고, 마르쿠제에게서 에로스는 문명의 지렛대가 된다. 또한 한동안 서양에서 범람한 "성해방"등의 형태의 성적인 방종은 실천적인 방식으로 유사한 경향을 나타냈다. 감성적 세계의 점차적 팽창과 소란, 그리고 이성의 몰락에 직면해, 유가의 인간의 이성적 본질에 대한 긍정과 강조는 아마 현대인에게 어떤 각성제를 제공할 수 있을 것이다. 확실히 그 본질주의적 경향 및 감성적 존재에 대한 상대적인 무시를 지양한다면, 유가의 이러한 가치원칙은 감성의 과도한 방임을 억제하고, 실존과 본질의 통일을 재건하는 데에 있어 규제적 이념으로서의 의의를 지니게 될 것이다.

인간의 현대화는 현대 문명의 근본적 목표 가운데 하나이다. 개방적 심리상태 창조적 충동 효율에 관한 관념 권리에 대한 의식 등은 현대인이 전통과 다른 면모를 지니게 하였고, 산업화에 따른 다양한 차원에서의 요구에 부응할 수 있게 하였다. 그러나 이것이 현대적 인격이 완성으로 나아갔음을 표명하는 것은 결코 아니다. 실제로, 기술의 전제, 보편적 상품화, 긴장된 인간관계, 나날이 악화되는 생존환경 등은 갈수록 현대인에게 각종 그림자를 드리우고 있고, 건전한 인격을 갖추는 것을 어렵게 만든다. 인간의 대상화(상품화), 주체성의 상실, 타인과의 대치 등은 다양한 측면에서 현대적 인격의 위기를 보여주는데, 이런 위기의 보다 심각한 표현이 인격의 내재적 충돌이다. 실존주의는 이미 이에 대해 상당히 구체적인 분석을 행했다. 기술로부터의 소외가 야기한 억압, 시장 경쟁에서의 예측할 수 없는 재앙, 고효율 하에 정상을 넘어서는 리듬, 법적 관계에서의 인정人情의 약화 등은 번민·두려움·초조함·자기모순 등을 해결하기 힘든 현대인의 심리적 체험으로 만들며, 인격의 왜곡을 초래한다. 어떻게 현대인은 건전한 인격 형태를 갖출 수 있는가? 이는 현대과정 속에서 합리성을 재건하기 위해서는 피할 수 없는 문제다. 인간 자신이 현대화의 주체이기 때문이다. 이런 측면에서 유가는 확실히 극히 풍요로운 정신적 자원을 남겨주었다. 앞에서 거듭 논했던 것처럼, 이상적 인격 경지를 추구하고, 완전한 자아를 빚어내는 것이 일관된 유가적 가치의 목표였던 것이다. 유가적 인격이상의 몇 가지 구체적 경향, 이를테면 내성內聖의 과도한 강화 등은 물론 이미 시대적 요구에 부합하지 못하는 것이지만, 그 중에 세속을 초월해 고상한 덕성과 정서를 배양할 것을 요구하여, 거침없고 편안하며 관대한 정신세계를 형성하며, 인격의 내재적 경지와 외재적 현시의 통일 등을 성취하는 것과 같은 가치지향은 분명 현대인에게 인격의 이상에 관한 계시를 제공해준다.

요컨대, 하늘과 인간의 관계에서 현실의 인류에 이르기까지, 이중적인 이성의 위치설정에서부터 실존과 본질의 조화에 이르기까지, 외재적 세계에서 내재적 인격에 이르기까지, 유학에 잠재된 규제적 이념으로서의 기능은 가치관계의 모든 영역에서 체현된다. 이런 점에 입각해 말하자면, 유학의 가치체계는 분명 단순히 역사의 옛 자취에 불과한 것이 아니다. 그것은 전환을 통해, 현대에 그것의 새로운 생명력을 드러낼 수 있기 때문이다.

어렵지 않게 알 수 있듯이 현대로 이행하는 과정에서, 후 발전국가는 언제나 이중의 역사적 요구에 직면한다. 즉, 후 발전국가는 전 현대에서 현대로의 전환을 완성해야 할 뿐만 아니라, 현대화 과정이 출현시킬 수 있는 부정적인 결과를 규제하지 않을 수 없는 것이다. 양자는 상이한 작용 방향을 구현한 것이므로, 그 사이에는 내재적 긴장이 존재하고 있다. 이상의 이중적 요구는 동시에 역사적 전제로서 전환과정의 복잡성을 제약하며 규정한다. 현대화라는 시대적 주제에서 시작할 때, 무엇보다도 유가적 전통 속에서 이미 역사적 합리성을 상실한 가치 관념을 지양하고, 현대화의 과정을 추진해야만 한다는 점은 의심할 여지가 없다. 이에 비해, 신유가가 몇 가지 측면에서 전현대의 관점에 근거해 현대를 비판한 것은 현대화라는 주선율에서 빗나간 것이었다. 이런 식의 입장은 분명 취할 만한 것은 아니다. 그러나 다른 한편으로 현대화의 부정적 영향에 대한 규제라는 역사적 난제는, 우리가 유가적 가치체계에 잠재된 규범적 기능을 직시하고, 아울러 이런 전통의 정신적 자원이 현대화 과정의 건강한 발전을 보증하는 데에 가질 수 있는 역할을 실현하기 위해 노력할 것을 요구한다. 전자가 주로 소극적 부정적 측면에서 유학과 현대화의 관계를 체현한 것이라고 한다면, 후자는 현대에서의 유가적 가치체계의 적극적 의의를 주로 보여주는 것이다. 유가적 가치체계에 대한 이중의 전환은, 유학 전통에 대한 현대화 과정의 역사적 세례로 볼 수 있을 뿐만 아니라, 유가적 가치 전통의 현대화 과정으로의 침투라고도 파악할 수 있다. 그것은 한편으로 전통과 현대화의 융합을 구현한 것인데, 이런 융합의 역사적 함의란 합리성의 재건이다.

부록 ①

중국사상사
속에서의 '공정公正'
이라는 관념[102]

부록 1

중국사상사 속에서의
'공정公正'이라는 관념[102]

　　중국 사상사에서의 '공公'과 '정正'은 각각 인식론과 가치관이라는 두 가지 차원에서의 의미를 지닌다. 인식론이란 차원에서 보자면, '공公'은 흔히 객관적 시야와 관련되며, '정正'은 '~에 적합함', '~에 일치함'과 같은 의미를 지닌다. 가치관이란 의미에서 '공公'은 우선 '공공성公共性'과 관련되지만, 현대적 관념으로서의 '공공성'과 완전히 동일한 것은 아니다. 그 일반적 의미는 개체성과 사사로움을 초월한다는 뜻이다. 가치관이란 의미에서 '정正'은 '정직正直', '중정中正'을 뜻하며, 또한 정당함과 관련되면서 약속 규범이란 뜻을 지닌다. '공정公正'이라고 두 글자를 붙여서 쓰면 대체로 가치관적 의미와 관련된다. 가치관이란 측면에서, '공정'은 전체적으로 공평하고 정의롭게 각 집단 속의 각 구성원을 대우하는 것이다. 전통적 개념으로서의 '공정'은 'Justice'를 뜻하는 정의正義와 다르지만, 또한 정의 원칙과 상통할 수는 있다.

---

102) 본문은 필자가 2011년 3월 "中國傳統公正觀"에 관한 학술토론회에서 발언한 기록이다.

1

역사적으로 보자면, '공公'과 '정正'이란 두 가지 개념은 항상 따로 사용되었다. 관념적 차원에서의 일반적 의미에 입각해 말하자면, '공公'은 우선 '사私'와 대조되는데, 선진시대 이후의 공公과 사私에 관한 논변은 한편으로 이 점을 구현한 것이다. 공사公私에 관한 논변에 관련된 논의영역에서, '공公'이 갖는 함의는 주로 개체성을 초월하는 것으로 나타난다. 반면 '사私' 자체는, 특정한 가치 함의를 배제하면, 주로 개체성과 관련된다. 공公과 사私의 구분은 여기에서는 주로 개체에 대한 초월과 개체에 대한 관심이라는 차이로 표현된다. 철학적 관념으로서, '정正'의 소극적 측면은 주로 일정한 준칙에서 벗어나지 않음을 의미하고 있다. 또한 적극적 측면에서는 일정한 준칙에 부합함이나 일정한 준칙과의 일치를 가리킨다. 여기서 '부합'과 '일치'를 구체적으로 보자면, 주로 당위에 합치함 또는 필연에 합치함을 가리킨다. 주희는 일찍이 "만일 공公하면서도 정正하지 않는다면, 그에 따른 호오好惡는 반드시 모두 이理에 합당할 수 없다[苟公而不正, 則其好惡必不能皆當乎理]"(『주자어류朱子語類』, 26권)고 지적했다. 여기서 '정正'은 주로 "이理에 합당한 것"으로 이해된다. 이 때의 '이理'는 이학자들의 견해에 따르면, '소이연所以然'과 '소당연所當然'이라는 두 가지 차원의 의미를 포괄한다. 이를테면 "천하 만물에 이른다면, 반드시 각자 '소이연'의 근거와 '소당연'의 원칙을 지니는 것을 이理라 일컫는다[至於天下之物,則必各有所以然之故, 與其所當然之則, 所謂理也]"(『大學或問(上)』)고 했는데, '소이연'은 필연을 가리키고 '소당연'은 당위를 가리킨다. '필연'('所以然')은 주로 보편적인 존재의 법칙을 가리키며, '당위'는 대체로 사회영역에서의 인간의 행위규범(당위적 원칙)과 관련된다. "이理에 합당함"을 '정正'의 구체적 의미로 삼는다는 것은 '정正'의 구체적 함의가 존재의 법칙과 당위의 원칙에 합치하는지에 달려 있음을 표명한다. 이상이 '공'과 '정'이 품고 있는 일반적 함의라고 볼 수 있다.

더 나아가 분석한다면, '공'과 '정'은 각각 인식론과 가치관이란 두 가지 측면의 내용을 지닌다. 앞의 글에서 언급하였듯이 인식론이란 차원에서 보자면, 중국의 사상가들이 말하는 '공'은 객관적 시야, 즉 '공심公心'과 관련된다. 순자는 "공심에 따라 분별하라[以公心辨]"고 요구했는데, 즉 논변할 때에 '공심公心'에 입각해 시작하길 요구하는 것으로, 여기서의 '공심公心'은 바로 일종의 객관적 시야이다. 그 특징은 개인의 고정관념이나 이미 갖고 있는 편견을 초월하는 데에 달려 있는데, 보편적 객관적 시각에서 판별하고 분석하면서 대상을 파악하는 것이다. 순자는 또한 " '공'은 밝음을 낳지만, '편'은 어두움을 낳는다[公生明, 偏生暗]"(『순자荀子』, 「불구不苟」)고 말했는데, 여기서 언급되는 것 역시 인식론적 의미에서의 '공公'으로, 뒤의 '편偏'과 대조되는 것이다. '편偏'이란 편견 또는 단편적인 견해를 뜻하며, 이와 대조되는 '공公'은 비교적 전체적인 시야를 가리킨다. 인식론적 의미에서 말하자면, " '공'은 밝음을 낳지만, '편'은 어두움을 낳는다[公生明, 偏生暗]"는 말은 대상을 고찰할 때에는 객관적 전체적인 시각에서 살펴봐야 하고, 단지 한쪽으로 치우친 견해 또는 어떤 단편에 집착해서는 안 된다는 점을 가리킨다.

'공公'과 연관된 것이 '정正'이다. 앞에서 서술한 것처럼, 일반적인 의미에서, '정正'은 '~에 적합함', '~에 일치함' 등의 의미를 지니는데, 인식론적 시야에서, '정正'은 사실에 부합함을 의미하고 있다. 구체적으로 말해서, 그것은 우선 '이름[名]'과 '실제[實]' 사이의 관계와 관련된다. '이름'과 '실제' 사이의 일치가 흔히 '정正'으로 이해되기 때문이다. 순자는 일찍이 "정명正名"에 대해 상당한 관심을 두었고, 그는 당시의 일부 사람들이 "멋대로 이름을 지어서 올바른 이름을 어지럽힌다[擅作名以亂正名]"(『荀子』, 「正名」)고 비판했는데, 몇 가지 측면에서 실제와 부합하지 않는 이름을 조작해내어 "올바른 이름[正名]"을 어지럽히게 되는 것을 뜻한다. 여기서 말하는 '정명正名'이란 '실제[實]'에 합당한 이름을 뜻하며, 그 특성은 대상 사물과 정확한 대응관계를 지니고 있는지에 달려 있다. 예를 들자면, '물'이란 단어를 써서는 '물'과 같은 종류의 대상을 지칭하지, '물'이란 단어를 사용해 '불'과 같은 대상을 지칭하지 않는 것이 바로 '정명正名'이다. "정명을 어지럽힌다[以亂正名]"는 말은 '이름'과 '실제' 사이의 정확한 지칭관계를 뒤섞는 것이다. 순자는 명가名家의 일부 인물에 관해 굉장한 불만을 갖고 있었는데, 그들이 때로 이상에서 말한 것 같은 착오를 범하면서, 몇 가지 문제를 판별하고 분석할 때에 언제나 궤변으로 이끌리기에 이르렀다고 생각했기 때문이다. '궤변'의 내용 가운데 하나가 '이름'과 '실제' 사이에 본래 갖추어진 대응 및 부합 관계를 완전히 뒤섞는 것이었다.

상술한 의미에서의 '정正'은 모든 측면을 궁구하는 것과는 다르다. 순자는 일찍이 이 점을 지적하여, "군자가 고찰한다는 것은 사람들이 살핀 것을 두루 살피는 것을 일컫는 것이 아니라, 바로잡는 것에 있다[君子之所謂察者, 非能遍察人之所察之謂也, 有所正矣]"(『荀子』, 「유효有效」)고 말했다. 단적으로 말해서 대상을 잘 고찰한다는 말은, 일의 대소를 가리지 않고 관련된 모든 측면을 빠뜨리지 않고 고찰함을 말하는 것이 결코 아니며, "바로잡는 것[有所正]", 즉 고찰하는 관점이 사안에 부합하고, 이치에 합당한 것을 가리킨다. 이런 측면에서는 '정正' 또한 마찬가지로 인식론적인 의미를 갖추고 있는데, 그 근본적 의미는 '이름'과 '실제' 사이의 일치를 가리킬 뿐만 아니라, 대상을 고찰할 때의 그 본래의 상태에 부합하는지를 가리킨다.

가치관의 차원에서도, '공公'과 '정正'은 독특한 의미를 갖는다. 가치관이란 의미에서 '공公'은 우선 '공공성公共性'과 관련되지만, 현대적 관념으로서의 '공공성公共性'과 완전히 일치하는 것은 아니다. 앞에서 서술한 것처럼, '공公'의 일반적 의미는 개체성과 사사로움을 초월하는 데에 있다. 『예기禮記』「예운禮運」의 "큰 도를 행함에, 천하를 공으로 삼는다[大道之行也. 天下爲公]"라는 말은 이미 가치관에 있어서 집단 및 공공公共으로의 지향을 내포한 것이다. 주희는 또한 특히 "공이란 넓고 커서 사사로운 의도가 없는 것이다.[公是個廣大無私意]"(『朱子語類』, 26권)라고 말했는데, "넓고 커서 사사로움이 없다"는 것은 역시 일종의 공공公共이라는 성질을 함축하고 있는 것이다.[103] 이후에 왕부지 역시 "진나라는 천하를 사사롭게 하려는 마음으로 제후를

---

103) 공公·사私라는 상대적 관념은 『상서尙書』「주관周官」에서 이미 "공을 통해 사를 멸한다면, 백성은 참으로 귀의하게 될 것이다[以公滅私,民其允懷]"라는 말로 나타났다. 다만 이 문헌의 진위에 대해서, 학계에서는 여전히 상이한 관점이 존재한다.

폐지하고 군수郡守를 설치하였지만, 하늘이 그런 사사로움을 빌려서 대공을 실행했으니, [하늘의] 신묘함에 담긴 것을 예측할 수 없음이 이와 같다![秦以私天下之心而罷侯置守, 而天假其私以行其大公, 存乎神者之不測, 有如是夫!]"[104]고 말했다.

여기서의 '공公'은 '사私'와 대조되는 것으로 "하늘이 그 사사로움을 빌려서 대공을 실행했다[天假其私以行其大公]"는 말은, 진나라 때에 분봉제를 폐지하고 군현제를 실행한 것이 형식적으로는 군주의 바람에 따라 나타난 것 같지만, 실질적으로는 바로 군주 개인의 바람을 초월한 역사의 요구를 구체화한 것임을 뜻한다. 바꿔 말해 개체의 사사로운 뜻의 배후에는 공공公共으로 나아가겠다는 경향이 함축되어 있다는 것이다.

가치관이란 차원에서, '공公'은 또한 동시에 개방성 포용성이란 의미를 포함한다. 이런 점은 노자老子에게서 비교적 명백하게 표현되었다. 노자는 "항상됨을 알면 포용하게 되며, 포용하면 공하게 되며, 공하다면 왕이 되고, 왕이 되면 하늘과 하나 되며, 하늘이라면 도와 일치하고, 도에 따른다면 영원하여, 죽도록 위태로움이 없다[知常容, 容乃公, 公乃王[105], 王乃天, 天乃道, 道乃久, 沒身不殆.]"(『老子』16장)라고 말했다. "항상됨을 안다[知常]"는 말은 노자에게서 보편적인 도道에 대한 파악을 가리키는데, 그것은 구체적인 인식과는 다르며, 주로 불변의 도道에 대한 인식을 표현한다. 노자의 관점에서, 일단 도道를 파악하게 되면 '공公'이란 차원에 이를 수 있게 된다. 이는 일종의 관용의 개방적 경지로 나타나고, 더 나아가 하늘(自然)에 합치하는 것인데, 하늘에 합치하는 것은 동시에 도道에 부합함을 의미하는 것이다. 하상공河上公은 『노자』의 이상과 같은 구절을 해석하면서 노자가 말하는 '공公'이란 포용하지 않음이 없는 것을 뜻한다고 지적했다. 즉, "포용하지 않음이 없다면, 공정하여 사사로움이 없게 된다[無所不包容, 則公正無私.]"(『노자주老子注』16장)는 것이다. 개체에 입각하자면 여기서 체현되는 것은 일종의 개방적인 마음가짐인 것이다.

가치관이란 의미에서 '정正'은 우선적으로 정직正直 중정中正을 뜻한다. '중정中正'은

---

104) 王夫之, 『船山全書』, 제10책, 68쪽. 長沙:岳麓書社, 1988.
105) '王'은 때로 '全'으로도 되어 있다.

어느 쪽으로 치우치거나 기울지 않음, 편향됨이 없음을 의미하고 있다. 주희는 일찍이 이 점을 지적하여, "정이란 치우친 곳이 없는 것이다[正是個無所偏主處]"(『주자어류』 26권)라고 말했다. "치우친 곳이 없는 것[無所偏主處]"이란 올바르기 때문에 치우치거나 기운 것이 없음을 뜻한다. '正'의 또 다른 한 가지 의미는 정당正當이다. 이 점은 주희가 "이에 합당함[當乎理]"이라고 말한 것에서 매우 분명하게 나타났다. '正'이 "이에 합당함"이라고 할 때, 이理에 부합하는 언행이란 정당한 언행을 뜻하기 때문이다.

'正'에는 동시에, 규제 규범이란 의미도 있는데, 이 점은 유가의 일부 경전經典에서 비교적 명확하게 나타난다. 『대학大學』에서는 "마음을 바로잡고 뜻을 성실하게 한다[正心誠意]"라고 하였는데, "마음을 바로잡는다[正心]"란 바로 내재적인 생각을 규제하여 바르도록 만드는 것이다. 순자는 보다 구체적으로 "사람의 본성이 악하다면, 반드시 법을 본받은 다음에야 올바른 것이다.[今人之性惡, 必將待師法然後正.]"(『荀子』 「性惡」), "예란 자신을 바로잡는 근거이다.[禮者. 所以正身也.]"(『荀子』「勸學」)라고 지적하였다. 논리적으로, 인성人性이 악하다고 한다면, 오로지 외재적인 예법禮法을 통해서만, 비로소 올바르고 치우침이 없으며, 당위에 부합하도록 만들 수 있다. 여기서의 '正'은 동사와 명사로서의 이중적 함의를 지닌다. 즉 "자신을 바로잡는다[正身]"에서의 '正'은 동사적 의미로 사용된 것으로, 개체에 대한 규제와 규범으로 나타나는데, 순자에게 있어서, 개체는 추상적인 정신이나 관념이 아니라, 그의 육체의 존재와 분리될 수 없는 것이기 때문에, 인간에 대한 규제는 동시에 "자신을 바로잡는 것"을 의미하고 있다. "다음에야 올바른 것이다[然後正]"에서의 '正'은 명사적 의미를 지닌 것으로, 일종의 이상적 목표와 결과(올바름으로 귀결되는 형태)로 나타난다. 순자는 또한 "도를 따라서 행동함에 단정하게 자기를 바로잡아 외물에 치우치지 않아야, 참된 군자라고 일컫는다[率道而行. 端然正己, 不爲物傾側, 夫是之謂誠君子.]"(『荀子』 「非十二子」)라고 말했다. 여기서 '正'은 치우침 없이 중정中正함이란 뜻과 규제함이란 의미를 지니며 하나로 연관되어 내재적 통일을 드러내고 있다.

"자기를 바로잡는다[正己]"는 것은 자기를 규제함을 가리키고, "외물에 치우치지 않는다[不爲物傾側]"는 말은 한쪽으로 기울어지거나 올바르지 않음을 피한다는 뜻으로, 총괄해 말하자면 "자기를 바로잡는다[正己]"는 것은 자기를 규제하여, 올바르고 치우치지 않는 위치에 놓이도록 만드는 것을 뜻하기 때문이다. 묵자墨子는 '정正'에 대해 역시 비슷한 이해를 지녔는데, 묵자는 "의로움이란 올바름이다. 어떻게 의로움이 올바름이란 것을 알 수 있는가? 천하에 의로움이 있으면 다스려지고, 의로움이 없으면 혼란스러워지니, 나는 이를 통해 의로움이 올바름이라는 것을 알 수 있다.[義者, 正也. 何以知義之爲正也?天下有義則治, 無義則亂, 我以此知義之爲正也.]"(『墨子』, 「天志(下)」)고 하였다. 여기서의 '의로움[義]'은 일반적으로 당위의 원칙을 가리키는데, '의로움'을 '올바름[正]'이라 여긴다는 것은 당위의 원칙에 따라 인간을 인도하고 규제한다는 뜻일 뿐이며, 이에 따라, 여기서의 '올바름[正]' 역시 규범으로서의 의미에 치우쳐 있다고 할 수 있다.

2

중국철학사와 사상사 속에서, '공公'과 '정正'은 따로따로 이해되고 고찰되어지기도 했으며, 또한 자주 연관되어 합쳐서도 사용되었다. 실제로 순자에게서 '공公'과 '정正'은 이미 연용되기 시작했으며, 합쳐서 "공정公正"이라 칭해졌다.

'공公'과 '정正'의 합칭은 일부 인식론적 내용을 포함하기도 한다. 논변에 대해 언급할 때, 순자는 다음과 같은 관점을 제기했다.

"공정함을 중히 여기고, 정당하지 못한 쟁탈을 천시하는 것이 사군자의 논변과 설명이다.[貴公正而賤鄙爭, 是士君子之辨說也.]"(『荀子』「正名」) 다시 말하자면, 논변과 이치를 설명하는 과정 속에서는 공정함을 중시해야지, 단지 강함을 다투며 이기려만 드는 말싸움이나 사리에 맞지 않는 말로 억지를 쓰는 논변과 같은 것을 경시하고 무시해야 한다는 것이다. 구체적으로 말해, 여기서의 '공정公正'은 이야기하는 과정에서 일과 이치에 대해 파악한 바가 있어야 하고, 말하는 내용이 실정에 부합해야만 할 뿐만 아니라 상식적인 도리에 합당해야 하며, 단순히 말을 가지고 이기려 들지 말아야 한다는 것이다. 위에서 말한 시야에서 '공정公正'은 확실히 인식론적 차원의 내용을 포함하고 있다고 하겠다.

그러나 주된 측면에 입각하자면, '공公'과 '정正'을 연용할 때에는 가치관적 의미와 보다 긴밀히 관련된다. 가치관이란 측면에서 '공公'과 '정正'을 연용하면, 전체적으로 집단 속에서의 각 구성원을 공평하고 공정하게 대우할 것을 요구하는 것이다. 바꿔 말해 각 개인은 집단 속의 일원으로 마땅히 공평하고 정의롭게 대우를 받아야만 한다는 것이다. 여기에는 구체적으로 두 가지 측면의 함의가 포함되어 있다. 우선 그것은 일종의 집단적 시야를 체현하고 있는데, 즉 집단이라는 각도에서 개체를 위치지우는 것은 개체를 집단 속의 일원으로 간주하는 것이다. 동시에 그것은 개체는 집단의 일원으로서, 마땅히 정의롭고 공평하게 대우받아야만 하고, 그들을 불공평하게 대우해서는 안 됨을 긍정하는 것이기도 하다.

상술한 의미에서의 정의로움과 공평함은 판단의 기준이란 문제와 관련된다. 무엇을 공평이라고 볼 수 있고, 무엇을 정의로움이라고 간주할 수 있는가? 이전의 사상가들은 이런 측면에서, 현대적인 맥락에서의 명료한 해명을 종종 결여하고 있지만, 그 논술 가운데서 총체적인 몇몇 이해는 여전히 주목할 만하다. 일상언어로 표현하자면, 여기서의 정의로움과 공평은 우선 이른바 천리天理와 양심良心에 부합하는 것으로 나타난다. 특정한 경우에 어떻게 어떤 하나의 개체를 공정하게 대우할지, 구체적이고 획일적인 기준이 없이도 결국 어떻게 해야만 비로소 공정하다고 생각될 수 있는지는 천리와 양심에 부합하는지의 여부에 달려 있다. 현재에 이르기까지 심각하게 불공정한 일에 마주했을 때 중국인은 여전히 "천리는 어디에 있는가"라고 말한다. 여기서의 '천리天理'는 초월적인 원칙이란 의미가 아니라, 주로 인간의 내재적인 의식 관념과 관련되는 것으로, 이른바 "인간이라면 이런 마음을 함께 하며, 마음은 이런 이치를 함께 한다"는 뜻이다. 실질적인 측면에서 보자면, 천리天理 양심良心은 일종의 공통감각일 뿐인데, 이런 공통감각은 칸트 철학에서의 심미적 의식과는 구별되는 것으로, 주로 공동의 가치의식을 그 내용으로 하는 것이다. 맹자는 일찍이 다음과 같이 말했다. "입은 맛에서 공통으로 즐기는 것이 있고, 귀는 소리에서 공통으로 듣는 것이 있으며, 눈은 색에서 공통으로 아름답게 여기는 것이 있다. 마음에 있어서는 유독 그러한 점이 없겠는가? 마음이 공통으로 하는 것은 무엇인가? 이치이고, 의로움이다. 성인은 내 마음이 함께 하고자 하는 것을 먼저 얻었을 뿐이다. 그러므로 이치와 의로움이 내 마음을 기쁘게 함은 고기가 내 입을 즐겁게 하는 것과 같다[口之於味也, 有同耆焉, 耳之於聲也, 有同聽焉, 目之於色也, 有同美焉. 至於心, 獨無所同然乎? 心之所同然者何也? 謂理也, 義也. 聖人先得我心之所同然耳. 故理義之悅我心, 猶芻豢之悅我口.]"(『孟子』「告子(上)」)

인간은 입맛, 청각, 시각에서 공통된 경향이 있는데, 마찬가지로 마음도 이와 같다. 맹자의 이해에 따르면, 마음에서의 공통된 지향("마음이 공통으로 하는 것[心之所同然]")은 바로 이치[理]와 의로움[義]이다. 이치와 의로움을 내용으로 하는 것과 같은 내재된 공통의 의식은 어떤 의미에서는 공통감각의 형식으로 나타나는 보편적 가치지향으로 표현된다. 이런 보편적 가치지향이 동시에 이른바 천리天理와 양심良心의 구체적인 내용을 구성하는 것이다. 이런 의미에서 공정公正의 기준은 어떤 추상적이고 형이상학적인 색채를 지니는데, 보다 구체적인 판단 기준이 바로 '예禮'라는 것이다. 어떻게 해야 공평하고 정의롭게 인간을 대우하는 것이라 할 수 있는가? 구체적인 사회적 영역에서 판단의 기준은 바로 예에 부합하는지의 여부에 달려 있다. 대체로 '예禮'라는 기준에 의거해서 개체를 대우하는 것이 공평 공정 정의로움을 체현하는 것을 의미하고 있기 때문이다. 여기서 '예禮'는 "한도와 경계[度量分界]"(순자荀子)로 규정될 뿐만 아니라, 공정 여부를 판단하는 기준을 구성하는 것이기도 하다.

'공公'과 '정正'의 합칭이 가치관에서 갖는 두 번째 측면의 함의는 규범에 부합하는 것, 정당하여 질서가 있는 것을 말한다. 정당하여 질서가 있는 것은 주로 정치적인 영역에서 운행 방식으로 체현되는 것이다. 구체적으로 말해자면, 또한 '위에서 아래로'와 '아래에서 위로'라는 두 종류의 형태로 나눌 수 있다. 앞의 측면('위에서 아래로')에서 본 것이, "윗사람이 공정하다면 아랫사람은 쉽게 정직해진다.[上公正, 則下易直矣.]"(『荀子』「正論」)는 말이다. 즉 윗사람(군주)이 공정公正할 수 있다면, 아래에 있는 사람(신민臣民)은 쉽게 정직해지기 때문에 규제하기 쉽다는 뜻이다. 뒤의 측면('아래에서 위로')에서 본 것이, "여러 신하가 공정하여 사사로움이 없다면, 현명한 사람을 감추지 않고, 모자라는 사람을 추천하지 않는다. 그렇다면 군주가 어찌 현명한 사람을 선택하는데 수고롭겠는가?[群臣公政而無私, 不隱賢, 不進不肖, 然則人主奚勞於選賢?]"(『韓非子』「難三」)라는 말이다. 여러 신하(아래에 있는 신민)가 인재를 추천할 때에, 만약 공정하고 사사로움 없이 일을 처리할 수 있다면, 가장 높은 곳의 군주는 무위하면서 다스릴 수 있게 된다. 여기서 언급하고 있는 '공정公正'이 우선적으로 관련되는 것은 바로 사회정치적 영역에서의 운행방식인데, 그것은 동시에 정당하며 질서 있는 것이어야 한다는 요구를 포함하고 있는 것이다. 이런 논의 영역 안에서 공정公正은 주로 질서와 관련된다는 점을 알 수 있다. 군주가 신민을 다스리는 것은 물론이고, 또한 신민이 정치활동에 참여함(각종 적임자를 천거하는 것을 포함하는)에 있어, 통일된 보편적인 기준에 의거할 수 있다면, 전체적인 과정은 정당하고 질서 있는 것으로 인식될 수 있으리라는 것이다.

상술한 의미에서의 "공정公正"은 흔히 사사로움[私]과 대립하는데, 이 점은 중국철학에서의 수많은 서술 속에서 어렵지 않게 발견할 수 있다. 유가 계통에서 순자는 "공정하되 사사로움이 없어야 한다[公正無私]"(『荀子』「成相」)고 요구했고, 도가 전통 속에서 하상공河上公 역시 마찬가지로 "공정하되 사사로움이 없음[公正無私]"을 긍정했는데, 이런 표현법에서, '공정公正'은 흔히 '무사無私'와 연관된다. 바꿔 말해서, 그들이 보기에 "공정"은 언제나 "사사로움[私]"과 대조되는 말인 것이다. 논리적인 측면에서 보자면, 공정을 사사로움과 구분하는 것은 개체의 이익, 개체의 권리에 대한 무시를 포함하고 있을 수 있다. 왜냐하면 사사로움[私]은 흔히 개체의 이익과 연관되며, '공정'하되 '무사無私'하길 요구하는 것은 공정을 중시하는 형식 아래에서 개체의 이익에 대한 어떠한 무시를 초래할 수 있기 때문이다.

3

이상으로 주로 개념적인 차원에서, '공公' '정正'의 여러 함의 및 '공정公正'이라는 관념의 구체적인 함의에 대해 대체적으로 정리하였다. 중국의 전통적 사상 개념으로서의 '공정'은 흔히 서양 사상의 맥락에서의 "정의"(Justice)와의 비교에 사용되었다. 그러면 양자는 도대체 어떠한 사상적 관련을 맺고 있는가? 이 문제에 대한 사고와 분석은 동시에 공정이란 개념의 현대적인 의의와 관련된다.

실질적인 내용에서 보자면, 보편적 가치원칙으로서의 정의(Justice)는 결코 중국의 고유한 개념이 아니다. 비록 한자漢字에 있어서, '정正'과 '의義'라는 두 개의 글자는 고대에서부터 존재했던 것이지만, 두 글자를 같이 쓴 것이 서양철학에서의 정의(Justice)가 지닌 뜻과 완전히 일치하지는 것은 아니었다. 우리는 고대 문헌에서 '정正'과 '의義'라는 두 글자를 보고서 간단하게 그것을 '정의(justice)'와 일치시키는 망문생의望文生義를 해서는 안 된다. 'justice'로서의 정의가 지닌 핵심적인 내용은 권리에 대한 중시이다. 플라톤 아리스토텔레스에서부터 존 롤즈에게 이르기까지, 정의에 관한 논의를 보면 거의 모든 경우에서 이 점을 구현하였다. 플라톤은 일찍이 '정의'를 "각 개인마다 그에게 가장 적합한 보답을 얻도록 만드는 것"[106]이라고 이해했는데, 이런 관점에 담긴 실질적 의미란 응당 받아야 할 것을 얻는 것을 뜻한다. 아리스토텔레스는 "동등한 사람을 마땅히 동등하게 대우해 줘야만 하는 것"("equals ought to have equality")[107]을 '정의'라는 말이 갖추어야만 할 의미라고 보았는데, 동등하게 대우한다는 말의 구체적인 함의는 무엇보다도 응당 받아야 할 것에 따라서 분배한다(응당 받아야 할 것을 얻는 것)는 점에서 체현되는 것이다.[108] 이상의 관점들은 다른 의미를 담고 있지만, 모두 개체의 권리에 대한 관심을

---

106) Plato,Republic.332/c, The Collected Dialogue of Plato,Princeton University Press. 1961, p581.
107) Aristotle,Politics, 1282b30, The Basic Works of Aristotle, Random House.1941. p1193. 참조.
108) Aristotle, Nicomachean Ethics, 1131a25, The Basic Works of Aristotle, p1006.

함축하고 있는 것이다.

　권리에 대한 중시는 개체 자주성의 원칙에 대한 긍정을 전제로 한다. 여기서 말하는 개체의 자주自主란 자신의 다방면의 발전 목표를 선택하고 확정하는 것, 자신의 능력(체력과 지력을 포괄하는)을 정당하게 운용함을 통해 다양한 목표를 실현하는 것 등을 포괄하는데, 이러한 측면들은 구체적으로 개체의 자유로운 발전의 권리로 표현된다. 롤즈Rawls는 개체간의 자유와 평등을 정의의 제1원칙으로 삼았고, 노직Nozick은 자아의 소유를 정의의 출발점으로 삼았는데, 그럼에도 다른 시각에서 한 가지 점에 주목하고 있다. 양자는 개체의 권리를 어떻게 이해할 것인가에서 입장이 엇갈리지만, 개체가 자유로운 발전의 권리를 지닌다는 측면을 긍정한다는 점에서는 또한 상통하는 점을 지니는 것이다. 초기의 계몽사상가인 로크 등은 어떤 의미에서 역시 이에 초점을 두었다. 개인의 자유로운 발전의 권리는 경제　정치 등의 영역에 관련될 뿐만 아니라, 문화　교육 등의 방면을 포괄한다.

　간추려 말하자면, 정의는 권리를 그 핵심적인 차원으로 삼으며, 권리는 또한 무엇보다도 개체의 권리와 하나로 연관된다. 논리적　역사적 차원에서 볼 때, 개체의 권리에 대한 과도한 부각은 때로 개체 사이의 긴장과 충돌을 야기할 수 있다. 사회 속에서 각 개인마다 자신의 고유한 능력과 자질, 배경은 각각 상이한데 만약 그 발전을 방임한다면, 항상 차이로 말미암아 각종 대립과 상호 배척이 초래될 수 있기 때문이다. 이 문제를 해결하기 위해, 롤즈는 이른바 '차등의 원칙'을 제기했고, 사회적　경제적 불평등은 오직 다음과 같은 조건 아래에서만 정당화 할 수 있다고 강조했다. 즉 해당 사회체제에서 최소 수혜계층의 사람이 가능한 한도 내에서 최대 이익을 얻을 수 있고, 동시에 그들이 기회 균등을 보증 받을 수도 있어야 한다는 것이다. 롤즈는 이를 통해 정의의 원칙이 초래할 수 있는 결과에 대해 일정한 제한을 만들고자 하였다.

　이상과 같은 배경으로부터 중국의 전통적 '공정公正'관념을 고찰하자면, 그것이 지닌 특정한 의의에 주목할 수 있다. 무엇보다도 앞서 서술한 것처럼, 가치관으로서의 전통적 '공정' 관념은 개체의 권리에 대한 어떠한 무시를 포함하고 있다. 가치 관념의 현대적 전환이라는 시각에서 고찰하자면, 전통적 '공정'에 대한 관점 내의 개체 권리에 대한 이러한 무시는 확실히 지양될 필요가 있다. 그러나 우리는 동시에 전통적 공정에 대한 관점 속에서 개체와 사회집단의 관계를 중시하는 관념을 수용할 필요도 있다. 앞에서 언급했듯, 전통적 '공정公正' 관념의 전제 가운데 하나는 개체를 집단 속에 두고서 고찰하고, 개체를 집단 속의 일원으로 보면서 그에 상응하여 집단 속의 개체를 공평하고 정의롭게 대우해 주는 것이다. 이렇게 개체와 집단을 관련시키는 관념은 오늘날에서 볼 때에도 여전히 긍정적인 측면을 갖고 있는 것이다.

또한 앞에서 언급했던 것처럼, 중국인의 공정 관념 속에는 협조 질서라는 관념이 포함되어 있다. 공정 여부에 대한 판단은 보통 "예禮"를 가늠의 기준으로 삼는데, "예禮"의 핵심이 바로 협조 질서다. 전통적 사상 속에서의 '공정公正'이란 관념을 말할 때, 그 가운데에서 협조와 질서를 중시하는 사상에 대해 충분히 관심을 두고 그것을 받아들일 필요가 있다. 정의는 개체권리에 대한 긍정을 실질적인 내용으로 하며, 그 전제는 개체의 자주적 발전을 승인하는 것인데, 논리적으로 말하자면, 개체의 자주적 발전에 대한 승인이 지나치게 강화된다면, 때로 어떤 사회의 질서와 협조라는 측면에서의 잘못된 편향을 야기할 수가 있다. 이런 점에 관해 우리는 19·20세기의 사회적 변천과 연관 지을 수 있다. 초기의 계몽사상가는 자연법과 천부인권 등을 상정하고, 개인의 자유 개체의 권리를 중요한 지위로 격상시켰는데[109], 로크가 긍정한 개인의 권리는 생존의 권리, 자유를 향유할 수 있는 권리 및 재산권 등을 포괄했다. 이런 권리관념의 핵심 가운데 하나는 개인의 자유로운 발전으로, 이후의 시장경제는 한편으로 이런 권리의 구체적 실현을 위한 현실적 공간을 제공했다. 그러나 시장경제는 물론 형식적으로 개인의 자유가 노닐 수 있는 영역이 되었지만, 앞에서 언급한 개체의 차이와 사회에 대한 제약으로 인해, 형식상의 개인 자유가 역사적 과정 속에서 초래한 것은 실질적인 불공정이었다. 이 외에도 이러한

---

109) 당드레브(Alexander Passerin d'Entreves)는 자연법과 권리관념의 연관성을 지적했고, 자연법 이론은 실질적으로 "권리와 관계된 하나의 이론체계이다"라고 생각했다. (당트레브, 《自然法》. 新星出 版社, 2008, 68쪽 참조).

발전의 또 다른 논리적 결과란 사회의 극도의 분화였다. 19·20세기의 노동자운동과 보다 넓은 의미에서의 사회주의운동에서 이러한 권리관념과 그 결과에 대한 역사적 대응을 볼 수 있다. 이론적 차원에서 볼 때, 중국의 전통적 '공정관公正觀'이 중시하는 질서 협조의 관념은 이런 부작용을 억제함에 있어 분명 한 가지의 시야를 제공해준다.

더 나아가, 정의에 관해 말할 때, 개체의 자주라는 원칙 이외에 인성人性에서의 평등이라는 원칙이 덧붙여져야 할 필요가 있다. 여기서의 인성人性이란 인간의 가치본질을 가리키는데, '인성에서의 평등'이란 말은 가치차원에서의 인간의 평등성을 승인하고 긍정하는 것이기도 하다. 중국의 유가는 이미 비교적 일찍부터 이 점에 주목했다. 맹자는 성선性善에 관한 학설을 제기하면서 인성人性은 모두 선하다는 것을 통해 인성에 있어서 인간과 인간 사이에는 전혀 본질적인 차이는 없음을 의미했다. 이로부터 출발해 맹자는 더 나아가 "성인과 나는 같은 부류이다[聖人與我同類]"(『孟子』 「告子上」), "요순은 보통사람과 같다[堯舜與人同耳]"(「離婁下」)고 강조했다. 여기서 초점은 '같음[同]'이란 각도에서 인간과 인간(성인과 보통사람을 포괄하는) 사이의 관계를 이해하는 데에 있다. 인간에 대한 추상적인 이해를 지양한다면, 어렵지 않게 알 수 있듯이 이런 관점은 또한 어떤 의미에서는 인성人性에서의 평등 관념에 스며들 수 있는 것이다. 현실적인 형태에 입각해 말하자면, 개체 사이에는 진실로 자질과 능력, 사회적 배경 등 측면에서의 차이가 있지만, 인간 자체는 자신을 목적으로 삼는 가치의 차원에서 인간과 인간은 본질적으로 상호 평등한 존재이다.

개체에게 가치의 차원에서의 인간의 이런 평등성은 발전자원을 평등하게 획득하고 수용하기 위한 내재적 근거를 제공하며, 사회적 차원에서 이런 평등성이 사회가 개체의 발전에서 필요한 자원을 공정하게 분배하는 전제가 된다. 따라서 개체마다 능력이 어떠한지, 출신배경이 무엇인지에 관계없이, 인간으로서 모두 내재적 가치를 갖고 있으며, 모두 생존과 발전을 위한 기본적 삶의 자원과 사회적 자원을 획득해야만 하는 것이다. 천리天理와 양심良心을 공정으로 여기는 중국인의 내재적인 평가 기준은 어떤 의미에서는 이상과 같은 측면에 대한 긍정을 은연중에 내포하고 있기도 하다. 개체의 자주와 인성의 평등이란 두 가지 중요한 원리에서 출발할 때, 각 개인의 충분한 발전의 권리를 승인해야 할 뿐만 아니라, 개인이 생존과 발전을 위한 기본적 자원에 관한 권리를 지님을 긍정해야만 한다. 쉽게 알 수 있듯이 여기에 함축된 정의의 원칙은 중국의 전통적 공정관념과 소통 가능한 것으로, 이런 소통을 거쳐서 한편으로는 전통적 공정 관념 속에 현대적 요구에 부적합한 측면은 지양되어야 할 것이고, 다른 한편으로는 그 속에 내포된 역사적 가치를 지닌 관념은 거듭 새롭게 해석된 후에, 정의원칙의 어떤 단면성을 극복하는 데 도움이 될 수 있는 것이다.

부록 ②

도道와
중국철학[110]

부록 2

도道와 중국철학[110)

    중국철학의 핵심적 범주로서의 '도道'는 천도天道를 가리킬 뿐만 아니라, 인도人道를 포함한다. 천도는 우주 자연의 법칙으로, '필연'에 속하고, 인도는 이상理想 규범으로 '당위'를 표현한다. '도道'라는 지평에서, 세계는 "무엇인가?"와 인간은 "무엇을 해야만 하는가?", 세계는 "어떠한가?"와 인간은 "어떻게 해야만 하는가?" 등의 문제는 내재적으로 하나로 연관된다. '기技'와 대비할 때, '도道'는 경험의 영역을 초월하는 형이상의 지혜로 표현되며, '기技'에서 '도道'로 나아가는 것은 한계를 초월해 진실한 세계에 대한 전체적 이해에 이르는 것을 뜻할 뿐만 아니라, 지식에서 지혜로 나아가는 것을 의미하고 있다. 진실한 세계에 대한 전체적인 이해는, 동시에 "도를 통해 그것을 관조하는[以道觀之]" 하나의 과정으로 표현되는데, 이는 '통일된 도'를 시야로 삼아, 여러 단편성을 지양하고 극복하면서, 끊임없이 '도道'의 지혜에 도달하는 것을 의미한다. 중국철학에 있어서, 도道가 내포하고 있는 다양한 의미는 오직 인간 자신의 앎과 실천(인식의 세계와 세계의 변혁)이라는 과정을 통해서만 나타나며, 도道와 인간의 관계는 또한 실천적인 지혜로 구체적으로 전개된다. "도에 뜻을 [志於道]"을 형식으로 하여, 도道는 더 나아가 다시 인간 자신의 성장과 발전이라는 문제와 관련되는데, 이것이 지향指向하는 것은 인격의 배양과 완성이다.

---

110) 본문은 저자가 2010년 3월 상해외국어대학에서의 강연한 내용에 대한 기록이다.

1

역사적으로 볼 때, 여러 문화전통은 언제나 몇몇 근본적 또는 핵심적 관념을 포함한다. 서양문화를 가지고 말할 때, 근원으로 거슬러 올라가 고대 그리스에서부터 말한다면, 우리는 언제나 이 시대의 핵심개념으로 '로고스'를 언급하게 될 것이다. 당대 일부 서양문화에 대한 자기비판자(이를테면 포스트모더니즘)는 언제나 "로고스 중심주의"를 서양문화의 근본적 전통으로 간주한다. 이런 비판을 통해 로고스가 전체 서양 문화 속에서 차지하고 있는 독특한 지위를 파악할 수도 있다. 마찬가지로 중국의 문화전통 속에서도 그런 핵심적 관념이 있는데, 이는 '도'라는 개념에서 구체적으로 구현된다. '도'가 갖는 본래적 뜻은 길과 관련되는데, 『시경』에서 이런 점을 어렵지 않게 볼 수 있다. 이를테면 "주나라로 가는 길 숫돌처럼 평평하고 반듯함은 화살과 같다. 통치자들이 밟으니 소인들이 그것을 보네[周道如砥, 其直如矢, 君子所履, 小人所視.]"(「谷風・大東」), "가야 할 길은 길고 머니, 갈증나고 배고프겠지. 내 마음 아프고 슬프나, 누가 내 슬픔을 알겠는가[行道遲遲, 載渴載飢. 我心傷悲, 莫知我哀]"(「鹿鳴之什・採薇」)라고 할 때의 '도'는 바로 길을 뜻한다. 길은 인간이 밟고 다니는 것으로, 사방으로 통할 뿐만 아니라 견고한 기초가 될 수 있는 것으로, 길이 지닌 이러한 특징들은 더 나아가서 우주와 인생을 포괄하는 일반 원리로까지 격상되고 일반화될 수 있는 가능성을 제공했으며, 중국 문화의 발전 속에서 '도'는 확실히 점차 이러한 보편적 내용을 확고히 부여받았다. 우주와 인생의 보편적 원리로서, '도'는 한편으로 세계의 각종 다양한 현상을 해석하고 설명하는데 이용되었는데, 이는 천지만물을 포괄할 뿐만 아니라 사회적 영역에까지도 포함한다. 다른 한편으로 도는 존재의 궁극적 근거로 간주되었다. 따라서 천차만별의 각종 사물의 그 최종적 근원은 흔히 모두 도로 소급된다.

중국 문화에서, '도'는 또한 구체적으로 '천도天道'와 '인도人道'로 전개되었다. '천도'는 주로 자연 우주와 관련되는데, 그 함의는 중국 고대의 가장 초기의 경전 가운데 하나인 『주역』에서 어떤 명확한 설명을 얻었다. 즉 "형이상을 '도'라 이르고, 형이하를 '기'라 일컫는다.[形而上者謂之道, 形而下者謂之器]"(『周易』「繫辭傳上」)는 것이다. 여기서 '형이상形而上'은 우선 우리가 경험세계 속에서 목격하는 천차만별의 현상과 구별된다. 다양한 현상과 대비되는, 형이상으로서의 '도'는 존재의 통일성을 체현한다. 왜냐하면 '도'는 존재의 궁극적 원리가 되어 천차만별의 무한히 다양한 사물과 현상에서의 상호간의 분리를 지양하면서 내재적 관련을 드러내기 때문이다. 이런 점에 입각해 말하자면, '천도'는 통일성을 그 필수적인 의미로 한다.

『주역』에서 '도'에 관련된 또 다른 중요한 관념은 "한번 음이었다가, 한번 양이 되는 것을 도라고 일컫는다[一陰一陽之謂道]"(『周易』「繫辭傳上」)는 말에 있다. "한번 음이었다가, 한번 양이 된다[一陰一陽]"는 말은 '양陽'과 '음陰'이라는 두 종류의 대립적인 힘 사이의 상호작용을 가리키는데, "한번 음이었다가, 한번 양이 되는 것을 도라고 일컫는다[一陰一陽之謂道]"라는 말에 관련된 것은 주로 세계의 변천과 변화이다. 현실적 존재로서의 세계는 천차만별일 뿐만 아니라 변화과정 속에서 놓인다. 이런 변화 과정은 무엇을 통해서 파악할 수 있는가? 그 변화 속에는 내재적인 법칙이 존재하는가, 그렇지 않은가? "한번 '음'이었다가, 한번 '양'이 되는 것을 도라고 일컫는다[一陰一陽之謂道]"는 바로 이런 문제에 대한 해석이라고 볼 수 있다.

이처럼, 한편으로 천차만별의 무한히 다양한 세계는 '도'를 그 근거이자 통일의 근원으로 삼으며, 또 다른 한편으로는 세계의 변화와 발전은 다시 '도'를 보편적 법칙으로 삼는다. 바꿔 말해서, '도'는 세계의 통일의 근원으로 간주될 뿐만 아니라, 세계 발전의 법칙으로 이해되는데, '도'라는 관념 아래에서 전체 세계는 난잡하고 무질서하거나 무질서하게 변화하는 것이 아니라, 질서 있는 하나의 형태로 나타난다. '다수[多]'와 '일자[一]'의 관계에서 보자면, 다양한 사물(萬物)은 최종적으로 '일자[一]'로서의 도로 통일되며, 사물의 변동이란 측면에서 보자면, 그 변화과정은 또 이치를 따르며, 혼잡하고 무질서한 것이 아니다. 요컨대, '천도'가 갖는 이상과 같은 의미에서, 천지와 우주는 내재적 질서를 갖으며, '도'는 이러한 질서의 가장 심층적인 체현인 것이다.

'천도' 이외에, '도'는 또한 '인도人道'를 포괄해 가리킨다. '인도'는 광범위한 의미에서 인간 및 인간의 활동　인간의 사회조직 등과 관련되며, 사회활동　역사적 변천 속에서의 일반원리로 나타나는데, "인간의 도를 세우는 것을 '인'과 '의'라고 한다.[立人之道, 曰仁與義]"(『周易』「說卦」)는 말은 한 측면에서 이 점을 표현한 것이다. 왕부지王夫之는 이에 대해 보다 구체적으로 설명했는데, 사회적 변화라는 역사적 특성을 말하면서 그는 다음과 같이 지적했다. "혼돈의 태고에는 음양의 도가 없었고, 당요와 우순 때에는 억압받은 백성을 위로하고 죄 지은 자를 토벌하는 도가 없었고, 한나라와 당나라 때에는 오늘날의 도가 없었으니, 오늘날에는 이전의 도 가운데 없는 것이 많다[洪荒無揖讓之道, 唐虞無吊伐之道, 漢唐無今日之道, 則今日無他年之道者多矣.]"(王夫之, 『周易外傳』, 5권) 여기서의 '도'가 바로 인간의 '도', 다른 말로 사회영역에서의 '도'이다. '인도人道'라는 의미에서, '도'는 무엇보다도 넓은 의미에서의 사회이상　문화이상　정치이상　도덕이상 등과 관련되며, 그것은 동시에 사회문화　정치　도덕 등의 각각의 차원에서 체현되는 가치원칙으로 이해된다. '도'가 지닌 이상과 같은 의미는, 고대의 철학자의 구체적인 논술 속에서 구체적으로 설명된다. 유가철학의 정초자인 공자는 일찍이 다음과 같이 지적했다. "군자는 도를 도모하지 먹을 것을 도모하지 않으며, 군자는 도를 걱정하지 가난을 걱정하지 않는다.[君子謀道不謀食, 君子憂道不憂貧]"(『論語』「衛靈公」) 여기서의 "도를 도모함"이란 바로 '도'에 대한 추구와 관련되며, "도를 걱정함"은 '도'에 대한 관심을 나타내는데, 추구와 관심의 대상으로서의 '도'는 바로 넓은 의미에서의 사회이상　문화이상　도덕이상 등을 내용으로 하는 것이다. 공자는 또한 "도가 같지 않다면, 함께 도모할 수 없다.[道不同, 不相爲謀]"(「衛靈公」)고 말했는데, 이 말 속의 '도' 역시 마찬가지로 넓은 의미에서의 사회문화적 이상 또는 정치도덕적 이상을 가리킨다. 가치 이상이 다르고 가치에의 추구가 상이할 때, 흔히 공동의 언어를 결여하게 되면서, 서로 간에 상호 교제와 소통은 매우 어려워지기도 하는데, 이것이 바로 "도가 같지 않다면 함께 도모할 수 없다"고 표현된 바의 의미인 것이다. 공자의 '도'에 관한 또 다른 중요한 관념이란 "사람이 도를 확장하는 것이지, 도가 사람을 확장할 수는 없다.[人能弘道, 非道弘人]"(「衛靈公」)는 것이다. "도를 확장한다"는 말은 인간이 넓은 의미에서의 사회정치적, 문화적 이상을 실현시킬 수 있음을 가리키는데, 여기서의 '도' 역시 마찬가지로 가치이상을 내용으로 하며, 사회문화 정치 도덕 등의 모든 측면에서 구현되는 것이다.

'인도'라는 의미에서의 '도'는 동시에 규범체계의 일종으로 표현된다. 규범은 이중적인 기능을 갖는다. 적극적인 측면에서 볼 때, 그것은 인간이 무엇을 할 수 있고, 어떻게 행해야만 하는가를 알려주는 것으로, 간단히 말해 인간을 인도해 마땅히 해야만 할 일을 하도록 하는 것이다. 또한 소극적인 측면에서 보자면, 그것은 인간들이 무엇을 하지 말아야 하는지, 즉 인간들이 행위에 대한 규제 또는 제약을 알려준다. '인도'로서의 '도'의 함의는 흔히 이런 규범 체계 위에서 구체적으로 체현된다. '도'의 이상과 같은 함의와 '도'가 갖는 본래적 함의는 상호 관련된다. 앞에서 서술한 것처럼, '도'의 본래적 의미 가운데 하나는 '길'인데, '길'은 언제나 어떤 곳으로 통하며, 여기서 파생해서 '도'는 인간을 어떤 방향으로 이끌어가는 또는 인간들을 어떤 목표에 도달하도록 인도함을 의미한다. 이런 의미에서 '도'와 '도'는 상통한다. '도'에 함축된 이런 인도함이란 속성이 격상되고, 더 나아가 규범적 의미를 획득한다. 중국철학에서는 거듭해서 '예禮'와 '법法'을 '도道'와 관련시킨다. "법은 예에서 비롯되며, 예는 다스림에서 비롯된다. 예를 다스리는 것이 도이다[法出於禮, 禮出於治. 治禮, 道也]."(『管子』「樞言」), "규구는 네모와 원의 기준이며, 예는 인도의 법칙이다[規矩者,方圓之至, 禮者, 人道之極也]." (『荀子』「禮論」), "법이란 천하의 지극한 도이다[法者,天 下之至道也]."(『管子』「任法」) '예'는 정치영역의 체제로 나타날 뿐만 아니라, 규범체계로 전개되며, 예는 인간에게 있어, 규구가 네모와 원에 대해 맺는 관계와 동일하다. 규구는 네모와 원을 그리는데 준칙이 되며, 예는 인간의 행위에 있어 보편적인 규범을 제공하는 것이다. 마찬가지로 법 또한 무엇을 할 수 있고, 해서는 안 되는지에 대해 구체적으로 규정함으로써 일련의 규범체계를 나타낸다. 물론 '예'에 비해, '법法'은 규범으로서 더욱 강제성을 지닌다. 중국철학에 있어서, '예'와 '법'은 다른 특성을 지니고는 있지만, 모두 '도道'의 체현이니, "예란 인도의 법칙이다.", "법이란 천하의 지극한 도이다."라는 말은 각기 다른 측면에서 이 점을 긍정한 것이다.

맹자는 일찍이 "도에 합당한 경우 돕는 이가 많고, 도에 어긋난 경우 돕는 이가 적다[得道者多助, 失道者寡助]"(『孟子』「公孫丑下」)라고 지적했다. 여기서의 '도' 역시 마찬가지로 가치원칙과 규범으로서의 의미를 포함한다. 규범적 기능의 하나가 행위를 평가하는 기준을 제공하는 것이다. 행위가 일정한 규범에 부합한다면 정당한 것으로 이해되고, 일정한 규범에 부합하지 않는다면 부정당한 것으로 이해되기 때문이다. "도에 합당한 경우 돕는 이가 많다"는 말은 행위가 보편적 가치원칙이나 규범에 부합할 경우에 정당성을 갖기 때문에 사람들로부터 지지를 받을 수 있게 될 것임을 의미한다. 반대로 만약 행위가 이러한 원칙이나 규범에 부합하지 못할 경우 흔히 정당성을 결여하게 됨으로써, 역시 사람들의 승인을 받기 어려워진다.

'도道'의 이중적 형태(천도天道와 인도人道)에 있어, '천도天道'는 우주·자연의 법칙으로 '필연'에 속하며, '인도人道'는 이상 규범으로서 '당위'로 나타난다. '필연'과 '당위'의 관계에서 보자면, '도'는 세계가 무엇인지, 세계가 어떻게 존재하는지 등의 문제와 관련될 뿐만 아니라, 인간이 무엇을 해야만 하는가, 응당 "어떻게 행동해야만 하는가?" 등의 문제와도 관련된다. '천도'라는 시야에서 보자면, 이 세계는 다양성 가운데의 통일된 것이자, 변화과정 속에 놓여서 '천도' 자체가 세계의 통일성의 원리와 세계의 발전원리를 드러내는 것이다. '인도人道'라는 차원에서, 문제는 인간 자신 및 인간이 놓인 사회가 마땅히 어떻게 '존재'해야만 하는가와 관련된다. '도道'라는 지평에서, 세계는 "무엇인가?"와 인간은 "무엇을 해야만 하는가?" 세계는 "어떠한가?"와 인간은 "어떻게 해야만 하는가?" 등 문제는 내재적으로 하나로 관련된다는 사실을 알 수 있는 것이다.

2

중국철학의 이해에 따르면, '도'는 '천도'와 '인도'의 통일로 특정한 사물과 다를 뿐만 아니라 구체적인 지식ㆍ기능과도 구별된다. '도'와 구체적인 지식ㆍ기능의 구별에 관해, 장자는 "포정해우[庖丁解牛]"라는 유명한 우화를 통해 언급했던 적이 있다. '포정庖丁'은 소를 해체하는데 고수로 묘사되는데, 그는 매번 모두 입신의 경지에 이르는 방식으로 소를 해체하는 과정을 완수했다. 소를 해체할 때, 포정은 소의 각 골격을 모두 매우 명확하게 판정하였고, "손이 닿고, 어깨가 기울고, 발을 밟는[手之所觸, 肩之所倚, 足之所履]" 매 하나의 동작이 무도와 같아서 매우 완전무결했으며, 소를 해체하는 과정에서 나오는 소리는 마치 한 곡의 교향악처럼 아주 듣기 좋게 들렸다. 포정은 소를 해체한 뒤에, 매번 "칼을 쥐고 서서, 사방을 둘러 보며, 잠시 가만히 흐뭇해하면서[提刀而立, 爲之四顧, 爲之躊躇滿志]" 스스로의 만족감을 표했다. 보통 소를 해체하는 사람은 매 달 소를 해체하는 데 쓰는 칼을 바꿔야 하고, 소를 해체하는 데 조금 더 숙련된 사람도 1년마다 쓰는 칼을 바꿔야 하는데, 포정이 소를 해체할 때 쓰는 칼은 19년 동안 사용하고도 오히려 바꿀 필요는 없었으며, 해체한 소도 이미 수천마리에 이르렀다. 어떻게 해서 이러한 경지에 이를 수 있었는가? 근본적인 점은 바로 그가 "좋아한 것이 도이고, 기예에서 발전했기[所好者道也, 進乎技矣]"(『莊子』「養生主」) 때문으로, 다시 말하자면, 그는 구체적인 '기예[技]'를 '도'의 수준으로까지 끌어올린 것이다. 바로 "기예에서 도로 발전시켰기" 때문에, 포정은 소를 해체하는 과정을 이처럼 완전무결하게 완수할 수 있었던 것이다. 구체적으로 말해, 그는 소를 해체하는 과정에서, 소를 하나의 완전한 전체로 다루었지, 구분하여 소의 특정한 부분에 집착하거나 얽어매지 않았던 것이다. 여기서, '기技'와 '도道'의 구분이 구체화된다. 전자가 단순히 지식이나 기술과 같은 특수한 규정에 국한된 것이라면, 후자는 사물에 대해 전체적이고 전면적으로 이해하는 것이다. "기예에서 도로 나아감[技進於道]"이란 세계의 경험적 기술적 특성에 대한 앎을 세계에 대한 전체적인 파악으로까지 끌어올리는 것이다.

마찬가지로, 유가儒家에게서도 유사한 구분을 볼 수 있다. 앞에서 이미 언급했듯, 유가는 "형이상을 도라 이르고, 형이하를 기라 일컫는다.[形而上者謂之道, 形而下者謂之器]"(『周易』「繫辭傳上」)는 점을 긍정했는데, 그 속에서는 '도道'와 '기器'의 구별이 포함되어 있다. '도'는 형이상의 것으로 전체성 전면성을 체현한다. 한편 '기器'는 '도道'와 상대되는 말로, 주로 각각의 특정한 대상, 구체적인 사물을 가리킨다. '도'와 '기'를 구분하는 내재적 함의 가운데 하나는, '기器'가 갖는 한정성을 지양하여, '기器'에서 '도'로 나아가는 데에 있다. '기器'는 특정한 사물로서, 언제나 서로를 제약함으로써, '기器'라는 차원에서 세계는 주로 분리된 형태로 나타나며 이런 형태에 머무른다. '기器'에서 '도道'로 나아간다는 것은 사물 사이의 한계를 넘어서서 우주만물의 완전하며 통일된 이해에 이르는 것을 의미하고 있다. 만물과 관계 지어 말하면서, 순자는 이에 대해 다음처럼 설명했다. "만물은 도의 한 부분이며, 하나의 사물은 만물의 한 부분이다. 어리석은 자는 한 사물의 한 부분으로 스스로 도를 안다고 생각하지만, 무지한 것이다[萬物爲道一偏, 一物爲萬物一偏. 愚者爲一物一偏而自以爲知道, 無知也]."(『荀子』「天論」) '사물[物]'은 '기器'에 속하며, 이른바 '한 부분[一偏]'이니, 한 가지 규정이자 하나의 단면에 지나지 않는다. '하나의 사물[一物]'과 대비되는, '만물萬物'은 그 다양성을 드러내는 것처럼 보이지만, '도道'라는 차원에서 보자면, '만물' 자체 역시 '한 부분[一偏]'에 불과할 뿐이다. '만물'과 '도'에 관한 이러한 비교를 통해서, 순자는 보다 구체적으로 도의 전체성과 통일성이란 속성을 뚜렷하게 나타냈다. 앞에서 서술한 것처럼, 특정한 대상과 사물 사이에는 흔히 각각의 경계가 있기 때문에, 이 사물은 저 사물일 수 없다. 단지 이런 차원에만 머문다면, 세계에 대한 진실한 파악에 이르기는 어렵다. 중국철학에서 보자면, 이 세계 자체를 이해하려면 반드시 이런 한정을 초월하여, '하나의 사물[一物]', '만물萬物'에서 더 나아가 '도'로 격상되어야 하는 것이다.

세계를 파악하는 다른 형태로서, '기예[技]'와 '도道'의 구분은 동시에 지식과 지혜의 구별과 관련된다. 다음에 좀 더 논하게 될 것처럼, '도道'와 상대되는 '기예[技]'가 관련된 것은 조작적 차원에서의 경험적인 지식인데, 지식은 언제나 하나하나의 구체적인 대상을 지향한다. '도'는 경험의 영역을 초월해서 형이상의 지혜로 나타나는데, 이는 지식의 한계를 넘어서서 전체 세계에 대한 이해에 이르는 것을 의미하고 있다. 중국철학에서는, 오직 '도'와 하나가 될 때에만 지혜의 경지에 이를 수 있다. 요컨대, "기예에서 도로 나아감[技進於道]'이란 한계를 초월해 진실한 세계에 대한 전체적 이해에 도달하는 것을 뜻할 뿐만 아니라, 지식으로부터 지혜로 나아감을 의미하는 것이다.

3

중국철학에서, '도道'는 세계 자체의 원리일 뿐만 아니라, 인간의 세계 자체에 대한 인식과 이해를 내용으로 삼는다. 앞서 말한 것처럼, "기예에서 도로 나아감[技進於道]"이란 또한 지식적인 기술적인 앎에서 지혜란 차원에서의 파악으로 상승하는 것을 가리키며, 세계에 대한 지혜라는 차원에서의 이해는 인식세계에서의 진실이란 형태를 지향하는 것이다.

공자는 일찍이 "나의 도는 하나로 관통되고 있다.[吾道一以貫之]"(『論語』「里仁」)라고 말했다. 여기서의 '도道'는 보편적인 가치원칙으로 나타날 뿐만 아니라 세계에 대한 인식과 관련되는데, "나의 도는 하나로 관통되고 있다"는 말은, 이에 따라 견지하는 가치원칙이 전후의 일치성을 갖추고 있음을 가리킬 뿐만 아니라, 아울러 세계에 대한 이해가 보편적이고 확고한 내용을 포함하고 있음을 표명한다. 공자는 또한 "아침에 도를 듣는다면, 저녁에 죽어도 좋다.[朝聞道, 夕死可矣]"(위의 책)라고 말했다. 여기서의 '도' 역시 마찬가지로 관념적 형태를 지니고 있다. 논리적으로, "도를 듣는다"는 것은 말하기와 관련된다. '도道'를 들을 수 있는 것은, '도'가 말해질 수 있다는 것을 전제로 하기 때문이다. 실제로 '길'이란 의미를 제외하고, '도道'의 본래적 의미에는 또한 '말하기'라는 뜻이 포함된다. 『시경』에는 다음과 같은 구절이 있다. "중강(*침실)에서의 말을 말할 수는 없으니, 말할 수 있대도 추한 말일 뿐[中冓之言, 不可道也. 所可道也, 言之丑也.]"(『詩經』「墉・牆有茨」) 여기서의 '도'는 바로 '말하기'를 뜻한다. '도'에서 '말하기'란 의미는 본원적 차원에서, '도'를 말하기 위한 역사적인 전제를 제공하는데, 유가의 '도'에 관한 이해는 이런 측면에 상당히 중점을 두고 있다. 그 내용에 입각하자면, "도를 듣는다[聞道]"와 "도를 구한다[求道]" 그리고 "도를 얻다[得道]"는 것은 동일한 계열에 놓여 진리에 대한 파악을 의미하고 있다. 어렵지 않게 알 수 있듯이 '도'는 여기에서 이미 세계에 대한 진실 인식으로 구체화되었다.

'도'라는 진리의 형태와 관련해, 중국철학에서는 보통 '위학爲學(*학문을 추구함)'과 '위도爲道(*도를 추구함)'를 구분하는데, 『노자老子』에서 이미 이 점을 볼 수 있다.

"학문을 추구함은 날로 더하는 것이고, 도를 추구하는 것은 날로 덜어내는 것이다[爲學日益, 爲道日損]"(『老子』 48장) '위학爲學'은 경험적 영역에서 앎을 추구하는 과정으로 나타나는데, 그 대상을 주로 현상세계의 특정한 대상에 국한된다. 반면 '위도爲道'는 형이상의 존재근거를 지향하는 것으로, 그 요지는 세계의 통일성 원리와 발전원리를 파악하는 데에 있다. 『노자』에서 볼 때 경험적 영역에서의 '위학爲學'은 지식을 끊임없이 누적(더함)의 과정이며, 세계의 전체적 형태를 대상으로 하는 '위도爲道'는 이미 갖고 있는 경험적 지식체계를 일소함(덜어냄)을 전제로 한다. 여기서 '위학爲學'과 '위도爲道'의 구분은 구체적으로 지식과 지혜의 구분으로 나타나며, 지혜의 형태로 나타나는 '도'는 또한 전체 세계에 관한 진리로 나타난다.

유사한 사상이 또한 『장자莊子』에도 존재한다. 「천하天下」편에서, 장자는 그의 이전 및 동시대의 각 학파의 사상에 대한 분석과 평론을 하였다. 그가 보기에, 다양한 학파의 다양한 인물들은 흔히 각자 도道의 어떤 측면에 주목했지만 전면적으로 도道를 파악하지는 못했고, 이 때문에 "도술이 천하에서 분열됨[道術爲天下裂]"을 야기했다. 즉, "천하의 사람들은 각각 그 욕망하는 바를 위해 스스로를 올바르다 여긴다. 슬프도다! 백가는 나아갈 뿐 돌이키지 않으니 필연코 합치할 수 없을 것이다. 후세의 학자들은 불행히도 천지의 온전함과 고대인의 대체를 보지 못하니, 도술은 천하에서 분열될 것이다. [天下之人, 各爲其所欲焉以自爲方. 悲夫! 百家往而不反, 必不合矣. 後世之學者不幸不見天地之純, 古人之大體, 道術將爲天下裂.]"(『莊子』「天下」) 여기서의 '도술道術'이란 전체적인 진리인데, 제자백가에게서 그것은 분열되어 각종 사상적 단편이 되었다는 것이다. 전국戰國 시기는 백가쟁명百家爭鳴의 시대로, 제자諸子들이 봉기하여, 각 학파들은 각각 자기의 학설을 세우며 상호간 논쟁에 빠져들었다. 장자의 이해에 따르면, 이러한 인물들과 학파들은 언제나 '도'가 지닌 하나의 단면에만 집착하여, 전체로부터 '도' 자체를 이해하지는 못했으며, 그 결과 본래 통일되고 완전한 진리는 갈기갈기 찢겨지고 분리되었다. 그는 이런 현상에 대한 우려로 가득하여 거듭 비판을 제기했던 것이다.

마찬가지로 유가에게서도, 우리는 또한 '도'의 전체성에 대한 긍정을 볼 수 있다. 순자는 일찍이 기존의 각종 유가 학파 및 선왕先王 또는 성인聖人에 대한 각종의 관념과 학설에 대해 비교하고 고찰했다. 그가 보기에 진정한 대유大儒는 언제나 "일이관지[一以貫之]"하는 '도'를 갖추고 있었으며, 이러한 '도'는 세계에 대한 안정적이고 완전한 이해로 나타나는데, 이는 다양한 앎과 실천[知行]의 과정에서 체현된다. 따라서 "천 가지를 들 수 있고 만 가지로 변하여도 그 도는 하나이니, 이것이 대유의 헤아림이다.[千擧萬變, 其道一也, 是大儒之稽也.]"(『荀子』「儒效」)라고 한 것이다. 이와 유사하게 역사상의 성왕聖王은 존재방식에서 다를 수 있지만, 그 '도'(세계에 대한 파악 및 이를 내용으로 하는 보편적 지혜)는 앞뒤로 일치하니, 이런 지혜는 동시에 이전의 경전 속에 구체적으로 응결되어 있다. 즉 "백왕의 도는 하나이다. 그러므로 시·서·예악은 이로 귀착된다[百王之道, 一是矣. 故詩書禮樂之歸是.]"(『荀子』「儒效」)는 것이다. 세계를 인식하는 구체적인 형태로서, '도'는 변천에 대응하는 과정 속에서 그 전후의 일관성(항구불변성)을 드러낸다. 따라서 "백왕에서 변화되지 않는 것은 도가 관통하는 것으로 여기기에 충분하니, 한번 버려지고 한번 융성해도 관통하는 것으로 대응하면, 이치에서 관통하여 혼란스럽지 않다.[百王之無變, 足以爲道貫. 一廢 一起, 應之以貫, 理貫不亂.]"(『荀子』「天論」)는 것이다. 요컨대 세계에 대한 파악을 지향하는, '도'의 통일성은 두 가지 측면으로 체현된다. 첫째는 다양함 속에서 연관성을 파악함(전체적인 형태)이고, 둘째는 변화 속에서 일관됨(항구불변한 법칙)을 게시함이다. 양자는 다른 측면에서 통일성의 원리이자 발전원리로서의 도道가 지닌 속성을 나타낸다.

'도'가 갖는 통일성을 긍정하고 견지하는 것과 상반相反되면서 상성相成하는 것이

"도술이 천하에 분열됨"을 지양하는 것으로, 순자의 '해폐解蔽'에 관한 학설은 이 분열에 대한 지양이란 측면에 초점을 맞추고 있다. 무엇이 '가리워짐[蔽]'인가? 순자는 다음과 같은 측면에서 분석을 행했다. "욕망에서 가리워지고 싫어함에서 가리워지고, 처음에서 가리워지고 마지막에서 가리워지며, 먼 것에 가리워지고 가까운 것에 가리워지며, 깊이에서 가리워지고 얄팍함에서 가리워지며, 오래된 것에 가리워지고 지금에서 가리워진다. 대체로 만물은 다르니, 서로를 가리지 않음이 없는데, 이것이 마음을 사용함에서 있어서의 공통된 우환이다.[欲爲蔽, 惡爲蔽, 始爲蔽, 終爲蔽, 遠爲蔽, 近爲蔽, 博爲蔽, 淺爲蔽, 古爲蔽, 今爲蔽. 凡萬物異則莫不相爲蔽, 此心術之公患也.]" (『荀子』 「解蔽」) '가리워짐[蔽]'이란 단면성을 뜻하는데, '해폐解蔽'란 각종의 단편성을 극복하고 전면적인 진리에 도달하길 요구하는 것이다. 순자의 이해에 따르자면, 사물에는 차이가 존재하는 한, 단편성으로 인도될 가능성이 함축되어 있다. 이를테면 만약 그 중의 어떤 한 측면만을 본다면, 그 밖의 측면에 대해서는 무시하게 되어, 단편적임에 빠질 수 있다. 세계에 대한 인식이란 차원에서 말하자면, 오직 끊임없이 이런 단편성을 극복해야만 비로소 진리성에 관한 인식에 도달할 수 있다. 중국철학에서, 이런 진리성의 인식은 "도를 통해 그것을 관조하는[以道觀之]" 하나의 과정으로 구체적으로 전개되는데, 그 내용은 통일된 '도'를 시야로 삼고, 각종의 단편성을 지양하고 극복함으로써, 세계에 대한 진실된 이해에 도달하는 것으로 나타난다. "도를 통해 그것을 관조함"을 통해서 획득된 진리는 또한 '도'라는 지혜에 이르름을 의미하고 있는 것이다.

4

중국철학의 이해에 따르면, '도'는 우주와 인생의 궁극적 원리이자 통일의 진리로서,

인간과 분리될 수 없는 것이다. 『노자老子』에서는 "영역에 존재하는 네 개의 큰 것[域中有四大]"에 관한 학설을 제기했다. "그러므로 도가 크고, 하늘이 크고, 땅이 크며, 왕이 또한 크다. 영역에 네 가지 큰 것이 있으니, 왕은 그 하나를 차지한다.[故道大, 天大, 地大, 王亦大. 域中有四大, 而王居其一焉.]"(『老子』 25장)[111] 여기서 '왕王'은 대체로 정치적인 신분을 표시하는 것이 아니며, 그 개념이 초점을 맞추고 있는 것은 하늘 땅 도와 상대되는 또 다른 존재형태, 즉 '인간[人]'이다. 바꿔 말해서 '왕王'은 여기서 '인간[人]'이란 존재의 상징 또는 기호로 이해된다.[112] 해당 장의 다음 문장은 "인간은 땅을 본받고, 땅은 하늘은 본받으며, 하늘은 도를 본받는다[人法地, 地法天, 天法道]"로 이어져서, '왕王'은 곧바로 '인간[人]'을 표시하는 것이다. 이처럼, "네 가지 큰 것[四大]"은 실질적으로 도道 하늘 땅 인간이란 네 가지 항목을 포함한다. 그것은 넓은 의미에서의 '물物(天地)'로 묶이고, 또한 인간을 포함하여, 양자를 덮고 있는 최고의 원리가 '도'가 되는 것이다. 주목할 만한 점은 여기서 최고의 원리로서의 '도'가 인간과 결코 나뉘어지지 않으며, 양자는 "영역에서의 네 가지 큰 것" 가운데 두 가지 항목으로 내재적 관련을 맺고 있다는 사실이다.

유가에게서 또한 유사한 관념을 볼 수 있다. 유가는 반복적으로 '도'가 인간을 넘어서 있는 것이 아님을 반복적으로 강조했다. 즉, "도는 인간에게서 멀리 있는 것이 아니다. 인간이 도를 추구하면서 인간을 멀리한다면, 도를 추구하는 것이라고 할 수 없다[道不遠人. 人之爲道而遠人, 不可以爲道也.]"(『中庸』)는 것이다. '도'는 결코 인간과 동떨어진 존재가 아니며 인간이 '도'를 추구하는 과정과 분리될 수 없다. '도'가 단지

---

111) 이 구절 속의 두 개의 '王'자는 하사공·왕필 본에서는 '王'으로 되어 있지만, 당대唐代 부혁傅奕의 『道德經古本篇』과 송대宋代 범응원范應元의 『老子道德經古本集注』에는 '人'으로 되어 있다. 그러나 백서帛書 『老子』 및 곽점초간郭店楚簡의 『老子』(殘簡)을 살펴보면 이 구절이 역시 모두 '왕'으로 되어 있다. 이를 통해 초기 문헌에서는 '王'이라고 쓰여있었을 가능성이 비교적 높다고 추정할 수 있을 것 같다.

112) 왕필은 "天地之性人爲貴, 而王是人之主也."(왕필, 『老子道德經注』 25장)이란 구절에 대한 해석에서 역시 '人'을 주로 '王'으로 해석했다.

추상적인 사변의 대상일 때, 그 참된 실재성을 드러내기 어렵다. 그래서 '위도爲道(도를 추구함)'라는 말은 일상의 평범한 언행 속에서 구체적으로 전개된다. 즉, "군자의 도는 부부관계에서 출발한다. 그 지극함에 이르러서야, 천지에 밝게 드러난다.[君子之道, 造端乎夫婦. 及其至也, 察乎天地]"(위의 책) '도'는 물론 보편적 속성을 지닌 것이지만, 그것은 오직 인간이 세상을 살아가는 과정 속에서만 그 초월성을 지양할 수 있으며 인간에게 활짝 열리는 것이다.

'도'와 '인간[人]' 사이는 분할할 수 없게 상호관련된 것임에 대한 강조가 지닌 중요한 함의 중 하나는, '도'가 갖는 다양한 의미는 오직 인간 자신의 앎과 실천(즉, 인간의 세계를 인식하고 변화시키는 과정)을 통해서만 드러날 수 있음에 대한 긍정이다. 왜냐하면 '천도'의 차원에서, 만물을 통일하는 근원으로서의 '도'의 의미는 언제나 인간이 세계를 파악하는 과정 속에서 끊임없이 드러나는 것이며, 마찬가지로 '인도人道'의 차원에서 사회적 이상이자 규범체계로서의 '도'의 의미 역시 인간 자신의 문화창조 및 일상의 행위과정 속에서 점차적으로 현현되는 것이기 때문이다. 자연 그대로의 존재에게 분리와 통일 등이 문제라고 할 수는 없지만, 존재가 관련된 의미를 얻는 것은, 인간이 세계에 대해 인식하고 작용함과 분리될 수 없다. 마치 깊은 산 속의 꽃이 스스로 피고 지는 것은 아름다움이나 아름답지 않음이란 문제를 야기하지 않지만, 오직 인간의 심미적 활동 속에서 그것의 심미적 의미가 드러날 수 있게 되는 것과 같은 것이다. 사회적 이상이자 규범체계로서의 '도'의 의미 역시 마찬가지로 인간 자신의 앎과 실천의 활동을 통해서 형성된다. 앞에서 서술한 의미에서의 '도'는 모두 "인간을 멀리하지 못하는[不遠人]" 속성을 지니고 있다. 철학적인 시야에서 보자면, 이상의 관념의 초점은 인간을 세계에 대한 이해의 과정과 의미의 생성과정과 관련시키는 데에 있다. 이러한 진로는 사변적 방식을 이용하여 하나의 추상적 또는 초경험적 세계를 세우는 것과는 다르며, 그것은 어디에서든 의미의 생성이란 차원에서 현실적 세계를 파악하고 이해하는 것에 역점을 둔다.

'도'와 인간 사이의 상호관계에서 또 다른 중요한 함의는 "일상이 곧 도이다[日用卽道]"라는 점이다. "일상이 곧 도이다[日用卽道]"라는 말은 곧 도道가 결코 인간의 일상의 평범한 행동과 분리되어 존재하는 것이 아님을 강조하는데, '도'는 인간의 일상적인 삶 속에서 체현되고 그곳에 내재하는 것이다. 이런 관점의 중요한 점은 '도'를 일종의 피안세계의 존재 또는 초월적 대상으로 보는 것이 아니라, 그것을 현실의 차안 속으로 끌어들여 '도'가 인간의 일상의 평범한 행동과 시시각각 연관되도록 하는 데에 있다. 가치라는 차원에서 보자면, 그것은 인간이 시종일관 시선을 현실적 존재에 두도록 하는 것이지 초월적인 피안세계를 지향하는 것이 아니다. 공자에게서, 이미 이런 식의 관념이 볼 수 있다 공자의 학생이 공자에게 귀신의 일에 관해 가르침을 청하자, 공자는 다음과 같이 대답했다. "사람을 섬기지도 못하는데, 어찌 귀신을 섬기겠는가?[未能事人, 焉能事鬼?]" 다시 말해, 현실의 인간에 대해서조차 아직 힘을 다하지 못한다면, 피안의 귀신을 위해 진력하겠다고 말할 수 있겠는가라는 것이다. 공자의 학생이 다시 죽음에 관한 일을 묻자 공자의 대답은 여전히 "삶도 알지 못하는데, 어찌 죽음을 알겠는가"(『論語』「先進」)라는 것이었다. 귀신은 현실의 인간과 대조되는 초경험적 대상이고, 죽음이란 현실에서의 생명의 종결을 의미하는데, 이 두 가지는 모두 인간의 현실적 존재형태와는 대조되는 것이다. 공자가 볼 때, 우리가 마땅히 관심을 두어야만 하는 것은 초월적인 대상이나 현실적 삶과 멀리 떨어진 존재가 아니라, 바로 인간 자신의 현실적 존재와 현실의 삶인 것이다. 요컨대, "도는 인간에게서 멀리 있는 것이 아니다[道不遠人]"라는 관념에서 출발해서, 유가는 어느 곳에서나 시선을 현실적 세계로 돌리고 있는 것이다.

이상과 같은 관념은 유가와 도가의 철학에 존재할 뿐만 아니라, 종교적 성질을 띤 사상체계에서도 모종의 방식으로 체현된다. 불교를 가지고 말하자면, 불교는 본래 인도에서 유래한 종교인데, 중국으로 전래된 이후, 불교는 중국에서 발전과 변화의 과정을 거쳐서 점차로 중국화 되게 된다. 불교의 중국화의 전형적인 형태가 선종禪宗이다. 중국화된 불교로서의 선종禪宗의 중요한 특성은 세간世間을 출세간出世間과 관련시키는 데에 있다. 본래의 불교에 있어서, 삶에서 추구해야 하는 최고의 목적은 성불成佛로, 이는 윤회로부터 벗어나 초월적인 천국에 들어서는 것을 의미하고 있다. 여기에는, 세간과 출세간 사이를 뚜렷하게 가르는 경계가 있는데, 오직 세속적 세계를 초월해서만, 영원한 천국에 도달할 수 있는 것이다. 그러나 선종禪宗에서 볼 때, 세간과 출세간은 결코 확연히 나뉘어지지 않으며, 인간이 현실의 삶에서 미혹됨으로부터 깨달을 수 있다면, 바로 그 곳에서 천국의 경지에 도달할 수 있다. 여기에서, 세간과 출세간의 경계는 이미 허물어진 것처럼 보인다. 어렵지 않게 볼 수 있듯이 이상의 관점에는 실제적으로 동일하게 "일상이 곧 도이다"라는 관념이 침투해 있다. 피안 또는 초월적인 세계와 현실의 세계는 서로 연관되며, 양자 사이에 뚜렷한 경계가 있는 것이 아니기 때문이다. 이런 현상은, 한 측면에서, '도'에 대한 중국철학의 이해가 또한 중국의 종교 관념에까지 내재적으로 영향을 미치고 있다는 점을 분명하게 보여준다.

개괄적으로 말해서 철학이란 차원에서 보자면, '도'와 인간 존재 그리고 인간의 사회적 삶의 연관성을 긍정하는, 그 내재된 이론적 경향은 형이상의 영역과 현실적 세계를 소통시키고 주의의 초점을 존재의 의미에 대한 추구에 두는 데에 있지, 가상적 사변에 따른 우주의 모델이나 세계의 경관에 있지 않다. 가치관이란 차원에서 보자면, 그것은 현실적 존재에 대한 관심으로 나타나며, 초월적인 추상의 경지와는 동떨어져 있다. 이는 도道에 관한 추구에서의 내재적 방향을 체현할 뿐만 아니라, 중국의 철학적 지혜의 중요한 측면을 이룬다.

"도는 인간에게서 멀리 있는 것이 아니다"라는 말은 또한 '도'와 인간적 실천 활동이 분리될 수 없음을 규정하는 것이기도 하다. 실천과정 속에서, '도'의 속성은 구체적으로 '중中'으로 표현된다. 유가는 거듭 '중도中道' 또는 '중용지도中庸之道'를 언급했는데, 맹자는 "중도에 서라[中道而立]"(『孟子』「盡心上」)고 주장했고, 순자 또한 "도에서의 선한 바는 중절한 것이니 따를 수 있고, 치우쳐 있다면 행해서는 안 된다[道之所善, 中則可從, 畸則不可爲.]"(『荀子』「天論」)라는 점을 긍정하였다. '도'는 실천의 원리로서 그 의미는 무엇보다도 '중中'이란 개념에서 체현된다. 여기서의 '중中'은 단순히 양적인 개념이 아니다. 양적인 개념으로 이해한다면, '중中'은 흔히 양 극단에서에 등거리에 있는 한 점으로 나타난다. 그러나 중국철학에서 말하는 '중中'은 대체로 실천과정 가운데 각종 관계를 처리하고 조화롭게 하는 원칙의 하나로 체현되는 것이다.

이런 원칙은 도 자체의 내용과 내재적 관련을 맺는다. 앞에서 말한 것처럼, '천도天道'란 차원에서, '도'는 우선 다양함의 통일로 나타난다. 다양함의 통일이라는 시야에서 보자면, '중中'[이란 개념의 의미]은 통일체 속의 각각의 측면이 서로 조화를 이룰 수 있게 만드는 데에 달려 있다. 천차만별의 사물이 하나의 체계에 함께 놓인다면 어떻게 그것들을 합당하게 위치 지워 각각이 그에 합당한 자리를 얻게 할 수 있는가? 이것이 '중中'에 포함된 중요한 측면이다. '도'는 동시에 변화과정 속에 체현되어 발전의 원리로 나타난다. 과정이란 시각에서 보자면, '중中'은 다른 변화단계 사이에서 "어떻게 조화를 이룰 수 있는가?"라는 문제와 관련된다. 이상의 의미에서의 '중中'은, 그 실질적 내용을 '도度(*적절한 '정도' 또는 그런 정도를 '가늠함'이란 의미로 이해하면 될 것이다. 저자는 이 개념을 명사와 동사로 풀어내고 있다)라는 관념 속에 집중적으로 체현되어 있는데, 중국 고대철학자들은 철학적인 차원에서 '도度'라는 개념을 명확히 이용했던 적은 없지만, '과유불급過猶不及', '중도中道' 등의 말에서 표현되는 내재적 함의가 바로 '도度'란 관념이다. 이런 '도度'에 관한 의식은 동시에 실천적 지혜로 간주할 수 있다. 그 개념을 실천적 과정과 연관 지어 말하자면, '도道'는 '도度'란 관념을 통해 실천적 지혜로 구체화되는 것이다.

'도度'를 내용으로 하는 실천적 지혜는 다양한 측면에서 체현된다. 『중용中庸』에서는 일찍이 하나의 중요한 사상, 즉 "만물이 함께 길러지면서도 서로 해치지 않는다.[萬物並育而不相害]"는 주장을 제기했다. 이 명제는 존재론적 의미를 갖고 있을 뿐만 아니라, 인간의 실천 활동과 관련된다. 존재론 차원에서 보자면, 그것은 대상세계 속의 다양한 사물이 모두 각자의 존재근거를 지니며, 천하에서 서로 공존한다는 점을 의미하고 있다. 바꿔 말하자면, 대상세계의 다른 존재 사이에는 일종의 상호공존의 관계가 있다는 것이다. 인간의 실천활동에서 보자면, "만물이 함께 길러지면서도 서로 해치지 않는다.[萬物並育而不相害]"는 것은 다른 개체 민족 국가 사이에 공존과 교제의 문제와 관련되며, 그것은 다른 개체간의 차이와 다른 사회영역의 분화를 승인함을 전제로 하고 있다. 개체의 차이, 상이한 사회영역으로의 분화는 일종의 역사적 변화과정 속에서

부인할 수 없는 사실이며, 분화과정 속에서 형성되는 다른 개체, 다양한 존재형태가 어떻게 충돌하지 않는 방식으로 세계 속에 공존하도록 만들 수 있는가가 바로 "만물이 함께 길러지면서도 서로 해치지 않는다"는 명제가 지향하는 실질적 문제가 된다. 여기서, "만물이 함께 길러지면서도 서로 해치지 않는다"는 말은, 바로 '도度'라는 중도의 원칙을 통해, 사회공동체 안에서의 여러 가지 방면의 관계를 적합하게 처리하고 조화롭게 할 것을 요구하는 것이다. 이런 조화의 방식에는 일정한 규칙이 있는 것도, 불변의 절차가 있는 것도 아니며, 그것은 실천적 삶의 구체적인 형태에 근거하여 조절될 필요가 있다. 이런 조절의 역할이 바로 '도度'라는 지혜에 체현되는 것이다.

　개체의 정신적 삶이란 차원에서 말하자면, 『중용』은 일찍이 "희노애락이 발현되지 않았을 때를 '중'이라 일컬으며, 발현되었는데도 모두 중절한 것을 '화'라고 일컫는다.[喜怒哀樂未發, 謂之中, 發而皆中節, 謂之和]"는 논점을 제기했다. 이는 감정이란 각도에서 '중中'과 '화和'의 문제를 논한 것으로, "발현되지 않았을 때[未發]"란 감정이 아직 밖으로 드러나지 않은 것을 말하며, "발현되었는데도 모두 중절한 것[發而皆中節]"이란 감정이 밖으로 드러날 때에 '화和'를 추구하는 경지를 뜻한다. '화和'에 이르름은 '중절中節'함을 필요로 하는데, 여기서 말하는 '중절中節'이란 감정의 드러냄과 분출에서의 '도度'를 유지하는 것이다. 어떠한 경우에서도, 희·노·애·락은 모두 적절함을 요하는데, 일정한 한도를 파악해야 꼭 들어맞게 될 수 있다. '과도함[過]'과 '부족함[不及]'은 모두 정신이 조화와 통일을 결핍하고 있음에 대한 표현으로, 정신적 차원에서의 조화는 반드시 적당한 '도度'에서 유지되어야만 한다. 주희朱熹는 보다 구체적으로 이야기하고 있는데, 기쁨과 노여움 등의 감정에 대해서 언급하면서 그는 다음과 같이 지적했다. "기쁨과 노여움을 가지고 말하자면 기쁨이 3분인 것이 마땅한데, 스스로 4분을 즐거워하거나, 노여움이 2분인 것이 마땅한데, 스스로 4분을 노여워한다면, '화'하지 못한 것이다.[以喜怒言, 合喜三分, 自家喜了四分, 合怒三分, 自家怒了四分, 便非和.]"(『朱子語類』, 62권) 여기서 '화和'는 조화롭게 통일된 형태로 그것은 '도'가 정신적 영역에서 체현되는 형식의 하나로 볼 수 있다. 주희가 볼 때, '마땅함(合)'과 실제의 정황 사이에 차이는 감정을 적당한 '도度' 안에서 유지하지 못함으로 나타나며, '도度'를 넘어선 것은 바로 '화和'에서 벗어난 것이다. "화하지 못함[非和]"에 대한 주희의 이상과 같은 비판에는 다음과 같은 함의, 즉 정신적 조화의 성취는 반드시 적절한 '도度'를 유지해야만 한다는 것을 내포하고 있다. '도度'와 '중도中道'라는 관념은 일종의 실천적 지혜로서, 그 중요한 함의 가운데 하나는, 사물의 변화가 시종일관 일정한 한계를 유지하게 하며, 그것이 일정한 한도를 넘어서지 않도록 만드는 것이다.

중국철학에서 상술한 의미의 '중도中道'는 언제나 '경經'과 '권權'의 관계를 통해 드러나게 된다. '경經'이란 주로 원칙의 보편성과 절대성을 가리키며, '권權'은 원칙에 대한 임시변통인데 여기에 전제된 것은 다양한 상황에 대한 구체적인 분석이다. 구체적인 상황 분석을 거쳐서 '경經'과 '권權' 사이에 적당한 조화를 이루도록 하는 것, 이것이 또한 '중도中道'의 구체적인 체현이다. 공자는 일찍이 "군자는 천하에서, 오로지 그래야만 하는 것도, 그러지 말아야만 하는 것도 없으니, 의로움과 함께 할 뿐이다.[君子之於天下也, 無適也, 無莫也,義之與比]"(『論語』「里仁」)라고 지적했다. '의로움[義]'은 본래 당위를 가리키지만, 그것이 "오로지 그래야만 하는 것[無適]" "그러지 말아야만 하는 것[無莫]"과 관련지었을 때, 적합하다는 의미를 띤다. 천하의 다양하고 복잡한 대상과 관계에 대면해, 인간은 어떠한 행위의 '양식(無適)'에 집착해서는 안 될 뿐만 아니라, 어떠한 양식을 절대적으로 배척(無莫)해서도 안 되니, 특정한 상황에 근거하여 적합한 행위의 방식을 선택해야만 하는 것이다. 여기서의 "오로지 그래야만 하는 것[無適]"과 "그러지 말아야만 하는 것[無莫]"은 절대적으로 어떤 행위양식에 집착하는 것과 절대적으로 어떤 행위양식을 배척하는 것 사이에서 중도中道를 지키는 것으로 구체적으로 표현되며, 그것은 동시에 구체적인 상황 분석과 관련된 실천적 지혜이기도 하다.

5

'도道'에 관한 지혜로서의 '중도中道'는 실천과정 속에서 체현되는 것으로, 한 측면에서는 '도'와 '인간' 사이의 관계를 드러낸다. 중국철학에 있어서, '도'는 구체적인 실천적 지혜로 변화되는 것 이외에, 또한 인간 자신의 성장과 발전이란 문제와 관련된다. 그것은 더 나아가 인간의 배양 및 인격의 완성을 지향한다. 공자는 "도에 뜻을 두고, 덕에 근거하고, 인에 의지하며, 예에서 노닌다.[志於道, 據於德,依於仁, 游於藝]"(『論語』「述而」)라고 지적했다. "뜻[志]"은 일정한 목표를 확정하며 그것으로 향해가는 것을 의미하고 있는데, '도道'는 일정한 가치이상으로 표현되는 것이다. "도에 뜻을 둔다[志於道]"는 것은 인격의 발전 과정 속에서 시종일관 '도道'(일정한 가치이상)에 입각해 내재적 목적을 세우는 것이다.

'도道'의 인도 하에서 배양되고 완성되는 인격이 갖는 구체적인 함의는 무엇인가? 이 점을 알기 위해, 공자의 또 다른 논점과 연관시킬 수 있다. 군자에 대해 논할 때, 공자는 일찍이 "군자는 그릇이 아니다.[君子不器]"(『論語』「爲政」)라고 지적했다. '군자'는 완성된 인격을 뜻하며, '그릇[器]'은 특정한 도구를 가리킨다. 앞에서 지적했듯, 중국철학에서는 '도道'와 '기器'를 구분했다. 즉 "형이상을 도라 이르고, 형이하를 기라 일컫는다.[形而上者謂之道, 形而下者謂之器]"(『周易』「繫辭傳上」)는 것이다. '도道'는 보편성과 통일성을 지니며, 그것은 특정한 대상을 초월한다. 반면 '기器'는 특수하고 개별적인 대상이다. 구체적으로 말해, '기器'에는 이중적인 함의가 있다. 첫째 인간에 짝하는 '외물[物]'을 가리킨다('器'는 '외물'이지 '인간'이 아니다). 둘째 특정한 외물로서 '기器'는 제 각기의 규정성과 속성을 갖는데, 이 '기器'가 저 '기器'가 아니니, 다른 '기器' 사이에는 경계가 분명하다. 이와 관련해 "군자는 그릇이 아니다"라는 말은 적어도 두 가지 측면의 함의를 포괄한다. 첫째 인간을 외물과 동일시할 수 없다는 것, 둘째 인간을 어떤 한 측면으로 한정할 수 없다는 것이다. 바꿔 말해서 이상적 인격인 군자는 인간이 인간이 되는(외물과 다른) 규정을 지니면서도, 동시에 다양한 속성을 포함하고 있는데, 단일화되거나 단편화된 존재일 수 없다. 이런 다양한 측면은 흔히 완전하고도 순수한 것으로 이해되니, "군자는 완전하지 못하고 순수하지 못함은 아름다움으로 여기기에 부족함을 안다.[君子知夫不全不純之不足以爲美也.]"(『荀子』「勸學」)는 말이다. 이상적인 인격에 대한 이상과 같은 규정은 도道의 통일성에 대한 긍정과 내재적 연관을 지닌다. '도'의 통일성 전체성은 어떤 의미에서는 이상적 인격의 다양한 측면의 존재론적 근거를 이루기 때문이다.

가치론적 차원에서 볼 때, 이상적 인격은 동시에 내재적 정신형태로 표현되는데, 이 역시 마찬가지로 '도'와 다양한 측면의 연관이 있다. 앞에서 서술한 것처럼, '도'는 존재의 원리이자 세계 변화의 법칙이며, 또한 인도人道(가치원칙 사회도덕적 이상 등등)로 나타난다. 또한 세계 자체에 내재할 뿐만 아니라, 세계의 구체적인 진리를 지향하는 것이기도 하다. 어떤 형태로 있든지를 막론하고, '도道'는 모두 진실성을 그 내재적 규정으로 한다. 진실 된 존재이든 아니면 존재에 대한 진실한 파악이든 간에, '도'는 어떤 경우에서든 참됨[眞]이란 속성을 드러낸다. 참됨[眞]이란 속성과 관련했을 때, '도'는 동시에 선善과도 관련된다. 인도人道로서의 '도'가 체현하는 것은 인간의 가치이상 문화이상 사회이상이며, 이는 선善에 대한 추구를 내재적으로 포함하고 있다. 이상적인 사회를 세운다는 것은 넓은 의미에서의 선善을 실현하는 것을 의미하고 있기 때문이다. 천도天道라는 차원에서, '도道'는 선에 대한 추구와 직접적인 관계는 없는 것처럼 보인다. 하지만 인간의 실천 활동이란 차원에서 보자면, 천도天道는 또한 인간의 가치창조를 위한 근거를 제공해주기도 한다. 천도는 존재의 내재적 법칙을 포함하며, 인간의 가치창조 활동은 이런 보편적 법칙의 인도에서 벗어나지 못하며, 가치창조는 본질적으로 선에 대한 추구로 나타나기 때문이다. 이런 의미에서 도道는 확실히 선善과 긴밀하게 관계된다. 동시에 또는 또한 미美와도 관련된다. 중국철학에서 보자면, 천지天地는 자체의 미美를 가지고 있다. 즉, "천지는 크나큰 '미'를 가지고 있으나 말하지 않으며, 네 계절은 분명한 법도를 가지고 있어도 논하지 않으며, 만물은 완성된 이치를 가지고 있지만 설명하지 않는다.[天地有大美而不言, 四時有明法而不議, 萬物有成理而不說]"(『莊子』「知北遊」)는 것이다. 여기서의 천지天地란 천지의 도道를 내포하며, 천도天道라는 차원에서 말하자면, 천지의 도道는 미美라는 의미를 함축하고 있다. 마찬가지로 인도의 차원에서도, 중국철학은 역시 거듭해서 인도人道와 미美를 하나로 연계하였다. 인도人道에서의 미美의 구체적인 표현 형식 가운데 하나가 바로 인격에서의 미美이다. 중국철학에서는 항상 "인仁　지知　용勇"을 인간의 이상적 속성을 간주하였는데, "인仁·지知·용勇"의 통일은 동시에 "도의 미[道之美]"로 간주되었던 것이다. 따라서 "인, 예, 용이란 도의 미이다.[夫仁·禮·勇,道之美者也.]"(徐干, 『中論』하권)라고 하였다. "도에 뜻을 둠[至於道]"을 전제로 하면서, 진眞　선善　미美는 서로 상통함을 알 수 있다. 진眞 선善·미美의 이런 통일은 인격의 다양한 발전을 위한 근거를 제공할 뿐만 아니라, 이상적 인격의 가치 내용을 구성한다. 왜냐하면 도道를 지향하는(至於道), 인격의 경지는 바로 진眞　선善　미美의 통일로 구체적으로 전개되기 때문이다.

완전무결한 인격은 내재적 성품으로 나타날 뿐만 아니라, 밖으로 형성되고 밖으로 체현되는 것이다. 이런 드러남은 외재적 형상에 관련된 뿐만 아니라, 행위의 과정 속에서 구체적으로 전개된다. 여기에는 '말과 행동'　'앎과 실천'의 관계가 포함된다. '말과 행동'　'앎과 실천'의 관계에서, 문제는 더 나아가 '도'의 내용과도 관련된다. 앞에서 이미 언급했듯, '도'의 본래적 함의 가운데 하나는 '길'인데, '길'은 걷는 행위와 관련되니, "도란 행하여 완성되는 것이다.[道, 行之而成]"(『莊子』「齊物論」)라고 말하는 것이다. 도道는 '말하다'라는 의미도 지니며, 진리로 체현된다. 이와 관련시켰을 때, '도'에 대한 추구는 '말과 행동'　'앎과 실천'의 관계를 내재적으로 포함하는 것이다. '말하기'란 뜻이건, 진리이든 간에, 모든 경우에 어떻게 구체적으로 실현되고 실천할 것인가란 문제를 지니므로, "앉아서는 [도를] 말하고, 일어나서는 준비할 수 있고, 준비한 것을 전개하여 시행할 수 있다.[坐而言之, 起而可設, 張而可施行.]"(『荀子』「性惡」)는 것이다. '도'에 내포된 이상과 같은 함의는 동시에 이상적 인격의 존재방식을 규정하는 것이기도 하다. 왜냐하면 인격의 배양과 발전 과정은 언제나 내재적으로 '말과 행동'　'앎과 실천'의 통일을 지향하기 때문이다. '말과 행동[言行]의 일치'　'앎과 실천[知行]의 통일'은 중국철학에서 반복적으로 강조되는 것으로, 이런 관념은 동시에 '위도爲道'(*도를 추구함)의 개념에 필수적인 의미가 된다.

부록 ③

중국철학 :
문제와 시야[113]

부록 3

중국철학 :
문제와 시야[113)]

    그 본의에 따르면, 철학은 지혜에 대한 개성적이고 다양한 탐구로 나타난다.

    중국철학에서 지혜에 대한 사유는 성性과 천도天道에 관한 물음으로 구체적으로 전개되었다. 성性과 천도天道에 대한 물음은 중국철학의 다양한 학파와 인물 속에 내재한다. 철학이란 차원에서 보자면, "도를 통해 관조함[以道觀之]"으로써 "기技를 통해 관조함[以技觀之]" "기器를 통해 관조함[以器觀之]"을 지양한다는 점은, 보편적인 차원에서 철학이 세계에 대한 지식적인 이해와는 다른 보편적인 특성을 나타낼 뿐만 아니라, 중국철학의 독특한 속성을 구현했다. 중국 고대철학의 역사적 발전인 현대 중국철학은 새로운 차원에서의 지혜로 회귀일 뿐만 아니라, 새로운 형태로 지혜에 관한 깊은 사유를 이어간 것이다.

1

    중국철학사를 고찰할 때, 우선 그 이중적인 성격에 주의를 기울일 필요가 있다.

    한편으로, 독특한 철학형태로서 중국철학은 자신의 개성적 특성을 지닌다. 다른

---

113) 이 글은 2009년 12월 필자가 『中國哲學史』 교재 편찬 회의에서 발언한 기록으로, 『哲學分析』 2010년 창간호에 게재되었다.

한편으로, 철학으로서 그것은 또한 보편적 의미를 갖는 철학적 내용을 포함한다. 다른 철학체계와의 관계에서 보자면, 여기서 '정체성'과 '승인'의 관계에 직면하게 된다. 이른바 '정체성'은 주로 특정한 철학체계(중국철학을 포괄하는)를 가지고 말한 것이다.

중국철학에 관해 말하자면, 그것이 자신만의 특성을 포함한다는 이유로 보편적인 철학적 내용을 갖추어야 함을 부정할 수는 없다. '정체성'이란 특정한 철학체계가 철학공동체의 일원임을 긍정함을 의미하고 있으며, '승인'이란 주로 중국철학 이외의 철학체계, 특히 서양의 주도적인 철학체계를 근거로 말한 것이다. 구체적으로 말해, 서양 철학체계 이외에, 또한 다른 철학체계가 존재한다는 것을 반드시 승인해야만 하는데, 중국철학은 이런 또 다른 철학체계에 속하는 것이다.

중국철학은 철학으로서 확실히 보편적인 내용을 지닌다. 인식론적 영역에 입각하자면, 중국철학에서는 '주체'와 '객체'라는 식의 개념을 사용한 적이 없었지만, '능能·소所'(*작용과 작용대상을 가리키는 불교의 관용어)의 관계에 관한 논의에서 마찬가지로 인식론적 의미를 갖추고 있다. 중국철학에서 '능能(能知)'이 작용하는 대상인 '소所'는 본래 그러한[本然] 사물과 달리, "영역 가운데 쓰임을 기다리는 것[境之俟用者]", 즉 인간의 작용이 개입되는 영역의 존재로 이해된다. 한편 "능能"은 "영역에 쓰임을 가해 성과를 얻는 자[用之加乎境而有功者]", 즉 대상을 파악하는 과정 속에서 실제적으로 작용하는 것으로 간주된다. '능能'과 '소所'의 관계는 전체적으로 "소所에 의해 능能이 유발되니[因所以發能]", "능能은 반드시 그 소所를 반영한다[能必副其所]"는 것으로 규정된다.[114] '능能' '소所'의 관계는 '주체' '객체'와 단순히 대응시킬 수는 없지만, 전자가 내포하고 있는 인식론적 의미와 후자는 전혀 무관하지 않다. 이러한 사실은, 한 측면에서, 중국철학 속에 보편적인 의미를 지닌 철학적 관념을 포함하고 있기 때문에, 그것을 '철학'

---

114) [*역자주] 여기서 能·所는 본래 불교에서 쓰이는 개념이다. 현대어로 작용과 작용대상, 주관과 객관 등에 상응하는 개념이라고 할 수 있다. 여기서 인용표시한 能·所 개념에 대한 설명 내용은 명말청초 明末清初 유학자인 王夫之가 『尚書引義』에서 밝혔던 말이다.

이외의 것으로 완전히 단절시킬 필요도 없고, 그래서도 안 된다는 점을 밝혀준다. 더 나아가 만약 우리가 고전적 형태의 중국철학이 현대적인 형태를 지니게 하고, 세계적으로 현대 학술영역 안에서 토론될 수 있는 대상으로 만들고자 한다면, 그 보편적인 철학내용을 굉장히 중시할 필요가 있다는 것은 분명하다. 물론 중국철학을 중국철학이게 하는 성격과 특성에 대해서도, 우리는 마찬가지로 충분한 관심을 기울여야 한다. 철학의 역사와 철학적 이론 사이를 확연히 나누는 것은 매우 어렵다는 점에서 알 수 있듯이 우리가 철학의 역사를 토론하는 과정 속에서도 철학 자체를 어떻게 이해해야 하는가라는 문제를 회피할 수 없다.

철학이 궁극적으로 무엇인가라는 문제에 관해서는 다양한 관점이 존재하고 있다. 그 근원에 입각하자면, 철학적 내용은 지혜에 관한 추구와 연관된다. 서양철학에서 보자면, 일찍이 고대 그리스에서 '철학(Philosophy)'의 본래 의미는 바로 지혜에 대한 사랑으로 이해되었는데, 중국 고대철학에는 현대적인 의미에서 '지혜'로 쓰이는 개념은 없었지만, 성性과 천도天道에 대한 중국 고대철학에서의 사고와 탐구는 모두 지혜와 실질적인 관계가 있다. 실제로 근대에 이르러 중국철학과 지혜의 이러한 관계는 더욱 명확하게 나타난다. 당대의 중국철학자인 풍설馮契은 '지혜설智慧說'을 제기해 철학적인 깊은 사유와 논의를 '지혜'라는 차원에서 실현시켰던 점은 바로 이 점을 나타낸다. 이상의 사실과 관련해 우리가 중국철학을 회고하고 반성할 때, 지혜에의 추구와 깊은 사유라는 차원에서 이해해야만 하며, 이로부터 더 나아가 그 의미를 드러내야만 한다.

철학을 그 밖의 다른 학과와 구분하는 내재적인 규정으로서의 지혜는 다양한 각도에서 분석할 수 있다. 광범위하게 말해, 여기에는 세계에 대한 관점이 연관될 뿐만 아니라, 인간 자신에 대한 인식과도 관계가 있다. 세계에 대한 이해라는 측면에서 보자면, 지혜의 특징은 지식의 한계를 초월하여 전체로서의 세계를 파악하는 데 있다. 이것이 또한 철학이 지식 또는 그 밖의 학과의 처지와는 다른 점이다. 지식 또는 그 밖의 학과가 지향하는 것은 특정한 사물 또는 세계의 어떠한 한 측면으로, 그것들은 각각 자기 영역이 있고, 연구하는 대상 또한 서로 구분되는데, 이에 따라 흔히 각종 경계를 형성한다. 철학의 특징은 이런 경계를 넘어서, 세계에 대한 전체적인 이해에 도달한다는 점에 있다. 마찬가지로, 하나하나의 개체에 있어서도, 세계에 대한 인식은 또한 천차만별의 사물을 대상으로 할 뿐만 아니라, 총체적인 세계에 대한 이해와도 관계되는데, 이 총체적인 이해도 마찬가지로 철학적 시야와 관련된다. 이런 측면에서 지식의 한계에 대한 지혜의 초월은 구체적으로 세계의 통일성과 발전과정에 대한 파악으로 나타나는데, 이는 중국철학 속에서도 동일하게 구현되었다.

인간 자신에 관해 말하자면 지혜는 주로 일종의 총체적인 정신형태로 표현된다. 그것은 정신적 영역 혹은 넓은 의미에서의 정신세계를 포괄할 뿐만 아니라, 인간의 종합적 능력 내지는 인간적 능력을 포괄한다. 총체적인 정신형태는 일차원적 규정과는 달리 합리성과 감정의 다양한 차원을 포괄한다. 가치목적에 있어서의 진眞·선善·미美의 통일은 정신세계 내의 지知·정情·의意의 융합과 내재적 일치성을 갖는다. 또 다른 측면에서, '성기成己'(*자기완성)와 '성물成物'(*자기 외의 일체의 것들을 완성시키는 것)을 지향하는 정신세계는 또한 인성경지[人性境界]와 그 인성능력人性能力의 관계를 통해 이해할 수 있는데, 그것은 덕성德性이란 내용을 포괄할 뿐만 아니라, 인성능력과도 관련되기 때문에, 어떤 의미에서는 구체적으로 인성경지(덕성德性)와 인성능력의 통일로 나타난다.

정리하자면 철학은 언제나 세계의 존재를 지향할 뿐만 아니라, 인간 자신에 대한 이해를 요구하는 것이기도 하다. 인식의 영역에서 보자면 철학이 그 밖의 지식 분야의 특징과 다른 점은 그것이 끊임없이 지식의 한계를 초월하여 세계에 대한 전체적인 파악에 이르는 데 있다. 인간 자신에 대한 이해에 있어서 말하자면, 철학이란 끊임없이 인간의 전체적 정신형태에 대한 반성과 고양으로 나아가, 진眞·선善·미美가 통일된 정신형태를 성취함을 지향하는 데에 있다. '철학'으로서의 중국철학도 마찬가지로 이러한 속성을 구현하였다.

2

중국철학의 발전이란 점에서 보자면, 지혜에 대한 추구는 우선 천도天道와 인도人道에 관한 궁구와 관련되어 있다. 중국철학은 매우 일찍부터 '성性'과 '천도天道'를 궁구하였다. 여기서의 '천도天道'는 세계에 대한 이해에 주로 관련되며, '성性'은 인도人道의 영역에 속하며, 인간 자신에 대한 인식과 관계된다. 중국철학의 독특한 개념체계 속에서 이상의 두 가지 측면이 모두 체현되고 있다. 인간 자신에 대한 이해는, 개체란 측면에서 보자면, 전체적 정신형태에 대한 반성이며, 유類 또는 사회라는 측면에서 보자면, 사회와 그 변화과정에 대한 파악과 관련된다. 이러한 점들로부터 한편으로 중국철학이 철학적 문제를 논하는 데 있어서의 개성적 특성을 알 수 있으며, 다른 한편으로는 윤리 역사 등의 시각을 통해 그것은 보편적인 의미를 가진 철학적 내용을 구현하기도 하였다.

천도天道와 인도人道에 관한 궁구는 언제나 세계적 의미와 인간 자신의 존재의 의미에 대한 이해를 지향하고 있는데, 이런 점에 입각하자면, 지혜에 관한 탐구와 의미에의 추구는 서로 상통하는 것이다. 세계에 대한 이해는 실질적으로 의미에 대한 궁구이기도 하며, 인간 자신에 대한 관심도 마찬가지로 개체의 차원에서든 아니면 유적類的 차원에서든, 모든 경우의 의미에 대한 탐색으로 나타난다.

천도天道와 인도人道를 둘러싸고 전개되는 의미의 궁구는 세계에 대한 인식과 인간 자신에 대한 인식의 과정 속에서 구체적으로 체현되며, 세계에 대한 인식과 인간 자신에 대한 인식은 동시에 세계에 대한 변혁 및 인간 자신에 대한 변혁과 상호 관계를 맺는다. 이처럼, 천도天道와 인도人道라는 이런 범주 하에서, 중국철학의 깊은 사유는 또한 끊임없이 성기成己와 성물成物을 지향한다. 물론 유가와 도가 등의 다른 학파 가운데에서, '성기成己'와 '성물成物'의 구체적인 내용은 완전히 일치하지는 않는다. '성기成己'에 관해 유가는 흔히 그것을 '성인이 되는 것[成聖]'으로 이해한다. 이에 비할 때 도가에서는 자아가 자연적 본성으로 회귀하거나 소요逍遙의 경지로 나아가는데 성공한 것으로 주로 표현되는 것이다. 사회적 차원에서의 '성물成物'이란 측면에서, 유가는 삼대三代를 이상적인 치세로 여겼고, 도가의 경우 소국과민小國寡民의 사회형태를 추구했다. 그러나 내용이 각기 다를지라도 어떠한 인간이 되어야만 하며, 어떠한 세계를 만들어야만 하는지 등에 관한 문제가 모두 다양한 의미로 중국철학에서 논하는 인도人道와 천도天道의 구체적인 내용을 구성했다.

보다 내재적인 철학의 차원에서 보자면, 천도天道에의 궁구가 포괄하는 것은 실질적으로 어째서 만물이 존재하며, 어떻게 존재하는가 등에 관한 문제일 뿐이다. 초기의 음양오행설에서부터 이후의 기학氣學(元氣論) 이학理學 심학心學 및 유무有無 체용體用 등의 관념에 이르기까지, 중국철학에서 논의된 이런 식의 주제는 모두 어째서 만물이 존재하는지와 어떻게 존재 하는가라는 문제를 포괄하며, 그 주제들은 동시에 형이상학적 차원에서 세계에 대한 관점을 나타냈다.

이에 비할 때, 인도人道라는 의미의 궁구는, 그 내용이 주로 인간에 대한 이해 인식과 관련된다. 앞에서 상술한 것처럼 대상이란 측면에서 보자면, 여기에는 개체로서의 인간과 유類로서의 인간이 포괄되며, 내재적 함의란 측면에서 보자면 그것이 가리키는 바는 "무엇이 인간인가?"라는 문제이다. "무엇이 인간인가?"에 관한 궁구가 중국철학의 다양한 학파와 인물들 속에서 체현된 방식은 물론 각각 다르다. 유가에게서 그것은 '인간과 금수에 관한 논변[人禽之辨]'으로 구체적으로 전개된다. 왜냐하면 이 논제에서 분석하는 것이 바로 인간을 인간이게 하는(인간이 금수와 다른) 근본적 규정이며, 그것이 해결하려는 실질적인 문제란 "무엇이 인간인가?"이기 때문이다. 이에 비해, 도가는 주로 "무엇이 인간인가?"라는 문제를 자연적인 본성에 관한 옹호와 회귀와 관련시킨다. 유가와 도가가 모두 인간이란 문제에 관심을 가졌지만, 각자의 시각과 입장에서 차이가 있음을 알 수 있는 것이다. 일반적으로, 인도人道에 관한 궁구는 동시에 인간과 인간의 관계에서의 합리적인 위치설정, '자기'와 '집단' 사이의 상호협조 및 이상적 사회에 대한 이해와 구축에 관련되는 것이다. 이상에서 서술한 의미에서의 인도人道에 관한 관점은 윤리학 인생관 역사관 등을 구체적으로 포괄하며, 그 가운데에 개체에 대한 파악뿐 만이 아니라 사회에 대한 이해와도 관계되는 것이다.

도道에 대한 추구가 체현하는 지혜의 내용은 중국철학의 개성적 특성을 보여줄 뿐만 아니라, 지혜에 관한 사유라는 철학의 보편적 속성과 내재적으로 상통하는 성질을 지니게 한다. 중국철학에서의 이상의 내용은 결코 외재적으로 부가된 것이 아니라 내재적으로 포함되는 규정이다. 역사적으로 보자면 도가는 매우 일찍부터 '위학爲學'(*학문을 추구함)과 '위도爲道'(*도를 추구함), '기技'와 '도道' 등을 구분하는 데에 관심을 기울이기 시작했는데, 도道는 시종일관 부지런히 탐구된 대상이었다. 『노자老子』에서의 '위학爲學'과 '위도爲道'에 관한 구별은, 현재적 관점에서, 지식과 지혜의 관계라는 문제와 관련된다. '위도爲道'는 주로 지혜에 대한 추구로 나타나며, '위학爲學'은 경험적 영역 내지는 지식의 축적과 밀접하게 관계되기 때문이다. '도道'와 '기技'의 구분에서, '기技'는 지식의 영역과 관련되며, '도道'는 형이상의 영역에 속한다. 장자莊子가 기技는 "도道로 나아가는 것"임을 제기하면서, 체현한 것도 도道에 대한 형이상학적 추구였다.

유가는 "군자불기[君子不器]"임을 긍정했는데, 여기서의 '기器'는 우선 구체적인 기물을 가리키는데, 장자가 말한 '기技'와 동일한 차원에 놓인다. "군자불기"란 말은 다중적인 함의를 포함하는데, 철학적 차원에서 보자면, '기器'는 특수한 규정을 지닌 대상으로, 그 기능과 규정에서 모두 자기 경계를 갖는다. 이런 의미에서 "군자불기"란 말은 '기器'라는 차원을 초월하여 '기器'와 대조되는 전체에 관심을 기울이는 것을 뜻하는 것이다. 여기서의 전체는 다양한 의미를 가질 수 있다. 예를 들어 인간에 대해 말할 때, 그것이 가리키는 것은 전체적인 정신형태 또는 인격형태로, '불기不器'는 한 측면에 치우친 것을 의미하고 있다. 한편 세계라는 영역에서 보자면, '기器'와 대조되는 전체란 통일된 존재를 가리키는데, 이와 관련된 '불기器'는 단순히 한 측면에만 집착해서는 안 되며, 대상의 전체적 형태를 이해하고 파악해야 한다는 것을 의미한다. '기器'를 초월하면서, 유가가 또한 '문도聞道'(*도에 대한 앎)를 요구하고, "도를 도모하지 먹을 것을 도모하지 않는다[謀道不謀食]" "도를 걱정하지 가난을 걱정하지 않는다[憂道不憂貧]"고 주장하며, "사람이 도를 확장함[人能弘道]"을 긍정한다. 이러한 사례 등에서 도道에 대한 관심과 추구를 곳곳에서 구현했던 것이다.

이 이외에도, 선진시대 유가의 중요 인물인 순자荀子는 일찍이 '해폐解蔽'에 관한 학설을 제기했다. '해폐'란 말은 좁은 의미에서 보자면, 인식론적인 단편성을 제거하는 것이며, 넓은 의미에서는 세계에 대한 파악에서의 일차원성을 지양하길 요구하는 것이다. 한편으로 구체적인 대상에 있어서, 그 이해에서의 단편성을 극복해야만 하며, 다른 한편으로 세계를 파악하는 방식에서는, 서로를 구별하는 관념을 초월하여 이 세계를 총체적으로 이해해야만 한다는 말이다. 이런 의미에서 유가의 '해폐'와 도가의 도道에 대한 추구는 확실히 공통점이 있다. 이를테면 장자는 일찍이 "도술은 천하에서 분열될 것이다[道術將爲天下裂]"라고 비판하였는데, 여기서 말하는 '분열'이란 통일된 전체가 분열됨, 도道에 관한 지혜가 분화되어 각 학파가 부분적 의견에 집착하는 것을 뜻한다. 순자가 '해폐'를 일컬은 것은 부정 방식을 통해, "도술이 천하에서 분열됨"을 지양하려는 경향을 표현해낸 것이라고 설명할 수 있다.

중국철학의 그 밖의 학파들 가운데에서도, 도에 대한 관심과 추구를 어렵지 않게 파악할 수 있다. 황노黃老 학파의 "도가 법을 낳는다[道生法]"는 설명은 곧 '도'가 궁극적인 근거가 된다고 보고, '도'를 '법法'이 형성되어 나오는 근원으로 이해한 것이다. 여기서도 궁극적 존재로서의 '도'에 대한 긍정이 나타나 있다. 법가 역시 마찬가지로 '도'에 대해 상당한 관심을 기울였다. 한비韓非는 "도리에 근거하라[緣道理]"고 주장하면서, '도'와 '이理'를 구분했다. 즉, '이理'에 비해, '도'는 보다 보편적이고 보다 근원적인 법칙의 일종이다. '도'를 따름(근거함[緣])에서 궁극적 원리에 대한 관심과 존중이 체현되는 것이다.

요컨대 보편적인 '도'에 대한 추구와 궁구는 중국철학의 여러 학파와 인물 속에 내재하고 있고, 이런 추구의 배후에는 지혜에 대한 사유가 함축되어 있다. 철학이란 차원에서 보자면, "도를 통해 관조함[以道觀之]"으로써 "기技를 통해 관조함[以技觀之]" "기器를 통해 관조함[以器觀之]"을 지양한다는 점은, 세계에 대한 기술적이고 지식 위주의 이해와는 다른, 철학의 특성을 보편적인 차원에서 나타낼 뿐만 아니라, 중국철학의 독특한 성격을 체현해내고 있는 것이기도 하다.

3

철학사란 관점에서 말하자면, 그 내재적 논리맥락에 대한 파악은 언제나 몇 가지 근본적 철학문제를 붙잡고, 이를 통해 여러 학파와 인물들이 어떻게 각자의 탐색을 통해 점차 관련된 문제에 대한 이해를 밀고 나가는지를 구체적으로 밝혀냄을 필요로 한다. 구체적으로 말해서 다음과 같은 측면에서 고찰할 수 있다. 우선 개체성과 보편성 개체와 전체의 관계의 문제다. 중국철학의 역사적 발전 속에서 이런 관계는 보통 여러 측면에서 구체적으로 전개되었다. 천도관天道觀 혹은 존재론 형이상의 차원으로부터 말하자면, 여기에는 보편개념[共相]과 구체적 사물[殊相] 개별과 일반 등의 관계가 포함된다. 도가道家는 『노자老子』에서 처음으로 도道와 덕德의 통일을 논하였는데, "도를 받들고 덕을 귀히 하라[尊道貴德]", "도는 낳고, 덕은 기른다[道生之, 德蓄之]" 등과 같은 말은, 모두 이 점을 드러낸다. 유가儒家는 매우 일찍부터 개체와 집단의 상호작용에 관심을 기울였고, 이후(송명宋明시대)에는 더 나아가 "이일분수理一分殊"란 관점을 제기했는데, 역시 다른 측면에서, 개체와 전체 보편개념과 구체적 사물의 관계라는 문제를 포괄하는 것이다. 도가道家는 도道와 덕德에 관해 논의하는 가운데, 통일성의 원리와 개체성의 원리에 대한 어떠한 소통을 내재적으로 함축하고 있다. 『노자』에서 "도를 받들고 덕을 귀히 하라"고 강조했을 때, 이미 이런 입장을 명확하게 표현했던 것이다. 즉 '도道'는 존재의 통일적 근거로 나타나고, '덕德'은 도에 비해서 보다 특수한 규정으로 나타나는데, "도를 받듦[尊道]"이란 현상의 영역으로부터 존재의 궁극적 근거로 나아감을 뜻하며, "덕을 귀히함[貴德]"은 개체에 대한 관심을 함축하고 있다. 따라서 '도를 받들고, 덕을 귀히함'의 배후에는 통일성의 원리와 개체성의 원리에 대한 이중적 긍정이 깔려 있는 것이다. 이상의 문제는 유가의 "이일분수理一分殊"의 학설 가운데에서도 체현되고 있다. 하나의 명제로서 "이일분수"는 복잡한 내용을 지닌다. 그 명제는 정이程頤에게서 최초로 나왔는데, "『서명西銘』에서 리일분수를 명확히 했으니, 묵자는 근본을 둘러하고 분별함이 없다.[『西銘』明理一分殊, 墨氏則二本而無分.]"(『二程集』, 609쪽)는 것이다.

이런 맥락에서 "이리일분수"는 주로 도덕적 원칙 및 그 작용 형식과 연관된다. 주희朱熹는 이를 확장하여, 이 명제가 동시에 존재론적 의미를 지니도록 하였다. 태극太極과 만물의 관계를 해석하면서, 주희는 다음과 같이 지적했다. "두 기와 오행은 하늘이 만물에 부여하여 만물을 생성하는 것이다. 그 말단에서 근본으로 거슬러 올라가면, 오행의 차이는 두 기의 실재에 근거하고, 두 기의 실재는 또한 하나의 이치의 법칙에 근본한다. 만물을 합하여 말한다면, 하나의 태극일 뿐이다. 그 근본에서 말단으로 내려가자면, 하나의 이치의 실재가 만물에게 나누어져서 형체를 이루는 것이다. 그러므로 만물 속에는 각각 하나의 태극이 갖추어져 있으니, 크고 작은 만물 중에서 일정하게 [태극을] 나누어 가지지 않은 것이 없다. [二氣五行, 天之所以賦授萬物而生之者也. 自其末以緣本, 則五行之異本二氣之實, 二氣之實, 又本一理之極. 是合萬物而言之, 爲一太極而已也. 自其本而之末, 則一理之實, 而萬物分之以爲體. 故萬物之中, 各有一太極, 而小大之物, 莫不各有一定之分也.]"(『通書解』「理性命章」) 태극太極은 이치[理]의 궁극적인 형태로("하나의 이치의 법칙"), 경험대상(말단)으로부터 존재의 근원으로 거슬러 올라가자면, 만물은 오행에서 근원하고 오행은 음양의 두 기로부터 생성되며, 두 기는 다시 태극에 근본 하므로, 태극이 만물의 최종적인 원천이 되는 것이다. 한편 궁극적인 존재에서 경험적인 대상으로 내려간다면, 태극太極은 다시 경험대상 속에 분산되어 드러나는 것이다. 여기서의 '이일理一'이란 '이理'가 만물의 근원임을 뜻하며, '분수分殊'는 다양한 사물 속에서 '이理'가 특정한 대상을 규정하고 있음을 분명히 밝혀주는 것으로, 양자는 상이한 측면에서 '이理'의 보편적 제약을 구현한 것이다. 중국철학에서 일부 철학자들은 통일성과 전체성이란 일면을 비교적 중시했고, 일부 철학자들은 개체에 대해 보다 관심을 두었으며, 또 다른 일부 철학자들은 양자 사이의 긴장을 지양하고자 하였다. 이런 과정 속에서, 개체와 전체 개별과 일반의 관계에 관한 이해 역시 점차 심화되었다.

　인도관人道觀에서 말하자면, 개체와 전체의 관계는 '자기'와 '집단' '나'와 '사회' 등의 문제와 관련된다. 이러한 문제들에 대한 논의에는 역사관의 문제만이 아니라 인식론적인 문제도 깔려 있다. 주목할 필요가 있는 점은 중국 고전철학 이론의 서술이 몇몇 유행하는 논의에서 이해하는 것처럼, 지식론 윤리학 논리학 자연관 등의 각각의 영역이 분명해 보이지 않는다는 사실이다. 예컨대, 인도관人道觀에서 개체와 전체의 관계에 관한 논의는 인생관과 윤리학에서의 문제를 내포할 뿐만 아니라, 역사관의 문제와도 관계된다. 우리가 구체적으로 이런 문제를 파악할 때, 중국철학에 이미 존재하는 개념 명제 속에 포함된 다양한 함의에 주의를 기울일 필요가 있다. 그것들은 흔히 단순히 어떤 하나의 영역(예를 들어 인식론이나 존재론 등)에만 관계되는 것만이 아니기 때문이다. 실제로, 보다 많은 상황에서, 이러한 문제들은 흔히 하나로 얽혀 있다. 물론 이런 특징을 충분히 파악하는 것이 결코 쉬운 일은 아니다. 요컨대, 한편으로, 중국철학의 상이한 개념과 명제의 배후에 은연중에 내포되어 있는 철학적 함의를 드러내려면, 막연하고 혼잡하게 현대 중국어만을 이용하여 이런 개념들을 다시 서술할 수 없다. 또한 다른 한편으로는 중국철학이 논하는 이런 문제의 특수성과 복잡성을 무시할 수 없으므로, 단순하게 재단하는 방식으로 처리하는 것도 피해야 한다.

유가는 인도관人道觀의 영역에서 집단과 개인의 통일을 긍정했을 뿐만 아니라, 인격의 함양이란 각도에서도 이상의 문제와 구체적으로 관련되어 있다. "도에 뜻을 두고, 덕에 근거하라[志於道, 據於德]"는 공자의 말은 인격의 함양에서의 보편적 이상(道)과 개체의 내재적 근거(德) 사이의 통일을 긍정하기 때문이다. 이 이외에, 개체와 전체의 관계는 '이름과 실제'[名實]의 관계 속에서도 체현되고 있는데, 이를테면 논리학에서 논의되는 이른바 '속개념[別名]'과 '종개념[共名]'의 구분도 개체와 전체의 관계와 관련되는 것이다. 개체와 전체의 관계와 같은 류의 문제는 여러 학파 속에서 각각 체현될 뿐만 아니라, 그 문제의 내용 역시 다양한 차원을 가지고 있음을 알 수 있다. 개체와 전체, 개별과 일반의 관계에 대한 논의는 중요한 철학적 의미를 지니는데, 이 점은 중국의 현대철학 속에서 마찬가지로 일정 정도 확인할 수 있다. 일반적으로, 서양 철학에서는, 고대 그리스 이래로, 보편개념[共相]과 구체적 사물[殊相]의 관계는 다양한 관심을 받았다. 플라톤은 보편적 이념을 진실한 존재로 보고, 보편개념[共相]을 강조했고, 아리스토텔레스는 제1실체를 가장 근본적인 존재로 보고, 제1실체를 개체로 나타냈다. 이와 같은 초점의 차이 이면에는 개체와 전체의 관계에 대한 상이한 이해가 갈려 있다. 이후 유럽 중세의 유명론과 실재론의 논쟁, 근대철학에서의 경험론과 합리론의 논변은 모두 다른 의미에서, 이상의 문제에 관한 논의를 계승했던 것이다. 중국 고대철학에서 '기技와 도道' '기器와 도道' 및 '집단과 개인' 등의 관계에 대한 구별은 철학의 보편적 문제를 반영할 뿐만 아니라, 문제에 대한 중국 고대철학 자체의 사고가 지닌 특징을 드러내는 것이기도 하다.

중국철학의 전개에서의 두 번째의 근본적 문제는 이성理性과 비이성非理性의 관계라는 문제이다. 여기서 이성과 감성이라고 하지 않고 '이성과 비이성'이라고 말한 것은 보다 구체적으로 중국철학의 특징을 드러내기 위한 것이다. 비이성非理性은 감성을 포함할 뿐만 아니라, 감정[情]·의지[意]·직각直覺·상상像想 등의 측면까지 포괄하는데, 중국철학에서 이를테면 도가道家 선종禪宗이 직각에 대해 특별한 관심을 기울였던 것과 같은 현상은 분명 이성과 감성이라는 개념으로는 포괄할 수 없으며, 넓은 의미에서의 이성과 비이성의 관계에 관련되는 것이다. 총체적으로 보자면, 도道에 대한 추구 속에서, 이성과 비이성은 흔히 복잡하게 착종되어 하나로 뒤얽히는데, 여기에는 이성과 감성에 관한 논변이 깔려 있을 뿐만 아니라, 이성이 직각 상상 의지 등의 규정과 상호작용하기도 한다.

상술한 문제를 구현하는 형식도 마찬가지로 다양하다. 어떻게 대상[物]을 아는가, 어떻게 도道를 규명하는가에 관해 고찰할 때, 중국철학사 상의 일부 철학자들은 그 중에서 이성이란 측면을 비교적 중시했지만, 다른 일부 철학자들은 상대적으로 감성이란 측면에 치중하였는데, 공자와 묵자의 차이는 비교적 명백하게 이 점을 구체적으로 드러내고 있다. 또한 일부 철학자들은 비이성非理性 중에서도 직각을 중시하였다. 예를 들어 『노자』에서는 "도를 추구함은 날마다 덜어내는 것이니, 덜고서 또 덜어낸다.[爲道日損, 損之又損.]"라는 주장을 제기하여, 가지고 있는 지식의 내용을 소거해야만 도를 파악할 수 있다고 생각했다. 그런 입장과 관련해 존재를 파악하는 방식은 구체적으로 "고요히 관조하는 현묘한 거울[靜觀玄覽]"[115]로 표현되었다. 그 함의란 직각直覺과 상당한 연관을 맺고 있는 것이다.

인격의 함양과 윤리학의 영역도 이상의 문제와 관련된다. 중국인이 감정[情]과 의지[意]에 대해 논하듯, 도덕실천과 인격에 대한 유가의 이해는 흔히 '측은지심惻隱之心'과 연관되는데, 이는 바로 이성 이외의 측면에 속한다. 유가는 도덕행위와 인격함양에서의 감정의 작용을 중시하면서도, 또한 의로움[義]과 예禮에 의한 인도를 중시했는데, 이는 곧 이성적 규범에 관련된 것으로 그것은 행위에 자각적 성질을 부여한다. 맹자는 한 편으로는 '대체大體'를 논하면서 "마음이란 기관[心之官]"을 중시했으며, 다른 한 편으로는 다시 '측은지심' 등의 감정을 인仁의 '실마리[端]'로 여겼다. "마음이란 기관[心之官]"은 주로 "대체大體"와 관련되어, 이성의 규정을 구현하는 것이며, "불쌍히 여김[惻隱]" "수치스러워하고 혐오함[羞惡]"은 모두 감정과 연관되는 것으로, 그 가운데에 윤리적 행위의 동기 도덕적 인격의 함양 등의 문제를 포괄한다. 대체로 이상의 문제는 단순히 어떤 하나의 측면에 국한되는 것이 아니다. 현대 철학의 시야에서 보자면, 이러한 문제들을 둘러싸고 전개되는 논의는 언제나 인식론 윤리학 존재론 등등과 같은 여러 철학분야에 관련되는데, 이성과 비이성(감정과 의지 등)의 관계는 매번 그 가운데에서 항상 교차한다.

이성과 비이성의 관계는 동시에 인간 자신에 대한 이해와도 관련되어 있다. 인간에 대한 이해는 무엇이 인간인가라는 문제와 연관되는데, 무엇이 인간인가라는 문제 역시 다양한 철학적 영역과 관련되는 것이다. 구체적인 존재로서, 인간이 인간이게 하는 주된 규정은 무엇인가? 중국철학에서 일부 학파와 인물에게서, 이성이라는 규정은 인간이 인간이도록 하는 가장 중요한 측면으로 간주되었다. 앞서 서술한 유가의 "인간과 금수에 관한 논변[人禽之辨]"은 윤리적 이성(仁 義 등)을 인간의 본질적 속성이라고 생각한다. 다른

---

115) [*역자주] '현람玄覽'이란 표현은 『道德經』 10장에 나온다. 왕필의 주석까지 고려할 때, 이 개념은 도道의 현묘함, 즉 도의 본질을 통찰하고 그와 하나되기 위해서는, 외물에 오염되지 않고 깨끗한 거 울과 같은 맑은 정신이 필요하다는 맥락에서 등장한다. '현람玄覽'은 '현묘함과 하나될 수 있는 정신', 또는 도의 현묘함을 통찰할 수 있는 '현묘한 정신'을 '거울[覽]'로 표현한 것이라고 볼 수 있다. 감각 적 경험, 이성적 추론과 이해 등(이런 요소들은 노자의 구도에서 외물에 의한 오염일 수 있다)을 덜어 낸 본래적 정신 상태에서 도에 대한 인식이 가능하다는 발상에서, 이 정신이 도를 파악하는 방식이란 직각直覺 또는 직관直觀과 같은 방식이라고 할 수 있다. 철학 용어로서의 직각 혹은 직관은 정신을 통한 대상(또는 본질)의 직접적 파악을 뜻한다.

일부 철학유파, 이를테면 묵가는 인간의 감각기관[耳目之官], 감성에 의한 규정을 보다 중요한 지위에 둔다. 대체로 인간에 대한 이해에서 각 학파에는 상이한 편향이 존재함을 알 수 있다. 일정한 역사적 단계에 이르면, 일부 철학자들의 경우, 인간에 대한 한 방향적 이해를 지양하고, 이성과 비이성의 대립을 극복하고, 일정한 차원에서 인간에게 이성과 감성 이성과 비이성이 통일된 존재형태를 부여하려고 시도했다. 명청 교체기의 왕부지는 어느 정도 이러한 의도를 드러냈다.

알 수 있듯이 이성과 비이성의 관계는 사물을 인식하고[知物] 인간을 이해하는[知人] 과정에서 구현되며, '대체大體'와 '소체小體' '마음이란 기관[心之官]'과 '감각기관[耳目之官]' 등의 문제에 관한 분석으로 전개된다. 도덕의 영역에서 구현될 경우, 인격의 함양과 완전한 도덕행위와 관련되는데, 그 가운데 이성과 감정 의지 사이의 관계를 포괄한다. 즉 인격의 함양에서, 이성적 설교의 방식을 통한 외재적 주입이 이루어질 뿐만 아니라 동시에 "감정에 따라 움직이도록[動之以情]", 감정적 소통 등의 방식을 통해 인도하며, 또한 행위방식에서도, 외재하는 '예禮' 또는 보편적 '이理'에 복종하고 그것을 준수할 뿐만 아니라, 동시에 개체의 내재적 바람 등을 중시하는 것이다.

중국철학이 관련되는 세 번째의 근본적 측면은 상대와 절대의 관계이다. 풍설馮契 선생은 『중국고대철학에서의 논리발전』에서 그것을 하나의 중요한 측면으로 삼기도 했다. 상대와 절대의 관계는 세계에 대한 인식에서 전개될 뿐만 아니라, 인간의 실천 과정에서도 체현된다.

능지能知와 소지所知의 관계에서 보자면, 절대성을 중시하는 철학자는 흔히 독단론 또는 절대주의를 자신의 입장으로 삼는다. 반면 상대성을 중시하는 철학자는 항상 어떠한 회의론 상대주의를 드러내는 경향이 있다. 양자의 논변은 그에 따라 우선 회의론 상대주의와 독단론 사이의 구분으로 나타난다. 인간의 실천 과정에서, 이러한 문제들은 항상 여러 차원에서 구현된다. 유가는 매우 일찍부터 '경經'과 '권權'의 관계에 대해서 논하였다. '경經'과 '권權'에 관한 논변의 배후에 함축된 것은 바로 상대와 절대의 관계라는 문제이다. '권權'은 행위준칙 가치원칙의 상대성에 대한 승인과 용인을 뜻하는데, 인간의 행위에 대한 다른 시간 장소 조건의 제약을 긍정하며, 그에 따라 구체적인 상황에 대한 분석을 중시한다. 하지만 '경經'의 경우 원칙의 절대성을 상당히 부각한다.

전체적인 측면에서 보자면, 이상의 여러 문제를 통해, 중국철학의 여러 학파 인물 사조가 중국철학의 변화과정 속에서 각자 드러내는 의미를 고찰할 수 있으며, 여러 이론적 초점이 어떻게 철학사의 변화에서의 다양한 계기가 되는지, 그것들 자체가 또한 어떻게 지양되고 극복되는지를 구체적으로 분석할 수 있다. 이러해야, 내재적 맥락을 지닌 변화과정이 드러날 수 있다. 만약 이러한 근본적인 계기를 파악하지 않는다면, 항상 개별적 사항에 대한 번쇄한 묘사와 자료에 대한 단순한 나열로 흐르게 될 수 있다.

보편적 의미를 갖는 철학 문제 이외에, 중국철학사는 또한 몇 가지 구체적인 논제를 포함한다.

이를테면 "하늘과 인간에 관한 논변[天人之辨]", "예와 법에 관한 논변[禮法之辨]", "왕도와 패도에 관한 논변[王霸之辨]", "이름과 실제에 관한 논변[名實之辨]", "유무에 관한 논변[有無之辨]", "형체와 정신에 관한 논변[形神之辨]", "노력과 운명에 관한 논변[力命之辨]", "마음과 외물 앎과 실천에 관한 논변[心物 知行之辨]", "도기 이기에 관한 논변[道器 理氣之辨]". 그리고 '박학博學'과 '좌망坐忘' '본성[性]'과 '습관[習]' '도문학道問學'과 '존덕성尊德性' 등의 관계에 관한 논변이 그렇다. 이러한 구체적인 문제와 상술한 철학의 근본적 논제의 상호연관은 일반적인 철학문제가 중국철학 속에서 구체적으로 체현된 것으로 볼 수 있으며, 보편적인 시야와 차원에서 중국철학사를 고찰할 때, 특별히 이러한 것들이 체현하는 중국철학의 독특한 속성이 지닌 문제에 주의를 기울일 필요가 있다.

여기에서도 마찬가지로 이중적인 차원이 존재한다. 한편으로는 중국철학의 특유의 몇몇 개념 명제를 중시해야만 하며, 다른 한편으로는 더 나아가 이러한 명제 개념들 이면에 은연중에 함축된 철학적 의미를 드러내야만 하는 것이다. 양자 모두 매우 중요하다. 중국철학의 독특한 철학적 논제의 배후에는 도대체 어떠한 철학적 의미가 포함되어 있는가? 이에 대해서는 분명 적절한 분석을 진행할 필요가 있는데, 만약 이상의 문제에 관한 깊이 있고 실질적인 논의를 결여한다면, 언제나 역사는 있되 철학은 없는 상황에 처하기 쉽다. 하지만 동시에 일반적인 철학적 문제가 중국철학사 가운데에서 구체적으로 표현되는 형태를 무시해서는 안 된다. 무시한다면 철학은 있되 역사는 없는 상황을 초래하게 될 것이다. 요컨대, 우리는 역사적 철학을 제공해야만 할 뿐만 아니라 마땅히 철학적 역사를 재현해야만 하는 것이다.

종합하자면, 한편으로 중국철학의 독특성에 관심을 기울인다면, 중국철학사 상의 철학자들의 문제에 대한 이해, 문제를 표현하는 형식, 문제를 논의할 때 활용하는 개념과 술어가 지닌 특징 등등을 포괄해야만 한다. 만약 이런 독특성들에 충분히 주의를 기울이지 않는다면, 쉽사리 중국철학사를 중국철학이란 이름만 내건 서양철학사로 변질시킬 것이다. 다른 한편으로, 중국 특유의 표현방식 개념 명제의 체계 배후에 은연중 함축된 철학적 의미를 깊이 있게 드러내야만 한다. 이러한 점에서, 우리는 분명 구체적인 분석에서 존재론 인식론 논리학 윤리학 역사관 역사철학과 같은 철학이론 및 철학범주들을 활용할 필요가 있다. 일단 이러한 철학이론과 철학범주를 활용하는 것이 중국철학을 서양화하는 것이라고 여기는 것은 옳은 듯하지만 잘못된 피상적인 논의다. 여기서 중요한 점은 분석의 적절성 여부이지, 상술한 측면에서의 분석을 진행할지의 여부가 아니다. 만약 사상적 자료의 나열에만 만족한다면, 우리는 시대적 의미를 지닌 중국철학사를 펼쳐 보일 수 없을 것이다.

4

근대로 진입한 이후, 중국철학의 형태에는 중요한 전환이 나타났다. 중국 근대철학과 중국 고대철학은 논의되는 문제의 내용과 성격 그리고 형태에서 역사적 연속성을 지니고 있을 뿐만 아니라, 다양한 측면의 차이를 드러내고 있다. 진한秦漢 시대 이후로, 중국 고대철학의 발전에서의 사회적 배경은 근본적으로 상대적 안정상태에 놓여 있었다.

이런 특징은 중국 고대철학에도 체현되어 있다. 근대 이후의 시대는 극렬한 변화를 발생시켰는데, 이런 변화 역시 마찬가지로 중국 근대철학에 반영되어 있다.

중국 근대철학을 고찰할 때에는, 그것과 고대철학의 상이한 특성에 충분히 주의를 기울일 필요가 있다. 풍설馮契선생은 중국 고대철학과 중국 근대철학에 관해 저술하면서, 일찍이 각각 『중국고대철학에서의 논리의 발전』과 『중국근대철학에서의 혁명의 진행과정』이라고 제목을 달았었는데, "논리의 발전"과 "혁명의 진행과정"이란 말은 두 시대의 다른 특징을 반영한 것이다. 중국근대철학의 발전의 배경에서 보자면, 마땅히 두 가지 측면에 주목해야 하는데, 하나는 관념의 차원이다. 이 차원은 주로 '서학동점西學東漸'과 관련되는데, 이는 중국 근대철학에 대한 내용과 형식 모두에 대해 실질적인 영향을 미쳤으니,' 서학동점西學東漸' 및 중국과 서양철학 사이의 상호작용이 중국 근대철학을 고찰하는 데에 있어 중요한 전제를 이룬다고 말할 수 있다. 두 번째 측면은 사회적 변천이다. 근대사회의 변천에 관해서는 이를테면 "삼천년 동안 존재한 적 없던 대격변[三千年未有之大變局]"과 같은 식으로 서술하는데, 이 역시 한 측면에서 근대시기의 사회변화의 급격함을 반영한 것이다. 근대의 사회적 변천에 관한 역사적 내용은 전근대 혹은 전현대로부터 근대 혹은 현대로의 끊임없는 이행으로 나타난다. 이러한 변천 자체는 또한 기물, 제도, 관념 등의 상이한 차원을 포괄한다. "오랑캐의 장기를 배워서 오랑캐를 제압한다[師夷之長技以制夷]"는 말이 기물의 차원에서의 변화인 것에 비해, 변법變法과 유신維新에서 추구된 것은 제도적 차원의 변화, 가치관 세계관 및 사회역사관과 관련된 것은 관념적 차원의 변화였다. 근대와 현대사회에서의 역사적 발전 가운데, 이러한 변화들의 맥락은 상이한 측면으로부터 파악할 수 있는 것이다.

철학 자체에서 보자면, 두 가지 측면에 더더욱 주의를 기울여야 할 필요가 있다. 우선 내용상에서 말하자면, 앞에서 서술한 것처럼, 풍설馮契 선생은 일찍이 "혁명의 진행과정"을 중국 근대철학의 발전을 개괄했는데, "혁명의 진행과정"이란 말은 철학 고찰방식과 문제에서의 전환 및 철학 내용에서의 변혁 등의 각도에서 이해할 수 있는 것이다. 근대 이후, 철학의 고찰방식, 철학적 문제에서의 전환과 철학 내용에서의 변혁은 뚜렷했다. '천도관天道觀'에 있어서, 세계에 대한 전통철학의 이해는 상당히 사변적 직관적 특성을 띠었다. 이에 비해, 세계에 대한 근대철학의 이해는 실증과학의 인식결과와 주로 관련된다. 그 속에는 견강부회한 점이 적지 않을 뿐만 아니라, 그것이 이해한 과학은 진정한 의미에서의 실증과학과 종종 괴리가 있었지만(이를테면 19세기 말, 20세기 초에, 중국철학은 언제나 에테르 등과 같은 개념은 활용했으며, 이를 가져다 전통철학의 일부 관념을 해석하였다), 실증과학에 대한 중시는 어쨌든 그 철학이 어떤 근대적 형식을 지니도록 하였다. 인도관人道觀에서 개체와 사회의 관계에 관해, 근대철학은 개체의 권리에 대해 항상 구체적으로 긍정하였으며, 인격의 다양화에 대해서도 상당히 중시했는데, 그 속에는 "성인이 됨[成聖]"이란 유일한 목적으로부터 평민화된 다양한 인격의 성취로 나아가는 사상적 변화 등을 함축하고 있었다. 이런 측면들은 모두 다양한 각도에서 철학적 내용의 변혁을 구체화한 것이다.

그 다음으로, 형태에서 보자면, 중국 근대철학은 근대와 현대로의 부단한 이행을 나타내며, 고전 형태로부터 근대와 현대의 형태로 전환되었다. 이러한 내재적인 경향에 대해서, 우리는 또한 두 가지 측면에서 분석할 수 있다. 첫 번째는 형식적 측면으로, 이런 차원에서는 이상의 변화는 대체로 실질적 체계에 대한 중시에서, 동시에 형식적 체계를 중시하는 쪽으로의 전환으로 나타난다. 5 4 운동 이후의 전문적 철학자들에게서, 이 점은 매우 명백하게 나타난다. 풍우란馮友蘭은 일찍이 "실질적 체계"와 "형식적 체계"를 구분하였다. '실질적 체계'는 물론 하나의 핵심 관념(또는 종지宗旨)를 지니지만, 이런 핵심 관념(또는 종지)은 결코 형식화된 방식으로 전개되는 것이 아니다. 중국 고대철학의 상이한 체계는 주로 이러한 일종의 실질적 체계로 표현된다. 근대에 이르러, 이미 매우 많은 철학자들이 형식적 측면에서 그 철학 체계를 전개하는 것을 중시하였는데, 앞에서 서술한 것처럼, 5 4운동 이후의 전문적 철학자는 이에 대해 매우 자각적인 노력을 기울였다. 풍우란馮友蘭 금악림金岳霖 등의 철학자에게서 바로 이 점을 쉽게 엿볼 수 있다. 이와 관련된 것이 논리분석에 대한 중시이다. 총체적으로 보자면, 중국 전통철학은 형식논리에 대해 종종 주의를 기울이지 못했고, 철학에서 체현되는 바에서 논리분석이란 측면에서는 상대적으로 빈약해 보인다. 실질적 체계에서 형식적 체계로의 전환 및 논리적 분석에 대한 중시는 상호 관련을 맺는데, 그것들은 형식이란 측면에서 현대로 이행하는 중국철학의 구체적인 특성을 구현했다. 두 번째 차원은 철학적 문제에 대한 논의와 철학 영역의 분화에서 구체화된다. 중국의 고대에서는 천도관天道觀　인도관人道觀과 같은 류의 총괄적 개념과 범주 하에서 세계에 대한 인식과 인간 자신에 대한 인식을 논하였다. 여기에는 물론 존재론　윤리학　인식론　논리학 등의 문제가 포괄되지만, 이러한 문제들에 관한 논의는 모두 넓은 의미에서의 천도관天道觀　인도관人道觀과 도道에 대한 궁구 등의 시야 아래에서 전개되었다. 근대에 이르고 나서, 철학적 영역과 논의되는 문제가 점차 분화되기 시작한다. 예컨대, 전통적인 천도관天道은 존재론　우주론 등의 형식을 갖게 되었고, 인도관人道觀은 윤리학　역사철학　정치철학 등의 논의 영역으로 구체적으로 전개되었고, 전통적 의미에서의 앎과 실천에 관한 논변[知行之辨]은 현대적 의미에서의 인식론으로 발전되기 시작했으며, 이름과 실제에 관한 논변[名實之辨]은 현대적인 의미에서의 논리학으로 전환되었던 것이다.

　철학적 논의영역의 끊임없는 분화와 철학의 현대적 형태로의 점차적인 이행은, 중국 근대에서 흔히 뒤얽힌 형태로 나타난다. 요약하자면, 중국 고대철학 가운데, 다양한 철학적 문제는 흔히 도에 대한 추구라는 총체적인 형태 아래에 포괄되고 응결되어 있었으며, 근대 이후에 이르러 이러한 문제들에 관한 논의는 현대화된 방식으로 다양한 영역 내에서 전개되기 시작하는 것이다. 전체적인 발전과정에서 보자면, 중국철학의 지혜에 대한 추구는 선진시대에서 비롯되었고, 현대철학 속에서 새로운 하나의 단계로 발전하기에 이르렀다. 풍설馮契선생의 '지혜설智慧說'에 근거하자면, 현대 중국철학의 체계로서의 '지혜설'은 형식과 실질에 있어 모두 중국철학의 지혜의 역정을 계승하였으며, 한편으로는 지혜에 관한 사유에 있어서의 중국철학의 면면한 지속을 드러냈다. 보다 넓은 의미에서 중국의 현대철학과 중국 고대철학에는 역사적인 연관성이 존재하고 있으며, 현대 중국철학은 새로운 차원에서 지혜로 회귀하고 있을 뿐만 아니라, 새로운 형태로 지혜에 관한 깊은 사유를 이어가고 있다. 중국철학에서의 지혜의 역정을 돌이켜 봄으로써, 우리는 중국고대철학과 중국 근대철학이 통일된 하나의 과정으로 나타남을 볼 수 있을 뿐만 아니라, 그 속에서의 논리적 맥락과 시대적 변천을 어렵지 않게 파악할 수 있다.

부록 ④
송명이학宋明理學의
내재적 논제 및
그 철학적 함의[116]

송명이학宋明理學의
내재적 논제 및 그 철학적 함의[116)

송명이학宋明理學은 한 시대의 사조思潮로서, 그 자체의 개념체계 및 논제를 갖는다. 철학적 차원에서 말하자면, '이理'와 '기氣' '심心'과 '이理' '심心'과 '성性' 그리고 '도심道心'과 '인심人心' '기질지성氣質之性'과 '천지지성天地之性' 등의 개념 이면에서, 이학理學은 "어떻게 만물은 존재하는가?" 또는 "세계의 근원은 무엇인가?"와 같은 천도天道의 영역에 속하는 형이상학적 문제들을 논할 뿐만 아니라, "무엇이 인간인가?", "무엇이 이상적인 인격인가?" 그리고 "무엇을 해야만 하는가?", "어떻게 행해야만 하는가?" 등의 인도人道 영역에서의 문제를 궁구한다. 보다 일반적인 차원에서, 그 주안점은 더 나아가 '당위[當然]'와 '실연實然' '필연' '자연' 사이의 관계를 가리키고 있다. 이는 중국철학에서 논의되는 천도天道와 인도人道의 관계에 관련될 뿐만 아니라, 보편적인 철학적 논의영역 중에서 존재론 윤리학이 가치론과 상호 융합하는 지점을 구현하는 것이다.

---

116) 이 글은 2011년 3월 필자가 상해중구국제공상학원上海中歐工商學院에서 강의한 내용이다.

1

송명이학宋明理學은 중국사상의 발전과정에서 중요한 한 페이지를 차지한다. 그 중요성은 단순히 그 내용에서 뿐만이 아니라, 그 연속된 역사적 시기에서도 체현된다. 주지하듯, 중국사상사에서는 일찍이 선진제자학先秦諸子學 양한경학兩漢經學 위진현학魏晉玄學 수당불학隋唐佛學을 포함하는 일련의 중요한 사조가 출현하였는데, 그 다음이 바로 송명이학宋明理學이다. 이러한 사조들 가운데, 송명이학宋明理學은 가장 오래 지속되었는데, 전후로 거의 7백년의 시간을 거치며, 송宋 원元 명明 왕조를 뛰어넘는다. 이를 통해, 한편으로 중국사상사와 철학사에서 차지하는 지위와 중요성을 엿볼 수 있다.

일반적인 의미에 입각해 말하자면, 이학理學은 심성心性과 천도天道를 논의의 대상으로 한다. 선진시기의 시작부터, 유가는 한결같이 성性과 천도天道를 궁구해왔다. 여기서의 '성性'은 무엇보다도 인간의 존재와 연관되는 것으로, 그 의미를 확장시키자면, 그것은 또한 인생의 의미에 대한 관심 정신세계에 관한 이해 등의 문제와도 관련된다. 한편 천도天道의 경우, 주로 세계의 '존재[在]'와 관계된 것으로, 천지만물의 발생 및 그 존재의 근거 등을 포괄한다. 이학자들은 또한 이론적 차원에서 이런 문제에 대한 비교적 치밀하고 상세한 고찰을 행했다. 간추리자면, 이학理學이 논의하는 대상은 우주와 생명, 성性과 천도天道라는 가장 일반적인 원리인 것이다.

역사적인 시각에서 보자면, 이학理學의 발생에 전혀 근원이 없는 것은 아닌데, 그 형성과 발전은 이전의 중국사상의 발전과 긴밀하게 연관된다. 왜냐하면 이학은 이전 학술의 발전과 축적에서 비롯된 성과에 근거하고 있을 뿐만 아니라, 동시에 이러한 사상적 성과들에 대한 새로운 해석이기 때문이다. 이학과 이전 사상의 관계에 관해서는, 일반적으로 논의되는 것처럼, 유儒·석釋·도道 3자 간의 상호작용에 주목할 필요가 있다. 이학理學은 흔히 신유학新儒學(Neo-Confucianism)이라고도 불리는데, 이런 명칭은 이학에 체현되어 있는 것이 이전의 유학 이론과 연관됨을 일컫는다. 실제로 우리는 확실히 신유학이 이전의 유학, 특히 선진시대 유학을 자각적으로 계승하면서, 그에 대해 다양한 측면에서 해명하였음을 볼 수 있다. 유儒 석釋 도道 중에서, 석釋은 곧 불교이며, 도道는 도가道家와 도교道敎를 포괄한다. 불교와 도가 도교에 대한 이학理學의 태도는 이중성을 지니고 있다. 즉, 한편으로 형식적 측면에서 보자면, 이학자들은 유학을 수호한다는 시각을 가지고, 불교와 도교에 대한 비판과 공격에 온 힘을 기울였는데, 이러한 비판 속에서, 이학은 동시에 유가의 일부 원리와 관념을 해석하고 강화시키기도 하였다. 다른 한편으로, 그들은 또한 불교와 도가 도교의 사상을 다방면으로 흡수했으며, 이를 통해 유학 자체가 풍부해지고 발전할 수 있도록 하였다. 앞에서 이학理學의 중심문제가 심성心性 및 천도天道와 관련이 있다고 제시하였는데, 실제로는 전통유학이 매우 일찍부터 이러한 문제들에 대해 논의하기 시작했으며, 불교와 도가 도교는 독특한 방식으로 마찬가지로 이런 두 가지 측면에 관련되었다. 각종 종교 가운데, 불교는 정신적 활동과 심리현상에 대한 분석에서 보다 정교하고 치밀했던, 하나의 학파라고 할 수 있다. 한편 도가와 도교는 애초부터 천도 및 자연 우주의 근원과 발전변화 도와 만물의 관계 등에 대해, 다양한 차원에서 고찰하였다. 이학理學은 불佛 도道의 이러한 사상들을 다양한 정도로 흡수했다. 이러한 흡수는 또한 이학이 유학을 다양하게 심화시키기 위한 이론적 자원을 제공하기도 하였다.

요컨대, 한편으로, 불학이 흥성한 이후, 어떻게 유학을 거듭 새롭게 부흥시킬 것인가가 당시 유학을 정체성으로 하는 사인士人이 당면한 중요한 문제의 하나였는데, 어떠한 의미에서는, 이학理學이 이런 역사적 사명을 떠맡았다고도 말할 수 있다. 이와 관련해, 이학의 흥기는 또한 유학의 부흥으로도 볼 수 있는 것이다. 다른 한편으로, 이학은 불교와 도가 도교를 비판하면서도 흡수했고, 배척하면서도 융합하였는데, 이런 의미에서, 이학의 특징 중의 하나를 유儒 석釋 도道의 융합으로 파악하는 것은 확실히 역사적 근거를 지닌 것이기도 하다.

2

    한 시대의 사조로서의 이학理學은 내부적으로 여러 학파와 인물을 가지고 있었고, 학파의 구분은 구체적인 문제에 대한 탐구 및 논의와 하나로 긴밀히 얽혀져 있었다. 간략하게, 이런 구체적인 문제들을 아래와 같은 몇 가지 측면으로 구분할 수 있다.

    우선 이리와 기기의 관계다. '이리'라는 개념은 물론 선진시대에 이미 나타나지만, 그것을 하나의 철학범주로 집중적으로 논의하는 일은 송명시대에 출현했다. '이리'에 관한 논의는 또한 '기기'와 연관된다. 현대 철학의 시야에서 볼 때, '이리'는 일반적 원칙 본질 또는 형식에 가깝고, '기기'는 세계를 구성하는 질료와 관계된다. 자연관이란 차원에서, 이기理氣 관계에 관한 논의는 주로 다음과 같은 문제와 관련된다. 즉, 두 가지 가운데 대체 어떤 것이 본원적인 성격을 띠는가? 사물의 형식과 본질인가 아니면 사물의 질료인가? 이 두 가지는 선후관계를 갖는가 그렇지 않는가? 이러한 문제들은 세계에 대한 이해와 연관되어 있다. 이상의 문제에 관한 논의와 관련해, 이학理學은 양대의 학파로 구분된다. 즉, 하나는 기기를 중시하는 학파이고, 또 다른 하나는 이리를 중시하는 학파이다. 기학氣學에서 대표적인 주요인물은 장재張載이고, 리를 중시하는 철학자로는 이정二程(정호와 정이)과 주희朱熹 등이 있다. 이기理氣의 관계에 관한 논의는 동시에 도기道器의 관계에 대한 논변과 관련을 맺기도 한다. 앞에서 서술한 것처럼, 이기理氣의 관계에서 '기기'는 주로 세계를 구성하는 질료로 이해되며, 도기道器의 관계에서 '기器'는 무엇보다도 경험적 영역에서의 특정한 사물을 나타내는데, 도기道器에 관한 논변은 형이상학과 형이하학의 영역, 보편원리와 경험적 대상 사이의 관계에 관련된다. 보다 광범위한 차원에서 보자면, 이기관계와 도기관계에 관한 분석은 동시에 일반과 개별 보편과 특수 등의 관계를 포괄하는 것이다.

    이리는 단지 외부세계와 천도에 연관될 뿐만 아니라 내재적 심성과도 관련되는데, 이로부터 마음과 이리의 관계에 관한 문제가 발생한다. 마음[心]은 대체로 개체의 정신활동 심리현상 의식관념에 연관된다. 의식활동 및 그 결과와 관련지을 때, 마음은 언제나 각각의 개체로서의 인간과 분리될 수 없으며, 상이한 개체에게서 구체화된다. 왜냐하면 마음 정신 의식은 언제나 특정한 개체에게서 발생하며, 이러한 개체는 피와 뼈를 가진 구체적인 존재이기 때문이다.

이에 비해, 이리는 일반적 원칙 규범을 지향하는데, 이런원리는 보편성을 지닌 것으로 개체에만 국한되는 것은 아니다. 일반적 원칙 규범은 단순히 특정한 개인에게만 작용하는 것일 수 없으며, 그것들은 언제나 개인을 초월해 보편적으로 규제하는 작용을 하기 때문이다. 개인을 초월한 보편적 원칙(理)과 개체에 내재된 정신 의식(心) 사이의 관계는 어떻게 이해해야만 하는가? 일반적 원칙은 하나 하나의 개체가 마땅히 실현해야만 하는가? 어떻게 실현되는가? 이것이 바로 심心과 이리의 관계에서 논의되어야만 하는 문제인 것이다. 이런 문제와 관련된 두 개의 상이한 학파가 심학心學과 좁은 의미에서의 이학理學이다. 심학은 초점을 개체의 마음에 두는데, 심학은 개체의 존재를 또한 보다 중시한다. 어떤 의미에서, 심학은 보편원칙과 규범이 오직 각 개인에게 실현되고 내면화되었을 때, 실제적으로 작용할 수 있다는 점에 주목한다. 이학은 원칙의 보편성을 보다 중시하고, 원칙 자체가 위배될 수 없음을 강조하는데, 각 개체는 모두 이런 보편원칙을 반드시 준수해야만 하는 것이다. 여기에서 알 수 있듯이 이학은 넓은 의미와 좁은 의미로 이해할 수 있다. 즉, 넓은 의미에서 보자면, 이학은 송명 시대의 주류적 사조를 광범위하게 가리키는데, 기氣나 심心 또는 이리를 중시하는 다양한 학파를 포괄한다. 한편 좁은 의미에서의 이학은 '이리와 기氣'(도道와 기氣) '심心과 이리' 등의 관계에서, '이리'(道)를 제일원리로 삼고, 이리와 도道가 근원적이라고 인식하는 학파이다.

심心과 이리의 문제와 심心과 성性의 문제는 긴밀히 관련된다. 즉 심心과 이리에 대한 위치설정은 이론적으로 심心과 성性의 관계와 관련되는 것이다. 이학의 논의 영역에서 '성性'은 주로 '리'를 구체적인 내용으로 하며, 그것이 인간의 본질을 규정한다. 이학가에게 인간이 인간이 되는 본질은 바로 '리'에서 비롯되기 때문이다. 일반적으로 말해, 심心과 성性 두 가지 가운데, 심학의 입장을 견지하는 경우 개체의 마음을 비교적 중시하며, '이'를 제일원리로 삼는 경우에는 성을 보다 중시한다. 성性과 이리의 합일은 보편적 본질을 체현하며, 심心은 주로 개체성에 관한 규정을 체현한다. 심성心性에 관한 논변과 심心 이理의 관계의 상호관계는 이학理學이 논의하는 주요 내용을 구성한다. 심성心性이란 차원에서 논의는 또한 "기질지성氣質之性"과 "천지지성天地之性"의 구분과도 연관된다. "기질지성"이 체현하는 것은 무엇보다도 생물학적 의미에서의 인간의 감성에서의 규정이다. 한편 "천지지성"은 상당히 도덕적 의미를 드러내는 것으로, 도덕적 주체로서의 인간이 지닌 본질을 뜻한다. "기질지성"과 "천지지성"의 관계에 관한 논의는 무엇이 인간인지에 대한 이해와 관련되는 것이다.

심心 · 성性과 관계되는 문제로 또한 인심人心과 도심道心에 관한 분석이 남아 있다. 인심人心은 주로 인간의 자연적 욕망, 이를테면 굶주리면 먹고 싶어 하고, 목마르면 물을 마시고자 하는 것과 종류의 욕망을 가리킨다. 도심道心은 정신성 또는 이성의 추구에서 체현되는 것으로 이를테면 완전한 덕성을 갖추기를 바라는 것이나, 성인이 되고자 하는 의향 등과 같은 것이다. '인심과 도심' '자연적 욕망과 숭고한 도덕적 추구' 사이의 관계는 어떻게 이해해야만 하는가? 이것이 인심과 도심에 관한 논변이 관련되는 문제이다. 인심과 도심에 관한 논변과 상응하는 것이 '이理'와 '욕欲' 사이의 관계이다. 이학理學에 관해 말할 때, 일반적으로 '천리'와 '인욕'에 관한 논변을 떠올리게 되는데, '이理' '욕欲'의 관계에 관한 논의는 분명 이학의 주요한 측면을 구성한다. 여기서의 '욕欲'은 인간의 감성 혹은 자연적 욕망을 가리키며, '이理'는 이성의 요구를 나타낸다. '이理' '욕欲'의 관계가 관련되는 점이 바로 인간의 자연적 욕망과 인간의 이성적 추구 사이를 어떻게 위치지울 수 있는가의 문제인 것이다. 총체적으로 보자면, '이理'와 '욕欲'의 관계에서, 이학자들은 흔히 '도심'과 '이'에 대해 보다 많은 관심을 기울였다. 물론, 개체의 마음에 대한 긍정과 관련짓자면, 심학의 입장은 '인심'과 '욕'을 허용하는 어떤 이론적 공간을 제공하는 것이다.

이학理學에서 '이理와 기氣' '심心과 이理' '심心과 성性' '이理와 욕欲' 등의 문제에 관한 논의는 또한 다시 '앎과 실천에 관한 논변[知行之辨]'과도 연관된다. 천도天道 차원이든 인도人道에 관한 영역에서든, 모든 경우에 '이'와 '도'에 대한 파악과 관련되는데, 궁리窮理 격물格物 치지致知 등의 말은 모두 이런 측면의 문제와 관계된 것이다. 또 다른 측면에서,

'심과 이' '심과 성' '이와 욕'에 관한 분석은 또한 인간 자신의 성취, 즉 이른바 인격의 완성[成人]이나 성인이 되는 것[成聖]을 지향하는데, 완전한 인격은 내재적 덕성으로 나타날 뿐만 아니라, 외재적 덕행으로 구체화되는 것이다. 이로부터, 앎과 실천의 관계에 관한 문제가 발생한다. 즉, 어떻게 궁리와 치지를 통해 도덕적 의식을 함양할 것인가? 도덕적 인식은 도덕적 실천에 근거할 필요가 있는가? 어떻게 선善에 대한 앎에서 선을 실천하는 데에로 나아갈 수 있는가? 이런 문제들이 앎과 실천에 관한 논변의 구체적인 내용을 구성하는 것이다.

3

이상이 이학理學의 주요한 논제이다. '이理'와 '기氣'('도道'와 "器"), '심心'과 '이理', '심心'과 '성性', '도심道心'과 '인심人心', '지知'와 '행行' 등은 모두 이학에서 활용되는 언어와 개념이다. 이러한 언어 개념들의 배후에는 도대체 어떠한 철학적 문제들이 깔려 있는가? 바꿔 말해 이학의 언어 개념으로 표현되는 이상의 문제는 도대체 무슨 철학적 내용을 지니는가? 이는 확실히 더욱 상세히 분석할 필요가 있는 것이다.

먼저 '이理' '기氣'('도道' '기器')의 관계를 보자. '이理' '기氣'('도道' '기器')에 관련된 것은 세계에 대한 이해의 문제로, 무엇이 존재하는가, 어떻게 존재하는가란 의문을 포괄한다. 구체적으로 말해, 세계의 근원과 근거는 무엇인가, 물질의 구성 질료와 보편적 법칙 사이의 관계는 대체 어떠한 관계인가, 특정한 대상과 일반적 법칙 사이의 관계는 어떻게 이해해야만 하는가 등의 질문인 것이다. '기氣'와 '기器'는 언제나 구체적인 사물과 관련되며, '이理'와 '도道'는 보편적인 법칙으로 나타나는데, 보편적 법칙은 구체적인 대상 속에 내재하는 것인가, 아니면 구체적인 사물을 초월한 것인가? 이런 문제들은 인간이 세계를 이해할 때 회피할 수 없는 것으로, 중국철학에서, 그것은 "천도天道"의 영역에 속하는 것이다. 무엇이 존재하며, 어떻게 존재하는지를 궁구의 내용으로 삼는, 이러한 문제는 동시에 형이상학적 성격을 지닌 것이다.

이기理氣에 관한 논변과 연관된 것이 '심心'과 '이理', '심心'과 '성性'의 관계이다. 이기理氣 관계는 무엇보다 천도를 가리키는데, 이와 대비해, '심心'과 '이理', '심心'과 '성性'은 주로 인간의 존재와 연관되어, 인도의 영역에 속한다. 천도의 영역의 논제인 '이理' '기氣'에 관한 논변은 주로 인간 외부의 세계 또는 우주를 논한다면, '심心'과 '성性', '심心'과 '이理'에 관한 탐구는 외부세계로부터 인간 자신에게로의 회귀를 의미하고 있다. 앞에서 서술한 것처럼, "천도"라는 관념이 관심을 두는 것은 외부세계이고, 무엇이 존재하는가라는 문제를 우선하지만, "인도"는 인간과 연관된 문제로서, 인간은 무엇인지를 구체적으로 궁구한다. 학파를 달리하는 여러 인물이 모두 '인간은 무엇인가'라는 문제를 궁구하였다. 선진시대에 유가는 "인간과 금수에 관한 논변[人禽之辨]"에 엄격했는데, 이것이 관련되는 것은 인간과 동물(금수)의 구분일 뿐이다. 즉, 도대체 무엇이 인간과 금수를 구분해주는가, 인간이 인간이 됨은 도대체 무엇을 그 근본적인 규정으로 하는가를 묻는 것이다. 이러한 문제들은 더 나아가 이학理學에서의 '심心과 성性' '심心과 이理'의 관계와 관련된다. 인간은 '이理'의 화신 혹은 천리의 인격화로 이해되어야 하는가 아니면 마땅히 피와 뼈를 가진 구체적인 개체로 파악되어야 하는가? 이것이 이학이 관심을 기울인 문제 가운데 하나인 것이다. 실제로 이학理學이 논의하는 '심心과 성性' '심心과 이理'의 관계에서의 문제와 "기질지성"과 "천지지성"에 관한 논변은 모두 "무엇이 인간인가"라는 근원적 문제와 관련을 맺고 있다. 철학적 차원에서 개괄하자면, 여기에 관련된 것은 바로 다음과 같은 문제이다. 인간은 결국 단지 이성적 본질만을 내포하는가 아니면 동시에 감성적 규정도 지니는가? 인간은 천리 또는 도심의 추상적 화신인가 아니면 구체적인 존재인가? '심리心理', '심성心性'에 관련된 문제는 모두 이와 관련된 것이다.

"인간이 무엇인가?"와 관련된 것이 "인간은 마땅히 무엇이 되어야만 하는가?(무엇이 이상적 인격인가?)"라는 문제이다. "인간이 무엇인가?"는 우선적으로 실제 상태[實然]과 관련된 것으로, 그 문제는 주로 '실제 상태란 각도에서 볼 때, 인간이 도대체 어떤 존재인가?'에 달린 것이다. "인간이 마땅히 무엇이 되어야 하는가?(무엇이 이상적 인격인가?)"는 '당위'의 문제와 관계되어 있다. 앞에서 서술한 것처럼 실제 상태란 각도에서 보자면, 인간은 '이理'의 화신으로 이해될 수도 있고, 피와 뼈를 가진 구체적인 개체로 이해될 수도 있다. 그러나 인간이라는 존재는 이러한 하나의 사실의 차원에 머무르거나 만족하지 않으며, 인간은 또한 자기의 이상을 추구하고자 한다. 그렇다면, 이상적인 인간(바로 실현하기 위해 노력해야만 하는 인격)은 도대체 어떠한 내용을 가지고 있는가? 중국철학, 특히 유가 철학에서, 이상의 문제는 주로 이상적 인격의 함양과 연관된다. 내재적인 논리에서 볼 때, "무엇이 인간인가?"와 "무엇이 이상적 인격인가?"라는 두 가지 문제는 완전히 무관한 것이 아니다. "무엇이 인간인가?"에 대한 이해는 이상적 인격에 대한 규정을 내재적으로 제약하고 있기 때문이다. 인간이 이理의 화신이라는 전제에서 출발하자면, 이상적 인격은 종종 순유醇儒라고 규정되는데, 그 내재적 인격도 이에 따라 보편적 천리로 구성되기 때문에, 약간의 인욕 감성의 관념이 그 사이에 섞여들 수 없다. 한편 인간이 감성이란 규정을 포함하는 구체적인 존재라는 관념에서 출발한다면, 천리를 실현하고 덕성을 추구하는 동시에, 인간에 관한 감성적 규정에 적당한 지위를 부여할 것을 요구한다. 다시 말하자면, 이상적 인격을 추구하는 동시에, 감성으로 규정된 존재로서의 '합법성'을 긍정해야만 하는 것이다.

　"무엇이 인간인가?"와 "무엇이 마땅히 그래야만 하는 인간인가?"(이상적 인격)에 관한 논의는 언제나 덕성德性과 덕행德行의 관계로 이끈다. 사실상, 이학理學에서 심성心性 등의 문제에 관한 논의는 필연적으로 '덕성'과 '덕행'에 관련된다. '덕성'은 내재적 인격과 관계되며, '덕행'은 도덕적 행위로 나타나는 것이다. 어떻게 도덕적 행위를 이해해야 하는가? 이 문제는 구체적으로 '자각'과 '자발성'의 관계라는 문제와 관련된다. 도덕 행위는 확실히 보편적 이법[理]의 요구를 준수해야만 하는 것이지만, 단순히 보편적 이법을 준수하고 무조건적으로 천리의 명령을 집행한다면, 이런 행위는 물론 자각적인 것이라 할지라도, 반드시 인간의 내재적 바람과 일치하는 것은 아니다. 자각적으로 천리의 요구 또는 보편적 원칙을 이해하고 수용하는 것 이외에, 또한 개인 자신의 바람을 고려해야만 하는가? 도덕행위는 결국 자각적인 행위일 뿐인가 아니면 동시에 자발적인 것이어야만 하는가? 이런 문제에 관해 각종 논쟁이 존재하고 있다. 비교하여 말하자면, 이理를 제1원리로 하는 이학자들은 행위의 자각적인 차원을 보다 중시하며, 마음을 근거로 이理를 설명하는 철학자들은 행위가 동시에 자발성을 지녀야만 한다는 점을 긍정한다.

심心과 성性, 심心과 이理에 관한 분석 이면에 도덕행위의 성질 및 특성에 관한 문제가 구체적으로 관련되어 있음을 볼 수 있는 것이다.

덕행을 완성함과 덕성을 완성함은 구분될 수 없다. 어떻게 덕성을 완성할 것인가라는 문제는 중국철학에서 구체적으로 '성인지도成人之道'를 가리키는데, 여기에 관련된 것은 인격을 완성하는 방식과 방법이다. 인격을 완성하는 방식과 방법은 어떻게 이해해야 하는가? 이 문제는 앎과 실천 그리고 '존덕성尊德性'과 '도문학道問學'에 관한 이학자들의 논의와 관련된다. 개괄적으로 말하자면, 앎과 실천에는 물론 보다 광범위한 내용이 주어지지만, 이학理學의 논의 영역 내에서, 그것은 무엇보다도 도덕적 인식과 도덕적 실천의 관계와 관련되어 있다. 앎과 실천의 선후, 앎과 실천의 구분과 합치 등의 문제에 관한 논의는 흔히 덕성을 성취하는 방식 및 덕행을 전개하는 과정에 대한 상이한 이해로 체현된다. 이와 관련해, '존덕성尊德性'이 중시하는 것은 외부적 규범이 어떻게 개체의 내재적 덕성과 성품으로 전환될 수 있는가, 다시 말해 보편적 규범　원칙 지식을 개체의 내재적 의식으로 변화시키고, 이로 인해 점차 완전한 덕성을 형성시키고 일종의 이상적 인격의 경지에 도달하는가에 있다. '도문학道問學'은 주로 지식의 성취를 공부의 출발점으로 삼는 것으로, 다시 말해 외재하는 사물을 규명하고 천하의 이치를 궁구하여, 끊임없이 천하 만물의 이치를 이해하고 사회적 윤리규범을 파악함으로써, 이상적 인격으로 발전해 나가는 것이다. 전자가 외재적 규범의 내화에 치중한다면, 후자는 이성적인 앎의 축적에 어떤 우선성을 부여한다. 이런 두 가지의 방법은 상이한 방향을 구체화한 것으로, 이학자들 가운데 여러 인물과 여러 학파는, 이 문제에 관해, 흔히 각자마다의 주안점을 두고, 상이한 입장을 나타냈다.

4

보다 일반적인 시각에서 보자면, 이학理學의 논의 영역 속에서 이상의 문제는 동시에 '당위[當然]' '실제 상태[實然]' '필연必然' '자연自然' 사이의 관계를 가리킨다. '당위[當然] '실제 상태[實然]' '필연必然' '자연自然'은 철학적 관념으로서, 다양한 측면의 이론적 내용을 포괄한다. 이기理氣 심성心性 등의 문제에 대한 이학자들의 논의는 또한 상이한 측면에서 이상의 관념이 포괄한 철학적 문제와 연관되어 있다.

이른바 '당위'는 규범적인 개념에 속하는데, 그 가운데에는 어떻게 해야만 하는지에 관한 규정을 포괄하고 있는데, 이를테면 무엇을 해야만 하는지, 어떻게 해야만 하는지 등이다. "무엇을 해야만 하는가?"는 당위의 원칙과 관련되고, 그 배후에는 책임 또는 의무가 깔려 있으며, "어떻게 해야만 하는가?"는 행위의 방식과 방법에 관련되는 것이다. "무엇을 해야만 하는가?"가 포함하는 의무와 책임은 사회 속에서 개체가 놓여 있는 관계와 떠맡아야 할 역할과 관련되는데, 일정한 사회적 관계는 흔히 개체와 관련된 책임과 의무를 존재론적 차원에서 규정한다. 이런 책임과 의무는 추상화되고 형식화된 이후에, 다시 더 나아가서 "당위적 원칙"의 형태를 띠는데, 이는 보편적 규범으로, 그것은 그에 관련된 개체가 무엇을 해야만 하며, 어떻게 해야만 하는지를 규정한다. 이학理學에서 논의되는 '이理'는 매우 다양한 측면에서 '당위'와 관련되는 것인데, 그 중에 인간에 대한 책임과 의무에 관한 규정이 포함되어 있다. 형식적 차원에서, '이理'는 또한 일반적 원칙 규범으로 표현된다. 여러 학파의 이학자들은 이런 논의 영역에서의 '이理'에 대하여, 또한 언제나 상이한 이해를 지니고 있는데, 이는 당위와 실제상태 필연 자연의 관계와 관련되어 있다.

보편적 규범으로서의 당위는 그 현실적인 근거를 지니고 있는가? 이 문제는 당위와 '실제상태[實然]'의 관계와 관련되는 것이다. 당위의 원칙은 넓은 의미에서 사회질서를 위한 어떤 보증을 제공하는데, 규칙 그 자체든, 아니면 규칙이 보증하는 질서이든, 중국철학에서는 모두 인도人道의 영역에 속한다. 중국철학에 있어, 인도人道와 천도天道는 나누어질 수 없으니, 인도人道의 의미에 해당하는 당위의 원칙 인륜적 질서와 천도天道의 의미에 속하는 존재의 질서 역시 완전히 서로 멀리 떨어질 수는 없는 것이다.

　이학자 중에 '기氣'를 중시하는 학파는 이상의 차원에서의 인도와 천도의 관계에 대해 상당히 많은 관심을 기울였다. 예컨대 장재張載에게서, 기氣의 취산은 혼잡하고 무질서한 것이 결코 아니었으며, 그 사이에 내재적인 조리를 포함한다. 즉, "천지의 기는 모이고 흩어지며 온갖 경로로 나아가 취하지만, 그 이치는 순조로우며 어그러짐이 없다. 기가 물질이 됨에, 흩어져 형체가 없게 되더라도 본래의 본체를 얻게 되고, 모여서 형상을 갖게 되더라도 본래의 성질을 잃지 않는다[天地之氣, 雖聚散攻取百涂, 然其爲理也, 順而不妄. 氣之爲物, 散入無形, 適得吾體, 聚爲有像, 不失吾常]."(『張載集』, 7쪽)는 것이다. "순조로우며 어그러짐이 없다[順而不妄]"는 것은 따르는 법칙이 있음을 뜻한다. 천도天道의 영역에서의 이러한 질서는 인도人道의 영역에서도 마찬가지로 체현된다. 즉, "생겨남에 선후가 있어 '하늘의 순서'가 되는 근거이며, 크고 작음 높고 낮음이 서로 함께하고 서로를 나타내니, 이것을 '하늘의 질서'라고 일컫는다. 하늘이 만물을 낳음에는 순서가 있고, 만물이 형체를 갖춘 다음에는 질서가 있으니, 순서를 알고나서야 경經이 올바르게 되고, 질서를 알고나서야 예가 행해진다[生有先後, 所以爲天序, 小大高下, 相倂而相形焉, 是謂天秩. 天之生物也有序, 物之旣形也有秩, 知序然後經正, 知秩然後禮行.]"(위의 책, 19쪽)는 것이다. '하늘의 순서'와 '하늘의 질서'는 자연적 질서(실제상태)에 속하며, '경經'과 '예禮'는 사회적 질서(당위)와 관련된다. 장재의 이해에 따르면, 경經의 올바름과 예禮의 행해짐은 "순서를 앎"과 "질서를 앎"을 근거로 하는데, 이런 관점의 전제는 천도天道(자연적 질서)와 인도人道(사회적 질서)의 관계인 것이다. 여기에서, 천도에 관한 고찰은 구체적으로 인도로 이끌리며 인도에서 체현되는 것이다. '당위'와 "실제상태"에 대한 이상의 소통은 어떤 사변적인 의미를 지닌 것이지만, '당위'가 현실적 근거를 지님을 그것이 긍정한다는 점에 입각하자면, 이런 사유 경향은 여전히 의의를 지닌다. 이런 측면에서 보자면, 이학理學 중의 '기氣'에 관한 논의에서, 그 의의는 천도관이란 차원에서 이理 기氣를 나눌 수 없다는 것을 주목했다는 데에 있을 뿐만 아니라, 당위의 세계와 실제의 세계를 소통시키려는 목적을 내포하고 있다는 데에 있다.

'당위'는 '실제상태'와 관련될 뿐만 아니라, 또한 '필연'과도 관련되는데, 이러한 '필연'은 대체로 '이理'에 체현된다. '기氣'는 주로 일종의 실제적인 존재로 나타난다. 현실세계는 모두 실제적 질료인 '기'로 구성되기 때문이다. '이理'는 천도라는 차원에서 볼 때, 세계의 보편적 법칙에 내재한 것으로, 이러한 보편적 법칙은 필연적인 성질을 지니고 있어, 위배할 수 없는 것이다. 이학理學에서 '이理'를 중시했던 철학자, 이를테면 이정二程 형제와 주희는 종종 '당위'로서의 책임　의무, 아울러 인간이 마땅히 준수해야 하는 행위의 준칙　규범을 필연으로 간주했으며, 이런 준칙　규범의 근거가 '이理'에 달린 것이라고 강조하였다. 논리적으로, 천도적 의미에서의 법칙으로서 '이理'는 필연이라는 속성을 지니기 때문에, 당위의 원칙을 '이理'라고 간주한 것은 또한 '당위'를 '필연'으로 삼는다는 것을 의미하고 있다. 이러한 사유 경향은 이기理氣의 관계에서 이理를 제1원리로 삼으며 심성心性의 관계에서 성性의 실체로서의 주도성을 강조하는 입장과 이론적으로 일치하는 것이다. 이理의 우위를 부각시키는 것은 내재적으로 '필연'을 강조하는 이론적 경향을 내포하기 때문이다.

　행위의 준칙으로서 '당위'는 인간의 규범체계와 관련되며, 구체적인 실천영역에서 볼 때, 규범의 형성은 언제나 현실적 존재(실제상태[實然])에 근거한 것일 뿐만 아니라, 현실적 존재가 포괄되는 법칙(필연)을 근거로 한다. 대상 세계와 사회영역에서는 모두 필연적 법칙이 존재하는데, 규범체계는 한편으로 인간의 가치목적과 가치이상을 구체화한 것이자, 다른 한편으로는 필연적인 도道에 대한 파악을 전제로 하므로, '필연'과 상충하는 것은 실제적인 인도와 규제란 의미를 지닌 규범이 되기 어렵다. 이정二程과 주희가 '당위'와 '필연'의 상관관계를 긍정한 점은 확실히 이 점을 드러낸 것이다. 그러나 '당위'는 또한 인간의 목적　필요와 관련되며, 아울러 어떠한 약속이란 성격을 포함한 것이기도 하다. 규범의 형성이란 측면에서 말하자면, 어떤 실천적 영역의 규범이 언제 출현하고 어떤 형식으로 드러나는지는 흔히 우연적인 성질을 지니며 그 가운데 필연성을 포함하지 않는다. 동시에 규범의 작용과정은 필연적으로 인간의 선택과 관련되는데, 인간은 어떤 규범을 따를 수 있을 뿐만 아니라 이런 규범을 어기거나 파기할 수도 있다. 따라서 이런 선택은 인간의 내재적 바람과 관련되는 것이다. 이에 비해, 필연으로서의 법칙(자연법칙을 포괄하는)에는 파기와 부정이라는 문제가 존재하지 않는다. 규범과 법칙의 이상과 같은 차이가 '당위'를 '필연'과 동일시할 수 없음을 규정한다.

'당위'를 '필연'으로 삼는 논리적 결과는 우선 '당위'에 운명으로 정해진 성격을 부여하는 것이었다. 이理의 당위와 이理의 필연적 근거에 대해 한발 보다 상세히 정의하면서, 주희는 다음과 같은 점을 지적하였다. "리에서 당위는 인민이 불변의 도리로 지키는 것을 말하는데, 백성이 일상으로 삼는 것이다. 성인께서 예악형정을 제정함에 모두 백성이 그에 따를 수 있게 만드는 것에 근거했으니, 그 필연적 근거는 모두 천명의 본성에서 근원하지 않음이 없다[理之所當然者, 所謂民之秉彛, 百姓所日用者也. 聖人之爲禮樂刑政, 皆所以使民由之也. 其所以然, 則莫不原於天命之性]."(『論語或問』, 8권) "불변의 도리로 지키는 것[秉彛]"이란 천부적인 것, 운명으로 정해진 것이라는 의미를 포함하니, 리의 당위를 "인민이 불변의 도리로 지키는 것[民之秉彛]"이라는 말은 당위를 천부적인 명으로 규정함을 의미하고 있다. 주희가 "그 필연적 근거는 천명의 본성에서 근원하지 않음이 없다[所以然, 則莫不原於天命之性]"고 강조했을 때, 이 점을 더욱 부각시켰던 것이다. 왜냐하면 당위[所當然]와 필연적 근거[所以然]는 상통하기에, "리의 필연적 근거"가 천명의 본성에 근원한다는 것은 동시에 "리의 당위"가 하늘이 명한 본성에서 비롯된다는 점을 표명한 것이기 때문이다. '당위'와 '성性' '명命'의 이러한 관계는 '당위'가 선천적 규정이 되도록 하며, '당위' 자체도 이를 통해 어떤 숙명적 성격을 지닌 외재적 명령으로 규정되는 것처럼 보인다.

이학理學에서의 이상과 같은 경향과 달리, 이학理學에서의 심心의 실체성[心體]을 중시했던 철학자들은 주로 '당위'를 '자연'과 관련시켰다. 이런 측면에서 비교적 대표성을 지닌 철학자가 왕양명王陽明이다. 존재론에서 보자면, 기氣가 체현하는 것은 실제상태[實然]와 본래적 상태[本然]로, 장재는 기氣를 원천으로 여김으로써, 무엇보다도 실제상태로서의 세계와 본래적 상태의 존재를 부각시켰다. 반면 이理는 경험 영역에서의 실제상태와는 달리 주로 필연을 드러내는데, 주희가 경험적 차원에서 이기理氣가 서로 분리될 수 없음을 긍정하면서도 이理가 생물의 본질이 됨을 강조했을 때, 그 주안점은 주로 형이상학적 의미에서의 필연을 지향하는 것이었다. 이에 비해, 왕양명은 심心 물物의 관계에서 의미세계를 구축하는데 역점을 두었는데, 이는 기氣가 체현하는 본래적 상태의 존재와도 다를 뿐만 아니라, 이理와 관계하는 초월적인 필연과도 구별되는 것이다. 심心과 물物이 서로 체體와 용用을 이루면서, 한편으로 천도天道의 차원에서의 존재와 인도人道의 차원에서의 존재는 보다 내재적 형식으로 하나로 융합되게 되며, 다른 한편으로는 이성의 우위와 절대성은 억제를 받게 된다. 존재의 의미는 더 이상 초월적인 이理에 의해 규정되지 않으며, 심心(인간의 의식)에 의해 부여된 것이기 때문이다. 동시에, 왕양명에게서, 마음[心] 또는 심체心體는 이중성을 지닌다. 즉 마음은 당위로서의 이理를 포괄할 뿐만 아니라, 개체에게 내재하는 것인데, 그 내재된 마음이란 특정한 존재로 표현될 뿐만 아니라, 현실에서의 몸, 감정[情]과 의지[意] 등과 관련된다. 몸은 생명적 존재(피와 뼈를 가진 신체)이자 자연적 규정을 포함하며, 감정과 의지는 인간적인 내용을 지닐 뿐만 아니라 천성天性(자연적 경향)과 관련된다. 그에 따라, 심체를 통해 구축되는 의미의 세계는 동시에 당위와 자연의 소통을 함축하고 있는 것이다.

'당위'와 '자연'의 관계에서 보자면, 우선 '자연'과 자발성을 구분할 필요가 있다. '당위'와 관련된 것으로서의 '자연'은 자발성과는 다른데, 그것은 곧 이성의 자각적 이해를 거친 다음에, 점차 인간의 내재적 의식으로 내화되고 침전되어, 오랜 시간을 거쳐서 자연스럽게 인간의 습관으로 바뀌게 된 것이다. 이런 의미에서 자연自然은 또한 제2의 천성으로 간주할 수 있다. 심학心學에 따르면, 당위로서의 책임 의무 규범은 단순히 외재적 명령으로 이해되어서는 안 되는데, 만약 그것들을 외재적인 명령으로 간주한다면, 이러한 의무 및 규범들과 개체 사이에 대립적인 관계가 나타나게 될 것이다. 왜냐하면 외재적인 규범이 개체에 대해서 완전히 이질적인 것이라면, 개체와 외재적 사회의 요구 사이에 긴장 관계가 나타나기 때문이다. '당위'와 '자연'의 소통이란 여기서 이런 외재적인 규범 원칙을 점차 개체의 의식으로 내면화하고, 그것을 개체의 자각적이고 자발적인 요구로 만듦으로써, 행동과정에서는 자연스럽게 이런 규범적 요구에 근거해 행하게 됨을 의미하는데, 그것은 흔히 "습관이 자연이 된다"는 말과 거의 흡사하다.

이학理學의 발전 속에서, '당위'에 대한 여러 학파들의 이해는 상이한 특징을 나타냄을 알 수 있다. 비교하자면, 기학氣學 학파는 '당위'와 '실제상태'의 관계에 비교적 중점을 두고, '당위'의 근거를 찾아 천도적 의미에서의 '실제상태'로까지 거슬러 올라감으로써, 당위의 세계와 실제상태로서의 세계 사이에 어떠한 관련성을 구축한다. 좁은 의미에서의 이학理學 학파는 '당위'와 "필연"의 관계를 통합하는데 비교적 주력하며, 당위로서의 규범을 외재적 명령으로 파악함으로써, '당위'를 '필연'으로 바꾸는 경향을 드러낸다. 심학心學 학파에서, '당위'는 일반적으로 '자연'으로 인도되는데, 그 초점 역시 그에 상응하여 외재적 규범 요구를 어떻게 점차 개체에 내면화시키고 자아에 융합시킬 수 있는지에 주로 맞추어져 있으니, 개체 자신의 내재적인 요구를 변화시킴으로써, 억지로 생각하고 노력하지 않아도 여유롭게 중도中道의 경지에 이르는 것이다.

요약하자면, 송명이학宋明理學에서 논하는 '이理'와 '기氣'("道"와 "器"), '심心'과 '이理', '심心'과 '성性' 그리고 '도심道心'과 '인심人心', '기질지성氣質之性'과 '천지지성天地之性' 등의 문제는 특정한 문제 영역을 지닐 뿐만 아니라 보편적 철학적 내용을 포함하고 있다. 이학理學을 고찰할 때에는, 마땅히 그 자체의 개념과 명제에서 착수해야만 하며, 또한 이러한 개념들을 거쳐서, 더 나아가 그 배후에 관련된 이론적 문제를 드러내고 파악할 필요가 있는 것이다.

부록⑤

물物 세勢 인人
－섭적葉適의
철학사상 연구[117)

부록 5

물物 세勢 인人
−섭적葉適의 철학사상 연구[117]

　송명宋明시대, 주도적이었던 이학理學 사조 이외에, 유학儒學의 발전에는 다른 경향들이 존재하는데, 사공학파事功學派는 그 중의 하나이다. 이론적으로 이학理學과 사공事功에 입각한 학문은 모두 유학에 속하는 것이지만, 후자는 언제나 전자에 대해 비판과 의문을 제기하는 입장을 견지했다. 이와 관련해 사공학파는 유학에 대한 이해와 해석에서 상이한 특성을 드러내기도 하였다. 여기서는 주로 섭적葉適을 대상으로 삼고, 이에 대해 하나의 구체적인 고찰을 행하고자 한다. 알다시피 섭적의 학문은 사공事功을 위주로 한다. 내적인 철학적 경향이란 면에서, 사공학파는 두 가지 근본적인 점을 포함하는데, 즉 현실세계와 현실적 사회적 삶을 중시하고 실제적 실천을 강조하면서 실천의 실제적 결과를 중시한다는 것이다. 섭적에게서 이상의 두 가지 측면은 물物·도道 세勢와 인간의 관계 및 성기成己와 성물成物에 관한 논변을 통해 구체적이고 다양한 차원에서 전개된다. 이상의 문제에 관한 해석에는 다양한 이론적 함의가 포함되어 있을 뿐만 아니라, 유학의 진화과정 가운데 심성心性에 관한 학문과는 다른 역사적 경향을 보여준다.

---

117) 본문은 『南京大學學報』, 2011(2)에 게재되었던 것이다.

1. 물物과 인人

　내재적 심성心性에 관한 이학理學의 관심에 비할 때, 섭적葉適은 현실적 경세經世 활동을 보다 중시했다. 그는 일찍이 이학자에 대해 다음과 같은 비판을 제기했다.

　"오직 심성만을 종주로 삼아, 공허한 사변은 많으나 실제적 힘은 적으며, 추론해 아는 것은 광범위하지만 온축된 것은 협소하니, 요순 이후의 내외가 서로 어울려져 완성되던 도는 폐기되었다[專以心性爲宗主, 虛意多, 實力少, 測知廣, 凝聚狹, 而堯舜以來內外交相成之道廢矣]."(『習學記言』, 14권) 여기서, "공허한 사변[虛意]"과 "실제적 힘[實力]"은 두 가지 서로 상반되는 측면으로 간주된다. "공허한 사변"은 심성을 종주로 삼는 것이고, "실제적 힘"이란 심성의 영역을 넘어서는 자연과 사회의 현실적 영역을 가리키기 때문이다.

　실력의 작용대상은 외재하는 사물로 구체적으로 표현된다. 공허한 사변을 배척하는 것과 관련해, 섭적은 무엇보다도 외물의 실재성을 긍정했다. 섭적의 이해에 따르면, 외물과 인간은 결코 서로 무관한 것이 아니며, 인간이라는 관념 또한 외물로부터 멀리 떨어진 것일 수 없다. 따라서 그는 "인간에게 심히 우환이 되는 것은 그 자신에 입각해 외물을 이해하여 외물로부터 멀어지는 것이다. 외물이 나에 대해 거의 이와 같이 떨어져 있는 것이다. 이런 까닭에 고대의 군자는 외물의 작용에 근거하지 자기 쓰임에 근거하지는 않았다. 기쁨은 외물이 기뻐하는 것이 되고, 분노는 외물이 분노하는 것이 되고, 슬픔은 외물이 슬퍼하는 것이 되며, 즐거움은 외물이 즐거워하는 것이 된다[人之所甚患者, 以其自爲物而遠於物. 夫物之於我, 幾若是之相去也. 是故古之君子以物用而不以己用. 喜爲物喜, 怒爲物怒, 哀爲物哀, 樂爲物樂]."[118]고 말했다. 존재형태에 있어, 인간 자체도 넓은 의미의 외물에 속한다. 이런 존재론 상의 관계에서 인간에 대한 물질의 제약 및 인간의 활동에 관한 물질의 근원성을 규정한 것이니, "외물의 작용에 근거하지 자기 쓰임에 근거하지 않는다[以物用而不以己用]."는 말은 바로 이런 제약관계와 근원적 관계를 강조했던 것이다.

---

118)「大學」,『葉適集』, 北京:中華書局, 1983, 731쪽.

앎[知]과 실천[行]의 과정에 있어, "외물의 작용에 근거하지 자기 쓰임에 근거하지 않는다[以物用而不以己用]"는 말은 우선 치지致知의 활동과 물질의 관계와 관련된다. 외재하는 사물을 무시하고 단순히 한 개인의 견해에서 출발한다면, 필연적으로 "외물을 훼손함[傷物]"을 피할 수 없다. 따라서 "스스로를 옳다고 한다면 외물을 훼손하게 되니, 외물을 훼손하는 것은 자기라는 병통이다[自用則傷物, 傷物則己病矣.]" (「大學」, 『葉適集』, 73쪽)라고 했던 것이다. 인식론이란 측면에서 보자면, "외물을 훼손함[傷物]"이란 외부대상에 대한 괴리내지는 그것을 왜곡시키는 것을 의미하고 있다. 오직 언제나 물질을 근본으로 해야만 진정한 사물에 대한 앎에 도달할 수 있다는 것이다. 즉, "이런 까닭에 군자는 잠시라도 외물에서 벗어나지 않으니, 이와 같아야만 앎이 격물에서의 증험에 완전히 이를 수 있는 것이다. 하나라도 알지 못하는 점이 있다면, 내가 외물에 완전히 이르지 못한 것이다[是故君子不以須臾離物也. 夫其若是, 則知之至者, 皆物格之驗也. 有一 不知, 是吾不與物皆至也]"(위의 책) 여기에서 외물과 앎[知]은 상호작용의 관계를 띤다. 앎의 획득은 물질이 파악되었음(格物)을 드러내며, 앎의 결핍은 관련된 외물이 아직 인식의 영역에 진입하지 않은 것을 밝혀주는 것이기 때문이다. 외물에 근거하여 아는 것과 외물에 완전히 이르는 것이 치지致知의 과정의 상호 관련된 측면을 구성한다.

외물에 향하는 것과 외물에 근거함은 단순히 치지致知의 과정에 국한된 것이 아니다. 사공事功을 중시하는 사상가였던 섭적葉適은 인간과 외물의 관계에 대해서 보다 광범위하게 이해했다.

> "마음을 통해 이해하고, 외물을 통해서 검증하며, 그것을 성실함으로 행하고, 의로움에 따라 판단하고, 인에 따라 모으고, 예에 따라 흩어지게 한다. 본질과 말단을 모두 들어서 숨겨진 것과 드러난 것이 일치해야, 확고하여 바꿀 수 없는 것이다 會之以心, 驗之以物, 其行之以誠, 其財(裁)之以義, 其聚以仁, 其散以禮. 本末並擧, 幽顯一致, 卓乎其不可易也."(「進卷」, 『葉適集』, 694쪽)

"마음을 통해 이해함[會之以心]"이 긍정하는 것은 앎과 실천의 과정에서의 내재적 의식 활동 및 관념의 작용이며, "외물을 통해서 검증함[驗之以物]"이란 외물에 대한 앎에 있어서 물 자체에 근거해 검증할 필요가 있음을 강조하는 것이다. 주목할 만한 점은, 섭적이 보기에, 상술한 활동("마음을 통해 이해하고, 외물을 통해 검증함")이 동시에 인간의 실천과도 관계가 있다는 점이다. "그것을 성실함으로 행한다"는 말은 바로 이 점을 표명한 것으로, 의로움[義]·인仁·예禮는 보다 심층적인 차원에서 앎과 실천의 관계를 구현한 것이다. 의로움[義]·인仁·예禮는 인간이 마땅히 도달하려고 노력해야만 하는 속성일 뿐만 아니라 인간의 실천을 인도하는 규범으로, 보편적 규범으로서의 의로움[義]·인仁·예禮의 의미와 작용은 인간의 실천을 통해서 체현될 수 있는 것이기 때문이다. 바로 이러한 관점에 근거하여, 섭적은 외물과 일[事]을 연결시켰는데, "외물을 통해 검증함[驗之以物]"을 동시에 "일에 입각해 검증함[驗之以事]"으로도 이해했다.

이를테면 그는 "일에서 검증되지 않는 경우, 그 말은 부합하지 않는 것이다[無驗於事者, 其言不合.]"(위의 책)라고 말한다. '외물[物]'이 주로 대상이 되는 존재를 나타낸다면, '일[事]'은 인간의 활동 또는 인간의 실천과 관련된다. 이에 따라, "일에서 검증함[驗於事]"은 인간의 활동을 통해 앎과 말을 검증하는 것을 뜻하는 것이다. 여기서 외물에서 벗어나지 않고, 외물을 근본으로 삼는다는 것은 단지 외물에 대한 관조에 그치는 것이 아니라, 더 나아가 인간의 활동 혹은 실천과정(事)에 대한 중시를 그 내재적인 지향으로 하는 것이다.

실천과정(事)의 의미는 단순히 앎과 말의 검증으로 나타나는 것이 아니며, 보다 깊은 차원에서 인간의 활동은 외물의 '쓰임[用]'에 관련된다.

"대체로 물이 인간을 구하는 것이 아니라, 인간이 물을 구하여 그것을 이용하니, 그 근로가 여기에 이르는 것이다. 어찌 물 뿐이겠는가. 천하의 만물 가운데 인간이 그 노력을 다하지 않는데도 그 용도를 다할 수 있는 것은 없다[蓋水不求人, 人求水而用之, 其勤勞至此. 夫豈惟水, 天下之物未有人不極其勢而可以致其用者也].'"
(『習學記言』, 3권)

여기서 말하는 '쓰임[用]'은 작용과 효용을 가리키는데, 넓은 의미에서 가치의 영역에 속한다. 대상으로서의 외물은 그 존재를 인간에 의존하는 것은 아니지만, 외물이 지닌 가치론적 의미는 도리어 인간의 활동(그 노력을 다함)을 통해 드러나며 인간의 활동 과정 속에서 현실적 형태를 획득하는 것이다. "그 노력을 다함[極其勞]"을 형식으로 하는 인류의 활동에서 벗어날 때, 외물의 가치론적 의미(인간에게 사용되는 것)는 드러날 방법이 없기 때문이다. "외물의 작용에 근거하지 자기 쓰임에 근거하지 않는다[以物用而不以己用]."란 말이 외물에 대한 인간의 의존성을 긍정하는 데에 초점이 있다면, 외물의 '쓰임[用]'과 인간의 활동 사이의 이상과 같은 관계는 외물의 가치 의미는 인간의 앎과 실천의 과정 속에서 형성된다는 사실을 밝혀준다. 섭적葉適의 이후의 관점은 인간의 활동이 지닌 가치창조의 의미에 주목한 것일 뿐만 아니라, 외물의 가치규정과 '앎과 실천의 과정'과의 상관성을 드러내는 것이기도 하다.

외물의 '쓰임'이 가능하게 되는 전제인, 인간의 활동 자체는 또한 도道에 준거한다. 존재론에서 도道와 외물은 상호관계를 맺는다. 즉, "외물이 존재하니, 도는 그것에 존재하지만, 외물은 머무르는 바가 있지만, 도는 머무르지 않는다. 도를 알지 못한다면 외물을 포용할 수 없고, 외물을 알지 못한다면 도에 이를 수 없다. 도가 비록 광대하지만, 이치의 갖추어짐이 일마다 충분하고 결국 만물에게 귀의하므로 흩어져 사라지게 할 수 없는 것은 없다[物之所在, 道則在焉, 物有止, 道無止也. 非知道者, 不能該物, 非知物者, 不能至道. 道雖廣大, 理備事足, 而終歸之於物, 不使散流]."(『習學記言』, 47권) 한편으로 도道는 만물에 내재하므로, 오직 외물을 통해서만 도에 이를 수 있으며, 다른 한편으로, 도道는 특정한 외물에 국한되는 것이 아니라, 특정한 사물의 제한을 넘어서기 때문에, 오직 도道를 파악해야만 비로소 나아가 만물을 포괄할 수 있다는 것이다. 도道와 외물의 분리불가능성은 동시에 "외물의 작용에 근거하는 것[以物用]"과 도道에서의 부합함 사이의 상관성을 규정하기도 한다. 역사적으로 보자면, 사회적 영역에서의 활동은 언제나 도道에 귀착하며, 도道 자체는 이 과정 속에서 체현된다. 즉 "도는 현시될 수 없다. 그러나 당·우·삼대의 치세에서, 윗사람의 다스림을 황극이라 하고, 아래로의 교화를 대학이라 하며, 천하에 실천하는 것을 중용이라 하니, 이렇게 도에 부합하는 것을 명명할 수 있는 것이다. 그것은 사물에 흩어져 있지만, 여기에 부합하지 않음이 없으니, 그 명명을 따라가 그 실재를 고찰한다면, 그 일은 그 합당함에 이를 것이니, 어찌 하나라도 부당함이 있겠는가!(道不可見. 而在唐 虞 三代之世者, 上之治謂之皇極, 下之敎謂之大學, 行之天下謂之中庸, 此道之合而可名者也. 其散在事物, 而無不合於此, 緣其名以考其實, 卽其事以達其義, 豈有一不當哉!)"(「進卷」, 『葉適集』, 726쪽)라는 것이다. 천하를 다스리는 것에서부터 도덕교화와 도덕적 실천에 이르기까지, 인간의 활동은 다방면에 걸쳐 도道의 제약을 받는다.

중국철학사에서 넓은 의미에서의 '도道'는 천도天道뿐만 아니라 인도人道까지도 가리킨다. 천도天道는 우주 자연의 법칙을 나타내며, '필연'에 속한다. 한편 인도人道는 이상 규범 등의 의미를 포괄하며 그에 상응하여 '당위'를 나타낸다. '필연'과 '당위'의 관계에서 보자면, 도道는 세계가 무엇인가, 세계가 어떻게 존재하는가와 관련될 뿐만 아니라, 인간이 마땅히 무엇을 해야만 하는가, 어떻게 해야만 하는가와 관계한다. 천도天道라는 시야에서 보자면, 이 세계는 다양성 가운데의 통일이자 변화과정에 놓인 것으로, 천도 자체는 세계의 통일성의 원리와 세계의 발전의 원리를 나타낸다. 인도人道의 차원에서, 문제는 인간 자신 및 인간이 놓여있는 사회가 어떻게 '존재'해야만 하는가를 포괄한다. 도道를 시야로 삼을 때, 세계는 "무엇인가?"와 인간이 마땅히 "무엇을 실천해야 하는가?", 세계는 "어떠한가?"와 인간이 "어떻게 실천해야 하는가?" 등의 문제는 내재적으로 하나로 관련되어 있다. 도道와 인간 및 그 상호관계에 대한 섭적의 이해 역시 이상의 측면과 관련되어 있다.

실제상태[實然]로서의 외물은 주로 인간의 앎과 실천의 활동이 전개되는 현실적 배경을 이루며, 필연과 당위의 통일로서의 도道는 주로 규범적 의미를 나타낸다. 규범을 내용으로 하는, 도道는 동시에 최고의 평가준거를 이룬다. 따라서 그는 다음처럼 말한다. "배워야 할 것은 도에 이르는 방법이니, 어찌 공자 붓다 노자를 차별하겠는가? 그 도를 실천함이 참으로 공자에게서 부족하다면, 공자라고 할지라도 도리어 그 도를 따라야만 할 것이다[且學者, 所以至乎道也, 豈以孔 佛 老爲間哉? 使其爲道誠有以過乎孔氏, 則雖孔氏猶將從之].”(「老子」, 『葉適集』, 707쪽) 천도라는 차원에서 볼 때, 여기서 말하는 ‘도道’는 세계의 궁극적 원리 및 이런 원리에 대한 파악과 관련되며, 인도라는 차원에 입각하자면, 여기서의 ‘도道’는 사회 역사의 일반적 법칙이자 사회문화의 이상을 내용으로 하는데, 양자의 통일로서의 도道는 특정한 학파와 학설을 초월해 보편적인 형태를 나타내는 것이다. 여기서 섭적은 도道의 지고함를 긍정하면서도 다시 그 보편적인 규범 인도로서의 의의를 강조했다. 따라서 오로지 도道에 부합할 때에만, 앎과 실천과정에서 수용하고 승인해야 마땅한 것이다.

도덕적 규범의 작용은 단지 적극적인 의미에서의 앎과 실천의 활동에 대한 지도에 있을 뿐만 아니라, 소극적 차원에서의 제한을 나타낸다. 존재라는 차원에서 ‘외물[物]’이 인간의 앎과 실천을 제약하는 것과 마찬가지로, 도道 역시 인간의 행동에 대해 하나의 한계를 규정한다. 필연과 당위의 통일로서의 도道는 특정한 대상을 초월하는 보편성을 지닌지만, 인간의 앎과 실천이란 활동과 관계했을 때, 그것은 동시에 제한이란 의미를 나타낸다. 따라서 그는 “도란 제한이니, 통하지 않음도 없지만 통하지 않음이 없는 것도 아니다[道者, 限也, 非有不通而非無不通也].” (『習學記言』, 44권)라고 말한다. 인간의 행동과정에서, 일단 도에서 벗어나거나 위배된다면, 예정된 목적에 도달하기 어려운데, 도道에서 벗어나 행하지 못한다는 의미에서, 도道는 확실히 행동에 대한 한정을 만든다. 현실적인 앎과 실천의 과정에서 보자면, ‘머무름[止]’을 아는 것이 흔히 일반적 원칙을 이루게 되는데, 이 원칙은 다시 도道와 관련된다. 즉 “인간은 머무름을 근본으로 하니, 도는 반드시 머무르고 나서야 실행된다.[人以止爲本, 道必止而後行.]” (「時齋記」, 『葉適集』, 156쪽)는 것이다. 여기서의 ‘머무름[止]’은 바로 도道에서 허용되는 한계 내에서의 행동(도에 머무름)을 뜻한다. 만약 도를 따라서 행하는 것이 주로 긍정적 측면에서 행위에 대한 도의 규범적 의미를 표현하는 것이라면, 도道를 따라서 행동을 제한하거나 도에 머무르는 것은 부정적 차원에서의 이 점을 더욱 더 강화한 것이다.

2. 세勢와 인人

 사공事功을 중시하는 사상가로서 섭적葉適이 관심을 둔 행동과정은 사회 역사 영역과 보다 긴밀히 관련된다. 외물[物]과 도道에 관련된 것이 광범위한 차원에서의 실천이라면, 사회역사의 영역에서 인간의 활동은 '세勢'와 보다 직접적으로 연관된다. 섭적이 볼 때, 역사적 발전과정에는 '세勢'가 존재하고 있는데, 봉건제封建制(분봉제分封制)와 군현제郡縣制의 교체를 근거로 말하자면, 그 사이에는 내재된 '세勢'를 포함하고 있다고 할 수 있는 것이다. 즉, "봉건을 통해 천하를 다스린 경우는 당 우 삼대이며, 군현으로 천하를 다스린 경우는 진·한·위·진·수·당이다. 법도가 그 사이에 확립될 수 있었던 것은 상하의 세勢를 유지할 수 있었기 때문이다. 당우삼대에서는 봉건을 실시하는 것을 반드시 해치지 못하게 되고서야 왕도를 행하였고, 진·한·위·진·수·당에서는 반드시 군현을 실시하는 것을 반드시 해치지 못하게 되고서야 패자의 정치를 시행할 수 있었다[夫以封建爲天下者, 唐虞三代也, 以郡縣爲天下者, 秦漢魏晉隋唐也. 法度立於其間, 所以維持上下之勢也. 唐虞三代必能不害其爲封建而後王道行, 秦漢魏晉隋唐必能不害其爲郡縣而後伯政擧]."(「法度總論一」,『葉適集』, 787쪽)는 것이다. 여기서 중요한 점은 각각 봉건제와 왕도, 군현제와 패자의 정치를 대응시키는 데 있는 것이 아니라, 상이한 역사적 시기에서의 양자의 존재를 긍정하면서, 모두 특정한 세勢와 관련지었다는 것이다.

 섭적葉適의 이상과 같은 관점은 유종원柳宗元의 관점과 상통하는 점이 있다. 봉건제를 논하면서, 유종원은 "저 봉건제는 더욱이 고대의 성왕인 요·순·우·탕·문무도 철폐할 수 없었던 것이니, 그것을 철폐하고자 하지 않았던 것이 아니라, '세勢'가 허용하지 않았기 때문이다[彼封建者, 更古聖王堯舜禹湯文武而莫能去之, 蓋非不欲去之也, 勢不可也]."(『封建論』)라고 생각했다. 그런데 유종원은 우선 '세勢'를 개인의 의지 또는 바람과 구분해냈다. 이를테면 그는 "봉건제는 성인의 의도가 아니다, '세勢'에 의한 것이다[故封建非聖人意也. 勢也.]"(위의 책)라고 말한다. 비교하자면, 섭적은 보다 직접적으로 '세勢'에 필연적인 성격을 부여했다고 말할 수 있다. "~을 반드시 해치지 못하게 되다[必能不害]'라는 말은 이 점을 밝힌 것으로, 아래의 논술 가운데, 그는 이에 대해 보다 구체적으로 해석했다. "머무를 수 없음에 쫓기고, 그칠 수 없음에 움직이며, 강함이 약함에 가해지고, 작은 것이 큰 것에 굴복하는 것은 그런 줄을 모르면서도 그렇게 되는 것이니, 이것을 '세'라고 말한다. [迫於不可止, 動於不能已, 强有加於弱, 小有屈於大, 不知其然而然者, 是之謂勢.]"(「春秋」, 『葉適集』, 702쪽) 여기서 '세勢'는 외재적 역량으로서 개체의 바람을 초월한 것일 뿐만 아니라, "머무를 수 없음[不可止]", "그칠 수 없음[不能已]", "그런 줄을 모르면서도 그렇게 되는[不知其然而然]" 일종의 필연적 경향으로 나타난다.

역사적 과정에서 '세勢'는 일종의 필연적 경향으로, 동시에 역사과정 자체의 발전에 영향을 미치는 것이다. 천하를 다스리고자 한다면, 반드시 역사적 과정 속에서의 이러한 '세勢'를 파악해야만 한다. 이를테면 그는 다음과 같이 말한다. "그러므로 세라는 것은 천하에서 지극히 신묘한 것입니다. 합치하면 다스려지고, 어긋나면 혼란스러워지며, 팽팽히 당겨지면 흥성하고, 느슨해지면 쇠락하며, 이어지면 존재하고 끊어지면 사라집니다. 신이 전적을 고찰해 보건데, 천지가 존재한 이래로, 그 합치 어긋남 당김 이완 단절 연속의 변화가 몇 차례 나타납니다.

그 세를 알고서 온 몸으로 그것을 실천하는 것, 이것이 천하를 다스리는 주요한 원리입니다[故夫勢者, 天下之至神也. 合則治, 離則亂. 張則盛, 弛則衰, 續則存, 絕則亡. 臣嘗考之載籍, 自有天地以來, 其合離張弛絕續之變凡幾見矣. 知其勢而以一身爲之, 此治天下之大原也]."(「治勢上」, 위의 책. 639쪽) 여기서 섭적은 한편으로 필연적 경향으로서의 '세勢'가 인간의 바람대로 바뀌는 것이 아니라는 점을 인정하면서도, 다른 한편으로는 '세勢' 아래에서 인간은 완전히 무능력한 것만은 아니라는 점을 긍정하는데, "그 세를 알고서 온 몸으로 그것을 실천함[知其勢而以一身爲之]"는 말은 '세勢'를 파악한 이후에 더 나아가 '세勢'에 대한 인식을 이용하여 천하를 다스린다는 것을 의미한다.

간추려 말하자면, '세勢'는 개인의 바람에 따라서 바뀌는 것이 아니지만, 인간은 '세勢'를 파악함으로써, '세勢'에 따라서 실천할 수 있다는 것이다. 이런 의미에서, 섭적은 '세勢'가 자신에게 있지 외물에 달린 것이 아님을 강조한다.

"고대의 인군, 이를테면 요·순·우·탕 문왕과 무왕 한나라의 고조와 광무제 당나라의 태종과 같은 사람들은 모두 온몸으로 천하의 세를 행하였으니, 비록 공로와 덕행에서 두텁고 얕음이 다르고, 통치의 결과도 다르지만, 결국 천하의 세가 자기에게 있지 외물에 달린 것이 아니라고 생각하였습니다. 자기에게 있지 외물에 달린 것이 아니라 함은 천하의 일은 오직 그 행하는 바에 있는 것이지 무언가가 그 배후를 통제하는 것은 아니라는 것이니, 토지에 물을 끌어오고, 산림과 천택을 통하게 하고, 배와 수레를 만들고, 병기를 예리하게 만들며, 천지의 도를 확립하여 인의·예악·형벌·포상을 펼쳐서 천하의 백성을 다스리는 것입니다[古之人君, 若堯·舜·禹·湯·文武·漢之高祖 光武·唐之太宗, 此其人皆能以一身爲天下之勢, 雖其功德有厚薄, 治效有淺深, 而要以爲天下之勢在己不在物. 夫在己不在物, 則天下之事惟其所爲而莫或制其後, 導水土, 通山澤, 作舟車, 剡兵刃, 立天地之道, 而列仁義·禮樂·刑罰 慶賞以紀綱天下之民]. (「治勢上」, 『葉適集』, 637쪽)

여기에서 인간이 '세勢'에 따라서 행하는 것은, "토지에 물을 끌어오고, 산림과 천택을 통하게 하고, 배와 수레를 만드는" 등, 사회적 요구에 근거해 자연대상을 변화시키는 것으로 나타날 뿐만 아니라, "인의·예악·형벌·포상을 펼쳐서 천하의 백성을 다스리는" 것처럼, 사회영역에서의 도덕 정치 법률 등의 활동에서 구체화되는 것이다. '세勢'에 근거하여 행하고, '세勢'에 따라서 실천함을 통해 천하는 다스려질 수 있게 되는데, 섭적이 보기에, 역사상 당唐·우虞·삼대三代·한당漢唐에서의 치세는 여러 시대의 군왕이 "온 몸으로 천하의 세를 행한" 것을 통해서 실현된 것이다. 이와 반대로 만약 세勢를 따라 행동하지 못하여 '세勢'가 외물에 있지 자기에게 달린 것이 아니게 된다면, 쇠망을 피하기에 매우 어려워진다. 즉, "후세에 이르러 천하의 세는 외물에 있지 자기에게 달린 것이 아니게 되었습니다. 그러므로 세가 이르게 되면, 세차게 흘러서 제어하지 못하고, 거꾸로 인군의 위력과 시혜의 권한을 통해 그 기세의 날카로움을 보조하니, 기세가 사라지는데, 앉아서 보면서도 [그 기세를] 머무르게 하지 못하니, 국가는 그에 따라서 망하게 되었습니다. 온 몸으로 천하의 세를 행하지 못하면서, 구구하게 형벌을 사용함으로써 천하의 세를 따라서 그 자신의 편안함을 추구했던 경우, 신은 그런 것이 합당했음을 본 적이 없습니다[及其後世, 天下之勢在物而不在己. 故其勢之至也, 湯湯然而莫能遏, 反擧人君威福之柄, 以佐其鋒, 至其去也, 坐視而不能止, 而國家隨之以亡. 夫不能以一身爲天下之勢, 而用區區之刑賞, 以就天下之勢而求安其身者, 臣未見其可也]."(「治勢上」, 위의 책, 637~638쪽)라는 것이다.

인간과 세勢의 이상과 같은 관계는 '인간과 외물', '인간과 도道'의 관계에 관한 확장으로 간주할 수 있다. 앞에서 서술한 것처럼, 인간과 외물의 관계에 입각해 말하자면, 실재적인 대상으로서의 외물은 인간의 앎과 실천의 과정이 전개되는 현실적 배경이 되는데, 이 사실이 인간이 마땅히 "외물의 작용에 근거하지 자기 쓰임에 근거해서는 안 된다[以物用而不以己用]"는 점을 규정하는 것이다. 그러나 인간은 또한 "자기의 노력을 다함[極其勢]"을 통해서 외물에 가치적 의미를 부여한다. 바꿔 말해, "외물의 작용에 근거한다[以物用]"(외물을 근거로 삼는 것)는 전제에서, 인간은 대상에 작용하는 과정 속에서 외물이 인간에게 쓰임이 되도록 만들 수 있는 것이다. 여기서, 인간이 외물에 따라 작용하는 것(외물에서 출발하는 것 외물을 근거로 삼는 것)과 외물이 인간에게 이용되는 것은(인간의 활동을 통해서 외물이 지닌 가치가 실현되는 것)은 상호작용하는 과정으로 나타난다. 마찬가지로, 도道와 인간의 관계에서 보자면, 외물에 내재하는 도道는 보편적이고 필연적인 법칙과 당위의 원칙으로 나타나는데, 필연과 당위의 통일로서의 도道는 인간을 초월하는 일면을 지니지만, 동시에 인간은 도道를 통해 자기의 앎과 실천이란 활동을 규율하거나, 도를 따라서 행동하거나, 도를 통해 행동을 제한할 수도 있다. 인간과 세勢의 관계에서도 역시 유사한 특성을 볼 수 있다. 한편으로, '세勢'는 "머무를 수 없음[不可止]", "그칠 수 없음[不能已]", "그런 줄을 모르면서도 그렇게 되는[不知其然而然]" 일종의 필연적 경향으로 나타나지만, 다른 한편으로 인간은 또한 '세勢'를 통해 유리한 방향으로 이끌고, '세勢'에 따라서 행할 수 있으니, '세勢'를 파악한 다음에 자신의 실천을 통해서 가치이상과 가치목표를 실현하는 것이다. 세勢에 따라서 실천하는 과정 속에서, "외물의 작용에 근거하지 자기 쓰임에 근거하지 않는다[以物用而不以己用]"는 것과 "세는 자기에게 있지 외물에 달린 것이 아니라[勢在己不在物]"는 것은 어떤 통일성을 드러냄을 쉽게 알 수 있다.

'세勢'를 따라서 실천한다는 시야에서 보자면, '세勢'의 활용은 또한 "기機"와 "시時"에 관련된다. 섭적에게 있어서, 외물의 가치론적 의미는 인간의 '앎과 실천의 과정'을 통해서만 나타날 수 있는 것처럼, "기機"와 "시時"의 작용 또한 인간 자신의 활동을 통해서만 드러나고 실현될 수 있는데, 그는 일찍이 "기機"와 "시時"에 관해 허튼 소리를 늘어놓는 사람에 대한 비판을 제기했다.

"일이 아직 확립되지 않았는데, '그 기를 타야한다'고 말하는 것은 움직이는 자에게는 기機가 있지만 움직이지 않는 자에게는 기機가 없다는 것을 알지 못하는 것이니, 설령 기機가 있다고 해도 없는 것과 어찌 다르겠는가! 공이 아직 성취되지 않았는데도 '시時를 기다린다'고 말하는 것은 행하는 자에게는 시時가 있지만, 행하지 않는 자에게는 시時가 없다는 것을 알지 못하는 것이니, 그 시時가 있다할지라도 없는 것과 어찌 다를 바가 있겠는가! 事之未立, 則曰"乘其機也", 不知動者之有機而不動者之無機矣, 縱其有機也, 與無奚異! 功之未成則曰"待其時也", 不知爲者之有時而不爲者之無時矣, 縱其有時也, 與無奚別然!" (「應詔條奏六事」, 『葉適集』, 839쪽)

여기서 말하는 '기機'와 '시時'는 일반적인 의미에서의 시기·기회·호기 등과 유사한 것으로, 그것은 우선 실천 과정에서의 구체적인 조건 또는 어떤 시간적 단계에서의 다양한 조건의 집합으로 나타난다. 이런 조건은 동시에 긍정적 또는 적극적인 가치의의를 지닌다(어떤 가치목표에 도달하기 위한 또는 어떠한 가치이상을 실현하기 위한 전제를 제공하는). 어떠한 가치목표에 이르게 하는 조건으로서의, 시기가 갖는 작용과 의미는 단지 인간의 실천과정 속에서만 현실로 드러날 수 있는 것이고, 상당한 정도로, 시기 자체도 인간의 앎과 실천의 과정 속에서 형성되고 창조되는 것이다. 만약 단순히 시기를 기다림을 논하고 시종일관 실제적 실천 활동에 참여하지 않는다면, 시기 역시 그 현실적 의미를 상실해, 있어도 없는 것과 같게 된다. "움직이지 않는 자에게는 기機가 없다", "행하지 않는 자에게는 시時가 없다"는 말이 강조하는 것도 바로 이 점이다. "움직이지 않음", "행하지 않음"과 반대로, 세를 따라서 행한다는 것은 앎과 실천의 과정 속에서 시기를 창조하거나 시기를 움켜쥐는 것이며, 시기가 제공하는 조건에 근거해 자기의 가치목적에 도달하는 것을 의미하고 있다. 섭적이 "세는 자기에게 있지 외물에 달린 것이 아님"을 긍정했을 때, 그 말 속에 역시 '세勢'를 활용하는 것과 시기를 파악하는 것을 연관시키려는 의도가 포함되어 있으며, 양자의 이러한 관계는 또한 사회 역사적 영역에서의 실천과정을 통해서 실현되는 것이다.

3. 인人과 기己

일종의 필연적 경향인 '세勢'는 주로 거시적 차원에서의 사회 역사적 과정에서 구현되는 것이며, 개체의 영역에서 인간의 앎과 실천은 자아를 성취하는 과정과 관련되어 있다. 섭적이 이학자들이 단순히 심성의 문제에 관심을 기울이는 것에 대해 종종 비판을 제기하기는 했지만, 그가 이로 인해 자기완성[成己]이라는 문제를 전적으로 무시했던 적은 없었다.

공자는 일찍이 극기克己에 대한 요구를 제기했다. "자기를 극복하고 예로 돌아가는 것이 인이다. 하루라도 자기를 극복하여 예로 돌아가면 천하가 그 인에 귀의할 것이다[克己復禮爲仁. 一日克己復禮, 天下歸仁焉.]." (『論語』, 「顔淵」) 공자의 이런 관념을 해석하면서, 섭적은 다음과 같이 지적했다.

"극기란 자기를 다스리는 것이자, 자기를 완성하는 것이며, 자기를 확립하는 것이다. 자기가 극복하여 인이 지극해지는 것이다[克己, 治己也, 成己也, 立己也. 己克而仁至矣]." (『習學記言』, 49권) 여기서 '극기克己'는 구체적으로 '자기를 다스림[治己]', '자기를 완성함[成己]', '자기를 확립함[立己]'으로 이해된다. '자기를 다스림[治己]'이 초점을 맞추는 것은 방법과 방식이고, '자기를 완성함[成己]', '자기를 확립함[立己]'은 목표를 나타내는데, 그 실질적 내용은 바로 자아의 완성과 자아의 성취인 것이다. 주목할 만한 점은 섭적이 '극기克己'를 단순히 소극적 의미에서 자아에 대한 부정과 제한으로 귀결시키지 않았으며, 무엇보다도 "극기"에 적극적인 의미에서의 자아완성 자아성취라는 내용을 부여했다는 것이다. '극기克己'에 대한 이상과 같은 해석을 통해서, 섭적은 동시에 '자기를 완성함[成己]', '자기를 확립함[立己]'을 주목할 만한 지위로 끌어올렸다.

'자기[己]'는 곧 '나[我]'인데, 자기완성[成己]을 중시함에 따라, 섭적은 "나를 완전히 함[全我]"에 관한 요구를 제기했다. 즉, "강함이란 나에 달린 것이고, 명이란 하늘이 나에게 명한 것이며, 의지는 내가 나이게 되는 근거이다. 외물에 가리워지고, 앉아서 곤경을 겪더라도, 명을 다하고 의지를 완수하는 것이 나를 완전하게 한다[剛者, 我也, 命者,

天之所以命我也, 志者, 我之所以爲我也. 見揜於物, 坐而受困, 致命 遂志, 所以全我也]."
(『習學記言』, 3권)는 것이다. '내'가 '나'이게 되는 내재적 규정은 무엇보다도 '의지[志]'로
표현되는데, '의지[志]'는 의향(일정한 목표에 대한 지향)을 포함할 뿐만 아니라, 바람을
포함하는 것으로, 이 둘은 상이한 측면에서 개체성에 관한 규정을 구체화하는 것이다.
그러나, '나[我]'는 개체성이란 측면에 국한되는 것이 아니라, 보편적인 차원과도
관련되는데, 이른바 '명命'은 바로 형이상학적 차원에서 개체를 초월하는 역량으로
나타난다. 섭적이 보기에, '나'의 완전한 체현('全我')은 "명을 다함[致命]"을 포함할 뿐만
아니라, "의지를 완수함[遂志]"과도 관련되는 것이다. 자아를 성취한다는 차원에서, 양자의
통일이란, 자기완성[成己]의 과정은 개체성의 규정과 보편적인 규정에서의 이중적인
발전을 그 내용으로 함을 의미하고 있는 것이다.

　자아의 완성을 지향하는 , 자기완성[成己]의 과정은 개체정신의 승화와 별개일
수 없는데, 이런 개체정신의 승화는 자아의 '깨달음[覺]'을 포함한다. '깨달음[覺]'을
해석하면서, 섭적은 다음과 같이 지적했다.

　　"깨달음이란 도덕·인의·천명·인사에 관한 이理에 관한 것일 뿐이다. 이
　　이理란 평소에 갖추어져 항상 존재하던 것이 아니겠는가? 그것은 사람에게
　　균등히 부여되어 치우침이 없는 것이 아니겠는가? 그럼에도 색과 형체가 없고,
　　짝이 되는 것도 의존하는 바도 없다. 그것은 인간에게 있어서, 반드시 탁월하여
　　홀로 깨우칠 수 있는 것이고, 반드시 아득하여 특별히 볼 수 있는 것으로, 그러한
　　이목에서의 총명과 마음과 의지에서의 사려는 반드시 견문에 따른 지각 이외의
　　것에서 비롯된다. 이와 같지 않다면, 깨달음에 이르기에 부족한 것이다[所謂覺者,
　　道德·仁義·天命·人事之理是已. 夫是理, 豈不素具而常存乎? 其於人也,
　　豈不均賦而無偏乎? 然而無色 無形 無對 無待. 其於是人也, 必穎然獨悟,
　　必渺然特見, 其耳目之聰明, 心志之思慮, 必有出於見聞覺知之外者焉. 不如是者,
　　不足以得之]. (「覺齋記」, 『葉適集』, 141~142쪽)

사회라는 시야에서 보자면, '인사人事'와 관련된 이理는 역사적으로 형성된 당위의 원칙으로, 특정한 개체를 초월하는 일면을 갖는다. 개체가 이 세계에 태어날 때, 이러한 '이理'는 이미 사회에 존재하고 있었고, 이런 의미에서 "평소에 갖추어져 항상 존재하던 것이 아니겠는가?"라고 말할 수 있는 것이기 때문이다. 물론 여기서 주목할 만한 점은 도덕 인의 천명 인사에 관한 이理를 '깨달음[覺]'의 내용으로 보며, 이를 통해 '깨달음[覺]'은 자아 경지의 고양과 관계됨을 밝히고 있다는 사실이다. 섭적이 보기에, 자아의 정신의 승화에서의 하나의 중요한 측면으로서의 '깨달음[覺]'은 우선 개체가 "홀로 깨우치는 것[獨悟]"으로 나타나며, "홀로 깨우침[獨悟]"은 '깨달음[覺]'이 개체의 노력을 전제로 함을 구체적으로 드러낼 뿐만 아니라, '깨닫는 것[覺]'과 '깨우치는 것[悟]'이 언제나 개체 자신에게서 실현되는 것임을 분명히 보여준다. 이처럼, 개체 경지의 고양은, 한편으로 보편적인 이理와 별개일 수 없으며('깨달음[覺]'은 도덕 인의 인사에 관한 이理를 내용으로 한다), 다른 한편으로는 개체 자신의 노력(홀로 깨우침을 포함한)에 의존하는 것이다.

구체적인 내용으로 보자면, '깨달음'과 '깨우침'은 견문 사려와 관련되지만, 또한 감성적 지각과 이성적 사유에 국한되는 것이 아니라, 광범위한 차원과 관련되므로, "반드시 견문에 따른 지각 이외의 것에서 비롯된다"라고 하였던 것이다. 섭적이 "반드시 견문에 따른 지각 이외의 것에서 비롯된다"고 한 것이 구체적으로 무엇인지 지적하지 않았지만, 자아의 함양이란 시야에서 보자면, 그것은 분명 자아의 체험과 이해 등을 포괄하며, 그 가운데 정서적 차원과도 관련된다.

개체의 '깨달음[覺]'을 중시하면서, 섭적은 개체 사이의 공감에 대해서도 상당한 주의를 기울였다. 그의 '한결같은 마음[常心]'에 대한 이해에서, 이 점을 어렵지 않게 알아차릴 수 있다. "하늘에는 일정한 도가 있고, 땅에는 일정한 일이 있으니, 인간에게도 한결같은 마음이 있다. 무엇을 한결같은 마음이라고 이르는가? 부모는 자식에 대해 그 정을 쏟지 않음이 없기에, 말은 의도를 헤아리지 않아도 전해지며, 일은 예측하지 않아도 알 수 있고, 힘을 다함에도 시혜로 여기지 않으며, 사람들에게 말하지 않는 것이 있어도 반드시 자식에게는 말하니, 이것을 한결같은 마음이라고 말한다[天有常道, 地有常事, 人有常心. 何謂常心? 父母之於子也, 無不用其情, 言不意索而傳, 事不逆慮而知, 竭力而不爲賜, 有不以語其人者, 必以告其子, 此之謂常心.]." (「進卷」, 『葉適集』, 697쪽) 여기서 말하는 '한결같은 마음[常心]'이란 '인지상정人之常情'이란 말과 유사한데, '인지상정'이란 차원에서 말하자면, 부모자식의 관계는 확실히 보다 밀접하고 친근하니, 부모와 자식은 마음이 상통하여 반드시 의도를 추측하거나 전달하지 않더라도 서로 이해하고 소통할 수 있을 뿐만 아니라, 서로 간에 틈이 없어서 타인에게 알리기에 불편한 일이라도 알릴 수도 있다. 상술한 의미에서의 "한결같은 마음[常心]"은 동시에 감정의 영역에서의 공통감각으로 나타나는데, 그것은 개체 사이가 감정적으로 서로 유대하도록 할 뿐만 아니라, 자아의 정신세계에 개체를 초월하는 보편적 내용을 부여하는 것이다.

공통감각이란 차원에서 보자면, 인간의 "한결같은 마음[常心]"이란 당연히 부모 자식 사이의 정에 국한되는 것이 아니다. "인간은 이 마음을 공유하며, 마음은 이 이치를 공유한다.[人同此心 心同此理]"는 유가의 말은 실제로 좀 더 넓은 시야에서 개체 사이의 정신과 관념에서의 공통성에 주목했던 것이다. 섭적이 "인간은 한결같은 마음을 지닌다"는 것을 "하늘에는 일정한 도가 있고, 땅에는 일정한 일이 있다"는 점과 관련시킨 점은, 분명 "한결같은 마음"은 공통감각으로서 보편적 내용을 지님을 주목한 것이다.

자아의 깨달음과 '한결같은 마음'의 공감은 각각 개체성과 보편성의 차원에서 자기완성의 과정에서 관련된 측면을 드러내는데, 양자는 내외에 관한 구별과 관련된다. 어떻게 "성현聖賢에 이르는"지에 관해 논하면서, 섭적은 다음과 같은 점을 지적하였다.

"이목의 기관은 생각하지 않더라도 잘 듣고 잘 볼 수 있으니, 외부로부터 들어와서 그 내면에서 완성되는 것이며, 사고는 분명하게 아는 것이니,

내면에서부터 나와서 그 밖에서 완성되는 것이다. 그러므로 정확히 들은 것을 받아들여 슬기롭게 되고, 밝게 본 것을 받아들여 도모하게 되며, 분명히 안 것을 드러내어 능통하게 되는데, 용모와 말 역시 내면에서 나아가서 밖에서 완성되는 것이다. 옛 사람들 중에 내외가 서로 더불어 이루어지지 않고서도 성현에 이르렀던 경우는 없었다[耳目之官, 不思而爲聰明, 自外入以成其內也, 思曰睿, 自內出以成其外也. 故聰入作哲, 明入作謀, 睿出作聖, 貌言亦自內出而成於外. 古人未有不內外交相成而至於聖賢]. (『習學記言』, 14권)

'성현聖賢'은 완성된 인격을 뜻하는데, 이런 이상적 인격에 도달하는 과정으로서, "성현에 이르는" 것은 동시에 자기완성을 지향하는 것이다. 여기에서는 거듭 이목의 기관과 마음의 사려를 언급하였지만, 그 초점은 양자의 상이한 기능을 강조하는 데에 있는 것이 아니라, 내외의 관계에서 양자의 상관성을 긍정하는 데에 있다. 이목의 기관에 근거한 견문은 외부대상에 관한 지식을 제공함으로써 내재적 사려활동이 현실적인 내용을 획득할 수 있도록 하며, 내재적인 사려와 지혜는 또한 감각기관의 활동과 관련된 앎과 실천, 말과 행동의 과정을 통해서 외부에 작용하니, 양자의 상호작용은 구체적으로 "내외가 서로 더불어 이루어짐"으로 표현되는 것이다. 보다 넓은 시야에서 보자면, '외부[外]'는 감성적 존재(이목의 기관, 넓은 의미에서의 신체)와 관계있고, '내면[內]'은 이성에 관한 규정(마음 정신)과 관련되는데, 양자는 인식론적인 함의를 지니고 있을 뿐만 아니라, 동시에 존재론 가치론적인 차원을 포괄한다. 그것이 관련된 것은 인간이라는 구체적 존재의 형태인 것이다.

따라서 인간이 단순히 그 가운데 하나의 측면만을 발휘한다면, 그는 단편적인 존재에 지나지 않아, "성현에 이르기"에는 어렵게 된다. 이와 관련해, "내외가 서로 더불어 이루어진다"는 말은, 또한 자기완성 과정은 감성적 존재와 이성적 규정의 통일을 그 의미로 포함해야만 한다는 점을 의미하고 있다.

"성현에 이르는" 것을 목표로 하는 자기완성의 과정은 단순히 정신적 경지의 고양으로만 표현될 수는 없는 것인데, 사공事功을 주창한 철학자인 섭적의 실천활동에 대한 중시는 또한 개체의 자기완성의 과정에도 구현되는 것이다. 그의 이해에 따르자면, 자기완성[成己]이란 심성心性을 공허하게 논하는 과정일 수 없으며, 그것은 자아의 신체적인 역행力行과 별개일 수 없다. 이를 통해, 섭적은 "과감히 실천하고 덕을 길러서 자기를 완성하라"고 주장한다. 즉, "위험에 처했을 때 과감히 실천하고 덕을 길러서 자기를 완성한다. 순탄할 때라면 백성을 구휼하고 덕을 길러서 만물을 완성해준다[於其險也, 則果行而育德成己也. 於其順也, 則振民而育德成物也]."(『習學記言』, 1권)는 것이다. '험난함'과 '순탄함'은 상이한 실천적 배경으로 볼 수 있고, "과감히 실천함"이란 결연하고 절실한 실천을 나타내는데, 덕성에 관한 고양('育德')과 자아의 완성('成己')는 이런 과정에 근거한 것이며, "과감히 실천하고 덕을 길러서 자기를 완성한다"는 것과 연계된 것이 "백성을 구휼하고 덕을 길러서 만물을 완성해주는" 것이다. 맹자는 일찍이 "곤궁할 경우 홀로 그 자신을 선하게 하고, 형통하면 천하를 함께 선하게 만들어야 한다[窮則獨善其身, 達則兼善天下]"(『孟子』, 「盡心上」)고 주장했다. '험난'할 때 덕을 길러 자기를 완성함과 '순탄'할 때 덕을 길러 외물을 완성시킴이란 맹자의 이상과 같은 사상과 어떤 공통점을 드러낸다. 구체적인 내용에서 보자면, "만물의 완성[成物]"이란 세계와 타인을 완성시켜주는 것으로 나타나는데, "백성을 구휼함[振民]"은 보다 넓은 영역에서의 실천활동으로 전개되는 것이다. 그것은 앞의 글에서 논한 '도를 따라서 움직임', '세를 따라서 행함'과 연관되어, 실질적으로 사회 역사적 영역에서의 실천활동의 구체적인 내용이 될 뿐만 아니라, "과감히 실천하고 덕을 길러서 자기를 완성"하는 과정과 어우러져 세계와 타인을 완성시키는 일(成物)의 전제가 된다.

이상의 이해에서, '성기成己'(자아를 완성함)와 '성물成物'(세계와 타인을 완성시킴)은 서로 융합되니, 개체가 "과감히 실천하고 덕을 기르는" 과정과 사회 역사적 영역에서의 '도를 따라 움직이고', '세를 따라 행하는" 백성에 대한 구휼[振民]"의 과정 역시 빈틈없이 일치한다는 사실을 어렵지 않게 알 수 있다.

이러한 상호융합과 상호작용은 보다 넓은 차원에서 "내외가 서로 더불어 이루어지는[內外交相成]" 과정[119])으로 전개될 뿐만 아니라, 또한 보다 종합적인 형식으로 섭적의 사공事功에 관한 사상을 구체적으로 드러내고도 있다. 그것은 유학의 내성외왕內聖外王의 이론적 진행경로를 구현하고 있을 뿐만 아니라, 그 진행경로가 구체적이고도 풍부한 내용을 지닐 수 있게 하였다.

---

119) 본 논문의 처음에 논의한 것처럼, 섭적은 일찍이 이학자들에 대해 다음과 같은 비판을 제기했다. "오직 심성만을 종주로 삼아, 공허한 사변은 많으나 실제적 힘은 적으며, 추론해 아는 것은 광범위하 지만 온축된 것은 협소하니, 요순 이후의 내외가 서로 어울려져 완성되던 도는 폐기되었다[專以心性 爲宗主, 虛意多, 實力少, 測知廣, 凝聚狹, 而堯舜以來內外交相成之道廢矣]." 여기에서 "내외가 서로 더불어 이루어진다[內外交相成]"는 말에는 성기成己와 성물成物, 덕성함양德性涵養과 경세사공經世事 功의 통일이 이미 함축되어 있다.

후기

　수년 전 『왕학통론—왕양명에서 웅십력까지』라는 책의 후기에서, 나는 당시 막 흥기하기 시작했던 "문화열文化熱"을 언급했던 적이 있다. 그러나 이런 현상은 오늘날에 이미 역사로 되어버린 것 같다. 상품경제라는 커다란 물결이 문화연구의 뜨거움을 냉각시켰으며 점차 적막하게 만들었기 때문이다. 이러한 상품경제의 충격은 확실히 학자들에게 감회와 곤혹스러움을 주고 있다. 그러나 다른 시각에서 보자면, 문화연구가 시대의 주변으로 밀려나게 된 것은 또한 문화연구 자체의 성숙과 결실에 도움이 될 것처럼도 보인다. 실제로 학문 원리에 관한 연구토론은 흔히 적막 속에서 심화되어가곤 하기 때문이다.

　문화연구에서 중국문화의 역사적 발전과정을 돌이켜 본다면, 우리가 우선 직면하는 것은 주도적 지위를 차지했던 유학이다. 문화라는 긴 강줄기의 주류로서의 유학은 일찍이 여러 차례의 부침을 겪었다. 한무제漢武帝의 독존유술獨尊儒術 이후, 유학은 기나긴 시기동안 정통적 이데올로기로 간주되었고, 근대에 그것은 충격과 부흥이라는 희비극을 거쳐 왔으며, 1980년대에 들어와서는 해외의 일부 학자들이 '유학의 제3기 발전'이라는 예측을 제기하기도 하였다. 이와 같은 일들은 상이한 시기의 유학의 역사적 운명을 반영하고 있을 뿐만 아니라, 유학 자체의 다중적 함의를 드러내는 것이다.

　일반적으로 말해서 문화의 핵심은 언제나 그에 상응하는 가치체계에 비교적 집중적으로 체현되며, 오직 그런 가치체계를 파악해야만 비로소 문화의 표층에서 그 심층으로 들어갈 수 있다. 이데올로기적 문화로서 유학도 마찬가지로 그 독특한 가치체계를 핵심으로 한다. 바로 이상과 같은 생각에 근거해, 나는 1989년 "유학의 가치체계에서의 역사적 발전변화 및 그 현대적 전환"이라는 연구 과제를 생각했는데, 같은 해에 해당과제는 국가사회과학기금 항목에 선정되었고, 본서는 바로 이 항목의 최종적 연구결과이다.

　이에 앞선 문화사와 사상사 연구와 유사하게, 본서를 이루는 것은 무엇보다도 일종의 역사적 해석이다. 물론 해석은 역사에 관한 단순한 재현과는 다른데, 그것은 언제나 해석자의 이론적 시야를 배경으로 하며 동시에 하나의 논리적 재구축 과정으로 전개된다. 실제로 역사적 해석과 논리적 재구축은 언제나 분리하기 어렵고, 양자는 한 측면에서 역사와 논리의 통일을 드러내는 것이다. 바로 이를 근본원칙으로 삼는 유가적 가치체계에 대한 본서의 고찰은 단순히 문화사적 현상에 관한 서술에 국한되지 않고, 주로 그 역사적 내용과 논리적 함의라는 이중성을 드러내는 데 역점을 두었는데, 이는 동시에 문화철학에 관한 현대적 구축을 위한 어떤 역사적 전제를 제공하는 것을 목적으로 하는 것이기도 하다. 물론 역사적 해석 자체는 불가피하게 역사적 제약을 받게 되며 그에 따라 자신의 문제를 지니는데, 본서 역시 예외는 아니다. 이러한 제약은 해석과정의 역사적 전개 속에서만, 비로소 극복될 수 있을 것이다.

楊國榮

1993년 10월

신판후기

『선의 역정』은 1992년에 완성되었고, 같은 해에 상해인민출판사上海人民出版社의 출판계획에 편성되었지만, 당시 학술저작의 출판 주기가 비교적 길었기 때문에, 본서는 1994년에 이르러서야 간행되었다. 출판 이후, 본서는 다양한 형태의 학계의 관심을 받았지만, 초판의 인쇄부수가 많지 않았기에, 종종 필요한 사람들이 나중에 이 책을 구하는 것이 쉽지는 않았다. 2000년 출판사가 한 차례 다시 인쇄했지만, 이 책에 관심을 가진 사람은 여전히 구해보기 어렵다는 문제에 직면해야 했다. 이렇게 해서, 이 책의 재판이 또 다시 일정에 올려졌다. 이 밖에도 본서가 첫 번째로 간행되었을 때, 적지 않은 탈루와 착오가 나왔다. 2000년 다시 인쇄했을 때에는 내가 하버드 대학에서 학술연구에 종사하고 있던 중이어서, 원서에 필요한 교정을 할 수 없었는데, 초판에서의 매우 많은 착오를 고칠 수 없었을 뿐만 아니라, 새롭게 조판했을 때에는 인쇄과정에서 적지 않은 새로운 문제가 파생되기도 했는데, 일부 단락에서는 심지어 표점부호가 누락되는 현상까지 나타났다. 이런 점이 중판을 더욱 필요하게 하였다.

본서의 출판 이후, 역사와 사유의 통일이라는 시야에서, 나는 관심사를 중국근대철학 및 양명심학陽明心學으로 돌렸고, 이후로 도덕철학 및 형이상학 등의 문제를 연구영역으로 집어넣었지만, 유학이 이로 인해 내 시야에서 사라졌던 적은 없었다. 근대철학에 관한 고찰이 전통적 철학문제에 관한 반추와 별개의 것이 아니고, 이는 분명 유학에 관한 깊이있는 검토와 분석을 포함하기 때문이다. 게다가 양명심학陽明心學 자체도 유학의 발전에서의 한 종류의 형태라 간주될 수 있으며, 도덕철학 및 형이상학의 문제에 관한 궁구는 역사적으로 관련된 깊이있는 사유를 배경으로 하니, 역사 속의 철학이 유학을 생략할 수 없다는 점도 명백하다. 요컨대, 역사와 사유의 상호작용에서, 유학에 대한 사고와 논의는 언제나 하나의 내재적 측면을 이루는 것이다. 좀 더 구체적으로 보자면, 『선의 역정』의 완성 이후, 나는 유학에 대해서 약간 전문적인 주제의 연구를 수행하기도

했다. 이런 작업이, 다른 의미에서, 『선의 역정』의 중판을 위한 실질적인 이론적 전제를 제공하였다. 논리적인 차원에서, 본서는 내재적 체계 및 자체의 이론적 맥락을 포함하고 있기에, 기존의 형태 하에서, 전체적인 수정을 수행하기에는 쉽지 않은 것처럼 보인다. 동시에 역사성에서 말하자면, 20세기 말의 연구저작으로서, 그것은 또한 특정한 의의를 지닐 수 있다. 이점을 고려할 때, 이 책 가운데에 적지 않은 문제들은 여전히 더 진전시켜 논의할 수 있는 것이지만, 이번의 수정에서는 주로 초판과 재인쇄에 있었던 착오와 탈루 등에 대해서 바로잡는데 역점을 두었으며, 원서의 기본구조를 바꾸지는 않았다. 물론, 이 책 중에서 현재적 관점에서 볼 때, 이미 적절치 않게 된 일부 개념과 논법의 경우 필요한 교정을 행했다. 이 이외에도, 책의 뒤편에 본서의 초판 이후 쓰여진 몇 편의 관련된 연구논문을 보충해 두었는데, 그 부록은 다른 측면에서 유학에 대한 나의 진전된 이해를 구체적으로 드러내고 있으니, 원서의 내용에 대한 실질적인 수정 또는 보충으로 간주할 수 있을 것이다. 십여 년 전, 본서를 처음 출간했을 때, 나는 특별히 풍설馮契 선생님의 댁으로 찾아가, 이 책을 바치면서 선생님께 가르침을 청했었다. 당시 선생님께서 미소 지으시며, 이 책을 넘겨보시던 정경이 마치 어제같다. 하지만, 세월은 그침없이 흘러, 선생께서 세상을 떠나신 지도 십여 년이 되었다. 선생님의 90세 생신(선생께서는 1915년생이다)이자 세상을 떠나신지 10주년이 되는 때에, 본서를 중판하는 것은 분명 특별한 기념적 의미도 지닌다. 상해인민출판사上海人民出版社의 육종인陸宗寅 선생은 본서의 중판을 위해 온갖 노고를 바쳐주셨고, 진빈陳贇박사는 본서에 인용한 문장에 관한 교정과 검토의 측면에서 역시 적지 않은 작업을 해주었다. 여기서, 삼가 사의를 표한다.

楊國榮

2005년 8월 20일

3판 후기

　　본서는 상해인민출판사上海人民出版社에서 1994년 초판이 나왔고, 2000년 재
인쇄되었으며, 2006년 상해인민출판사에서 제2판이 간행되었다. 이번이 본서의
제3판이다. 새롭게 발견된 약간의 착오를 교정하고 부록을 일부 조정한 것 외에, 이번에
다시 출간되는 본서는 대체로 2판 때의 형태를 유지하고 있다.

楊國榮

2009년 3월 31일

4판 후기

2009년 본서는 나의 저작을 집약한 것의 하나로서, 화동사범대학출판사華東師範大學出版社에서 3번째로 출판되었는데, 이번에 출간되는 것이 본서의 제4판이다. 다시 출간하는 기회를 비러, 새롭게 발견된 약간의 착오를 교정하였고, 부록에 대해서 조정했다. 즉 이전의 판본에 수록된 부록을 생략하고, 다섯 가지의 새로운 원고를 보충한 것이다. 그 가운데, 『중국사상사에서의 '공정' 관념』, 『도와 중국철학』, 『중국철학: 문제와 시야』, 『송명이학의 내재적 논제와 그 철학적 함의』는 비교적 넓어진 사상적 발전과정과 관련된 것이며, 『물物·세勢·인人—섭적葉適의 철학사상연구』의 경우에는 사례연구의 형태로 송명宋明 시대의 유학에서의 비주류적 형태를 포괄한 것이다. 이상의 원고를 수록한 목적은 거시적 차원과 미시적 차원에서 각각 유학을 이해하기 위한 구체적인 이론적 배경을 제공하는 데에 있는 것이다.

楊國榮

2011년 9월 9일